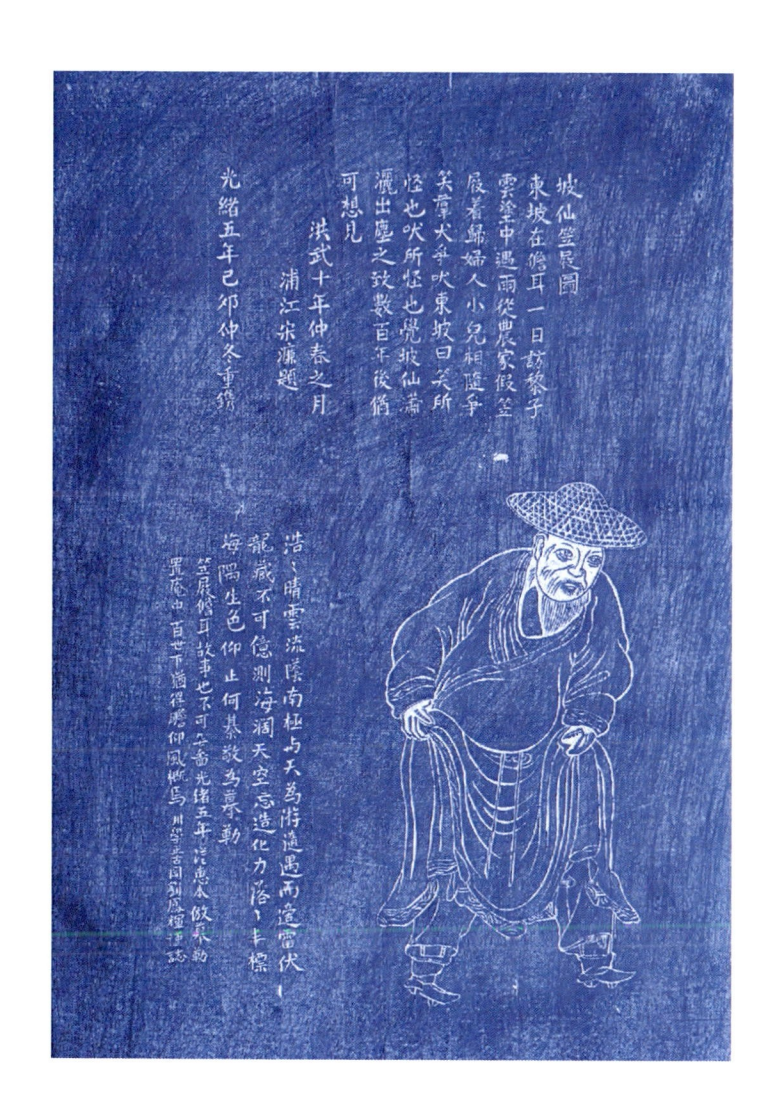

《坡仙笠屐图》拓片

《坡仙笠屐图》，据说为宋末元初钱选原创。现石刻高 60 厘米，宽 46 厘米，为儋州东坡书院收藏。以下为《坡仙笠屐图》所镌刻文字：

《坡仙笠屐图》
东坡在儋耳，一日访黎子云，途中遇雨，从农家假笠屐着归。妇人小儿相随争笑，群犬争吠。东坡曰："笑所怪也，吠所怪也。"觉坡仙潇洒出尘之致，数百年后犹可想见。
　　洪武十年仲春之月
　　　浦江 宋濂题
光绪五年己卯仲冬重镌

浩浩晴云，流荫南极。与天为游，随遇而适。雷伏龙藏，不可亿测。海阔天空，忘造化力。落落丰标，海隅生色。仰止何綦，敬为摹勒。
　笠屐，儋耳故事也，不可无图。光绪五年从惠本仿摹勒置庵中。百世下犹得瞻仰风概焉。州学正古冈刘凤辉谨志。

海南苏轼文化教育基金会　规划课题成果
海南师范大学国学研究所

东坡书信笺译 上

林冠群　笺译

中国出版集团有限公司

世界图书出版公司
北京　广州　上海　西安

图书在版编目(CIP)数据

东坡书传笺译：上下册 / 林冠群笺译. —北京：世界图书出版有限公司北京分公司，2024.5
ISBN 978-7-5232-1104-5

Ⅰ.①东… Ⅱ.①林… Ⅲ.①《尚书》—研究 Ⅳ.K221.04

中国国家版本馆CIP数据核字（2024）第014238号

书　　　名	东坡书传笺译（上下册） DONGPO SHUZHUAN JIANYI
笺　　　译	林冠群
特 约 编 审	刘尚荣
责 任 编 辑	李忠良
题　　　签	刘　石
装 帧 设 计	彭雅静
责 任 校 对	张建民　王　鑫　李　博
出 版 发 行	世界图书出版有限公司北京分公司
地　　　址	北京市东城区朝内大街137号
邮　　　编	100010
电　　　话	010-64038355（发行）　64033507（总编室）
网　　　址	http://www.wpcbj.com.cn
邮　　　箱	wcpbjst@vip.163.com
销　　　售	新华书店
印　　　刷	北京建宏印刷有限公司
开　　　本	710mm×1000mm　1/16
印　　　张	51.25　插页2
字　　　数	788千字
版　　　次	2024年5月第1版
印　　　次	2024年5月第1次印刷
国 际 书 号	ISBN 978-7-5232-1104-5
定　　　价	238.00元

版权所有　侵权必究
（如发现印装质量问题，请与本公司联系调换）

序

刘尚荣

（中华书局编审、中国苏轼研究学会顾问）

林冠群先生，海南儋县（今儋州市）人。据我所知，他是从儋县县委宣传部走出来的学者型政工干部，曾在中共海南省委组织部及《海南日报》社任职。谁都知道，那可是政务繁忙且严肃紧张的岗位。他能坚持业余时间进行学术研究，奉献出约五百万字十余种论著，势必付出比一般专业人员更多的时间和精力。若无深厚扎实的国学功底，以及对传统文化的热心关注，是很难做到这一点的。林先生的志向和成果，令人钦佩，值得学习和赞扬。

我与林冠群先生，订交于1980年秋首届苏轼研究会上。我们职业不同，性格各异，让我俩心心相印的是北宋大文豪苏轼。研究苏学文化，弘扬东坡精神，是我们共同的兴趣和追求。当年我带着精心撰写的《宋刊"施顾注苏诗"考》（我的苏轼著作版本论丛的第一篇），随本单位的周振甫老先生，还有中国人民大学的朱靖华教授一起，自北京来到四川省眉山县（今眉州市），参加"中国苏轼学会成立大会暨第一次学术研讨会"。会上巧遇来自海南的三位研究苏轼的青年同志：林冠群、李晋棠、朱玉书。三位与我年龄相仿，在与会的众多老学究当中，我们属最年轻的一代了。林先生递交的颇具特色的论文是《苏轼与儋县文化》，这或许是当今海南推广东坡文化盛况的开篇之作。应该说，整体而言，当年的"苏学"界对东坡海外的生活与创作关注甚少，甚至可以说是空白，因此我对林文格外关注。而林先生亦对版本校勘之学颇感兴趣，虚心求教。于是我们之间推心置腹，引为同好。他谦逊好学、诚恳正直的品性给我留下良好的印象。

　　据林先生所言，1979年，朱老师亲到海南儋州考察东坡居儋行踪，林先生受邀陪同，以此结为忘年之交，并经朱老师的推荐参加首届眉山研讨会。因此之故，南北两地学友亲密无间，无话不谈，共同结下深厚的学术友谊。这里还有个插曲。当初三苏祠公示的苏轼生卒年是1036年和1101年，我在小组讨论及私下交流时，坚持说："苏轼出生于北宋景祐三年腊月十九日，对应的应该是公元1037年1月8日。绝不是生于1036年。"在周振甫先生赞许下，此说得到包括林先生在内的多数与会者的认可，遂成定论。此后又遇到类似的问题，尽管彼此间或许会有些不同的观点或看法，也是相互抚掌一笑，不失君子雅意。这一切都为我们首度眉山之行留下了深刻印记。

　　后来在每两年举办一次的中国苏轼学会年会上，又曾与林先生多次相聚。读其论文，觉得资料丰富，考述严谨，甚合吾意。只是因职守不同，南北相望，直接交往的机会不多。但确切知道的是他在苏轼研究上，一直笔耕不辍，常在《苏轼研究》等刊物上发表研究苏轼的文章。而他的重要古籍整理成果《新编东坡海外集》一书，标志着他的苏学研究已是层楼更上。已故中国人民大学教授、著名苏学专家朱靖华先生撰写的书评《颇富学术价值的〈新编东坡海外集〉》称："它力挫有宋以来的种种陈说，独逞妙思，是一部颇富学术价值的著作。它的出版，不仅给人们提供了一部翔实可靠的研究东坡晚年作品的蓝本，并启示人们，编注前人旧文，也必须有博大胸怀和搏狮之力，才能推进学术研究做出自己的贡献。"（见吉林人民出版社版《朱靖华序跋书评集》）近日捧读之余，深觉朱靖华先生所言不虚。我在2014年《苏轼研究》第二期"苏学专家"，又见到海南大学周伟民教授曾著文《东坡气象的汇集》称赞此书："林冠群同志多年以来，对苏轼贬儋作品，认真地做了一番爬罗剔抉、刮垢磨光的功夫，旁搜远绍，较量短长。""可以说，'新编'本是集从前注家、评说、版刻之大成的一部具有总结性意义的《东坡海外集》整理本。'新编'二字，名实相符。""这部书的学术价值还体现在书中的广征博引，资料丰富。他在笺释故实的过程中，凡涉及多种资料者，则进行排比分析，在彻底理解原意的基础上做了精确的选择，所以对于苏诗的分析有的地方非常精辟。"海南大学语言学教授辛世彪先生偶然接触此书，披览之余，也在网上置评，称道："此书注释精当，编注者花了大量工夫，梳理龃龉之处，并用明白干净的语言表达出来，注文毫无诘屈聱牙之感，对一般读者非常便利。"

通过诸家评点可见林先生在古籍整理方面的独到功夫。而且令我深有感触的是，他在此书中收入东坡《与赵梦得》一文，并郑重地注明是"据刘尚荣先生"新近发现于邵松年《古缘萃录》卷一《宋元名人画册·苏轼帖》中，原题为《渡海帖》。他不肯掠人之美，详细交代出处，坚决不做剽窃抄袭别人研究成果却故意隐去出处化为己有的小人之举。又如该书收入《减字木兰花·以大琉璃杯劝王仲翁》一词，同样注明"据薛瑞生先生考证"所得，翔实出处。如此诚实认真一丝不苟的态度，确保了此书的学术规范，实与当今学界的某些恶劣作风形成鲜明对比。

我与林先生阔别多年，至今年过八旬，居家养老，已很少参加社会活动。不意竟接林兄来信，问序于我，始知他近年于退休之后，又有重大创获。最近完成了一部重要的学术专著《东坡书传笺译》。众所周知，《尚书》原本是六经中最古奥最难懂的经典名著。苏轼为之作"传"，必然贯穿了苏门学术的传统特色。果然，林先生在《前言》中已道出此书一个重要特点："以意逆志"的诠解法。他说："东坡之诠解《尚书》正兼有'博洽'与'聪明'二者之美。而其诠解方法正如凌濛初所说的'以意逆志'，即不拘泥于一字一句的详细分解，也不作长篇大论，动辄千言。"林先生将此现象誉为东坡的一大创举。纵观自汉代以来的众多经师参差不齐的"书传"，称东坡之解读为"创举"确也恰如其分，绝非虚誉。

历来对《尚书》的诠解，大都纠缠在字词章句的训诂解释上，结果是歧见百出，莫衷一是，有时甚至是矛盾抵牾，无法贯通而归于无解。林先生笺译此书，敏锐地觉察到这一点，省去了繁琐注解训诂一环，直接以东坡原解为据，转译为现代汉语，使读者可以直通经文，了解原意。通观林先生所译，基本忠于原著，相当于直译。而精妙通灵之处，甚得坡翁神韵，个性鲜明。

如《胤征》一篇，经文云："威克厥爱，允济；爱克厥威，允罔功。"这句是讨伐"叛军"的首领胤侯所说的话。林先生据东坡的诠解转译为：

"过去的君王运用威严与仁爱，不过是衡量是否合乎事理而已。不但不使威严胜于仁爱，还有像说'与其冤杀无辜，宁可放过有疑罪的人'，又说'不幸而有过失，宁可违规而不冤滥'（这样的宽厚仁爱），可以说自尧、舜以来，经常要使仁爱胜过威严。而今却说'威胜爱则事好办，爱胜威则不成功'，那就是说尧、舜的仁爱不如申不害与商鞅的刻毒了！能这样做吗？这是后羿的党徒们面对政敌时誓师的一切言论，应当与申不害、商鞅的言论一样不齿于人。然而近代以来，儒家的学者们希望实行严酷的政治时，就会以此为借口。我不得不因此加以申辩。"

然后，林先生以"笺释"进一步为东坡的诠解作深度剖释道：

"东坡对于《胤征》一篇的诠解，可以说完全基于他本人善良天性及对儒学'以人为本'理念的阐发。东坡晚年居儋，回顾平生，对北宋政治的得失每有冷峻深刻的思考。如刑法上反对使用肉刑，反对严刑逼供。在本篇末尾'爱胜威'的话题就是针对神宗朝曾有执政大臣意欲恢复肉刑而设的。'近世儒者欲行猛政，辄以此藉口'，所以东坡不得不辩。"

林先生的"笺释"充分表达出东坡"明于事势而又长于议论"（见《四库全书总目提要》纪昀语）的特点。但若不深刻了解东坡所处的时代背景，也难以作出如此全面透彻的笺释。

林先生的《笺译》着重把握全书主旨，使东坡倾尽心力、渴望于世有补的力作，能将他的所思所想传达于世。林先生认为，东坡的治世观念，一切立足于"人"。所以全书凡涉及民利、利民的章节无不尽发其意蕴，勿使缺位不彰。如《洪范》一篇，经文有"皇建其有极"句，东坡诠解为"大立是道，以为民极"。林先生转译为："大立'皇极'之道，以此为民众树立大中至正的治理目标。"

然后，林先生援引各家解释，再作"笺释"道：皇极，按东坡此段的诠解，是从哲学的角度解释儒家所谓"大中至正"的治民之道。意即执政标准必须将"无私、公平"二者做到极限的程度，无丝毫偏差。这里的立足点在于民，要使民众从"大中至正"的"皇极"中受益。林先生对这段经文的"笺释"不仅道出了东坡的"为民立极"的正确主张，还一针见血地指出明清以来，儒家学者们溺于章句的某些不良偏向。

林先生的《笺译》还有一明显特点，就是译文的语言一如他的《新编东坡海外集》，保持了简洁明净，持重典雅，文白互见的特色。

如《说命下》篇：

"古代的君子，每当圣帝明王的时代，不肯出任官职，也是有的。许由不当尧、舜的官，伯夷、叔齐不当周朝的官，商山四老人不当汉朝的官。'怀宝迷邦'，一辈子不出仕，这或者也算是人生的一种活法。武丁为太子时，跟随甘盘学习。武丁登帝位之后，甘盘躲避隐退了，逃入荒野之中。武丁派人寻找他，打探他所在的地方，据说曾经住在黄河之滨，又说从河滨迁徙到亳地，最后，再也不知去向。武丁因此没有相与从政的助手，这才以傅说为宰相。"

译笔可谓顺而达。

林先生对《东坡书传》的笺译，再次突出东坡一生"有为而作"的立言态度。在其垂暮之年，犹孜孜不倦，牢记先君之教导，作文"以不能不为之为工"（见《南行前集叙》），以一部《东坡书传》抒发其胸中不得不发之积郁，贯穿以南荒三年之所思所想所得留给后人。而据苏辙撰《亡兄子瞻端明墓志铭》有云："（苏东坡）最后居海南，作《书传》，推明上古之绝学，多先儒所未达。"（见《栾城后集》卷二十二）那么林冠群先生为《东坡书传》再作《笺译》，亦应是高才绝学、频出新解的古籍整理新成果。

预祝读者诸君，开卷有益。

壬寅六月十五日

前 言

林冠群

中华五千年文明史，曾经一度被西方学界怀疑为虚无的学说杜撰。然而近年来，通过不断的考古发现，如二里头的夏朝中晚期遗址、四川三星堆遗址、良渚史前遗址等，以无可怀疑的历史遗存向世界证明中国的文明史直追三千多年以前，而根据现存的书籍文献史料，结合考古发现，我们又完全有理由将我们的文明史推衍到五千年以上。考古文献与历史文献的完美结合，必将有力地推动这一华夏文明史的全面展示。一般地说，考古在于实证，而史籍在于证实。因此，对现存史籍的研究其重要意义不可估量。我们的五千年文明史所包含的是全面的社会史，举凡政治、经济、文化、历史、地理、生物等等，都可以从中找到可供探索和研究的重要根据。而我国恰恰又是历史典籍保存得最丰富、最全面、最古老的国家，从三千多年前的甲骨文开始，华夏民族就已经进入"以史为鉴"的历史阶段了。有了甲骨文，古代的先贤们又有了追索此前更为古老的历史和传说的根据。这一切又都存在于我国最古老的一部经典——《尚书》之中。

（一）

《尚书》是我国传世最古老的一部以文字记载的政史类经典著作。既然是以文字为载体的经典，通过追索文字的起源就可以基本判定它产生、流传的年代。据迄今为止我国的考古发现，甲骨文是我国最早的能系统地表达思想情感的文字。考古文献告诉我们，距今约3000年前后的商代甲骨文现已有4000多单字，有2500个可以解读，可以想见，当时的人们利用这些文字已经足够表达《尚书》中所要表述的各种思想情感，所以据东坡的推断，《尚书》有系统的写作应始于夏朝。而现今学界认为，《尚书》的成书应起源于我国的殷商末期。《尚书·多士》篇中，周朝人已经有"惟殷先人，有册有典"之句，而"典"字的象形即将记录文字的"册"串起，敬置在阁架上。

《尚书》最早的名称为《书》。书者，孔颖达《尚书序》云："《易·系辞》：'上古结绳而治，后世圣人易之以书契。盖取诸夬。'夬者，决也。言文籍所以决断，宣扬王政，是以夬。"① 这里，能够决断王政的"书契"就是以功能而论的"书"的来源。东汉的许慎《说文序》："仓颉之初作书也，盖依类象形，故谓之文。其后形声相益，即谓之字。字者，言孳乳而浸多也。著于竹帛谓之书。"② 自黄帝时，仓颉"初造书契"以前，是"结绳为治"，所以这个"著于竹帛"的过程，开始是结绳为符号，后来到黄帝时出现了契刻于硬物上的"书契"，最后才到以"笔"著于竹帛。可见其时，"书"的功能以"治"为主而兼及"万事"。《荀子·劝学》："《书》者，政事之纪也。"③ 东汉王充《论衡·正说》："《尚书》者，以为上古帝王之书。"④ 这种以记述政事为主的"书"相传上古流传下来有数千篇之多。至春秋时期，孔子多方搜求，"得黄帝玄孙帝魁之书，迄于秦穆公，凡三千二百四十篇。断远取近，定可以为世法者百二十篇。"⑤ 孔子于这三千多篇中考订删节，最后只留下一百多篇，总称为《书》。以《书》为名，自春秋、战国至汉代，始将其改定，名为《尚书》。尚者，上也。意即此《尚书》为上古帝王求治之书。又因为这一功能，后世将其颁入学官，作为学者必修的"五经"之一（其余为《诗》《易》《礼》《春秋》）。

---

① 见上海古籍出版社2008年版《尚书正义·序》。
② 见中华书局1963年版影印本许慎《说文解字》第314页。
③ 《荀子·劝学》见中华书局1954年版《诸子集成》第二册第7页。
④ 《论衡·正说》见中华书局1954年版《诸子集成》第七册第273页。
⑤ 同①，见孔颖达《尚书正义》引《尚书纬》。

然而，秦统一中国后，以孔子为代表的、以仁德为核心的儒家治世观念逐渐被秦代以"法治"为核心。《史记·儒林列传》："及至秦之季世，焚《诗》《书》，坑术士，六艺从此缺焉。"又据《史记·秦始皇本纪》，始皇三十四年（前213年），李斯建议："天下敢有藏《诗》《书》、百家语者，悉诣守、尉杂烧之。有敢偶语《诗》《书》者弃市。以古非今者族。"此后直至西汉文帝时，指派大臣晁错向年已九十多岁的儒学大师伏生（名胜）学习传承《尚书》，从此，湮灭近半个世纪的《尚书》始得公开流传。但伏生所传并非《尚书》全部，仅得残余的二十八篇（汉宣帝时又得《泰誓》一篇，故一说为二十九篇），统称为《尚书大传》。因为这二十九篇《尚书》均用当时西汉隶书记录写成，故又称为《今文尚书》。

汉武帝时，孔子后裔孔安国因鲁共王坏孔子屋壁得古文写就的《尚书》。据《汉书·艺文志》记载："《古文尚书》者，出孔子壁中。武帝末[1]，鲁共王坏孔子宅，欲以广其宫，而得《古文尚书》及《礼记》《论语》《孝经》凡数十篇，皆古字也。……孔安国者，孔子后也，悉得其书，以考二十九篇，得多十六篇。安国献之。遭巫蛊事，未列于学官。"又据《汉书·儒林传》记载："孔氏有《古文尚书》，孔安国以今文字读之，因以起其家逸《书》，得十余篇，盖《尚书》兹多于是矣。遭巫蛊，未立于学官。安国为谏大夫，授都尉朝，而司马迁亦从安国问，故迁书载《尧典》《禹贡》《洪范》《微子》《金縢》诸篇，多古文说。"因此之故，自汉武帝以后，即有今、古文尚书之说。

但无论今文、古文，《尚书》流传至西晋时，因战乱均已散佚。至东晋元帝时，有豫章内史梅赜（一作枚颐，东晋经学家）[2]献《古文尚书》共五十八篇（即《虞书》五篇，《夏书》四篇，《商书》十七篇，《周书》三十二篇）。这里面包含了伏生所传《今文尚书》二十八篇，因此得立于

---

[1] 据上海古籍出版社1987年版阎若璩著《古文尚书疏证》卷一第38页，鲁共王破孔子壁得古文，始于汉景帝时非汉武帝时。
[2] 梅赜，字仲真。汝南（今湖北省武汉市）人。东晋经学家。官豫章内史。

学官，作为官修的"经典"，供学者修习。至隋、唐两代实行科举制后，《尚书》更是举子们必修的"五经"之一。然而，至北宋末，东坡这一代士人所信守尊崇的《尚书》读本，虽然自隋唐以来已经流传了数百年，甚至自此以后又历经元明清三代，近两千年间，仍为朝廷选拔人才的必读课本，却自南宋起开始有人怀疑为"伪作"。尤其清代康熙年间，阎若璩著《古文尚书疏证》一书，全面否定梅赜所献《古文尚书》。此书影响巨大，致使学界将梅氏所献称为"孔传伪古文尚书"，将《说命》《大禹谟》等篇列入"伪作"。然而对阎氏说法也有持不同观点者，如与其同时的毛奇龄就著有《古文尚书冤词》一书加以驳正。其后，方苞、朱彝尊、赵翼等著名学者也有不同意见。由此，不同观点的争辩一直延续至今。

其实，《尚书》传习到现代，作为一部最古老的"治国宝典"，其社会意义已不在于其文本真伪之辨，而在于其所表达的内容对于现今的"治国理政"一途究竟有多少、多大的参考借鉴作用。无论今文古文，它们所表述的思想内容，到底还值不值得我们用心思考而从中受益。远溯至唐虞夏商周的上古时代，其社会治理体系，我们今天果能从《尚书》的现存史料信息中窥探到其真实面貌吗？显然是不可能的。神话传说与历史记述交融糅杂才是《尚书》的本色与特点。现存《尚书》中，无论是今文、古文，必然融入了古往今来众多圣贤智者的哲学思考与政治智慧。假如不是这样，一本"伪书"竟然能让众多圣贤智者沉湎其中，皓首穷经、钻研传习，历经千年而兴趣不减？因为一个"伪"字，我们就有理由将书中现存的众多经典名句一概视为闲言废语？显然这也是十分荒谬的。"因人废言"尚且有失，何况传承千载的一部经典，岂能因一时考据的聚讼不息而罢废。所以很明显的一点是，当今研究《尚书》的重点应该放在其内容而不是所谓今古文真伪问题，不能把"辨伪"作为"做学问"的首要目的。

古老的《尚书》经过孔子的一番"去伪存真，去粗取精"的辛勤整理，作为儒家学说的代表，经过"百家争鸣"的春秋战国时期各学派的激烈争辩，到汉代，其治国理念最终获得统治阶层的认可，从此一直延续了两千多年。而治《尚书》的学者们更把它上推至"三皇五帝时期"，其来远矣,像皇权的统绪一样,这就是"道统"。但假如这一"道统"理念并不符合中国社会发展延续的实际需要,它能贯穿上下五千年的岁月传承至今吗?每一种学说理论,惟有经得起岁月的长久考验,才是最深入人心、最受人敬仰尊崇的学说理论。当然儒学在其传播过程中,随着社会生产力与社会关系的不断发展,就像人的机体也总会有毛病痼疾一样,它自身也产生了诸如"皇权天授""三纲五常""男尊女卑""刑不上大夫"等等无视广大人民群众权利的反动观念,产生了妨碍中国社会发展进步的落后意识。但作为《尚书》主流意识的"民为邦本""以德治国""尊主泽民""选贤任能""德教为先""仁政爱民""协和万邦""兼听纳谏""和为贵""善为福"等等,包容了"修身齐家治国平天下"的从小到个人、大到国家天下的世界观、人生观、价值观的全部意涵。儒家学说中,"民为贵,社稷次之,君为轻"的"民本"思想意识发展到今天,当我们的国家接受了马克思主义理论之后,政治生活中"为人民服务"的思想,就是对传统儒学的最有开创性的发展与传承。

《尚书》作为两千多年来统治者选拔人才的政治读本,陶冶养成了中华民族多少代的英才志士、豪杰伟人,可以说是民族的精髓和养分,脊梁和血脉。东坡自少年时即随其父苏洵研习此经,纲领精义,了然于胸。后以此而高中进士,进入仕途。在四十多年的从政生涯中,一直在坚守儒家"仁政爱民"的理念,八州迁转,一心为民;尽管宦海浮沉,依然不改初衷,以国是民生为己任。直至晚年屡遭贬谪,居儋期间犹奋笔著书,完成《东坡书传》一书的写作。正可谓"居庙堂之高,则忧其民;处江湖之远,则忧其君",忠言谠论,多载于此书。

古今论者有的以为东坡此书专为驳斥王安石的《新经尚书义》而作[①]。然而通观全书,虽有个别篇章,其论述的矛头有影射安石的倾向,却从未点其名,也不摘章觅句,深加排击,恪守撰述之体。可以说,东坡此书实有借题发挥,针对北宋政治的方方面面痛陈得失的痕迹。这其

[①] 刘起釪在所著《尚书源流及传本考》中称:"蜀党首领苏轼撰《书传》从宋学的另一角度反王安石新经义。据晁公武指出,此书专从学术上驳异王说。"(见辽宁大学出版社1997年版此书第73页)

实也是东坡系念国是的一片心意所在。至其晚年，据孔凡礼先生编著的《苏轼年谱》所载："苏轼自知将不久人世，病中预作《遗表》。宋以前及宋代，朝廷官员，临终前预作奏文，就朝廷兴革事宜，提出建议，身后上之朝廷，以备采择，以示忠荩。"[①]说的是东坡临终前，曾欲向朝廷进奉"遗表"，陈述治国安邦以及对国家大政方针的建议。但最后因考虑到政局昏蒙，奸人当道，恐遗后患累及亲朋而未果。然而，东坡晚年奋力所著《东坡书传》一书，其实已经充分表达了他对北宋政局乃至自古以来历朝历代有关政治得失的看法与思考。其中高明深邃之处早已超越前贤，独标卓识。诚如苏辙所云"多先儒之所未达"。

（二）

东坡写作《书传》一书，仍以唐代孔颖达等编辑整理的《尚书正义》（孔颖达疏）为母本，其内容编排次序一仍其旧，而此本正是东晋梅赜托名孔安国传的《古文尚书》。唐代以此为科举考试的必修书，宋因唐制，仍以《尚书》为"五经"之一考试举子，因此，东坡云，"此书久已熟"。但东坡写作《书传》之时，正值其晚年遭受政治迫害的人生低潮时期，书成之后，不得不再三嘱咐友人"愿勿示人。三十年后，会有知者"[②]。所以据古籍研究的著名学者曾枣庄、舒大刚等考察，《东坡书传》直到明代万历年间始有刻本问世，之前一直以抄本流传达三四百年之久。此次笺译以清《四库全书》本《东坡书传》为主，并参考明末凌濛初刻本及曾枣庄、舒大刚的校点本。三种版本互相参照发现，这三种《东坡书传》均无前言及叙之类表明写作意图、成书缘起、内容摘要等的文字记述，书中的段落编排等也与其他《尚书》本子多有不同，独具特色，不知是否当初东坡手自裁定。因为身陷政治漩涡，这本《东坡书传》一度成为

[①] 见中华书局1988年版《苏轼年谱》41卷第1414页。
[②] 何薳《春渚纪闻·坡仙之终》："某前在海外，了得《易》《书》《论语》三书，今尽以付子，愿勿以示人。三十年后，会有知者。"（节录自中华书局1994年版《苏轼资料汇编》第一册第152页）

朝廷禁书，只得以手抄本流传，所以这些看似有所缺失的编排格式已很难追索其原因。东坡本人也只是以"三十年后，会有知者"相许。

那么，三十年后，谁为识者呢？

三十年后，即到了南宋绍兴年间，《东坡书传》开始在社会上产生影响。如福建进士林之奇即成为关注《东坡书传》的重要一员。林氏著有《尚书全解》一书，在《四库总目》中赫然排在《东坡书传》之后。而且书中大多数的篇章都提及东坡的观点，甚或大段抄录后加以评点。除了林之奇，南宋还有一位赫赫有名的蔡沈，受朱熹的委托编有《书经集传》一书，其中也不乏赞成东坡观点的地方，也可算作《东坡书传》之后的传承者。

林、蔡二人在学术上传承朱熹的理学，许多观点与东坡有直接的冲突，但能如此不受门户之见接受东坡的某些看法，原因就在于东坡对《尚书》的诠释确有许多过人之处。清代纪昀在《四库全书总目提要》中称赞："轼究心经世之学，明于事势，而又长于议论，故其诠解经义，于治乱兴亡之际，披抉明畅，较他经独为擅长。"朱熹对《东坡书传》也颇为赞许。有人问他："《书》解谁者最好？莫是东坡《书》为上否？"他说："是的。"又问："但若失之简。"他答："亦有只消如此解者。"又说："东坡《书》解却好，他看得文势好。东坡《书》解文义得处较多。尚有粘滞，是未尽透彻。"[1]可说是充分肯定了。明末凌濛初在他的刻本序言中也认为："传注之家有二派焉。一曰博洽，广列旁搜，引客证主。裴松之注《三国志》、刘孝标之注《世说》、郦道元之注《水经》也。一曰聪明，发挥己见，以意逆志。韩非之解《老》、喻《老》，向秀之注《庄》，王冰之解《素问》，张商英之注《素书》也。"[2]他将东坡归于"聪明发挥己见，以意逆志"一派，又称赞东坡"其博洽异常，丁其诗知之；其聪明盖世，于其文知之，固非一时诸儒所可望项背者"。证明东坡之诠解《尚书》正兼有"博洽"与"聪明"二者之美。而其诠解方法正如

---

[1] 见《朱子七经语类》第14卷尚书一第303页（上海古籍出版社1992年版）。
[2] 江苏大学图书馆藏本《东坡书传》凌濛初序。

凌濛初所说的"以意逆志",即不拘泥于一字一句的详细分解,也不作长篇大论,动辄千言。他说:"古之知言者,忘言而取意,故言无不通。后之学士,胶于言而责其必然,故多碍……故观《书》者,取其意而已。"(见《皋陶谟》)这一"以意逆志"的读经法,影响甚大,也可以说是一种创新。

东坡"以意逆志",于诠解之中发挥己见,每有独到见解。朱熹称其"文势好",是指他能把握文句的整体意思,做到语气贯通,辞意不绝,意蕴鲜明;称其"文义得处较多",是指对《尚书》这类古奥的以上古文字写成的文章,能够较多地理解准确,将其义理传达得清楚,解释得正确。与历代众多的学人《书传》相较,《东坡书传》不仅释义明白,简洁浅显,且视角独特,见解超群。

《东坡书传》中最能显示其独特视角,与诸儒所见不同的地方在哪里呢?我认为,最突出的就在于对"人"的认识上。

在他完成《东坡书传》等"海外三书"(即《东坡易传》《东坡书传》《论语说》)的写作后,曾题辞云:"孔壁、汲冢竹简科斗,皆漆书也,终于蠹坏。景钟、石鼓益坚,古人为不朽之计,亦至矣,然其妙意所以不坠者,特以人传人耳。大哉人乎!《易》曰:'神而明之,存乎其人。'吾作《易(传)》《书传》《论语说》,亦粗备矣。呜呼,又何以多为。"[1]他认为,古人为自己的论著欲求流传不朽计,所想出的各种办法也够多了,但假如这些论著所表达出的思想观点并不能留存在人们的脑海里,则无论怎样坚固的物质也不能让它存在永久。唯有人传人,代代流传不绝,成为人们共有的思想精华,它才是真正不朽的!

"大哉人乎!"这就是东坡对"人"的认识。《尚书·泰誓》(下引此书,只提篇名)里也曾提到"惟人万物之灵"。东坡在他的《书传》中时时提到人的作用,认为"古之天者,皆言民也"(《说命中》),他进而解释说:"古之所谓天,都是指民而言。民众之所以不难出力养活诸侯、卿

---

[1] 见《新编东坡海外集》第386页《题所作〈易〉、〈书〉、〈论语说〉》(中州古籍出版社2015年版)。

士，奉养天子，岂止是为了让他们安逸享乐？而是希望以他们来治理国家，使自己安享太平。这就是所谓的'天道'。"这是从政治的角度而言。这样的"天道"即所谓"人民就是江山，江山就是人民"。明确提出："民犹水也，水能载舟，亦能覆舟。物无险于民者。"（见《召诰》）"失民则失天，失天则失国也。"（见《五子之歌》）在《洪范》一篇中，东坡对"皇极"一词的诠解更是独抒己见，大异于诸儒。他始终将"皇"解释为大；将"极"解释为中。认为皇极是圣人为民所树立的"大中至正"的治民法则。而诸儒，特别是明清以来的学者，都将"皇"释为"皇上"或"皇权"，于是本应为民众谋利益的"皇极"却变成了皇帝操弄权柄，压制民众的统治手段（见《洪范》"皇极"一节）。

再从哲学的角度看，东坡引《易传》曰："神而明之，存乎其人。"意即精神思想的发扬光大，全在于人的意识。在《东坡易传》里，他解释"形而上者谓之道，形而下者谓之器"时强调"人"的自身就是"道"与"器"的统一体，因而进一步阐明："有其具而无其人则形存而神亡；有其人而修诚无素，则我不能默成而民亦不能默喻也。"[①]这就是说有"道"的存在而没有"人"来体现他，则"形上者"只是一个没有能体现它的精神的空壳；而虽然有"人"的形体却毫无思想意识、情感素养，则我们也不能将"道"默化而成形，民众也不能接受我们的教喻劝导。

这种"以人为本""人为本体"，把人放在第一位的观点进一步强化了孟子提出的"民为贵，社稷次之，君为轻"的政治理念，而且在哲学的层面上阐明了人是社会历史活动的主体，是一切社会关系的总和，没有人也就无所谓社会的进步观念。这也是东坡先生直至晚年仍坚信不疑的信念。这种信念还反映在他对"三代之治"的具体看法上。他赞赏尧、舜的禅让，主张领导人应考选委任，而反对大禹将王位传给自己的儿子启开始了"家天下"的传位制度；主张领袖人物应以德服人，首先要正视自身德行的亏缺，时时反省并听得进不同的甚至反对的意见；主张领

[①] 见《东坡易传》卷七《系辞传上》（中华书局2021年版《苏东坡全集》第7册第3549页）。

袖人物要能宽厚待人，不可"以杀立威"，以暴力对待敢说真话的人；主张领袖人物要带头守规矩，处事和平公正，恪守"中正之道"。为此他直接发表议论：

"唐、虞时代，设官仅百而天下大治，夏、商为何要成倍增加？这是因为道德衰败，政治鄙陋所致。尧、舜治理天下，没有担心失去政权的忧虑。因此只致力于选拔人才，而不是致力于立法。只要任用得人，一切问题都会解决。因此那时法制简单而官少，官少而问题也少。夏、商之世，变为一家的天下，因而担心会失去，所以不敢托付于人。于是人与法互相扶持而运行。因此法律条文烦杂而官员增多，官多而事也烦冗复杂。及至后世，则道德越加衰败，政治越加卑陋，人民越加不信，而全得靠法来解决。官吏不敢承担责任，互相推诿倚托以求得免责。因此法愈乱，官愈多，而事办不成。当君主的知道了这个道理，治理天下的事也就差不多了。"（见《周官》一篇）

又如在《君牙》一篇中，东坡认为：

"圣人以民心为存亡。一失去民心，没有哪一样举动是不招埋怨的。行赏则谓之营私，责罚则谓之作虐；倡德则谓之作假，不作为则谓之怠政；出号令，民不信；无事实，也会招来诽谤。这都是王的罪过。"

在《梓材》一篇中，东坡的诠解，坚持"以人为本"的意识，引《易经》"聪明睿智，神武而不杀"句，主张"以德治民"，反对杀戮，反对以暴力对待群众，坚持"宁可放过有疑罪的人而不可滥杀无辜"。告诫一切统治者"以杀为戒，以不杀为德"。林之奇对此大加赞叹："苏氏之言，其有功于教化者，此类也夫！"[①]《盘庚下》一篇，记述盘庚迁都，部分群众因惮于迁徙之苦，纷纷放出谣言，企图动摇迁都的决策。盘庚面对谣言四起的混乱局面，没有采取强制或暴力的方式加以弹压，而是苦口婆心，勉力说服。东坡对此大加赞扬，举例阐述。林之奇对东坡的诠

---

① 宋·林之奇《尚书全解》。

解也大为赞叹道："此盘庚之心，而史官善形容之，苏氏善发明之，皆可以一唱而三叹也。"①

以上观点，正是纪昀所谓"明于事势，而又长于议论""于治乱兴亡之际，披抉明畅，较他经独为擅长"的显著特点②。与其他《书传》相较，《东坡书传》的重点不在于典章制度、天文历算、礼仪习俗等的繁琐考辨以及文字词句的诠解引证饾饤剖析上，而是着重于上古"三代之治"的思想脉络、施政得失、兴亡教训上，所以这部书，即使在今天看来，仍具有深刻的现实意义。

东坡的弟弟子由在为他所作的《墓志铭》中说："最后居海南，作《书传》，推明上古之绝学，多先儒所未达。既成三书，抚之叹曰：'今世要未能信，后有君子，当知我矣。'"以上所述即"先儒所未达"的明显例子。此外，如《伊训》一篇，晚出《孔传》因忽略了三代历法的不同，开头就说，"成汤既没，太甲元年，伊尹作《伊训》，肆命徂后"。将夏历的十二月当成了正月。所以东坡直言："安国（实应为作伪的梅赜）谓汤崩之岁，而太甲（成汤之子）改元，不待明年者，亦因《经》文以臆也。"因为"殷之正月，则夏之十二月也。殷虽以建丑为正，犹以夏正数月"。因此误认为成汤刚死，太甲即于正月（实为十二月）改元登基，既不合商朝传位的法度，也不合当时的历法。由此可知，早在清阎若璩疑"伪《孔传》"之前数百年，东坡就以他精审的诠解揭示了东晋梅赜的假托。又《胤征》一篇中，阐明羲和因小过失而被篡位夺权的羿所征伐是"贰于羿而忠于夏"，被纪昀所肯定而引述于《总目提要》之中；又《康王之诰》述"成王崩未葬，君臣皆冕服"，东坡认为这是违反礼制的"非礼"之举，也被纪昀在《提要》中加以肯定，认为是先儒所未达之处。而在《禹贡·冀州》条中，东坡对经文"既载壶口，治梁及岐"产生疑问："梁、岐二山在雍州。今于冀州言之者，岂当时河患上及梁岐乎？"这一问恰好为当今考古学界所证实：公元前1900年左右，在今青海东部

---

① 宋·林之奇《尚书全解》。
② 《四库全书总目提要》。

积石峡一带发生过地震及山体滑坡，造成了黄河上游的堰塞湖而引发大洪水灾难。这一地质年代正是我国"大禹治水"的夏朝初建时期。梁、岐二山正在古代的雍州之地，因此，洪水才波及此二山而淹至壶口一带。东坡的观点为诸儒所不道，此亦苏辙所谓"多先儒所未达"处。又如《文侯之命》一篇，东坡从周平王东迁后的言行中得出东周从此衰落，不再有复兴之日的道理。这也是此书"多先儒所未达"的突出一例。直至晚年，东坡居儋仍就此命题写了一篇《论周东迁》，重申了因"避寇而迁都，未有不亡，虽即不亡，未有能复振者也"的道理。更让人惊讶的是，由于北宋徽、钦二宗因畏惧辽金而主张迁都，结果导致北宋的灭亡，这事正发生在东坡写作《论周东迁》后的三十年间！能不让人佩服东坡先生的先见之明吗？

类似的发现与发明于书中多见，读者可随文寻绎体会，恕不赘述。

当然，东坡此书也难免存在缺陷与不足之处。一是有的地方诠解过于简略。或三言两语，甚或只有二三字的解释，可谓语焉不详。二是编排割裂，首尾衔接不继，常有句读不便之处。三是限于当时的科学认知水平，某些阐述或带有迷信色彩，或缺乏科学依据。如《禹贡》篇，说到三江混一，而可以"味别"，颇遭后世学者的讥议。四是主观判断有失偏颇之处，缺乏说服力。如《武成》一篇，《经文》有句："乃偃武修文，归马于华山之阳，放牛于桃林之野，示天下弗服。"东坡的诠解，原意在赞美周武王"偃武修文"的德政，却因最后一句"示天下弗服"转而举例论述"武不可弃"的众多理由。其实，孔颖达早就对此怀疑《经文》有"简编断绝，经失其本"的脱误现象。而在《史记·周本纪》中，司马迁说的是："纵马于华山之阳，放牛于桃林之虚，偃干戈，振兵释旅，示天下不复用也。"这里明白说的是"示天下不复用"而不是"示天下弗服"！一字之差，使东坡误会，难以自圆其说。此外，对于各种名物、词语、字句的诠释也偶有失误或错释之处，至于在《洪范》一篇中的迷信说辞、牵强附会，更是此书明显的瑕疵。然沮洳之纡曲不废江河之浩荡，《东坡书传》的堂堂正气，不会因翳云小影而掩其光芒。

（三）

北宋元符三年（1100年），苏东坡谪琼居儋的最后时光，这位伟大作家晚年完成了他的三大学术著作：《东坡易传》《东坡书传》《论语说》。他十分庆幸自己能有机会在海外完成了如此倾注心血的力作，在写作过程中向远在大陆的友人借书参考，又在《和陶赠羊长史》一诗中借渊明诗句"愚生三季后，慨然念黄虞。得知千载事，上赖古人书"表达自己写作《书传》的心志。并情不自禁地告诉友人："某年六十五矣，体力毛发，正与年相称。或得复与公相见，亦未可知。已前者皆梦，已后者独非梦乎？置之不足道也。所喜者，海南了得《易》《书》《论语传》数十卷，似有益于骨朽后人耳目也。"①北归后，东坡临终前犹不忘嘱咐好友钱济明说："某前在海外，了得《易》《书》《论语》三书，今尽付与子。愿勿示人。三十年后，会有知者。"②

东坡先生如此厚重的期许也包含着他晚年创作这三部学术著作时的艰辛。生活的清苦，"食芋饮水，著书以为乐"，让深刻的思维驱除面临的一切忧烦而从中获得思想者的愉悦。又因为海外穷独，书籍举无有，只得向朋友从内陆借书："草得《书传》十三卷，甚赖公两借书籍检阅也。"③与他相伴居儋的幼子苏过亦有诗记此实况："海南寡书籍，蠹简仅编缀。《诗》亡不见《雅》，《易》脱空余《系》。借书如假田，主以岁月计。"④因此东坡先生对三书编成的珍爱之情自不待言。元符三年六月，他遇赦北归渡海至合浦时，"遭连日大雨，桥梁尽坏，水无津涯，自兴廉村净行院下，乘小舟至官寨……是日，六月晦，无月。碇宿大海中，天水相接，疏星满天。起坐四顾太息，吾何数乘此险也！已济徐闻，复厄

---

① 《苏轼文集》第四册卷52尺牍《答李端叔》十首之四（中华书局1986年版第1540页）。
② 宋·何薳《春渚纪闻·坡仙之终》。
③ 见《苏轼文集》第四册卷56尺牍《与郑靖老》四首之三（中华书局1986年版第1675页）。
④ 转引自《苏东坡全集》第七册《苏东坡书传叙录》（中华书局2021年版第七册第3587页）。

此险乎？过子在旁酣睡，呼不应。所撰《易》《书》《论语》皆以自随。世未有别本，抚之而叹曰：'天未丧斯文，吾辈必济！'已而果然"①。一番历险之后，幸而孤本犹存，斯文未丧。

《尚书》作为我国传世宝典，其内容包含了我们的古代先贤在社会治理方面所形成的种种经验教训，从中可以见识到他们超凡的智慧与聪明。这对于自小就立志报国、匡扶天下的东坡来说，正是他一心所向往的经典。其实，东坡的"读经"早在他的青少年时期就已开始。因为"四书五经"是他那个年代科举仕途上的必修之课，何况在他的父亲苏洵的教导下，自幼年时期起就对这些"经世之学"产生了浓厚的兴趣，不独因仕进而为。而在其四十余年的从政生涯中，却又仕途坎坷，有志不伸，甚至名高为累，为群小所妒，屡遭贬逐。所幸其赋性超然迈伦、迥异时辈。诚如南宋孝宗在《苏文忠公赠太师制》中所论："谥文忠苏轼。养其气以刚大，尊所闻而高明。博观载籍之传，几海涵而地负；远追正始之作，殆玉振而金声。知言自况于孟轲，论事肯卑于陆贽。方嘉祐全盛，尝膺特起之招；至熙宁纷更，乃陈长治之策。叹异人之间出，惊谗口之中伤。放浪岭海，而如在朝廷；斟酌古今，而若斡造化。不可夺者，峣然之节；莫之至者，自然之名。经纶不究于生前，议论常公于身后。"②纵观东坡一生，此实古今至论。

虽然"文忠"之谥于东坡身后几数十年始得颁，但东坡不废于"文"的积习却伴随其一生。在被贬官黄州时，他就遵父嘱，开始写作《易传》与《论语说》，晚年谪琼居儋，又克服百般艰难，奋力完成了这部《东坡书传》，实属不易。在下本儋人，前已著有《新编东坡海外集》一书，将东坡海外诗文裒为一集，力求完备，因此缘由，今复不揣谫陋，特就末学所及，写成此书以就正于方家。

2021年8月25日第一稿，2022年6月18日重撰

---

①见《苏轼文集》第五册卷71《题跋》《书合浦舟行》（中华书局1986年版第2277页）。
②见文学古籍出版社1957年版《经进东坡文集事略》卷首。

凡　例

（一）《东坡书传》一书是东坡本人政治思想、哲学观念的主要体现。东坡传述此书的主要目的在于传达他对我国传统政治思想的看法和理解，结合历代帝王的治绩尤其是他本人所经历的北宋的政治现实，提醒人们注意其中的是非得失，以求得"治国理政"的正确途径。因此他采用了"以意逆志"的方法，只着重于对经文的整体把握，而不追求对字词句的详细的解释。本书遵循这一原则，对东坡的诠解与其他经师注疏有不同的地方，一般只保留东坡的说法，即以东坡的诠解为主。

（二）东坡以"以意逆志"的创新方法写成的《书传》固有其特色，但也有一个较明显的特点，即过于简略，难于通解。为了让普通读者也能较好地理解这部难得的经典，本书采用笺译的方法，于林林总总的《尚书》历代整理著述中，就个人所得，特选取孔颖达《尚书正义》，林之奇《尚书全解》，蔡沈《尚书集传》，孙星衍《尚书今古文注疏》，皮锡瑞《今文尚书考证》，曾运乾《尚书正读》，周秉钧《尚书易解》，顾颉刚、刘起釪《尚书校释译论》等作为代表，择其善者而从之，让读者获得一个较完整的印象。然而通观历代各家著述，往往释义不同，见解各异，所以特设"笺释"一项，酌引各家不同之处并列互证，供读者参考。

（三）在引用以上列示著述时，一般以"孔颖达《正义》""林之奇《全解》""蔡沈《集传》""孙星衍《注疏》""皮锡瑞《考证》""曾运乾《正读》""顾颉刚、刘起釪《译论》""周秉钧《易解》"等简称形式标出，因所引文字皆可从相同的篇章段落中找到，故不再显示引文所在的该书的版本及页码。只有各家及东坡引用各经典名著等文句处，才标出相关的版本及页码。如"《苏轼文集》第四册卷52尺牍《答李端叔》十首之四（中华书局1986年版第1540页）"之类，以小五号字标示，并以注的形式附于相关页码，但不作解释，只供读者参考。

（四）本书以清《四库全书》本（以下简称"库本"）为底本，参酌明末凌濛初刻本（以下简称"明凌刻本"），四川大学教授曾枣庄、舒大刚先生校点本《东坡书传》，及舒大刚、李文泽先生主编《三苏经解集校》（以下简称"经解本"），互相校阅订正。遇有异同之处，特以方括号标注。如《顾命》一篇，述成王之死时，丧礼所用"桃枝竹"，库本、明凌刻本作"桃竹枝"，显误。因丧礼有"敷重篾席"句，说的是以篾作席，故应作"桃枝竹"。据晋戴凯之《竹谱》："余所见之桃枝竹，节短者不兼寸，长者或逾尺，豫章遍有之。"篾席当以此竹。

（五）《东坡书传》自北宋元符三年成书以来，《四库全书》本及明末凌濛初刻本《东坡书传》里有"避讳"的现象，将齐桓公改成"威公"，为避宋钦宗赵桓的讳。这就肯定不是东坡原著所为。宋钦宗即位时，东坡已逝世，除非后世读者擅改东坡原著。曾、舒二先生在《东坡书传叙录》中说："明、清不避'桓'讳，唯宋人刻书避钦宗赵桓，改'桓'为'威'，这与《古史》宋刻本'桓公'改为'威公'是同一道理。"[①]诚然，但据我见到的南宋林之奇的《尚书全解》、蔡沈的《书经集传》均无所谓"避讳"，照书"桓公"不误。如林之奇《全解》在《禹贡》一篇，释"三邦底贡厥名"一句时说："案《左氏传》，'齐桓公责楚贡包茅不入，王祭不供'。"（见人民出版社2019年版《尚书全解》上册第143页，陈良中点校本）又如蔡沈《集传》在《禹贡》一篇，释"济河惟兖州"句时说："齐桓塞其八流以自广，夫'曲防'，齐之所禁，塞河宜非桓公之所为也。"（见北京市中国书店1985年版《四书五经》影印本上册第115页）

[①] 转引自《苏东坡全集》第七册《苏东坡书传叙录》（中华书局2021年版第七册第3582页）。

且此书于《禹贡》《盘庚中》二篇中虽改"桓公"为"威公",却又于《君牙》一篇中仍书为"桓公",即无所谓"避讳"之说。前后矛盾,自相混淆。故本书凡作"威公"处,均据东坡原著改复。

(六)本书以《四库全书》本为母本,经曾枣庄、舒大刚考校,认为该本亦"校录精审",但内容仍有脱落,尤其《多士》一篇,脱误之处几不可读,然而限于图书版本资源的条件,只能依库本原编诠解。特此说明。

(七)本书转译,主要以东坡原书的段落编排为主,遇有个别明显于文意有碍,致上下隔阂的地方,适当加以调整,并在笺释中加以说明。

(八)本书转译,以东坡原著的每一段落为单元,尽量体现原著精神,不再作每篇整体的综合译述。译述的语言尽量简洁,文白互见,递相映照,体现古典文献的典雅庄重感。是否得当,敬请读者批评赐教。

目　录

序 / 刘尚荣 ·· 1
前　言 / 林冠群 ·· 1
凡　例 ·· 1

书传卷一 ·· 1
　虞　书 ·· 1
　　尧典第一 ·· 2
书传卷二 ·· 37
　虞　书 ·· 37
　　舜典第二 ·· 37
书传卷三 ·· 89
　虞　书 ·· 89
　　大禹谟第三 ·· 89
　　皋陶谟第四 ·· 115
书传卷四 ·· 137
　虞　书 ·· 137
　　益稷第五 ·· 137
书传卷五 ·· 163
　夏　书 ·· 163
　　禹贡第一 ·· 163
书传卷六 ·· 241
　夏　书 ·· 241

甘誓第二 …… 241

五子之歌第三 …… 247

胤征第四 …… 254

书传卷七 …… 269

商　书 …… 269

汤誓第一 …… 269

仲虺之诰第二 …… 274

汤诰第三 …… 282

伊训第四 …… 287

太甲上第五 …… 293

太甲中第六 …… 301

太甲下第七 …… 304

咸有一德第八 …… 309

书传卷八 …… 319

商　书 …… 319

盘庚上第九 …… 319

盘庚中第十 …… 334

盘庚下第十一 …… 346

说命上第十二 …… 353

说命中第十三 …… 358

说命下第十四 …… 363

高宗肜日第十五 …… 369

西伯戡黎第十六 …… 373

微子第十七 …… 378

书传卷九 …… 387

周　书 …… 387

泰誓上第一 …… 387

泰誓中第二 …… 392

泰誓下第三 …… 396

牧誓第四 …………………………………… 399
　　武成第五 …………………………………… 405
书传卷十 ………………………………………… 417
　周　书 ……………………………………………… 417
　　洪范第六 …………………………………… 417
书传卷十一 ……………………………………… 453
　周　书 ……………………………………………… 453
　　旅獒第七 …………………………………… 453
　　金縢第八 …………………………………… 458
　　大诰第九 …………………………………… 470
　　微子之命第十 ……………………………… 486
书传卷十二 ……………………………………… 493
　周　书 ……………………………………………… 493
　　康诰第十一 ………………………………… 493
　　酒诰第十二 ………………………………… 520
书传卷十三 ……………………………………… 537
　周　书 ……………………………………………… 537
　　梓材第十三 ………………………………… 537
　　召诰第十四 ………………………………… 546
　　洛诰第十五 ………………………………… 560
书传卷十四 ……………………………………… 581
　周　书 ……………………………………………… 581
　　多士第十六 ………………………………… 581
　　无逸第十七 ………………………………… 591
书传卷十五 ……………………………………… 603
　周　书 ……………………………………………… 603
　　君奭第十八 ………………………………… 603
　　蔡仲之命第十九 …………………………… 621
　　多方第二十 ………………………………… 626

书传卷十六 · · · · · · 643
周 书 · · · · · · 643
立政第二十一 · · · · · · 643
周官第二十二 · · · · · · 661
君陈第二十三 · · · · · · 673

书传卷十七 · · · · · · 681
周 书 · · · · · · 681
顾命第二十四 · · · · · · 681
康王之诰第二十五 · · · · · · 705

书传卷十八 · · · · · · 715
周 书 · · · · · · 715
毕命第二十六 · · · · · · 715
君牙第二十七 · · · · · · 722
冏命第二十八 · · · · · · 726

书传卷十九 · · · · · · 731
周 书 · · · · · · 731
吕刑第二十九 · · · · · · 731

书传卷二十 · · · · · · 761
周 书 · · · · · · 761
文侯之命第三十 · · · · · · 761
费誓第三十一 · · · · · · 767
秦誓第三十二 · · · · · · 772

参考书目 · · · · · · 781
后　记 · · · · · · 785

书传卷一

虞 书

【笺释】

《虞书》，清代孙星衍①《尚书今古文注疏》（下简称《注疏》）、今人曾运乾②《尚书正读》（下简称《正读》）均题作《虞夏书》；皮锡瑞③《今文尚书考证》（下简称《考证》）题作《唐书》；唐代孔颖达④《尚书正义》（下简称《正义》）云："《尧典》虽曰唐事，本以虞史所录，末言舜登庸由尧，故追尧作典，非唐史所录，故谓之《虞书》也。郑玄云'舜之美事，在于尧时'是也。案马融⑤、郑玄⑥、王肃⑦、《别录》题皆曰《虞夏书》，以虞、夏同科，虽虞事亦连夏。此直言《虞书》，本无《夏书》之题也。"

上古时期，唐指帝尧时代，虞指帝舜时代；夏、商、周三代则指王位世袭之后的"家天下"时代。

①孙星衍（1753—1818），字渊如，阳湖（今江苏武进）人，乾隆五十二年进士。由翰林院编修官至山东督粮道，又曾主讲杭州诂经精舍和江宁钟山书院。他博极群书，勤于著述，在经学、史学、音韵学、训诂学、金石学等方面都有很深的造诣。传世著作有近二十种。其中以《尚书今古文注疏》一书最负盛名。

②曾运乾（1884—1945），字星笠，湖南益阳人。著名语言文字学家，历任东北大学、中山大学、湖南大学教授，著有《尚书正读》，博采前贤注疏折中取正，有一定参考价值。

③皮锡瑞（1850—1908），字鹿门，湖南善化人。曾举乡试。先后在湖南桂阳龙潭书院、江西南昌经训学院讲学。又任维新派团体湖南长沙南学会学长。皮氏以今文经学名世，其治《尚书》用力最勤。除《今文尚书考证》外，尚有《尚书大传疏证》等多种。

④孔颖达（574—648），字仲达，唐冀州衡水（今河北省衡水市）人。隋大业初举明经高第，补太学助教。唐太宗年间，授文学馆学士，迁国子博士，贞观十四年授国子祭酒、银青光禄大夫，受封曲阜县公，为孔子三十一世孙。曾与颜师古等奉命编《五经正义》，为魏晋南北朝以来集大成的经学著作。登庸，指登帝位。

⑤马融（79—166），字季长，扶风郡茂陵县（今陕西省兴平市）人。东汉时期著名经学家，东汉名将马援的从孙。马融学识渊博，尤长于古文经学。他综合各家学说，遍注群经，使古文经学开始达到成熟的境地，预示着汉代经学发展将步入新的时期。他设帐授徒，不拘儒者礼节，门人常有千人之多，卢植、郑玄等都是其门徒。

⑥郑玄（123—200），字康成，北海郡高密县（今山东高密市）人。东汉末年儒家学者。曾入太学攻《京氏易》《公羊春秋》及《三统历》《九章算术》，又从张恭祖学《古文尚书》《周礼》和《左传》等，最后从马融学古文经。游学归里之后，复客耕东莱，聚徒授课，弟子达数千人。家贫好学，终为大儒。

⑦王肃（195—256），字子雍，东海郡郯县（今山东省临沂市郯城县）人。三国时期魏国大臣、经学家，司徒王朗的儿子，晋文帝司马昭的岳父。王肃遍注群经，对今古文经学加以综合，凭借深厚的文化底蕴，借鉴《礼记》《左传》《国语》等，编撰《孔子家语》宣扬道德价值，将儒家精神理念纳入官学，其所注经学被称作"王学"。

尧典第一

昔在帝尧①，聪明文思。

①帝尧，中华民族的人文初祖之一。据《史记·五帝本纪》，帝尧为帝喾之子，母名庆都（陈锋氏女），为黄帝的玄孙。初封于唐（今河北唐县），称"唐侯"。《史记》称："帝尧者，放勋。其仁如天，其知如神。就之如日，望之如云。富而不骄，贵而不舒。"

聪者，无所不闻；明者，无所不见。文者，其法度也；思者，其智虑也。

【译文】

上古帝尧在世时,没有他听闻不到、见识不到的事物,有法度,有智虑。

所谓"聪",就是无所不闻;所谓"明",就是无所不见。所谓"文",指的是他制定的法度;所谓"思",指的是他的智慧与思想。

光宅天下。
圣人之德,如日月之光,贞一而无所不及也。

【译文】

道德的光辉遍及于天下。

圣人的道德就像天上日月的光芒,始终如一而又无处不到。

将逊于位。
逊,遁也。

【译文】

即将让出首领的位置。

逊,隐退的意思。

让于虞舜。作《尧典》。
言常道也。

【译文】

将首领的位置让给虞地的舜。写作《尧典》一书。

《尧典》,是留给后世可以经常遵循、实行的治道。

【笺释】

"昔在帝尧,聪明文思。光宅天下。将逊于位,让于虞舜,作《尧典"》一段，不见于蔡沈、孙星衍等经学家的传本，而见于唐代孔颖达《正义》及清人《十三经注疏·尚书》等书。应是古代学者在著录该书时的开篇之语。南宋初，林之奇《尚书全解》（下称《全解》）著录此段，谓"昔在者，篇首起语之辞"。

按东坡对于"文"的解释，与马融、郑康成等大体相近。马、郑二人以"经纬天地"释"文"，而东坡解为"法度"，意即使社会的治理能纳入可控可管的法制之中。《易·系辞下》："上古结绳而治，后世圣人易之以书契。"书契既代结绳为治，则文作为书契记载的对象，自然也可以解释为"法度"。马、郑二人以"圣智"的气度颂扬上古圣人，而东坡的解说显然切于当世，孚于现实。然而，对于"思"的解释，他与郑康成的解释相近，郑谓"虑深通敏谓之思"，而马融等的解释却将思与个人的道德修养相牵维系，谓"道德纯备谓之思"，意思相去甚远。孙星衍《注疏》引证各书，以为"思"一作"塞"，又作"容"，容与睿通，所以郑康成后又释作："道德纯备谓之塞。"则是"思"不仅有思虑之意，亦与"道德纯备"等的道德品性相通了。各家相抵如此。

曰若稽古帝尧。曰："放勋。钦明文思，安安。"

若，顺也。稽，考也。放，法也，有功而可法曰"放勋"。犹孔子曰："巍巍乎，其有成功！"此论其德之辞也。自孟子、太史公，咸以"放勋"、"重华"、"文命"为尧、舜、禹之名，然有不可者，以类求之，则皋陶为名"允迪"乎？钦，敬也。或言其聪，或言其敬，初无异义。而学者因是以为说，则不胜异说矣。凡若此者，皆不取。钦明文思，才之绝人者也。以绝人之才，而安于无事，此德之盛也。夫惟天下之至仁为能安其安。

【译文】

顺着以往的历史考察帝尧。都说："他能效法以往的成功。帝尧恭敬、聪明、重法、慎思的四种品德，使他能平静地治理天下，使天下安于无事。"

若，依着，顺着的意思；稽，查考；放，与"仿"字通，仿效、效法的意思。有成功的经验可以效法就叫作"放勋"，就像孔子所说的"多么崇高伟大啊，他能取得这样的成功！"这是颂扬帝尧其人道德的词语。然而自孟子、太史公以来，都以"放勋""重华""文命"作为尧、舜、禹的名字，这其中却有说不通的地方。如果以此为例，那么，皋陶的名字就叫作"允迪"吗？钦，恭敬的意思。有人说这表示他的聪明，有人说这表示他的恭敬，对此，起初都没有不同的意见。其后，学者们就此细加论说，就产生各种各样不胜枚举的不同说法了。像这类说法，我这里都不采用。恭敬、聪明、重法、慎思，这是才德超越的人。这样才德超越的人能安于寡欲无求、不生事冒尖，这正是他的品德特别盛大崇高的表现。只有天下如此至仁至圣的德性才能安抚天下，使天下处于安靖平和之中。

【笺释】

华夏民族自远古时期发展至有文字的阶段，先前的一些重大事件或有意义的事情靠文字（书契）取代结绳记事流传下来。这种情况可以称为"远古记述"。远古记述当然要附着在远古的文字上。我国迄今为止最为古老的文字是考古所发现的甲骨文及青铜铭文。这些上古文字发展至春秋战国时期，已经成了可以较为完整地表述意思的文字系统。孔子就是在这一时期以这种文字系统整理出《周书》的。用这种文字记录整理的上古典籍，在春秋战国时期称为《书》，因为经孔子整理，后世儒学又尊称为《书经》、《尚书》，成了儒家的"五经"之一。

因为在甲骨文、青铜金文时期，还没有出现春秋战国时期文字系统中的许多语汇，所以后人在记录整理《尚书》等上古文献时，为了词能达意，或为了做自己主观认为的必要阐述、补充，便要加上后起的字词。这样一来，原始记录便有被后人误解、误读的可能。特别是春秋战国时期的典籍经秦始皇焚毁之后，《尚书》等已经失传，直至西汉才重新由伏胜、孔安国等经学家重新回忆用当时流行的文字整理一部分面世。其后，更有所谓伪古文《尚书》的出现，使这部书的真实面貌更加扑朔迷离，其"经解"也莫衷一是，各有说法。于是，传经、解经也成了一门艰深的学问。有的学者即使解释一字一词也因为难于疏理而旁征博引，动辄千言。如秦延君解"曰若稽古"一句就写了三万字。①而且有的解释经常互相矛盾，歧见多多，只好存疑待考。

如"曰若稽古帝尧曰放勋"一句，唐魏征等编《群书治要》断句为："曰若稽古帝尧，曰放勋。"南宋蔡沈②《书经集传》（以下简称《集传》）断句为："曰若稽古帝尧，曰放勋。"曾运乾断句为："曰若稽古，帝尧曰放勋。"清孙星衍《注疏》从蔡说。而皮锡瑞《考证》从魏说。三者之间的分歧在于，《群书治要》认为"放勋"二字，义为"勋，功也。言尧放上世之功化"（放，通仿）。《注疏》认为"放勋"为帝尧之名，尧名放勋。《考证》断句虽与《群书治要》同，但认为"放勋"是帝尧之名，不取"尧仿上世之功化"说。东坡的观点与《群书治要》基本同，即认为"放勋"非尧之名，而将"放勋"当作史官赞美尧的话，意思是"他能效法以往的成功，能将过去的成功经验作为榜样"。这句里，东坡又训"若"为顺，而蔡沈、曾运乾等以"曰若"为"发语辞"，不含实义。这样一来，"曰若稽古帝尧曰放勋"一句，可以直译成两种完全不同的意思。按蔡沈等的断句法，应解释成：考察上古的帝王尧，名叫放勋。而按东坡的断句法，应解释成：顺着以往的历史来考察尧帝。都说："他能效法以往的成功。"

东坡为何不取"帝尧名放勋"的说法？若引《皋陶谟》中"曰若稽古皋陶曰允迪"一句为例，可知，若依照蔡沈等的句法解释，皋陶就应名叫"允迪"，可是以蔡沈自己的解释，他说："稽古之下，即记皋陶之言者，谓考古皋陶之言如此也。"又将"允迪"二字作为皋陶的话而非他的名字了，岂不自我否定？所以东坡认为，将"放勋"解作帝尧的名字，显然有解释不通的地方。而且"曰若稽古帝尧，曰放勋"这种断句的解释，起码也显得语义重复。即称"帝尧"，又说名叫"放勋"，岂不是尧有两个名字？所以由此又生出许多解释，有的认为放勋是他的号，有的认为是他的谥；也有的认为尧就是号；也有的认为尧就是谥，不一而足。东坡认为称"放勋"为尧之名，起始于司马迁。但据《史记·五帝纪》"帝尧者，放勋。其仁如天，其知如神"一句，将放勋解作"效法以往的成功"也未尝不可，不能认为"放勋"就是帝尧之名。只是唐代司马贞的《史记索隐》却称："尧，谥也；放勋，名。"而孙星衍《注疏》却据此将司马迁的原文改成："帝尧者，名放勋。"多加了一个"名"字。林之奇③《全解》称赞东坡"其说比先儒为优"，但又说："然而此皆《虞书》也，《虞书》谓尧为古可也，禹、皋陶其时尚存，亦谓之古可乎？则此说不通。"东坡对此的解释是："有虞氏之世而谓舜、皋陶为古可乎？曰，自今以上皆古也，何必异代？"④其实，按东坡的推断，《尚书》成书于夏朝（见《皋陶谟》），所以书中文字皆后世史家所述，故"自今以上"皆古，其理自然，无足怪者。

当代著名《尚书》学者刘起釪先生在他题名为"顾颉刚⑤、刘起釪⑥"所著《尚书校释译论》（以下引此书简称《译论》）一书中就此争议，虽未提到《东坡书传》，但赞同"放勋"非尧之名的观点，但他又说："本来由传说而成的历史人物，他的名号可随文献使用，不必认真计较。"⑦折中如此，供参考。

①见东汉桓谭《新论·正经九》："秦近（延）君能说《尧典》，篇目两字之说至十余万言，但说'曰若稽古'，三万言。"（社会科学文献出版社2014年版《新论》第85页）
②蔡沈（1167—1230），字仲默，号九峰先生。福建建州建阳人。南宋学者，一生不求仕进，专决为学。少从朱熹学，并受朱所托，专研《尚书》数十年，著成《尚书集传》一书，为"四书五经"之一种。明代颁入学官，为士子科举必读书目。
③林之奇（1112—1176），字少颖，宋代著名经学家，福建福州侯官人。曾从经学家吕本中学。南宋绍兴二十一年登进士第，初授莆田主簿，后召为秘书省正字，转校书郎，曾上书反对王安石《三经新义》并主张积极备战，认为"战之所须不一，而人才为先"。后以病由宗正丞提举闽舶参帅议，以祠禄家居。所著除《尚书全解》外，尚有经学著作多种。
④见下《皋陶谟第四》。
⑤顾颉刚（1893—1980），原名诵坤，字铭坚，号颉刚。江苏苏州人。是中国现代著名历史学家、民俗学家，古史辨学派创始人，现代历史地理学和民俗学的开拓者、奠基人。

⑥刘起釪（1917—2012），当代著名学者。湖南安化人。曾师从著名历史学者顾颉刚，专攻上古史，尤以《尚书》研究为主要成就。2006年当选为中国社科院荣誉学部委员。以"顾颉刚、刘起釪"题名著《尚书校释译论》一书。

⑦见中华书局2005年版《尚书校释译论》"尧典"第9页。

允恭克让，光被四表，格于上下。

允，信也。克，能也。表，外也。格，至也。上下，天地也。恭有伪，让有不克，故以允、克为贤。

【译文】

守信恭谨，智能谦让，道德的光辉烛照四方，充塞天地之间。

允，表示守信、诚实。克，表示能够、胜任。表，指个人外在的表现。格，达到。上下，指天地之间。表面的恭敬会带有虚假的成分，谦让会妨碍个人的作为，所以推崇尧帝的诚信与智能为贤良。

【笺释】

东坡在这一段传述中，认为"谦恭"会有虚假的成分，而"谦让"可能会妨碍个人才能的发挥，所以尧的高尚品德应归结于诚信与智能。这样的理解与他对儒学"仁义礼智信"五常之教的看法是一致的。东坡认为"今夫五常之教，惟礼若为强人者。何则？人情莫不好逸豫而恶劳苦，今吾必也使之不敢箕踞，而磬折百拜以为礼；人情莫不乐富贵而羞贫贱，今吾必以使之不敢自尊，而揖让退抑以为礼。"（《中庸论中》）因此，人的"谦恭"有时并非出于真心诚意而会有虚假的成分。同样，谦让有时也并非人人都能做到。所以说"恭有伪，让有不克"。蔡沈云："允，信；克，能也。常人德非性有，物欲害之，故有强为恭而不实，欲为让而不能者。"（《集传》卷之一）这与东坡之说为近似。但孔颖达《正义》认为："恭则人不敢侮，让则人莫与争，由此为下所服，名誉著闻，圣德美名充满被溢于四方之外，又至于上天下地。"含意与东坡有所区别。东坡舍弃了并非出于人自身本性的恭与让，而将至诚与智能这种出自主观能动性的修养与能力当作是最值得尊崇而充塞于天地之间的美好品德。而孔颖达却以"人不敢侮""人莫与争"的利己意识来解释恭与让，显然格调、境界均未臻极境。另外，东汉经学家郑康成在《古文尚书疏》（以下引文简称《书疏》）中的解释是："不懈于位曰恭，推贤尚善曰让。"字面上解释允当，但同样不能从本质上揭示出帝尧最为可贵的道德品质。

克明俊德，以亲九族。

明，扬也。俊，杰也。尧之政，以举贤为首，亲亲为次。九族，高祖玄孙之族也。

【译文】

能够展现、彰显俊杰之士的美好品德，以此亲爱、团结高祖至玄孙等九辈族人。

明，彰显发扬之意。俊，俊伟杰出之意。帝尧的治理之政，首先要推举贤能的人，其次为团结爱护家族中自高祖以下至玄孙九辈的族人。

【笺释】

此两句继续表彰帝尧的高尚品德。孔颖达《正义》云："言尧之为君也，能尊明俊德之士，使之助己施化。以此贤臣之化，先令亲其九族之亲。"即帝尧作为君主，能够尊重表扬那些德才兼备的俊杰之士，使他们能够帮助自己实施教化，以他们为榜样去团结爱护族人。但东坡特别强调"以举贤为首"，其次才由贤臣之化而"亲其九族之亲"，而不是"先令亲其九族之亲"。

然而，清代皮锡瑞《考证》引文又以为"克明俊德"一句，"言尧自明其德，以训九族"，将"亲"字改作"训"字，认为这一句是帝尧表明自己以身作则，能够发扬本身美好的德性去感化别人，团结至亲好友之意。顾颉刚、刘起釪《译论》亦用此义。

此解又显与东坡的理解不同。

九族既睦，平章百姓。

平，和也。章，显用其贤者也。百姓，凡国之大族，民之望也。大族予之，民莫不予之也。方是时，上世帝皇之子孙，其得姓者，盖百余族而已，故曰"百姓"。

【译文】

上自高祖下至玄孙之九族既和睦相处，然后可以平和公开地从百姓中选拔任用贤能的人。

平，平和公正之意。章，公开选拔任用贤能的人。百姓，凡是一个国家的种姓大族，那是民众的向往所在。大族认同归顺了，民众也无不认同归顺。那个时候，上世帝皇的子孙，因血统关系而获得姓氏的，大概也不过一百多个姓族而已，因此称为"百姓"。

【笺释】

此句解释帝尧的施政方略。首先要团结和睦自己的亲族，在此基础上从百姓中公正公开地选拔任用贤能的人。东坡在此还对"百姓"二字作了解释。他认为，在古代，一个国家的巨族大姓，那是国家的民望所在。巨族大姓都拥护赞成帝王的治国方略，其他的民众自然也都会拥护赞成。

孔颖达《正义》认为，百姓应作"百官"解。认为"九族蒙化，已亲睦矣，又使之和协显明于百官之族姓"。然而，"百姓"既作"百官"解，则"百官之族姓"却显得句意重复，似不如东坡之说简洁。其实，意思都大致相同。不过是仁政的践行皆由此及彼，由近至远之意。按顾颉刚、刘起釪《译论》引王国维等释意，认为"百姓"应为"百生"。因"姓氏之制成于周室，且皆女人所称"，此前无"姓"字见于典籍中。蔡沈《集传》解百姓为"畿内民庶也"，则与东坡释百姓为"国之大族"有所孙星衍《注疏》与皮锡瑞《考证》将"克明俊德，以亲九族，九族既睦"作为一句。这与孔颖达《正义》释"既"为"已"，意有不协。所以东坡以"九族既睦"作为上句，接下"平章百姓"。即九族已经和睦了，任用贤良才有基础。

①据明代凌濛初刻本《东坡书传》卷一眉批引明杨升庵（慎）语云："蔡氏注云：'百姓者，畿内之民庶。黎民者，四方之民。'此不通古今之说也。圣人之视民，远近一也，岂分畿内与四方哉？百姓，盖禄有有土，仕而有爵者，能自明其德，而后协同万国，万国诸侯协和而后黎民于变时雍，此其序也。若以百姓为民庶，则黎民又是何物？亦岂有民庶先于诸侯者哉？"

百姓昭明，协和万邦。黎民于变时雍。
协，合也。黎，众也。变，化也。雍，和也。

【译文】

百姓们都明白、感受到了帝王的德政，足可以协调安抚天下诸侯各部落，民众亦因此而改变得和睦相处了。

协，即协调合作之意。黎，即民众。变，即教化。雍，即和睦。言民众因此而变得和睦相处了。

【笺释】

此句总体意思不难明白，即民众有了思想觉悟，帝王的德政就可以为天下百姓所接受，百姓因而和睦相处。但各家对字句的解释却略有差异。

孙星衍《注疏》引司马迁《史记·五帝本纪》，"协和"作"合和"；"邦"作"国"。顾颉刚、刘起釪《译论》解"万国"为各部落。蔡沈《集传》训"黎"为"黑"，谓"民首皆黑，故曰黎民"。皮锡瑞《考证》引《今文尚书》："黎民于变时雍"一句改为"黎民于蕃时雍"。又以

"时"为"时代"之时,则"时雍"之义已扩充为时代的平和稳定。曾运乾则解为:"言众民从化而变,悉臻和善也。"

乃命羲、和,钦若昊天,历象日月星辰,敬授人时。

昊,广大也。历者,其书也。象者,其器也。璿玑、玉衡之类是也。星,四方中星也。辰,日月所会也。或曰,星,五星;辰,三辰,心、伐、北辰也。重、黎之后羲氏、和氏,世掌天地四时之官,故尧以是命之。

【译文】

于是命令羲氏、和氏,敬奉顺应上天,创造出历书、观察天象的器具等,算准日月星辰运行的规律,郑重恭敬地向人民传授记录时间的方法。

昊,广大的意思(指上天)。历,指记录日月星辰阴阳历数的书籍。象,指用来测定上述历数的器具,如璿玑、玉衡等类都是。星,指金木水火土五星抑配东西南北中四方的星象。辰,指日月星辰的十二次交会运转的天象。也有人解释:星,指金木水火土五星;辰,指三辰,即心、伐、与北辰星。重、黎①之后有羲氏、和氏,世代掌握天地四时历象之事,因此帝尧将"授民以时"的任务交给他们。

①重、黎,据《国语·楚语下》云:"祸灾荐臻,莫尽其气。颛顼受之,乃命南正重,司天以属神;命火正黎,司地以属民,使复旧常无相侵渎。"(岳麓书社1994年版《白话国语》第374页),则重、黎为帝颛顼时期的二位大臣。但据《史记·楚世家》,以重黎为一人,"为帝喾高辛居火正,甚有功,能光融天下,帝喾命曰祝融"。

【笺释】

关于这段经文的解释,蔡沈《集传》与东坡多有相同之处。如"若,顺也。昊,广大之意。历,所以纪数之书。象,所以观天之器,如下篇玑、衡之属是也"。但《史记》将"历象日月星辰"一句作"数法日月星辰"解，而皮锡瑞《考证》引文"《史记》作'数法'，《索隐》曰：'谓命羲、和以历数之法'……盖以今文家以璿、玑为北极，玉衡为北斗之说也"，与东坡的解释不同。尤其"以璿、玑为北极，玉衡为北斗"之说与东坡"象，其器也"全相反。而璿、玑、玉衡，确是古代天文中与北斗、北极相关的概念，并未与测天象的器具有关。孙星衍《注疏》谓："三辰，日月星，谓能次序三辰，以治历明时，教民稼穑以安也。"似比东坡之解畅达。

在夏商周以前的"上古"时期，有否观测天象的器具出现，有无记录、测算天文历算的书籍文字存在，至今似还未看到考古的实证。而以"数、法"的简单观测、计算似又可以实行。《史记》的说法比较可信。顾颉刚、刘起釪《译论》："认为历为历书，象为仪器者，都是不确的。"则应以《史记》说法为准。屈万里[①]《尚书集释》也认为"西汉以前无浑天之器"。

[①]屈万里（1907—1979），字翼鹏。山东省鱼台县王鲁乡东华村人。台湾"中央研究院历史语言研究所"所长，国学大师。著有《尚书集释》等。1979年2月16日病逝于台湾。

分命羲仲宅嵎夷，曰旸谷。

《禹贡》：嵎夷在青州。又曰："旸谷则其地近日而光明。当在东方海上。"以此推之，则昧谷当在西极朔方；幽都当在幽州；而南交为交趾明矣。春曰宅嵎夷，夏曰宅南交，冬曰宅朔方，而秋独曰宅西。徐广[①]曰，西，今天水之西县也。羲、和之任亦重矣。尧都于冀州，而其所重任之臣乃在四极万里之外，理或不然。当是致日景以定分、至，然后历可起也。故使往验于四极，非常宅也。

[①]徐广（352—425），字野民，东莞郡姑幕县（今山东省莒县）人，东晋徐邈之弟。博学多才，诸子百家、阴阳术数，无不研究。著有《晋纪》一书。

【译文】

分别命令羲仲等住宿于嵎夷,名叫旸谷的地方。

《禹贡》一书称嵎夷在青州。又说:"旸谷那地方靠近太阳,显得光明透亮,那地方应在东方的海上。"以此推论,则昧谷就应该在最靠近西边的朔方;幽都应该在幽州;而南交即交趾那就是很明白的了。春天说住宿在嵎夷,夏天说住宿在南交,冬天说住宿在朔方,独秋天只说住在西。徐广说,西,指今天水的西县。羲、和二人的任务也够重的了。尧建都于冀州,而他委以重任的大臣却在四方万里之外,不合道理啊。看来应该是到那些地方去测量太阳的影子以定出春分、秋分、夏至、冬至的准确时间,然后才能起用历法。所以才派羲、和等到四方极远的地方去验证历法,并非让他们常住那地方。

【笺释】

孔颖达《正义》:"宅,居也。东表之地称嵎夷。旸,明也。日出于谷而天下明,故称旸谷。旸谷、嵎夷一也。羲仲居治东方之官。"据《史记》所附注解,帝尧委派羲仲治理东方青州嵎夷之地,因日出于东方,所以称其地为阳明之谷,即"旸谷"。曾运乾释羲仲为官名,即"春官",以下羲叔、和仲、和叔则顺次为夏官、秋官、冬官。宅释为度,"度之而识其晷景,以定中国之日出入分也"。又据皮锡瑞《考证》引郑玄注,认为羲仲、羲叔,和仲、和叔分别为父子。父子四人又各主理地方事务,称为"四岳"(东坡在以下的传文中认为"四岳"为一人)。但同时又引《风俗通》认为"羲氏,尧卿羲仲之后"。则意思正好相反。羲仲、和仲为羲氏、和氏之父辈。孙星衍《注疏》引郑康成注认为羲仲为官名,称"尧既分阴阳为四时,命羲仲、和仲、羲叔、和叔等为之官,又主方岳之事,是为四岳。掌四时者曰仲、叔,则掌天地者其曰伯乎?"今古文《尚书》时有传述不同之处如此。特录出供参考。

寅宾出日,平秩东作。

寅，敬也。宾，导也。秩，次序也。东作，春作也。西成，秋成也。春夏欲民早起，故先日出而作，是谓"寅宾出日"。秋冬寒，不能早起，故令民候日入而息，是谓"寅饯纳日"。二叔不言"饯"者，因仲之辞。

【译文】

恭敬地导引民众在日出之时，按次序进行耕作。

寅，恭敬的意思。宾，作"导引"解。秩，即次序。东作，指春耕；西成，指秋天的收成。春夏时节，希望民众能尽早起床，在日出之时开始耕作，这就是所谓"寅宾出日"。秋冬时节，天气寒冷，民众不能早起，因此令民众等候太阳落山之后才休息，这就是所谓"寅饯（送）纳日"。羲叔、和叔二位不称"饯"，因为这原是羲仲、和仲对民众说的话。

【笺释】

"寅宾出日"句，《史记》作："敬道出日，便程东作。"东坡解"寅"为敬，而皮锡瑞《考证》认为"《史记》作'敬道日出'，以训诂代经"。即直接将"寅"字的训诂"敬"写入文章中。寅，原字作"夤"，"夤，敬惕也"。又引《尚书今释》："宾，如字。徐（广）音儐。《说文》云'儐，导也'。史公训宾为导，则《今文尚书》亦假宾为儐导之儐矣。"又据孙星衍《注疏》："平秩为便程者，声俱相近。"则是"平秩"与"便程"皆为音近而转，而释义相近。意谓上古时期，帝王有春分之日亲率所属官吏"敬拜迎日东郊"的仪式，以鼓励民众耕作。

日中星鸟，以殷仲春。

日中者，昼夜平也。二分皆昼夜平，而春言日中，秋言宵中者，互相备也。春分，朱鸟七宿昏见于南方，夏至则青龙，秋分则玄武，冬至则白虎，而夏秋冬独举一宿者，举其中也。殷，当也。《书》曰："九江孔殷。"

【译文】

春分时节,朱雀之星出现,这正是仲春时候。

所谓"日中",是指昼夜平分。春分、秋分,都是昼夜平分,而春天称为"日中",秋天称为"宵中",互相搭配,以求完整。春分的时候,朱雀星系共有七颗星,黄昏时候见于南方。夏至时则是青龙星系,秋分则是玄武星系,冬至则是白虎星系,而夏、秋、冬,三个季节都不提及,只提朱雀一宿,那是因为春分居中,正当其分也。殷,即当中之意。《尚书》有句:"九江正当其中。"

【笺释】

古人以天上星宿分成东西南北四个方位:东方青龙,南方朱雀,西方白虎,北方玄武。其中朱雀星系有七颗星:井、鬼、柳、星、张、翼、轸。每年的春分时节,黄昏时刻可以于正南方向见到朱雀七星。这时正是仲春时节。夏至时可以见到青龙星系,秋分可以见到玄武星系,冬至可以见到白虎星系。"九江孔殷"句,蔡沈《集传》认为"九江"即洞庭湖,故言大(孔),言正(居中,因为是江流所汇聚之地)。

厥民析,

冬寒无事,民入室处。春事既起,丁壮就田,其民老壮分析。

【译文】

其民众分散休息。

入冬天寒地冻,已无劳作之事,民众各归家休息。至开春之后,农事起来了,各家的丁壮劳力都到田地里,按老年、强壮者分散干活。

【笺释】

据《史记》引文,"厥"作"其"。意同。孙星衍《注疏》又引《史记》释"析"句,谓"言使民分散耕种"。

按，顾颉刚、刘起釪《译论》引述近代著名甲骨学者胡厚宣《甲骨文四方风名考证》认为"析"是"四方风名神名"。释义虽有实据，但于经文原义却难以绾合，故不取。

鸟兽孳尾。
乳化曰孳，交接曰尾。

【译文】

鸟兽交配生育。
鸟兽生育叫"孳"，鸟兽交配叫"尾"。

【笺释】

据《说文解字》卷十二上云："乳。人及鸟生子曰乳，兽曰产。从孚从乙。乙者，玄鸟也。"则乳化指鸟兽生育繁殖。又东坡直接引用《正义》："交接曰尾。"交接即交尾，指鸟兽的交配。

申命羲叔，
申，重也。

【译文】

再次命令羲叔。
申，再次。

宅南交。平秩南讹，敬致。
讹，化也。叙南方化育之事，以敬致其功。

【译文】

再次命令羲叔驻守南方交趾之地。对他平和有序地化育南方的功劳表示敬意。

讹，教导化育之意。这里叙述羲叔教导化育南方的事迹，并对其功绩表示致敬。

【笺释】

《史记》此句作"居南交，便程南为，敬致"。注解引孔安国言"为，化也。平序分南北化育之事，敬行其教，以致其功也"。"便程南为"与《今文尚书》句同。将"为"作"有所作为"解，故皮锡瑞《考证》引《史记索隐》言："为，依字读。春言东作，夏言南为，皆是耕作营为、劝农之事。"这与东坡解作"南方化育之事"亦相近。顾颉刚、刘起釪《译论》谓"南为"和"东作"一样，都是指农事活动。并认为"敬致"以下经文有残缺错乱。

日永，星火，以正仲夏。

永，长也。火，心也。

【译文】

白昼最长的时候，大火星系出现，这正是仲夏季节。

永，长久的意思。火，指大火星系。心，指大火星系中的心星。

【笺释】

古人选择黄道附近的二十八个星宿作为坐标，分为"二十八宿"。又由黄道附近一周天所观察到的星宿从东向西分为"星纪"，共十二个等分，称"十二次"。每个次都有名称，如星纪，玄枵，娵訾，降娄，大梁，实沈，鹑首，鹑火，鹑尾，寿星，大火，析木。其中大火次共有氐、房、心、尾诸星宿。东坡所谓"火，心也"，是指夏至时刻可以见到大火星系中的心星。孙星衍《注疏》引郑康成语："星火，大火之属。司马之职，治南岳之事，得则夏气和。夏至之气，昏，火星中。"又解释"夏至之气，昏，火星中"一句："夏至火星未中。"因为夏至节气在五月上旬，大火星系还未移到中间的位置，须"加十五日小暑，又加十五日大暑，角、亢西移，火亦正中矣"。因角、亢为寿星星系，寿星星系西移，大火星系才能移至正中位置。

厥民因，
老弱毕作。因就在田之丁壮也。

【译文】

农民们都在田野里脱衣劳作。

年老体弱者也都行动起来了。相互解衣帮助在田野之上的丁壮劳力。

【笺释】

蔡沈《集传》解释"因"为"析而又析，以气愈热而民亦散处也"。孙星衍《注疏》引《释诂》："儴，因也。"又引《说文》："汉令，解衣耕，谓之襄。"所以他认为"因"表示"民相就而助成耕耨之事"。则"因"为"解衣耕"之意，但"相就而助成"意思正与"散处"相反。《史记》引孔安国的解释："因，谓老弱因就在田之丁壮以助农也。"东坡显然取孔安国的解释，而蔡、孙二家的诠解也有助于对此句的完整理解。而曾运乾却解为："此言夏时天气溽暑，民气因仍，惮于进取改作也。"释"因"为"因仍"，与上述"化民生产"的主旨不同。顾颉刚、刘起釪《译论》则完全否定以上诸家解释，认为全是不懂古代神话传说所致。但他们也得不出任何完整的解释，只好说："是各家各自为说，在此只要知道其为南风（指因字）之名就行，不用寻其义。"

鸟兽希革。
其羽毛稀少而革易也。

【译文】

鸟兽羽毛稀少，更换。

鸟兽的羽毛（因天气热）逐渐稀少而毛皮也会换掉。

【笺释】

刘起釪认为这段诠解与上句一样，都为"妄说"，但又无说得通的解释。

分命和仲宅西，曰昧谷，寅饯纳日。

饯，送也。

【译文】

重又命令和仲驻守在西边叫"昧谷"的地方，恭敬礼送太阳的西归。饯，礼送之意。

【笺释】

分命，《史记》与《今文尚书》均作"申命"，申，重复，再次。昧谷，《史记》作"居西土，曰昧谷"，注解引孔安国的话："日入于谷而天下冥，故曰昧谷。此居治西方之官，掌秋天之政也。"表示昧谷为西边日落的地方。但皮锡瑞引《史记集解》认为"西者，今天水之西县也。一作'柳谷'"，又引郑玄的说法，认为"西者，陇西之西。今人谓之兑山"。又引《史记索引》认为"昧谷"当作"柳谷"，柳谷亦日入处之地名。《史记》原作"柳"。"昧"是郑玄后来改的，如他曾将"汤谷"改为"旸谷"一样。《正义》亦引夏侯所传《书》"昧谷"实为"柳谷"。又引《论衡·说日篇》："儒者论日，旦出扶桑，暮入细柳。扶桑，东方地；细柳，西方野也。"

平秩西成，宵中星虚，以殷仲秋。厥民夷。

夷，平也。农事至秋稍缓，可以渐休，故曰夷。

【译文】

平稳有序地治理农事渐见成效，夜晚可见北方玄武星系中的虚宿星座。正当中秋时候。民众渐得休息。

夷，平安平和之意。耕作方面的农事到了秋天就可以稍为轻松放缓了，可以平安休息，所以叫作"夷"。

【笺释】

《史记》平秩作"平程"；宵中作"夜中"；殷作"正"。意与前同。而夷作"夷易"。孙星衍《注疏》引郑康成语："虚，玄武中虚宿也。"顾颉刚、刘起釪《译论》释"西成"曰："和东作、西为一样，都是指农事活动。当因秋天作物收成，故用'成'字。"又释"宵中"为秋分时节。

鸟兽毛毨。
毨，理也。毛更生整齐。

【译文】

鸟兽毛羽更新齐整。

毨，鸟兽梳理毛羽。更换后的毛羽生得更整齐。

申命和叔宅朔方，曰幽都。平在朔易。
在，察也。朔易，岁于此改易也。《礼》"十二月，天子与公卿、大夫共饬国典，论时令，以待来岁之宜"①。

①《礼记·月令》："天子乃与公卿、大夫共饬国典，论时令，以待来岁之宜。"（岳麓书社1989年版《周礼·仪礼·礼记》第352页）

【译文】

重新任命和叔驻守朔方，名叫幽都的地方。使考察岁序更易之事。

在，考察之意。朔易，一年到此即将终了更新。《礼记·月令》：十二月"天子乃与公卿、大夫共同整理、修改国家的法典政令，讨论季节时令之事，以待来年要面对的各项事务"。

【笺释】

皮锡瑞《考证》："幽都，即幽州也。"孙星衍《注疏》："在者，察也。平者，使也。"朔易一词，东坡解作"岁于此改易也"。顾颉刚、刘起釪《译论》释"朔易"曰："与北易、东作、西成一样，都是指农事活动，不过此处指冬天的农事。"曾运乾《正读》："朔易，日道自极南敛南而北也。"然皮锡瑞《考证》引《史记》此句作"便作伏物"。又引《史记索隐》谓："使和叔考察北方藏伏之物，谓人畜积聚等，冬皆藏伏。"综合起来，应以东坡之解为近是。

日短，星昴，以正仲冬。厥民隩。
隩，室也。民老幼皆入室。

【译文】

白昼短，昴星现，正是仲冬时节。民众皆宅居避寒。

隩，意为居室。民众老幼人等皆入室避寒。

【笺释】

冬至，昼短夜长。昴星为西方白虎七宿星系的第四个星座。昴星现，是冬至时节。《史记》此段作"以正中冬，其民燠"。孙星衍《注疏》引马融语："隩，暖也。"则"其民燠"即民众入室取暖之谓也。与东坡所解意同。顾颉刚、刘起釪《译论》引我国科学家竺可桢先生的推算，谓"昴星能作为仲冬中星，确是传说中的唐尧时代。即公元前2300年以前的现象"。则距今又有4300多年了。

鸟兽氄毛。
氄，软厚也。

【译文】

鸟兽都长出了软厚的氄毛。

毭，又软又厚之意。

帝曰："咨，汝羲暨和，期三百有六旬有六日，以闰月定四时成岁。"

暨，与也。周四时曰"期"。期当三百六十五日四分日之一，而云六日，举其全也。岁止得三百五十四日，故以闰月定而正之。有，读为"又"。古有又通。

【译文】

帝尧说："啊，你羲与和二人，整三百六十六日，加以闰月定春夏秋冬四时作为一年。"

暨，与之意。春夏秋冬四时转一周称"期"。一"期"整三百六十五日又四分之一日。而说是"六日"，是举其整数而言。一岁止得三百五十四日，因此以闰月加以补足才算完整。有，读作"又"。古代"有"与"又"通用。

【笺释】

孙星衍《注疏》引杜预《长历》："《书》称'期三百有六旬有六日'云云，是以天子必置日官，诸侯必置日御，世修其业，以考其术。举全数而言，故曰六日。其实五日四分之一日。日行一度而月行十三度十九分度之七有畸。日官当会集此之迟疾，以考成晦朔，错综以设闰月。闰月无中气，而斗邪指两辰之间，所以异于他月也。积此以相通，四时八节无违，乃得成岁。其微密至矣。得其精微，以合天道，事序而不悖。"

所谓"成岁"之意，即在按岁序校正好四时八节的时间之后，就可以安排好一年的农事政务等工作，不致违时。

"定四时"，《史记》作"正四时"，正，应即"校正"之意。顾颉刚、刘起釪《译论》谓："闰"字在甲骨文中未发现。殷人称闰月为"十三月"。则周代始有"闰"字。

允厘百工，庶绩咸熙。

厘，理工官也。绩，功也。熙，光明也。

【译文】

相信管理各项事务的官员们，都取得了明显的成绩。

厘，管理各项事务的官员。绩，功绩。熙，光明之意。

【笺释】

《史记》作"信饬百官，众功皆兴"。允，即信之意。厘，即理。东坡解作"管理各项事务的官员"，与《史记》意同。曾运乾释："言置闰成岁，四时不差，庶得以此信治百工，而兴起众功也。"

帝曰："畴咨若时？登庸！"

畴，谁也；咨，嗟也。时，是也。犹曰："时乎嗟哉！能顺是者，我登进而用之。"

【译文】

帝尧说："啊，谁能够顺利地解决问题？我要晋升起用他。"

畴，谁的意思；咨，这里表示感叹。时，是之意。这句意思是说："是这样啊，谁能顺利地解决这些问题，我就要晋升起用他。"

【笺释】

《史记》将此句写作"谁可顺此事？"意即"谁能顺利地解决这些问题？"孙星衍引马融语："羲、和为卿官，尧之末年，皆以老死，庶绩多阙，故求贤顺四时之职，欲用以代羲、和。"帝尧的晚年，羲、和等大臣都老死了，许多政事缺人管理，急需贤才。帝尧这一问，即须及时求贤之意。东坡以"时"作是解，孙星衍以司马迁《史记》为据，解"时"作"事"，并认为"时与事，声相近"，则东坡解"是"应即"事"之意。所以全句意谓："谁能够顺利地解决问题？我要晋升起用他。"

放齐曰："胤子朱启明！"帝曰："吁？嚚讼，可乎？"

放齐，臣名。胤，国子爵。朱，名。《书》有胤侯。吁，疑怪之辞也。口不道忠信之言为嚚。或曰，太史公曰：嗣子朱丹开明。

【译文】

放齐说："太子朱，很开明！"帝尧说："啊？口不讲忠信，他能行吗？"

放齐，臣子的名称。胤，国子（嗣子）的爵位。朱，太子的名称。《尚书》有"胤侯"。吁，表示疑惑惊讶。口中不讲忠信的话叫作"嚚"。也有人认为：太史公（司马迁）说，嗣子朱丹开明。

【笺释】

这段话，《今文尚书》作："胤子朱开明。"《史记》作："嗣子丹朱开明。"皮锡瑞《考证》引《汉书·律历志》："尧使子朱处于丹渊为诸侯。"则帝尧之子朱被封于丹渊，故《史记》称为丹朱，而称嗣子即胤子，太子的别称。《考证》又引《大传》称："尧为天子，丹朱为太子，舜为左右。尧知丹朱之不肖，必将坏其宗庙，灭其社稷，而天下同贼之，故尧推尊舜而尚之，属诸侯焉。"

帝尧觉察儿子朱虽被封于丹渊，贵为诸侯，但为人平庸凶顽，缺乏忠信，不堪重任，所以不听放齐之劝，没有重用丹朱。

帝曰："畴咨若予采？"

采，事也。

【译文】

帝尧说："谁能为我当这个官，办好这些事？"

采，事之意。

【笺释】

　　《正义》："采，事也。复求谁能顺我事者？"东坡用此意。而孙星衍《注疏》引马融语："采，官也。"但其疏又以马融语称："采，事也。"《史记》此句作："谁可者？"意思更为明白，即"谁能办好这些事？"

　　驩兜曰："都！共工方鸠僝功。"
　　驩兜，臣名。都，吁，叹美之辞也。共工，其先为是官者，因以氏也。方，类也。鸠，聚也。僝，布也。言共工能类聚而布其功也。

【译文】

　　驩兜说："好啊！共工能够聚集同类，布置工作取得功效。"
　　驩兜，帝尧臣子之名。都，吁，叹美之辞。共工，他的先辈是担任这个官职的，因此以该官职为姓氏。方，类似，种类。鸠，聚集。僝，布置、分布之意。言共工此人能够团结群众布置好工作，取得明显的功效。

【笺释】

　　孙星衍《注疏》引马融语："共工，水官名。其人名氏未闻。先祖居此官，故以官氏也。尧末，羲、和之子皆死，庶绩多阙。当此之时，驩兜、共工，更相为举。"则这句里，共工当是帝尧时期负责治理水土的臣子。当帝尧问起谁能胜任这些工作时，驩兜立即发声，夸赞共工，此即马融所谓"更相为举"之意。《史记》此句作："共工旁聚布功，可用。"意思比经文简易明白，但皮锡瑞等认为这是太史公以解经之文取代经文本身（以故训代经）。但意思相近。

　　帝曰："吁！静言，庸违，象恭滔天。"
　　静则能言，用则违之，貌象恭敬，而实灭其天理。滔，灭也。

【译文】

帝尧说:"啊!话说得好听,但运作起来有违常理,貌似恭敬,但违背天理。"

好话能说,但行动起来却违背常理。表面看似恭敬谨慎,但其实有灭天理。滔,毁灭之意。

【笺释】

此句,《正义》作:"静,谋。滔,漫也。言共工自为谋言,起用行事而违背之,貌象恭敬而心傲很,若漫天。言不可用。"《史记》作:"共工善言,其用僻,似恭漫天。不可。"两家的诠解与东坡的解释综合起来,大意是说,帝尧认为共工此人讲话好听,但行动起来却有悖常理,貌似恭敬谨慎,但所做的事有违天理,不可大用。

至于具体字词句的解释,孙星衍《注疏》,皮锡瑞的《考证》,《史记》中的集解、索隐等,各有举例,引证繁富,无须赘述。

帝曰:"咨,四岳,"

孔安国以四岳为羲、和四子,而太史公以羲、和为司马之先,以四岳为齐太公之祖。则四岳非羲、和也。当以史为正。

【译文】

帝尧说:"喂,四岳,"

孔安国认为"四岳"是羲、和四人,而太史公认为羲、和是司马的先辈,以"四岳"为齐太公的祖先。既然如此,"四岳"不可能是羲、和。应当以史的记述为正确。

【笺释】

东坡否定"孔安国"(其实指的是晚出《孔传》)的话而认同太史公的看法,认为羲、和只是司马的先辈。但孙星衍《注疏》引《国语》云:"共之从孙,四岳佐之。"又云:"胙四岳国,命为侯伯,赐姓曰姜,氏曰有吕。"①这就是"齐太公的祖先"了。《国语》为史,其余各家说法各有异同,故东坡曰:"当以史为正。"

①《国语·周语下》:"共之从孙,四岳佐之。……胙四岳国,命以侯伯,赐姓曰姜,氏曰'有吕'。"(岳麓书社1994年版《白话国语》第66页)

"汤汤洪水方割,荡荡怀山襄陵,浩浩滔天。"

汤汤,荡荡,浩浩,皆水之状也。割,害也。怀,包也。襄,上也,水逆流曰襄。

【译文】

"洪水滔天为害,荡荡的洪水包围山陵,水势浩渺滔天。"

汤汤,荡荡,浩浩,这都是水流的形状。割,损害、侵害之意。怀,包围。襄,往上之意,水逆流叫襄。

【笺释】

此句为帝尧的话。《史记》此句作:"汤汤洪水滔天,浩浩怀山襄陵。"《史记集解》孔安国曰:"怀,包;襄,上也。"东坡用此解。孔颖达《正义》又有"包山上陵,浩浩盛大,若漫天"句,意思均与此同。

"下民其咨,有能俾乂?"

俾,使也。乂,治也。

【译文】

"下面的民众正在发愁忧虑,有谁能够担责治理洪水呢?"

俾,使的意思。乂,治理之意。

【笺释】

此句仍是帝尧的话。《史记》作:"下民其忧,有能使治者?"皮锡瑞《考证》认为《史记》是将解释经文的话移作"经文"（"以故训代经文"，即将解释的话移作原文的意思）。孙星衍《注疏》释"咨"为"忧"："史公（司马迁）'咨'为'忧'者，《广韵》云：嗞嗟，忧声也。"

佥曰："於，鲧哉！"

佥，皆也。鲧，崇伯之名。

【译文】

大家都说："啊，鲧能够！"

佥，都、皆的意思。鲧，崇伯的名字。

【笺释】

孔颖达《正义》引孔安国语："鲧，崇伯之名。朝臣举之。"东坡用此意。又，引马融语："鲧，禹父也。"即鲧为大禹的父亲。据《中国历史大辞典》所载，鲧居于崇（今河南嵩山一带），故称崇氏或崇伯。又据《史记·夏本纪》："鲧之父曰帝颛顼。"则鲧亦黄帝之曾孙。

帝曰："吁，咈哉！方命圮族。"

咈，戾也。方命，负命也。族，类也。圮族，败类也。

【译文】

帝尧说："唉，暴逆的人啊！他违背命令，毁坏他的族类啊！"

咈，背逆的意思。方命，背负命令的意思。族，即同族类的人们。圮族，败坏同族之意。

【笺释】

此句，《史记》作："尧曰：'鲧负命毁族，不可！'"孙星衍《注疏》引马融语："方，放也。"又引郑康成语："方，放。谓放弃教命。"这与东坡沿《史记》所解"背负"之意略有不同。但"放弃教命"与"背负命

岳曰:"异哉,试可乃已。"

异,举也。时未有贤于鲧者,故岳曰"举而试之",可以治水则已,无求其他。

【译文】

四岳说:"还是推荐他吧,试试看他能不能治水,若治不好再说。"

异,推举、荐举的意思。当时,朝臣中还没有比鲧更贤能的人,所以岳说"举而试之",意思是让他出来可以治水罢了,没有其他要求。

【笺释】

此句,《史记》作:"异哉,试不可用而已。"简单明了,基本上已将此句意思讲明白。但"异"的解释,东坡认为是"推举"之意,而孔颖达《正义》却作"异,已也。已,退也。言馀人尽已,唯鲧可试,无成乃退",这里的"退"应含"解除""退还"之意,即若不适用,即解除其职务。用在句首,显然是说,"其余的人都不适用,退掉了,让他试试吧"。

帝曰:"往,钦哉!"九载,绩用弗成。

载,年也。九年三考而功不成。

【译文】

帝尧说:"去吧,好好干!"鲧干了九年,三次考核,无功而返。

载,年的意思。干了九年,三次考核都没有成效,无功而返。

【笺释】

钦,敬重之意,即"敬重你的工作,好好干"。"弗",一作"勿"。

帝曰："咨，四岳，朕在位七十载。"

尧年十六，以唐侯为天子，在位七十年，时年八十六。

【译文】

帝尧说："唉，四岳大臣，我在位已经七十年了。"

帝尧十六岁的时候，以唐这地方的诸侯被推举为天子，在位七十年，到此时八十六岁了。

【笺释】

据《文献通考》卷二五一"帝系考一"，相传帝尧之父为帝喾，母为陈锋氏女（名庆都）。帝尧乃黄帝玄孙，在位七十年，"日月所照，风雨所至，莫不从服"。帝喾死后由尧的异母长兄挚继位。挚在位九年，为政不善，而禅让于尧。尧最初为唐侯，古唐国位于今山西临汾地区。按明凌刻本眉批曰：尧在位七十载，所记乃止此二三事。荀卿曰："五帝无传，政远故也。"据顾颉刚、刘起釪《译论》认为《帝尧》一篇为春秋时期的史家据远古神话传说等编造而成。

"汝能庸命，巽朕位？"岳曰："否，德忝帝位。"

巽，受也。否，不也。忝，辱也。

【译文】

"你能不辱使命，领受我这职位吗？"四岳答："不敢，我的德才会辱没这天子的职位。"

巽，接受之意。否，不能，不敢。忝，辱没之意。

【笺释】

巽，东坡释为"接受"之意。孙星衍《注疏》引文解为"践行""履行"之意，又引《论语》解作"恭逊"。屈万里《集释》曰："巽，让也。"上古文字，如甲骨、金文、大篆等，后人难以识别，多生歧意，亦在常理之中。按，"巽"于《易经》中为风，因风无处不到，无处不入，故训为"进入""领受""登上"似亦可通。

曰："明明，扬侧陋。"

明其高明者，扬其侧陋者，言不择贵贱也。

【译文】

帝尧说："彰显那些高明的人，推举那些疏远隐居的人。"

表彰那些高明的人，推举那些隐居埋名的人，表示不分贵贱的意思。

【笺释】

此句，《史记》作："悉举贵戚及疏远隐匿者。"算是对经文"明明，扬侧陋"作了完整的解释。而东坡释"高明"者亦太史公之所谓"贵戚"者，即登显位，有名望者。而东坡对"侧陋"一词未加阐述，还不如太史公"疏远隐匿"明白易晓。

师锡帝曰："有鳏在下，曰虞舜。"

师，众也。锡，予也。无妻曰"鳏"。举舜而言其鳏者，欲帝妻之也。帝知岳不足禅而禅之，岳知舜可禅而不举，何也？以天下予庶人，古无是道也，故必先自岳始。岳不敢当也。岳必不敢当，而后及其余，曰："吾不择贵贱也。"而众乃敢举舜。理势然也。尧之知舜，至矣。而天下不足以尽知之，故将授之天下，使其事发于众，不发于尧，故舜受之也安。

【译文】

众臣向帝尧进言说："有个还未结婚的人在下面，叫虞舜。"

师，指众大臣。锡，向帝尧进言。未结婚无妻子叫"鳏"。众臣推举舜而说他是"鳏"者，意在使帝尧将女儿嫁给他。帝尧知道四岳德才不足以登帝位，而偏要将帝位禅让给他；四岳知舜可以登帝位而不推举他，为什么呢？因为将天下交付给一个普通老百姓，自古还没有这样的例子，因此必须先从四岳开始选择。四岳知道自己不能担此重任，不敢接受。帝尧才由此推及其他人，说是"我选人不分贵贱"，于是众大臣才敢将舜推举出来。情形就是这样顺理成章的。帝尧对于舜的了解，早已非常全面了，但天下还未能全面了解他。因此将天下让给他，使这件事由诸大臣推举出来，不是由帝尧推举出来，因此舜接受起来也觉安心。

【笺释】

关于"鳏"的解释，孙星衍《注疏》引《大传》云："孔子对子张曰：'男子三十而娶，女子二十而嫁。'舜父顽，母嚚，不见室家之端，故谓之鳏。"又引《大戴礼》"本命篇"云："中古男三十而娶，女二十而嫁。"谓唐虞之世，"舜年三十而谓之鳏者，唐虞之世已为中古也"。舜至三十岁仍未婚，故曰"鳏"。①

按，东坡解释："使这件事由诸大臣推举出来，不是由帝尧推举出来，因此舜接受起来也觉安心。"这句话对于中国的今天以及将来，都是利于万世的箴言。也是东坡对于尧、舜禅让制的会心之语。

①据《史记·五帝本纪》："虞舜者，名曰重华。重华父曰瞽叟；瞽叟父曰桥牛；桥牛父曰句望；句望父曰敬康；敬康父曰穷蝉；穷蝉父曰帝颛顼；颛顼父曰昌意，以至舜七世矣。自从穷蝉以至帝舜，皆微为庶人。"即帝舜本亦黄帝的子孙，若以昌意为黄帝之子计，则帝舜亦黄帝的第八代孙。

帝曰："俞，予闻。如何？"

俞，然也。曰"然，予亦闻之。其德果如何哉？"

【译文】

帝尧说："是啊，我也听说过。他的品德果真如何呀？"

俞，表示赞成。说："是啊，我也听说过。他的品德到底怎样啊？"

岳曰："瞽子。父顽，母嚚。象傲。克谐以孝，烝烝乂，不格奸。"

瞽，舜父名也。其字瞍。心不则德义之经，为顽。象，舜弟也。谐，和也。烝，进也。奸，乱也。舜能以孝和谐父母、昆弟，使进于德，不及于乱。而孟子、太史公皆言，象日以杀舜为事，涂廪，浚井，仅脱于死，至欲室其二嫂。其为格奸也，甚矣！故凡言舜之事，"不告而娶"，"避尧之子于南河之南"，举皆齐东野人之语，而二子不察也。

【译文】

大臣们说："舜是瞽的儿子。父亲凶顽，继母愚蠢奸诈。其弟象，傲慢暴戾。舜能够以孝道与他们和谐相处，以孝道使他们不断向善转化，不至于大为奸恶。"

瞽，舜父亲的名，字瞍。内心不遵守道德义理的常规，称为顽。象，舜的弟弟。谐，和谐。烝，渐进之意。奸，淫乱之意。舜能够以孝道与父母、弟弟和谐相处，使他们逐渐进入向善修德的境界，不至于祸乱家庭。而孟子、太史公都说，象天天以谋杀舜为能事。舜修补粮仓，淘挖水井，都遭到他的陷害，差点被整死。象甚至还想猥亵他的二位嫂子。舜为了防止他们为非作歹，已经够尽心了。所以凡是提到舜的故事，说他"没告知父母就娶媳妇"，说他"避开帝尧的儿子丹朱于南河之南"等，这都是听信于齐东野人的谣传，而这二位先贤（指孟子和司马迁）没有考察罢了。

【笺释】

据《列女传·有虞二妃》[①]所载，舜的父亲让舜去修补粮仓，却让象去放火烧粮仓，企图把舜烧死；舜的父亲让他去淘挖水井，却与象一起将井盖封死，企图将舜闷死在井里。两次都让舜的两位妃子想办法救出来了。而东坡提到的"不告而娶""避尧之子于南河之南"，分别见于：

《孟子·离娄上》"不孝有三，无后为大。舜不告而娶，为无后也，君子以为犹告也"②；又《孟子·万章上》"舜避尧之子于南河之南，天下诸侯朝觐者不之尧之子而之舜"③。都是孟子与太史公批评舜的话，东坡认为他们是被世俗的谣传所迷惑了。

关于"烝烝"一词，东坡解作"进"，与孔颖达《正义》、蔡沈的《集传》同。但孙星衍的《注疏》、皮锡瑞的《考证》各引述种种资料将其表述为"孝""美""丰厚"等意思。其中表述为"孝"之义者居多。训诂之学对于上古文字有极其重要的意义，但又因为上古文字的简与质，很难获得一致相同的词意表达。

①事见《列女传·母仪·有虞二妃》(明万历刻本知不足斋藏板《列女传》第一卷第3页)。

②见《孟子·离娄章句上》"以为犹告"即舜虽不告亦等于已告(北京市中国书店1985年版《四书五经》上册《孟子集注》卷七第58页)。

③见《孟子·万章章句上》："尧崩三年之丧毕，舜避尧之子于南河之南。诸侯朝觐者不之尧之子而之舜。"(北京市中国书店1985年版《四书五经》上册《孟子集注》卷九第72页)

帝曰："我其试哉。"女于时，观厥刑于二女。厘降二女于妫汭，嫔于虞。帝曰："钦哉！"

刑，法也。厘，理也。妫，水名也。妇敬曰"嫔"。虞，其族也。舜能以理下二女于妫水之阳，耕稼陶渔之地，使二女不独敬其亲，而通敬其族。舜之所谓"诸难无难"于此者也，虽附之天下可也。尧以是信之矣。而人未足以信之，故复试①之以五典、百揆、四门、大麓之事。

①故复试：明凌刻本，经解本作"更试"。

【译文】

帝尧说："我要考察试用他。"于是将二女嫁给了舜，并以此观察舜如何依法处理夫妻关系。舜迎娶帝尧的两个女儿于妫汭，教导二女以妇道归于虞氏。帝尧说："好啊！"

　　刑，规矩、法则。厘，处理。妫，河流的名称。妇女恭敬有礼叫"嫔"。虞，舜的家族。舜能妥善处理好夫妻关系，将帝尧的两个女儿迎娶到妫河的北面，那是耕田种庄稼制陶打渔的地方。舜教导二女不仅要恭敬其亲人，而且也要恭敬其整个族人。舜一贯所说的"多难都不难"就是这样做到的，即使推行到普天之下也适用。帝尧于是更信任他了。但又恐天下人不能够相信，因此又以"五典"①、"百揆"、"四门"、"大麓"②等事情来考验他。

　　①五典，这里指"五常之教"，即所谓"父义、母慈、兄友、弟恭、子孝"。
　　②百揆、四门、大麓，是帝尧用以考察舜的三件事。百揆指统领百官；四门指接待四方诸侯；大麓，指舜在森林大泽中经受各种自然环境的考验。见下文。

书传卷二

虞 书

舜典第二

虞舜侧微，尧闻之聪明，将使嗣位。历试诸难，作《舜典》。

【译文】

虞氏的舜还位居底层、身分微贱时，帝尧就知道了他的聪明能干，准备让他继承帝位。于是多次以各种难题来考察试用他，并写下《舜典》一书。

【笺释】

据孔颖达《正义》："此云'侧微'即《尧典》'侧陋'也。不在朝廷谓之'侧'，其人贫贱谓之'微'，居处褊隘故言'陋'，此指解'微'，故云'为庶人，故微贱'也。"这段话见于孔颖达《尚书正义》一书的疏。东坡此处引为《舜典》的开篇语。

据《正义》："颛顼生穷蝉，穷蝉生敬康，敬康生句芒，句芒生蟜牛，蟜牛生瞽瞍，瞽瞍生舜。"颛顼之父为昌意，昌意为黄帝之子。这就是舜帝的世系。据《史记》：句芒，作句望；蟜牛，作桥牛。

曰若稽古帝舜。曰："重华，协于帝。"

重，袭也。华，文也。袭尧之文也。

【译文】

顺着以往的历史考察帝舜。都说："他能沿袭帝尧的法典，符合于帝尧的治国方略。"

重，沿袭的意思。华，即"文"，指帝尧治国的法度。沿袭帝尧的治理方法。

【笺释】

这段经文见于孔颖达《正义》，未见于皮锡瑞《考证》、孙星衍《注疏》以及曾运乾《正读》，以上诸书均以"重华"为舜之名。而《正义》原文："曰若稽古帝舜。曰重华，协于帝。"东坡依此所传，否定重华为帝舜之名，且释"重"的含义为沿袭；释"华"为文（法度）。因此将"重华"解释为沿袭帝尧的治国法度。东坡的时代，尚未有人证实东晋梅赜所传《尚书》为伪作。至清代康熙年间，山西阎若璩始运用充分的史料证实此《尚书》为"伪作"。《伪古文尚书》之名始见于世。东坡此段文字即出自《伪古文尚书》（下简称晚出《孔传》）之中。蔡沈《集传》：自"'曰若稽古'以下二十八字，伏生以《舜典》合于《尧典》，只以'慎徽五典'以上接'帝曰钦哉'之下，而无此二十八字。"

按，阎若璩的"证伪"，仅止于拿后世文献中出现的文字、资料等来证实东晋梅赜所献《古文尚书》部分为"伪作"，但不能证明这部《古文尚书》全部为梅赜所伪造。原因很简单，因为阎若璩本人也没有见识过真正的古文《尚书》。所以遽定此部《古文尚书》为"伪"其实是不够严谨的。据东坡本人推断，《尚书》的写作开始于夏朝（见下《皋陶谟》），而据现代考古发现，甲骨文字流行于夏商时期。[①]因此，《尚书》的流传应是一个动态的过程，即使到了孔子时代，也不能说孔子所整理出来的"古文尚书"就是古传《尚书》的全部。今人看待《尚书》不应仅着眼于它的真伪，而更应着眼于它所阐述的内容。据屈万里《集释》一书所证，认为《尧典》一篇的成书年代应在战国中期。

又，《史记·五帝本纪》述尧时称："帝尧者，放勋。"但述舜时却曰："虞舜者，名曰重华。"甚不合行文体例，疑为后人所改。应是"帝舜者，重华"之讹。"五帝"即黄帝、颛顼、喾、尧、舜五人，称"帝尧"，则不应称"虞舜"，而且"本纪"下文亦称"帝舜"。又据《汉书·儒林传》载，司马迁曾从孔安国问学《古文尚书》（见《前言》），所以《史记》载《尧典》《禹贡》《洪范》《微子》《金縢》诸篇，多古文说，则"帝舜者，曰重华"应即孔安国所传《古文尚书》原文。

① "殷墟甲骨文既是研究商代，又是研究发生在夏末的'殷革夏命'史、传承……中华文明之源的宝库。"（见《甲骨文中的殷前古史》一书韩树英序言。济南出版社2010年版第29页）

濬哲文明，温恭允塞。

濬，深也。哲，智也。塞，实也。《书》曰："刚而塞。"《诗》曰："秉心塞渊。"①

①《诗经·鄘风·定之方中》："匪直也人，秉心塞渊，騋牝三千。"（上海古籍出版社1980年新1版《诗集传》第31页）

【译文】

有深沉的智慧，法度彰明，态度温恭慎重，做事踏实。

濬，深沉的意思。哲，睿智之意。塞，充实。《尚书》有句："果敢而不鲁莽。"《诗经》有句："内心充实又深沉。"

【笺释】

这里所引八字也在上述二十八字之内。意在表彰帝舜的优秀品德。据清代阎若璩的考证，这些文字都在东晋时期梅赜托名孔安国所献的《古文尚书》之中。晚出《孔传》非全部为伪作，但如东坡所引的这一段明显未见于皮锡瑞所考的《今文尚书》及孙星衍的《注疏》之中。

玄德升闻。

玄，幽也。

【译文】

未曾显露的优秀品德也公开让人们知道了。

玄，隐藏不露的意思。

【笺释】

这四字亦在上述二十八字之内。为孔颖达《正义》的《舜典》开头部分。

乃命以位。慎徽五典，五典克从。纳于百揆，百揆时叙。宾于四门，四门穆穆。

徽，和也。五典，五教也，司徒之事也。揆，度也。《书》曰："有能奋庸，熙帝之载，使宅百揆，亮采惠畴？佥曰：伯禹作司空。"而《左氏传》亦云："使主后土，以揆百事。"①则百揆，司空之事也。四门，四方之门也。穆穆，美也。诸侯之来朝者，舜宾迎之，宗伯之事也。

①语见《左传·文公十八年》："舜臣尧，使主后土，以揆百事。"（岳麓书社1988年版《左传》第116页）

【译文】

于是任命舜即帝位。使妥善协调好"五典"，大家都遵从"五典"之教。使他进入处理百事的角色，百事都能处理得很有头绪。使开门接待四方宾客，四门来宾恭敬和美。

徽，和美之意。五典，即"五常之教"，属司徒之事。揆，度量的意思。《尚书》说："有谁能够奋起建立功勋，振兴帝尧以来的事业，让他居百官之首，相助事务，惠及众人？大家都说：'让伯禹任司空吧。'"而

《左氏传》也说:"让舜主持后土的工作,掌管百官事务。"这就是说百揆,即司空之事。四门,明堂四边之门。穆穆,和美的样子。诸侯们来朝觐时,舜都恭敬迎接他们,而这本是宗伯该做的事。

【笺释】

"玄德升闻,乃命以位"八字亦属于"二十八字"之内。自"慎徽五典"以下与《今文尚书》同。五典,即五教。孔颖达《正义》言:"教父以义,教母以慈,教兄以友,教弟以恭,教子以孝,是为五教也。五者皆可常行,谓之'五典'。"这里涉及的几个官职有:司徒,负责管理民众、土地、教化等事务的官,职位相当于宰相。舜在帝尧时期也曾担任过该职。司空,管理水利的官,为当时的九卿之一,由众人推举,舜任命禹为司空。百揆,这既是官名(相当于总揽行政的宰相),也指各种职官事务。宗伯,掌管祭祀、司仪、接待等事务。后土,土地之神祇,主持后土,即主持土地神祇祭祀的官。

纳于大麓、烈风、雷雨,弗迷。

旧说"麓",录也。"舜大录万机之政,阴阳和,风雨时",① 自汉以来有是说,故章帝始置太傅录尚书事。而晋以后,强臣将篡者为之。其源出于此。考其所由,盖古文"麓"作篆,故学者误以为录耳。或曰"大麓,太山麓也。古者易姓告代,必因泰山除地为墠,以告天地,故谓之禅"。其礼既不经见,而考《书》之文,则尧见舜为政三年而五典从,百揆叙,四门穆,风雨不迷,而后告舜以禅位。而舜犹让不敢当也。而尧乃于未告舜之前,先往泰山以易姓告代。岂事之实也哉?《书》云:"烈风雷雨弗迷。"是天有烈风雷雨而舜弗迷也。今乃以为"阴阳和,风雨时"逆其文矣。太史公曰:"尧使舜入山林川泽,暴风雷雨,舜行不迷。"②此其实也。尧之所以试舜者,亦多方矣。洪水为患,使舜入山林,相视原隰。雷雨大至,众惧失常,而舜不迷。其度量有绝人者,而天地鬼神亦或有以相之欤。且帝王之兴,其受命之祥，卓然见于《书》《诗》者多矣。"河图洛书"，"玄鸟生民"之诗，岂可谓诬也哉。恨学者推之，太详谶纬。而后之君子，亦矫枉过正，举从而废之，以为王莽、公孙述之流沿此作乱[③]。使汉不失德，莽、述何自而起？而归罪三代受命之符亦过矣。故夫君子之论，取其实而已矣。

[①]语见《孔丛子·论书第二》："尧既得舜，历试诸难。已而纳之于尊显之官，使大录万机之政，是故阴阳清和，五星来备，烈风雷雨各以其应，不有迷错愆伏，明舜之行合于天地。"（中华书局2011年版《孔丛子校释》第19页）

[②]语见《史记·五帝本纪》："尧使舜入山林川泽，暴风雷雨，舜行不迷。"（中华书局1973年版《史记》第一册第22页）

[③]王莽，西汉元帝皇后的侄子，自称为黄帝的后代，托古改制，利用灾异、符命等迷信活动蛊惑人心，最后篡汉自立"新朝"。公孙述，于王莽末年，割据称雄，亦利用符命鬼神之事，蛊惑大众，于西蜀建立"成"国。两人事迹见《汉书》卷九九《王莽传》及《后汉书》卷四三《公孙述传》。

【译文】

出入于原始森林之中，经历暴风、雷雨，都不迷失方向。

旧的解释，以"麓"作统领意思的"录"。以为"舜统领万机，大行其政。阴阳和谐，风雨及时"，自汉代以来，有这样的说法。所以汉章帝特设置太傅录事尚书的官专管这等事。而晋朝以后，强臣将要篡权夺位者就会图这个位置。其来源就出自这里。追索其原因，就因为古文"麓"写作"籙"，所以学者们就误以为"录"了。有人说，"大麓，就是太山麓。在古代，帝王要改姓换代的时候，必定到泰山清理出一块地方举行'墠'的仪式，祷告天地，所以叫禅"。这一仪式在经典中未见，而查考《尚书》的文章，可以见到的是帝尧看到舜摄政三年而人们都尊从"五典"之教，百官们都按秩序好好工作，四方的诸侯们都和睦相处，而舜入于山林大泽之中也不会迷失方向，然后帝尧才宣告舜可以即帝位。而舜还是辞让不敢当此重任。于是帝尧在未告诉舜之前，先到泰山"易姓告代"。这难道是事实吗？《尚书》说的是"烈风雷雨弗迷"，是天有暴风雷雨而舜不迷失方向罢了，而现在却说是"阴阳和谐，风雨及时"，与《尚书》的说法相悖啊。太史公说："帝尧让舜入于山林川泽之中，遭遇暴风雷雨，舜行走而不迷失方向。"这就是事实。帝尧观察考试舜的方法也够多了。洪水为患，让舜进入山林，察看原野洼地。雷雨暴至，众人都惊惧失常，而舜不迷失方向。其度量必有过人之处，而天地鬼神也许有相助他的地方啊。而且帝王的兴起，其接受天命时的祥瑞，卓然见于《尚书》《诗经》记载的也多有啊。"河图洛书""玄鸟生民"之诗，能说是无稽之谈吗？只恨学者们推求太细，以谶纬解读。而后世的君子亦矫枉过正，一概都否定了，以为王莽、公孙述之流就是因为这些说法而兴风作乱。但如果汉朝不因为国家失去了道德伦理的话，莽、述之流又怎能乱得起来呢？而归罪于三代帝王受命之符，也就太过分了。所以就君子的言论来说，还是要采取他们讲求事实的地方。

【笺释】

顾颉刚、刘起釪《译论》引述了东坡的这段诠解，指出后世学者致误之由在于将"麓"误作"箓"，也认为"把山麓之地说成是居摄三公之位，是非常荒谬的"。东坡就这一句经文，阐述他实事求是的观点，但仍残存点"君命神授"的迷信。帝尧让位给舜，这是上古时期我国政治文明的一个杰出榜样。帝尧经过多方考察试用，以最现实的方法确立了一个人才的录用标准，而两汉魏晋之际，却以符箓谶纬的迷信来给这种最现实的用人方法披上带有封建迷信色彩的外衣。东坡在驳斥这种谬误之后，肯定《史记》《尚书》的记载，坚持以事实为准则的观点，但对"河图洛书""玄鸟生民"之类的帝王应瑞之说仍持肯定态度。这不能不说是时代的局限。

帝曰："格，汝舜，询事考言，乃言底可绩。三载，汝陟帝位！"

格，来也。询，谋也。底，致也，犹受命而往，返而致命也。陟，升也。舜之始见尧也，必有以论天下之事，其措置当尔，其成当如何，考三年而其言验，乃致其功。

【译文】
　　帝尧说："来吧，你舜，从你谋划的事查看你说的话，可见你终于说到做到，取得功效啊。三年了，你可以晋升登上帝位！"
　　格，到来的意思。询，指谋事。底，达到、至极之意。犹如接受命令而去，现返回来复命报告成果之意。陟，晋升、登上的意思。舜最初见到帝尧，必定要讨论天下大事。他措置政务得当了，其成效如何呢，经过三年的考验，观察其是否言行一致，这才可以评价出他的功劳。

【笺释】
　　这段话，据孙星衍《注疏》所引资料，认为"底"作"定"解，又作"致"解，又作"止"解；又，"乃"作"汝"解，并引《史记》："女谋事至而言可绩。"疑"乃言"二字为衍文。然据东坡年青时所著《乃言底可绩》一文："纳之以言，试之以功。自尧舜以来，未之有改也。尧将禅舜也，曰：'询事考言，乃言底可绩。'底之为言，极也。《易》曰'穷理尽性，以至于命'，可谓极矣。"可作为这段话的补充。
　　按，顾颉刚、刘起釪《译论》认为"底绩"为当时社会常用语（即成语），因此"乃言底可绩"应作"乃言可底绩"，意即"你说的话可见成效"。

舜让于德，弗嗣。
以德不能继为让。

【译文】
　　舜认为自己"德不配位"，辞让不肯就帝位。
　　因自己品德还不行，不能继位叫"让"。

【笺释】

顾颉刚、刘起釪《译论》云："苏轼《东坡书传》则云：'以德不能继为让。'看来苏氏之释简明中肯，应为旧说中确切的一说，特别是释'于'为'以'，可称创获。"即于诠解方面，东坡亦每多先儒之所未达。

弗嗣，孙星衍《注疏》引史迁文作"不怿"。因解"弗嗣"句为："德不足以悦服人也。"释"怿"为悦。又引《史记自叙》："唐尧逊位，虞舜不台。"解"台"为怡。则怡、悦，意同。东坡解为"以德不能继为让"，释"继"为嗣，已足明了。

正月上日，受终于文祖。

上日，上旬日也。太史公曰："文祖，尧之太祖也。"不于其所祖受尧之终，必于尧之祖庙，有事于祖庙，则余庙可知。

【译文】

正月上旬的日子，帝尧在文庙里宣告结束自己称帝的日期。

上日，月初的日子。太史公说："文祖，帝尧太祖的庙堂。"不是在自己先祖的庙堂受终，必定于帝尧的太祖庙堂，既然在祖庙里举行了受终典礼，其余的庙堂也就可知了。

【笺释】

据孔颖达《正义》："上日，朔日也。终，谓尧终帝位之事。文祖者，尧德之祖庙。"而据孙星衍《注疏》所引，马融云："文祖，天也。天为文，万物之祖，故曰文祖。"郑康成云："文祖者，五府之大名，犹周之明堂。"而五府，为"五帝之庙"。"唐、虞谓之五府，夏谓世室，殷谓重屋，周谓明堂"。应以郑说为是。

在璿玑、玉衡，以齐七政。

在，察也。璿，美玉也。玑、衡，王者正天文之器，可运转者。七政，日月五星也。

【译文】

观察璿玑、玉衡，以察看日月五星的位置（确定自己所处的位置）是否得当，符合天意。

在，察看之意。璿，美玉。玑、衡，王者用来校正天文的器具，可以运转。七政，指日月五星。

【笺释】

据孔颖达《正义》："在，察也。璿，美玉。玑、衡，王者正天文之器，可运转者。七政，日月五星各异政。舜察天文，齐七政，以审己当天心与否。"东坡用此意。然西汉以前，古代尚未发明观天象的器具。《正义》所说未确。

孙星衍《注疏》注云：史迁说"北斗七星，所谓'旋玑玉衡，以齐七政'，又说'旋玑玉衡，以齐七政，即天地二十八宿。十母，十二子'"；又引《尚书大传》"璇者，还也。机者，几也，微也。其变几微，而所动者大，谓之璇机。是故璇机，谓之北极。七政，谓春夏秋冬，天文地理人道，所以为政也。人道正而万事顺成"。应以《史记》为正。

又"齐七政"之说，顾颉刚、刘起釪《译论》云："其实，旋机玉衡以齐七政，就是观察斗柄所指方向来认识四季不同星象和物候特点来安排民生首要的农事活动及有关生活处理和行政措施。"此说为是，非指"五星与日月"。

肆类于上帝，

肆，遂也。类，事类也。以事告，非常祀也。凡祀上帝必及地示，何以知其然也？以"郊"之有"望"知之。《春秋》书"不郊犹三望"。[1]传曰："望，郊之细也。"《书》曰："庚戌，柴、望，大告武成。"[2]柴，祀天也。望，祀山川也。而礼成于一日，祀山川而不及地，此理之必不然者也。是以知祀天之必及地也。《诗》曰："昊天有成命。"[3]郊祀天地也。汉以来学者考之不详，而世主或出其私意，五畤④祭帝，汾阴祀后土，而王莽始合祭天地。世祖以来，或合或否，而唐明皇始下诏合祀。至于今者，疑焉，以谓[1]莽与明皇始变礼，而不知祀天之必及地，盖自舜以来见于经矣。

[1]谓，库本作"为"，据明凌刻本改。
①《春秋·宣公三年》："春王正月，郊牛之口伤，改卜牛，牛死，乃不郊。犹三望。"（中国友谊出版公司1984年版《春秋三传比义》中册第154页）又，《左传·宣公三年》："三年春，不郊而望，皆非礼也。"（岳麓书社1988年版《左传》第121页）
②《尚书·武成》："越三日，柴望，大告武成。"蔡沈："燔柴祭天，望祀山川，以告武功之成。"
③《诗经·周颂》："昊天有成命，二后受之。成王不敢康，夙夜基命宥密。"（上海古籍出版社1980年新1版《诗集传》第225页）
④五畤，又称五畤原，秦、汉时祭祀天帝的处所。地点在今陕西省凤翔县南。畤，祭坛。

【译文】

于是以帝舜摄帝位的各类事项向天及五帝祷告。

肆，于是，随即之意。类，事类之意。告天帝以各类事项，非平常的祭祀。凡向上帝祭祀必牵及地示，怎么知道必然要这样做呢？以"郊祀"时必有"望"的祭祀可知。《春秋》书"不进行郊祀还要二次进行望祀"。《传》说："望祀，郊祀中的小型祭祀。"《尚书》也有句说："庚戌，举行柴祀、望祀，向天地祷告武事的成功。"柴，祭祀上天；望，祭祀山川。而祭祀的大礼必须一天完成，所以祭祀山川而不祭祀地，必然不会有这样的道理。因此知道祭祀天必然也会祭祀地。《诗经》有句："昊天有成命。"说的也是郊祀天地。汉以来的学者们考证不够精详，而帝王们或出于一己之私，在五畤原祭祀上天，却在汾阴祭祀后土，而王莽时才合祭天地。各代帝王们，历来或分或合，而唐明皇始下诏合祀。及至今天，又有疑问了，以为王莽与唐明皇开始改变礼法，而不知道祭祀上天必然牵及地祇，这自舜以来，就已经见于经典了。

【笺释】

据孔颖达《正义》:"肆,遂也。类,谓摄位事类。遂以摄告天及五帝。"东坡用此意。东坡在元祐年间任礼部尚书时,曾建议朝廷合祭天地,后从元祐八年起开始合祭天地,直至东坡被贬南荒之后于绍圣年间重又作废。东坡于海南完成《书传》,特议及天地合祭的祀典,阐明沿革,提醒后学,别有深意。

禋于六宗,望于山川,遍于群神。

精意以享曰禋。宗,尊也。六宗,尊神也。所祭不经见,诸儒各以意度之,皆可疑。惟晋张髦①以为三昭三穆,学者多从其说。然以《书》考之,受终之初,既有事于文祖,其势必及余庙,岂有独祭文祖于齐七政之前,而别祭余庙于类上帝之后者乎?以此推之,则齐七政之后,所祭皆天神非人鬼矣。孔安国"六宗":四时也,寒暑也,日也,月也,星也,水旱也。其说自西汉有之,意其必有所传受,非臆度者。其神名、坛位皆不可以礼推,犹秦八神,汉太乙之类,岂区区曲学所能以私意损益者哉?《春秋》"不郊犹三望",三望,分野之星与国中山川。乃知古者郊祭天地必及于天地之间所谓尊神者。鲁,诸侯也,故三望而已。则此"禋于六宗,望于山川,遍于群神",盖与"类于上帝"为一礼耳。又以《祭法》考之,其曰:"燔柴于泰坛,祭天也;瘗埋于泰折,祭地也。"②则此所谓"类于上帝"者也。"埋少牢于泰昭,祭时也;相近于坎坛,祭寒暑也;王宫,祭日也;夜明,祭月也;幽宗,祭星也;雩宗,祭水旱也。"则此所谓禋于六宗也。四坎坛,祭四方也。山林、川谷、丘陵,能出云为风雨,见怪物,皆曰神。有天下者祭百神。则此所谓"望于山川、遍于群神"也。《祭法》所叙,盖郊祀天地,从祀诸神之坛位,而《舜典》之章句义疏也。故星为幽宗,水旱为雩宗,合于所谓六宗者。但郑玄曲为异说,而改宗为禜,不可信也。

①张髦，西晋末人，曾任河南尹。余事未详。

②《礼记·祭法》："燔柴于泰坛，祭天也。瘗埋于泰折，祭地也。用骍犊。"以下所引二段文字亦见于《祭法》（扬州广陵书社2007年版《周礼·礼记·仪礼》线装影印本卷四六第89页）。

【译文】

精心诚意祭祀六宗，望祭于山川，遍及群神。

精心诚意地祭祀，称为"禋"。宗，尊敬的意思。六宗，尊敬的神祇。祭六宗的事，不见于经典，各位儒生以自己的想象猜测，都有可疑之处。只有晋代张髦以为"三昭三穆"，学者们大多听从他的说法。然而，以《尚书》考证他的说法，"受终"开始时，既然已经有祭事于文祖，按道理必将分祭于其余的宗庙，岂有独祭于文祖之庙在观察日月五星"七政"之前，而分别祭祀其余祖庙于祷告上帝之后？因此而推断，在观察"七政"之后，所祭祀的便都是天神而不是人鬼了。孔安国认为"六宗"，就是四时、寒暑、日、月、星、水旱。他的说法从西汉时期已经有了，想来他的说法必定有所传承，并非出自个人的想象。他所说的神名、坛位都不可以礼来推断，就像秦人的"八神"，汉人的"太乙"之类，岂能够以微不足道之个人的浅见邪说去加以损毁补充呢？《春秋》所谓"不郊犹三望"，三望，分野之星与国中山川。可知古时郊祭天地必定兼及天地之间的所谓"尊神"。鲁国，为诸侯王，所以要"三望"才能结束。因此，这"禋于六宗，望于山川，遍于群神"，都是与"类于上帝"的祭祀联系在一起的。又以《祭法》来加以考察，比如："燔柴于泰坛，祭天也；埋祭品于泰折，祭地也。"那么，这就是所谓"类于上帝"的意思。"埋羊、豕的少牢于泰昭，这是祭时；相近于坎坛，那是祭寒暑；王宫，那是祭日；夜明，那是祭月；幽宗，那是祭星；雩宗，那是祭水旱。"这就是"禋于六宗"。四坎坛，那是祭四方。山林、川谷、丘陵，能出云为风雨，见怪物，都可以称为神。拥有天下的国家都要祭百神。这就是所谓"望于山川，遍于群神"了。《祭法》所讲到的，郊祀天地时，从祀诸神的坛位，即是《舜典》的章句义疏。所以称星为幽宗，水旱为雩宗，合于所谓"六宗"。郑玄加以曲解，提出不同看法，改宗为"禜"，并不可信。

【笺释】

东坡在此节中，就"六宗"的解释反对郑玄的说法。而孙星衍《注疏》所引材料却显示当时对"六宗"的解释有多种。比如《汉书·郊祀志》："孟康曰：'六宗，星、辰、风伯、雨师、司中、司命。一说云《乾坤》六子。又一说云：天宗三，日、月、星辰；地宗三，泰山、河、海。'或曰天地间游神也。"又引贾逵曰："六宗谓日宗、月宗、星宗、岱宗、河宗、海宗。"等等，可谓不一而足。而郑玄认为："禋于六宗，望于山川，遍于群神，此四物之类也，禋也，望也，遍也，所祭之神各异。六宗言禋，山川言望，则六宗无山川明矣。"反对六宗包括山川。这就与东坡上述的观点相左，所以认为郑玄有"曲解"之意。

按，林之奇《全解》肯定东坡的观点，他说："苏氏谓'受终之初，既有事于文祖，其势必及余庙，岂有独祭文祖于齐七政之前，而祭余庙于类上帝之后者乎？'以此观之，则张髦之说虽近似，不可从也。"

辑五瑞，既月乃日，觐四岳群牧，班瑞于群后。

辑，敛也。班，还也。五瑞，五玉也。公执桓圭，侯执信圭，伯执躬圭，子执谷璧，男执蒲璧。既，尽也；正月之末尽也。盖齐七政，类上帝，无暇日见诸侯，既月无事，则四岳群牧可以日觐矣。古者朝觐贽玉，已事则还之，故始辑而终班。

【译文】

收集五种祥瑞的宝玉，又选择月、日，天天接见前来朝拜的各路诸侯及地方官员。事后，把宝玉归还给他们。

辑，收集之意。班，归还。五瑞，五种宝玉。公手执桓圭，侯手执信圭，伯手执躬圭，子手执谷璧，男手执蒲璧。既，完了；言用了一个月的工夫没办完。因为之前，齐七政、类上帝，祭祀之事繁忙，没有时间天天接见诸侯，待一月之后无事，这样，四方的诸侯及各地大员们就可以参加朝拜天子的仪式了。古代，朝见天子必须以宝玉为见面礼，待朝拜完毕后，才归还其所带来的宝玉。因此说开始收集五瑞而最终归还。

【笺释】

孔颖达《正义》云："舜初摄位，当发号出令，日日见之，与之言也。州牧各监一州诸侯，故言'监'也。更复还五瑞于诸侯者，此瑞本受于尧，敛而又还之，若言舜新付之，改为舜臣，与之正新君之始也。"这一段话正是对"觐四岳群牧，班瑞于群后"这一活动的最好解释。帝尧逊位于舜，舜初即位，按礼仪，应接见各方诸侯及各地大臣，表示新的君臣关系开始。孔颖达的话还表示，各地的州牧还负有"监督"地方诸侯的责任。这是不是上古时期的制度就值得探究了。

"既月乃日"一句，孙星衍《注疏》作"择吉月日"解，而皮锡瑞《考证》、曾运乾《正读》引《史记》等亦同此解释，似与经文更为接近，却与东坡所解有所差异。

岁二月，东巡守至于岱宗，柴。

巡守者，巡行诸侯之所守也。岱宗，泰山也。柴，燔柴祭天告至也。

【译文】

二月，帝舜巡视考察，东行至于泰山，举柴火祭祀。

巡守，即巡行视察至诸侯们所守护的地方。岱宗，即泰山。柴，按祭祀仪式，烧柴火祭天祷告已到达。

【笺释】

马融曰："柴，祭时积柴，加牲其上而燔之。"大烧柴火，以其烟气上达于天，这就是祭天的仪式。马融解释，在这种仪式中还将祭祀用的牛羊等牲畜放在柴火上烤。这应该符合上古时期的生活环境与习惯。

望祭于山川。

东岳，诸侯境内名山大川，如其秩次，望祭之。"五岳"牲祀视三公，"四渎"视诸侯，其余视伯、子、男。

【译文】

以"望"的祭祀仪式祭于山川。

东岳,诸侯境内的名山大川,按其等级次序逐一加以祭祀。"五岳"加牲祭,视若三公,"四渎"视若诸侯,其余的,视若伯、子、男。

【笺释】

"五岳":东岳泰山、西岳华山、南岳衡山、北岳恒山、中岳嵩山。三公:这里指司马、司徒、司空。"四渎":指长江、黄河、淮河、济水。据顾颉刚、刘起釪《译论》,"五岳"之称至汉代才有,并云:"五岳之说,在大一统制度下,固有其兴起的必然性,但其出甚迟。"

肆觐东后。

东方诸侯也。

【译文】

于是接见东方的诸侯们。

东后,指东方的诸侯。

协时月正日,同律度量衡。

合四时之气节,月之大小,日之甲乙,使齐一也。律,十二律也。

【译文】

合时间,定日月,使音律准确,度量衡整齐划一。

核准四时节气,定好月大月小,以天干地支算好日子,使音律准确,度量衡整齐划一。律,即十二音律。

【笺释】

合时间,定日月,意思是校准用来测定时间的仪器、工具,算准一年所认定的日月晦朔时刻等时间标准（如何时为节气，何时置闰月等）。十二律：黄钟、大吕、太簇、夹钟、姑洗、中吕、蕤宾、林钟、夷则、南吕、无射、应钟。以上顺次为奇数者称"律"，偶数者称"吕"，故十二律亦称"律吕"。曾运乾《正读》："协四时之月数及日名，备有失误也。其节气晦朔，恐诸侯有不同，故因巡守而合正之。律，阴吕阳律各六也。度，丈尺。量，斗斛。衡，斤两也。"

修五礼，五玉，三帛，二生，一死：贽。

五礼，吉、凶、军、宾、嘉也。五玉，五瑞也。三帛，孔安国曰："诸侯世子执纁，公之孤执玄，附庸之君执黄。"二生，卿执羔，大夫执雁。一死，士执雉。执以见曰贽。

【译文】

修订五种礼法，持五种玉、三种帛，还有活的羔、雁各一，死的雉一种：作为朝见天子的信物。

五礼，即吉、凶、军、宾、嘉，五种礼仪。持五种玉，璜、璧、璋、珪、琮。用三种帛荐玉。孔安国说："公侯世子执纁（浅红色）荐帛，公之孤执玄（黑色）荐帛，附庸之君执黄色荐帛。"二生，由卿以小羊、大夫以雁二牲（生）行祭礼。一死，由士执雉（死）行祭礼。各人以所执持者拜见叫"贽"。

【笺释】

关于五礼，有两种说法，除上述引马融所言"吉凶军宾嘉"五礼外，郑玄认为是"公、侯、伯、子、男，朝聘之礼"（曾运乾同此说）。又五玉，皮锡瑞《考证》引《汉书·郊祀志》作"五乐"，谓"春则琴瑟，夏则笙竽，季夏则鼓，秋则钟，冬则磬也"。

而蔡沈《集传》认为以上"五玉，三帛，二生，一死：贽"九字应放在"肆觐东后"与"协时月正日"之间，因为东后在朝觐舜帝时，必须执持这些物件作为朝见天子的信物。朝见完毕后，帝舜还要根据考核情况，将物品归还给他们。

公之孤，一种爵位。《周礼·春官宗伯·典命》："典命掌诸侯之五仪，诸臣之五等之命。……公之孤四命，以皮帛，眡小国之君。"[1]即其爵位如小国的君王。眡，看待，"等同于"之意。

[1]《周礼·春官宗伯·典命》："典命掌诸侯之五仪，诸臣之五等之命。……公之孤四命，以皮帛，眡小国之君。"（扬州广陵书社2007年版《周礼·仪礼·礼记》线装影印本卷20第28页）

如五器，卒乃复。

五器，五玉也。帛、生、死则否。

【译文】

觐见的仪式结束后，归还诸侯们五种宝玉，然后返程。

五器，指五种宝玉。三种帛，两种生（小羊与雁），一种死（雉）则不归还。

【笺释】

孙星衍《注疏》引马融语："五器，上五玉。五玉礼终则还之。三帛以下则不还也。"又皮锡瑞《考证》引郑康成语："卒，已也。复，归也。巡守礼毕，乃反归矣。"

五月，南巡守至于南岳，如岱礼。
八月，西巡守至于西岳，如初。
十有一月，朔，巡守至于北岳，如西礼。

南岳衡山，西岳华山，北岳恒山。

【译文】

五月向南巡守至南岳，祭祀如泰山之礼。

八月向西巡守至西岳，祭祀如泰山之礼。

十一月，向北方，巡守至于北岳，祭祀如西岳之礼。

南岳衡山，西岳华山，北岳恒山。

【笺释】

巡守至南岳衡山时，祭祀的典礼与泰山一样。

至西岳华山、北岳恒山，祭祀的礼仪都一样。《尚书大传》以霍山为南岳。朔，指北方。

归，格于艺祖，用特。

艺祖，文祖也，特，一牛也。

【译文】

帝舜巡守还归于文祖所在的庙堂。用一头牛作为祭礼。

艺祖，即文祖。特，指一头牛的祭礼。

【笺释】

艺祖，一般指开国皇帝。但也有将艺祖指为庙堂（明堂）。如孙星衍《注疏》引司马迁谓"艺祖"为"祖祢庙"。又引郑康成语："艺祖，文祖，犹周之明堂。每归用特者，明祭一岳即归也。"这是将艺祖既比为帝王，又比为庙堂。

五载一巡守，群后四朝。敷奏以言，明试以功，车服以庸。

敷，陈也。奏，进也。庸，用也。诸侯四朝，各使陈其言，而试其功，则赐以车服而用之。

【译文】

五年一次巡守，诸侯们四次朝见陈述他们的政绩，公开地考核他们的功劳，然后根据他们的德才等次，赐予车服加以任用。

敷，陈述之意。奏，向天子进言。庸，任用。诸侯四次朝见，让他们各自述职，陈述其功劳，而考察其功绩。按他们的政绩赐予车子、服饰，加以任用。

【笺释】

这一段，有《尚书大传》的详解："见诸侯，问百年。命大师陈诗以观民风俗。命市纳贾以观民好恶。山川神祇有不举者，为不敬。不敬者削以地。宗庙有不顺者为不孝。不孝者，黜以爵。变礼易乐者，为不从。不从者，君流。改衣服制度，为畔。畔者，君讨。有功者赏之。"这其中有不敬，不孝，不从，至于背叛（畔），则分别处罚以：削小他的封地；降低他的官爵；把他流放到远方。背叛者，天子要讨罚他。有功劳者要赏赐他。

肇十有二州。①

①十二州，即冀、豫、兖、青、徐、扬、荆、梁、雍、幽、并、营，十二州。

肇，始也。禹治水之后，舜分冀州为幽州、并州，分青州为营州。

【译文】

开始分天下为十二州。

肇，开始之意。大禹治水之后，舜分冀州为幽州、并州，分青州为营州。

【笺释】

明凌濛初刻本眉批："黄帝以后，少皋、高辛皆仍九州。惟舜时暂置十二州，故《书》曰'肇十有二州'。肇之为言，始也。前此九州，今始为十二州也。"

封十有二山。

封，封殖也。十二州之名山皆禁采伐也。

【译文】

进行封山育林的有十二座山。

封，封山育林之意。十二个州的名山大川都进行封山育林，禁止乱砍滥伐。

【笺释】

顾颉刚、刘起釪《译论》引东坡诠解"苏轼《书传》云'封，封殖也。十二州之名山皆禁采伐也'"，同时引"王安石《新经义》亦云'封山，则林木不可胜用；濬川，则谷米不可胜食'"。肯定东坡的解释并认为"此二释皆宋儒提出，为解脱旧说善能独立思考之所得"。

濬川。象以典刑。

典刑，常刑也。杀人者死，伤人者刑，象其所犯。

【译文】

疏导大川大河。以各种不同的形象来表示刑罚。

典刑，平常的刑罚。杀人的要偿命，伤人的要处以刑罚，以各种不同的形象来表示他所犯的罪行。

【笺释】

"濬川"，应属上句读。"象以典型"一句，《荀子·正论篇》："世俗之为说者曰：'治古无有肉刑而有象刑。……治古如是。'是不然。"顾颉刚、刘起釪《译论》引杨倞[①]注："象刑，异章服，耻辱其形象，故谓之象刑。"又引《慎子》："有虞之诛，以幪巾当墨，以草缨当劓，以菲履当刖，以艾韡当宫，布衣无头领当大辟。此有虞之诛也。斩人肢体，凿其肌肤，谓之刑。"此即东坡"象其所犯"的意思。孙星衍《注疏》引《汉书·刑法志》：" 禹承尧舜之后，自以德衰而制肉刑。汤、武顺而行之者，以俗薄于唐虞故也。" 认为尧、舜当政时期，没有各种伤及人身皮肉的酷刑，但到了禹的时期（即到了世袭的封建制度出现之后），因"德衰而制肉刑"，光靠说教已经不能制止人们犯罪，只能施以残害人的身体皮肉的酷刑了。据《史记·孝文本纪》载，汉文帝就曾经下令废止肉刑。北宋神宗年间，有大臣欲复肉刑，东坡因此将此事写入他的《上皇帝万言书》中，明确反对恢复肉刑。

①杨倞，唐宪宗年间弘农（今河南灵宝县南）人，杨汝士之子，大理评事。著《荀子注》一书，为《荀子》的最早注本。

流宥五刑。

五刑，墨、劓、剕、宫、辟也。作五流之法以宥五刑之轻者。墨，薄刑也，其宥乃至于流乎？曰，刑者终身不可复，而流者有时而释，不贤于刑之乎？

【译文】

流放、宽宥犯"五刑"之罪较轻的犯人。

五刑，即墨刑、劓刑、剕刑、宫刑、大辟之刑。又制定"五流"之法用来宽宥那些五刑犯中程度较轻的人。墨刑，是较轻的刑罚，而能获从宽处罚了还要被流放吗？这是说，被处罚于墨刑（在脸上刺字）那是终身都去不掉的罪痕，而被流放者，到时还可以释放，不好过在脸上刺字的刑罚吗？

【笺释】

孙星衍注引马融语："流，放。宥，宽也。一曰幼少，二曰老耄，三曰蠢愚。" 即犯罪较轻的可处以放逐之罚，或因年少、老迈、愚蠢而得到宽恕。

五刑，据孙星衍《注疏》所引古代文献，各有说法。且时代不同，唐虞之世与夏禹之后的殷商与东西周朝又有不同，难以界定。东坡在这里也没有作具体的解释。而《注疏》引《晋书·刑法志》谓："三皇设言而民不违，五帝画象而民知禁。则《书》所谓'象以典刑，流宥五刑，鞭作官刑，朴作教刑'者也。然则，犯黥者皁其巾，犯劓者丹其服，犯膑者墨其体，犯宫者杂其履，大辟之罪、殊刑之极，布其衣裾而无领缘，投之于市，与众弃之。"此段解释可证上述"象以典刑"的说法，即唐虞之世，刑罚还不至于施以肉刑：犯了墨刑（即黥罪，在脸上刺字，涂上黑色）的，令他披上黑色的头巾；犯了劓刑（割掉鼻子）的，令他穿上红色的衣服；犯了膑刑（斩掉双足或膝盖骨）的，令他全身都涂上黑色；犯了宫刑（阉割掉生殖器）的，令他穿不同的鞋子；犯了杀头大罪（大辟）的，让他穿上没有衣领的布衣，押到市井之中，让众人唾弃。至于尧、舜以前的三皇之世，仅以言语告诫，民众即知顺从遵守，而越往后世，刑罚越重，以至于杀头之罪亦不足以治乱世。

按，此节"流宥五刑"中所提到的墨、劓、剕、宫、大辟等伤害肢体的刑罚，据《尚书·吕刑》本已著明为苗民所创，为何在尧、舜时期已出现？明代凌濛初刻本《东坡书传》眉批上有袁黄（号了凡）①语云："墨、劓、腓（剕）、宫、大辟，《吕刑》分明言'苗民始制'，注忽增入以诬舜。汉、唐诸儒皆无此说。"

① 袁黄（号了凡），明代重要思想家，著有《尚书纂注》等。

鞭作官刑。
官刑以治庶人在官，慢于事而未入于刑者。

【译文】

以鞭打作为官刑的处罚。

官刑，用以处罚那些身为百姓在官府里做事，但怠慢偷懒而不至于要处以刑罚的人。

【笺释】

　　刘起釪对东坡的诠解不以为然，说："何以必须庶人在官者始鞭之，岂因刑不上大夫，非庶人为官者不得鞭？然《左传·襄公十四年》载卫献公鞭师曹，师曹非庶人；又明代廷杖率皆大臣。则苏氏说不必是。"按，刘氏举例不对。东坡所云正是孔子所谓"刑不上大夫"的商周以前的社会，而非春秋战国及秦汉以后的封建社会。

朴作教刑。
　　朴，榎楚也。教学者所用也。

【译文】

　　朴，用作教刑。
　　朴，楸木做的教鞭。教学的老师所应用的教具。

【笺释】

　　榎，楸木。
　　楚，刑杖。
　　榎楚，犹教鞭也。

金作赎刑。
　　过误而入于刑与罪疑者，皆入金以赎。

【译文】

　　金可以用来赎刑罚。
　　因过失而犯罪可刑罚的与所犯的罪行尚有疑问的，都可以用金来赎。

【笺释】

　　孙星衍《注疏》引马融语："金，黄金也。意善功恶，使出金赎罪，坐不戒慎者。"马融指"金"为黄金，这是误解。故孙星衍疏云："金以赎罪，古用铜。赤金也。"古所指的金为铜，铜可以铸兵器。孙星衍引《淮南子·泛论训》："齐桓公将欲征伐，甲兵不足，令有重罪者出犀甲一戟；有轻罪者赎以金分；讼而不胜者出一束箭。"是金可以铸兵，非黄金明矣。

按，顾颉刚、刘起釪《译论》引梁起超语，认为三代以前没有以金属作为货币的可能。此篇应为春秋战国以后的作品。刘氏也认为《舜典》实为春秋战国之世的作品，但其作者"也收集了某些春秋战国资料足以摹古者，汇列以成篇"。

眚灾肆赦，怙终贼刑。

《易》曰："无妄。行有眚。"眚亦灾也。① 眚灾者，犹曰不幸，非其罪也。肆，纵也。《春秋》"肆大眚"是也。怙，恃也。终，不改也。贼，害也。不幸而有罪，则纵舍之，恃恶不悛以害人，则刑之。

① 见《周易·无妄》："上九，无妄，行有眚，无攸利。"（北京市中国书店1985年版《四书五经》第五种《周易本义》第24页）

【译文】

因过失而造成灾害的可以赦免其罪，怙恶不悛危害及人的则要加以刑罚。

《易》说道："没有故意，但行为有过失。"过失也会造成灾害。过失造成灾害的可以说是不幸，但并不是他故意犯罪。肆，即宽纵、放赦之意。《春秋》有"肆大眚"句，就是这个意思。怙，即凭恃之意。终，即始终不改。贼，危害之意。因过失造成不幸而有罪的，可以赦免他的罪过；恃恶不悛而危害及人的，要加以刑罚。

【笺释】

这两句话里的"眚""肆""贼"等词，各家都有不同解读。如

"肆",有解作"过失",或解作"宽宥",或解作"遂"等。"眚"或解作"灾",或解作"过失"等。"贼",或解作"则"(假借字),或解作"杀",或解作"众"等。但总的意思即"因过失而造成灾害的可以赦免其罪;怙恶不悛危害及人的则要加以刑罚"。

钦哉,钦哉!惟刑之恤哉!

恤,忧也。

【译文】

慎重啊,慎重啊!这刑罚是让人忧虑的!

恤,忧虑。

【笺释】

"恤"字的解释,各家亦多有不同。东坡取孔颖达《正义》疏:"舜既制此典刑,又陈典刑之义,以敕天下百官,使敬之哉,敬之哉,惟刑之忧哉。"以恤作"忧"解。

流共工于幽洲。

幽洲,北裔洲,水中可居者。

【译文】

将共工流放到幽洲。

幽洲,北方水域中,有土可居住的地方。

【笺释】

幽洲,《史记》等文献作幽陵、幽州。而孔颖达对此的解释是:"此流四凶在治水前,于时未作十有二州,则无幽州之名,而云'幽州'者,史据后定言之。"即舜将共工等"四凶"放逐之时,大禹尚未治好水患,天下未曾划分为十二州。故东坡取"幽洲"。洲即江河中有高出水面的陆地，可以居住。此处所云"幽洲"非实指，仅为传说中北边极远之地。

放驩兜于崇山。
崇山，南裔。

【译文】

放逐驩兜到崇山去。

崇山，在南方。

【笺释】

崇山，孔颖达《正义》疏云："《禹贡》无崇山，不知其处，盖在衡岭之南。"顾颉刚、刘起釪《译论》认为此说近似，其余皆为"妄说"，如"在澧阳县（即今湖南澧县）南七十五里"之类。据《史记》，舜放逐驩兜到澧阳崇山是为了改变南蛮的地方风俗。据《史记正义》，《神异经》云："南方荒中有人焉，人面鸟喙而有翼，两手足扶翼而行，食海中鱼，为人很恶，不畏风雨禽兽，犯死乃休，名曰'驩兜'也。"[1]

[1] 见《史记·五帝本纪第一》（中华书局1973年版《史记》第一册第29页"正义"引《神异经》）。

窜三苗于三危。
三苗，缙云氏之后，为诸侯。三危，西裔。

【译文】

将三苗流放到三危那地方去。

三苗，缙云氏的后裔，曾为诸侯。三危，在西方。

【笺释】

据孙星衍《注疏》引高诱注《淮南子·修务训》："三苗，盖谓帝鸿氏之裔子浑敦；少昊氏之裔子穷奇；缙云氏之裔子饕餮。"①这三氏的后裔就称"三苗"。又马融以"三苗"为国名，并认为缙云氏之后仅指饕餮，无穷奇与浑敦。"三危"也有多种解释。一般认为《后汉书·西羌传》指"河关之西南羌"，即今沙州敦煌县东南，"山有三峰，曰三危"也。原亦为传说中西边极远之地。东坡也不作具体的诠解。

①《淮南子·修务训》高诱注：上述"三族之苗裔，故谓之三苗"（中华书局1954年版《诸子集成》第七册《淮南子》第331页）。

殛鲧于羽山。

羽山，东裔，在海中。殛，诛死也。流，放，窜，皆迁也。

【译文】

在羽山诛杀了鲧。

羽山，在东方海中。殛，诛杀。流，放，窜，都是令其迁徙的意思。

【笺释】

《史记》此句是说："殛鲧于羽山，以变东夷。"①所以殛似不能解作"诛死"（杀死）。因为若鲧死了，"以变东夷"（感化东方边远地方的风俗）的任务就没有了。马融解作："殛，诛也。"孔颖达《正义》引《释言》云："殛，诛也。传称流四凶族者，皆是流而谓之'殛、窜、放、流，皆诛'者，流者移其居处，若水流然，罪之正名，故先言也。放者使之自活，窜者投弃之名，殛者诛责之称，俱是流徙，异其文，述作之体也。四者之次，盖以罪重者先。共工滔天，为罪之最大。驩兜与之同恶，故以次之。《祭法》以鲧障洪水，故列诸祀典，功虽不就，为罪最轻，故后言之。"林之奇《全解》云："所谓'殛死'者，正如后世史传言'贬死'也。"这就是说，在"四凶"之中，治水不成功的鲧，其罪是最轻的。而孙星衍引《说文》："诛者，责遣之，非杀也。"如此解释似更近于原意。也有释"殛"为放（即流放）者。羽山，《汉书·地理志》羽山在东海郡祝其县西南，海水渐及，故言"在海中"也。孙星衍引文注：在今山东郯城县北七十里，江南赣榆县界。

①见《史记·五帝本纪第一》（中华书局1973年版《史记》第一册第29页）。

四罪而天下咸服。

此四凶族也。其罪则莫得详矣。至于流且死，则非小罪矣。然尧不诛而待舜，古今以为疑。此皆世家巨室，其执政用事也久矣，非尧始举而用之。苟无大故，虽知其恶，势不可去。至舜为政，而四人者不利，乃始为恶于舜之世，如管、蔡之于周公也欤。

【译文】

将四凶判了罪，并加以处罚，于是天下皆表示服从。

这"四罪"即四凶之族。他们的罪行已无法了解得详细。但所犯罪过达到流放的程度，也不算小罪了。然而，在帝尧之世，并不流放他们而延迟到帝舜的时代，自古以来都对此有疑问。原因在于这四凶之族都是当时的世家巨室，很有势力，参与、执行政事也很久了，并非帝尧才开始任用他们。所以假如他们没有显著的恶行，虽然知道他们的凶恶，从整个政治形势看也不能马上处理他们。到舜执政之后，四凶看到形势对他们不利，才开始为非作歹起来，就像周朝初年的管叔、蔡叔对周公一样。

【笺释】

东坡的这段论述显示出他一贯的谨慎务实的政治观点。直到晚年，他被流放海南，尚著文《论管仲》，阐明不可无故而诛杀大臣的道理。

二十有八载，帝乃殂落。百姓如丧考妣，三载，四海遏密八音。

殂落，死也。考妣，父母也。遏，绝也。密，静也。尧年十六即位，七十载求禅，试三载，自正月上日至崩，二十八载。凡寿一百一十七岁。

【译文】

　　帝尧禅让帝位之后又活了二十八年才逝世。天下百姓好像死了自己的父母一样悲伤。三年之间，四海之内静悄悄绝对听不到一点八音的乐声。

　　殂落，即死去。考妣，指父母。遏，阻绝。密，安静。帝尧十六岁时登上帝位，执政七十年之后要求禅让帝位。考察了三年，于正月初一日退位至逝世，又过了二十八年。帝尧共活了一百一十七岁。

【笺释】

　　帝尧逝世之后，天下百姓好像死了父母一样十分悲痛，普天之下都自动停止一切娱乐活动，听不到半点"八音"之类的乐声（四海遏密八音）。孔颖达《正义》认为"百姓"应为百官。"以《丧服》庶民为天子齐衰三月，畿外之民无服，不得如考妣，故知百官也"。以"遏密八音"而论，也只有百官才有此娱乐。顾颉刚、刘起釪《译论》引郭沫若《释祖考》一文，云："《尚书·帝典》'放勋乃殂落，百姓如丧考妣三载'，不独'百姓'字无有，三年之丧古无有，即此考妣二字连文，亦可知《帝典》诸篇为孔门所伪托。"否定了以上关于帝尧死后的一切记述，认为都是后人（起码是春秋战国时期人）所编造。

月正元日，舜格于文祖。

　　月正，正月也。元日，朔日也。向告摄，今告即位。

【译文】

　　正月初一，帝舜至文祖之庙祷告。

　　月正，即正月。元日，即初一。以前是舜受帝尧的考察，代理政事，现在是向祖宗祷告即帝位。

询于四岳，辟四门，明四目，达四聪。
广视听于四方。

【译文】

向四岳征求治国的方略，打开四面的宫门，听取四方的意见，通达四方的消息，以广视听。

扩大视野，广纳各方讯息。

【笺释】

据孔颖达《正义》疏："自此以下言舜真为天子，命百官授职之事。舜既除尧丧，以明年之正月元日，舜至于文祖之庙，告己将即正位为天子也。告庙既讫，乃谋政治于四岳之官。所谋开四方之门，大为仕路致众贤也。明四方之目，使为己远视四方也。达四方之聪，使为己远听闻四方也。恐远方有所拥塞，令为己悉闻见之。"舜即位之后，与四岳共谋治国方略。辟四门，即广开仕路，吸纳贤才。明四目，达四聪，即多听取各方意见，勿使闭塞短视，缺乏远见。

咨十有二牧，曰："食哉，惟时！"
十二州之牧，所重民食，惟是而已。

【译文】

下令十二州的官长们，说道："解决吃饭问题，农事及时为先！"

十二州的官长们，最重要的事就是解决群众的饮食问题，惟此而已。

【笺释】

据蔡沈《集传》注："牧，养民之官。十二牧，十二州之牧也。王政以食为首，农事以时为先。舜言足食之道，惟在于不违农时也。"然而，孙星衍《注疏》将"惟时"二字下移，作"惟时柔远能迩"。皮锡瑞《考证》却认为"食哉"为"钦哉"之误。足见古文判读、断句之难。

柔远能迩，惇德允元，而难任人，蛮夷率服。

能，读如"不相能"之"能"。柔怀远者使与迩者相能。惇，厚也；元，善也；难，拒也。任人，佞人也。惇厚其德，信用善人，而拒佞人，则蛮夷服。盖佞人必好功名，不务德而勤远略也。

【译文】

安抚远方的人如亲近身边的人一样。敦厚道德信誉，拒绝奸佞小人，使蛮夷之类的少数民族都会信服。

能，读作"不相能"（互不亲近）的"能"。怀柔远方的人们使之与近在身边的人一样亲善和睦。惇，指品德敦厚；元，指天性善良；难，指拒绝；任人，佞人。使品德敦厚，信用好人，拒绝那些奸佞的人，这样，远方的蛮夷之族也会信服。因为奸佞的人必定贪功好名，不讲究品德修养而专门频频攻略远方。

【笺释】

能，孙星衍《注疏》引郑玄注作"恣"（放纵，自适）解；又引《释诂》"读当为而。而，如也"。则"柔远能迩"即安抚远方如亲睦近邻，意与东坡所解相近。但如此解释，"能"的词性即有两变，即既作副词用，又作形容词用。而皮锡瑞《考证》引颜师古注却作"善"解。"善"与"恣"含意似也有近似之处？似都不如东坡所解为近原意。

舜曰："咨，四岳，有能奋庸熙帝之载，使宅百揆，亮采惠畴？"

奋，立也；庸，功也。熙，光也；载，事也。有能立功光尧之事者，当使宅百揆。其能信事而顺者谁乎？

【译文】

舜问道："喂，你四岳，有谁能奋立事功，以光大帝尧之事业者，可使居百官之位。有能光大此事业的吗?"

奋,建立之意;庸,功用之意。熙,光大之意;载,指事业。有能够奋发立功,光大帝尧事业的人,可让他居百官之位。有谁能够守信处事而理顺政务的呢?

【笺释】

此段释意,歧见较多。百揆,一般作百官解,而皮锡瑞引《史记》,以宅作"居",认为"盖不以百揆为官名"。奋,孙星衍引《释诂》:"奋,进也。"将"奋"作"进用"解;又以"惠"作顺解,以为"居官相(亮)事,顺其畴类"。蔡沈《集传》解"亮"作明,又作"相"。

佥曰:"伯禹作司空!"帝曰:"俞,咨禹汝平水土,惟时懋哉!"

懋,勉也。

【译文】

大家都说:"伯禹可以任司空之职!"帝舜说:"好,禹啊,你要治理好水土之事,一定要及时治理好啊!"

懋,勉励的意思。

【笺释】

伯禹,伯为爵位。其父鲧,曾为"伯鲧"。司空,各有解释。孙星衍《注疏》引《尚书》夏侯、欧阳说:"天子三公,一曰司徒,二曰司马,三曰司空。"又引郑玄说:"舜举禹治水,尧知其有圣德,必成功,故改命司空。以官名宠遇之,非官也。"则"司空"只是对禹的一种荣誉称号,非官职名。而皮锡瑞《考证》案语:"史公(指司马迁,下同)不以百揆为官名,故云'伯禹为司空,可美帝功',盖谓为司空即可美帝功。"蔡沈《集传》认为负责平治水土是司空的职责,则"司空"为官职名。顾颉刚、刘起釪《译论》则引朱熹语谓"禹以司空行宰相事"。

禹拜稽首，让于稷、契暨皋陶。
居稷官者，弃也。契、皋陶，二臣名。

【译文】

禹叩首拜伏，将官职辞让于稷、契与皋陶。

在稷这个官位上的是弃。契、皋陶是两位臣子的名称。

【笺释】

稷原为一大臣名，其后变成一官职名。所以东坡曰"居稷官者，弃也"。孙星衍《注疏》引郑玄语："稷，弃也。初，尧天官为稷。禹登用之年，举弃为之。时天下赖后稷之功，故以官名通称。"即尧以后，天官（即冢宰）之称为"稷"。到舜的年代，弃代稷为天官，故称为"稷"。

帝曰："俞，汝往哉！"
然其所推之贤，不许其让也。

【译文】

帝舜说："好，你任职去吧！"

赞成他所举荐的贤才，但不许他辞让司空的职位。

帝曰："弃，黎民阻饥。"
阻，险难也。

【译文】

帝舜说："弃，黎民大众正遭遇饥荒的艰难呀。"

阻，艰难危急的意思。

【笺释】

阻，有两种解释。郑玄以阻为"厄"（厄），作灾难解。《史记》以阻为"祖"，解"祖"为始。孔颖达《正义》解阻作"难"，与东坡意同。

"汝后稷，播时百谷。"帝曰："契，百姓不亲，五品不逊。汝作司徒，敬敷五教，在宽。"

五教，父义，母慈，兄友，弟恭，子孝。以此教民，必宽而后可。亟则以德为怨，否则相率为伪。

【译文】

"你后稷，要及时播种百谷。"帝舜说："契，百姓们不相亲爱，父母兄弟五伦不相顺让。你任司徒之职，要重视五教的宣示教育，待民宽厚。"

五教，指父亲行义，母亲慈爱，兄友爱，弟恭顺，子孝顺。以这些伦理教育人民，必须做到宽柔厚道才行。否则若操之过急必导致德的教育反而招来嫌怨，结果都互相跟着弄虚作假。

【笺释】

"汝后稷，播时百谷"一句，各本都归于上段，作为舜对后稷的训示，接"黎民阻饥"之后。按东坡如此分段似与上句脱节（似此情况，以下多有）。五教，蔡沈《集传》、周秉钧《尚书易解》（下称《易解》）又引孟子语补充为："父子有亲，君臣有义，夫妇有别，长幼有序，朋友有信。"司徒，蔡沈解为"掌教之官"。《周礼》有"地官司徒，使帅其属而掌邦教，以佐王安抚邦国"。周秉钧在《易解》中特别引用东坡"教民必宽而后可，亟则以德为怨，否则相率为伪"一句。蔡沈释"敬敷五教"句，解为"使之敬以敷教，而又宽裕以待之，使之优柔浸渍，以渐而入，则天性之真，自然呈露，不能自已。"

帝曰："皋陶，蛮夷猾夏，寇贼奸宄。"

猾，乱也。夏，华夏也。乱在外曰奸，在内曰宄。

【译文】

帝舜说:"皋陶,野蛮的夷人乱我华夏,抢劫杀人,内外作乱。"

猾,作乱之意。夏,指华夏民族。作乱在外的称为奸,作乱在内的称为宄。

【笺释】

孙星衍《注疏》引郑玄语:"猾夏,侵乱中国也。强取为寇,杀人为贼。由内为奸,起外为轨。"以宄为"轨"。这与东坡等的解释不同。《国语·晋语六》:"乱在内为宄,在外为奸。"孙星衍《疏》认为郑玄误用。顾颉刚、刘起釪《译论》:"其实,奸、宄具盗窃奸邪恶乱之义,古人要去区分其孰内孰外实没有必要。"

"汝作士,五刑有服。五服三就。"

士,理官也。服,从也。三就,《国语》所谓"三次"[1]也。大者陈之原野;小者致之市、朝。

[1]《国语·鲁语上》:"薄刑用鞭扑,以威民也。故大者陈之原野,小者致之市朝,五刑三次,是无隐者。"(岳麓书社1994年版《白话国语》第95页)

【译文】

(皋陶)"你担任审理案情的士。五种刑罚都有它的规定。五种规定的执行都有它的处所。"

士,管理刑罚的官职。服,服从。三就,即《国语》所谓的"三次"。大罪的在原野里处罚,小罪的在朝堂或者市井中处罚。

【笺释】

这一经文有两种解释。

一种以孙星衍《注疏》引《尚书大传》语,认为尧、舜的唐、虞时代,没有肉刑,只有"象刑"。象刑的惩罚是,让犯罪或有过失的人,穿上画着不同色彩的服饰，使不同于普通群众，表示一种羞辱。其中"上刑赭衣不纯，中刑杂屦，下刑墨幪"。而执行处罚的时候，按照罪行的轻重，分别在原野、朝堂、市井中进行。让穿着这些奇装异服的罪人"以居州里，而民耻之，而反于礼"。就是说，让有罪行的人穿着这些"犯罪服饰"，自觉羞耻会改过自新，重返礼义的行列。这就是所谓的"象刑"（象以典刑）。"五刑有服"的"服"指服饰。而"三就"指三处地方，"就"作"处"解。

另一种观点认为，唐虞时代已有肉刑。五刑指的是"墨、劓、剕、宫、大辟"。东坡在这里引用记录春秋时期史迹的《国语·鲁语上》[①]："大刑用甲兵，其次用斧钺；中刑用刀锯，其次用钻笮；薄刑用鞭扑。故大者陈之原野；小者致之市、朝。"这里所指的大刑"甲兵"是动用诛伐的手段，其次是用"斧钺"（斩杀）；中刑是刀锯（用刀割鼻，用锯断截肢体），其次是用"钻笮"（用钻剔除膝盖骨，用凿黥面）；轻刑用鞭子抽，用棍子打。斩杀即"大辟"；割鼻即"劓"；锯截肢体即"剕"；黥面即"墨"。执行这些刑罚的时候，大罪在原野，中罪在朝堂，小罪在市井。此即所谓"五刑三次"。孔颖达《正义》释三就（次，处）为："大罪在原野，大夫在朝堂，士在于市"，似未准确。若犯罪的是小民，又在于何处？而据后人对商代甲骨文的考释，商或更早时期，早已有针对一般民众（或是奴婢、俘虏）的肉刑，斩杀、刀锯等残害人的酷刑已经出现。

但孙星衍认为《鲁语》所载为周朝时期的刑罚，非上古唐虞时代"象刑"的仁慈之政。而东坡历来反对肉刑，反对酷刑，反对滥刑滥法，所以他在这里的"经解"过于简单，并未申明此意。孙星衍《注疏》又引江声语："云'蛮夷猾夏，寇贼奸宄'，岂象刑足以威之乎？则五刑自当有甲兵、斧钺矣。至于刀锯、钻笮，有苗制是刑，唐虞有是象。其时民之重耻，其畏象刑，尤甚于畏肉刑，罕有犯者。然则，制固不可废也。"则上述所指的肉刑均为苗民所为，是用以处罚"蛮夷猾夏"的奸宄之徒的。

①《国语·鲁语上》："大刑用甲兵，其次用斧钺，中刑用刀锯，其次用钻笮，薄刑用鞭朴，以威民也。故大者陈之原野，小者致之市、朝，五刑三次。"（北京图书馆出版社2006年版《国语》线装影印本）

五流有宅，五宅三居，惟明克允。

三居如今律。五流，其详不可知矣。尧、舜以德、礼治天下，虽有蛮夷寇贼，时犯其法，然未尝命将出师。时使皋陶作士，以五刑、三就，五流、三居之法治之足矣。兵既不用，度其军政，必寓于农民。当时训农治民之官，如十二牧、司徒、司空之流，当兼领其事，是以不复立司马也。而或者因谓尧时，士与司马为一官，误矣。夫以将帅之任而兼之于理官，无时而可也，尧独安能行之？

【译文】

五种流放的处罚都有适当的程度，五种流放有三种安置办法，均需要明察允当。

"三居"的安置办法有如今天的律令。但"五流"的具体情况，今天就很难道其详了。帝尧与舜以德、以礼治理天下，虽有蛮夷作乱，抢劫杀人，经常触犯法律的事，但是还未有过要命令将帅出师讨伐的事件。当时任命皋陶为审理案件的士，以五刑、三就，五流、三居的刑法来治理也就足以安定社会了。既然不需要动用军队，那么猜想他的军政事务，必定以安顿农民为主要内容。那个时候，教育农民、治理民事的官员们，如十二牧、司徒、司空之流，也应当兼管此类事务，因此不需要再立司马一职。而有的人因此说帝尧时期，士与司马同为一官，这就错了。能够以将帅之任兼及理官之职，则随时都可以处理完一切事务，不然帝尧怎能独自去处理呢？

【笺释】

东坡自认"五流"之法，已难知其详。顾颉刚、刘起釪《译论》释宅为度，又释度为居。谓"君恩不忍杀，罪大不可全赦，故流之也"。引马融注云："五等之差，亦有三等之居。"即所谓"五流三居"：罪大恶极的"投诸四裔"（指东西南北极边远的地方）；其次是华夏九州之外的地方；再次是中国之外的地方。这也就是所谓"三居"。

东坡认为尧、舜之时，虽有蛮夷贼寇之乱，但"未尝命将出师"，因此"兵既不用"，"不复立司马"之职。这似乎在反驳不同观点，故有"或者因谓"一句。果然，刘起釪在《译论》中举出王安石《新经尚书义》："在周，大司马之职，当舜之时，以士官兼之。"可见东坡是在反对王安石的观点。刘氏赞同王安石的看法，他举出其师顾颉刚的《古代兵刑无别》一文，认定皋陶为士兼有兵刑之职，负有领兵除寇的责任。二者的分歧在于如何对待"蛮夷猾夏"等寇乱的问题上。东坡认为尧、舜二帝以德治天下，故其时即使有小的治安问题也用不着兴兵讨伐，行军打仗。但生于后世的学者如刘氏所言"马融生于兵刑已分之后"的，自然不相信会有这样的治世。因为自尧舜二帝之后至夏商周三代以至后世，"大刑用甲兵"的军旅讨伐之事从没有绝迹过。所以着眼点不同，观点也就有了分歧。

帝曰："畴若予工？"佥曰："垂哉！"帝曰："俞，咨垂，汝共工。"

垂，臣名。

【译文】

帝舜说："谁能妥善处理好百工的工作？"大家都说："垂可以呀！"帝舜说："好，垂啊，你担任共工之职吧。"

垂，帝舜的大臣名。

【笺释】

垂，亦作倕。垂，传说中的能工巧匠。《山海经》郭璞注："倕，尧巧工也。"顾颉刚、刘起釪《译论》："其为人最大的特点是巧，大巧，擅工艺之巧。遂被称为巧垂、工垂。"

垂拜稽首，让于殳斨暨伯与。
二臣名。

【译文】
垂叩首拜伏，辞让与殳斨及伯与二人。
殳斨、伯与，二大臣名。

【笺释】
曾运乾《正读》："殳与斨与伯与，三臣名。"但未指出处。上古传说往往有不同的流传渠道，难定于一家。顾颉刚、刘起釪《译论》云："殳斨，人名。有一人、二人两说。"

帝曰："俞，往哉！汝谐。"
谐，宜也。

【译文】
帝舜说："好，你们都去吧，你们应能干好。"
谐，意谓适宜。

帝曰："畴若予上下草木鸟兽？"
上，山也；下，泽也。

【译文】
帝舜说："谁能管理好我山林沼泽、草木鸟兽的工作呢？"
上，指山岭；下，指沼泽。

佥曰："益哉！"
伯益也。

【译文】

大家都说："益可以呀！"

益，指伯益。

【笺释】

益，相传大禹治水时的得力助手。为帝舜时的大臣。顾颉刚、刘起釪《译论》引《史记·夏本纪》："禹遂乃与益、后稷奉帝命，命诸侯百姓与人徒以傅土，行山表木，定高山大川。"伯为爵位。

帝曰："俞，咨益，汝作朕虞。"
虞，掌山泽之官。

【译文】

帝舜说："好，益啊，你担任我的虞官吧。"

虞，掌管山泽的官。

益拜稽首，让于朱虎、熊罴。
二臣名。

【译文】

益叩首拜伏，辞让于朱虎、熊罴二人。

朱虎、熊罴，二位大臣的名称。

【笺释】

东坡以"朱虎熊罴"为二人，与孔颖达《正义》、周秉钧《易解》同。然孙星衍《注疏》谓："朱、虎、熊、罴四臣名。"断句为："让于朱、虎、熊、罴。"为四人（蔡沈《集传》同此说），且谓："《春秋》《左氏》文十八年《传》：高辛氏有才子八人，有伯虎、仲熊、叔豹、季狸。《古今人表》作柏虎、仲熊、叔豹、季熊。熊当为罴字。"皮锡瑞《考证》却认为："《古今人表》无朱，止有三人，则班氏似以朱虎为一人，即柏虎。朱虎、熊、罴共三人。"则这段释文竟有"二人"、"三人"、"四人"之说，不知孰是。

帝曰："俞，往哉！汝谐。"帝曰："咨，四岳，有能典朕三礼？"佥曰："伯夷！"
三礼，天、地、人礼。伯夷，臣名，姜姓。

【译文】

帝舜说："好，去吧！你们能行。"帝舜又说："啊，你四岳，有谁能够为我主持天、地、人三种祭礼的吗？"大家都说："伯夷能行！"

三礼，祭祀天神、地祇、人鬼之礼。伯夷，大臣名，姓姜。

【笺释】

东坡此段解释，全录自《正义》。典，作主持解。《国语·郑语》云："姜，伯夷之后也。伯夷能礼于神以佐尧。"[①]是伯夷为姜姓也。伯夷，传说中的人物，说法多种多样。

[①]《国语·郑语第十六》："姜，伯夷之后也；嬴伯，翳之后也。伯夷能礼于神以佐尧者也。"（北京图书馆出版社2006年版《国语》线装影印本）

帝曰："俞，咨伯，汝作秩宗！"
秩序宗庙之官。

【译文】

帝舜说："好，伯夷啊，你担任秩宗吧！"
担任主管宗庙祭祀秩序的官职。

【笺释】

孔颖达《正义》疏谓："主郊庙之官，掌序鬼神尊卑，故以'秩宗'为名。'郊'谓祭天南郊，祭地北郊；'庙'谓祭先祖，即《周礼》所谓'天神、人鬼、地祇之礼'是也。"这就是伯夷所担任的"秩宗"一职的使命。

夙夜惟寅，直哉惟清。

《书》曰："伯夷降典，折民惟刑。"①礼之所去，刑之所取。故古者礼官兼折刑。"夙夜惟寅"者，为礼也；"直哉惟清"者，为刑也。惟直则刑清。

①语见本书《吕刑》。

【译文】

早起晚睡，惟有恭敬职事，正直办案，才得政简刑清。

《尚书》有言："伯夷颁布法典，决断民间诉讼，惟用刑法。"以礼法所放弃的事情，由刑法来解决。所以，古代的礼官兼有解决案件的职责。"早起晚睡，恭敬办事"，为的是敷扬礼教；"正直办案"，为的是公正执法。惟有公正执法才能做到政简刑清。

伯拜稽首，让于夔、龙。

二臣名。

【译文】

伯夷叩首拜伏，请辞让于夔与龙。

夔、龙，二位大臣名。

【笺释】

尧舜年代有一位伯夷，两千多年后又有一位不食周粟的伯夷出现在周初武王灭商的时候，又过了几百年又有一位专管刑法的伯夷出现在《吕刑》一篇中。顾颉刚、刘起釪《译论》云："被司马迁特写为列传第一篇，是周武王时不食周粟的高士。与此伯夷只是名字相同而毫不相干的另一人。可能周初的伯夷是真实的人，而此伯夷只是神话中人，被误载入史籍《尧典》、《吕刑》等文中。"先有史实，后因史事而夸饰成神话，再由神话附会为历史，互相因袭传承，这就是《尚书》这一经典的历史面目。但它的思想品格和精神实质却是不朽的。

夔，据《山海经·大荒东经》载，东海流波山有兽，状如牛，苍身无角，一足，出入必有风雨，名曰"夔"①。至《说文》，其形变为龙。其后，夔作为神话中角色变成了能主宰人间音乐的乐正。《礼记·乐记》："夔始作乐，以赏诸侯。"龙，据《山海经·海内经》："帝俊生晏龙，晏龙是为琴瑟。帝俊有子八人，是始为歌舞。"②

①据袁珂《山海经校注》（上海古籍出版社1980年7月第一版第361页）《大荒东经》："东海中有流波山，入海七千里。其上有兽，状如牛，苍身而无角，一足，出入水则必风雨。其光如日月，其声如雷，其名曰夔。"

②同上。第468页《海经新释》："帝俊生晏龙，晏龙是为琴瑟。帝俊有子八人，是始为歌舞。"

帝曰："俞，往钦哉！"帝曰："夔，命汝典乐，教胄子。直而温，宽而栗，刚而无虐，简而无傲。"

栗，庄栗也。教者必因其所长而辅其所不足。直者患不温，宽者患不栗，刚者患虐，简者患傲。

【译文】

帝舜说："好，去吧！"帝舜说："夔，命令你主持音乐之事，教育子弟。你要做到耿直而温和，宽厚而严肃，刚劲而无虐待，简肃而不傲慢。"

栗，庄重严肃之意。施教的人必定因学者的特长而辅导他充实自己不足之处。耿直的人往往不够温和，宽厚的人往往不够庄重，太刚烈的人会有苛虐的毛病，太简肃的人会傲慢。

【笺释】

　　胄子，孙星衍《注疏》引马融语："胄，长也，教长天下之子弟。"孔颖达《正义》用此义，曰"《说文》云：'胄，胤也。'《释诂》云：'胤，继也。'继父世者惟长子耳，故以'胄'为长也"。《史记》以胄子作"稚子"。又有以"胄子"为国子、适子者，仍以"教育子弟"为要意。曾运乾《正读》："胄子，郑云'国子'也。《王制》云，'王太子，王子群后之太子，卿大夫元士之适子，国之俊选，皆造焉'。"说的是周朝的礼制，概而言之，仍为"教育子弟"。

"诗言志，歌永言，声依永，律和声。"

　　言之不足，故长言之。吟咏其言而乐生焉。是谓歌永言。声者，乐声也。永者，人声也。乐，声升降之节。视人声之所能，至则为中声，是谓声依永。永则无节，无节则不中律，故以律为之节，是谓律和声。孔子论玉之德曰："叩之有声，清越以长，其终诎然，乐也。"① 夫清越以长者，永也；其终诎然者，律也。夫乐固成于此二者欤。

①语见《礼记·聘义》："叩之，其声清越以长，其终诎然，乐也。"（扬州广陵书社2007年版《周礼·礼记·仪礼》线装影印本卷63第127页）

【译文】

　　"诗歌，表达人的心志；歌唱，吟咏人的言语。声音依附着咏唱；音律谐和着声音。"

　　言，是一种声音。乐，也是一种声音。人言不足以达意，故拉长音调以表情感。将自己的话语吟咏出来，这样音乐就产生了，这就叫作歌咏言。声音，是指音乐的声音。吟咏，也是人的声音。音乐，控制着声音的高低抑扬节奏。要看人的声音所能达到的程度，能达到的为中声，这就叫作声音依着吟咏。一般的吟咏没有节拍，没有节拍就不符合音律，因此以音律为之节制，就叫作"律和声"。孔子论玉的美德时说："敲击一下就会发声，声音清亮悠长，最终归于柔弱，这就是音乐。"声音清亮悠长，这是吟唱；最终归于柔弱，这就是声律。音乐，就是在这二者之间形成的。

"八音克谐，无相夺伦，神人以和。"夔曰，"於，予击石拊石，百兽率舞！"

此舜命九官之际也，无缘夔于此独称其功。此益、稷之文也。简编脱误，复见于此。

【译文】

"金、石、丝、竹、匏、土、革、木，八音能谐和演奏，不会混杂而失其次序。这样，祭祀敬神或人相举乐都能感受和谐之气氛。"夔说："啊，我击拍石磬，百兽都会应声起舞！"

这里所说的情况是舜在调遣分派九位大臣工作的时候，无缘由夔在这里独自夸示自己的功劳。夔的这句话应该是有关益、稷的文字。应是简牍编排时脱误造成的，所以再次出现在这里。

【笺释】

东坡认为夔的话说在这里，有点不分场合，故怀疑是"简编脱误"所致。而南宋林之奇《全解》亦提到"薛氏、刘氏皆以为《益稷》脱简重出"[1]，并认为"以理观之，义或然也"，但却又就此批评道："然笔削圣人之经以就己意，此风亦不可长。"薛氏、刘氏有否"笔削圣人之经以就己意"，笔者尚未查对，但林氏在东坡此书《康诰》一章中又以此意直接批评东坡则又太过了。东坡只是质疑，并未"笔削"经文，断不可以己意厚诬前人。顾颉刚、刘起釪《译论》亦云："以圣人之经不可轻动，这是儒生尊经之见。但以阙疑态度对待典籍，则是对的。"

[1] 语见林之奇《尚书全解》上册第53页（人民出版社2019年第1版陈良中点校本）。薛氏、刘氏，据顾颉刚、刘起釪《译论》，分别指薛肇朗与刘敞。前者著有《尚书解》，后者著《七经小传》。

帝曰："龙，朕塈谗说殄行，震惊朕师。命汝作纳言，夙夜出纳朕命，惟允。"

塈，疾也。殄，绝也。绝行犹独行，行之不可继者也。惟谗说独行，为能动众。纳言之官，听下言纳于上，受上言宣于下。枢机之官，故能为天下言行之帅。舜有不问而命，臣有不让而受者，皆随其实也。

【译文】

帝舜说："龙，我厌恶谎话独行，惊动我的众官队伍。命你担任纳言之官，早晚将我的命令传达下去，将民间的话语奏报上来，要信实正确。"

塈，疾恨的意思。殄，断绝之意。绝行，意即独断专行，行使那些贪残邪恶、不可继续的违逆之事。惟有这些谗言谎话会独自流行迷惑众人。负责纳言之官，听取下面的意见，归纳上报向帝舜反映，又将帝舜的命令旨意向下传达。这是属于重要枢纽位置的官，所以能成为天下言行的统帅。舜在某些事情上可以不听取众官的意见而任命官员，而臣下也可以不必辞让而直接承担某些官职，总之，都要看实际情况而定。

【笺释】

殄，东坡取孔颖达《正义》的解释作"绝"，"绝君子之行"。绝君子之行，意谓谗言挑拨是非，使君子之间的正当行为难以沟通。这与东坡"绝行犹独行"的解释似有区别。而与东坡"行之不可继者也"却又有相通之处。孙星衍《注疏》引马融语："殄，绝也。绝君子之行。"又引郑康成语："所谓色取仁而行违，是惊动我之众臣，使之疑惑。"蔡沈《集传》的解释是："殄，绝也。殄行者，谓伤绝善人之事也。"以上为释殄为绝的解释。

但皮锡瑞《考正》认为："残、殄声相近，疑即用此文，言其说齐给而行贪残也。"奸邪者以谗言惑众而达其"贪残"之目的。周秉钧《易解》的解释是"殄行，贪残之行为"。释殄为贪残与东坡解释为"独行"，似有较大区别。录以备考。

帝曰："咨汝二十有二人。"

《书》曰,"内有百揆、四岳",尧欲使"巽朕位",则非四人明矣。二十二人者,盖十二牧、四岳、九官也。而旧说以为四人,盖每访四岳必"佥曰"以答之。访者一而答者众,不害四岳之为一人也。

【译文】

帝舜说:"啊,你们二十二人。"

《尚书·周官》说,"大臣中有百揆、四岳",尧希望"四岳能代替我登上帝位",这就表明四岳并非"四人"。以"二十二人"算,则十二牧加上四岳一人,加上九官,恰二十二人。过去的说法四岳为四人,以为每当帝舜造访四岳时,总会有"众说"作为回答。其实,造访的是帝舜一人而回答的是众人,这就不能否定四岳只是一人。

【笺释】

"四岳"究竟是一人还是四人,自古以来均有争论。东坡以帝尧拟以四岳代己登帝位(尧欲使巽朕位)为论据,即不可能将帝位同时传给四人,故四岳应为一人。蔡沈《集传》亦认为"百揆者,所以统庶官,而四岳者,所以统十二牧也"。四岳为统领十二牧之官。而周秉钧《易解》引郑玄语"十二牧、禹、垂、益、伯夷、夔、龙、殳斨、伯与、朱虎、熊罴二十二人"为"二十二人"之数。孙星衍《注疏》引马融语:"稷、契、皋陶皆居官久,有成功,但述而美之,无所复敕。禹及垂以下,皆初命,凡六人,与上十二牧与四岳,凡二十二人。"亦认为"四岳"为四人,与《史记》略同(司马迁以彭祖代四岳,将四岳归入十二牧之中)。曾运乾引《史记·五帝本纪》,认为四岳为四人,加彭祖,所述与孙星衍略同。顾颉刚、刘起釪《译论》则计有九种说法之多,而以第五种即东坡之说为是。

"钦哉，惟时亮天功！"
亮，弼也。

【译文】

"好啊，希望大家都能帮扶天下，立定功业！"
亮，辅助之意。

三载考绩。三考黜陟幽明，庶绩咸熙。分北三苗。
苗之国左洞庭，右彭蠡，南方之国也。而窜之西裔，必窜其君耳，其民未也。至此治功大成，而苗民犹不服，故分北之。

【译文】

三年之后考察政绩。经三次考察之后，降职、升迁，赏罚分明，各方面的政绩都显著、政局和谐。于是将三苗之首恶者窜逐到远方去。

三苗之国，左有洞庭湖，右有彭蠡湖，属于南方的部落。而舜将他们窜逐到西方边远之地，只是将其中违逆不服的君主分别（分北）驱逐出去，但其人民照居于原地。到舜治理国家之时，大功告成，而苗民还有不服从的，所以要分别将他们驱逐出去。

【笺释】

按"分北"的"北"字，曾运乾《正读》引《说文》，以北字为"八"字上下重叠而成云："分也，从重八"，"八，别也。象分别相背之形。"又引江声语："三苗为西域诸侯，其族类当复不少，相聚为恶，故复分析流之。"

舜生三十。
为民者三十载。

【译文】

舜出生至三十岁。

为普通百姓三十年。

征庸三十。
历试三载,摄位二十八载,通为三十。

【译文】

三十岁时被帝尧征召试用。

历经考察试用共三年,代帝尧执政(摄位)二十八年,共为三十年。

在位五十载,陟方乃死。
尧崩,舜服丧三年,然后即位。盖年六十二矣。在位五十载而崩,寿百有一十二。说者以为舜巡守南方,死于苍梧之野。韩愈以为非。其说曰:"地倾东南,巡非陟也。陟方者,犹曰升遐尔。《书》曰'惟新陟王'是也。传《书》者以'乃死'为陟方之训,盖其章句,而后之学者误以为经文。"此说为得之。

【译文】

舜在位五十年,升天而死。

帝尧逝世之后,舜服丧三年,然后登帝位。这时已经六十二岁了。在位五十年而死,寿一百一十二岁。有学者认为舜到南方巡视考察,死于苍梧的原野之上。韩愈认为这种说法不对。他的观点是:"中国的地势向东南倾斜,舜到南方巡视考察,不能说是'陟'。陟方的意思,就如同'升遐'一样。《尚书》有句'惟新陟王'就是这个意思。给《尚书》作传的学者以'乃死'二字作为'陟方'的解释,这是当时的章句之学,而后之学者将'乃死'二字也作为经文。"这一说法是正确的。

【笺释】

关于帝舜的传略，历来说法纷纭，莫衷一是。东坡在此用孔颖达《正义》的说法，但"陟方"一说则用韩愈的观点，弃《正义》"巡视南方"之说。林之奇《全解》认同东坡观点，但对其引述韩愈的说法并不赞同。

按，"陟方"一词，一般作帝王"巡守"或帝王崩逝解。曾运乾《正读》谓："《韩诗外传》云：'当舜之时，有苗不服。其不服者，衡山在南，岐山在北，左洞庭之陂，右彭蠡之水。时有苗盖为乱江汉之间，舜因南巡以征之，远讫苍梧之野。'《淮南子·修务训》：'舜南征，道死苍梧。'《史记》云：'舜南巡狩，崩于苍梧之野，葬于九疑，是为零陵。'晚出《家语》亦云：'舜嗣帝五十载，陟方岳，死于苍梧之野而葬焉。'皆'陟方乃死'之证。"并不赞成韩愈的说法。

顾颉刚、刘起釪《译论》引《孟子·离娄下》："孟子曰：'舜生于诸冯（今诸城），迁于负夏（今濮阳，滋阳），卒于鸣条（今开封陈留境）。东夷之人也。'这是对于没有神话性的作为历史人物的舜的一生行谊的概括性叙述，在历史文献中是有权威性的。"依此而论，则曾氏所说为无据可知。

帝厘下土方，说[1]居方，别生分类。作《汨作》、《九共》九篇、《稾饫》。

凡逸书，不可强通其训。或曰《九共》，《九丘》也。古文"丘"、"共"相近也。其曰"述《职方》以除《九丘》"，非也。《九丘》逸矣。理或然欤？

[1] 说，明凌刻本、经解本均作"设"。

【译文】

帝舜治理各方诸侯的领地，又为其各方设（说）官治事，按民众姓族分类安置，使各得其所。创作《汨作》一篇，又作《九共》九篇，又作《稿饫》篇。

  凡亡逸之书,不可强作通解。它的解释,有的解《九共》,就是《九丘》。古文"丘"与"共"相近似。其中说"述《职方》以除《九丘》",并非如此。《九丘》已经亡失了。道理会是这样的吗?

书传卷三

虞 书[1]

[1] 明凌刻本、《苏东坡全集》本无"虞书"二字。

大禹①谟第三

①据《史记·夏本纪》,"禹者,黄帝之玄孙而帝颛顼之孙。禹之曾大父昌意及鲧皆不得在帝位,为人臣"。禹最初被封于夏(即河南阳翟县,今为禹州市),故以夏为国号。

皋陶矢厥谟,禹成厥功,帝舜申之,作《大禹谟》《皋陶谟》《益稷》。
矢,陈也。申,推明之也。

【译文】
皋陶陈述这一大谋略,大禹完成这一大功,帝舜从而讲明他们的事迹,于是作《大禹谟》《皋陶谟》《益稷》三篇。
矢,陈述之意。申,讲明、说透之意。

曰若稽古大禹。曰:"文命敷于四海,祗承于帝。"
命,教也。以文教布于四海,而继尧、舜。以"文命"为禹名,则"布于四海"者为何事耶?

【译文】

　　顺着以往的历史考察大禹。都说："他能将文德教命宣布于四海之内，敬承帝尧的遗训。"

　　命，教养之意。以文德教命宣布于四海，而继承尧舜之志。如果以"文命"为大禹之名，那么，"布于四海"这句话，到底是怎么回事啊？

【笺释】

　　《大禹谟》仅见于《古文尚书》。孙星衍《注疏》与皮锡瑞《考证》以及今人周秉钧《易解》均无此文。《东坡书传》与唐孔颖达《尚书正义》同。此篇亦见于南宋林之奇《全解》、蔡沈《集传》。曾运乾《正读》亦收此题，但有题无文。

　　以往的《书传》多以"文命"为大禹之名，一如将尧名"放勋"、舜名"重华"一样。东坡此处从文章的语气断定，应将"文命敷于四海，祇承于帝"作一句读。若以"文命"为大禹之名，则而后之"敷于四海，祇承于帝"一句便无着落，难以贯通。这一观点显然正确。

曰："后克艰厥后，臣克艰厥臣。政乃乂，黎民敏德。"

　　此禹之言也。君臣各艰畏，则非辟无自入。民利在为善而已，故敏于德。

【译文】

　　说："君主要能克服艰难才成其为君主，臣子要能克服艰难才能成其为臣子。于是乎政治才能安定，黎民百姓才能急于修德。"

　　这是大禹说的话。君臣之间各有面对困难的敬畏之心，则是非邪辟就会无门而入。民众利在于为善罢了，所以他们急于修德向化。

【笺释】

　　蔡沈《集传》云："禹言，君而不敢易其为君之道，臣而不敢易其为臣之职。夙夜祗惧，各务尽其所当为者，则其政事乃能修治而无邪慝。

下民自然观感速化于善而有不容已者矣。"可作为这段经文的参考。

帝曰:"俞!允若兹嘉言,罔攸伏。野无遗贤,万邦咸宁。"

君臣无所艰畏,则易事而简贤。贤者遁去,而善言不敢出矣。

【译文】

帝舜说:"好啊!这是多么允当可信的良言啊,不要把它埋没了。要做到民间没有被埋没的人才,这样才能使四面八方的邦国都安宁无事。"

君主与臣下都不畏避艰难,这样事情就容易办好,贤才也能挑选出来。若贤能的人都走光了,良善的言语就不敢透露出来了。

"稽于众,舍己从人,不虐无告,不废困穷,惟帝时克。"

无告,天民之穷者也。困穷,士之不遇者也。帝,尧也。

【译文】

"向众人征询意见,舍弃个人的意见而听从大家的意见,不虐待穷苦无告的人,不废弃穷困不得志之士,这些品德只有帝尧能做到。"

无告,天下穷苦的百姓。困穷,士人中不得志的人。帝,这里指帝尧。

益曰:"都,帝德广运,乃圣乃神,乃武乃文。皇天眷命,奄有四海,为天下君!"

都,美也。至道必简,至言必近。君臣相与艰畏,舍己而用众,礼鳏寡,达穷士。其为德若卑约,然此夸者之所小,而世俗之所谓无所至也。故舜特申之曰:"是德也,惟尧能之,他人不能也。"益又从而赞之曰："是德也，推而广之，则乃所以为圣神文武，而天之所命尧为天子者，特以是耳。"

【译文】

益说："美好啊！帝尧的圣德被覆天下，影响四方，可谓大而化之，神圣莫测；威武可敬，英华德化。上天眷顾赋命而为帝，拥有四海，为天下的君主啊！"

都，赞美之意。至深的道理必定是最简洁的，至精妙的语言必定是最浅近的。君主臣子之间共同克服时艰，放弃一己之见而虚心听取众人的意见，礼敬孤独寡弱的人，让穷困的人士有施展才华的机会。这样的恩德看来好像有点低贱单薄，在好大喜功的人看来是小了点，但在世俗人看来却是无微不至了。因此，帝舜特别加以强调说："如此恩德，只有帝尧才能做到，其他人是做不到的。"益又进而赞美说："这样的恩德，推而广之，则是帝尧能做到圣神文武，而上天之特别推举尧为天子之原因，就在这里啊。"

禹曰："惠迪吉，从逆凶。惟影响。"

惠，顺也。迪，道也。言吉凶之出于善恶，犹影响之生于形声。

【译文】

禹说："顺从治道，必与吉利相随，跟随叛逆，必有凶险。就像形与影、声与响一样随时产生。"

惠，顺从之意。迪，道引之意。这是说，吉凶之生于善恶之间，就像影生于形，响生于声一样。

【笺释】

蔡沈《集传》："禹言天道可畏，吉凶之应于善恶，犹影响之出于形声也。"

孔颖达《正义》："顺道吉，从逆凶。吉凶之报，若影之随形，响之应声。言不虚。"

益曰："吁，戒哉！儆戒无虞。"

虞，忧也。自其未有忧而戒之矣。

【译文】

益说："吁，要警惕啊！只有时刻警戒着才不会有忧愁。"

虞，忧虑的意思。从未有忧虑的时候开始提高警惕。

"罔失法度，罔游于逸，罔淫于乐。任贤勿贰，去邪勿疑。"

贰，不专任也。

【译文】

"不要失去法度，不要游嬉于安逸，不要过度享乐。任用贤人要专一不贰，去除邪恶不要犹疑不决。"

贰，不专一信任之意。

"疑谋勿成，百志惟熙。"

人之为不善，虽小人不能无疑。凡疑则已，则天下无小人矣。人之所以不能大相过者，皆好行其所疑也。疑谋勿成，则凡所志者，皆卓然光明，无可愧者。

【译文】

"有疑问的谋略不会成功。百般志向惟有正大光明者才有希望。"

当人要做某种不良善的事情时，尽管是邪恶的小人他也不能没有疑虑过。如果有疑虑就会放弃的话，天下就没有小人了。人之所以没有大的过失，都是因为好怀疑自己所做的事。有疑虑的谋略不会成功，所以凡是有志于成就大事业的，他的考虑都是光明正大、无愧于心的事业。

"罔违道以干百姓之誉，罔咈百姓以从己之欲。"

民至愚而不可欺。凡其所毁誉，天且以是为聪明，而况人君乎！违道足以致民毁而已，安能求誉哉？以是知尧、舜之间，所谓百姓者，皆谓世家大族也，好行小慧以求誉于此，固不足恤，以为不足恤而纵欲以戾之，亦殆矣。咈，戾也。

【译文】

"不要违反治道去求取百姓的赞誉；不要祸害百姓去满足自己的私欲。"

民众就是最愚昧也不能欺骗他们。凡是群众的毁誉，上天都认为是他们的聪明，何况是一国的君主呢！违反治道足以导致民众的诋毁而已，哪能为自己赢得荣誉？因此也可以知道，尧、舜的时代，所谓百姓者，都是世家大族啊，喜欢玩弄些小聪明以求得他们的赞誉，固然不值得珍爱，知道不值得珍爱了还放纵自己的私欲去祸害他们，那就有危险了。咈，灾祸、危害之意。

"无怠无荒，四夷来王。"

九州之外，世一见曰王。《国语》："日祭，月祀，时享，岁贡，终王。"①

①语见《国语·周语上第一》："荒服者王。日祭，月祀，时享，岁贡，终王。先王之训也。"（北京图书馆出版社2006年版《国语》线装影印本）

【译文】

"无懈怠，无荒政，四方的蛮夷都会来朝拜君王。"

九州以外的地方，举世的外族来朝见君主，一致称他为王。《国语·周语上》："日祭，月祀，按四时进献祭品，一年一纳贡，终生至少一次朝拜君王。"

  禹曰："於！帝念哉！德惟善政，政在养民。水、火、金、木、土、谷，惟修。"
  所谓"六府"。

【译文】
  禹说："呜！帝舜当会念及益之所言啊！行善积德就是好的政治，而好的政治就在于教养人民。水、火、金、木、土、谷，六样事体都要处理好。"
  "水、火、金、木、土、谷"就是所谓的"六府"。

【笺释】
  蔡沈《集传》如此阐述"六府"："水、火、金、木、土、谷惟修者，水克火，火克金，金克木，木克土，而生五谷。或相制以泄其过；或相助以补其不足。而六者无不修矣。"这就是古人所认为的"阴阳五行，相生相克"以成万物之理。

  "正德，利用，厚生。惟和。"
  所谓"三事"也。《春秋传》曰："民生厚而德止，用利而事节。"[1]正德者，《管子》所谓"仓廪实而知礼节，衣食足而知荣辱"[2]也。利用，利器用也。厚生，时使薄敛也，使民之赖其生也者，厚也。民薄其生则不难犯上矣。利用、厚生，而后民德正。先言正德者，德不正，虽有粟，吾得而食诸？

[1]语见《左传·成公十六年》："申叔对曰'民生厚而德正，用利而事节，时顺而物成'。"（岳麓书社1988年版《左传》第168页）
[2]语见《史记·管晏列传》："仓廪实而知礼节，衣食足而知荣辱。"（中华书局1959年版《史记》第七册第2132页）

【译文】

"为政者，端正自身德性，充分利用器物以生财，丰富物产以养育民众。以上三件事要和谐发展才能做到。"

这就是所谓的"三事"。《春秋传》有句："人民衣食足就会有好的道德修养，器物足用而处事简省。"正德的意思，就是管子所说的"仓廪实而知礼节，衣食足而知荣辱"了。利用，充分利用器物的意思。厚生，适时减少群众的赋税，使民众赖以生存的物质丰厚。如果民众赖以生存的物质得不到保证，难免犯上作乱。充分保证群众的物质器用、丰富群众的物质生活，然后端正群众的道德素养。在这里先谈"正德"，因为德不正，尽管有粟米，我们能够吃得到吗？

【笺释】

对"三事"的解释，东坡采用的是孔颖达《正义》所谓"正德以率下，利用以阜财，厚生以养民，三者和，所谓善政"的意思。所谓"正身之德"是从领导者做起。即"正德者，自正其德，居上位者正己以治民，故所以率下人"。而蔡沈《集传》："正德者，父慈、子孝、兄友、弟恭、夫义、妇听，所以正民之德也。"将正德一事归于下民，与东坡观点有所不同。林之奇《全解》亦认为："益既谆谆告戒其所以启迪于帝之德，禹遂言德之施于有政者，此盖为治之要也。"赞成东坡的观点。

按，蔡沈奉朱熹之命以程朱理学观念诠解《尚书》，尊皇权而轻民利；东坡则坚持"民为重，社稷次之，君为轻"的儒学观念，言必以民利为先，以厚生养民为善政。此段经解可谓一例。

"九功惟叙，九叙惟歌。戒之用休，董之用威，劝之以九歌，俾勿坏。"

先事而语曰戒。休，恩也。董，督也。太史公曰："沐浴膏泽而歌咏勤苦。"[①]古之治民者，于其勤苦之事，则歌之使忘其劳。"九功之歌"意其若《豳》诗也欤？

①语见《史记·乐书》："沐浴膏泽而歌咏勤苦，非大德而谁能如斯？"（中华书局1959年版《史记》第四册第1175页）

【译文】

"九种功德须按次序宣讲，九种叙事宣讲要敷以歌唱。以恩泽劝戒人们，用威信督导人们，用九歌的咏唱鼓舞人们，勿使怠惰荒废。"

事前用言语告诫，叫作"戒"。休，恩泽的意思。董，督导的意思。太史公说："享受着幸福快乐而歌咏勤劳辛苦。"古代统治民众的人，对于那些勤苦之事，则用歌声鼓舞他们，使他们忘却劳苦。这"九功之歌"，意思好像是《国风》中的《豳》诗一样呀？

【笺释】

九功，指下文的"六府三事"；六府指金、木、水、火、土、谷六种物质；三事指正德、利用、厚生。

东坡在这里特别强调了领导者与普通群众之间的关系。当你享受着安闲富足时应时时想到为此而辛勤劳动着的人们，记着颂扬他们的勤苦与辛劳。有如《诗经》中的歌声："九月筑场圃，十月纳禾稼。黍稷重穋，禾麻菽麦。嗟我农夫，我稼既同。上入执宫功。昼尔于茅，宵尔索綯。亟其乘屋，其始播百谷。"（《豳风·七月》之一）

帝曰："俞，地平天成，六府三事允治，万世永赖，时乃功！"

水土治曰平，五行叙曰成。赖，利也。乃，汝也。

【译文】

帝舜说："好啊，大洪水治理好了，金木水火土五行之道次序天成了，六府三事因而有了很好的治理，这是有利于千秋万世的功德，是你的功劳啊！"

把水土治理好叫"平"，把金木水火土五行关系理好叫"成"。赖，有利。乃，你。

帝曰："格，汝禹。朕宅帝位三十有三载，耄期倦于勤。"

八十九十曰"耄"，百年曰"期颐"。

【译文】

帝舜说："来，你禹。我居帝位三十三年啦，现已八九十岁，精力疲倦不能勤于政务啦。"

八十、九十岁叫"耄"，百岁叫"期颐"。

"汝惟不怠，总朕师。"禹曰："朕德罔克，民不依。皋陶迈种德，德乃降，黎民怀之，帝念哉。念兹在兹，释兹在兹。名言兹在兹。允出兹在兹。惟帝念功。"

迈，远也。降，下也。种德者，如农夫之种殖也。众人之种其德也近，朝种而莫获，则其报亦狭矣。皋陶之种其德也远，造次颠沛，未尝不在于德，而不求其报也。及其充溢而不已，则沛然下及于民，而民怀之。圣人之德必始于念，故曰"帝念哉"。念兹者，固在兹矣。及其念之至也，则虽释而不念，亦未尝不在兹也。其始也，念仁而仁，念义而义。及其至也，不念而自仁义也。是谓"念兹在兹"。名言者，其辞命也；允出者，其情实也。孔子曰："名之必可言，言之必可行。"①是之谓"名言"。名之以仁，固仁矣，名之以义，固义矣。是谓"名言兹在兹"。及其念之至也，不待名言而情实皆仁义也。是谓"允出兹在兹"。此帝念念不忘之功也，故曰"惟帝念功"。禹既以是推皋陶之德，因以是教帝也。曰"迈种德"者，其德不可以一二数也，念之而已。念之至也，念与不念，未尝不在德也。其外之辞命，其中之情实，皆德也。而德不可胜用矣。孔子曰："非礼勿视，非礼勿听，非礼勿言，非礼勿动。"②一出于礼，而仁不可胜用矣。舜、禹、皋陶之微言，其传于孔子者，盖如此。

①语见《论语·子路第十三》："故君子名之必可言也，言之必可行也。"（北京市中国书店1985年版《四书五经》第三种第54页）

②语见《论语·颜渊第十二》："非礼勿视，非礼勿听，非礼勿言，非礼勿动。"（北京市中国书店1985年版《四书五经》第三种第49页）

【译文】

"你从来不懈怠于政事，可以总领我的众臣。"禹说："我的德才还不足以统事，民众不会依附于我。皋陶长久以来在民众中播种功德，功德下及于民，黎民怀念他，帝舜要念及他的功德啊。念及他的功德，他的功德就永在；不念及了，功德仍在。名言辞命永存永在。你赞赏任命他的原因也在这里，你信任称许他的原因也在这里。希望帝舜永念他的功德。"

迈，久远之意。降，下及之意。种德，就像农夫种殖一样。民众之积德在乎近在眼前，早晨种下晚上可以收获，这样他所得到的福报就狭小得多了。皋陶之播种功德在乎长远。历经艰难挫折，也从来不忘于积德，而不在乎回报。直到他所积的功德多得像水一样满溢而出了，就会泽及于民众，而民众也就一直怀念他。圣人布下的功德必开始于他的念想。所以说"帝舜要念及他"。"念兹"的意思就是要念及他的功德。至于思念到深处，那么，即使不再念及了，那功德依然存在。开始的时候，念仁就会兴仁，念义就会行义。因此而达到最高境界时，即使不再念及仁义，仁义也会自然存在了。这就是所谓"念兹在兹"。"名言"者，这是出自君王的辞命；"允出"者，这是功德在民的事实。孔子说："任命的称号一定可以说得清楚顺当；说得清楚顺当的话一定可以行得通。"这就是所谓"名言"。说他是仁，那一定是仁了，说他是义，那一定是义了。这就是所谓"名言兹在兹"。及至思念到极深处，用不到给予最好的名分，而事实上都已经有仁义在那里了。这就是所谓"允出兹在兹"。这就是帝舜念念不忘皋陶功德的地方，所以说"希望帝舜永念他的功德"。大禹既然这样推赞皋陶的功德，那就是要以此开示帝舜。说到"迈种德"，那久远积下的功德，不是以一二之数来算的，为了纪念而已。思念到最深处，念与不念，都不会忘了他的功德。外在的名分，其中所包含的事实，都可以功德为内容。而他的德泽所在是应用不完的。孔子说："不是礼仪所认可的不要看，不是礼仪所认可的不要听，不是礼仪所认可的不要说，不是礼仪所认可的不要动。"一切都要出于礼，那仁就会应用不完了。舜、禹、皋陶所讲论的微言大义，传到孔子那里的就是这样子了。

【笺释】

"汝惟不怠，总朕师"这两句应属上读，延续作为舜的讲话。移到此处，似有脱节之嫌。

"迈"的解释，东坡作久远解，《正义》作行解，蔡沈《集传》作勇往力行解。就此段经义"种德"二字而言，东坡所解为近是。

按东坡此段诠解，意在阐释他的"诚意正心"的哲学观念。他认为儒学中的"中庸"其实质就是"至诚"。而至诚的"诚"达到了极境，就是"皇极"。（见东坡《中庸》三论）人的情感事功达到了至诚的地步，它就是永久的不朽的存在，而不论外在的念与不念，它都会"念兹在兹"。

帝曰："皋陶，惟兹臣庶，罔或干予正。"

干，犯也。

【译文】

帝舜说："皋陶，这些大臣之中，没有或敢于冒犯我正道的人吧。"

干，冒犯的意思。

"汝作士，明于五刑，以弼五教，期于予治。刑期于无刑，民协于中。时乃功，懋哉！"

期，至也。

【译文】

"任命你为士，你要通晓五刑，以辅助五教，以达到我治理天下的目的。利用刑法来达到不用刑法的地步，使民众都归于中正平和的状态。那就是你的功劳，你要自勉努力啊！"

期，达到之意。

【笺释】

这段话也是帝舜的话，本可以归于上段，连成一体。五刑，尧、舜时代没有墨、劓、剕、宫、辟五种肉刑，这里所指应是"象刑"，即"犯黥者皂其巾，犯劓者丹其服，犯膑者墨其体，犯宫者杂其履，大辟之罪、殊刑之极，布其衣裾而无领缘，投之于市，与众弃之"。五教，即父义、母慈、兄友、弟恭、子孝五种伦理教育。

皋陶曰："帝德罔愆，临下以简，御众以宽。罚弗及嗣，赏延于世。宥过无大，刑故无小。罪疑惟轻，功疑惟重。与其杀不辜，宁失不经。好生之德，洽于民心。兹用不犯于有司。"

帝因禹之让皋陶，故推其功而勉之。皋陶忧天下后世以刑为足以治也，故推明其所自，以为非帝之至德不能至也。

【译文】

皋陶说："帝舜的品德全无过失之处，对待下属简单明了，对待群众宽厚祥和。处罚不会波及子息，奖赏则会延及后世。宽恕过失无论大小，用刑罚罪虽小必究。有疑问的罪过要从轻处罚，有疑问的功劳不惜重赏。与其杀害无辜者，宁可错失有疑罪的人。帝舜怜惜生命的大德，深得民心。因此之故都不会冒犯于官府。"

帝舜因为大禹推举皋陶，特别列举皋陶的功劳而勉励他。而皋陶担忧天下后世以为凭借刑法就可以治理好社会，所以特别讲明其中的道理原因，认为如果没有帝舜那样至高无上的品德是做不到这样的治世的。

帝曰："俾予从欲以治，四方风动，惟乃之休！"

帝之所欲，欲民仁而寿且富也。风动者，如风动物而物不病也。

【译文】

帝舜说："要像我所希望的那样治理好社会，就像四方的风吹动物体，而物体不会受到伤害，那是你的恩泽呀！"

帝舜所希望的，是想让民众仁爱长寿而且富有。"风动"者，就像风吹动物体而物体不受伤害。

【笺释】

东坡释"四方风动，惟乃之休"句，孔颖达《正义》疏解为："民动顺上命，若草应风，是汝能明刑之美。"主旨虽在，却说法不同。东坡用比而《正义》用兴。

帝曰："来，禹，降水儆予。成允成功，惟汝贤！"

降，当作"洚"。孟子曰："洚水者，洪水也。"[①]天使洪水儆予，而禹平之，使声教信于四海。

[①] 语见《孟子·告子下》："洚水者，洪水也。"（北京市中国书店1985年版《四书五经》第四种《孟子集注》卷十二第98页）

【译文】

帝舜说："过来，禹，上天降下洪水给我以警示。你誓言治水而成大功，你是最贤能的！"

降，应作"洚"。《孟子》说："洚水者，洪水也。"上天降下洪水给我警示，而大禹能平息洪水，使王朝的声教通于四海。

"克勤于邦，克俭于家，不自满假，惟汝贤。"

假，大也。

【译文】

"对于公家的事能够勤劳刻苦，对于家庭的事能够节俭朴实，不自满自大，你是最贤能的！"

假，自大之意。

"汝惟不矜，天下莫与汝争能。汝惟不伐，天下莫与汝争功。予懋乃德，嘉乃丕绩。天之历数在尔躬，汝终陟元后。人心惟危，道心惟微。惟精惟一，允执厥中。"

人心，众人之心也，喜怒哀乐之类是也。道心，本心也，能生喜怒哀乐者也。安危生于喜怒，治乱寄于哀乐。是心之发有动天地，伤阴阳之和者，亦可谓危矣。至于本心，果安在哉？为有耶？为无耶？有，则生喜怒哀乐者，非本心矣；无，则孰生喜怒哀乐者？故夫本心，学者不可以力求而达者，可以自得也。可不谓微乎？舜戒禹曰："吾将使汝从人心乎，则人心危而不可据；使汝从道心乎，则道心微而不可见。"夫心岂有二哉？不精故也。精则一矣。子思子曰："喜怒哀乐之未发谓之中，发而皆中节，谓之和。中也者，天下之大本也；和也者，天下之达道也。致中和，天地位焉，万物育焉。"①夫喜怒哀乐之未发，是莫可名言者。子思名之曰"中"，以为本心之表著。古之为道者，必识此心，养之有道，则卓然有可见于至微之中矣。夫苟见此心，则喜怒哀乐无非道者，是之谓和。喜则为仁，怒则为义，哀则为礼，乐则为乐，无所往而不为盛德之事。其位天地、育万物，岂足怪哉！若夫道心隐微，而人心为主，喜怒哀乐，各随其欲，其祸可胜言哉。道心即人心也，人心即道心也。放之则二，精之则一。桀、纣非无道心也，放之而已。尧、舜非无人心也，精之而已。舜之所谓道心者，子思之所谓"中"也。舜之所谓人心者，子思之所谓"和"也。

①语见《中庸章句集注》："喜怒哀乐之未发谓之中。发而皆中节谓之和。中也者，天下之大本也；和也者，天下之达道也。致中和，天地位焉，万物育焉。"（北京市中国书店1985年版《四书五经》第二种《中庸章句集注》第1页）

【译文】

"你并不自认为贤能，天下没人与你争能。你不自认为有功，天下没人与你争功。我称赞你盛大的品德，嘉奖你巨大的功绩。上天选配人君的运次就轮到你身上了，你最终要登上帝王大宝之位。人心都自私而倾危，达道之心却幽微难明。惟有精心一意，保持中正达道的心态，不至于偏私自危。"

人心，指众人的心，喜怒哀乐就是这种心的表现。道心，指的是人的本心，能够生发出喜怒哀乐情绪的心。就人心而言，安危产生于喜怒，喜则安，怒则危。治乱寄托于哀乐，治则乐，乱则哀。因此，人心绪的发作可以发展到惊天动地、感伤阴阳的地步，也就是所谓的"危险"了。至于本心，果真存在吗？是真的有吗？是真的无吗？有的话，能生出喜怒哀乐，那就不是"本心"了；如果没有的话，那么，又是谁能生出喜怒哀乐来？因此说到"本心"，学者不必用力去寻找就可以达到的，那就可以自觉地获得。这能不说是"微妙"吗？舜告诫禹说："我将让你听从于人心吧，人心倾危而不可靠；让你听从于道心吧，道心微妙而看不到。"然而，人心岂能有两颗？一心不专注罢了。若精心一致，就会一心不二。孔子的孙子子思说过，"喜怒哀乐未发作时，叫作中。发生之后都能有节制，那就叫和。中的意思，那是包容了天底下最根本的大道理；和的意思，那是包含了天底下最和谐安祥的气象。到了中和的境界，天地的分别就肯定了，万物就会无限地发育了。"然而，喜怒哀乐没有表现出来时，那是不可能给它定名的。子思把它笼统地称为"中"，以为就是"本心"的表现。古代追求至道的人必定会体会到这样的心理，他们修养到家，就会明显地从细微之中观察得到了，假如能体察到这样的心理，那么，喜怒哀乐无非都是"道"的体现。这就是所谓的"和"。喜可以为仁，怒可以为义，哀可以为礼，乐可以为至乐。无处不可以成为弘盛品德之事。它可以界定天地，养育万物，这一点也不奇怪啊！假如道心隐晦微弱，而以人心为主，则喜怒哀乐可以随人心之所欲，那造成的祸乱可就说不完了。道心即是人心，人心即是道心。如果放任自己的欲望，那么心就不能专一，只有精诚不二，心才能专一。桀、纣并非没有道心，只是一味放任自己的欲望而已。尧、舜并非没有人心，只是能精诚专一而已。舜所讲的"道心"，就是子思所谓"中"的意思。舜所讲的"人心"，就是子思所谓"和"的意思。

【笺释】

对"人心惟危，道心惟微"的诠解，东坡的观点别有新意，与程朱学派区别明显。此处特附上蔡沈《集传》的解释，以作参考："心者，人之知觉，主于中而应于外者也。指其发于形气者而言，则谓之人心。指其发于义理者而言，则谓之道心。人心易私而难公，故危；道心难明而易昧，故微。惟能精以察之，而不杂形气之私，一以守之，而纯乎义理之正。道心常为之主，而人心听命焉，则危者安，微者著。动静云为，自无过不及之差，而信能执其中矣。尧之告舜，但云'允执其中'，今舜命禹，又推其所以而详言之。盖古之圣人将以天下与人，未尝不以其治之法并而传之。"

蔡沈以程朱天理心性说为根本，而东坡则从具体的人的喜怒哀乐入手，阐明人欲与理性的关系来强调修养教育的必要。

按，这一节关于"人心""道心"的阐述，正是阎若璩《古文尚书疏证》指梅赜作伪之中最关键的一节。阎氏指出，梅氏剽窃了《荀子·解蔽篇》中关于"人心""道心"的现成章句，是现行"作伪"。但同时他又承认："老子书五千言，名《道德经》，则知此引《道经》必古来原有是书，而非荀子所改题者。"①既是"古来原有"，则是荀子也在抄袭前人，又为何独指梅氏作伪呢？孔子曾经就老子问学，则孔子著百二十篇《古文尚书》时，引述老子的话入书，那也是有可能的。阎氏却因"人心""道心"之说指《大禹谟》为"伪作"，将通篇除此之外的一切言论也都归于零，实属操之过偏。因为"人心惟危，道心惟微；惟精惟一，允执厥中"十六字系古今儒家"哲学思维的一大节目",若《尚书》中缺《大禹谟》一篇,至有"理学绝矣"之叹。许多思想、观点的较量就在这个题目的辩论中促进了儒学的发展。东坡坚持"夫心岂有二哉?不精故也",黄宗羲则说:"夫人只有人心。"(见《疏证原序》)均反对程朱性理学派"人心、道心合而为一"的二元观点,显示出唯物与唯心观的儒学分支。

①见上海古籍出版社1987年版《古文尚书疏证》第294页。

"无稽之言勿听,弗询之谋勿庸。可爱非君,可畏非民。众非元后何戴?后非众罔以守邦。钦哉!慎乃有位,敬修其可愿。"

人之所愿与圣人同。而不修其可以得所愿者,孟子所谓"恶湿而居下,恶醉而强酒"也。①

①《孟子·公孙丑下》:"今恶辱而居不仁,是犹恶湿而居下也。"又同书《离娄上》:"今恶死亡而乐不仁,是犹恶醉而强酒。"(北京市中国书店1985年版《四书五经》第四种《孟子章句集注》第23页、第52页)

【译文】

"无从查考的话不要听,不听取意见的谋略不能用。可爱的不是国君,可怕的不是民众。民众除了国君还有什么可拥戴的?国君除了民众,能依靠谁去守护国家?不可不敬重啊!谨慎守住你的皇位,慎重地做好民众所希望做好的一切事情。"

人民的愿望与圣人是一致的。如果不做好他们所希望的事,那正像孟子所谓"厌恶潮湿却住在低洼的地方,讨厌醉酒却拼命喝酒"一样。

"四海困穷,天禄永终。"

舜之授禹也,天下可谓治矣。而曰"四海困穷"者,托于不能以让禹也。

【译文】

"如果弄到四海之内百姓穷苦无聊,那么上天赐给你的一切福禄也就永远消失啦。"

帝舜传授给大禹的,那都是治理天下的大道理了。但他说"四海困穷",是要借此告诫禹,这是不能帮助他解决的问题了。

"惟口出好兴戎[1],朕言不再。"

[1] 好兴戎,明凌刻本"戎"作"戒",误。又"兴"字疑为与字。因繁体"興"与"與"形近而误。

好,爵禄也。戎,兵、刑也。吾言非苟而已。喜则为爵禄,怒则为兵刑。其为授禹也决矣。

【译文】

"惟有爵禄与兵戎两件大事要出言慎重。这样的事我不再讲了。"

好,指爵禄。戎,指出兵与用刑。这些事非同小可,我不是随便说说而已。不能高兴了就给予爵禄,愤怒了就开口打仗动刑。他所要讲授给大禹的也就到此为止了。

禹曰:"枚卜功臣。"

枚,历也。

【译文】

禹说:"历来都是以占卜来推举功臣。"

枚,历次,历来之意。

【笺释】

孔颖达《正义》曰:"《周礼》有衔枚氏,所衔之枚状如箸。今人数物云一枚、两枚。则'枚'是筹之名也。'枚卜'谓人人以次历申卜之。"

"惟吉之从。"帝曰:"禹,官占,惟先蔽志,昆命于元龟。"

蔽,断也。昆,后也。使卜筮之官占是事,必先断志而后令龟。

【译文】

"占卜得吉利了才举荐他。"帝舜说:"禹,以官占来求吉利,首先应该断定他的志向,然后才用官卜来决定可否。"

蔽,决断之意。昆,然后,后来。让主持卜筮的官来为此事占卜,首先要拿定主意然后才来占卜。

【笺释】

"惟吉之从"一句是大禹说的话,应接上句"枚卜功臣"之后。

"朕志先定,询谋佥同。鬼神其依,龟筮协从。"

其者,意之之词也。以龟协从知之。

【译文】

"我的心意先定下来,然后向大家征求意见,一致同意。鬼神也会响应,所以卜筮也是吉利的。"

"其"字,是表示"会""将"等意愿之词。从占卜中"吉利"的卦象可知。

"卜不习吉。"

习,因也。卜已吉而更卜,为习吉。

【译文】

"已得吉利的卜不可再卜。"

习,因袭之意。已经卜得吉利而再卜就叫"习吉"。

【笺释】

"卜不习吉"一句也是帝舜说的话，应归于上句"龟筮协从"之后。表示帝舜要推举禹代己为帝，不仅是自己的心愿，而且是经过多方面征求众大臣的意见，最后才请出鬼神，卜得吉利决定下来。

禹拜稽首，固辞。帝曰："毋，惟汝谐。正月朔旦，受命于神宗。"

尧之所从受天下者，曰文祖。舜之所从受天下者，曰神宗。受天下于人，必告于其人之所从受者。《礼》曰："有虞氏禘黄帝而郊喾，祖颛顼而宗尧。"① 则神宗为尧明矣。舜、禹之受天下于尧，舜也及尧，舜之存，而受命于其祖宗矣。舜受命二十八年而尧崩，禹受命十七年而舜崩。既崩三年，然后退而避其子，是犹足信乎？

① 见《礼记·祭法》："有虞氏禘黄帝而郊喾，祖颛顼而宗尧；夏后氏亦禘黄帝而郊鲧，祖颛顼而宗禹。"（扬州广陵书社2007年版《周礼·礼记·仪礼》线装影印本卷46第89页）

【译文】

禹叩首拜伏，极力辞让。帝舜说："不要辞让了，只有你适合称帝。明年正月初一，接受天命于神宗的庙堂。"

帝尧从祖宗那里接受天命的地方叫"文祖"庙堂。帝舜从祖宗那里接受天命的地方叫"神宗"庙堂。将天命授予某人，必定要祷告于此人所接受天命的处所。《礼记》载"有虞氏禘黄帝而郊喾，祖颛顼而宗尧"，那么，"神宗"明显就是帝尧了。从舜、禹接受天命于尧、舜，也可联系到尧、舜存在的年代而受命于他们的祖宗。舜登帝位二十八年之后尧逝世，禹登帝位十七年之后舜逝世。舜逝世三年，禹退位而避开舜的儿子，这事是可以相信的吗？

【笺释】

据《史记·五帝本纪》："舜乃豫，荐禹于天，十七年而崩。三年丧毕，禹亦乃让舜子，如舜让尧子。"①这就是东坡所云："既崩三年，然后退而避其子"的出处。显然，东坡对此持怀疑态度。其实，尧舜时期，尚未有"服丧三年"的礼节。《尧典》一篇，据顾颉刚、刘起釪《译论》一书考证，写成于春秋时期，西汉武帝时的司马迁误将后世的周礼用到了尧舜时期。

① 见中华书局1959年版《史记》第44页。

率百官若帝之初。帝曰："咨，禹，惟时有苗弗率，汝徂征。"

率，循也。徂，往也。

【译文】

禹率循百官执事，就像帝舜当初所做的那样。帝舜说："啊，禹，如今有苗族不遵循王道，（时有叛乱，）你可率队前去征讨！"

率，遵循的意思。徂，前往。

禹乃会群后，誓于师曰："济济有众，咸听朕命，蠢兹有苗。"

蠢，动也。

【译文】

大禹会见各路诸侯，在征讨大军中誓师说："广大的官兵们，都要听从我的命令，直捣那蠢蠢欲动的有苗氏。"

蠢，骚动的意思。

"昏迷不恭，侮慢自贤，反道败德。君子在野，小人

在位。民弃不保。天降之咎，肆予以尔众士，奉辞伐罪。尔尚一乃心力。"

尚，庶几也。

【译文】

"昏乱迷惑，狂傲不恭，态度侮慢，自许贤能，反叛王道，败坏道德。君子被遗弃在野，小人却高踞在位。民众抛弃他们，君位不保。这是上天下降给他们的罪祸，所以我与你们广大将士一起，奉上天之命讨伐罪人，希望你们大家齐心协力。"

尚，希望的意思。

【笺释】

这段话仍是大禹所说，声讨有苗氏的罪过，应接上句"蠢兹有苗"共为一段。

"其克有勋。"三旬，苗民逆命。益赞于禹曰："惟德动天，无远弗届。"

届，至也。

【译文】

"希望大家能平叛有功。"三十天后，苗民仍违反王命。益劝诫大禹说："只有德义能打动天地，无论多远都能影响得到。"

届，能到的意思。

【笺释】

"其克有勋"一句，也是大禹鼓舞大家的话，本应与上两段连为一体。这里共分为三段，不知出于什么考虑。孔颖达《正义》与蔡沈《集传》以及其余各家均有不同的分段法。

"满招损，谦受益。时乃天道。帝初于历山，往于田，日号泣于旻天、于父母，负罪引慝，祇载见瞽瞍。夔夔齐慄，瞽亦允若。"

　　夔夔，敬惧貌也。

【译文】

　　"自满的人会受到损失，谦虚的人会受益不尽。这是人世间一切作为的规律。帝舜最初生活在历山，来往耕作于田野之间，日夜对上天、对父母哭泣，为自己的过失而负罪自责，不敢申诉父母的不是。只是恭恭敬敬事奉父亲（瞽瞍），战战兢兢庄重小心，父亲也终于信任顺从了他。"

　　夔夔，恭敬颤惊的样子。

【笺释】

　　这段话应是益规劝大禹的话。陈述了帝舜未登帝位时在民间的经历，并以此劝说大禹。瞽，舜的父亲（因盲而称瞽，瞍为尊长之称）。

　　"至诚感神。"
　　以诚感物曰"諴"。

【译文】

　　"以诚实感动神灵。"
　　以诚实感动事物叫"諴"。

【笺释】

　　这句仍是益劝说大禹的话。孔颖达《正义》、蔡沈《集传》均编为一段。

　　"矧兹有苗。"禹拜昌言，曰："俞！"
　　昌言，盛德之言也。

【译文】

"何况这有苗氏。"禹拜服益的道德箴言,说:"对啊!"

昌言,充满了道德哲理的话。

【笺释】

"矧兹有苗"一句仍是益劝大禹的话,应归于上句"至诚感神"之末。分散成数段不知是否东坡原意。按,明凌刻本与库本亦同此分段。

班师振旅。
班,还也。入曰振旅。

【译文】

大禹于是召还军队,让部队归入营房。

班,召还部队。兵归入营房叫"振旅"。

帝乃诞敷文德。
诞,大也。

【译文】

帝禹于是大力敷扬文化教育,弘扬道德。

诞,扩大的意思。

舞干羽于两阶。
干,楯也。羽,翳也。两阶,宾主之阶也。

【译文】

在宾主两阶前,举行干羽的舞蹈。

干,栏干的横木。羽,用羽毛做成的华盖。两阶,指主人与宾客坐立的位置。

【笺释】

干羽，上古时期朝廷的一种舞蹈。文舞手执羽扇，表示德教；武舞执干戈，表示威武。

七旬，有苗格。

世传《汲冢书》，以尧、舜为幽囚野死。而伊尹为太甲所杀。或以为信。然学者虽非之，而心疑其说。考之于《书》，禹既受命于神宗，出征三苗而返，帝犹在位，修文德，舞干羽以来有苗，此岂逼禅也哉？

【译文】

七十天之后，有苗氏来归顺。

后世流传的《汲冢书》，说是帝尧与帝舜均被大禹囚禁，逼死在旷野之中。而商汤时期的宰相伊尹却被商朝第四代君主太甲所杀。有人认为这是真的。然而后世的学者们虽然因此指责大禹，却也一直怀疑这种说法。从《尚书》来考证，禹既然在神宗（指帝尧）的庙堂前宣誓摄政，又受舜的指令出征三苗而回师，这时候，帝舜还在帝位，帝舜大力弘扬德政，主张文教，感动有苗氏前来归顺。这哪里是逼宫禅位的样子？

【笺释】

有苗氏的归顺，蔡沈《集传》也认为应归功于帝舜的德政，可证《汲冢书》的失实。蔡沈云："班师七旬而有苗来格也。舜之文德非自禹班师而始敷。苗之来格，非以舞干羽而后至。史臣以禹班师而归，弛其威武，专尚德教，干羽之舞，雍容不迫，有苗之至，适当其时，故作史者因即其实，以形容有虞之德。千载之下，犹或以是而想其一时气象也。"

按，"以德服众"，这是中华民族一贯的道德传统。不管《大禹谟》此篇是"伪作"还是真章，其所宣扬的道德观念都值得我们永世传扬。上古时期的神话故事与历史传说，世代流传，真伪莫辨，其实也无须较真，可留待考古的发现证实。但典籍中所呈现的进步的思想价值观正是我们民族的宝贵精神财富，决不可因所谓"真伪"之争而抛弃不用。如此篇被考定为"伪孔传古文尚书"的《大禹谟》，通篇所宣扬的都是至今我们仍可接受甚至需要进一步发扬的优秀的思想道德元素，不可随便以一"伪"字而妄加否定。这也是今天我们研究《尚书》所应注意的问题。

皋陶谟第四[1]

[1] 明凌刻本于此五字前有"虞书"二字。

【笺释】

皋陶，又称咎繇。《史记》卷二《夏本纪》张守节《正义》："《帝王纪》云：皋陶生于曲阜。曲阜偃地，故帝因之而赐姓曰偃。尧禅舜，命之作士。舜禅禹，禹即帝位，以咎陶最贤，荐之于天，将有禅之意。未及禅，会皋陶卒。"

曰若稽古皋陶。曰："允迪厥德，谟明弼谐。"

迪，蹈也。谟，谋也。弼，正也。谐，和也。言世所称皋陶之德。皋陶信蹈而行之，非虚名也。其为人谋也明，其正人之失也和，皆皋陶之德也。《书》言"若稽古"者四，盖史之为此书也，曰"吾顺考古昔而得其为人之大凡如此"。在尧曰"放勋，钦明，文思安安，允恭克让，光被四表，格于上下"；在舜曰"重华协于帝，濬哲文明，温恭允塞"；在禹曰"文命敷于四海，祇承于帝"；在皋陶曰"允迪厥德，谟明弼谐"，皆有虞氏之世，史官记其所闻之辞也。有虞氏之世，而谓舜、皋陶为古可乎？曰自今以上皆古也，何必异代？《春秋传》凡虞书皆曰夏书。则此书作于夏代之世，亦不可知也。

【译文】

　　顺着以往的历史考查皋陶。都说："他能诚信地履行德义之事，谋略光明正大，和谐大众。"

　　迪，践行的意思。谟，谋略的意思。弼，匡正的意思。谐，和谐的意思。这是社会上对皋陶道德人品的称赞。皋陶都能够切实地践行，并非徒有虚名。他为人谋事光明正大，他纠正别人的过失和蔼可亲，这都是皋陶的品德。《尚书》提到"若稽古"的地方共有四处，应是历史上著这本书时所说"我顺着往昔考究古史而获悉他们为人的大概情况就是这样"的意思。说到尧就是"放勋，钦明，文思安安。允恭克让，光被四表。格于上下"；说到舜就是"重华，协于帝。濬哲文明，温恭允塞"；说到禹就是"文命敷于四海，祗承于帝"；说到皋陶就是"允迪厥德，谟明弼谐"。都是有虞氏时代史官记录他所听闻到的话。有虞氏的时代，而称舜、皋陶为"古"可以吗？应说"从现在起，以往都是古"，何必要区分不同的年代？《春秋传》凡是虞书都说是夏书。那么，这本《尚书》开始写作于夏朝的时代，也是有可能的。

【笺释】

　　东坡的这一段议论独标新见于宋代，不仅对先前诸学者的观点作了重要的修正，且对《尚书》的源流作了大胆的猜测，亦苏辙所谓"多先儒之所未达"者也。

禹曰："俞，如何？"

　　"允迪厥德，谟明弼谐"者，史之所述，非皋陶之言也。而禹曰"俞"，所然者，谁乎？此其间知必有阙文者矣。皋陶有言，而禹然之，且问之，简编脱坏而失之耳。

【译文】

　　大禹说："好啊，怎么样？"

　　"允迪厥德，谟明弼谐"这句话是后世史家说的，不是皋陶的话。而大禹说"好啊",这话又是对谁说的呢?这中间可知必定有缺失的文字。皋陶有话对大禹讲,而大禹表示赞成,并且还有话问他,这些内容大概都因为竹简损坏丢失了吧。

【笺释】

东坡对这一段话的质疑很有道理。从前后史料文字记载上看,这中间明显有遗漏。"允迪厥德"并非皋陶之言,而其他的学者均不察,强作解人,多有不通。

皋陶曰:"都,慎厥身修,思永。"

慎其身之所修者,思其久远之至者。《礼》曰:"君子过言则民作辞,过动则民作则。"①故言必虑其所终,行必稽其所敝。

①见《礼记·哀公问》:"孔子对曰:'君子过言则民作辞;过动则民作则。君子言不过辞,动不过则,百姓不命而敬恭。'"(扬州广陵书社2007年版《周礼·礼记·仪礼》线装影印本卷50第99页)

【译文】

皋陶说:"好啊,自身的修养一定要慎重,要做长远的打算。"

对待自身的修养要慎重,要想到长远的影响。《礼记》有言:"君子说话过分,群众就会当作口实;举动过分,群众就会效法。"因此说话必须考虑影响,行动必须觉察不良的后果。

"惇叙九族,庶明励翼,迩可远,在兹。"

惇,厚也。叙,次也。庶明,众显者,谓近臣也。励,勉也。翼,辅也。自修身以及九族、近臣,此迩可远之道也。

【译文】

"厚待近亲九族,奖励贤明能干的辅佐之臣,由近及远的影响,就是由此而产生的。"

惇，敦厚的意思。叙，顺次之意。庶明，指群众中贤能突出之人，这里指近臣。励，勉励之意。翼，辅佐。从自我的修身进德开始，影响到九族近亲及身边大臣，这就是由近及远之道。

【笺释】

顾颉刚、刘起釪《译论》引段玉裁语，认为"古者砥砺、勉励，皆作厉，无作砺、励者"。因此将励改为"厉"。然而，古今字体演变实为常事，如此勉强实无必要。

禹拜昌言，曰："俞。"

盛德之言，故拜。

【译文】

大禹认为皋陶的话很好，表示信服，说："很好！"

皋陶的话表达了一种良好的品德，所以大禹表示信服。

【笺释】

因为大禹此时为君主，皋陶为近臣，大禹于礼节上不可能对他叩拜，只能表示信服而加以揖让。

皋陶曰："都！在知人，在安民。"禹曰："吁，咸若时，惟帝其难之。知人则哲，能官人；安民则惠，黎民怀之。能哲而惠，何忧乎驩兜？何迁乎有苗？何畏乎巧言令色孔壬？"

孔，甚也。壬，佞也。

【译文】

皋陶说："是啊，执政的关键在于知人用人，在于使民安居乐业。"大禹说："唉，都能做到这样，在尧帝时也有难度啊。能够识别人才那是明智的表现，可以任官用人；能够使民众安居乐业，那是慈爱的表现，黎民百姓必定会怀念服从他。聪明而又仁惠，还怕驩兜这种恶人吗？还用得着迁移有苗氏吗？何必畏惧那些特别能花言巧语惑众的佞人？"

孔，特别，过分之意。壬，奸佞。

【笺释】

蔡沈《集传》认为大禹述及帝尧时处理"四凶"之事，有意避开"殛鲧于羽山"这一节，是因为鲧是大禹之父，故而为长者讳。顾颉刚、刘起釪《译论》认为："这里《皋陶谟》则只谈到了政治传说中特别重要的驩兜和苗民的两则，未提到鲧和共工之事，不必如马融、郑玄按后代人伦理观说成是'禹为父隐'。"

皋陶曰："都，亦行有九德，亦言其人有德。乃言曰载采采。"

人有可知之道而无可知之法，如萧何之识韩信①，此岂有法可学哉？故圣人不敢言知人。轻用人而不疑与疑人而不用，皆足以败国而亡家。然卒无知人之法。以诸葛亮之贤而短于知人②，况其下者乎？人主欲常有为，则事繁而民乱；欲常无为，则政荒而国削。自古及今，兵强国治而民安者，无有也。人之难安如此，此禹之所畏，尧、舜之所病也。皋陶曰，然岂可以畏其难而不求其术乎？盖亦尝试以九德求之。"亦行有九德"者，以此自修也。"亦言其人有德"者，以此求人也。论其人，则曰斯人也，有某德；言其德，则曰是德也，有某事、某事。采者，事也。"载采采"者，历言之也。

①事见《史记·淮阴侯列传》，韩信投靠刘邦，初不被重用，逃跑。萧何闻讯追赶，并告诉刘邦："诸将易得耳。至于信者，国士无双。"后，刘邦果然封韩信为大将（中华书局1959年版《史记》第2611页）。

②据陈寿《三国志·蜀书》载，诸葛亮进攻祁山，误用只知纸上谈兵的马谡，导致"街亭之失"。亮自我检讨："臣明不知人，恤事多闇。"（见中华书局1959年版《三国志》第922页）

【译文】

皋陶说："是啊，也要从其行为举止观察他的九种品德，也要从大家的言论中得知他的道德修养如何。这要从历来的言行事功中观察。"

了解认识一个人会有一定的途径，但没有一定的方法，比如萧何之识别韩信，哪里有一定的方法可学？所以圣人不敢说"知人"。轻率地用人而不疑，与疑人而不加使用，都足以败国亡家。然而始终也没有一个"知人之法"。以诸葛亮之贤明也缺少知人之方，何况比不上他的人呢。国君常希望有所作为，这样一来会百事繁杂，民众受扰乱；若是经常无所作为，则又会导致政务荒疏，国家衰弱。自古至今，兵马强壮、国家大治而民众安乐的，都没见过。人民大众就是这样难于安定。这就是大禹所畏惧的地方，也是尧、舜一直感到困难之处。但皋陶的意思是说，难道因为害怕艰难就放弃寻求识人的办法吗？还是应尝试从"九德"方面来加以考察。"亦行有九德"的意思是想以此行为观察其人的品德修养；"亦言其人有德"的意思，是想从他所表现出来的品德而加以观察。论其为人，可以说"这人有某种德行"；论其品德，可以说"他的品德，可以从某事、某事看出来"。"采"，指某事。"载采采"，意思是历来的事实。

【笺释】

亦字，蔡沈解作"总"，周秉钧解作"检验"。东坡这里似解作"也""还是"之意。与宋代语境相类。曾运乾《正读》："上下两语均言'亦'者，如《酒诰》言'亦罔非酒惟行，亦罔非酒为辜'也。"意与东坡同。

禹曰："何？"皋陶曰："宽而栗。"

栗，惧也。宽者，患不戒惧。

【译文】

大禹问："（九德）是怎样的？"皋陶答："宽厚而且敬惧。"

栗，敬惧谨戒的意思。性情宽厚者，常有不够戒备严谨的毛病。

【笺释】

东坡将栗解为"惧"，意与孙星衍《注疏》所引马融语"敬谨战栗"同，有小心谨慎、警惕戒备之意。但孙星衍的疏言，又将栗解作"坚栗"，谓"宽绰近缓而能坚栗"。"坚栗"之义较多见。作为"九德"之一的"宽而栗"，接下顺次为：柔而立，愿而恭（《史记》作"共"），乱而敬，扰而毅，直而温，简而廉，刚而塞，强而义。但各本均将"九德"连缀为一句，唯此库本分句别述（与明凌刻本、《苏东坡全集》本同），不知是否为东坡本意所决定的编次。

"柔而立，愿而恭。"

愿，悫也；悫者，或不恭。

【译文】

"温柔而能够独立自主；随意附和而能庄重恭敬。"

愿，诚实谨慎之意；诚实谨慎之人会有表现不够庄重恭敬的地方。

【笺释】

东坡这里将"愿"解释为"悫"。悫，原意为诚实谨慎，故又加"悫者，或不恭"一句，意谓诚实谨慎之人，容易流于顺从附和，缺少庄重恭敬，因而要加上恭敬才能全其美德。释义与孙星衍《注疏》略同。孙疏谓"愿悫无文而能谦恭"，是对此句的完善诠解。周秉钧引金履祥[①]《尚书表注》以为"愿者易同流合污而不庄，愿而严恭则为德"，也是此意。

①金履祥（1232—1303），字元义，号次农，宋元之际学者，浙东学派、金华学派的中坚。著有《尚书表注》《大学疏义》等。

"乱而敬。"

横流而济曰乱，故才过人可以济大难者曰乱。"乱臣十人"是也。才过人者患在于夸傲。

【译文】

"能干大事解救大难而又恭敬谨慎。"

能横流而渡称"乱"，所以才能过人可以解救大难的人也称为"乱"。所谓"予有乱臣十人"就是这意思。才能过人者的毛病在于自夸傲慢。

【笺释】

孙星衍《注疏》以"治事多能而能敬慎"，蔡沈以"有治才而敬畏"解释"乱而敬"；而周秉钧引金履祥语："乱者恃有治乱解纷之才则易忽，乱而敬谨则为德。"意思相同。

"扰而毅。"

扰，驯也。

【译文】

"驯服而存刚毅。"

扰，驯服的意思。

"直而温，简而廉。"

简易者，或无廉隅。

【译文】

"耿直率意而能够温和；简单草率而端正有守。"

简单草率的人，或缺乏坚守名节、端方正派的精神。

【笺释】

孙星衍对"简而廉"句的解释是"简大似放而能廉约"，蔡沈的解释是"简而廉者，简易而廉隅也"，周秉钧引金履祥的解释是"简者多率略，简而有廉隅则为德"。廉约、廉隅都是端方正派、讲究名节的行为品性，有了这点对于行为大意粗疏的人是品德上的一个重要补充。顾颉刚、刘起釪《译论》："所谓'廉隅'，指志行端正。"

"刚而塞。"

塞，实也。刚者，或色厉而内荏，故以实为贵。《易》曰："刚健，笃实辉光，日新其德。"[①]

[①] 见《易·大畜》彖曰："大畜，刚健笃实辉光，日新其德。"（北京市中国书店1985年版《四书五经》第五种《周易本义》第25页）

【译文】

"刚健而且充实。"

塞，充实的意思。刚健的人或表面严厉而内在虚弱，因此以充实不虚假的品性为宝贵。《易经》有句云："刚健，有笃实刚勇的光芒，时时修养他的美德。"

【笺释】

孙星衍疏谓"刚者内荏而能充实"，蔡沈《集传》谓"刚而塞者，刚健而笃实也"，周秉钧引金履祥语谓"刚者多无蓄，刚者塞实则为德"。充实、笃实、塞实，都指向"无蓄"所表达的"内无质地"的虚假，故此刚健而又实在为美德。

"强而义。彰厥有常，吉哉。"

德惟一，动罔不吉，故常于是德，然后为吉也。

【译文】

"强勇而又善良好义。彰显品德始终如一的人，大有益的好事啊。"

品德始终如一的人，举动不会有不吉利的，因此经常对这样品德如一的人给予表彰与厚赐，然后可以收到良好的施政效果。

【笺释】

东坡以"德惟一""常于是德"解释"彰厥有常"句，是将"常德"作为"品德始终如一"解。孙星衍疏引《易》传语："君子以常德行。"与东坡意同。皮锡瑞《考证》引《后汉书·郑均传》谓："《书》不云乎，'章厥有常，吉哉。'其赐均、义谷各千斤。"注云："章，明也。吉，善也。言为天子当明其有常德者，优其廪饩，则政之善也。"如此，反观东坡"常于是德"又可解作"表彰而且厚赐那些品德如一的人"。周秉钧《易解》将"常"释为"祥"，与曾运乾《正读》同，谓"常，祥也；常吉，祥善也"。则"常"属下句读，与上述诸本不同。

"日宣三德，夙夜浚明有家。"

宣，达也。浚，尽其才也，明察其心也。言九德之中，得三人而宣达之，尽其才而察其心，则卿大夫之家可得而治也。

【译文】

"每日显达明示三种品德，使有职者能尽其才，早晚心地明察地处理他的家室。"

宣，显达的意思。浚，使才能尽量展现，明白察觉其心志之意。这就是说在九种德行之中，有人能展现出其中的三种，使尽量表达出来，明察其心志，那么，卿大夫的邦家政事就可以治理好。

【笺释】

　　这段经文，释意颇多歧见。东坡释宣为达；孙星衍引《尔雅释言》作"循"解；蔡沈《集传》作"明"解；曾运乾、周秉钧作"显示"解。又浚，东坡释为"尽其才，明察其心"；孙星衍引《方言》作"敬也"；皮锡瑞引《史记》将"浚"改为"翊"，释翊为"辅"，辅政之意。字句释义不同，但总体意思不外是九德之中能显示出其中三种的，卿大夫的家政必能处理好。顾颉刚、刘起釪《译论》云："按《皋陶谟》为孔子教授门徒两大课本《诗》《书》中的主要政治道德教科书，《书》的第二篇，所处的时代当春秋之世。其政治现实正是诸侯拥有其国，卿大夫拥有其家，则这样的解释是符合当时政治实际的。"

"日严祗敬六德，亮采有邦。"

　　得六人而严惮敬用之，信任以事，则诸侯之国可得而治也。

【译文】

　　"每日有人能具有九德中的六种，严肃恭敬践行之，则能使邦国事务得到很好的治理。"

　　得到具有六种品德的人，严肃恭敬地使用他们、信任他们，委以事务，则诸侯之国可以得到很好的治理。

【笺释】

　　九德之中，能具有三种（孙星衍《注疏》认为是"简、刚、强"）品德之人可以列为出仕的"大夫"（据孙星衍《注疏》云"家，谓有采地之臣"。又引郑玄注："家，谓大夫所食采邑。"）。采邑，即卿大夫出仕所辖之封地，也称"食邑"。周秉钧《易解》则云："日显著其三德，早夜敬明其德于家者，谓未仕者也。"其说与郑玄注相佐。

　　九德之中，能具有六种（孙星衍《注疏》认为是"乱而敬、扰而毅、直而温、简而廉、刚而塞、强而义"）品德之人，层次更高一点，所以孙星衍云："上言敬成有家，谓卿大夫之佐事者。此言助事有邦，谓有土者之臣。"这种"有土者之臣",东坡释为"诸侯之国",显然比"卿大夫之家"要高出一层。而周秉钧《易解》释为"已相事于国"的"已出仕者"。东坡的释义大体与孙星衍同。

蔡沈《集传》释义较为集中显达:"三德而为大夫,六德而为诸侯。以德之多寡,职之大小,概言之也。九德有其三,必日宣而充广之,而使之日以著;九德有其六,尤必日严而祗敬之,而使之益以谨也。"刘起釪的《译论》亦赞同蔡的说法。

"翕受敷施,九德咸事。俊乂在官,百僚师师,百工惟时,抚于五辰,庶绩其凝。"

翕,合也。有治才曰乂。抚,循也。五辰,四时也。凝,成也。九德并至,文武更进,刚柔杂用。则以能合而受之为难。能合而受之矣,则以能行其言为难。故曰"翕受敷施,九德咸事",此天子之事也。古之知言者,忘言而取意,故言无不通。后之学士胶于言而责其必然,故多碍。多碍故多说。天子用九德,诸侯用六,大夫用三,言不得不尔,而其实未必然也。孔子曰:"天子有争臣七人,诸侯五人,大夫三人。"[1]使诸侯而有争臣七人,可得谓之僭天子乎?故观《书》者,取其意而已。或曰皋陶之九德,区区刚柔之迹尔,何足以与知人之哲乎?然则,皋陶何为立此言也?曰何独皋陶,舜命夔曰"直而温,宽而栗,刚而无虐,简而无傲";箕子教武王"正直、刚克、柔克,沉潜刚克,高明柔克"。虽三圣之所陈详略不同,然皆以长短相辅,刚柔相济为不知人者立寡过之法也。其意曰,不知人者以此观人,参其短长、刚柔而用之,可以无大失矣。譬如药之有方,聚众毒而治一病,"君臣相使,畏恶相制",幸则愈疾,不幸亦不致杀人者。此岂为秦越人[2]、华陀设乎。

[1]语见《孝经》第十五章"谏诤":"昔者,天子有诤臣七人,虽无道,不失其天下;诸侯有诤臣五人,虽无道,不失其国;大夫有诤臣三人,虽无道,不失其家;士有诤友,

则身不离于令名。"（国家图书馆出版社2014年版《中华再造善本孝经》）

②秦越人，古代名医扁鹊的别名。

【译文】

"综合起来，全面起用人才，九种美德都能体现在实践之中。俊才秀士都任职在官，官员同僚们都能互相学习借鉴，所有的工作人员都能及时圆满完成任务，顺应天时气候，使各项事业都能获得成功。"

翕，综合的意思。有治理才干的人称为乂。抚，遵循的意思。五辰，指春夏秋冬四时八节。凝，成功，有成果。九种美德一齐体现，文武百官竞相进取，刚柔品性同时杂用。在这种情况下，能将各种不同品德修养的人整合在一起共事，将是一个难度颇高的本领。能够将他们整合在一起，彼此相互能接受了，那么，能够将他们的建议、言语付诸实现又是一大难事。因此，可以说"综合起来，全面起用人才，九种美德都能体现在实践之中"这事儿，只能是皇帝天子所能做的了。古代知道建言献策的人，他们不在乎字斟句酌而只在乎准确表达其中心意思，所以他们的言辞无不通晓畅达。后世的学者只是拘泥于言辞的字斟句酌，强使必须如此表达，所以反而显得滞碍不通。滞碍不通，于是又多所解释论说。"天子用九德，诸侯用六，大夫用三"，话不得不这样说，但其实并不都是如此。如孔子说过："天子有诤臣七人，诸侯五人，大夫三人。"假如诸侯也有诤臣七人呢，能够说他这是在违法超越天子的地位吗？所以阅读《尚书》时，能够了解它的中心意思就可以了。有人会说，皋陶提出的"九德"，不过仅仅提到人的刚柔品性罢了，怎能够得上与知人论世的哲理相提并论？既然这样，皋陶为什么要提出这样的言论呢？回答是，岂止是皋陶，舜任命夔时也说过"正直而温和，宽大而严谨，刚毅而不暴虐，简率而不倨傲"的话；箕子教导周武王时也说过"正直、刚克、柔克，沉潜刚克，高明柔克"的话。虽然以上三位圣人所陈说的道理详略有所不同，但都是以"长短互补，刚柔相济"的办法为不懂得用人者立下寡过少错的处方。它的中心意思是，不懂得用人者用这个办法去观察人，参照他们的品性的长处与短处，刚柔相济地任用他们，就可以避免重大的过失。比如用药的处方，集中各种药物的毒性去治一种病，配方中"君臣相使，畏恶相制"，幸运的可以治好病，不幸的也不至于治死人。这办法岂是为名医秦越人、华陀而设置的？

【笺释】

乂，东坡解作"具有治理才干之人"。孙星衍《注疏》引马融、郑康成语谓："才德过千人为俊，百人为乂。"但又曰："马、郑以才为德者，望文生义也。'百人为乂'之文，未见出典。"因此自定义曰："公卿谓俊乂，大夫谓百僚，士谓百工也。"皮锡瑞用此义。又"百僚师师"句，以"师师"为肃，引《释诂》"肃肃，敬也"；"百工惟时"句，以"惟时"为思善之义，以"惟"为思，以"时"为善。则此句应解作："官员们都能互相尊重，心思向善。"与蔡沈《集传》所说异。蔡传认为"师师，相师法也。言百僚皆相师法，而百工皆及时以趋事也。百僚、百工，皆谓百官。"按东坡的解释显然包含此义。

顾颉刚、刘起釪《译论》引于鬯[①]《校书》认为"五辰"为"五长"之误："五辰殊无义。辰疑为长之误。长、辰二字隶书相近，故五长误为五辰。五长者，即《益稷》篇所云'外薄四海，咸建五长'也。"而将"五辰"作"四时"解，此为汉以后，阴阳五行说盛行以后事。

东坡在这段解释中特别提到了解读《尚书》这类古代典籍的方法问题，即无须计较一词一句的解读而要把握其中心意思。这一观点突破了传统的"经解"方法，可以说是"多先儒所未达"的又一例。林之奇《全解》也肯定东坡"此论善哉"，但却将东坡的一大段原话错安到"薛氏"的头上（见《全解》上册第85页）。

①于鬯（约1862—1919），字醴尊，自号香草。1897年（清光绪二十三年）考中拔贡生。有《香草校书》60卷，刊行于世。

"无教逸欲有邦，兢兢业业，一日二日万几。"

事无不待教而成，惟国君之逸欲莫有以教之者而自能也。位不期骄，禄不期侈，故一日二日之间，而可致危亡者至于无数。几，危也。

【译文】

"不可教会有邦国责任之君放纵游乐之事，要为国事兢兢业业操心戒备，一天两天之间都会有成千上万种危急的事需要小心处理。"

天下事没有不教导而成功的，一国之君的纵欲游乐也没有不经教唆而能够自己学会的。帝王之位不期望骄纵，禄位不期待奢侈，一天两天之间，都有会导致国家危亡的事无数。几，指危机。

【笺释】

孙星衍《注疏》谓此句"言有国者毋教以佚游，当戒其危，日日事有万端也。"蔡沈《集传》："兢兢，戒谨也；业业，危惧也。几，微也。《易》曰：'惟几也，故能成天下之务。'盖祸患之几，藏于细微，而非常人之所预见。及其著也，则虽智者不能善其后。故圣人于几，则兢业以图之。所谓图难于其易，为大于其细者，此也。一日二日者，言其日之至浅，万几，言其几事之至多也。盖一日二日之间，事几之来，且至万焉，是可一日而纵欲乎？"

"无旷庶官，天工人其代之。"

天有是事，则人有此官。官非其人与无官同，是废天事也，而可乎？

【译文】

"不可使百官空缺，上天垂治的事务要有其人来代理。"

上天分命的事务，要有人来担任管事的官职。委任不能担负此官职的人等于没有人任职一样，是荒废上天的职事了，这样做行吗？

【笺释】

古人迷信，认为帝王出治是上天安排的，分设多少官职以管理国家大事也是上天派定的。皮锡瑞《考证》引《论衡·纪妖篇》："天官百二十，与地之王者无以异也。地之王者，官属备具，法象天官，禀取制度。"又引《春秋说》："立三台以为三公，北斗九星是为九卿，二十七大夫内宿部卫之列，八十一纪以为元士，凡百二十官焉。"纯是主观臆说。

"天叙有典，敕我五典、五惇哉。"

敕，正也。

【译文】

"上天顺次降下'仁、义、礼、智、信'五常之典则，正告我们这五常的典则都要惇厚恪守啊。"

敕，端正的意思。

【笺释】

东坡对这一段经文的解释只有三个字，等于无解。对于"仁义礼智信"之所谓"五常"典则，东坡并不认为它是程朱理学中所鼓吹的"天命之谓性"的"上天对人"的赋性，而认为是人类自身进化发展过程中所自觉形成的一种道德规范。他在《中庸论中》《礼论》等文章中都对此有明确的阐述，并强调"夫圣人之道，自本而观之，则皆出于人情"，反对"天命"说。

周秉钧《易解》以《左传》为据，将"五常"置换为"父义、母慈、兄友、弟恭、子孝"。此与蔡沈的"父子、兄弟、夫妇、朋友"的"伦叙"同。这种观点显然植根于程朱"天命性理"说，都是东坡所不赞成的。其实，孙星衍在《注疏》中亦引《礼书》谓："圣人缘人情而制礼。"又云："礼由人起。"与东坡"出于人情"的观点同，与"上天赐礼"的天命观有别。

"天秩有礼，自我五礼五庸哉。"

秩，亦叙也。庸，常也。

【译文】

"上天降下的'五常'典则，这是我们要经常遵循的'五常'之礼啊。"

秩，也就是"叙"的意思。庸，经常之意。

【笺释】

东坡在这里强调秩与叙同，也就是顺次之意。但蔡沈、曾运乾与周秉钧将"秩"释为尊卑贵贱等级之意，将"五常"之礼释为自天子、诸侯、大夫、士，至庶人的"五等"之礼。东坡对此无所训释，应看作是对这种说法的否定。

"同寅协恭和衷哉。"

寅，敬也。衷，诚也。

【译文】

大家都要共同敬重合作，恭顺和谐，忠诚一致啊。

寅，敬重之意。衷，诚实之意。

"天命有德，五服五章哉。天讨有罪，五刑五用哉！政事懋哉，懋哉！"

懋，勉也。父义、母慈、兄友、弟恭、子孝，皆出于民性之自然。孰为此叙者，非天乎？我特从而正之，使益厚耳。豺獭之敬，啁啾之悲，[①]交际之欢，攘夺之怒，牝牡之好，此五礼之所从出也。孰为此秩者，非天乎？我特从而修之使有常耳。此二者，道德之事，非君臣同其诚敬，莫能致也。五等车服，天所以命有德，而我章之；刑罚，天所以讨有罪，而我用之。此二者，政事也，勉之而已。

①豺獭之敬，《礼记·王制》："獭祭鱼，然后虞人入于泽梁；豺祭兽，然后田猎。"啁啾之悲，白居易诗《燕诗示刘叟》："却入空巢里，啁啾终夜悲。"（中华书局1979年版《白居易集》第一册第19页）

【译文】

"上天赋予有道德之人，给予他五种不同等级的服饰。上天要讨罚有罪恶的人，就要施以五种刑法加以惩处。这样，从政者才勉励奋进，勉励奋进啊！"

懋，勉励的意思。父义、母慈、兄友、弟恭、子孝，这些德行全都出自民众自然的天性，谁能定下如此的次序，还不是天性使然吗？我们当政的人不过是因此而加以规范化、正规化，使之更为忠厚可行罢了。就像豺、獭知道祭敬之礼，像乌鹊那样回到空巢就会悲鸣，像人际交往就有欢乐，像利益争夺就会有愤怒，像雌雄之间就会有性欲那样，这就是以上五种礼仪之所以出现的缘由。谁能规定出这样的尊卑次序，还不是天然而成的吗？我们当政的人从而加以修正补充，使之形成日常的习惯罢了。这两种属于道德养成之事，如果不是君臣之间都出于虔诚敬畏之心，都是做不到的。五种等级的车辆服饰，是上天赋予有德之人的，而我们特别加以彰显形象化；刑罚是上天用来惩处有罪之人的，而由我们加以区别运用。二者都是政务以内的事项，不过是用来勉励、劝戒人的。

【笺释】

东坡在这一段传释中特别强调五常五礼"皆出于民性之自然"这一观点，以两个"非天乎"指明"自然"的属性而非程朱所谓的"天命"，又以"我特从而修之""我章之""我用之"三句，强调"礼仪"的人性化而非由一个所谓有知觉、有性情的"天"来赋命于人。

按，关于"五服五章"的解释，孙星衍认为汉儒的说法与秦末伏生的说法均有不同之处，以为"汉时章服亦不能证明古意"，以为伏生"犹见先秦制度，传授其义，似较可信"。而皮锡瑞《考证》也认为汉儒所说"天子至公侯以九为节，卿以下以七为节，皆与《大传》言五服五章不同"。又关于"五刑",孙星衍认为尧、舜的唐、虞时代,没有肉刑,只有"象刑"(让犯法犯罪者穿不同的服饰以示惩戒)。皮锡瑞《考证》引汉班固《汉书·刑法志》"大刑用兵甲……薄刑用鞭朴",认为"班氏引《国语》文,乃古文说,故与《大传》今文说唐虞象刑不同","所谓古者,谓夏用肉刑之时,非谓唐虞也"。即上古唐虞之世没有肉刑,班固所引乃后来的夏朝所为。孙星衍亦持此观点:"五刑始于有苗,制自夏代,唐虞所无。"这些观点说明,礼仪、刑罚这类纯属于人类自身的文明进化的产物,只会随社会的发展进化而有所改变,绝非"天命"所为。东坡的观点是正确的。

"天聪明,自我民聪明;天明畏,自我民明威。达于上下,敬哉有土。"

上帝付耳目于民者,以其众而无私也。民所喜怒,威福行焉。自天子达,不避贵贱。有土者可不敬哉?

【译文】

"上天之所以耳目聪明,由我下民之耳目聪明;上天所示的威福(畏与威通用),实由我下民所示的威福。天与民通达上下,不避穷达贵贱,故治国者自应有所敬畏啊。"

上帝让人有耳目之聪明,为的是下民众多,公而无私。因此广大民众有所喜怒,便会影响威福的发生形成。上自天子达于下民,不分穷达贵贱。有国者能不敬畏么?

【笺释】

东坡对这段经文的解释,重点在"上帝付耳目于民者,以其众而无私也"一句,把虚无的"上帝"落实到"众而无私"的民众身上。人民群众有耳可听,有目可见,治国者若有偏私舞弊,多行不义,则民众的喜怒必然影响到国家的祸福。这与皮锡瑞等引入"五经五纬,尊显术士"的经纬之说以"上应天心"的说教,明显大异其趣。而曾运乾引蔡沈《集传》，认为"爵赏刑罚，乃人君之政事，君主之，臣用之，当勉勉而不可怠也。"将民众排除在外，显然与东坡所强调的人民性也有巨大差异。由此可见《东坡书传》的进步意义。

皋陶曰："朕言惠。"

惠，顺也。

【译文】

皋陶说："我的话顺理。"

惠，顺便之意。

【笺释】

朕，与后世将"朕"作为皇帝的自称不同，上古时期，尊卑无明显区分，朕亦作"吾"解。皮锡瑞《考证》引蔡邕《独断》："朕，我也。古者尊卑共之，贵贱不嫌。则可同号之义也。"蔡沈《集传》释"惠"为顺理。取此意。

"可厎行？"禹曰："俞，乃言厎可绩。"皋陶曰："予未有知，思曰赞赞襄哉。"

曰，当作"日"。

【译文】

"我的话真的极可施行吗？"禹答道："你的话极可以施行。"皋陶答："我还有很多未知的事，只想着天天协助赞扬帝的功德啊。"

曰，应当改作"日"。

【笺释】

"可厎行？"一句应属上句读，为皋陶所说的话，作"朕言惠，可厎行？"如此断开，不知是否东坡原著所定。"思曰"东坡认为应当改作

"思曰"。蔡沈《集传》亦认为"思曰之曰当作日"。但却将"底"释作"致",与孙星衍《注疏》、皮锡瑞《考证》、周秉钧《易解》同。皮锡瑞引《史记》:"禹曰:'汝言致可绩。'"是亦训底为"致"。然东坡著有《乃言底可绩》一文,认为"底之为言,极也"。若取此义,将"乃言底可绩"(绩,孙星衍《注疏》解作"绩与迹同,亦谓行也")释为:"你的话极可以施行",似亦较顺。

按:此段"可底行"三字应与上文"朕言惠"统为一句,如此隔开是否东坡原意已难以考察。然则似此割裂断句的现象,此书多有。此中有否隐情?东坡诗文至北宋末遭严厉禁绝[1],此《东坡书传》亦已成为"禁书"。此后一直到南宋末,未见《东坡书传》刻本传世,只有手抄本私下流传。因此,句缉不整、编排错落等现象恐亦因此而产生。

[1] 据《宋会要辑稿》第一百六十五册《刑法》二之八八;云:宣和五年七月"中书省言,勘会福建等路近印造苏轼、司马光文集等。诏今后举人传王元祐学术,以违制论,印造及出卖者与同罪,著为令。见印卖文集,在京令开封府,四川路、福建路,令诸州、军毁板。"(特引自孔凡礼《苏轼年谱》卷末)

书传卷四

虞 书

益稷第五

【笺释】

此篇由《今文尚书·皋陶谟》分出，题目为晚出《孔传》所加。西汉伏生《今文尚书》二十八篇中列第二篇。西汉所传《书序》百篇中列为《虞夏书》第十五篇，另有《益稷》列第十六篇，即指此篇。按本篇所述内容应置于《皋陶谟》之前，合为一篇。故东坡认为"伏生以《益稷》合于《皋陶谟》有以也夫"。

> 帝曰："来，禹汝亦昌言。"禹拜曰："都，帝，予何言？予思日孜孜。"

"汝亦昌言"者，因皋陶之言以访禹也。皋陶曰"予未有知"者，犹曰"吾不知其他"也，思日夜赞襄而已。赞，进也；襄，上也。读如"怀山襄陵"之襄。皋陶之意，曰"吾不知其他也，思日夜进益而已"，知进而不知退，知上而不知下也。《易》曰："天行健，君子以自强不息。"行健者，如登高，进而不知止，虽超泰山可也。禹亦因皋陶之言而进之曰"予何言"。何言者，亦犹皋陶之未有知也。又曰"予思日孜孜"。"思日孜孜"者，亦犹皋陶之"思日赞赞襄哉"也。其言皆相因之辞。

予是以知"曰"之当为日也。伏生以《益稷》合于《皋陶谟》有以也夫。

【译文】

帝舜说："来，禹，你也说说你的意见。"禹拜见帝舜说："啊，帝，我能说什么呢，我日夜都在不停地思考着。"

"你也说说你的意见"，这是帝舜因为听了皋陶说的话后造访大禹时的问话。皋陶说"我还有很多未知的事"，就好比说"我还未知道其他的事"，只想日夜颂扬协助德治罢了。赞，奋进的意思；襄，上进的意思。读音如"怀山襄陵"的襄。皋陶的意思是说"我不知道其他的事，只想日夜助益奋进而已"。知进而不知退，知上而不知下之意。《易经》中有句："天行健，君子以自强不息。"行健的人，好比登高，奋进而不知止步，即使泰山也是可以超越的。大禹也是因为听皋陶的一席话而奋进不息，因此说"我还有什么话呢"。"有什么话"的意思也就是皋陶的"有许多未知"的话。又说"我日夜思考不已"，"日夜思考不已"，也就好比皋陶的"只想日夜颂扬协助德治"之意了。他们的话，都是相互应答之辞。我因此而知道原文的"曰"字应是"日"字之误。伏生将《益稷》一篇合并于《皋陶谟》，这是有道理的。

【笺释】

对"孜孜"的解读，孙星衍《注疏》引《说文》："孜，汲汲也。"又引《周书》曰："孜孜无怠。"蔡沈《集传》解作"孜孜者，勉力不息之谓"。周秉钧亦取此意，谓"予思日孜孜者，我思昔日勉力之事"。皮锡瑞引《史记》，以孜孜作"孳孳"，又引《汉书·谷永传》："说王音曰'夙夜孳孳'。"又《东方朔传》："此士所以日夜孳孳。"故此处解作"日夜思考不已"。

按，东坡的时代，并不知道晚出《孔传》实为东晋时梅赜的伪作，故误以为西汉时伏生的《今文尚书》晚出于东晋时的伪《古文尚书》，闹了个前后颠倒的大误会。

皋陶曰："吁，如何？"禹曰："洪水滔天，浩浩怀山襄陵。下民昏垫。"

昏，瞀也。垫，陷也。

【译文】

皋陶对大禹说："哟，你在思考什么呢？"大禹说："洪水滔天，巨大的洪水包围山岳，漫过丘陵。下面的百姓们都要被洪水淹没了！"

瞀，昏暗的意思。垫，陷没的意思。

"予乘四载，随山刊木，暨益奏庶鲜食。"

水行乘舟，陆行乘车，泥行乘輴，山行乘樏。秦汉以来，师传如此。且孔氏之旧也，故安国[①]知之，非诸儒之臆说也。四载之解，杂出于《尸子》《慎子》，而最可信者，太史公也。亦如六宗之说，自秦汉以来，尚矣，岂可以私意曲学镌凿附会为之哉？而或者以为，鲧治水九载，兖州"作十有三载乃同"，禹之代鲧，盖四载而成功也。世或喜其说。然详味本文，"予乘四载，随山刊木"，则是驾此四物，以行于山林、川泽之间，非以四因九，通为十三载之辞也。按《书》之文，"鲧九载，绩用弗成"，在尧未得舜之前，而殛鲧在舜登庸历试之后。鲧殛而后禹兴，则禹治水之年，不得与鲧之九载相接。兖州之功，安得通四与九为十三乎？禹之言曰"娶于涂山，辛壬癸甲"，是娶在治水之中。又曰"启呱呱而泣，予弗子，惟荒度土功"，是启生在水患未平之前也。禹服鲧三年之丧，自免丧而至于娶，而至于子，自有子至于止禹而泣，亦久矣，安得在四载之中乎？反复考之，皆与《书》文乖异。《书》所云"作十有三载乃同"者，指兖州之事，非谓天下共作十三载也。近世学者喜异而巧于凿，故详辩之，以解世之惑。

①安国，即孔安国，字子国，汉代鲁国人。孔子十二世孙。曾从申生学《诗》，从伏生学《尚书》，官至谏议大夫。经学家。司马迁曾向孔安国请教，故《史记》中所引若干篇大多为古文说。今传《尚书传》，经明、清学者考证为后人伪作，故称晚出《孔传》。

【译文】

"我乘用四种交通工具，随着山势，伐木前行，与益二人，将生鲜肉食予众人充饥。"

在水中来往乘船，在陆地上行走坐车，在泥地里行走坐辅，在山里行走乘樏。秦、汉以来，师傅相传的说法是这样的。而且也是孔氏一门旧传的说法，所以孔安国知道，并非各位儒家学者臆想的说法。"四载"的解释，杂出于《尸子》《慎子》，而最可信的是太史公的说法。也像"六宗"的解释一样，自秦汉以来就有，够古老的了，怎能以个人的观点、杂学加以穿凿附会来对付呢？或者有人认为，鲧治水九年，兖州"划界至十三年始成立"，所以禹之代替鲧治水应是四年才成功。社会上或许有人认可这一说法。然而，详细体会本段文字，"予乘四载，随山刊木"，应该是驾乘四种交通工具，赖以穿行于山林川泽之间，并不是以四年加上九年总共为十三年的意思。按《书》的原文"鲧九载，绩用弗成"，说的是帝尧未禅让与帝舜之前，而流放鲧是在帝舜经受考验、即位之后。鲧被放逐之后大禹才受重用，因此大禹治水的年月不应与鲧治水九年的时间相接。兖州定界之功的时间怎能附会上四与九成为十三年呢？大禹曾说过"娶妻于涂山，辛、壬、癸、甲"，是他娶妻的时间正在治水期间。又说"启呱呱而泣，予弗子，惟荒度土功"，说明启的出生在水患未除之前。大禹为父亲鲧之死尽孝道三年，丧期满三年而娶妻，再到儿子出生，再到大禹忍住于儿子的哭泣，时间也够长的了，怎能都算在四年之内呢？反复查考，都与《书》的原文所述相抵触。所谓"作十有三载乃同"，指的是兖州定界之事，并非指天下治水需要的时间而言。近年以来，学者们治学喜欢标新立异而且巧于穿凿附会，因此特加以详细辩驳，以解除世人的困惑。

【笺释】

"奏庶鲜食"一句，孙星衍《注》引"马融曰：鲜，生也。郑康成曰：授以水之众鱻食，谓鱼鳖也"。则"鲜食"指生吃鱼鳖之类的生物了。蔡沈《集传》用此义，曰："血食曰鲜。水土未平，民未粒食。与益进众鸟兽鱼鳖之肉于民，使食以充饥也。"但孙星衍《疏》又引《史记·夏本纪》认为"两说此经，俱有稻字。马、郑用孔壁古文说，无之。疑史公据今文说也。或古文称'鲜少之食'即谓稻与？未决川距海之前，地卑湿，故种稻。稻，北方所少，谓之鲜食"。则"鲜食"为种稻而食。皮锡瑞《考证》则兼及种稻及生食鱼鳖等二义，引陈乔枞[①]语："此时益佐禹治水，烈山泽而焚之。草莱既辟，卑湿之地可以种艺，至随刊所得鸟兽，又可以助资民食，故《史记》云：'与益予众庶稻鲜食。'此鲜食谓鸟兽也。"

[①] 陈乔枞（1809—1869），字朴园，福建侯官（今福州）人，清代著名儒学家。晚年著有《尚书说》。

"予决九州，距四海。"
九州之名川也。

【译文】

"我疏通九州河道，达到了大海之边。"
天下九州的著名河川。

【笺释】

东坡这里将"九州"定义为"九州之名川"与皮锡瑞《考证》不同。皮氏以"九川"为"弱、黑、河、瀁、江、沇、淮、渭、洛，九水，非谓九州之川。说见《禹贡》"。而孙星衍《注疏》说法大致与东坡同："决者，《说文》云：'行水也。'九川者，《五帝本纪》云：'通九泽，决九河。'《夏本纪》及《沟洫志》云：'通九道，陂九泽。'既有九泽，又有九河，知此九川，谓九州之川也。通九道亦谓通九州水道。"

按，既然都以九对应九州，则"九川"也应为九州之内各具代表性的河流大川。蔡沈《集传》、周秉钧《易解》亦用此说。曾运乾引王肃语亦谓"九州之川也"。

"浚畎浍距川。"

畎、遂、沟、洫、浍，皆通水之道，达于川者也。

【译文】

"疏通畎、浍，使水流入大河里。"

畎、遂、沟、洫、浍，都是通水的沟渠，使水能达到大河里。

"暨稷播奏庶艰食鲜食。懋迁有无，化居。烝民乃粒，万邦作乂。"

播，种也。奏，进也。鲜食，肉食也。禹之在山林也，与益同之。益，朕虞也。其鲜食鸟兽也，其在川泽也，与弃同之。弃，后稷也，其鲜食鱼鳖也。艰食者，草木根实之类，凡施力艰难而得者也。艰食，鲜食，民粗无饥矣，乃勉之，迁易其有无，以变化其所居积，而农事作矣。

【译文】

"与稷一起率民播种，进献谷物之食，生食鸟兽之肉。民众互通有无，交易他们的积蓄。大众因此获得食物，各诸侯之邦于是兴旺发达起来。"

播，即播种之意。奏，进献的意思。鲜食，以鸟兽之肉为食。这是大禹还身在山林之间，与益同在一起之时。益曾是管理山林川泽的官。他们以鸟兽之肉为食，表明他们生活在山林川泽之间，与弃在一起。弃即后稷，他以鱼鳖之肉为食。艰食的意思，是草木根实之类需要努力耕作才能获得的食物。鲜食、艰食，民众因此而基本上免除饥饿的威胁了。于是勉励大家，互通有无，交易他们的积蓄，各种农事活动便兴旺发达起来了。

【笺释】

孙星衍《注疏》引："史迁说为'与稷予众庶难得之食'。马融'艰'作'根'，曰'根生之实谓百谷'。郑康成曰'禹复与稷教民种泽物、菜蔬、艰厄之食'。"以上释"艰食"。皮锡瑞《考证》释"化居"："化，古货字。谓迁徙其居积之货也。伏生《大传》作'贸迁'。"又加案语认为"史公说'鲜食'为食少"。解鲜为少，故后有"互通有无"之义。

皋陶曰："俞，师汝昌言。"

禹所谓"孜孜"者，其言至约而近也，故皋陶吁而问之。禹乃极言孜孜之功效。其所建立成就，巍巍如此，故皋陶曰"俞，师汝昌言"。夫以一言而济天下，利万世，可不师乎！

【译文】

皋陶说："啊，效法你的吉言。"

大禹在他的谈话中所谓"孜孜"一言，十分简洁而切近实际，所以皋陶感叹而发问。但大禹十分简练地谈及"孜孜"的功效。他所建立的功业，成就如此巍然宏大，所以皋陶说"啊，效法你的吉言"。能用一句话而安定天下，带来万世的利益，能不效法他吗！

【笺释】

东坡的解释，似以"师"为效法，蔡沈《集传》亦用此意："孜孜之义，述其治水本末先后之详，而警戒之意，实存于其间。盖欲君臣上下相与勉力不息，以保其治于无穷而已。师，法也。皋陶以其言为可师法也。"孙星衍《注疏》亦引高诱注《淮南子·修务训》作"师，所以取法则"。然皮锡瑞《考证》以《今文尚书》师写作"斯"，并引《史记》此段引文为"皋陶曰：'然，此而美也'"。又引江声[①]语："《史记》辄以训诂代经文，然则'师'当为'斯'声之误与？"斯作为发语词。

[①]江声（1721—1799），清末经学家，著有《尚书集注音疏》等，师从惠栋、阎若璩，疑《古文尚书》为伪，故集汉儒之说，参与己见，另立新说。

禹曰："都，帝，慎乃在位。"帝曰："俞。"禹曰："安汝止。惟几惟康，其弼直。惟动丕应徯志，以昭受上帝，天其申命用休。"帝曰："吁，臣哉，邻哉；邻哉，臣哉。"禹曰："俞！"

止，居也。安汝居者，自处于至静也。防患于微曰"几"。几则思虑周。无心于物曰康。康则视听审。思虑周而视听审，则辅汝者莫不尽其直也。反而求之，无意于防患，则思虑浅；有心于求物，则视听乱。思虑浅而视听乱，则辅汝者皆谄而已。士之志于用者众矣，待汝而作，故曰"徯志"。汝既能安居几康，而观利害之实，是惟无动，动则凡徯志者皆应矣。夫岂独人应之，天必与之。邻，近臣也。帝以其言切而道大，故叹曰，"我独成此，非臣谁与共之？助我者，四邻之臣，而助四邻者，凡在朝之臣也"。故曰"臣哉邻哉，邻哉臣哉"。

【译文】

大禹说："好啊，帝舜，你在位谨慎。"帝舜说："是啊。"大禹说："安静地坐稳你所居的帝位。思考那细微隐患，于此可以心安明察。因而辅佐你的都是正直有德的臣子。这样执政起来天下响应，有志之士都期待着能以志向抱负效法于上天。上天亦申命其福泽，无有休止。"帝舜说："啊，臣子啊，辅助我的邻居啊！邻居啊，辅佐我的臣子啊！"大禹说："是啊！"

止，居于帝位的意思。"安汝居"的意思，是自觉地处于最安静的境界。防祸患于最细微的阶段叫作"几"。能做到"几"，就会思虑周详。没有追求物欲的私心杂念叫作"康"。能做到"康"，就会视听详明细致。思虑周详，视听明察，则辅佐你的无不是尽其德才职守的人。反过来看，如果无意于防止祸患，则思虑浅薄；如果有心于追求物欲，则视听混乱。思虑浅薄，视听混乱，则辅佐你的都是些谄谀的人罢了。士人们有志于为国效用的，大有人在啊，都在等着你的作为，因此称为"徯志"。你既能安居帝位观察细微，无私无欲地洞察到现实的利害，那就是做到了镇静不动。而一旦动起来,那些期待着为国效用的士人们便都纷纷响应起来了。岂止是人们响应,上天也必降福泽于人间。邻,意即近臣。帝舜因为大禹的话切近现实,体现治国的大道,所以感叹说:"我只想成此大业,若不是众臣子,谁能与我一起干呢?辅助我的就是四邻的大臣啊,而帮助四邻的也就是在朝的大臣啊!"所以帝舜说:"臣哉邻哉,邻哉臣哉!"

【笺释】

"四邻之臣":按《尚书大传》,天子身边有"前仪、后丞、左辅、右弼"四位大臣。

对这段经文的诠解,蔡沈《集传》有较随意的解释:"慎乃在位者,谨其在天子之位也。天位惟艰,一念不谨或贻四海之忧,一日不谨以致千百年之患。帝深然之。而禹又深推其所以谨在位之意,如下文所云也。止者,心之所止也。人心之灵,事事物物,莫不各有至善之所,而不可迁者。人惟私欲之念,动推其中,始有昧于理而不得其所止者。安之云者,顺适乎道心之正,而不陷于人欲之危。动静云为,各得其当而无有止而不得其止者。惟几,所以审其事之发,惟康,所以审其事之安。即下文庶事康哉之义。至于左右辅弼之臣,又皆尽其绳愆、纠谬之职。内外交修,无有不至。若是,则是惟无作,作则天下无不丕应,固有先意而徯我者,以是昭受于天,天岂不重命而用休美乎。"以程朱学派天命观阐述帝王制欲之要去逐一诠解慎、止、安、动、静等主要概念,与东坡之言各有同异。

帝曰:"臣作朕股肱耳目,予欲左右有民,汝翼。"

左右,助也。助我所有之民也,辅翼之也。

【译文】

帝舜说:"为臣子的是朕的手足耳目,我希望帮助安抚百姓,你们也来辅助我啊。"

左右，帮助的意思。帮助我所有的人民，辅助他们。

"予欲宣力四方，汝为。"

朝诸侯，服四夷。凡富国强兵之事也。

【译文】

"我希望向四方宣示我们的力量，你们要助我有所作为。"

使诸侯来朝拜，让四方的蛮夷部落服从。这都是富国强兵之事业。

"予欲观古人之象，日、月、星辰、山、龙、华虫，作会宗彝。藻、火、粉、米、黼、黻。絺绣以五采，彰施于五色，作服。汝明。"

日，日也。月，月也。星，五纬之星也；辰，心、伐、北辰，三辰也。山，山也。龙，龙也。华虫，雉也。日也，月也，星辰也，山也，龙也，华虫也，此六章者，画之于宗庙之彝樽，故曰"作会宗彝"也。藻，水草也。火，火也。粉，粉也。米，米也。黼，斧也。黻，两已也。藻也，火也，粉也，米也，黼也，黻也，此六章者，绣之于絺以为裳。絺，葛之精者也。故曰"絺绣以五采，彰施于五色作服者"，通言十二章也。上六章绘而为衣，下六章绣而为裳，故曰"作服"也。自孔安国、郑玄、王肃之流各传十二章，纷然不齐。予独为此解，与诸儒异者，以《虞书》之文为正也。

【译文】

"我希望看到上古时期垂裳而治的气象，将日、月、星辰、山、龙、华虫，绘制在宗庙的彝器上。将藻、火、粉、米、黼、黻，刺绣在五采纷呈的葛布上，显示出鲜明的五种颜色，作为服装。你们要为我标示明白。"

日，就是太阳。月，就是月亮。星，指"五纬"所说的星辰，即辰星、心星、伐星，北极星中的三个星宿。山，指山岭；龙，指龙的图腾；

华虫，指雉（亦称凤凰）。以上六种形象，刻画在宗庙祭祀的彝樽器物上，因此称为"作会宗彝"。藻，水草之类。火，火焰的形象。粉，白色的敷彩。米，谷米的形象。黼，斧子的形象。黻，织成"亚"（两己）字形的花纹。藻、火、粉、米、黼、黻，这六种图象织绣于絺上，制成裳。絺，最精细的葛布。所以说"絺绣于五采，彰施于五色"。"作服"的意思，是统称十二种服饰式样。上六样绘制成衣，下六样刺绣成裳，因此称"作服"。自从孔安国、郑玄、王肃之流各传"十二章"的说法以来，意见纷纷不一。我独作如此解释，与诸位儒家学者见解有别，但以《虞书》的说法为准。

【笺释】

按此段经文，孙星衍《注疏》、皮锡瑞《考证》等均作了繁复的考释，确是见解纷然，难于考定。孙星衍也自认为"周以前冕服之制不可考"，皮锡瑞亦称"自汉明帝永平二年采《尚书·皋陶》篇，乘舆服从欧阳氏说，备文日月星辰十二章，而古意晦矣"。又自为之说云："凤凰，羽虫之长，故惟天子得服之。虞土德，尚黄，土数五，故天子服五色，尚黄，故华虫居首。周木德，色青，尚山龙。虞土德色黄，尚华虫。不得以周制说虞也。"将华虫解作凤凰。甚至有以周礼代唐、虞之礼，以汉礼仪充古礼制之嫌。说法不一。东坡于此处独呈己见，且自以《虞书》为正，表明其对于后世儒家特别以服色装饰标示等级尊卑的观念不以为然。尧舜禹的上古时期，所谓"垂裳而治"着重显示君臣一体共谋治世之易，而不是明示尊卑以致隔绝。东坡《艾子杂说》有一则寓言，说帝尧愿将王位让给许由。许由看了他的"皇宫"，"茅茨不剪，采椽不斫"，比旅途的驿舍还简陋；"食粗粝，羹藜藿"，吃食比牢狱的饭菜还差。许由看罢，扭头而去。可见，在东坡的眼里，上古帝王之治以修德为先，并不以外表的尊严服众。顾颉刚、刘起釪《译论》也说："经师们详谈了这些衣服上图案使用时的详分等级，其具体划分是否如此，不足深考。"又说："《皋陶谟》中所载是先秦儒者根据当时实际材料加以整齐厘订的。"也就是说，描述的仅是春秋战国时期的实际，非上古时代的事物。

"予欲闻六律、五声、八音，在治忽，以出纳五言。汝听。"

在，察也。忽，不治也。声音与政通，故可以察治否也。五言者，诗也。以讽咏之言寄之于五声，盖以声言也，故谓之五言。

【译文】

"我想听六律、五声、八音，从中观察国家治乱与否，考察五言诗歌，从中采纳四方民众的意见。你们要为我审听清楚。"

在，观察的意思。忽，表示政局治理不好。一个国家的音乐之声往往与国家的政治相通，因此可以由音乐察看它的治乱。五言，意指诗歌。诗歌以歌颂讽刺的语言寄托于五声，由五声的音韵来表达他的语言，因此称作"五言"。

【笺释】

按此段经文，难解之处在于字词的识别。孙星衍《注疏》云："史迁'在治忽'作'来始滑'。一作'采政忽'。一作'七始咏'。"皮锡瑞《考证》引《史记》索隐："古文《尚书》'在治忽'，今文作'采政忽'，先儒各随字解之。今此云'来始滑'，于义无所通。盖'来''采'字相近，'滑''忽'声相乱，'始'又与'治'相似，因误为'来始滑'。"又引魏源①说："盖《今文》原作'七始咏'，《史记》作'秦始忽'。其作'来'、作'采'者，皆'秦'之形讹。"顾颉刚、刘起釪《译论》认为"在治忽"显然不通。引吴澄语："七始，《国语》谓之七均……正声五，变声二，每律用七声为均。相和而均调，故曰七均。七声迭用以始终一调，故曰七始。"此说虽有据，然仍以东坡所解为明哲。

①魏源（1794—1857），名远达，号良图，湖南邵阳人。我国近代思想家。学识渊博，著作甚丰。经学方面有《书古微》《诗古微》等。

益稷第五

"予违，汝弼。汝无面从，退有后言。钦四邻。"

帝感禹言，有臣邻之叹。故条四事以责其臣，而又戒之曰："钦四邻。"

【译文】

"我如有过失，你要直言劝谏。你不可当面奉承阿谀，背后又说不同的意见。要敬重四大辅佐之臣。"

帝舜有感于大禹的言论，感叹于左右四大辅臣的职守。于是特别列举四个问题，以此责成他的臣子们，并告诫臣子们："要敬重辅佐四大臣。"

【笺释】

东坡所谓"条四事"当指：君有过失，臣要直言，不可阳奉阴违，要敬重辅臣四个问题。所谓"四邻"，孙星衍引《尚书大传》："古者，天子必有四邻。前曰疑，后曰丞，左曰辅，右曰弼。"又"天子中立而听朝，则四圣维之。是以虑无失计，举无过事，故《书》曰钦四邻。此之谓也。"四圣，指四辅大臣。

"庶顽谗说，若不在时，侯以明之，挞以记之。书用识哉，欲并生哉。工以纳言，时而飏之。格则承之，庸之。否则威之。"

《论语》曰："有耻且格。"[①]格，改过也。《春秋传》曰："奉承齐牺。"[②]古者谓奉牲币而荐之曰"承"。承，荐也。众顽谗说之人，不率是教者，舜皆有以待之。夫化恶莫若进善，故择其可进者，以射侯之礼举之。其不率教之甚者，则挞之。其小者则书其罪以记之，欲其并居而知耻也。此士之有罪而未可终弃者，故使乐工采其讴谣讽谏之言而飏之，以观其心。其改过者，则荐之，且用之。其不悛者，则威之，夏楚之，寄之之类是也。

①语见《论语·为政》:"道之以德,齐之以礼,有耻且格。"(北京市中国书店1985年版《四书五经》第三种《论语章句集注》第5页)

②语见《左传·昭公十三年》:"晋礼主盟,惧有不治,奉承齐牺,而布诸君,求终事也。"(岳麓书社1988年版《左传》第313页)

【译文】

"众人有顽劣媚上谗说的,若不明察是非,就要由地方诸侯来考察鉴别他,用鞭挞来惩罚他,使他记住教训。将他的过失记录在书上,希望他能生活下去,改过自新。官方可以采纳他的言论,说对的可以宣扬。能改过自新的,可以荐举他,任用他。如果还不能改过自新,则可以威严地加以处罚。"

《论语》说:"有耻且格。"格,改过的意思。《春秋传》说:"奉承齐牺。"古代将祭祀用的纯色的牺牲和钱币奉献上祭台,叫作"承"。承,荐举的意思。众多顽劣谗说的人,如不接受教育的,帝舜都有办法对待他们。而化解恶的办法最好是劝善,因此,选择这其中能接受劝善的人,用"射侯"的礼仪来推荐他们。而那些不接受教育的人,最顽固的则要鞭挞他。一般的要将他的罪过书写下来,记录在案,希望他们能生活在一起,进而知耻改过。就是士子之中虽有罪之人也不忍抛弃他,所以让乐工采集他们的歌谣和讽谏之言词加以宣扬,并因此观察他们的心志。能改过自新的,就荐举他们,任用他们。顽固不化的,则加以威严的惩罚,即用楦与荆条鞭挞他们,将他们的劣迹记录下来等等。

【笺释】

"侯以明之"一句,东坡释"侯"为"射侯"(古代一种借以识别、推举人才的礼仪)。蔡沈《集传》用此说,并作解释如下:"侯,射侯也。明者,欲明其果顽愚谗说与否也。盖射可以观德。顽愚谗说之人,其心不正,则形乎四体,布乎动静,其容体必不能止于礼,其节奏必不能比于乐。其中必不能多。审如是,则其为顽愚谗说也必矣。"这一段"心性"说,显然与东坡的劝善荐举不同路。顾颉刚、刘起釪《译论》赞扬东坡的诠解:"苏轼《书传》说比蔡为近理。"并说:"苏远在蔡前,而蔡不从其语,可见理学家之谬。"

禹曰:"俞哉!"

《春秋传》太子欲杀浑良夫,①"公曰:诺哉。"诺哉云者,口诺而心不然也。禹之所以然者,曰"俞"而已。"俞哉"云者,亦有味其言矣。舜举四事以责其臣,立射侯、书、挞等法以待庶顽皆治理也。而禹独有味于斯言也者,盖其心有所不可于此,以为身修而天下自服也。

①《左传·哀公十六年》:"太子请杀良夫。公曰'其盟免三死'。曰'请三之后,有罪杀之'。公曰诺哉!"(岳麓书社1988年版《左传》第416页)

【译文】

禹说:"好啊!"

《春秋传》说道,太子要杀浑良夫,"鲁哀公说,好啊。"说"好啊"这话,口上说好,心里却不以为然。大禹之所以表示肯定,只说"好"而已。"好啊"这句话,其中是很有意思的。帝舜列举四件事以责成他的臣子们,以立射侯、书罪过、鞭挞等办法去教育众顽愚之辈,都是有关治理的方法。但大禹却抱有自己的看法,就因为他心中对帝舜的话并不以为然。他认为,只要天子自身的修养做好了,天下自然都会服从。

【笺释】

东坡对大禹的这段心理分析,可谓别出心裁,独此一家,亦如苏辙所说"多先儒之所未达"者。蔡沈《集传》亦提到东坡的这段论述,并略加引释。蔡沈为南宋学者,以朱熹为师,可以说学术上并不与东坡同科,能特别关注到东坡的学术,可见这本《东坡书传》确有其独特的学术视角。

> "帝光天之下，至于海隅苍生，万邦黎献。"

众贤也。

【译文】

"帝舜的德治通于天下，一直到大海之滨。天下各地方的百姓共推帝舜为大贤。"

大众以帝舜为圣贤。

【笺释】

东坡释献为"贤"。蔡沈《集传》亦称："献，贤也。黎献者，黎民之贤者也。"孙星衍引《释言》称献为圣。

> "共惟帝臣，惟帝时举。敷纳以言，明试以功，车服以庸。谁敢不让，敢不敬应？帝不时，敷同日奏罔功。无若丹朱[①]傲，惟慢游是好。傲虐是作，罔昼夜頟頟。"

[①] 丹朱，相传为帝尧之子。《史记·五帝本纪》集解："郑玄云'帝尧胤嗣之子，名曰丹朱，开明也'。《帝王纪》云'尧娶散宜氏女，曰女皇，生丹朱'。"（中华书局1959年版《史记》第一册第20页）

顽狠之状。

【译文】

"众人都希望能成为帝舜的臣民，获得帝舜的推举。普遍采纳臣民的言论，公开测试他们的功用，有才能的给予车子、服饰的待遇。这样，谁敢不谦让、敢不恭敬应命？但若帝不善处理，混同善恶，则虽日日奏进人才，也不会取得成功。就像丹朱那样，傲慢无礼，以浪游为嗜好。傲慢暴虐频繁，不分昼夜浑浑噩噩。"

描写丹朱顽固刚狠的样子。

【笺释】

蔡沈《集传》："《汉志》尧处子朱于丹渊,为诸侯。丹朱之国名也。頟頟,不休息之状。"頟,与额同。

按,自"俞哉"以下为大禹之言,为劝谏帝舜的话。但"无若丹朱傲"以下至"予创若时",曾运乾《正读》等,却标为帝舜之言,并指"晚出孔《传》无'帝曰'二字,《史记》有"。认为这段话是帝舜告戒禹。晚出孔《传》即东坡所据自孔颖达《正义》本的梅氏伪《古文尚书》。刘起釪亦引《史记》等资料,亦赞同此说。

"罔水行舟,朋淫于家,用殄厥世。予创若时,娶于涂山。辛、壬、癸、甲,"

创,惩也。惩丹朱之恶。辛日娶于涂山,甲日复往治水。

【译文】

"洪水已退,还要强行荡舟游乐,聚众淫乱于家室,不肖子难当治国重任,使帝王家世至此殄灭。我有鉴于丹朱的恶行,顺时娶妻于涂山。辛壬癸甲四天,"

创,鉴戒,接受教训之意。有鉴于丹朱的恶行。辛日娶妻于涂山,甲日即离家再去治水。

【笺释】

此段经文,各家颇有考辩。如"予创若时"句,皮锡瑞引《史记》作"用绝其世,予不能顺是",认为此段经文应为帝舜与大禹的对话,自"予创若时"以上为帝舜所言,意在训戒大禹要从丹朱顽劣的事迹中吸取教训;而"予创若时"以下为大禹所言,意为接受帝舜所言。孙星衍《注疏》同此说,但同时又云:"一作禹言。"未成定见。蔡沈则认为整段均为大禹所言,并说:"圣莫圣于舜,而禹之戒舜,至曰'无若丹朱好慢游,作傲虐',且舜之不为慢游、傲虐,虽愚者亦当知之,岂以禹为不知乎?盖处崇高之位,所以儆戒者当如是也。"认为是大禹在谏劝帝舜。东坡显然用此意,与曾运乾等所解不同。

"启呱呱而泣,予弗子。惟荒度土功。"

启,禹子也。禹治水,过门不入。闻启泣而不暇子也,惟大度土工而已。

【译文】

"儿子启哇哇啼哭,我也未能看望他。忙着谋划治水的工程。"

启,大禹的儿子。禹治水,三过家门而不入。听到启的哭声而没时间进去看望他,只想着谋划大规模治水的工程而已。

【笺释】

孙星衍引各家注,将"荒"作"奄"解(郑玄注);又作"大"解(《诗传》);又作"忙"解(《汉书·高帝纪》苏林注)。此处取忙解。

"弼成五服,至于五千。"

五服,侯、甸、绥、要、荒也。服五百里,四方相距为方五千里。

【译文】

"辅助完成五服之内的疆域划定,至于五千里之遥。"

五服,即侯服,甸服,绥服,要服,荒服,每服为五百里,四方相距为方圆五千里。

【笺释】

弼字,同样从《释诂》索解,孙星衍《注疏》作"辅",周秉钧《易解》作"重"并云:"此言重新划定五种服役地带。"蔡沈却认为"划定疆界"这种事"乃人君之事，非人臣之所当专也，故曰辅成也"。取"弼"的辅助之义。

孙星衍《注疏》："弼者，《释诂》云'辅也'。服者，《释诂》云'采、服，事也'。反复相训，即采地之名。郑注《职方氏》：'五服者，《禹贡》甸服、侯服、绥服、要服、荒服。至于五千者，甸服在千里之内，侯服在二千里之内，绥服在三千里之内，要服在四千里之内，荒服在五千里之内'。"

"州十有二师。"

师二千五百人，一州用三万人，九州二十七万人。

【译文】

"一州有十二个师。"

一师有二千五百人，一州编用三万人，九州共二十七万人。

【笺释】

东坡云"州用三万人"，应指治水所用人夫。周秉钧《易解》亦称："晚出《孔传》曰：'一州用三万人功，九州二十七万庸。'"孙星衍引《尚书大传》："古之处师，八家而为邻；三邻而为朋；三朋而为里；五里而为邑；十邑而为都；十都而为师。州十有二师焉。"又引郑康成语："二千五百人为师。"

"外薄四海，咸建五长。"

五国立贤者一人，为方伯，谓之五长。

【译文】

"一直逼近四海之滨，都选立五长加以统领。"

五国选立贤者一人为长，称为方伯，谓之五长。

【笺释】

上古时期，人群聚居处称国。《说文》："邑，国也。"孙星衍引郑康成语："《春秋传》：'禹朝群臣于会稽，执玉帛者万国。'[1]言执玉帛者，则九州之内诸侯也。其制特置牧，以诸侯贤者为之师，盖百国一师。"

[1] 语见《左传·哀公七年》："禹合诸侯于涂山，执玉帛者万国。"（岳麓书社1988年版《左传》第398页）

"各迪有功，苗顽弗即工。帝其念哉！"

禹见帝忧谗邪之甚，故推广其意曰："帝之德光被天下，至于滨海草木，而况此众贤乎。考其言，明其功，谁敢不从？帝不能如是布宣其德，以同天下，使苗民逆命，日进而终无功者，岂其修己有未至也哉？"故戒之曰："无若丹朱傲。"而历数其恶曰："我惟以丹朱为戒，故能平治水土，弼成五服。今天下定矣，而苗犹不即工者，帝不可以不求诸己也。"故曰："帝其念哉。"此禹得之于益，班师而归，谏舜之词也。而说者乃谓禹劝舜当念三苗之罪而诛之。夫所谓"念哉"者，岂诛有罪之言乎？

【译文】

"各诸侯国都有治水之功，只有苗顽部落不作为，无功。帝你要多想想啊！"

大禹见帝舜十分担忧谗言邪说之人的危害，因此按他的思路充分表达意见说："帝的恩德像日月的光辉朗照天下，能被覆海滨草木，何况你身边有众多贤臣啊。考察他们的言行，明示他们的功劳，谁敢不服从？然而，如果帝不能将上述的恩德像被覆天下一样，推广到苗民的身上，使他们违逆造反，日过一日，始终没有改变的迹象，这恐怕就得想想你自身的德政修养还未达到应有高度吧？"因此他告戒帝舜："不要像丹朱那样傲慢浪游。"并历数丹朱的罪恶说："我唯有以丹朱的恶行为戒，才能将洪水平息，辅助成五服的疆域。现在，天下已经平定，而苗民还是不愿效力，这就是帝你不得不思考自身的问题了。"因此，他才说出"帝其念哉"的话。这是大禹因益而获得帮助，班师回朝之后，向帝舜劝勉的话。但有的学者却认为这是大禹规劝帝舜记住苗人的罪过，一定要讨伐诛灭他们。然而，所谓"念哉"这样的话语，怎么会是讨伐有罪者的语气呢！

【笺释】

"各迪有功"的"迪"，按《释诂》文，一训作"进，疏曰：'迪，以道而进。'"一训作"作"。东坡取"作"意，言苗顽于治水之功，无所作为。皮锡瑞、周秉钧均训作"道"。皮锡瑞引《尚书大传》"古者诸侯之于天子也，三年一贡士"为例，认为"苗顽不即功"，训"功"为贡，意即不向天子进贡，所以禹向帝舜进言要惩罚诛讨他们。周秉钧《易解》则以"三苗不接受工役"，所以禹劝帝舜"不宜顺之"（意谓不宜听之任之）。这两种见解，即东坡"而说者乃谓禹劝舜当念三苗之罪而诛之"的不同观点。说明这一观点古已有之，皮氏、周氏只是转述前人的观点。曾运乾《正读》亦祖此意，谓："苗顽凶恶尤甚，当思有以惩治之也。"

按，此段诠解再次表明东坡一贯主张"以德服人"，反对动辄兴讨伐大肆杀戮的行为，与其余注家观点相左。

帝曰："迪朕德，时乃功，惟叙。"皋陶方祗厥叙，方施象刑，惟明。夔曰："戛击鸣球，搏拊琴瑟以咏。祖考来格，虞宾在位，群后德让。"

此堂上乐也。戛击，柷敔也。鸣球，玉磬也。搏拊，以韦为之，实之以糠，所以节乐。虞宾，丹朱也，二王后，故称宾。

【译文】

帝舜说："能够使朕的德政大行，是你的功劳，顺次达成。"皋陶于是充分称赞禹的功德，普遍实施"象刑"，处罚分明。夔说："把玉磬敲起来，把皮鼓也打起来，把琴瑟弹奏起来！咏唱颂诗！祖宗的神灵到来了！丹朱作为贵宾也在位，诸侯们都以礼相推让。"

　　这是祭祀时大堂上所奏之乐。戛击，就是敲击柷敔的乐器来节制奏乐。鸣球，即玉磬。搏拊，指敲打用牛皮制成的鼓，里面填充米糠之类，用以控制音乐的节奏。虞宾，指丹朱，他是尧、舜二王所封的诸侯，所以称为宾客。

【笺释】

　　"方施象刑"一句，周秉钧认为："象刑者，刻刑杀之象于器物，使民知所戒。若郑铸刑鼎，晋铸刑书之类。"这显然将唐、虞时代的象刑混同于商、周及春秋、战国时代的肉刑。唐尧虞舜的时代没有肉刑，所谓"象刑"是将不同的衣冠服饰加以彩绘以别所犯过失的轻重，使民知耻辱而改正的一种所谓"象征性"的刑罚。上面已多次提到。皮锡瑞《考证》引《扬子·先知篇》："唐虞象刑，惟明。夏后肉刑三千。"亦将肉刑与象刑区分开来。"虞宾在位"一句，孙星衍《注疏》引《尚书大传》："舜为宾客，而禹为主人。"皮锡瑞、周秉钧亦用此义。

　　按此段经文，显系舜作为君主与大禹对话的场面，尚未禅让与禹之时，所以"舜为宾客"之说不可信。东坡不取此义。蔡沈《集传》与东坡同，亦指宾客为丹朱。[①]然而，据顾颉刚、刘起釪《译论》所谓"二王后"之说，"完全是汉代儒生编造的'三统说'中的花样"，不足为据。

　　[①]据《史记·五帝本纪》："尧子丹朱、舜子商均，皆有疆土，以奉先祀。服其服，礼乐如之。以客见天子，天子弗臣，示不敢专也。"

下管鼗鼓，合止柷敔，笙镛以间，鸟兽跄跄，箫韶九成，凤凰来仪。

　　此堂下乐也。镛，大钟也。夔作乐而鸟兽舞，凤凰仪，信乎？曰：何独夔也，乐工所以不能致气召物如古者，以不得中声故尔。乐不得中声者，器不当律也。器不当律，则与摘植鼓盆无异。何名为乐乎？使器能当律，则致气召物，虽常人能之。盖见于古今之传多矣，而况于夔乎。夫能当一律则众律皆得；众律皆得，则乐之变动犹鬼神也。是以降天神，格人鬼，来鸟兽，皆无足疑者。不如此，何以使孔子忘味三月乎？丹朱之恶，几于桀、纣，"罔水行舟，朋淫于家"，非纣而何？今乃与群后济济相让，此其难化，盖甚于鸟兽也。

【译文】

　　大堂之下，箫管鼗鼓等器乐在柷敔的节制下，合乐，或止或作，笙与钟间或插奏，如鸟兽之声不断。《箫韶》的乐章九次奏成，连凤凰都起舞于堂下。

　　这是大堂之下的音乐。镛，大钟。夔奏乐章而鸟兽起舞，凤凰飞来。这能相信吗？回答：岂止是夔，一般的乐工之所以不能致气，像古人一样，召来生物，那是因为他不能切中声律的原因。音乐不能切中声律，那是因为乐器不能奏准声律。乐器不能奏准声律，那就与捶打树木，敲击木盆一样，没有区别，怎能称之为音乐呢？如果能做到器乐的音律与声律一样相当，那么即使是平常人也能致气召物。这种现象，见之于古今的传说已经很多了，何况像夔这样的乐师。如果器乐能奏准一样声律，则众多的声律也能奏准；众多器乐都能奏准同一声律，那么音乐的变化就像鬼神一样，所以能够做到降天神，感人鬼，来鸟兽，都是无可怀疑的。如果不是这样，为什么能够使得孔子"忘记肉味三个月"呢？丹朱的作恶差不多就像桀、纣一样，"没有水也要行船，在家里聚众淫乱"，这不是纣一样的恶行吗？现在也要求他彬彬有礼，与各诸侯互相礼让，看来，他的接受教化，比那些鸟兽还难呢。

【笺释】

　　这段经文据东坡的解释，再次强调"虞宾"指的是丹朱而不是舜。而"夔曰"以下的经文，孙星衍、皮锡瑞引《史记》，将"曰"改为"于是"，所以整段经文说的是"舜荐禹摄位之后，作乐于明堂也"，所以舜是宾客。但蔡沈反对此说，认为："此章夔言作乐之效。其文自为一段，不与上下文势相属。盖舜之在位五十余年，其与禹、皋陶、益相与答问者多矣，史官取其尤彰明者以诏后世。则其所言者自有先后。"认为夔的话说在舜未禅位之前。不能说舜为宾，禹为主。赞成东坡的观点。

夔曰："於，予击石拊石，百兽率舞，庶尹允谐。"

舜闻禹谏则曰："道我德者，皆汝功也。"今苗民逆命，皋陶方祗厥叙而行法焉，故夔又进而谏曰："鬼神犹可以乐格，鸟兽犹可以乐致也，而况于人乎。"此所谓"工执艺事以谏"者也。

【译文】

夔说："啊，我重击石磬，轻敲石磬，各种野兽都跟着起舞。众官长们都和乐安祥。"

帝舜听了大禹进谏的话也说："能使我德政大行的，都因为你的功劳啊。"现在苗部落的民众还是违逆抗命，皋陶正在敬颂禹功而大力推行法纪时，夔又向前谏言说："鬼神都可用音乐来感化他们，鸟兽也可以用音乐来招引他们，何况对于人呢。"这正是所谓"工匠执艺术上的事向君王劝谏"哩。

【笺释】

孙星衍《注疏》认为帝尧时期夔作为执掌音乐的官已经出现过的，并据《史记》无"夔曰"二字而推断："史公无'夔曰'者，以禹、伯夷、皋陶、相与语帝前时，本无夔。此文已经见于《尧典》，不应重出也。"这一说法正好证明上段经文关于"夔曰"一段，非夔与舜、禹的对话，而是帝尧时期的事。说明《尚书》文本在后人编辑时可能存在不少混编错简的问题。

据蔡沈《集传》：石，指磬；重击曰击，轻击曰拊。

帝庸作歌曰："敕天之命，惟时惟几。"乃歌曰："股肱

喜哉，元首起哉，百工熙哉！"皋陶拜手稽首，飏言曰："念哉，率作兴事，慎乃宪，钦哉！屡省乃成，钦哉！"乃赓载歌曰："元首明哉，股肱良哉，庶事康哉！"又歌曰："元首<u>丛脞</u>哉！"

丛脞，细碎也。

【译文】

帝舜于是作歌："奉上天之命，惟有留心于正事，留心于细微之事。"又作歌："肱股之臣欢喜就职啊，君王奋起事功啊，百官职事兴起啊！"皋陶拱手作揖、叩首跪拜，大声扬言道："请记在心啊！率领大家认真办事，慎守法令，好啊！要时刻反省才能成功！好啊！"接着又歌唱道："君王圣明啊！手足之臣优良啊！各项事业都健康成长啊！"皋陶又唱道："君王不要因琐碎小事忘了大局啊！"

丛脞，琐碎细小的意思。

【笺释】

"敕天之命"中的"敕"，孔颖达《正义》疏："'敕'是正齐之意，故为正也。言人君奉正天命，以临下民，惟在顺时，不妨农务也，惟在慎微，不忽细事也。"皮锡瑞《考证》引《史记》："陟天之命，维时维几。"又引陈乔枞语："伪孔传本改'陟'为'敕'字，盖本于此。不知太史公所谓君臣相敕者，敕犹戒也。"此说似较勉强。

"丛脞"二字，东坡解为"细碎"，只释字，不释意。孔颖达《正义》以"丛脞"为细碎无大略。郑康成以"丛脞，总聚小小之事以乱大政"，皆是以意言耳。君无大略，则不能任贤，功不见知，则臣皆懈惰，万事堕废，其功不成，故又歌以重戒也。

"股肱惰哉，万事堕哉！"帝拜曰："俞，往钦哉。"

帝至此纳禹之谏，乃作歌曰："天命不可常也，待祸福之至而虑之，则晚矣。当以时虑其微者。"盖始从禹之谏而取益之言,有畏满思谦之意也。皋陶飏言曰"念哉",申禹之谏也,曰"凡所兴作,慎用刑",广禹之意也。虽成功,犹内自省。终益之戒也。帝之歌曰:"股肱喜则元首起而百工熙。"皋陶反之曰,良康惰坏,皆元首之致也。呜呼,唐、虞之际,于斯为盛,而学者不论,惜哉!

【译文】

"股肱之臣怠惰懒政,万事就都会堕废的呀!"帝舜拜揖道:"好啊,往后都要记住这点。"

帝舜到此接受大禹的劝告,于是就作歌道:"天命给予人君的运气是不会长久的,等到祸福之变到了才加以考虑那就晚了。应当时时考虑到细微的变化。"这是帝舜开始从禹的进谏中获得的有益的启示,大有害怕自满而思谦慎的意思。皋陶宣扬说"念哉",那是申张禹的谏言,认为"凡有施政举动,都要慎用刑罚",这也是推广禹的意思。虽然取得成功也要深自内省。这是最终受益的劝戒。帝舜的歌说:"元首能奋起有为而百官职事就会兴起。"皋陶反过来说,良好健康的风气惰坏,都是元首造成的。啊!唐、虞时代,能达到这样鼎盛的程度,而学者们都未曾论及,可惜啊!

【笺释】

"股肱惰哉,万事堕哉"一句连接上文,为皋陶谏劝帝舜的话。

书传卷五

夏　书

禹贡第一

【笺释】

顾颉刚、刘起釪《译论》："《禹贡》是最早的一篇系统地全面地记载我国地理的专著。它托用"禹"的名字来名篇，塑造了他治理了洪水，奠定了我国疆土，并按自然地理把这块疆土划分为九州，然后按州记录了其山川、土壤、物产等项，从而根据当时农业生产发展水平给各州田地划分了等级，并根据各地总的经济繁荣程度来定各州贡赋的高低。每州之末有一句叙述该州输送贡赋到京都（冀州）的贡道以作结。"故称《禹贡》。据考证，此篇约成书于春秋时期。

禹别九州，随山浚川。任土作贡。
不贡所无及所难得。

【译文】

大禹将九州的边界划分开来，随着山势疏浚川流。任随九州土地特产作为贡赋。

不进贡本地没有或难得的土产。

【笺释】

东坡所传为晚出古文《尚书》。按今文《尚书》，无此数句。

蔡沈《集传》：上之所取谓之赋，下之所供谓之贡。

禹敷土，

敷、道、修、载、叙、乂，皆治也。

【译文】

大禹分布治理九州的土地。

敷、道、修、载、叙、乂，都含有治理的意思。

随山刊木，

山行多迷，刊木以表之，且以通道。《史记》云"山行表木"。

【译文】

随着山势，斩削树木。

在山里行走容易迷路，斩削树木作为标识，并通道路。《史记》作"山行表木"（在山里行走，刻削树木作为标记）。

奠高山大川。

奠，定也。高山，五岳；大川，四渎。定其名秩，祀礼所视。

【译文】

奠定高山大川的名称、祀典。

奠，奠定的意思。高山，指五岳：泰山、华山、衡山、嵩山、恒山；大川，指四渎：长江、黄河、淮河、济水。指定它们的名号和祭祀的次序，以祀礼的等级来定。

冀州

尧河水为患最甚，江次之，淮次之。河行冀、兖为多，而青、徐其下流，被害亦甚。尧都于冀，故禹行自冀始，次于兖，次于青，次于徐。四州治而河患衰矣。雍、豫虽近河，以下流既治，可以少缓也。故次乎扬，次乎荆，以治江、淮。江、淮治而水患平。次于豫，次于梁，次于雍，以治江、河上流之余患，而雍最高，故终焉。八州皆言自某及某为某州，而冀独否，盖以余州所至而知之。先赋后田，不言贡篚，皆与余州异。

【译文】

冀州

帝尧的年代，黄河水患最为严重，长江其次，淮河又其次。黄河流经冀州、兖州为多，而青州、徐州属其下流，受其害也很多。帝尧建都于冀州，因此大禹治水也从冀州开始。然后到兖州，又到青州，又到徐州。这四州的水患治好了，黄河的水患也就渐渐衰竭了。雍州、豫州虽然靠近黄河，但既然下游的水患治好了，这二州的治理可以放缓一下。因此到扬州，又到荆州，以治理长江、淮河。长江、淮河水患治理好了，水患也就平息了。又到豫州，又到梁州，又到雍州，以治理长江、黄河上游剩余的水患，而雍州地势最高，所以最后才治理。八州都称自某地到某地是某州，而冀州却不是这样。这是因为八个州的边界定好之后，剩余部分就是冀州了。冀州先定赋税然后进行生产，不称为"贡篚"，与别的州不同。

【笺释】

按夏禹时期的方位，冀州约在今山西及其以北地区。孙星衍《注疏》引《说文》："冀，北方州也。"又《淮南子·地形训》："正中冀州，曰中土。"注云："冀，大也，四方之主，故曰中土也。"蔡沈《集传》："冀州，帝都之地。三面距河：兖河之西，雍河之东，豫河之北，《周礼·职方》：'河内曰冀州。'是也。"曾运乾《正读》："《禹贡》冀州、青州当以辽河为界，以西为冀州，以东而南为青州地。冀州当东距辽，西南距河。晚出《孔传》谓冀州'三面距河'者，非其实也。"

既载壶口，治梁及岐。

壶口在河东屈县东南，梁山在左冯翊夏阳县西北。岐山在扶风美阳县西北。梁、岐二山在雍州。今于冀州言之者，岂当时河患上及梁、岐乎？禹通砥柱则壶口平。而梁、岐自治因河而言，非以二山为冀州之地也。

【译文】

既已开始治理壶口，接着治理梁山及岐山。

壶口在黄河东屈县东南，梁山在左冯翊夏阳县西北。岐山在扶风美阳县西北。梁、岐二山在雍州，现于冀州境内谈及梁、岐二山，是否因当时黄河的水患波及于梁、岐二山呢？大禹贯通砥柱之险，则壶口水患就平息了。而梁山、岐山的治理是因治理黄河而言，并非以二山为冀州所属的地界。

【笺释】

"既载壶口"，孙星衍、皮锡瑞本均断句为"冀州既载"，将壶口下移为"壶口治梁及岐"。如此断句的分歧在于对"既载"二字的解释。东坡以"载"为始。据司马迁《史记》"禹行自冀州始。冀州既载"句，颜师古说："载，始也。冀州，尧所都，故禹治水自冀州始也。"东坡用此义。而孔颖达《正义》疏谓："既载者，言先施贡赋役，载于书也。谓计人多少，赋功配役，载于书籍，然后征而用之，以治水也。"将"载"释作"载于书籍"。而孙星衍既引司马迁《史记》"自冀州始"后，却引马融语作："载，载于书也。"又引郑康成语："载之言事，事谓作徒役也。"与《正义》同。皮锡瑞虽引颜师古语解为"始"，但孙、皮二人对"壶口治梁及岐"一句均语焉不详，难以自圆其说。因壶口为地名，"治"为动词，壶口岂能"治梁及岐"？且从地理方位上看，壶口在冀州境内，而梁、岐二山却在雍州境内，也不应扯在一起而言"治"。这就是东坡对这一段经文作传的主旨。

且东坡就此提出疑问：既然梁、岐二山都不在冀州境内，何以将其与治理壶口水患并论，是否当时黄河的水患曾波及梁、岐二山呢？东坡这一问，据当今考古发现，似乎找到了肯定的答案。中外考古学家们发现公元前1900年左右，在今青海东部"积石峡"一带发生过地震及山体滑坡，造成了黄河上游的堰塞湖，并因此引发大洪水灾难。这一地质年代正是我国"大禹治水"的夏朝初建时期。而梁、岐二山正是古代"九州"中的雍州所在地。堰塞湖形成的大洪水波及梁、岐二山是完全可能的。东坡这一问又是其"多先儒之所未达"者之一。

既修太原，至于岳阳。

太原，晋阳也。岳，太岳也，亦号霍太山，在彘县东。

【译文】

既修治太原，又及于岳阳。

太原，即晋阳。岳，指太岳，也称为霍太山，在彘县东面。

【笺释】

太原，孙星衍《注疏》："今山西太原府太原县也。"即今山西太原。太岳，这里指今山西中部的霍太山。夏禹时代尊为镇山，意为"五镇"之中的中镇。唐代封有"霍山神"。孔颖达《正义》引《地理志》："河东彘县东有霍太山，此彘县周厉王所奔，顺帝改为永安县。《周礼·职方氏》冀州其山镇曰霍山，即此太岳是也。山南见日，故'山南曰阳'。"岳阳，即太岳之南。孙星衍《注疏》引郑康成语："岳阳县，太岳之南。"

覃怀底绩，至于衡漳。

覃怀，河内怀县，漳水横流入河。衡，横也。浊漳水出长子县，东至邺入清漳。清漳水出上党沾县大黾谷，东北至渤海阜城县入河。

【译文】

　　覃怀治水功成，再转而至衡漳。
　　覃怀，黄河内侧的怀县。漳水在这里横流入黄河。衡，即横流之意。浑浊的漳水流出长子县，东流入邺县，流入清漳。清漳之水流经上党沾县大黾谷，向东北至渤海阜城县进入黄河。

【笺释】

　　"底绩"二字，孙星衍《注疏》引司马迁语解为"致功"。皮锡瑞、周秉钧、蔡沈均用此义。蔡氏解为，覃怀地势平衍，故"方洪水怀山襄陵之际，而平地致功为难，故曰底绩"。
　　按，以下经文凡记述河流、水域、湖泽，由某至某或至于某的说法均为各地进贡时所经的水道。周秉钧《易解》称"贡道"。

厥土惟白壤。
无块曰壤。

【译文】

　　这里的土地都是白色的土壤。
　　没有结块的泥土叫作"壤"。

厥赋惟上上错。厥田惟中中。
　　赋[①]，田所出谷米、兵车之类。《禹贡》田赋皆九等。此为第一。杂出第二之赋，冀州畿内也。田中中而赋上上，理不应尔，必当时事有相补除者。岂以不贡而多赋耶？然不可以臆说也。

①赋，指由田地所产谷米多少折换为一定比例的货币加以征收，以作为武备（如造

兵车、武器之类）的费用。税，指由田地所产谷物的多少按一定比例征收以保证皇室及官员、兵卫的食用。班固《汉书·食货志》："禹平洪水，定九州。制土田各因所生，远近赋入贡棐。"（上海古籍出版社1986年版《二十五史》第一册《汉书》第112页）

【译文】

这里的税赋为上上错杂。田地为中等中。

征收田地所出，计为谷米、兵车之类的税赋。《禹贡》所定的田赋都是九等。这里为第一等。中间也夹杂着第二等赋税的，在冀州帝都范围之内。中等中的田地却要交上等上的赋税，道理上不应这样啊，想必当时因事有相互调济补足的办法。莫不是因为不需上贡，所以要多征点赋税呢？然而也不能凭臆想乱说。

【笺释】

孙星衍《注疏》：赋者，税也。错者，杂也。引郑康成语："此州（指帝都所在的冀州）入谷不贡。赋之差，一井。上上出九夫税，上中出八夫税，上下出七夫税，中上出六夫税，中中出五夫税，中下出四夫税，下上出三夫税，下中出二夫税，下下出一夫税。"蔡沈《集传》谓，赋，田所出谷米兵车之类。与东坡所解同。孔颖达《正义》："赋，谓土地所生，以供天子。"据顾颉刚、刘起釪《译论》引文有："九州田赋止是米谷，非必兵车。"认为东坡所云"计为谷米、兵车"的说法不准确。但又云："《禹贡》编定于春秋战国之世，用这样的解释，或者尚近作者原意。"

恒、卫既从，大陆既作。

恒水出常山上曲阳县，东入滱水。卫水出常山灵寿县，东入滹沱。大陆，在巨鹿县北，水已复故道，则大陆之地可耕作。

【译文】

恒水、卫水既已治好顺流，大陆地平，已可耕作。

恒水自常山上曲阳县流出，向东进入滱水。卫水自常山灵寿县流出，向东进入滹沱河。大陆平地在巨鹿县北，平地中水已经流入原来的河道，所以大陆的土地可以耕作。

【笺释】

恒水、卫水（古水名）、巨鹿，均在今河北境内。皮锡瑞《考证》引郑玄语："《地理志》：恒水出恒山，卫水在灵寿，大陆泽在巨鹿。"将"大陆"作为一湖泽名，但同时又引《吕氏春秋·有始览》《淮南子·墬形训》"晋之大陆，赵之巨鹿"高诱注，认为赵之巨鹿称"广阿泽"非"大陆泽"。孙星衍《注疏》亦认为有大陆泽与广阿泽之分，但"《禹贡》大陆亦当以晋之吴泽为是，在今河南修武县"。否定大陆泽在巨鹿。蔡沈却认为："按《尔雅》，高平曰陆。'大陆'云者，四无出阜，旷然平地。盖禹河自澶相以北，皆行西山之麓……及其已过信、洺之北，则山势断，旷然四平，盖以此地谓之大陆。"显然，东坡用此意，故不应以"大陆"为"大陆泽"。

岛夷皮服。

东北海夷也。水患除，故服皮服。

【译文】

海岛上的夷族人穿着皮制的衣服。

指东北方海岛上的夷族人。因为水患解除之后，夷族人能够穿上皮制的衣服，并以入贡。

【笺释】

蔡沈《集传》："海曲曰岛。海岛之夷以来贡也。"顾颉刚、刘起釪《译论》认为此句前有脱简"厥贡"二字。又引《夏本纪》作"鸟夷皮服"以"鸟夷"为东北方的少数民族。皮服指此地区所进贡的鸟兽毛皮。

夹右碣石，入于河。

碣石，海畔山。在北平骊城县西南。黄河自碣石山南渤海之北入海。夹，挟也。自海入河，逆流而西，右顾碣石，如在挟掖也。

【译文】

紧傍持着碣石山之右，由海道转入于黄河。

碣石，海近旁的石山。位于北平骊城县西南。黄河从碣石山的南面渤海的北面入海。夹，挟持的意思。从海进入黄河，逆流西转，向右看着碣石山，如像被夹持扶掖之中。

【笺释】

按孔颖达《正义》："夹右"者，"夹行此山之右"，则行碣石山西，南行入河，在碣石之右，故云"夹右"也。蔡沈《集传》："北方贡赋之来，自北海入河，南向西转，而碣石在其右，转屈之间，故曰夹石也。"周秉钧因此认为"此言岛夷之贡道也"。但释"夹"为"近"，"此谓接近"。"碣石"的说法，据顾颉刚、刘起釪《译论》所引资料，有九种之多。此不赘。

济、河惟[1]兖州。

[1] 惟，原作"为"，据孔颖达《正义》本及明凌刻本改。

河、济之间，相去不远。兖州之境，北距河，东南跨济，非止于济也。

【译文】

济水、黄河之间是兖州。

黄河、济水之间，相距不远。兖州的边境，北边靠近黄河，东南跨过济水，并非止于济水。

【笺释】

孙星衍《注疏》引《尔雅·释地》："济、河间曰沇州。"沇即兖。东坡实用此义。蔡沈《集传》："苏氏曰，'河济之间，相去不远，兖州之境，东南跨济，非止于济也'。愚谓河昔北流兖州之境，北尽碣石河右之地，后碣石之地沦入于海，河益徙而南，济、河之间始相去不远。苏氏之说，未必然也。"然而，东坡所说仅就上古时期的地貌而言，河流变迁，沧海桑田，不可就一时情景断论。有待识者论定。

九河既道。

河水自平原以北，分为九道。其名据《尔雅》则徒骇也，太史也，马颊也，覆釜也，胡苏也，简也，洁也，钩槃也，鬲津也。汉成帝时，河堤都尉许商上书曰："古记九河之名，有徒骇，胡苏，鬲津，今见在。成平、东光、鬲县，自鬲津以北至徒骇，其间相去二百余里。"①以许商之言考之，徒骇最北，鬲津最南。盖徒骇是河之本道，东出分为八枝。徒骇在成平，胡苏在东光，鬲津在鬲县，其余不可复知也。然《尔雅》九河之次，自北而南，既知三河之处，则其余六者，太史、马颊、覆釜，当在东光之北，成平之南。简、洁、钩槃，当在东光之南，鬲县之北也。其河堙塞，时有故道。《春秋纬·宝乾图》云，"移河为界在齐吕，填阏八荒以自广"。故郑玄云："齐桓公[1]塞之，同为一河。"今河间弓高以东，至平原、鬲津，往往有其遗处。盖塞其八枝，并使归于徒骇也。

[1] 按孔颖达《正义》原文作"齐桓公"。库本及明代凌濛初刻本均作"威公"。有学者认为，改齐桓公为"威公"是因为要避宋钦宗赵桓讳。按，东坡此书完成于北宋哲宗元符年间，故原著不可能将齐桓公改成齐威公。且南宋时，林之奇著《尚书全解》、蔡沈著《书经集传》尚且照书"桓公"不误。故特改回"桓公"以复东坡原著面目。下同。

①《汉书·沟洫志》："许商以为古说九河之名，有胡骇、胡苏、鬲津。今见在成平、东光鬲界中。自鬲以北至徒骇间，相去二百余里，今河虽移徙，不离此域。"（上海古籍出版社1986年版《二十五史》第一册《汉书》第162页）

【译文】

九条河都顺流就道。

黄河水从平原以北分为九条。它们的名称据《尔雅》一书所释，则为徒骇、太史、马颊、覆釜、胡苏、简、洁、钩盘、鬲津九条。汉成帝时，河堤都尉许商上书称："古记九河之名，有徒骇、胡苏、鬲津，今见在。成平、东光、鬲县，自鬲津以北至徒骇，其间相去二百余里。"从许商的话中考察，徒骇最北，鬲津最南。因为徒骇是黄河的主河道，从徒骇向东分为八枝。徒骇在成平，胡苏在东光，鬲津在鬲县，其余的便都难以了解。然而按《尔雅》名称的顺序，九条河应从北到南数，既已知道三条河所处位置，其余的六条——太史、马颊、覆釜，应当在东光的北面，成平的南面；简、洁、钩盘，应当在东光的南面，鬲县的北面。因河流埋塞，有时会出现故道。《春秋纬·宝乾图》说，"移河为界在齐吕，填阏八荒以自广"。因此郑玄说："齐桓公塞之，同为一河。"现在的河间弓高以东，至平原、鬲津一带，往往可以看到旧的遗迹。大概是塞了其中的八条，便都归于徒骇一条了。

【笺释】

东坡的这一段解释，全见于孔颖达《正义》一书，并无新的见解。蔡沈《集传》对此颇不以为然："唐人集累世积传之语，遂得其六，欧阳忞《舆地记》又得其，或新河而载以旧名，或　地而互为两说，要之，皆似是而非，无所依据。至其显然谬误者，则班固以溥沱为徒骇，而不知溥沱不与古河相涉。乐史[①]马颊乃以汉笃马河当之。郑氏求之不得，又以为九河'齐桓[②]塞其八流以自广'，夫曲防，齐之所禁，塞河宜非桓公之所为也。河水可塞而河道果能尽平了？皆无稽考之言也。"蔡氏此番驳难似亦有理，然亦所谓"无稽考之言"，难成确论。

按，据顾颉刚、刘起釪《译论》引1978年2月28日《光明日报》载，河北省黑龙港地区地下水综合科学考察，计共查明黑龙港地区有九条大的古河道带，表明在古代大陆泽东北直至海滨客观地存在着九条古河道带，是古河水的入海之路。可破蔡沈之疑。

①乐史（930—1007），字子正，北宋宜黄霍源村（今属江西）人。文学家、方志学家、地理学家，曾广收山经地志，考究原委，著成《太平寰宇记》二百卷等。

②齐桓，即齐桓公。此段引文为南宋蔡沈原话，可见并未有"避讳"之说。

雷夏既泽，灉沮会同。

灉、沮二水，雷泽在济阴城阳县西北。

【译文】

雷夏又成为湖泽，灉、沮二水也同时会合注入雷泽中。

灉、沮为两条河。雷泽在济阴郡城阳县西北。

【笺释】

蔡沈《集传》："《山海经》云，'泽中有雷神，龙身而人颊，鼓其腹则雷'。然则，本夏泽也。因其神名之曰雷夏也。洪水横流而入于泽，泽不能受，则亦泛滥奔溃，故水治而后，雷夏为泽。"孔颖达《正义》曰："洪水之时，高原亦水，泽不为泽。'雷夏既泽'，高地水尽，此复为泽也。于'泽'之下言'灉、沮会同'，谓二水会合而同入此泽也。《地理志》云，雷泽在济阴城阳县西北。"

桑土既蚕，是降丘宅土。厥土黑坟。

黑而坟起。

【译文】

能种桑的土地上开始养蚕，于是都从高地上下来安家立业。这里的土地沃黑而高耸。

沃黑而隆起。

厥草惟繇，厥木惟条。

繇，茂也。条，长也。

【译文】

这里的草很茂盛，这里的树木长得高大。

繇，繁茂的意思。条，长大。

厥田惟中下，厥赋贞。

贞，正也。赋当随田高下，此其正也。其不相当者，盖必有故。如向所云相补除者，非其正也。此州田中下，赋亦中下，皆第六。

【译文】

这里的田属中下等级，赋税正常。

贞，正常、正确的意思。田赋应当随田地等级的高下而定，才是正常的。这其中有不相当的，那其中必有缘故。如上面所谈到的"相互调济补充"，那就不是正常的情况。这个州的田属中下等，所以赋税也是中下，都属于第六等。

【笺释】

东坡这里所说的"此州"依上面所述，应是兖州。而兖州是大禹治水所及的最后一个州。东坡又释"贞"为正常、正确之意，并沿此意释其赋为"第六等"（即中下等），这与诸家所说均不同。孔颖达《正义》、孙星衍《注疏》、皮锡瑞《考证》、周秉钧《易解》等均认为是第九等（即最后一等）。但周秉钧依孔颖达所解，认为"诸州赋无下下。贞即下下，为第九等。"并引金履祥《尚书表注》语："贞字本下下字，古篆凡重字者，或于上字下添二。或误作正，通为贞。"而孙星衍、皮锡瑞二家却引《史记》"赋贞作十有三年乃同"一段断句为"赋贞作，十有三年乃同"。与今中华书局版《史记》不同（后者作：赋贞，作十有三年）。《史记》集解原引郑玄曰："贞，正也。治此州正作不休，十三年乃有赋，与八州同，言功难也。其赋中下。"而孙、皮二家却分别引江声与陈乔枞语，认为郑玄"其赋中下"有误，应改作"其赋下下"。按郑玄所谓"其赋中下"正是东坡所说的"第六等"。而蔡沈不认同以上观点。他认为："贞，正也。兖赋最薄，言君天下者以薄赋为正也。"又说："先儒以为禹治水所历之年，且谓此州治水在最后毕，州为第九成功，因以上文'厥赋贞'者，谓赋亦第九，与州正为相当。殊无意义，其说非是。"以上所论可谓聚讼纷纭。东坡以郑玄说为是，故称皆第六等。顾颉刚、刘起釪《译论》肯定金履祥解，认为是金文"下下"字重文，亦即周秉钧所说为是。

作十有三载乃同。
兖州河患最甚，故功后成，至于作十有三载。

【译文】
大禹治水十三年始成。
兖州遭受黄河水患最为严重，所以治水之功最后始成，花去了十三年的时间。

【笺释】
孔颖达《正义》曰："作者，役功作务，谓治水也。治水十三年，乃有赋法，始得贡赋，与他州同也。"东坡未释"同"字，可以《正义》为参考。《正义》又云："《尧典》言鲧治水九载，绩用不成，然后尧命得舜，舜乃举禹治水，三载功成，尧即禅舜。此言'十三载'者，并鲧九载数之。"

厥贡漆丝，厥篚织文。
币、帛盛于篚。《书》曰："篚厥玄黄。"①

①语见《孟子·滕文公章句下》："绥厥士女，匪厥玄黄。"蔡沈按："周书《武成》篇载武王之言。孟子约其言如此。"（北京市中国书店1985年版《四书五经》第四种《孟子章句集注》第46页）

【译文】

这里的贡品为漆丝,将织有花纹的丝绸装入篚筐里入贡。

贝币、丝帛装进篚筐中。《尚书》有言:"篚筐中帛的颜色有黑有黄。"

【笺释】

按《说文解字》:"币,帛也。"东坡这里所指的"币"应是上古时期当作货币用的贝。贝与丝织品的帛可以装进筐中。皮锡瑞《考证》引《诗·甫田》:"《正义》引郑注云:'凡所贡篚之物,皆以税物市之,随时物价以当邦赋。'"又引陈乔枞语:"郑以冀州入谷不贡,他州有贡,皆以谷税市所贡篚之物,以当邦赋。"这就是说,东坡所指的"币"应是当地民众以应交纳的赋额计算为谷物,再用谷物到市上等价换来贝币以充"邦赋"。所以这种币即可以装入筐子里作为货币的贝壳。

浮于济、漯,达于河。

顺流曰浮。因水入水曰达。漯水出东郡东武阳县,至乐安千乘县入海。济水,具下文,自漯入济,自济入河。

【译文】

顺着济水、漯水而下,进入黄河。

顺着水流叫浮。从一水进入另一水叫达。漯水出东郡东武阳县,流至乐安千乘县入海。济水从下文看,是自漯水进入济水,自济水进入黄河。

海、岱惟青州。

西南至岱宗,东北跨海至辽东。舜十二州分青为营。营州,即辽东也。汉末公孙度据辽东,自号青州刺史。

【译文】

东海、岱山都在青州境内。

西南面至岱宗（东岳泰山），东北跨过海面直到辽东。舜划分十二州，青州地方为营。营州，即辽东。汉朝末年，公孙度占据辽东，自称为"青州刺史"。

嵎夷既略，潍、淄其道。

嵎夷即《尧典》"嵎夷"也。略，用功少也。潍水出琅琊箕屋山，北至都昌县入海。淄水出泰山莱芜县原山东北，至千乘博昌县入海。

【译文】

嵎夷地方既已治理好，潍水、淄水的水道也就沟通了。

嵎夷就是《尧典》中提到的"嵎夷"族。略，就是花的功夫较少。潍水自琅琊箕屋山流出，北至都昌县入海。淄水自泰山莱芜县原山东北流出，至千乘博昌县入海。

厥土白坟，海滨广斥。

《说文》云，东方谓之斥，西方谓之卤。卤，碱地也。

【译文】

这里的土地白色，隆起，濒海处有广大碱土。

《说文》云，东方称为"斥"，西方称为"卤"。卤，就是盐碱地。

厥田惟上下，厥赋中上。

田第三，赋第四。

【译文】

这里的田地属上下等，其赋税属中上。

田地土质属第三等,赋税属第四等。

【笺释】

田、赋分别为九等。即上上,上中,上下;中上,中中,中下;下上,下中,下下。

厥贡盐、絺。

絺,细葛也。

【译文】

这里进贡盐和细葛布。

絺,精细的葛布。

海物惟错。

错,杂也。鱼虾之类。

【译文】

海里的物产种类繁杂。

错,繁杂的意思。指鱼、虾之类。

岱畎丝枲,铅、松、怪石。

畎,谷也。枲,麻也。铅,锡也。怪石,石似玉者。贡此八物。

【译文】

泰山谷地出产丝、麻,铅、松、怪石。

畎,山谷。枲,即麻类。还有铅,即锡类。怪石,像玉的石头。进贡这八种物品。

【笺释】

畎，这里作山谷解，尤指山岭间通水的地方。经文中有"松"字，东坡传文中无解，却解铅为"锡"，应是一种误解。而言"贡此八物"似应指丝、枲、铅、松、怪石与上所列盐、絺、鱼虾八物。

莱夷作牧。

《春秋》夹谷之会①，莱人以兵劫鲁侯。孔子曰："两君合好，而裔夷之俘以兵乱之。"以是知古者东莱之有夷也。牧，刍牧也。《传》曰："牧隰皋，井衍沃。"②盖海水患除，始刍牧也。

① 《左传·定公十年》："夏，公会齐侯于祝其，实夹谷。孔丘相。犁弥言于齐侯曰：'孔丘知礼而无勇，若使莱人以兵劫鲁侯，必得志焉。'齐侯从之。"此即夹谷之会。（见岳麓书社1988年版《左传》第381页）

② 语见《左传·襄公二十五年》（岳麓书社1988年版《左传》第232页）。

【译文】

莱夷的地方可以放牧了。

《春秋》一书载有"夹谷之会"，莱人以武力劫持鲁侯。孔子说："两国君主和好，而裔夷的俘虏以武力来捣乱。"因此知道古代东莱地方有夷人。牧，放牧牲畜。《左传》有言："在低湿的地方放牧，田野肥沃广袤。"这是因为海水之患解除，开始放牧牲畜了，可以耕耘沃野了。

厥篚檿丝。

《尔雅》："檿桑，山桑，惟东莱出此丝以织缯，坚韧异常。"莱人谓之山茧。莱夷作牧而后有此，故书篚在作牧之后。

【译文】

这里贡篚檿丝。

《尔雅》："檿桑，即山桑。只有东莱山才生产出这种丝用来织缯，坚韧异常。"莱人称为山茧。莱夷只有在耕作放牧之后才有这种东西，所以将它作为贡品写在耕作放牧之后。

浮于汶，达于济。
汶水出泰山莱芜县西南入济。诸州之末，皆记入河水道。尧都在冀，而河行于冀也。虽不言河，济固达河也。

【译文】

顺汶水而下，进入济水。

汶水出泰山莱芜县西南进入济水。各州最后都记进入黄河水道。尧以冀州为都，而黄河流经冀州。虽然没有提及黄河，但济水一定会流到黄河。

海、岱及淮惟徐州。
东至海，北至岱，南及淮。

【译文】

黄海、泰山及淮河这一带为徐州。

东至黄海，北至泰山，南及于淮河。

淮、沂其乂，蒙、羽其艺。
淮水出桐柏山，其源远矣，于此言之者，淮水至此而大，为害尤甚。喜其治，故于此记之。沂水出泰山盖县，临乐子山，南至下邳，入泗。蒙山在泰山蒙阴县西南。羽山在东海祝其县南。二水既治，则二山可种。

【译文】

淮河、沂水既已治理，蒙山、羽山都可以种植了。

淮水自桐柏山流出，它的源头自然很远了，之所以在此地提到它，是因为淮水流到此处水面宽阔，为害极大。百姓高兴此水得到治理，所以特别在此提及。沂水出自泰山盖县，临近乐子山，向南到达下邳，进入泗水。蒙山在泰山蒙阴县南。羽山在东海祝其县南。这两条水都治好了，二山也都可以开垦种植了。

【笺释】

东坡据孔颖达《正义》，释"艺"为种。《正义》疏云："《诗》云'艺之荏菽'，故'艺'为种也。"曾运乾《正读》："蒙山，在山东蒙阴县西南。羽山，在江苏赣榆县西南。"（今址）顾颉刚、刘起釪《译论》谓："古代有殛鲧于羽山的神话传说……《太平寰宇记》蓬莱县下谓羽山'在县东十五里，即殛鲧处。'按，由神话地点变为历史地点，不易实定。大抵殛鲧之羽山在山东蓬莱海中较合。"

大野既豬，东原底平。

大野泽在山阳巨野县北。东原，今东平郡也。水之停曰豬。

【译文】

大野泽之水既已平稳，东原的土地也就平坦了。

大野泽在山阳巨野县北面。东原，即今东平郡。水停止叫作"豬"（潴）。

【笺释】

曾运乾《正读》："大野，即钜野泽，今钜野县境。王鸣盛云'是泽本汶、济所钟。明永乐九年开会通河，遏汶、济入运，泽涸无存。'东原，今东原县地，汶、济之间也。"

厥土赤，埴坟。

土粘曰埴。

【译文】

　　这里的土地赤红,有黏性且隆起。

　　土黏叫作"埴"。

草木渐包。

　　进长曰"渐",丛生曰包。

【译文】

　　草木渐丰茂。

　　进长叫作"渐",丛生叫作"包"。

厥田惟上中,厥赋中中。

　　田第二,赋第五。

【译文】

　　这里的田地属上中等,其赋属中中等。

　　田地属第二,赋税属第五。

厥贡惟土五色,

　　王者封五色土为社。建诸侯则以其方色土赐之。燾以黄土,苴以白茅,使归其国立社。

【译文】

　　这里进贡的是五色土。

　　为君王的,封五色土作为社坛。册封诸侯时,就以他的封地颜色的土赐给他。用黄土把它包起来,再覆以白茅,让他拿回去建立他封国的社坛。

【笺释】

顾颉刚、刘起釪《译论》引蔡邕《独断》云："天子太社以五色土为坛。皇子封为王者，授以太社之土，以所封之方色苴以白茅，使之归国以立社，谓之茅社。"

羽畎夏翟，

夏翟，雉也。羽中旌旄。羽山之谷有之。

【译文】

羽谷有夏翟。

夏翟，一种山雉。它的羽毛可作旌旄之用。羽山的山谷中有这种动物。

峄阳孤桐，

东海下邳县西有葛峄山，即此山也。其特生之桐，中琴瑟。

【译文】

峄阳山的孤桐。

东海下邳县西面有葛峄山，即是此山。这里所特别生长的桐，可以制作琴瑟。

泗滨浮磬，

泗水依山，水中见石，若浮于水上。此石可为磬。

【译文】

泗水河滨的浮磬。

泗水流在山旁，水中可以见到一种石头，好像浮在水面上。这种石头可以用作磬。

淮夷蠙珠暨鱼，

《诗》有"淮夷"①。知古者，淮有夷也。蠙，蚌属，出珠。惟淮夷有珠暨鱼。如莱夷之有檿丝也。贡此六物。

①《诗经·大雅·江汉》："匪安匪游，淮夷来求。""匪安匪舒，淮夷来铺。"（上海古籍出版社1980年新1版《诗集传》第217页）

【译文】

淮河夷族人的蠙珠和鱼，《诗经》中有"淮夷"的诗句。了解古事的人知道淮河有夷族人。蠙，蚌之类，可以取珠。只有淮河的夷族人有珠和鱼。就像莱夷人有檿丝一样。进贡这六样物件。

【笺释】

六物，指五色土、夏翟、孤桐、浮磬、蠙珠和鱼。

鱼，指鳄鱼。

厥篚玄纤缟。

玄，黑缯；缟，白缯。纤，细也。

【译文】

装入黑色的缯、纤细的缟作为贡品。

玄，黑色的缯；缟，白色的缯。纤，纤细之意。

浮于淮、泗，达于河。

自淮、泗入河，必道于汴。世谓隋炀帝始通汴入泗，禹时无此水道，以疑《禹贡》之言。此特学者考之不详而已。谨按：《前汉书》，项羽与汉约中分天下，割鸿沟以西为汉，以东为楚。文颖①注云："于荥阳下引河东南为鸿沟，以通宋、郑、陈、蔡、曹、卫，与济、汝、淮、泗会于楚，即今官渡是也。"魏武与袁绍相持于官渡，乃楚、汉分裂之处。盖自秦、汉以来有之，安知非禹迹耶？《禹贡》九州之末，皆记入河水道，而淮、泗独不能入河？帝都所在，理不应尔。意其必开此道以通之。其后，或为鸿沟，或为官渡，或为汴，上下百余里间，不可必，然皆引河水而注之淮、泗也。故王濬伐吴，杜预与之书曰："足下既摧其西藩，当径取秣陵，讨累世之逋寇，释吴人于涂炭。自江入淮，逾于泗、汴，溯河而上，振旅还都，亦旷世一事也。"②王濬舟师之盛，古今绝伦，而自泗、汴溯河，可以班师，则汴水之大小当不减于今，又足以见秦汉魏晋皆有此水道，非炀帝创开也。自唐以前，汴、泗会于彭城之东北，然后东南入淮。近岁汴水直达于淮，不复入泗矣。吴王夫差辟沟通水，与晋会于黄池，而江始有入淮之道。禹时则无之。故《禹贡》曰："沿于江海，达于淮、泗。"明非自海入淮则江无通淮之道。今之末直云"浮于淮、泗，达于河"。不言自海，则鸿沟、官渡、汴水之类，自禹以来有之，明矣。

① 文颖，字叔良，三国时南阳人，为刘表荆州从事，与王粲交好。文颖后归曹，任甘陵丞。

② 事见《资治通鉴》上册："濬自西陵至，预与之书曰：'足下既摧其西藩，便当径取建业，讨累世之逋寇，释吴人于涂炭，振旅还都，亦旷世一事也。'"（上海古籍书店1987年版卷81第542页）

【译文】

从淮河、泗水顺流而下，直达黄河。

自淮河、泗水进入黄河，必须取道汴水。世人认为隋炀帝时才开始开通汴水进入泗水，大禹时代并没有这条水道，因此怀疑《禹贡》的这一说法。这只是学者们考察不够详细罢了。谨按：《前汉书》，项羽与汉刘邦约定中分天下，割鸿沟以西为汉界，以东为楚界。文颖注《汉书》云："于荥阳下引河东南为鸿沟，以通宋、郑、陈、蔡、曹、卫，与济、汝、淮、泗会于楚，也就是今天的官渡。"魏武与袁绍战，对峙于官渡，那就是楚、汉分割的地方。也是从秦、汉以来就存在的，能说不是大禹留下的遗址吗？《禹贡》记述九州通贡，最后都说到进入黄河水道，而淮河、泗水却不能进入黄河？这是帝王京都所在的地方，从道理上讲，不应该这样啊。可以料想，必定会开辟这条水道使之沟通。后来，或成为鸿沟，或成为官渡，或成为汴水，上下游一百多里之间，难以肯定是哪一处，然而，都是引黄河水注入淮河、泗水的地方。因此王濬讨伐吴国的时候，杜预给他写信说："将军你既然要摧毁吴国的西方边防，就应当直接攻打秣陵，讨伐那多年来窜逃的贼寇，解放遭受兵灾涂炭的吴地人民。从长江进入淮河，越过泗水、汴河，从黄河溯流而上，班师凯旋，还至京都，那也算旷世无闻的大事啊！"王濬兵船战舰的盛大，古今绝无仅有，而能够从泗水、汴河溯黄河，回师收兵，那么，汴河水势的大小应当不会比今天减弱，又完全可以想见秦、汉、魏、晋时期就会有这一条水路，并不是隋炀帝时才开创的。从唐代以前，汴河、泗水合流于彭城的东北面，然后向东南进入淮河。近代以来，汴水直达到淮河，不再进入泗水了。吴王夫差开沟通水，与晋国会盟于黄池，因而长江开始有进入淮河的水道。大禹的时候没有，所以《禹贡》说："沿于江海，达于淮、泗。"分明在说，如果不是从海上进入淮河，那么长江就没有通淮河的水道。而今最后直说"浮于淮、泗，达于河"，没有说"自海"，那么，鸿沟、官渡、汴水之类，自从大禹的时代以来就有，这应该是明确的。

【笺释】

东坡对这段经文作了大段解释，力辩此前学者否定此段经文"达于河"的提法。南宋林之奇《全解》云："苏氏之言，足以补先儒之阙遗，订后世之误矣。"然而清代学者孙星衍、皮锡瑞及近代学者周秉钧均有不同看法。三家均以东汉许慎《说文》为据，认为"达于河"应是"达于菏"之误，"河"本应作"菏"。周秉钧引元初学者金履祥语："达于河，《古文尚书》作达于菏。《说文》引《书》亦作菏。今俗本误作河耳。菏泽与济水相通。徐州浮淮入泗，自泗达菏也。《书》达于菏，则达济可知。"

按金履祥语，查《古文尚书》，原作"河"并非作"菏"；《史记·夏本纪》亦作"浮于淮、泗，通于河"。并非将"菏"误作"河"。而所谓"菏泽与济水相通"，也仅是东坡所说的吴王夫差与晋会盟时，夫差于前482年，挖通菏水，连接济水与泗水之后的事。东坡认为大禹治水时期，只能通过江、海进入淮河，才能沟通汴水进入黄河。这正是东坡驳正前贤的要点所在。

按，顾颉刚、刘起釪《译论》："菏，隶古写本《唐石经》及其后刊本皆作'河'，《夏本纪》及《汉志》传本亦同。"但他最后却说："可知《禹贡》原文确作'达于菏'。"此语过于武断，不足为据。尤其"原文"二字更属无稽。

淮、海惟扬州。
北跨淮，南跨海。

【译文】

扬州北至淮河，南及于海（东海）。

北面跨越淮河，南面及于大海。

【笺释】

孙星衍《注疏》引《吕氏春秋·有始览》："东南为扬州，越也。"东坡两用"跨"字，而孔颖达《正义》作："北据淮，南距海。"应更为确切。

彭蠡既豬，阳鸟攸居。
阳鸟，鸿雁之属也。避寒就暖，九月而南，正月而北。彭蠡在彭泽西北。北方之南，南方之北也。故阳鸟多留于此。

【译文】

彭蠡湖既已水体安稳，阳鸟都在这里安居了。

阳鸟，鸿雁之类。这种鸟类避寒就暖，九月之后飞往南方，正月又飞往北方。彭蠡在彭泽湖的西北面。北方的南面，南方的北面，因此阳鸟多数都停留在这里。

【笺释】

孙星衍《注疏》谓："彭泽故城在今江西都昌县北。泽即鄱阳湖。在县西。"彭蠡湖在鄱阳湖的西北面。曾运乾《正读》："晚出《孔传》读'鸟'为岛，云'海曲谓之岛'，与《说文》合。本文'阳鸟'，鸟字亦应读为'岛'。阳岛，即扬州附海岸各岛。"并云："解《禹贡》者不知扬州南距海，乃释阳鸟为鸿雁。"此处显然以古扬州而言，而东坡却以更为具体的鄱阳湖为例解释经文。鄱阳湖有候鸟栖息，至今仍为常识，曾氏似附会到"扬州附海各岛"去。而顾颉刚、刘起釪《译论》反赞曾氏所解为："提出了有意义的一说，值得重视。"但不知其"意义"在何处？未见揭橥。

三江既入，震泽底定。

三江之入，古今皆不明。予以所见考之，自豫章而下，入于彭蠡，而东至海，为南江；自蜀岷山至于九江彭蠡，以入于海，为中江；自嶓冢导漾，东流为汉，过三澨、大别，以入于江，东汇泽为彭蠡，以入于海，为北江。此三江，自彭蠡以上为二，自夏口以上为三。江、汉合于夏口，而与豫章之江皆汇于彭蠡，则三江为一。过秣陵、京口以入于海，不复三矣。然《禹贡》犹有三江之名，曰北、曰中者，以味别也。盖此三水，性不相入。江虽合而水则异，故至于今，而有"三泠"之说。古今称唐陆羽知水味，三泠相杂而不能欺，不可诬也。予又以《禹贡》之言考之，若合符节。禹之叙汉水也，曰嶓冢导漾，东流为汉，又东为沧浪之水，过三澨至于大别，南入于江，至于东汇泽为彭蠡，东为北江，入于海。夫汉既已入江，且汇为彭蠡矣，安能复出为北江，以入于海乎？知其以味别也。禹之叙江水也，曰："岷山导江，东别为沱，又东至于澧，过九江，至于东陵，东迤北，会于汇东，为中江，入于海。"夫江既已与汉合，且汇为彭蠡矣，安能自别为中江以入于海乎？知其以味别也。汉为北江，岷山之江为中江，则豫章之江为南江，不言而可知矣。禹以味别，信乎？曰济水既入于河，而溢为荥，禹不以味别，则安知荥之为济也？尧水之未治也，东南皆海，岂复有吴越哉。及彭蠡既豬，三江入海，则吴越始有可宅之土。水之所钟，独震泽而已，故曰"三江既入，震泽底定"。孔安国以为，自彭蠡江分为三，入震泽，为北入于海，疏矣。盖安国未尝南游，按经文以意度之，不知三江距震泽远甚，决无入理。而震泽之大小，决不足以受三江也。班固曰"南江从会稽阳羡东入海，北江从会稽毗陵县北东入海"。会稽并阳羡有此三江，然皆是东南枝流小水，自相派别而入海者，非《禹贡》所谓"中江、北江自彭蠡出"者也。徒见《禹贡》有南北中三江之名而不悟一江三泠，合流而异味也，故杂取枝流小水以应"三江"之数。如使此三者为三江，则是与今京口入海之江为四矣。京口之江视此三者，犹畎浍。禹独遗大而数小，何耶？

【译文】

北、南、中三江既已汇入大海，震泽亦可以安澜了。

"三江"之入，古今学者都不大明了。我以个人见解加以考察，从豫章水顺流而下进入彭蠡，而东向入海，这是南江；从蜀地的岷山流至九江彭蠡，再流入海，这是中江；从嶓冢山疏导出漾水，向东流为汉水，经过三澨、大别，流入长江，东汇流入大泽即彭蠡，从此而入于大海，为北江。此三江，自彭蠡湖以上分为二，自夏口以上分为三。长江、汉水汇合于夏口，而与豫章的江流都汇入彭蠡，这样三江合而为一，经过秣陵、京口进入大海之后，就不再有三江了。然而，《禹贡》还有"三江"之名，称为北江、中江，那是以江水的味道来区别的。因为这三江的水性不相同，江水虽汇合一起，而水的性质却不同。所以至今还有"三泠"的说法。古今人称唐代陆羽懂得水味，"三泠"之味混杂在一起，也欺骗不了他，这传说可不是胡说的。我又以《禹贡》中的话来考察，果然准确得像公章印件一样。大禹言及汉水，说："从嶓冢山疏导出漾水，东流为汉水，又向东为沧浪之水，过三澨至于大别山，向南进入长江，向东汇泽为彭蠡，东面为北江，入于海。"汉水既已进入长江，且已汇为彭蠡了，怎能复出为北江进入大海呢？看来是以水的味道区别出来的。大禹叙说长江水，说："岷山疏导出江水，向东别为沱江，又东至于澧，过九江，至于东陵之东，连绵向北，会于汇东为中江，进入大海。"江水既然已经与汉水合，且已汇集为彭蠡湖了，怎能识别为中江进入大海呢？可以知道他是以水的味道区别出来的。汉水为北江，岷山的江水为中江，那么豫章的江水就是南江，不说也可以知道。大禹以水的味道来区别江水，可信吗？我说，济水既已进入黄河，涨流而出成为荥水，大禹若不以水的味道加以区别，又怎能知道荥水是从济水流出的呢？帝尧时，洪水未治理，东南一带皆是海，哪里有吴越的地盘呢？直到彭蠡湖水平静了，三江水流入大海，吴越才有可以居住的土地。大水的汇集只有震泽而已，所以说："三江既入，震泽底定。"孔安国以为，"自彭蠡起，江分为三，进入震泽，向北入于大海"，这见识就疏浅了。那是因为安国未曾南游，只按经文作猜想，不知道三江距离震泽还远得很，绝没有进入的理由。而且以震泽的大小，也绝不足以容纳三江之水。班固说"南江从会稽、阳羡东入海，北江从会稽毗陵县北东入海"，会稽、阳羡有这样的"三江"，然而都是东南一带的枝流小水，自然形成派别流入大海的，并非《禹贡》所谓"中江、北江，自彭蠡流出"的大河。只知道《禹贡》有南、北、中三江的名字而已，悟不出"一江三泠，合流而异味"的道理，因此胡乱拼凑成些枝流小水来应对"三江"的数目。假如以这些小水为三江，那就是与现今自京口入海的江水为"四江"了。以京口的江水看来，这三江只不过是些如畎、浍般的小水沟罢了。大禹难道会遗漏大的只数小的么？

【笺释】

　　这是东坡在本书中最长的一段解释文字。对《禹贡》中关于"三江"的说法，历来观点不一。清代皮锡瑞《考证》云："三江之说，言人人殊。后人多疑班《志》为误。又谓《志》所言乃《职方》三江，非《禹贡》三江。钱塘①说：'《禹贡》之三江，《职方》之三江也。《地理志》南江、北江、中江皆扬州川，此释《职方》也，即释《禹贡》矣。揆孟坚所言，江过湖口分为三，而以行南道者南江，行北道者为北江，行中道者为中江，合乎《禹贡》导水之经。诚不易之论也。'案钱说是也。"东坡的观点显然与这个说法迥异。他以长江干流为主干论述，认为源自蜀地的岷江（即长江的一个支流）为中江，导自嶓冢的汉水为北江，源出豫章的赣水为南江。这一观点为清代纪昀等学者所接受。纪昀在《总目提要》中说："其释《禹贡》三江，定为南江、中江、北江，本诸郑康成，远有端绪。"孙星衍、周秉钧亦同此说。而对班固所主张的"扬州川"，东坡却认为，对比长江主干来看，不过是些"畎、浍"之类的小水沟，大禹不会因这些小水沟而忘了长江大川。

　　另外，他在这段解说中所说的"以味知水"观点，也确是前无古人，独创一家，但不为多数学者所接受。纪昀在《总目提要》中也说他"未尝详审经文，考核水道而附益以味别之说，遂以启后人之讥议"。蔡沈《集传》就此讥议说："苏氏谓岷山之江为中江，嶓冢之江为北江，豫章之江为南江。即导水所谓东为北江，东为中江者，既有中、北二江，则豫章之江为南江可知。今按此为三江，若可依据。然江汉会于汉阳，合流数百里至湖口，而后与豫章江会，又合流千余里而后入海，不复可指为三矣。苏氏知其说不通，遂有'味别'之说。禹之治水，本为民去害，岂如陆羽辈，辨味烹茶为口腹计耶？亦可见其说之穷矣。以其说易以惑人，故并及之。"

　　按，"以味知水"用在此处，看似荒唐，然东坡不过是援例说理，并非坐实大禹曾尝水味以辨江流。而且，以味知水，却也实有其事，并非妄言。如他在《琼州惠通泉记》一文中曾记述："有僧言长安昊天观井水与惠山泉通。杂以他水十余缶试之。僧独指其一曰：'此惠山泉也'。"以今之生活体验亦可知，近山之泉水甘甜，近海之井水略咸，水性不同，不可遽斥为妄。

又据蔡沈《集传》，震泽即今太湖。

①钱塘（1735—1790），字学渊，清江苏嘉定（今上海）人。乾隆四十五年进士，官至安徽巡抚。学者。

篠簜既敷，
篠，竹箭也；簜，大竹阔节曰簜。

【译文】

竹箭、簜竹到处生长，

篠，竹箭；簜，竹节阔长的大竹子。

【笺释】

孔颖达《正义》疏："郭璞云，竹别名。是篠为小竹，簜为大竹。"

厥草惟夭，厥木惟乔。
少长曰夭，乔，高也。

【译文】

草长出来了，树木高大。

草刚长出来叫夭，树木高大叫乔。

厥土惟涂泥，厥田惟下下，厥赋下上，上错。
田第九，赋第七，杂出第六。

【译文】

这里的土质尽是涂泥，这里的田地属下下等，赋税属下上，杂出的属第六等。

田地属第九等，赋属第七等，杂出的属第六等。

厥贡惟金三品。

金、银、铜。

【译文】

这里进贡金属三种。

即金、银、铜。

瑶、琨、篠、簜。

瑶、琨，石似玉者。

【译文】

瑶、琨、篠、簜。

瑶、琨，像玉的石头。

齿、革、羽、毛、惟木。

齿，象齿。革，犀革之类。毛，旄牛尾之类。木，梗、楠、豫章之类。贡此数物。

【译文】

齿、革、羽、毛，还有木材。

齿，即象牙。革，指犀牛的皮革之类。毛，指旄牛的尾巴之类。木材，指梗、楠、豫章①之类。进贡这几样物品。

①豫章，古代传说中的一种巨木，高可千丈，围可百尺。也指枕木与樟木。

【笺释】

诸本无"惟木"二字，此从《尚书正义》。孔颖达《正义》："直云

'惟木'，不言木者，故言'楩、𣚣、豫章'，此三者是扬州美木，故传举以言之，所贡之木不止於此。"

岛夷卉服，厥篚织贝。

南海岛夷织草木为服，如今吉贝木棉之类。其纹斓斑如贝，故曰织贝。《诗》曰："萋兮斐兮，成是贝锦。"①

①见《诗经·小雅·巷伯》（上海古籍出版社1980年新1版《诗集传》第144页）。

【译文】

居住海岛的夷族人穿着绣花草的衣服，盛着绵丝织贝锦。

南海上的岛夷人纺织草木作为衣服，就像今天所见到的吉贝木棉布那样。它们的纹彩斑斓像贝壳一样，因此称为织贝。《诗经》上有"萋兮斐兮，成是贝锦"的句子。

厥包橘、柚，锡贡。

小曰橘，大曰柚。包，裹而致也。《禹贡》言锡者三，大龟不可常得，磬错不常用。而橘、柚常贡，则劳民害物，如汉永平、唐天宝荔枝之害矣，故皆锡命乃贡。

【译文】

橘、柚要包起，等待国君有诏命时进贡。

颗小的称为橘，颗大的称为柚。包，包裹起来进贡。《禹贡》三次提到"锡命"，大龟不可能经常得到，磨磬的石头也不常用。而橘、柚若要经常进贡，就难免会劳民害物，就像东汉永平年间、唐玄宗天宝年间诏令进贡荔枝造成的危害一样，所以也要等待国君有诏命时才进贡。

【笺释】

锡贡，等待皇室有诏命时才进贡。孔颖达《正义》云："以须之有时，故待锡命乃贡，言不常也。"东坡用此义，释"锡"为锡命、诏命。并指出，《禹贡》共用三次"锡贡"为"锡命乃贡"。因为大龟、磬错不常用，进贡多了会造成浪费；而橘、柚经常进贡，多了会"劳民伤财"！

按，除东坡外，先儒们罕有此解释，而"后儒"如曾运乾、周秉钧等辈亦无此解。顾颉刚、刘起釪《译论》反认为此解是"望文生义"的不正确说法，而曾运乾《正读》认为"锡贡"为联语、为复语，可作百姓"纳贡、进贡"解。既如此，则"厥贡羽毛"为何不作"厥锡贡羽毛"？"厥贡漆枲"为何不作"厥锡贡漆枲"？上古时期，文字简质，绝不会如此拖沓重复。之所以出此异议，其原因在于其余注家们均无"劳民害物"之念，习惯了后世帝王诛求无度的奢侈浪费而忽略了"锡"在此处的特殊表达。

沿于江、海，达于淮、泗。

达泗则达河矣。

【译文】

沿着长江、东海，到达淮河、泗水。

到达泗水就可以进入黄河了。

【笺释】

按，曾运乾《正读》并不赞同东坡"沿江入海，自海入淮，自淮入泗"的说法，仍坚持"溯江入淮，由淮达泗，转由菏济而达于河"的观点，认为"禹时有江路可通者，必不遵海"。而东坡在"浮于淮、泗，达于河"一节，已经说明"转由菏济"一说为"吴王夫差辟沟通水"之后的事，禹时则无之。

荆及衡阳，惟荆州。

旧有"三条"之说。北条，荆山在冯翊、怀德县南；南条，荆山在南郡临沮县东北。自南条荆山至衡山之阳，为荆州；自北条荆山至于河，为豫州。

【译文】

由荆山至衡山的南面，就是荆州。

旧时有"三条"的说法。北条，荆山处在冯翊、怀德县南面；南条，荆山在南郡临沮县东北。从南条荆山至衡山的南面，就是荆州；从北条荆山到黄河，就是豫州。

江、汉朝宗于海。

二水经此州入海，百川以海为宗。宗，尊也。

【译文】

长江、汉水把大海当作朝拜尊崇的地方。

两条大河从这里流入大海，众多的河流都以海作为皈依朝拜的地方。宗，尊崇的意思。

九江孔殷。

九江在今庐江浔阳县南。《浔阳记》有"九江"名：一曰乌白江，二曰蚌江，三曰乌江，四曰嘉靡江，五曰畎江，六曰源江，七曰稟江，八曰提江，九曰箘江。殷，当也，得水所当行也。

【译文】

九条江水也都进入了各自的河道。

九江在今庐江浔阳县南面。《浔阳记》里有"九江"名：一是乌白江，二是蚌江，三是乌江，四是嘉靡江，五是畎江，六是源江，七是稟江，八是提江，九是箘江。殷，得当的意思，各水都行于所当行了。

【笺释】

孔颖达《正义》疏言：训"孔"为甚，"殷"为中，言"甚得地势之中"也。顾颉刚、刘起釪《译论》引朱熹、王夫之语，释"殷"为"盛"，且传"九江"有三种不同说法。刘氏最后"以一而称九"并无"九江"之说。而皮锡瑞《考证》引西汉刘歆语，说九江"是鄱水、余水、修水、豫章水、盱水、蜀水、南水、彭水合湖汉水为九，俱入江，故曰九江。"与东坡所传不同。可供参考。

沱、潜既道。

《尔雅》："水自江出为沱，自汉出为潜。"南郡枝江县有沱水，尾入江。华容县有夏水，首出江，尾入沔。此荆州之沱、潜也。蜀郡郫县有沱江，及汉中安阳皆有沱水、潜水，尾入江、汉。此梁州之沱、潜也。孔安国云，沱、潜发源梁州，入荆州。孔颖达云，虽于梁州合流，还于荆州分出。犹如济水入河，还从河出也。以安国、颖达之言考之，则味别之说，古人盖知之久矣。梁州、荆州，相去数千里，非以味则安知其合而复出耶？

【译文】

沱、潜二水都进入原来的水道。

《尔雅》："水从长江流出的称沱，从汉水流出的称潜。"南郡枝江县有沱，水尾进入长江。华容县有夏水，水头出长江，尾入沔江。这就是荆州的沱、潜二水。蜀郡郫县也有沱江，汉中、安阳也有沱水、潜水，尾入长江、汉水。这就是梁州的沱、潜二水。孔安国说，沱、潜发源于梁州，进入荆州。孔颖达说，虽于梁州合流，还是从荆州分出。就像济水进入黄河，还从黄河分出一样。就安国、颖达的话加以考察，则"以味区别河流"的道理，古人知道很久了。梁州、荆州，相去数千里的距离，若不是以它的味道来区别，怎能知道它合流后又复出呢？

【笺释】

东坡在这里再次提出"以味别水"的说法。这里是以沱、潜"地下河"潜行千里的现象作为论据,可供后人参考。

云土梦作乂。

《春秋传》曰:"楚子与郑伯田于江南之梦。"① 又曰:"王寝于云中。"② 则云与梦,二土名也。而云"云土梦"者,古语如此,犹曰"玄纤缟"云尔。

①《左传·昭公三年》:"十月,郑伯如楚,子产相。楚子享之,赋《吉日》。既享,子产乃具田备,王以田江南之梦。"(岳麓书社1988年版《左传》第279页)田,指狩猎。

②《左传·定公四年》:"楚子涉睢,济江,入于云中。王寝,盗攻之,以戈击王。"(岳麓书社1988年版《左传》第372页)

【译文】

云、梦二泽洪水已退,可以耕作了。

《春秋传》记载:"楚子与郑伯在江南的梦泽地方狩猎。"又说:"王宿于云泽中。"如此,是云与梦为两处不同的地名。而称呼为"云梦、土梦"的叫法,古代的语言就是这样说的,好比说"黑丝、白丝"一样。

【笺释】

"云上梦",《史记》作"云梦土",而孔颖达《正义》记作"云土、梦"。东坡此处所解,以《正义》为准。皮锡瑞引段玉裁①说:"作'云土梦'者,今文《尚书》也。今《史记》各本皆作'云梦土'。而《史记》索引单行本大书'云土梦'三字,小注云'云土、梦',二泽名"。蔡沈《集传》:"《左传》:'楚子济江入于云中'。又'楚子以郑伯田于江南之梦。'合而言之则为一,别而言之则二泽也。"孙星衍却以《史记》"云梦土为治"为据,主张"云梦"为一大泽名。

①段玉裁(1735—1815),字若膺,晚号长塘湖居士。江苏金坛人,清代文字训诂学

家、经学家。龚自珍外公。乾隆举人,曾任巫山县知县等职。著有《古文尚书撰异》《说文解字注》等。

厥土惟涂泥,厥田惟下中,厥赋上下。
田第八,赋第三。

【译文】

这里的土质都是涂泥。田地属下中等,赋为上下等。

田第八等,赋第三等。

厥贡羽毛,齿、革,惟金三品。杶、干、栝、柏。
杶,柘也,以为弓干。柏叶松身曰栝。

【译文】

这里进贡羽毛、象牙、皮革,还有金、铜、锡三样。杶、干、栝、柏。

杶,柘木,可作弓杆。柏的叶子、松的躯干称栝。

【笺释】

杶,读为"椿",今释作香椿的"椿",与东坡所释不同。又《正义》作"櫄",引《左传·襄公十八年》:"孟庄子斩其櫄,以为公琴。"注:櫄,杶也。琴材。

砺、砥、砮、丹,惟箘、簵、楛。
箘、簵,美竹。楛,中矢干。贡此十物。

【译文】

砺、砥、砮、丹,惟箘、簵、楛。

箘、簵,一种质美的竹子。楛,可作箭杆。进贡这十样物品。

【笺释】

砺，较粗的磨刀石。砥，精细的磨刀石。砮，石制的箭头。丹，即丹砂。

三邦厎贡厥名。

三邦，大国、次国、小国也。杶干栝柏，砺砥砮丹，与箘簵楛，皆物之重者，荆州去冀最远，而江无达河之道，难以必致重物。故使此州之国不以大小，但致贡其名数，而准其物易以轻赍致之京师。重劳人也。

【译文】

这三个邦国只贡以上物品的名称。

三邦，指大国、次等的邦国、小国。杶、干、栝、柏、砺、砥、砮、丹，与箘、簵、楛，这些都是沉重的物品，而荆州离冀州最远，长江又没有通达黄河的水道，难以将这些沉重的物品运达。因此让这几个州的邦国无论大小，只须要将进贡物品的名称、数量报上，允许他们以重物交换成同等价值的轻物运到京师即可。这是要重视人的劳力啊。

【笺释】

东坡这一段解释，为诸本所无。"爱惜民力，珍重劳动"，这是东坡对尧、舜时代的视角。所谓"三代之治"，此其要义所在。然而，南宋林之奇《全解》对此别有解释："苏氏曰：'荆州去冀最远，而江无达河之道，难以必致重物，故此邦之贡不以小大，但致贡其名数，而准其物易轻赍致之京师。'此说不然。夫所谓任土作贡者，皆其服食器用之物而不可阙者，故使准其本岁所输之赋而贡于京师。若谓当贡之物，准其名数，易以轻赍致之京师，正非作贡之本意也。"林氏尤其提到，此地所产的制作弓箭、矢石之类的材料更是"中原所资以为兵器之用者"，不可能因为物之重而不贡。此亦可备一说，可供参考。按，孔颖达《正义》疏云："郑玄以'厥名'下属'包匦菁茅'。"即断句为："三邦厎贡，厥名包匦菁茅。"即将所贡之物指名为祭祀用的物品。如此，则无东坡所云。

包匦菁茅，
匦，匣菁茅以供祭缩酒者。

【译文】
将菁茅包裹入匦，
匦，盛入菁茅以供应祭祀时滤酒之用的器具。

厥篚玄纁玑组。
纁，绛也。三入为纁。玑，珠类。组，绶类。

【译文】
盛装起黑赤色的纁帛和带有绶饰的珠玑。
纁，赤黄色。三次入染可成绛纁色。玑，珠类。组，绶带。

九江纳锡大龟。
尺二寸曰大龟，宝龟也。不可常得，故锡命乃纳之。

【译文】
九江地区奉诏进贡大龟。
长一尺二寸大的龟称为大龟，这是一种宝龟。因为大龟不常得，须接到君王下的诏令（锡命）才进贡。

浮于江、沱、潜、汉，逾于洛，至于南河。
江无达河之道，舍舟陆行以达于河，故逾于洛。自洛则达于河矣。河行冀州之南，故曰南河。

【译文】

　　顺流由长江至沱水、潜水、汉水，然后陆行至洛水，由此而至于黄河之南。

　　长江没有直达黄河的水道，必须舍舟陆行才能到达黄河，所以称"逾于洛"。从洛水就可以直达于黄河了。黄河流经冀州之南面，所以称为"南河"。

荆、河惟豫州。

　　自北条荆山至河，甚近。当是跨荆而南，犹济、河惟兖州也。

【译文】

　　荆山、黄河之间为豫州境。

　　从北条荆山到黄河，距离较近。应该是跨越荆山而向南，就像济水、黄河之间为兖州一样。

【笺释】

　　孙星衍《注疏》：郑康成曰："豫州界，自荆山而北至于河。"又疏谓："《释地》云'河南曰豫州'。"周秉钧《易解》："荆，荆山，在今湖北南漳县西北。河，黄河。荆山与黄河之间为豫州，今河南与湖北北部地域。"东坡所指为"北条荆山"，即孔颖达疏所谓"北条荆山在冯翊怀德县南"的荆山，与孙、杨二家所示不同，故云"跨荆而南"。

伊、洛、瀍、涧，既入于河。

　　伊水出弘农卢氏县东熊耳山，东北入洛。洛水出弘农上洛县冢岭山东，北至巩县入河。瀍水出河南谷城县潜亭北，东南入洛。涧水入弘农新安县东南入洛。三水入洛，洛入河。

【译文】

伊水、洛水、瀍水、涧水，都入于黄河。

伊水从弘农庐氏县东面熊耳山流出，向东北进入洛水。洛水从弘农上洛县冢岭山东面流出，向北至巩县进入黄河。瀍水从河南谷城县潜亭北流出，向东南进入洛水。涧水流入弘农新安县东南面的洛水。伊、瀍、涧，三条水都流入洛水，由洛水进入黄河。

荥波既豬，

沇水入河，溢为荥泽。尧时，荥泽常波而今始豬也。今荥阳在河南。《春秋》："卫、狄战于荥泽。"[①] 当在河北。孔颖达谓此泽跨河而南北也。

[①]《春秋》闵二年："十有二月，狄入卫。"《左传》云："及狄人战于荥泽。"（见中国友谊出版公司1984年版傅棣朴著《春秋三传比义》上册第364页）

【译文】

荥泽波涛既已平息，

沇水进入黄河，泛溢出来，形成荥泽。帝尧年代，荥泽经常发生波涛之害，而至此时开始平息了。今荥阳在河南。《春秋传》："卫侯与狄人开战于荥泽。"战事应当在河北。孔颖达谓荥泽跨越黄河南北。

【笺释】

孔颖达《正义》曰："沇水入河而溢为荥，'荥'是泽名。洪水之时，此泽水大，动成波浪。此泽其时波水已成遏豬（潴），言壅遏而为豬，蓄水而成泽，不滥溢也。"东坡用此义。

孙星衍《注疏》云："史迁'波'作播，一作'潘'。豬，一作'都'。马融曰：'荥播，泽名。'郑康成曰：'沇水溢出河为泽也。今塞为平地，荥阳民犹谓其处为荥播，在其县东。《春秋》，鲁闵公二年，卫侯及狄人战于荥泽，此其地也。'"可见"荥播"、"荥潘"亦为荥泽，由荥波而来。

皮锡瑞《考证》引《汉志》作"荥、波既豬",师古曰:"波亦水名。言其水并已遏制矣。"蔡沈《集传》亦认为"荥、波,二水名"。然引据芜杂,各自推考,难以为确证。

导菏泽,被孟豬。

沇水东出于陶丘北,又东为菏泽,在济阴定陶县东。孟豬在梁国睢阳县东北,水流溢覆被之。

【译文】

疏导菏泽的水,灌满孟豬泽。

沇水从陶丘的北面向东流出,又向东形成菏泽,在济阴定陶县东。孟豬泽在梁国睢阳县东北面,由沇水、菏泽溢出的水灌满。

厥土惟壤,下土坟垆。

垆,疏也。或曰黑也。

【译文】

这里的泥土松软如壤,低处的泥土隆起,黑色。

垆,疏松的意思。或者说黑色。

厥田惟中上,厥赋错上中。

田第四,赋第二,杂出第一。

【译文】

这里的田土属中上等,赋与杂物属上中等。

田属第四等,赋属第二等,杂物属第一。

厥贡漆、枲、絺、纻。

贡此四物。

【译文】

这里进贡漆、枲、絺、纻。

进贡这四样物品。

厥篚纤纩。

细绵也。

【译文】

筐贮精细绵布。

细致的绵织品。

锡贡磬错。

治磬错也。以玉为磬，故以此石治之。

【译文】

王室诏令进贡打磨玉磬的石头。

打磨玉磬的石头。以玉为磬，所以要用这样的石头来打磨它。

浮于洛，达于河。华阳、黑水惟梁州。

自华山之南至黑水皆梁州。

【译文】

顺着洛水，直达黄河。华山的南面至黑水之间为梁州。

从华山的南面至黑水之间都属于梁州境。

【笺释】

据顾颉刚、刘起釪《译论》，华阳，即华山之南（今陕西华阴县南）。黑水，据神话传说，分别出自昆仑、幽都、劳山的三条黑水。而梁州境内的黑水，实难确指。曾运乾《正读》："黑水即今怒江。上源曰喀喇乌苏，译言黑水也，出前藏境，东南流入云南西境，又南流入海。"然而，屈万里《集释》认为南海应指罗布泊。而曾氏所谓黑水应指出自昆仑的黑水。

岷、嶓既艺，沱、潜既道。
岷山、嶓冢皆山名也。沱水出于江，潜水出于汉。二水发源此州而复出于荆州，故于荆州亦云。

【译文】
岷山、嶓冢已经可以种植了，沱水、潜水也可以沿水道流通了。
岷山、嶓冢都是山名。沱水出自长江，潜水出自汉水。这两条水发源于此州又复出于荆州，所以于荆州也提到它们。

【笺释】
岷山，皮锡瑞引证，作"汶山"。然而，曾运乾《正读》引《汉书·地理志》："岷山在蜀郡湔氏道西徼外，嶓冢山在陇西郡西县。"顾颉刚、刘起釪《译论》征引众多资料，以"岷山、汶山皆用之"，皆蜀西之山。

蔡、蒙旅平。
蔡、蒙二山，蒙山在蜀郡青衣县，今曰蒙顶。祭山曰旅，水患平始祭也。

【译文】
蔡山、蒙山，水患已经解除，可以祭祀了。
蔡、蒙二山，蒙山在蜀郡青衣县，现在称为蒙顶。祭山叫作"旅"，水患平息了才开始祭祀。

【笺释】

　　孔颖达《正义》以蔡、蒙为二山名，并云"蔡山不知所在"。东坡依此说。蔡沈《集传》曰："蔡、蒙，二山名。蔡山，《舆地记》：在今雅州严道县。"然孙星衍云："郑以蔡蒙为一山。伪《传》误云'二山'，《疏》云'不知所在'，盖本无此山也。"曾运乾《正读》："蔡蒙，山名。《汉志》在汉嘉县，今在四川雅安县北。"又，顾颉刚、刘起釪《译论》引王引之语，认为"旅"应作"道"解。"旅平"即道路已修好可以通行了。

和夷底绩。

和夷，西南夷名。

【译文】

　　和夷族人归附获得治绩。
　　和夷，西南夷族人的名称。

【笺释】

　　蔡沈、孙星衍、皮锡瑞均以"和夷"为地名。引马融曰"和夷，地名也"为证。但孙、皮二人又同时引郑康成语："和夷，和上夷所居之地也。"否定"和夷"为地名。周秉钧《易解》亦主张"和夷"为夷族名，并引曾运乾语："以今地望准之，则大小金川，即古和夷所在地。"顾颉刚、刘起釪《译论》肯定东坡的说法，以"和夷"为族名。

厥土青黎。

黎，黑也。

【译文】

　　这里的泥土青黑色。
　　黎，黑色。

厥田惟下上，赋下中，三错。

田第七，赋第八，杂出第七、第九。

【译文】

这里的田土属下上等，赋属下中等，杂物属三。

田土第七等，赋第八等，杂物属第七、第九等。

【笺释】

据晚出《孔传》："田第七，赋第八，杂出第七、第九三等。"东坡依此解。孔颖达《疏》："传以既言'下中'，复云'三错'，举下中第八为正，上下取一，故杂出第七、第九与第八为三也。郑云：'三错者，此州之地有当出下之赋者少耳，又有当出下上、中下者差复益小。'与孔异也。"孙星衍《注疏》引江声语："经言三错，是正赋之外，杂出三等。而正赋下中之下，止有下下一等，故知并其上二等为三错。郑以他州言错者，皆是正赋之外别出一等。此言三错，明是正赋之外，别为三等矣。若并正赋为三等，则当言'再错'，不言'三错'。《传》说非也。"可供参考。

厥贡璆、铁、银、镂、砮、磬。

璆，美玉也。镂，刚铁也，可以镂者。

【译文】

这里进贡璆、铁、银、镂、砮、磬。

璆，一种美玉。镂，坚硬的铁，可以用来雕镂物件的刚铁。

【笺释】

据顾颉刚、刘起釪《译论》，璆为黄金；又引钱基博[①]先生遗著材料谓，1931年出土的小屯铜器，经国外化验，其中含铁成分达千分之六，可知殷商时期已知使用铁。《禹贡》一篇必定是战国以前即广泛使用铁以前的作品。不过，对此结论学术界尚有争议。

①钱基博（1887—1957），字子泉，别号潜庐，江苏无锡人。古文学家、教育家。钱钟书之父。早年参加革命。1923年后历任上海圣约翰大学国文教授、北京清华大学国文教授等。著有《经学通志》《古籍举要》等。

熊、羆、狐、貍织皮。
以罽者曰织，以裘者曰皮。

【译文】

进贡熊、羆、狐、貍的织皮。

以毛罽的称为织，以带毛的皮制成的称为皮。

西倾因桓是来，浮于潜，逾于沔。

西倾，山名，在陇西临洮县西南，桓水出焉。桓入潜，潜入河。汉始出为漾，东南流为沔，至汉中东行为汉。

【译文】

桓水沿西倾山而来，顺流入潜水，流过沔水。

西倾，山名，在陇西临洮县西南，桓水自此流出。桓水进入潜水，潜水进入黄河。汉水开始流出为漾水，向东南流为沔水。至汉中，东行为汉水。

【笺释】

这段经文，马融所解与郑玄不同。马融曰："治西倾山，因桓水是来，言无他道也。"郑玄断句为"织皮、西倾，因桓是来"，孙星衍引郑玄语："织皮，谓西戎之国也。西倾，雍州之山也。雍、戎二野之间，人有事于京师者，道常由此州而来。桓是，陇阪名。"又以"是"为"氏"，谓"其道盘桓旋曲而上，故名曰桓是。"即"桓氏"。周秉钧引清代经学家王鸣盛①语云："雍州之织皮、昆仑云云，知织皮谓西戎之国。即昆仑等是也。"

①王鸣盛（1722—1798），字凤喈，江苏嘉定（今属上海市）人，清乾隆十九年探花，官礼部侍郎。史学家、经学家、考据学家。著作多种，有《尚书后案》30卷，《尚书》学主郑玄一派。

入于渭，乱于河。

沔在梁州山南，而渭在雍州山北，沔无入渭之道。然按《前汉书》武帝时，人有上书欲通褒斜道及漕事。下张汤问之，云，褒水通沔，斜水通渭，皆可以漕。从南阳下沔水入褒。褒绝水至斜间百余里，以车转，从斜下渭。①如此，汉中谷可致。此则自沔入渭之道也。然褒、斜之间绝水百余里，故曰"逾于沔"。盖禹时通谓褒为沔也。

①事见《汉书·沟洫志》："事下御史大夫张汤。汤问之。言抵蜀从故道。故道多阪，回远。今穿褒斜道，少阪，近四百里，而褒水通沔，斜水通渭，皆可以行船漕。漕从上沔入褒，褒绝水至斜，间百余里，以车转从斜下渭，如此，汉中谷可致。"（上海古籍出版社1986年版《二十五史》第一册《汉书》第160页）

【译文】

进入渭水，横渡黄河。

沔水在梁州山南面，渭水在雍州山北面，因此沔水没有进入渭水的河道。然而按《前汉书》所载，武帝时有人上书，欲开通褒水、斜水的河道以及漕运之事。武帝下诏问及御史张汤，张汤说，褒水沟通沔水，斜水沟通渭水，都可以漕运。从南阳进入沔水至褒水。褒水断绝水路之后，直至斜水之间，有一百多里路，可以车辆转运至斜水，再进入渭水。这样汉中地方的谷米都可以运到。这就是从沔水进入渭水的运道。然而褒水与斜水之间断绝水道有百多里路，所以称为"跨越沔水"。大约在大禹时代，人们都称褒水为沔水。

【笺释】

林之奇《全解》称道东坡此段解说。他说："苏氏此说比于郦道元犹为有据。盖雍州之达于帝都则必自西倾因桓水而来，浮潜而逾沔至渭，陆行百余里，然后逾渭以乱于河。乱者，绝流而渡之也。"

黑水、西河惟雍州。
西跨黑水，东至河，河在冀州西。

【译文】
　　黑水、西河之间为雍州境。
　　雍州境西跨越黑水，向东至于黄河，黄河在冀州西部。

弱水既西，
众水皆东，此水独西。

【译文】
　　弱水导向西流，
　　众水皆向东流，只有这条河水独自导向西流。

【笺释】
　　顾颉刚、刘起釪《译论》谓，弱水是《禹贡》中唯一西流之水。现实地理中确有弱水。发源于今甘肃山丹县焉支山西麓、穷石之东，西北流至张掖，合来自祁连山西南之羌谷水后，亦称"张掖河"，最后入于居延海。

泾属渭汭，
泾水入渭水。属，连也。汭，水涯也。

【译文】
　　治泾水使之连属于渭河水涯边。

使泾水进入渭水。属，连属的意思。汭，水流会合的地方。

漆、沮既从，
从，如少之从长。渭大而漆、沮小，故言从。

【译文】

漆、沮之水也随从入渭，

从，比如年少的服从长辈一样。渭水为主流，而漆、沮水小，所以称随从。

沣水攸同。
沣、渭相若，故言同。

【译文】

沣水也来同流，

沣水与渭水大小相当，所以称为"同流"。

荆岐既旅，
荆，北条荆山也。

【译文】

荆山、岐山已经旅祭完毕，可以通行

荆山，指北条荆山。

【笺释】

孔颖达《正义》疏："《地理志》云，《禹贡》北条荆山在冯翊怀德县南，南条荆山在南郡临沮县北。彼是荆州之荆也。"

既旅，即如前"蔡、蒙旅平"一样，表示路已平治可以通行。

终南、惇物，至于鸟鼠。

三山名。武功县东有太一山，即终南山，有垂山，即惇物。

【译文】

终南山、惇物山，至于鸟鼠山。

三座山的名称。武功县东面有太一山，即终南山，还有垂山，即惇物山。

【笺释】

皮锡瑞《考证》："又陇西郡首阳云，'《禹贡》鸟鼠同穴山在西南，渭水所出，东至船司空入河'。"又有案语云："终南产物殷阜，故称'惇物'，非别有一山。"否定惇物为山名。东坡不取此说，以《正义》疏："垂山，古文以为惇物，皆在县东。"鸟鼠山，即鸟鼠同穴山。传说"鸟雄鼠雌同居一穴"故云。顾颉刚、刘起釪《译论》引顾颉刚语："闻之动物学家，此种鸟为云鹊，鼠为土百灵。毫无'鸟雄鼠雌同为阴阳'之事。其所以同穴者，云鹊不能自营巢，假土百灵之窟以居，在生殖上毫无关系也。"按：船司空，原为官衙名，专管黄河、渭河水运、船库等事。后为县名。县在陕西潼关。

原隰底绩，至于豬野。

《诗》云"度其隰原"①，即此原隰也。豳地武威县东有休屠泽，即豬野。

①《诗经·公刘》："度其隰原，彻田为粮。"隰原，平展而低湿之地。（上海古籍出版社1980年新1版《诗集传》第197页）

【译文】

原隰地方已获治理的功绩，直到豬野。

《诗经》有句"勘察那低洼的原野"，就是指这"原隰"。豳国地方的武威县东面有名叫"休屠"的沼泽,即这豬野。

三危既宅,三苗丕述。
《春秋传》曰:"先王居梼杌于四裔。允姓之奸居于瓜州。"①
杜预云:"允姓之祖与三苗俱放于三危瓜州。"今敦煌也。

①《左传·昭公九年》:"先王居梼杌于四裔,以御魑魅,故允姓之奸,居于瓜州。"(岳麓书社1988年版《左传》第299页)

【译文】

三危山一带已经可以安居,大获平定治理三苗族的功绩。

《春秋传》记载:"先王将梼杌迁居到四裔之处。允姓的奸人也被迁居到瓜州的地方。"杜预说:"允姓的祖先与三苗都被放逐到三危及瓜州。"三危即今敦煌。

厥土惟黄壤,厥田惟上上。厥赋中下。
田第一,赋第六。

【译文】

这里的土地都是黄土,这里的田地属上上等,赋属中下等。

田地为第一等,赋为第六等。

厥贡惟球琳、琅玕。
球琳,玉。琅玕,石而似珠。贡此二物。

【译文】

这里进贡球琳、琅玕。

球琳,一种美玉。琅玕,像珠的石头。进贡这两种物品。

【笺释】

东坡此处将球琳、琅玕分作二物。而诸本均分为球、琳、琅玕三种。孙星衍《注疏》引郑康成语："球，美玉也。琳，美石也。琅玕，珠也。"是为三物，与东坡异。

浮于积石，至于龙门、西河，会于渭汭。

积石山在金城河关县西南，河所经也。龙门山在冯翊夏阳县北。禹凿以通河也。渭水至长安东北入河。河始大，自渭汭而下，巨舟重载皆可以达冀州矣。

【译文】

顺流而下到积石，至于龙门、西河，会合于渭汭。

积石山在金城河关县西南，黄河所经过的地方。龙门山在冯翊夏阳县北面。大禹开凿此山以通黄河之水。渭水流至长安东北面进入黄河。黄河水开始涨大，从渭汭而下的水面，巨大的舟船和重载的货物都可以通过，直达冀州。

织皮。昆仑、析枝、渠搜，西戎即叙。

《禹贡》之所篚，皆在贡后立文。而青、徐、扬三州皆莱夷、淮夷、岛夷所篚。此云"织皮、昆仑、析枝、渠搜、西戎即叙"，大意与上三州无异，盖言因西戎即叙，而后昆仑、析枝、渠搜三国皆篚织皮。但古语有颠倒详略尔。其文当在"厥贡惟球琳、琅玕"之下。其"浮于织石，至于龙门、西河，会于渭汭"三句当在"西戎即叙"之下，以记入河水道，结雍州之末。简编脱误，不可不正也。

【译文】

进贡毛皮织品。昆仑、析枝、渠搜，西戎之国顺次归服。

《禹贡》所记录的进贡物品，都是在贡后再立所贡之物品名称。而青、徐、扬三州都是莱夷、淮夷、岛夷所贡。但这里所说"进贡毛皮织品，昆仑、析枝、渠搜，西戎都服从秩序"，大意与上三州没有不同。意思是因为西戎服从秩序之后，昆仑、析枝、渠搜三国也都进贡毛织品来了。但古代语言看起来有颠倒详略的地方。这段文字就当在"厥贡惟球琳、琅玕"的下面，而"浮于织石，至于龙门、西河，会于渭汭"三句应当放在"西戎即叙"的下面，这样，归结到记述黄河水道最终归于雍州结束。原文因竹简的脱误错乱，不可不加以更正。

【笺释】

东坡认为，作为贡品的"织皮"应当置于球琳、琅玕的下面，而"浮于织石，至于龙门、西河，会于渭汭"三句应放在"西戎即叙"的下面，表示昆仑、析枝、渠搜等少数民族的"方国"已经归顺，治水已全面结束，这样语气才完整顺当。

按，如果不把"织皮"当成一种贡品，而当成与昆仑、析枝等同样是一个方国的话，全文就无须改动。而郑康成在以上"熊、罴、狐、貍，织皮"一段经文中曾将"织皮"解释为："织皮，谓西戎之国也。"又在解释《史记·夏本纪》"织皮昆仑"一句的索隐中称："衣皮之人居昆仑、析支、渠搜，三山皆在西戎。"明确把"织皮"当成一个少数民族。林之奇《全解》亦对此有疑问，但又说："某谓苏氏解经多失之易，易故多变易经文以就己意者，若此类之谓也。"这一批评却又不能使人信服。东坡只是说"简编脱误，不可不正也"，仅为个人之质疑、探讨之辞，而林氏说："经之所述有先后之不同者，皆是据当时事实而言之也。"林氏生当南宋，距大禹时代已去三千年之遥，且现存《尚书》为后人所补述，如何便知是"据当时事实而言"？其说不可信。且东坡所传乃以孔颖达《正义》为主，其实是以托名孔安国的《古文尚书》为本，林之奇、蔡沈为南宋时人，不知明清以后学者正是持"怀疑"的态度进行研究，始知其为伪作，至今称为晚出《孔传》。既为伪作，正需订正、辩误，因此，东坡的观点值得重视而不是批评。顾颉刚、刘起釪《译论》也赞同东坡观点，认为是错简。并引胡渭《禹贡锥指》云：盛称苏轼之说，以为"参以梁州之文,此为错简明甚","推寻事理,苏说为长"。

导岍及岐,至于荆山。

　　岍山,在扶风,即吴岳[1]也。荆山,北条荆山也。孔子述《禹贡》曰:"禹别九州,随山浚川。"盖言此书一篇而三致意也。既毕九州之事矣,则所谓"随山"与"浚川"者,复申言之。"随山"者,随其地脉而究其终始也。何谓地脉?曰地之有山,犹人之有脉也,有近而不相连者,有远而相属者,虽江河不能绝也。自秦蒙恬始言地脉,而班固、马融、王肃治《尚书》,皆有三条之说。郑玄则以为四列。古之达者已知此矣。北条山,道起岍、岐而逾于河以至太岳,东尽碣石,以入于海。是河不能绝也。南条之山,自嶓冢、岷山至于衡山,过九江至于敷浅原,是江不能绝也。皆禹之言,卓然见于经者,非地脉而何?自此以下,至敷浅原,皆随山之事也。

　　[1] 吴岳,明凌刻本及《苏东坡全集》本作"南岳"。然林之奇《全解》引《汉书·地理志》:"吴岳在扶风岍县西,《古文》要与岍山。"又,蔡沈《集传》:"岍山,地志,扶风岍县西吴山。古文以为汧山,今陇州吴山县吴岳山也。"作"南岳"恐非。曾运乾《正读》引《汉志》(即《汉书·地理志》)亦称为"吴岳"。

【译文】

　　治理岍山及岐山,以至于荆山。

　　岍山在扶风,即所谓吴岳。荆山,这里说的是北条荆山。孔子记述《禹贡》说:"禹区划九州,随山势疏浚川流。"那是说本书中的一篇而再三表达个人的感慨啊。既已完成九州区划的大事,那么,重申一下所谓"随山"与"浚川"的问题。"随山"的意思,即随着地脉的走向而追究它的来龙去脉。什么叫作"地脉"?大地之有山,就好像人身上有血脉一样,血脉有相近但不相连的,有距离远但又相连属的,尽管有江河也不能隔绝它们。自从秦国的蒙恬提出地脉之说,班固、马融、王肃研读《尚书》,都认为有三条。而郑玄则认为有四列。古代明达的学者们都已经知道有这回事。北条山脉起始于岍山、岐山，跨越于黄河到达太岳，向东到碣石为止，进入大海。这是黄河也不能断绝的。南条的山脉，从嶓冢、岷山到衡山，经过九江到达敷浅原，这是长江也不能断绝的。这都是大禹的话，显然见之于经文的，这不是地脉是什么？从这里以下，至"敷浅原"，都是"随山"的事了。

【笺释】

东坡于此篇提出的"地脉"说，曾遭朱熹、蔡沈等儒家学者的反对。而顾颉刚、刘起釪《译论》云："地理学的山脉说，实由苏氏始倡的地脉而来。山之成脉是客观的地壳造山运动而形成的。"可见《东坡书传》每多先儒、后儒之所未达。

曾运乾《正读》："按《汉志》历陵在今江西九江县东，傅阳即鄱阳。鄱、傅，声相近，敷、傅，声亦同。傅阳山即鄱阳山，亦即'敷浅原'，亦即今之庐山。"

逾于河。壶口、雷首，至于太岳，

三山之名也。雷首在河东蒲阪南。太岳者，霍太山也。

【译文】

跨越过黄河。壶口山、雷首山，直到太岳山。

三座山的名称。雷首山在河东蒲阪南面。太岳，即霍太山。

【笺释】

"逾于河"三字，别本缀于上句"荆山"之下。东坡同孔颖达《正义》本。皮锡瑞《考证》引颜师古语云："自此以下，更说所治山水首尾之次也。治山通水，故举山言之。"故"逾于河"三字缀于上句为当。

底柱、析城，至于王屋。

底柱，在陕东北。析城，在河东濩泽西南。王屋，在河东垣县东北。

【译文】

底柱山、析城山，直到王屋山，

底柱山在陕县东北，析城山在黄河东濩泽西南面，王屋山在黄河东垣县东北面。

【笺释】

底柱，一作砥柱。皮锡瑞《考证》引颜师古注："底柱在陕县东北，山在河中，形若柱也。"

太行、恒山，至于碣石，入于海。

太行山在河内山阳县西北，恒山在上曲阳县西北。

【译文】

太行山、恒山，直到碣石，进入大海中。

太行山在河内山阳县西北面，恒山在上曲阳县西北面。

西倾、朱圉、鸟鼠，

西倾山在陇西临洮县西南，朱圉山在天水冀县南。鸟鼠同穴山在陇西首阳县西南。

【译文】

西倾山、朱圉山、鸟鼠山，

西倾山在陇西临洮县西南面，朱圉山在天水冀县南。鸟鼠同穴山在陇西首阳县西南面。

至于太华。

太华在京兆华阴南。

【译文】

直到太华山（即今华山）。

太华山在京兆华阴县南面。

熊耳、外方、桐柏，至于陪尾。

熊耳山在弘农卢氏县东。外方，嵩高山也，在颍川。桐柏，在南阳平氏县东南。陪尾山，在江夏安陆县东北。

【译文】

熊耳山、外方山、桐柏山，直到陪尾山。

熊耳山，在弘农卢氏县东面。外方，即嵩高山，在颍川郡。桐柏山，在南阳平氏县东南面。陪尾山，在江夏安陆县东北面。

导嶓冢，至于荆山。

南[1]条荆山。

[1]南，明凌刻本，经解本作"东"。

【译文】

治理嶓冢山，直到荆山。

指南条荆山。

内方，至于大别，

内方山，在江夏竟陵县东北。《春秋传》曰："吴、楚夹汉而陈，自小别至于大别。"① 二别山皆在汉上。

①《左传·定公四年》："冬，蔡侯、吴子、唐侯伐楚……自豫章与楚夹汉……乃济汉而陈，自小别至于大别。"（岳麓书社1988年版《左传》第371页）

【译文】

内方山，直到大别山，

内方山，在江夏竟陵县东北面。《春秋传》说："吴国、楚国陈兵于汉水相对峙，从小别山直到大别山"。二别山，都在汉水旁。

岷山之阳至于①衡山。

①顾颉刚、刘起釪《译论》认为"于"字为衍文。并云"司马迁据九个'至于'之山称为'九山'，亦可证此处原无'于'字"。

岷山在蜀郡湔氐西。衡山在长沙湘南县东南。

【译文】

从岷山的南面直到衡山。

岷山在蜀郡湔氐道西。衡山在长沙湘南县东南面。

【笺释】

岷山，周秉钧《易解》："岷山，在四川松潘县北。"此用现代舆图说。东坡为蜀人，所云"湔氐"，所据依《汉书·地理志》"蜀郡湔氐道"。

过九江，至于敷浅原。

豫章历陵县南有博阳山，即敷浅原。

【译文】

过九江，至于敷浅原。

豫章历陵县南有博阳山，即"敷浅原"。

【笺释】

东坡以博阳山为敷浅原。然曾运乾《正读》认为："傅阳即鄱阳，鄱、傅声相近，敷、傅声亦同。傅阳山即鄱阳山，亦即敷浅原，亦即今之庐山。"又据顾颉刚、刘起釪《译论》所引，有学者认为既非博阳山，也非庐山，而是"傅阳高平之地"。

导弱水至于合黎，余波入于流沙。

合黎山，在张掖郡，删丹县。弱水自此西致酒泉、合黎。张掖郡有居延泽，在县东，即流沙也。自此以下皆浚川之事也。所导者九，弱水，不能载物，入居延泽中，不复见此水之绝异者也。黑水、汉水与四渎皆特入海。渭、洛皆入河，达冀之道。故特记此九者，余不录也。

【译文】

疏导弱水至于合黎山麓，其余各水进入流沙之中。

合黎山在张掖郡删丹县。弱水从这里向西流至酒泉、合黎。张掖郡有居延泽，在县东面，即"流沙"。自此以下，所讲述的都是关于疏浚河川的事情了。所疏导的有九条。弱水不能运载货物，进入居延泽中，不再见到这条水道的奇绝景象。黑水、汉水与"四渎"都直接流入大海。渭水、洛水都流入黄河，有到达冀州的水道。因此特记录这九条，其余不再记录。

【笺释】

皮锡瑞《考证》案："合黎，郑与《水经》以为山名，马融、王肃云是地名，晚出《孔传》以为水名，王逸《九思》云'过桂车兮合黎'。注云：'桂车、合黎，皆西方山之名。'叔师用今文说，亦以合黎为山名。然则，马、王以为地名，晚出《孔传》以为水名皆非也。"东坡此处取郑说，不依孔《传》。

导黑水至于三危，入于南海，

黑水得越河入南海者，河自积石以西皆多伏流，故黑水得越而南也。

【译文】

　　疏导黑水直到三危山，进入南海，

　　黑水能够跨越黄河进入南海的原因，在于黄河自积石以西多暗流（地下河），因此黑水能够越河而进入南海。

【笺释】

　　孔颖达《正义》疏："案郦元《水经》：'黑水出张掖鸡山，南流至敦煌，过三危山，南流入于南海。'然张掖、敦煌并在河北，所以黑水得越河入南海者，河自积石以西皆多伏流，故黑水得越而南也。"东坡取此说。河北，指黄河之北。

　　孙星衍《注疏》云："三危山在敦煌，即今甘肃敦煌县。黑水经此入南海。《经》云南海者，即居延海之属，《史记·大宛传》索隐引《太康地记》云，河北得水为河，塞外得水为海也。"

　　周秉钧《易解》云："其入于南海者，惟青海省东部之布客河为大，当是此水。布客河东南流，注入南方之青海，故曰入于南海。"因黑水所指不一，故此说亦可供参考。

导河积石，至于龙门，

施功发于积石。

【译文】

　　疏导黄河水于积石，直到龙门，

　　疏导黄河的施功地点从积石开始。

【笺释】

　　孔颖达《正义》传曰："施功发于积石，至于龙门，或凿山，或穿地以通流。"

南至于华阴，东至于底柱，又东至于孟津，

孟津在河内河阳县南，都道所凑，古今以为津。

【译文】

向南至于华阴县，向东至于底柱山，又向东直到孟津，

孟津在河内河阳县南，通都大邑所凑集的地方，古今都作为津渡所在地。

东过洛汭，至于大伾，

洛汭，洛入河处，在河南巩县东。大伾山，在黎阳，或曰成皋。

【译文】

向东经过洛河水边，直到大伾。

洛汭，洛水流入黄河的入口处，在河南巩县东面。大伾山，在黎阳，又称为成皋。

北过降水，至于大陆，

河至大伾而北，降水在信都。

【译文】

向北经过降水，直到大陆，

黄河到达大伾山转而向北，降水在信都县。

【笺释】

周秉钧《易解》云："大陆，即大陆泽，在今河北巨鹿县西北。"然而，孙星衍《注疏》引《河渠志》认为"是史公以高地释大陆，亦不得以为巨鹿泽也"。然而，顾颉刚、刘起釪《译论》云："据近年地下水探测，今河北省巨鹿、南宫、冀县、束鹿、宁晋、隆尧、任县间有一古大

泽遗址，由西向东北长约67公里，巨鹿、隆尧二县间东西最宽处28公里（见河北省地理研究所《河北平原黑龙港地区古河道图》），证实古有此大湖，即大陆泽遗址。"孙氏所说非是。

又北播为九河，同为逆河入于海。

播，分也。逆，迎也。既分为九，又合为一，以一迎八而入于海，即渤海也。

【译文】

又从北边分成九条河，九河共迎大河为同一条河而流入大海。

播，分散的意思。逆，迎接的意思。既分为九条河，又合而为一大河，以一大河迎八条小河进入大海，即渤海。

【笺释】

所谓"以一迎八而入于海"，是说九河将入海处，受海水倒灌而各形成一咸淡水相融的河段（即逆河）而入于渤海（见前"九河既道"笺释）。

嶓冢导漾，东流为汉。

嶓冢山，在梁州南。

【译文】

从嶓冢山疏导出为漾水，向东流为汉水。

嶓冢山，在梁州南面。

又东为沧浪之水，

出荆州东南，为沧浪之水。即《渔父》所歌者也。

【译文】

又向东流为沧浪之水，

自荆州东南流出为沧浪之水。即《渔父》辞中所歌唱的"沧浪之水"。

过三澨至于大别,
三澨水在江夏竟陵。

【译文】

经过三澨水流至于大别山,

三澨水在江夏竟陵县。

南入于江。
触大别山而南。

【译文】

向南进入长江。

碰到大别山而向南。

东汇泽为彭蠡。
汇,回也。

【译文】

长江向东汇聚形成彭蠡泽。

汇,回流之意。

东为北江,入于海。岷山导江,东别为沱。
江东南流,沱东行。

【译文】

自彭蠡向东为北江,流入海。自岷山疏导江流,向东另分为沱江。

江向东南流,沱江向东流。

又东至于澧，

澧水在荆州。《楚词》云："遗予佩兮澧浦。"①

①《楚辞·九歌·湘君》："捐余玦兮江中，遗余佩兮醴浦。"（贵州人民出版社1984年版《楚辞全译》第36页）

【译文】

又向东直到澧水，

澧水在荆州。《楚词》有句："将我的玉佩啊，丢进澧浦之中。"

过九江至于东陵，东迆北会于汇。

迆，迆逦也。汇，彭蠡也。

【译文】

过九江直到东陵，向东连绵曲折北流入彭蠡湖。

迆，迆逦纡曲的意思。汇，指彭蠡湖。

【笺释】

东陵为何地，东坡未作解释。顾颉刚、刘起釪《译论》引《水经·江水注》："又东过下雉县北，利水从东陵西南注之。利水出卢江郡东陵乡。江夏有西陵县，故是言东矣。《尚书》江水'过九江至于东陵'者也。实即其地。"

东为中江入于海。

今金山以北，取中泠水，味既殊绝，称之轻重亦异。盖蜀江所为也。

【译文】

东面为中江，流入于海。

现今金山以北，汲取江心中冷水，味道既特殊绝妙，用秤来称也显示出不同的轻重来。这正是流自蜀江的水所具有的特点。

【笺释】

东坡在这里第三次提到"以味别"的话题。他认为以味道区别江水的实践，古人已有。在"三江既入"一节中特引唐陆羽为例，惜不为多数学者所首肯。至此第三次再提，并认为是"蜀江独有"。

导沇水东流为济，入于河，溢为荥。

济水出河东垣县王屋山东南，至河内武德县入河，并流而南截河，又并流溢出，乃为荥泽也。

【译文】

疏导沇水向东流为济水，进入黄河，又溢出为荥泽。

济水出自河东垣县王屋山东南，流至河内武德县进入黄河，并流后从南面横截黄河，又并流溢出，形成荥泽。

东出于陶丘北，

陶丘在济阴定陶西南。

【译文】

向东流出于陶丘北面，

陶丘在济阴定陶县西南。

又东至于菏，又东北会于汶，

汶入济也。

【译文】

又向东流至菏水，又向东北与汶水会合，

汶水进入济水。

又北东入于海。导淮自桐柏。
淮水出胎簪山东北，过桐柏。胎簪，盖桐柏之旁小山也。

【译文】
又流向北方向，进入大海。从桐柏山疏导淮水。

淮水出自胎簪山东北面，过桐柏山。胎簪，那是桐柏山旁的小山。

东会于泗、沂，东入于海。
泗水出济阴乘氏县，至临淮睢陵县入淮。沂水先入泗，泗入淮也。

【译文】
向东会合于泗水、沂水，再向东流入大海。

泗水出自济阴乘氏县，至临淮睢陵县进入淮水。沂水先入泗水，泗水进入淮水。

导渭自鸟鼠同穴，东会于沣，
沣入渭也。沣水出扶风鄠县东南，北过上林苑入渭。

【译文】
疏导渭水自鸟鼠同穴山，向东流会合于沣水，

沣水进入渭水。沣水流出扶风鄠县东南，北过皇家上林苑进入渭水。

又东会于泾，
泾入渭也。泾水出安定县泾阳县西，东南至冯翊阳陵县入渭。

【译文】

又向东流会合于泾水，

泾水流入渭水。泾水出自安定县泾阳县西面，向东南至于冯翊阳陵县进入渭水。

又东过漆沮，入于河。

沮水出北地直路县，东入洛。郑渠在太上皇陵东南，濯水入焉，俗谓之漆水，又谓之漆沮。其水东入洛。此言东会于沣，又东会于泾，又东过漆沮者，渭水自西而东之次也。雍州所云"泾属渭汭，漆沮既从，沣水攸同"者。散言境内诸水，非西东之次也。《诗》云"自土沮、漆"①，乃豳地，非此漆沮。

①《诗经·大雅·绵》："民之初生，自土沮漆。"（上海古籍出版社1980年新1版《诗集传》第179页）

【译文】

又向东过漆沮，流入黄河。

沮水出自北地直路县，向东进入洛水。郑渠在太上皇陵东南面，濯水由此进入，俗话称为漆水，又称为"漆沮"。它的水路向东进入洛水。这里说东会合于沣水，又向东会合于泾水，又向东流过漆沮，那是渭水自西向东顺次流经的水路。这就是雍州所讲到的"泾属渭汭，漆沮既从，沣水攸同"的话题。分散说到境内各条水路，并非从西向东的次序。《诗经》有句"自土沮、漆"，那是在豳地，不是说这里的"漆沮水"。

【笺释】

东坡这里将"漆沮"当作一水，与孔颖达《正义》同。孙星衍亦同此说。周秉钧也以"漆沮"作一水，但却称漆沮为"洛河"。然皮锡瑞《考证》引《水经》云："漆水出扶风杜阳县俞山东，北入于渭。沮水出北地直路县，东过冯翊祋祤县北，东入于洛。"又引陈乔枞语："考漆、沮二水并入于洛。"将漆、沮作二水。

导洛自熊耳东北，会于涧、瀍，又东会于伊，又东北入于河。九州攸同。

书同文，车同轨。

【译文】

从熊耳东北面疏导洛水，会合于涧水、瀍水，又向东会合于伊水，又向东北进入黄河。至此，九州之内和合安祥。

可以做到"书同文，车同轨"。

四隩既宅，

隩，深也。四方深远者，皆可居。

【译文】

四方深隩偏远的地方都可以安居乐业。

隩，深远的意思。表示四方深远的地方都可以安居。

九山刊旅，九川涤源，九泽既陂，四海会同，六府孔修。

水、火、金、木、土，谷。

【译文】

九州之内的山川道达治平，湖泊清流开源，大江大河疏理源流，湖泊泽薮构筑陂岸堤坝，五湖四海会通统一，六府获得很好的修治。

六府：水、火、金、木、土、谷之收藏。

【笺释】

刊旅，与上文"蔡蒙旅平"意同，即道路已治平可通。六府，指水、火、金、木、土、谷六样物质都已收归六府备藏。

庶土交正，底慎财赋，咸则三壤，成赋中邦。

交，通也。正，平准也。庶土不通有无，则轻重偏矣，故交通而平准之。九州各则壤之高下以制国用，为赋入之多少。中邦，诸夏也。贡篚有及于四夷者，而赋止于诸夏也。

【译文】

众土地上要通行正确的赋税等级，谨慎收取财赋，都按三个等次分好土壤的高下，以便在中国内定好赋税。

交，通行、流通的意思。正，公平、准确的意思。大众的土地上不沟通有无，那就会造成赋税的轻重不均，所以要沟通准确公正的赋税规定。九州之内要规定好土壤的高下以制定好国家的各项费用，以规划赋税要征收多少。中邦，指华夏的各诸侯国。九州之外的四夷只进贡方物，而赋税仅止于华夏的各诸侯国。

【笺释】

此段经文"咸则三壤，成赋中邦"，东坡取孔颖达《正义》说。蔡沈、皮锡瑞亦同其说。孙星衍、曾运乾却断句为"咸则三壤成赋"，将"中邦"二字连下句读。

蔡沈曰："中邦，中国也。盖土赋或及于四夷，而田赋则止于中国而已。"皮锡瑞《考证》引颜师古语："言众土各以其所出，交易有无，而无不失正。致慎货财，以供贡赋。皆随其土田上、中、下三品，而成其赋于中国也。中国，京师也。"曾运乾曰："按'三壤'者，于三等中又分出九等也。中邦锡土姓，则蛮夷戎狄不在胙土命氏之列可知矣。"其义亦相通。

锡土、姓。

《春秋传》曰："天子建国，因生以赐姓，胙之土而命之氏。"①

①《左传·隐公八年》："天子建德，因生以赐姓，胙之土而命之氏。"（岳麓书社1988年版《左传》第10页）

【译文】

因土赐以姓氏。

《春秋左氏传》说:"天子为要树立有德之君为诸侯,要以他出生的土地赐给他姓,再奉送给他土地以赐命氏。"

【笺释】

《左传》原文为"天子建德",东坡误"德"为"国"。然蔡沈的解释为:"锡土姓者,言锡之土以立国,锡之姓以立宗。"则"天子立国"亦别有所解。

孔颖达《正义》疏曰:"此一经皆史美禹功,言九州风俗既同,可以施其教化,天子惟当择任其贤者,相与共治之。选有德之人,赐与所生之土为姓。"又疏曰:"《周语》称帝嘉禹德,赐姓曰姒。"大禹为夏后氏。顾颉刚、刘起釪《译论》引《国语·周语》谓"帝嘉禹德"的"帝"指上天,是上天嘉大禹之德,"皇天嘉之,祚土赐姓",而不是指大禹赐诸侯以土地与姓氏。

祗台德先,不距朕行。

台,我也。我以德先之,则民敬而不违也。

【译文】

民众先敬重我的德行,就不会有违背我的行为。

台,指我。我以德行为先,那么民众就会敬重而不会有背离我的行为。

五百里甸服。

王畿千里,面五百里也,甸,田也。为天子治田。

【译文】

五百里之内,要治田服役。

王首都周围千里，王城外面各五百里，为甸田。要为天子治理农田。

【笺释】

皮锡瑞《考证》云："五百里者，去王城外面各五百里也。故史公说为'令天子之国以外'，国者，郑注《曲礼》云'城中'也。"

百里赋纳緫，

緫，藁、秸并也。最近，故纳緫。

【译文】

百里之内要缴纳緫。

緫，藁、秸之类一并交纳。因为最靠近王城，所以要交纳緫。

二百里纳铚，

铚，刈也。刈其穗，不纳藁。

【译文】

二百里之内，要交纳铚。

铚，收割的意思。收割它的穗（麦穗、稻穗），不交麦秆、稻秆。

三百里纳秸服，

秸，藁也，以藁为藉薦之类可服用者。

【译文】

三百里之内，要交纳秸并服役。

秸，藁之类。用藁作为垫席之类可供应用的物品。

四百里粟，五百里米。

稍远，故所纳者愈轻。

【译文】

四百里之内要交纳粟，五百里之内要交纳米。

路途稍远的，所要交纳的就越轻。

五百里侯服。

此五百里始有诸侯。

【译文】

五百里外，诸侯要负责劳役。

这五百里（特指甸服以外的又五百里）开始有诸侯国。

【笺释】

皮锡瑞《考证》引《春秋纬》："侯之言候，候顺逆，兼司候王命。"指随时接受王室的差遣。

百里采，

卿大夫之采也。

【译文】

百里之内随时服事。

卿大夫所要承办的事。

二百里男邦，

与百里采通为二百里也。男邦，小国也。

【译文】

二百里小国承担王事。

与百里之内承办王事一样，都为二百里内。男邦，指小的诸侯国。

【笺释】

《史记·夏本纪》："甸服外五百里侯服，百里采，二百里任国。"注云，任，"任王事者"。释"男"为任。但主要意思相同，即二百里内的诸侯要承担王室交办的事务。

三百里诸侯，

自三百里以往皆诸侯也。诸侯，大国、次国也。小国在内，依天子而国；大国在外，以御侮也。

【译文】

三百里内为诸侯国，

三百里以内都是诸侯国。但诸侯国有大小国之分。小国在内，依附天子而建国；大国在外，抵御外族的侵略。

五百里绥服，

绥，安也。

【译文】

五百里以外为安稳平和的区域。

绥，平安稳定的意思。

三百里揆文教，二百里奋武卫，五百里要服，

总其大要。法不详也。

【译文】

　　三百里区域内能参考天子的文教化育民众，二百里内的区域能奋发武力拱卫王室，五百里外的区域为简要遵守王室教化的地方。

　　总之，大略的要点如此。详细的规定、办法已不知其详。

【笺释】

　　蔡沈《集传》："要服，去王畿已远，皆夷狄之地。其文法略于中国。谓之要者，取要约之义，特羁縻之而已。绥服外，四面又各五百里也。"曾运乾《正读》："要服者，江声云：'要结好信而服从之。'"此亦"羁縻"之意。

三百里夷，
杂夷俗也。

【译文】

　　三百里（去绥服以外又三百里）区域，施以平易之法。

　　混杂着夷族风俗的地方。

二百里蔡。
放有罪曰蔡。《春秋传》曰："杀管叔而蔡蔡叔。"①

①《左传·定公四年》："王于是杀管叔而蔡蔡叔，以车七乘，徒七十人。"（岳麓书社1988年版《左传》第370页）蔡蔡叔，即流放蔡叔。

【译文】

　　二百里内依法管束。

　　依法流放有罪者称"蔡"。《春秋传》说："诛杀管叔而以流放的刑法处罚蔡叔。"

【笺释】

　　皮锡瑞《考证》引《史记》集解："马融曰，蔡，法也。受王者刑罚而已。师古曰：'要，以文教要束之也。夷，易也，言行平易之法也，三百里皆同。蔡，法也，遵刑法而已，二百里皆同。'"

五百里荒服。
其法荒略。

【译文】

　　要服之外五百里为荒服。
　　那地方法纪荒远缺略。

【笺释】

　　孔颖达《正义》曰："服名'荒'者，王肃云：'政教荒忽，因其故俗而治之。'传言'荒又简略'，亦当以为荒忽，又简略于要服之蔡也。"蔡，指刑法。

三百里蛮，二百里流。
罪大者流于此。

【译文】

　　荒服五百里中三百里为蛮服，二百里为流服。
　　罪行大的人要被流放到这里。

【笺释】

　　孔颖达《正义》曰："郑云：'蛮者，听从其俗，羁縻其人耳。故云蛮。'"又"流，如水流，故云'移也'。其俗流移无常，故政教随其俗，任其去来，不服蛮来之也。"

东渐于海，西被于流沙，朔南暨。声教讫于四海。禹锡玄圭，告厥成功。

以五德王天下，所从来尚矣。黄帝以土，故曰黄；炎帝以火，故曰炎；禹以治水得天下，故从水而尚黑；殷人始于兵王，故从金而尚白；周人有流火之祥，故从火而尚赤；汤用玄牡，盖初克夏，因其旧也。《诗》云，"有客有客，亦白其马"，①是殷尚白也。帝锡禹以玄圭，为水德之瑞，是夏尚黑也。此五德所尚之色见于《经》者也。

①《诗经·周颂·有客》："有客有客，亦白其马。"（上海古籍出版社1980年新1版《诗集传》第231页）

【译文】

东靠近大海，西及于流沙，又及于（暨）北方与南方。虽在四海荒服之外，也能听闻到天子的声威和教化，时来朝见。这是大禹治水的效果。天子于是赐给他黑色的玉圭，向天下宣告他治水的成功。

以五德之瑞兆统治天下，这传统由来已久了。黄帝因土而登王位，所以称黄；炎帝因火而登王位，所以称炎；禹以治水得天下，所以从水，因而以黑色为上；殷人开始以兵器取得王位，因而崇尚金，以白色为上；周人有流火的祥瑞，因此从火而以赤色为上；商汤采用玄牡，那是因为刚推翻了夏朝，沿袭旧的习惯罢了。《诗经》有句："有客有客，也骑白色的马。"那就是说殷人也以白色为上。帝舜以黑色的圭赐给禹，这是水德的祥瑞，也就是说夏朝以黑色为上。这五德所对应的色彩，可以从《经》书里找到。

【笺释】

东坡此段诠解，颇有穿凿之嫌，被林之奇讥为"目睫之论"。意即见解肤浅，牵强附会。

书传卷六

夏　书

甘誓第二

启①与有扈战于甘之野，作《甘誓》。

《史记》曰："有扈，禹之后。其国扶风鄠县是也。"②《国语》曰："夏有观、扈，周有管、蔡。"③以比"管、蔡"，兄弟之国也。甘，扈之南郊也。

①启，夏朝的第二位国君，大禹的儿子。《史记·夏本纪》："禹子启贤，天下属意焉。及禹崩，虽授益，益之佐禹日浅，天下未洽。故诸侯皆去益而朝启，曰：'吾君帝禹之子也。'于是启遂即天子之位，是为夏后帝启。"（中华书局1959年版《史记》第一册第83页）

②《史记·夏本纪》集解云："《地理志》曰：扶风鄠县是扈国。"按，"有扈，禹之后"五字未见于《史记》。（中华书局1959年版《史记》第一册第84页）

③查"夏有观、扈"一语，见于《左传·昭公元年》，恐东坡误记。《国语·楚语上第十七》："尧有丹朱，舜有商均，启有五观，汤有太甲，文王有管、蔡。是五王者，皆有元德也，而有奸子。"（北京图书馆出版社2006年版《国语》线装影印本）

【译文】

帝启与有扈氏开战于甘这地方的原野上，作《甘誓》一篇以训话誓师。

据《史记》所载，有扈氏是大禹的后裔，它的邦国在扶风鄠县（今陕西西安鄠邑区）。又据《国语》所载："夏有观氏、扈氏，周有管叔、蔡叔。"用观氏、扈氏比拟"管叔、蔡叔"兄弟之间的邦国。甘，有扈氏邦国的南郊。

【笺释】

按《史记·夏本纪》："夏后帝启，禹之子，其母涂山氏之女也。有扈氏不服，启伐之，大战于甘。"又按《国语》卷十七《楚语上》"申叔时论傅太子"所载："故尧有丹朱，舜有商均，启有五观，汤有太甲，文王有管、蔡，是五王者，皆有元德也，而有奸子。"据此，则"五观"为帝启之弟。《史记·夏本纪》亦载："夏后帝启崩，子帝太康立，帝太康失国，昆弟五人。"则"五观"者，为"太康昆弟五人"也，非启之昆弟。曾运乾《正读》："《淮南·齐俗训》云：'昔有扈氏为义而亡。'高注：有扈，夏启之庶兄也。以尧舜举贤，禹独与子，故伐启，启亡之。"

又据孙星衍《注疏》引《吕氏春秋》《庄子》《说苑》等，论伐有扈氏者为大禹，非启也。文繁不录。

大战于甘，乃召六卿。
天子六师，其将皆命卿。

【译文】

双方即将大战于甘的原野上，于是启召命六卿率军出战。
天子军队的六师，率军的将领都是天子授命的六卿。

【笺释】

孙星衍《注疏》："《夏本纪》云：'将战，作《甘誓》，乃召六军申之。'是未战也。未战称'大战'者，谓天子亲征之师。故《大传》以战为惮警之，不以为斗也。"然据下文所载，实则已战，且亡有扈氏。顾颉刚、刘起釪《译论》引《墨子·明鬼下》解六卿为"六人"。认为"六卿"之名始见于春秋中期。又，甘为地名。顾颉刚、刘起釪《译论》认为其地以甘水得名。"即今洛阳西南"。

王曰："嗟，六事之人，予誓告汝。有扈氏威侮五行，怠弃三正。"

王者各以五行之德王，易服色及正朔，孔子曰："行夏之时。"①自舜以前，必有以建子、建丑为正者。有扈氏不用夏之服色、正朔，是叛也。故曰"威侮五行，怠弃三正"。

① 语见《论语·卫灵公》："颜渊问为邦。子曰：行夏之时。"时，指夏朝的历法。（北京市中国书店1985年版《四书五经》第三种《论语章句集注》第66页）

【译文】

王说："嗨！主管六事的人等，我在这里誓言，告诉大家。有扈氏以暴力强行废弃五行的时政，抛弃三正的历法。"

登上王位的人必须以五行盛德所行之政君临天下，改换服色与正朔。孔子说过："奉行夏朝的历法。"在帝舜以前，必定有以建子月、建丑月为正月的。有扈氏不用夏朝的服色与正朔，这就是反叛的行为。所以说"威侮五行，怠弃三正"。

【笺释】

"正朔"即正月初一，"建子、建丑为正"即以建子月、建丑月为正月。夏朝以建寅月为正月（即今之农历正月），此即夏朝的"正朔"。

顾颉刚、刘起釪《译论》认为，"五行"指天上五星（金木水火土）的运行，"三正"指夏朝的官长。故"威侮五行，怠弃三正"意即"上不敬天象，下不敬大臣"，释义不同于东坡所解。

关于"三正"，皮锡瑞引《尚书大传》："尚考大室之义，唐为虞宾。又云：'于是百执事咸昭然乃知王世不绝，烂然必自有继祖守宗庙之君。'则禹继尧仍当祢舜，所存二王后必是唐、虞，三正谓唐、虞与夏。有扈氏盖不知三正迭王之义，责夏传子不师唐、虞，故启以怠弃三正罪之也。"则"怠弃三正"与历法无关，也与大臣无关。

按，《大传》为伏生所传孔子《古文尚书》。孔子生当"周礼"衰亡之时，正欲"克己复礼"，力撰"礼经"，自然倡导"王世不绝"的"正统"，故此偏袒大禹传位于子的所谓"正统纪纲"。东坡对此并不以为然。

"天用剿绝其命，今予惟恭行天之罚。左不攻于左，汝不恭命；右不攻于右，汝不恭命。"

左，车左也，主射。右，车右，执戈矛。攻，治也。

【译文】

"上天因此要剿灭他的性命，现在我就是要奉行上天的命令讨伐他！在左边负责射箭的不造好箭簇，那你是不服从我的命令；在右边负责刺杀敌人的不造好戈、矛，那你是不服从我的命令！"

左，战车的左边，负责射箭。右，战车的右边，手执戈、矛，负责刺杀敌人。攻，修治的意思。

【笺释】

曾运乾《正读》曰："恭行天罚者，本为争国，托词天讨矣。"亦表示对夏启伐有扈的不以为然。东坡释"攻"为"治"，周秉钧取《释诂》释为"善"。则"左不攻于左"二句意谓"在左边的不善于射箭""在右边的不善于攻杀敌人"。东坡取《正义》的解释作"治"，即修理、处理之意。

"御非其马之正，汝不恭命。"

《春秋传》曰："楚许伯御乐伯，摄叔为右，以致晋师。乐伯曰：'吾闻致师者，左射以菆。'摄叔曰：'吾闻致师者，右入垒，折馘执俘而还。'"①是古者三人同一车，而御在中也。车六马，两服、两骖、两騑，各任其事。御之正也。王良曰："吾为之范。我驰驱终日，而不获一；为之诡遇，一朝而获十。"②此所谓"御非其马之正"也。

①语见《左传·宣公十二年》："楚许伯御乐伯，摄叔为右，以致晋师。许伯曰……"（岳麓书社1988年版《左传》第132页）

②语见《孟子·滕文公章句下》："良不可，曰：'吾为之范。我驰驱终日不获一。为之诡遇，一朝而获十。'"（北京市中国书店1985年版《四书五经》第四种《孟子章句集注》第43页）

【译文】

"如果不按照法度来驾驭车马，那你是不听从我的命令。"

《春秋传》里说："楚国的许伯为乐伯驾车，摄叔在右边，一起进攻晋军。乐伯说：'我听说，进攻时，左边负责射箭的，要使用好箭……'摄叔说：'我听说，进攻时右边负责刺杀敌人的，攻入敌人营垒，斩下敌头割下只耳朵，抓个俘虏回来……'"这证明古代三人同驾一辆战车。而驾车的会坐在中间。战车用六匹马，两匹服辕，两匹骖在左边，两匹騑在右边，各自担负自己的职责。这就是驾驭车的正规法则。王良说过，"我为他做过驾战车的示范。我按这正规的法则驾车出猎，一天也打不到一头野兽；但我若为他们乱了规矩，违法驾车出猎，一个早上可以猎获十只动物。"这就是所谓"御非其马之正"的意思。

【笺释】

东坡引用这两个例子意在说明帝启严令他的军队要按照礼法来征伐反叛的有扈氏，不搞歪门邪道。

"用命，赏于祖；不用命，戮于社！"

孔子曰，"当七庙、五庙无虚主，师行，载迁之主以行。无迁庙则以币。曰主命，故师行有祖庙也"。①武王伐纣，师度孟津，有宗庙，有将舟。将舟，社主在焉。故师行有社也。戮人必于社，故哀公问社，宰我对以战栗。

①《礼记·曾子问》："孔子曰：'天子巡守，以迁庙主行，载于齐（斋）车，言必有尊也。今也，取七庙之主以行，则失之矣。当七庙、五庙无虚主，虚主者，唯天子崩、诸侯薨与去其国，与祫祭于祖为无主耳。……'曾子问曰：'古者师行，无迁主，则何主？'孔子曰："主命。"问曰：'何谓也？'孔子曰：'天子、诸侯将出，必以币帛皮圭告于祖祢，遂奉以出，载于齐（斋）车而行。'"（见扬州广陵书社2007年版《周礼·礼记·仪礼》线装影印本卷18第37页）东坡综合这一段话作为"孔子曰"。

【译文】

"肯舍命作战的，赏于祖庙之前；不肯舍命作战的，在社稷神主前杀死他！"

孔子说，"当天子七庙、诸侯五庙都没有神主时，出征的队伍要出发，就要载上祖宗的神主同行。没有迁庙的（神主），则以币帛。这是说，因为有祖宗的命令，所以出师讨伐。"武王伐纣，队伍渡过孟津的时候，就有宗庙，有将舟。将舟之中就有社稷之神主。所以军队在行军中就有社稷之神在。杀人必须在社神前。所以哀公问到社神时，宰我回答说，使人战栗。

【笺释】

这里说的是上古时期行军打仗时的一种祭祀礼仪。行军出征时，可将宗庙的神主载在车上，若无神主，可在宗庙祷告后将祭祀用的币帛圭玉等载在车上表示与神主同行，一样进行应该举行的仪式。

"予则孥戮汝！"

戮及其子曰孥。尧、舜之世，罚弗及嗣。武王数纣之罪，曰："罪人以族孥戮，非圣人之事也。"言孥戮者，惟启与汤，知德衰矣。然亦言之而已，未闻真孥戮人也。

【译文】

"我则连你的儿女也一起杀掉!"

连子女也一起杀掉叫"孥"。在帝尧、帝舜的年代,罚罪不会连累到子女。武王数落纣的罪恶时说:"惩罚人的罪恶时,牵连到他的族人及子女,这不是圣人所做的事。"说到连子女也杀的,只有夏启与商汤,由此可以知道他们在位时道德已经衰败了。然而,也不过说说而已,没有听说过真的杀掉罪人子女的事。

五子之歌第三

【笺释】

《五子之歌》,东汉郑玄认为是孔子《古文尚书》亡佚的"逸"篇。清代阎若璩《古文尚书疏证》认为是梅赜伪造的"伪书",然而其所证尚乏逻辑依据。

太康失邦。
太康,启子也。

【译文】

太康丢失了他的邦国。
太康是夏启的儿子。

昆弟五人。
皆启子。

【译文】

有兄弟五人。

都是夏启的儿子。

须于洛汭作《五子之歌》。
须,待也。

【译文】

兄弟五人待在洛水之滨,作《五子之歌》。

须,等待的意思。

【笺释】

据《史记·夏本纪第二》集解,孔安国曰:"太康五弟与其母待太康于洛水之北,怨其不反,故作歌。"怨其不反,"反"即"返",意谓太康逸乐无度,不知返回。按,《五子之歌》,《今文尚书》不载,亦不见于孙星衍《注疏》、皮锡瑞《考证》等书,曾运乾《正读》称为"古文逸"篇。

太康尸位。
尸,主也。

【译文】

太康即帝位。

尸,入主的意思。

以豫逸灭厥德,黎民咸贰。
贰,携贰也。

【译文】

因为纵乐游逸失了德性,黎民百姓都有二心,不再服从他。

贰,指怀有二心的人。

乃盘游无度。

盘，乐也。

【译文】

于是游乐不止，没有限度。

盘，逸乐的意思。

畋于有洛之表。

洛表，水南也。夏都河北，而畋于洛南，言其去国之远也。

【译文】

在洛水的南面行猎。

洛表，即洛水的南面。夏朝建都于河北，而行猎在河南，这是说他离开都城很远不归。

十旬弗反。有穷后羿，因民弗忍，距于河。

有穷，国名。羿，其君也。《春秋传》曰："后羿自鉏迁于穷石。"①忍，堪也。

①语见《左传·襄公四年》："昔有夏之方衰也，后羿自鉏迁于穷石，因夏民以代夏政。恃其射也，不修民事而淫于原兽。"（岳麓书社1988年版《左传》第184页）

【译文】

一百天了也不回来。有穷氏的君主后羿，因为民众都忍耐不了，在河北拒绝太康的返国。

有穷，邦国名称。羿，即有穷国的君主。《春秋传》说："后羿从鉏迁于穷石。"忍，即忍耐的意思。

【笺释】

蔡沈《集传》引贾逵《说文》："羿，帝喾射官，其后，善射者皆谓之'羿'。有穷之君亦善射，故以羿目之也。羿因民不堪命，距太康于河北，使不得返，遂废之。"

按，十旬，一百天。《大禹谟》："三旬，苗民逆命。"孔《传》："旬，十日也。"

厥弟五人，御其母以从，徯于洛之汭。
母徯焉而不归？以著太康之不孝也。

【译文】
太康的弟弟五人，跟随侍奉（御）他的母亲，在洛水的北面等待（徯）。他的母亲为什么会等待而不归呢？她是以此来彰显太康的不孝。

五子咸怨，述大禹之戒以作歌。其一曰："皇祖有训，民可近，不可下。民惟邦本，本固邦宁。予视天下，愚夫愚妇。一能胜予，一人三失。"

皇祖，禹也。"民可近"者，言民可亲近而不可疏也。"不可下"者，言民可敬而不可贱。若自贤而愚人，以愚视天下，则一夫可以胜我矣。"一人三失"者，失民则失天，失天则失国也。

【译文】
五个兄弟都有怨气，于是讲述大禹的劝戒作为歌唱。其一是说："皇祖曾有训导，民众可以亲近，不可以疏远。民众是邦国的根本，民众结成一体而牢固了邦国才能安宁。我看天下人，都是愚夫愚妇。但他们一人即可以胜过我。失去了一人就会有三种损失。"

皇祖，指大禹。"民可近"的意思是说，民众可以亲近而不可以疏远。"不可下"的意思是说，民众可以敬重而不可以轻贱。若自以为贤能而将别人视为愚蠢，并以为天下都愚笨，那么，只有一人就可以胜过我了。"一人三失"的意思是说：失去了民众，等于失去天下；失去了天下，等于失去了国家。

【笺释】

东坡的这段解释完全站在儒家"民重君轻"学说的根本上。反观蔡沈等程朱学派则不然，如蔡的解释为："皇，大也。君之与民，以势而言，则尊卑之分，如霄壤之不侔。"既然"尊卑之分，如霄壤之不侔"，又如何能亲近呢，如何能敬重呢？显然是"君重民轻"的说辞，却又强说什么"以其亲故谓之近；以其疏故谓之下"，纯是虚伪、假托的说教，毫无可信之理。

这也应是东坡"多先儒所未达"之处。

"怨岂在明，不见是图。"

怨不在大，当及其未明而图之。

【译文】

"来自民间的抱怨岂能在明显时才觉察，应在见不到的时候就要想办法去消除它。"

抱怨不在大小，应当在还未明显时想办法消除它。

"予临兆民。"

十万曰亿，十亿曰兆。

【译文】

"我面对着亿兆的百姓。"

十万为亿，十亿为兆。

"凛乎若朽索之驭六马，为人上者，奈何不敬？"

驭民若朽索之驭马，不已过乎？曰：天下皆有所恃。民恃有司以安其身；有司恃天子之法以安其位。惟天子无所恃，恃民心而已。民心携，则天子为独夫，谓之"朽索"，不亦宜乎？

【译文】

"惊惧得好像用腐朽的绳索去驾驭六匹烈马一样，作为人上的君主，奈何不敬惧呢？"

统治人民好像用腐朽的绳索去驾驭六马一样，是不是说得太过分了？然而，天下都有可以依靠的地方。民众依靠有关部门以安定地生活；有关部门的长官依靠天子的法令以安定自己的职位。只有天子无所依靠，仅依靠民心而已。民心叛离，那么天子就会成为独夫一个，这样来形容其为"朽索"，不也很恰当吗？

【笺释】

"民心携"，意同上文的"黎民咸贰"。携，这里有离开、离去之意。谓百姓已是离心离德。君王已是众叛亲离。

其二曰：训有之，"内作色荒，外作禽荒。甘酒嗜音，峻宇雕墙。有一如此，未或不亡。"其三曰："惟彼陶唐，有此冀方。"

陶唐，尧也。尧都平阳，舜都蒲阪，禹都安邑，皆在冀州。

【译文】

第二首写道：禹的训诫里还有"在内迷恋女色，十分荒唐；在外行猎禽兽，事业抛荒。嗜酒嗜乐，构筑高大栋宇雕墙。只要有这其中的一样，没有不自取灭亡"。第三首写道："看那陶唐的尧帝，曾建都冀州这地方。"

陶唐，指帝尧。尧建都平阳，舜建都蒲阪，禹建都安邑，都在冀州境内。

"今失厥道，乱其纪纲。乃底灭亡。"

大曰纲，小曰纪。舜、禹皆守尧之纲纪。

【译文】

"如今迷失了他们的正道，紊乱了他们的纪纲。就这样自取灭亡。"

大的叫纲，小的叫纪。舜、禹都遵守尧立下的纲纪。

【笺释】

这是第三首的后三句，如此断开，不知是否东坡原意。

其四曰："明明我祖，万邦之君。有典有则，贻厥子孙。关石和钧，王府则有。荒坠厥绪，覆宗绝祀。"

关，通也。和，平也。绪，余也。古者有五权：百二十斤曰石；三十斤曰钧。举其二，则余可知矣。太史公曰："禹以声为律，以身为度。"①左准绳，右规矩，知度量权衡，凡法度之器，至禹明具。故曰"我祖有典法以遗子孙"。凡法度之器，具在王府，而吾不能守以亡也。

①语见《史记·夏本纪》："禹为人敏给克勤，其德不违，其仁可亲，其言可信。声为律，身为度，称以出，亹亹穆穆，为纲为纪。"（中华书局1959年版《史记》第一册第51页）

【译文】

第四首写道："我们的祖先，高明而辉煌，是万邦的君主。他树立了治国的纲领法则，遗留给子孙后世。他平均赋税、通用度数，王府法则器用有余。好的传统如今都荒废断绝，颠覆了宗庙和祭祀。"

关，通用的意思。和，平准的意思。绪，余留的意思。古代有五种测度重量的标准。一百二十斤为石，三十斤为钧。举出如此二例，则其余可以类推。太史公说过："大禹以声为音律，以身为度量。"左手执准绳，右手执规矩，知道度量权衡，凡是法度方面的器用，至大禹时代已经完备。所以说"我祖有典法，可以传子孙"。凡是法度的器用都存在王府里，而我们不能遵守，所以亡失了。

其五曰："呜呼曷归？予怀之悲。万姓仇予，予将畴依？郁陶乎予心，颜厚有忸怩。弗慎厥德，虽悔可追？"

郁陶，愤懑也。颜厚，色愧也。有，读曰又。忸怩，心惭也。

【译文】

第五首写道："呜呼！哪里可以回归？我的心怀伤悲。万邦的百姓都仇视我，我将依靠谁？我心里忧郁不乐，颜面丢失心又惭愧。不能慎行祖宗的美德，今日虽改悔岂可追回？"

郁陶，愤懑的意思。颜厚，脸色惭愧。有，读作"又"。忸怩，心里羞惭。

胤征第四

【笺释】

胤，这里指当时胤国的国君，亦称"胤侯"。胤侯受羿之命征讨羲和，故称"胤征"。

《孔传》："羲氏、和氏，世掌天地四时之官，自唐虞至三代，世职不绝。承太康之后，沈湎于酒，过差非度，乱天时，废甲乙。"孔颖达《正义》："日以甲乙为纪，不知日食，是'乱甲乙'也。"

羲和湎淫，废时乱日。胤往征之，作《胤征》。

羲和，掌天地四时之官。尧时为四人。今此有国邑，而以沉缅得罪,则一人而已。不知其何自为一也。按《史记》及《春秋传》,晋魏绛、吴伍员言帝太康、帝仲康、帝相、帝少康,四世事甚详。①盖羿既逐太康,太康崩,其弟仲康立,而羿为政。仲康崩,其子相立;相为羿所逐,羿为家众所杀,寒浞代之。浞因羿室,生浇及豷,使浇伐灭二斟,且杀相。相之后曰缗,方娠而逃于有仍,以生少康。少康复逃于有虞。虞思邑之于纶。少康布德,以收夏众。夏之遗臣靡,收二斟之遗民,以灭浞,而立少康。少康灭浇与豷,然后祀夏配天,不失旧物。以此考之,则太康失国之后,至少康祀夏之前,皆羿、浞专政,僭位之年,如曹操之于汉,司马仲达之于魏也。②胤征之事,盖出于羿,非仲康之所能专,明矣。羲和,湎淫之臣也,而贰于羿,盖忠于夏也。如王凌、诸葛诞之叛晋,尉迟迥之叛隋,③故羿假仲康之命,以命胤侯而往征之。何以知其然也?曰胤侯数羲和之罪,至于杀无赦,然其实状止于酗酒,不知日食而已。此一法吏所办耳,何至于六师取之乎?夫酒荒废职之人,岂复有渠魁胁从之事?是强国得众者也。孔子述《书》,其篇曰"羲和湎淫,废时乱日"者,言其罪止于此也。曰"胤往征之"者,见征伐号令之出于胤,非仲康之命也。此《春秋》之法。曰然则,孔子何取于此篇而不删去乎?曰《书》固有非圣人之所取而犹存者也。孟子曰:"尽信《书》不如无《书》。吾于《武成》取二三策而已。"④纣之众既已倒戈,然犹纵兵以杀,至于"血流漂杵",圣人何取焉?予于《书》,见圣人所不取而犹存者二:胤征之挟天子以令诸侯,与《康王之诰》释斩衰而服衮冕也。春秋,晋侯召王,而谓之巡狩。孔子书之于策,曰"天王狩于河阳"。若无简牍之记,则后世以天王为真狩也。"胤征"之事,孔氏必有师传之说也,久远而亡之耳。

①事见《左传·襄公四年》(岳麓书社1988年版《左传》第184页)。
②指曹操篡夺东汉政权建立魏国,司马懿篡夺曹魏政权建立晋国。

③指曹魏政权的后期，淮南地方发生的三次针对独擅朝纲的司马懿的叛乱。先是司空王凌，次是扬州刺史文钦与镇东将军毌丘俭，再次是征东将军诸葛诞。三次都被司马懿击败，最后被司马懿篡魏立晋。又南北朝时期，北周大司马尉迟迥率兵叛乱，反对杨坚专政，最后兵败自杀。

④语见《孟子·尽心下》："尽信书则不如无书。吾于《武成》取二三策而已矣。"（北京市中国书店1985年版《四书五经》第四种第110页）

【译文】

羲和沉迷于酒色淫乱，废弃了他所执掌的记时观日的任务。胤侯前往讨伐他，作《胤征》一文。

羲和为执掌观察天地四时变化职务的官员。帝尧的时代，有四人专门管理这项事务。至此时，已经有了邦国都邑，却因沉湎酒色而得罪，那应该是一人所为，不知道为何变成了一人。按《史记》及《春秋传》，晋国的魏绛、吴国的伍员说起帝太康、帝仲康、帝相、帝少康四代君王的事迹很详细。说是羿既已驱逐夏朝太康帝之后，太康死，由他的弟弟仲康即位，而由羿执掌政事。仲康死，他的儿子相即位；帝相又为羿驱逐出都，羿又为家里众人所杀，寒浞取而代之。寒浞还占有羿的妻妾，生下浇和豷，寒浞指使儿子浇攻灭二斟（即斟灌氏与斟寻氏），且杀死帝相。帝相的后妃名缗，刚好怀孕，而逃回娘家有仍氏，生下了帝相的儿子少康。少康再逃到有虞氏部落。有虞氏首领虞思将他安置在纶邑。少康广布恩德，收拢夏朝的民众。夏之遗臣靡，收回二斟的遗民，灭了寒浞而立少康为夏帝。少康消灭了寒浞的儿子浇与豷，然后重祀夏朝，配天而享，不丢失过去的一切传统。根据这些事迹考证，自太康被羿逐出失国之后，至少康夺回王位奉祀夏祖之前，都是羿、浞在专政，僭夺王位的年代，如曹操篡汉、司马仲达篡魏一样。胤出征之事，应出于羿的主张，并非仲康所能决定，这是很明白的了。羲和，不过是沉湎于酒色的臣子，实是背叛羿而忠于夏的，就像王凌、诸葛诞的背叛晋朝、尉迟迥之背叛隋朝一样，因此是羿假借仲康的号令，来命令胤侯出征的。怎么会知道是这样的原因呢？胤侯出征前声讨羲和的罪状，甚至有"杀无赦"这样的话，然而落实的罪行仅止于"酗酒，不知日食"而已。这样的罪状，只需要一个懂点法律的小吏去法办就可以了，何至于要动用六军去攻取他？再者，因酗酒而被革职的人，怎能又是造反的首领还能有胁从群众呢？应该是那种强大到足以号令大众的邦国才是。孔子著《书》，讲述到这篇时说的是"羲和湎淫，废时乱日"，羲和的罪行不过仅止于此而已。说是"胤往征之"，那口气可见出于胤侯，并非仲康的命令。这就是《春秋》笔法。既然如此，孔子为何还要记下此篇没有删除呢？这说明《尚书》中本来就有并非圣人所取信而依然保存下来的事例。正如孟子所言："尽信《书》，则不如无《书》。我于《武成》这一篇，只相信其中二三页而已。"当时，纣的部下都已倒戈背叛了，然而还纵兵乱杀，以至于"血流漂杵"，圣人能采取这样的手段吗？我对于《尚书》，发现圣人所不取信而还存在于简篇的，有两件事。一是《胤征》中的挟天子以令诸侯，二是《康王之诰》刚除去斩衰的丧服便要穿起衮冕的龙袍。《春秋》里记述晋国诸侯召见国王却说是"巡狩"。孔子写进书里，说是"天子狩猎于河阳"。假如没有简牍记载，后世必定以为天子真的去狩猎。"胤征"的事，孔氏必定有师传的记录，但因年代久远，已经遗失了。

【笺释】

东坡的这一段解释，正是纪昀在《总目提要》中称赞的"以羲和旷职为贰于羿而忠于夏，则林之奇宗之；以《康王之诰》服冕为非礼，则蔡沈取之"。

然而，林之奇并不赞同东坡的解释。他在《全解》中是这样说的："苏氏曰：'羲和，湎淫之臣也，而贰于羿，盖忠于夏也。如王陵、诸葛诞之叛晋，尉迟迥之叛隋。'审如此说，则是羲和之罪诚为可赦，而胤侯乃党奸怙恶之臣，仲康乃优游失权之主，《胤征》之篇乃与王莽之《大诰》等尔，圣人何以录其书于百篇之内，以与尧、舜、禹、汤、文、武之书并传于不朽乎？以是知羲和之废厥职，酒荒于厥邑……其罪不止于废时乱日，此胤侯所以承王命而往征之也。"纪昀未尽其语，疏漏妄断如此。

蔡沈对《胤征》之事，也持不同看法。他说："苏氏以为羲和贰于羿忠于夏者，故羿假仲康之命，命胤侯征之。今按篇首言，'仲康肇位四海，胤侯命掌六师'。又曰，'胤侯承王命徂征'，详其文意，盖史臣善仲康能命将遣师。胤侯能承命致讨，未见贬仲康不能制命，而罪胤侯之为专征也。若果为篡羿之书，则乱臣贼子所为，孔子亦取之为后世法乎？"

按《左传·襄公四年》引《夏训》曰："昔有夏之方衰也，后羿自鉏迁于穷石，因夏民以代夏政。"又在《五子之歌》中有"荒坠厥绪，覆宗绝祀"句，这正是东坡认为羿夺取衰夏政权的力证。林之奇认为"此胤侯所以承王命而往征之"，蔡沈认为"未见贬仲康不能制命"均为无根之辞，未足为凭。至于孔子为何要将这近似于"乱臣贼子所为"的篇章录入《尚书》，东坡认为非孔子所为，而是后人擅自加入的。且孔子修《春秋》亦有其失实之处，如"天子狩于河阳"就与事实不符。

惟仲康肇位四海，胤侯命掌六师。
胤，国名。

【译文】
仲康登上帝位，君临四海，任命胤侯执掌六师。
胤，邦国名。

羲和废厥职，酒荒于厥邑。胤侯承王命徂征。告于众曰："嗟，予有众，圣有谟训，明征定保。先王克谨天戒，臣人克有常宪，百官修辅。厥后惟明明。"

征，犹《书》所谓"庶征"①也。保，犹《诗》所谓"天保"②也。羲和之罪止于日食不知，故首引天事以誓之。

①见本书下文《洪范》一章。

②见《诗经·小雅·天保》（上海古籍出版社1980年新版《诗集传》第104页）。

【译文】

羲和荒废职责，酗酒于他的都邑。胤侯秉承王命要讨伐他。于是告诉众人："喂！我要告诉大家，圣人有典章教训，要我们验证各种征候，才能确保邦国安宁。先王一向谨守典章，上天有象示警，告诫臣民，国家贯有纲常法纪，百官须修德辅职。如此才得气象光明。"

征，就像《尚书》所谓"庶征"（各种征候）。保，就像《诗经》所谓"天保"之类。羲和的罪行，只不过是发生日食而不知道，所以首先以天象的变化来警示大家。

每岁孟春，遒人以木铎徇于路。

孟春观治象之法。徇以木铎，此《周礼》小宰之事。而在夏，则遒人之职也。遒之言，聚也。木铎，金口木舌也。昔者，有文事则徇以木铎，有武事则徇以金铎。

【译文】

每年正月孟春，遒人手持木铎在路上向众人宣示、巡察，听取意见。

这是朝廷孟春时节观察政治气象的方法。以木铎来宣示政令、观察民间气象，这本是《周礼》一书所提到的小宰的职务。而在夏朝，则属于"遒人"之职。遒的意思就是聚集。木铎，像开口的铃铛一样，口是金属做的，舌是木头做的。在古代，有关文化的事就用木铎；若有武事，则用金属铎。

【笺释】

遒人，指上古时期代王室召集群众宣示政令、观察了解民情的使者。徇，通狥，宣示、巡察的意思。

官师相规，工执艺事以谏。

工各执其事谏，如《虞人之箴》也。

【译文】

官员、师傅互相规正教诲，做工的师傅以工艺方面的事务提出意见。做工的各以他们所从事的工作提出意见，像《虞人之箴》一样。

【笺释】

《虞人之箴》，也叫《虞箴》。《左传·襄公四年》记魏绛与晋侯的对话，其中提到《虞人之箴》曰："芒芒禹迹，画为九州，经起九道。民有寝庙，兽有茂草。各有攸处，德用不扰。在帝夷羿，冒于原兽。忘其国恤，而思其牝牡。武不可重，用不恢于夏家。兽臣司原，敢告仆夫。"主要意思是从虞人（管理山林畜牧的人）的职能出发，提醒当政者要注意保护山林兽畜，保护自然资源，为国恤力，不可糟蹋。东坡以此作为对"工执艺事以谏"句的诠解。

可见远在三千年前，我们的先祖就已经知道保护环境与自然资源的重要。而在《禹贡》一篇中，也郑重其事地提到"封山育林"，加强对天下名山的保护。

其或不恭，邦有常刑。惟时羲和，颠覆厥德，沈乱于酒，畔官离次。

官局所在曰次。

【译文】

他或有不向君王效忠尽职的地方，邦国有常法加以惩戒。就是这个羲和，颠覆了以往的道德常法，沉湎于酒，背叛官府擅离职守。

官府衙门所在地叫次。

胤征第四

俶扰天纪。

俶，始也。扰，乱也。

【译文】

开始扰乱天子的法度。

俶，开始。扰，捣乱。

遐弃厥司。乃季秋月朔，辰弗集于房，瞽奏鼓，啬夫驰，庶人走。①

①语见《左传·昭公十七年》："辰不集于房，瞽奏鼓，啬夫驰，庶人走。"表示日食。（岳麓书社1988年版《左传》第322页）

日月合朔于十二辰，今季秋之朔，而不合于房，日食也。古有伐鼓用币救日之事。《春秋传》曰："惟正阳之月则然，余否。"今季秋而行此礼，盖夏礼与周异。①汉有上林啬夫。啬夫，小臣。庶人，庶人之在官者。

①据《文献通考》卷二八二《象纬考五》："古者日食，则伐鼓用币以救之。《春秋传》曰，'惟正阳之月则然，余则否。'今季秋非正阳月而行此礼，夏制与周礼异，故也。"

【译文】

远远放弃他所应担负的责任。在季秋九月初一那天，日月不会集于房星的位置，乐官击鼓，啬夫驰马，庶人奔走。

日月合朔是在十二辰的时刻，现在季秋九月初一，而不会合于房星的位置，是会发生日食的天象。古代有击鼓、用币帛救日的事情。《春秋传》说："只有正阳之月才会日食，其余时间不会。"现在是季秋而举行这样的礼仪，那是夏朝的礼节与周朝不同。汉代的上林苑有专管园林的啬夫。啬夫，低级的臣子。庶人，在官府服役的平民。

【笺释】

日月合朔，是一个具体的瞬间，这一瞬间可能出现在一年中十二次（辰）的农历初一（朔）这一天。日月合朔时如果太阳、月亮、地球三者完全在一条直线上（即辰不集于房星的位置）那将出现日食。

正阳，指农历四月。据沈括《梦溪笔谈·辨证》："先儒以日食正阳之月止谓四月，不然也。正、阳乃两事，正谓四月，阳谓十月。"认为十月也会有日食的天象。

羲和尸厥官，罔闻知，昏迷于天象，以干先王之诛。政典曰："先时者，杀无赦！不及时者，杀无赦！"

先后时，罪之薄者，必杀无赦，非虐政乎？惟军中法则或用之。穰苴斩庄贾是也。《传》曰："国容不入军，军容不入国。"①此政典。夏之"司马法"止用于军中。今无以加羲和之罪，乃取军法一切之政而为有司沉湎失职之罚，盖文致其罪，非实事也。

①据《史记·司马穰苴列传》，穰苴原为春秋战国时期齐国田完的族人，齐景公时被晏婴推荐为齐国的司马，率军与燕国作战。出师之日，穰苴斩杀违令的监军庄贾。（见中华书局1959年版《史记》卷64）但《列传》里并无"国容不入军，军容不入国"此句，为东坡误引。此句应出自《司马穰苴法》（即《司马法》）一书。但夏时并无"司马"的官制，军队由司空掌握。这里仅代指兵法。

【译文】

羲和在官无所作为，政事不闻不问，对天象昏乱迷失，已经触犯王法到必须诛杀的地步。国家的政令法典说："事先没有预见到的，杀无赦！事后发现的，杀无赦！"

事前、事后违规，这都是较轻的罪过，一定要因此而杀无赦，那不是太暴虐的政令吗？只有军中的法令才会偶尔采用。穰苴斩庄贾就是这样的例子。《列传》里说："国容不入军，军容不入国。"①这是军政方面的法典。夏之司马法只用于军中。现在没有其他法典可加罪到羲和的头上，却以军法中才有的法纪来处罚有关部门长官沉湎于酒而失职的行为，这不过是夸大他的罪恶，并非事实如此。

①据《司马法·天子之义第二》："国容不入军，军容不入国。故德义不相逾。"意即朝廷的法度礼仪不能用于军队内，军队的法度礼仪也不能用于朝廷。所以德和义不相逾越。但据前注所说，《列传》原无此句。

"今予以尔有众，奉将天罚，尔众士同力王室，尚弼予钦承天子威命。"

曹操、司马仲达、杨坚之流，讨贰己者，未尝不以王室为辞也。

【译文】

"现在，我率领你们众人，将要奉承天命讨伐罪人，你们众人士应当共同努力为王室效命，尚可以辅助我诚敬地奉承天子的威命。"

曹操、司马仲达、杨坚之流，当他们讨伐背叛自己的敌人时，无不以"王室"为号召之辞。

"火炎昆冈，玉石俱焚。天吏逸德，烈如猛火。歼厥渠魁，胁从罔治。旧染污俗，咸以维新。"

玉石俱焚，言不择善恶也。天吏之势猛如火，故胁从染污，皆非其罪。言此者，以坏其党与也。

【译文】

"大火焚烧到昆仑山顶了，玉石俱焚。天子的吏臣们纵有美德，都要受烈火熏烤。因此我只歼灭首恶的头人，其余受胁逼服从的，可以不治罪。凡过去受旧俗污染影响的，都可以重新做人。"

玉石俱焚，意谓不择善恶。天子的吏臣受此猛火必将同归于尽，因此其中因胁从而受染者，都不是他们的罪过。放出这样的言论是要瓦解他的同党。

"呜呼，威克厥爱，允济；爱克厥威，允罔功。其尔众士懋戒哉！"

先王之用威爱，称事当理而已。不惟不使威胜爱，若曰"与其杀不辜，宁失不经"，又曰"不幸而过，宁僭无滥"。是尧、舜以来，常务使爱胜威也。今乃谓"威胜爱则事济，爱胜威则无功"，是为尧、舜不如申、商①，而可乎？此后羿之党②临敌誓师一切之言，当与申、商之言同弃不齿。而近世儒者欲行猛政，辄以此藉口。予不可以不辩。

①申、商，指战国时期的申不害与商鞅。都是法家的代表人物，主张严刑峻法，以残酷手段对待百姓。

②后羿之党，明凌濛初刻本《东坡书传》、《苏东坡全集》本作"胤后之党"。

【译文】

"啊！以威严胜于仁爱，可以使事能办成；使仁爱能胜过威严，则不能获得成功。你们众人要多多以此为戒啊！"

过去的君王运用威严与仁爱，不过是衡量是否合乎事理而已。不但不使威严胜于仁爱，还有像说"与其冤杀无辜，宁可放过有疑罪的人"，又说"不幸而有过失，宁可违规而不冤滥"（这样的宽厚仁爱），可以说自尧、舜以来，经常要使仁爱胜过威严。而今却说"威胜爱则事好办，爱胜威则不成功"，那就是说尧、舜的仁爱不如申不害与商鞅的刻毒了！能这样做吗？这是后羿的党徒们面对政敌时誓师的一切言论，应当与申不害、商鞅的言论一样不齿于人。然而近代以来，儒家的学者们希望实行严酷的政治时，就会以此为借口。我不得不因此加以申辩。

【笺释】

《胤征》一篇，经东坡敏锐而精湛的揭示，实为奸邪盗弄权柄，"挟天子以令诸侯"的典型案例，也是我国历史上现存最早的一例。林之奇、蔡沈辈虽不以为然，但从具体内容上分析，完全可以洞察真相。实为苏辙所云"多先儒之所未达"的又一例。而且特别以"冤滥"为题，强调他一贯主张的"以德治国""仁政爱民"的民本思想，反对商鞅等法家主张的"民弱国强"的残民之政（见《商君书·弱民》），以及封建统治者"外儒内法"的伪善政策。

东坡对于《胤征》一篇的诠解，可以说完全基于他本人善良天性及对儒学"以人为本"理念的阐发。东坡晚年居儋，回顾平生，对北宋政治的得失每有冷峻深刻的思考。如刑法上反对使用肉刑，反对严刑逼供，在本篇末尾"爱胜威"的话题就是针对神宗朝曾有执政大臣意欲恢复肉刑而设的。"近世儒者欲行猛政，辄以此藉口"，所以东坡不得不辩。林之奇未深入理解东坡原意，在《全解》中说："殊不知所谓威者非刑威之威，乃果断之威也。所谓爱者，非仁爱之爱，乃姑息之爱也。"若依此解释，则不仅要杀而且要"果断地杀"，不仅不施仁爱，而且将仁爱视为"姑息"！这岂不等于主张毫无人道地滥杀无辜么？与东坡的原意相去甚远，也与经文"咸与维新"的本义不符。

自契至于成汤八迁。汤始居亳，从先王居。作《帝告》《釐沃》。

自契至汤十四世，凡八徙都。契之世父帝喾都亳。汤自商丘迁焉，故曰"从先王居"。五篇皆《商书》也。经亡而序存。文无所托，故附《夏书》之末。

【译文】

自契至于成汤之世共八次迁都。汤开始居住在亳（今商丘），随从先王契的居址。作《帝告》《釐沃》。

自契至汤十四世，共八次迁都。契的大伯父帝喾建都于亳。汤就是从商丘迁出的，所以称"从先王居"。以下五篇都是《商书》篇目，其中经文已佚，而存其序文。因文章不知置于何处，所以附录在《夏书》的末尾。

【笺释】

按东坡所云"五篇"为：《帝告》《釐沃》《汤征》《汝鸠》《汝方》。

汤征诸侯。葛伯不祀，汤始征之。作《汤征》。

葛，梁国，宁陵葛乡也。征葛事见《孟子》。①

①《孟子·滕文公下》："汤居亳，与葛为邻。葛伯放而不祀。汤使人问之曰：'何为不祀？'曰：'无以供牺牲也。'汤使遗之牛羊，葛伯食之，又不以祀。汤又使人问之。曰：'何为不祀？'曰：'无以供粢盛也。'汤使亳众往为之耕。老弱馈食。葛伯率其民，要其有酒食黍稻者夺之，不授者杀之。有童子以黍肉饷，杀而夺之。"汤于是"为其杀童子而征之"。（北京市中国书店1985年版《四书五经》第四种《孟子章句集注》第45页）

【译文】

汤开始征伐诸侯。葛伯不奉祀祖先，汤先讨伐他。作《汤誓》一篇。

葛天氏的族人，居住在梁国，即在今宁陵葛乡。汤征伐葛氏的事件见于《孟子》一书。

【笺释】

《史记·殷本纪》集解："梁国、谷熟为南亳，即汤都也。"又"《孟子》曰，'汤居亳，与葛伯为邻'"。

伊尹去亳适夏。既丑有夏，复归于亳。

古称伊尹五就汤，五就桀。夫汤与桀，敌国也。伊尹往来其间，皆闻其政，而两国不疑，则伊尹，圣人也。其道大矣，其信于天下深矣。是以废太甲，复立之，而太甲安焉。非圣人而何？

【译文】

伊尹离开亳，往投夏朝。后又因厌恶夏朝，又回归于亳。

古人称伊尹五次投靠汤，又五次投奔桀。汤与桀来自两个敌对的国家。伊尹在两国之间往来，都知道他们国内的政治情况，而两国都不怀疑他，这样看来，伊尹是个圣人啊。他奉行的是大道理啊，他得到天下人的信任很深啊。所以他后来废了太甲，又重新立他为王，太甲终于安稳于位。这不是圣人是什么呢？

【笺释】

据《史记·殷本纪》："帝太甲既立三年，不明，暴虐，不遵汤法，乱德，于是伊尹放之于桐宫。三年，伊尹摄政当国，以朝诸侯。帝太甲居桐宫三年，悔过自责，反善。于是伊尹乃迎帝太甲而授之政。"

入自北门，乃遇汝鸠、汝方。作《汝鸠》《汝方》。
二臣名。

【译文】

伊尹从北门进入，遇见汝鸠、汝方，于是作《汝鸠》《汝方》两篇文章。

汝鸠、汝方为两位臣子的名称。

【笺释】

据《史记》集解，孔安国曰："鸠、房二人，汤之贤臣也。二篇言所以丑夏而还之意。""自契至汤八迁"至"入自北门，遇女鸠、女房，作《女鸠》《女房》"这一段，未见于《尚书》，为东坡节录自《史记·殷本纪》。女鸠，东坡作"汝鸠"；女房，东坡作"汝方"。

书传卷七

商 书

汤誓第一

【笺释】

顾颉刚、刘起釪《译论》:《汤誓》是汤伐桀时的誓师词。

伊尹相汤伐桀。

古之君臣，有如二君而不相疑者，汤之于伊尹，刘玄德之于诸葛孔明是也。汤言"聿求元圣与之戮力"①。而伊尹曰"惟尹躬暨汤，咸有一德。"其君臣相期如此，故孔子曰："伊尹相汤伐桀，太甲不明而废之，思庸而复之，君臣相安，此圣人之事也。"②玄德、孔明，虽非圣人，然其君臣相友之契，亦庶几于此矣。玄德之将死也，嘱孔明曰："禅可辅，辅之；不可，君自取之。"③非伊尹之流，而可以属此乎？孔明专蜀，事二君，雍容进退，初不自疑，人亦莫之疑者。使常人处之，不为窦武、何进，④则为曹操、司马仲达矣。世多疑伊尹之事，至谓太甲为杀伊尹者，皆以常情度圣贤也。

①《墨子间诂·尚贤》："汤誓曰，聿求元圣，与之戮力同心，以治天下。"（中华书局1954年版《诸子集成》第四册第33页）

②此段引文未明出处。

③《三国志·诸葛亮传》：章武三年春，先主刘备于永安病笃，召亮于成都嘱以后事。谓"嗣子可辅辅之，如其不才，君可自取"。（上海古籍出版社1986年版《二十五史》第二册《三国志》第111页）

④窦武，东汉时外戚，其女为汉桓帝皇后。汉桓帝死后，与皇后窦妙策划，立刘宏为"汉灵帝"，从此把持东汉政权。何进，继窦武之后，也因同父异母妹妹被选入宫成为汉灵帝的皇后，被封为侯，显贵异常。灵帝死后，何皇后临朝听政，何进与袁隗位同宰执，把持朝政。事详《后汉书》。

【译文】

伊尹被汤任命为宰相，谋划讨伐夏桀。

古代的君臣之间，有如两人相处而不相怀疑的，汤与伊尹，刘玄德与诸葛孔明就是这样的关系。汤说"要求得大圣人，与他共同努力以治理天下"。而伊尹说"我伊尹与汤共有一样的纯德"。看他君臣之间相互期待成这样，所以孔子说："伊尹为汤宰相伐灭夏桀，因太甲不贤明而废了他，又因能思过改变又重立他。君臣之间能这样相安无事，这正是圣人相处的情景。"玄德、孔明虽然不是圣人，但能够做到像朋友一样契合无间，也是非常少见的了。玄德将死的时候，嘱咐孔明说："刘禅可以辅助的话你就辅助他，若不行，你可以取而代之。"如果不是伊尹之流，能够这样托付于他吗？孔明在蜀国专理政务，服务二君，雍容进退，始终不自怀疑，外人也从不怀疑他。这对其他人来说，处在这种情况下，不变为窦武、何进，也会变为曹操、司马仲达之流了。世人多怀疑伊尹相汤的事，甚至说太甲要杀伊尹，这都是以常情来猜测圣贤罢了。

升自陑，遂与桀战于鸣条之野。作《汤誓》。

孔安国①以谓桀都安邑，陑在河曲之南、安邑之西，汤自亳往，当由东行，故以升自陑为出不意。又言武王观兵孟津，以卜诸侯之心，而退以示弱。其言汤、武皆陋甚。古今地名道路，有改易不可知者，安知陑、鸣条之必在安邑西耶？升陑以战，记事之实，犹《泰誓》"师渡孟津"而已。或曰升高而战，非地利，以人和而已。夫恃人和而行师于不利之地，亦非人情。故皆不取。

①东坡的时代，还未证明东晋梅赜所献托名为孔安国著的《古文尚书》为伪作，此处所称"孔安国"其实是伪《孔传》所言，不能证明为孔安国语。下同。

【译文】

以兵从陑地进军，于是与夏桀大战于鸣条地区。作《汤誓》一篇。

孔安国以为桀建都于安邑，陑在河曲的南面、安邑的西面，汤从亳前来，应当向东行进，因此从陑进军为"出其不意"。又说，武王观兵孟津，以猜测诸侯的用心，而假意撤退以示弱。这一番议论汤与武王都显得太过浅陋。古今的地名、道路，常有改变而不可知的地方，怎么知道陑与鸣条必定在安邑的西面？自陑进军作战，所记录的史实，就好像《泰誓》中武王的军队渡过孟津一样。有人说，汤军升高作战，并非地利，仅以人和而已。但只凭借人和而进军于不利的地势，也并非人之常情。所以都不可取。

【笺释】

东坡在此并不赞同孔安国的"正义"与孔颖达的"疏"言。认为地名、道路古今变易难知，此战的确切地点还有疑问。即今而论，学界对此仍有不同看法。如开战之地，有的认为在"山西运城夏县之西"，有的认为在"河南洛阳市附近"；作战方式"升自陑"，有学者认为当断句为"升自陑遂"。曾运乾《正读》："鸣条者，《括地志》以为'安邑县北三十里南坡口，即古鸣条陌。'鸣条，战地，在安邑西。"

王曰："格尔众庶，悉听朕言。非台小子，敢行称乱。有夏多罪，天命殛之。今尔有众，汝曰'我后不恤我众，舍我穑事而割正夏'。予惟闻汝众言，夏氏有罪，予畏上帝，不敢不正。今汝其曰，'夏罪其如台？'夏王率遏众力，率割夏邑。有众率怠弗协，曰'时日曷丧，予及汝皆亡'。夏德若兹，今朕必往。"

桀之恶不能及商民，商民安于无事而畏伐桀之劳，故曰"我后不恤我众，舍我穑事而割正夏。夏氏之罪，其能若我何？"故汤告之曰："夏王遏绝众力，以割夏邑，其民皆曰，'何时何日当丧，吾欲与之皆亡'。其亟若此，不可以不救。"

【译文】

王说："告诉你们众人，请都听我说。并非我小子敢推行以臣乱君的举动，只因夏桀罪大，上天命我诛灭他。如今大家都说，'我们的君主不体恤我众人，舍弃我们种庄稼的事，而去管夏桀害政之事'。我已听到大家所说的话了。但夏桀有大罪，我敬畏上天，不敢不正视此事。现在你们都说'夏桀有罪能奈我何？'夏王轻率过度耗竭民力，轻率盘剥夏朝居民，民众都已懈怠而不与他同心协力，都说'这个太阳，你何时何日灭亡？我们宁愿与你同归于尽！'夏桀的恶德都这样了，我如今一定要前去救民于水火！"

夏桀的恶行影响不到商的民众，这里的民众安于无事，而害怕讨伐夏桀的劳苦，所以说："我王不体恤我众人，舍弃我稼穑的农事而去剿灭夏朝。夏桀之罪，他能奈我何？"因此汤告诉他们："夏王轻率过度耗竭民力，盘剥夏朝居民，民众都说，'何时何日，你该当灭亡了，我要与你一起都消亡！'形势如此急迫，所以不得不救。"

【笺释】

"我后不恤我众"句，孙星衍《注疏》、皮锡瑞《考证》均以"后"指夏桀。然东坡此处所解，与此相反，认为"后"指商汤，故译文如上。而蔡沈《集传》、林之奇《全解》、曾运乾《正读》、周秉钧《易解》、顾颉刚、刘起釪《译论》均意与东坡同。特引蔡沈语如下："亳邑之民安于汤之德政，桀之虐焰所不及，故不知夏氏之罪，而惮伐桀之劳。反谓汤不恤亳邑之众。"林之奇又云："我后，指汤也。谓汤不恤亳邑之众，舍我稼穑之事而断正有夏之罪。"

"尔尚辅予一人致天之罚，予其大赉汝。尔无不信，朕不食言。尔不从誓言，予则孥戮汝，罔有攸赦！"

汤既胜夏，欲迁其社，不可。作《夏社》《疑至》《臣扈》。

《春秋传》曰："共工氏有子曰句龙。为后土。""后土为社。烈山氏之子曰柱，为稷。自夏以上祀之。周弃亦为稷。自商以来祀之。"①是汤以弃易柱，而无以易句龙者，故曰"欲迁其社，不可"。

①《左传·昭公二十九年》："共工氏有子曰句龙，为后土。此其二祀也。后土为社，稷，田正也。有烈山氏之子曰柱，为稷，自夏以上祀之。周弃为稷，自商以来祀之。"（岳麓书社1988年版《左传》第360页）

【译文】

"你们倘若帮助我一人完成上天罚罪之功，我当给予你们大大的奖赏。你们不可不信，我不会食言。若果你们不听从我的誓言，我就要杀了你们以及你们的子女，决不宽恕！"

汤既战胜了夏桀，欲改迁他的社稷，最后没实行。于是写作《夏社》《疑至》《臣扈》等篇。

《春秋传》说："共工氏有儿子名叫句龙。祀为后土。""后土称为社。烈山氏的儿子名叫柱，祀为稷。自夏朝以上，都奉祀它们。周弃也被奉为稷，自商代以来都奉祀它们。"这是说商汤以弃换掉了柱，而没有其他神以换掉句龙，所以说"欲迁其社，不可"。

夏师败绩，汤遂从之，遂伐三朡。
俘厥宝玉，谊伯、仲伯作《典宝》。

三朡，今定陶。四篇亡。

【译文】

夏桀的军队被商汤打败了，商汤于是跟着追击，直到三朡国，于是把三朡国也灭掉了。

商汤的军队获取了夏朝的诸多宝玉，由谊伯与仲伯写作了《典宝》一篇。

三朡，地点即今定陶。《典宝》等四篇都亡佚了。

【笺释】

《史记》孔安国《集解》云："三朡，国名。桀走，保之。今定陶也。俘，取也。"

仲虺之诰第二

【笺释】

孔颖达《正义》："汤归自伐夏，至于大坰之地。其臣仲虺作诰以诰汤。使录其文，作《仲虺之诰》。"

汤归自夏至于大坰。

大坰，地名。《史记》作泰卷陶。

【译文】

商汤从夏地返回至大坰。

大坰，地名，《史记》写作泰卷陶。

【笺释】

林之奇《全解》云："大坰，地名。《史记》以为泰定陶。"则与《史记》异。则不知其所据何本。蔡沈《集传》无此句。

仲虺之诰第二

仲虺作《诰》。

《春秋传》曰："薛之皇祖奚仲，居薛，以为夏车正。仲虺居薛，以为汤左相。"①

①《左传·定公元年》："薛之皇祖奚仲，居薛，以为夏车正。奚仲迁于邳，仲虺居薛，以为汤左相。"（岳麓书社1988年版《左传》第366页）

【译文】

仲虺写作《诰》一篇。

《春秋传》记载："薛国的皇始祖为奚仲，住在薛地，担任过夏朝的车正（管理车辆的官长）。仲虺也住在薛地，担任汤的左相。"

成汤放桀于南巢。

庐江六县东有居巢城。《书》有"巢伯来朝"。《春秋》："楚人围巢。"①桀奔于此，汤不杀也。

①《春秋》："文公十有二年，夏。楚人围巢。"（中国友谊出版公司1984年版《春秋三传比义》中册第87页）

【译文】

成汤将夏桀流放到南巢地方。

庐江六县东面有居巢城。《尚书》有"巢伯来朝见"的记录。《春秋》记载："楚人围困巢。"夏桀逃奔到这里，汤不杀他。

惟有惭德，曰："予恐来世以台为口实。"

后世放杀其君者，必以汤、武藉口，其为病也大矣。

【译文】

觉得心中有所惭愧，说是："我担心后来的人们以我为借口。"

后世流放、杀害其君主的人们，必定以成汤、武王为借口，这样

"失德"的污名就大了。

仲虺乃作诰曰："呜呼，惟天生民有欲，无主乃乱。惟天生聪明时乂。有夏昏德，民坠涂炭，天乃锡王智勇。"

凡圣人之德，仁义孝弟忠信礼乐之类，皆可以学至，惟勇也、智也，必天予而后能。非天予而欲以学求之，则智、勇皆凶德也。汉高祖识三杰于众人之中，知周勃、陈平于一世之后，此天所予智也。光武平生畏怯，见大敌勇，此天所予勇也，岂可学哉。若汉武帝、唐德宗之流，则古之学勇、智者也，足以敝其国、残其民而已矣。故天不与是德，则君子不敢言智勇。短于智勇而厚于仁，不害其为令德之主也。周公亦曰，"今天其命哲，命吉凶，命历年"①。哲者，知人之谓也。知人与不知人，乃与吉凶、历年同出于天命。盖教成王不强其所无也。

①见《召诰》一篇。

【译文】

仲虺于是作《诰》说："啊，上天降生众人有欲望诉求，但没有主子就会发生动乱。只有上天同时降生聪明人杰，时势才能安稳大治。夏桀昏庸恶德，人民坠入水深火热之中，上天这才降下我王神勇智慧。"

凡圣人的道德中，仁义孝弟忠信礼乐之类，都是可以学习得来的，只有勇敢啊，智慧啊，必定是上天赋予才能形成。不是上天赋予而是希望通过学习而求得，那么他的智勇必定是一种邪恶的德性。汉高祖能够识别"三杰"于众人之中，知周勃、陈平于一世之后，这就是上天所赋予他的智慧。东汉光武帝，平生胆小怯懦，但面临大敌却非常勇敢，这就是上天所赋予的神勇气质，岂能通过学习得来呢？像汉武帝、唐德宗之流，都是古代想学习勇气智慧的人，但他们的学习却足以削弱他的国家，残害他的人民罢了。所以上天若不赋予这样的德行，则君子不敢谈论智慧勇敢。缺少智慧勇敢但却富于仁爱，那也不妨碍他成为有美好道德的主人。周公也说过，"今天其命哲，命吉凶，命历年"。哲的意思，就是能够识别人才。能不能够识别人才，那是与吉凶、历年同出于上天赋命的结果。所以劝谏成汤不要勉强要求自己本身所没有的禀赋。

"表正万邦，缵禹旧服，兹率厥典，奉若天命。"
缵，继也；服，五服也。

【译文】

"作为表率以端正万邦，继承大禹旧有的疆域，如此遵循典章制度，恭顺奉行上天之命。"

缵，继承的意思；服，指疆域远近的五服（即甸服、侯服、绥服、要服、荒服）。

"夏王有罪，矫诬上天，以布命于下，帝用不臧，式商受命，用爽厥师。简贤附势，实繁有徒。肇我邦于有夏，若苗之有莠，若粟之有秕，小大战战，罔不惧于非辜。矧予之德，言足听闻。"

矫，诈也。臧，善也。式，用也。爽，明。肇，启也。简，慢也。帝既不善桀，故用汤为受命之君，彰明其众于天下。而桀之党恶之流，欲并我以启其国，若欲去莠秕然。故小大战战，无罪而惧，况我以德见忌乎。盖言我不放桀，则桀必火我也。

【译文】

"夏桀有罪恶，却诬枉矫饰，欺弄上天，天帝以他所行不善，用商受命，以商的徒众昭明天下。而夏桀怠慢贤人，党附恶人，繁衍他的歹徒势力。我邦启始于夏朝之中，就如同良苗之有稗草，如同粟子之有秕粒（随时都会被除掉），大大小小战斗不停，无不担心这样无辜被害。何况我们还是有道德善言，声闻于天下呢。"

矫，欺诈的意思。臧，善的意思。式，作"用"解。爽，作"明"

解。肇，作"启、始"解。简，怠慢之意。上天既以桀为不善，因此改用汤为接受天命的君主，使他的部众彰明于天下。而夏桀那些结党作恶之流，总想吞并我们以便开启他们的国度，好比要去除稗草秕粒一样。因此大大小小的战斗，总是使我们无罪而惊惧，何况我们是因为有道德而遭到忌恨的呢。总而言之，我们不放逐桀，桀就要灭掉我们。

【笺释】

"苗之有莠"与"粟之有秕"，林之奇《全解》与东坡所解同，并云："薛氏、曾氏诸家皆以苗粟喻汤，莠秕喻桀，言商为桀政所乱，然与下文不相属，今不取。"

蔡沈《集传》称："吴氏曰，'用爽厥师'续下文'简贤附势'意不相贯，疑有脱误。"

按，《尚书》流传久远，又非出自一人之手，中经"秦火"之厄，几近绝迹，故此有脱误、断简、增删、臆断等，实在所难免。上述两条，一为判读之异，一为脱误之嫌，可供借鉴。

"惟王不迩声色，不殖货利，德懋懋官，功懋懋赏，用人惟己。"

如自己出。

【译文】

"我王不近声色，不积累个人财富，德厚的得高官，功大的得厚赏。任用人才由自己所定。"

如同出自己见。

【笺释】

"用人惟己"一句，容易被理解为"由自己决定"（即独断专行之意），则与前面所陈述的厚德相矛盾。东坡解为"如自己出"，加一"如"字，非常简洁地道出了这句话的"大公"本色。即听从众人的意见如同出自己见。林之奇《全解》云："惟己，与'慎厥终，惟其始'之'惟'同。言用人之言如自己出也，若所谓善与人同，舍己从人，乐取诸人以为善也。"林氏还借此批判王安石的《尚书新解》："王氏曰'用人惟己，已知可用而后用之'。如此则是果于自任，而不从天下之所好恶也。王氏心术之异，大抵如此。"

按，东坡《书传》一书从不提及王安石《新解》。

"改过不吝，克宽克仁，彰信兆民。乃葛伯仇饷，初征自葛。东征，西夷怨；南征，北狄怨。曰'奚独后予？'攸徂之民，室家相庆曰：'徯予后，后来其苏。'民之戴商，厥惟旧哉。"

用兵如施针石，则病者，惟恐其来之后也。

【译文】

"有过失，不惜改正。能宽厚，能仁爱，对天下亿兆民众展示他的信用。因葛伯曾经虐杀给他们送饭的儿童，汤（为百姓报此仇）先征伐葛伯。向东征伐，西边的夷族有埋怨；向南征伐，北边的狄人有埋怨。都说，'为什么最后才讨伐到我们这里？'我们这里出迎的人们，家家都在庆祝：'等待我们的君王，君王来我们就能再生。'民众拥戴商汤，就像旧时奉祀先王的习惯一样。"

用兵拯救民困，就好像用针灸药石治病一样，生病的人，只担心来得太慢。

"佑贤辅德，显忠遂良。兼弱攻昧，取乱侮亡。推亡固存，邦乃其昌。"

善者自遂，恶者自亡。汤岂有心哉？应物而已。

【译文】

"保佑贤良的，辅助厚德的，彰显忠厚的，遂便良善的。包容弱小的，攻取昧心的，取代昏庸的，镇压乱亡的。该灭亡的将他推翻，该保留的维护其生存，如此，邦国才能永葆昌盛。"

善良的自会遂意，险恶的自会灭亡。商汤岂有心于夏桀之存亡，不过是适应天时人事的变化而已。

"德日新，万邦惟怀；志自满，九族乃离。王懋昭大德，建中于民，以义制事，以礼制心。"

未尝作事也，事以义起；未尝有心也，心以礼作。

【译文】

"君王的厚德日日增新，天下万国则将归心怀念；若心志自满，则至亲九族都要离散。君王努力昭示大德，在民众中树立公平正义，要基于正义处理事情，要以礼节来控制心性。"

没有无事生非，事情都因要维持正义而起；并不因为有心要处事，而是临事必出以公心，由礼义节制。

"垂裕后昆。"

裕，余也。

【译文】

"将美德多多余存给后世子孙。"

裕，多余的意思。

"予闻曰，能自得师者，王。谓人莫己若者，亡。好问则裕。"

裕，广也。

【译文】

"我听说，能自觉拜师受教者，必能称王；自以为别人都比不上自己者，必灭亡。好问深思，学识必广大。"

裕，广大之意。

> **"自用则小。呜呼，慎厥终，惟其始。殖有礼，覆昏暴，钦崇天道，永保天命。"**

汤之惭德，仁人君子莫大之病也。仲虺恐其忧愧不已，以害维新之政，故思有以广其意者。首言桀得罪于天，天命不可辞；次言桀之必害己；终言汤之勋德足以受天下者。乃因极陈为君艰难，安危祸福可畏之道，以明今者受夏非以利己，乃为无穷之恤，以慰汤而解其惭。仲虺之忠爱，可谓至矣。然而汤之所惭"来世口实"之病，仲虺终不敢谓无也。夫君臣之分，放弑之名，虽其臣子有不能文，况万世之后乎。

【译文】

"只依赖自我为用，就会狭小孤立，以至衰弱。呜呼！知道慎待最终的结果，就要从开始着手。增殖礼节，消除昏暴，敬奉天道，才能永获上天的保佑。"

商汤能对自己的行为感到惭愧，这也是天下仁人君子们最大的情感纠结。仲虺担心他忧愧不已，以至于妨害到维新建国的政事，所以想着如何开扩他的思想境界。首先述说夏桀的罪恶上通于天，上天要诛灭他的命意不可推辞；其次说到夏桀必定要加害于己；最后说到汤的功勋美德足以接受整个天下。并以此极力阐述作为君王的艰难，安危、祸福可畏的道理，以此表明今日接受夏桀的天下，并非为了自己一家的利益，而是为了无穷无尽地安抚爱护天下的百姓，以此来解脱汤自身感愧不安的心理。仲虺对于王室的忠爱之心，可谓已到极致了。然而汤所担忧的所谓"将来后世人会以此为借口"的问题，仲虺始终不敢说没有。君王与臣子之间的身份地位，流放、弑君的恶名，尽管是他的臣子也有不能直言无忌的地方，何况万世之后呢。

汤诰第三

汤既黜夏命，复归于亳。作《汤诰》。
亳在梁国谷熟县。①

①据顾颉刚、刘起釪《译论》所附《汤伐桀地理示意图》，汤都有北和南两处。北在今曹县；南在今商丘市。

【译文】
汤既然革了夏朝的命，重回到亳都。于是写作《汤诰》一篇。
亳在梁国谷熟县（即南亳）。

【笺释】
《汤诰》一篇，见于晚出《孔传》，本书所载，除《东坡书传》外，特参考南宋林之奇《全解》与蔡沈《集传》二书所载。其余孙星衍《注疏》、皮锡瑞《考证》、周秉钧《易解》均不载。曾运乾《正读》有题无文。顾颉刚、刘起釪《译论》不载。

王归自克夏，至于亳，诞告万方。
诞，大也。

【译文】
君王自灭夏之后归来，到达亳都，广发布告于万方诸侯。
诞，大的意思。

【笺释】
"万方诸侯"，孔颖达《正义》作"万方之众人"。林之奇《全解》

谓："诞告万方者，诞告万方诸侯也。《经》惟言诞告万方，所以知为诸侯也。盖万方之民非可以皆至于天子之庭，而以《武成》'庶邦冢君暨百工受命于周'之文而考之，则知其为万方之诸侯也必矣。"姑从此说。

王曰："嗟尔万方有众，明听予一人诰。惟皇上帝降衷于下民，若有恒性，克绥厥猷，惟后。"

衷，诚也。若，顺也。仁义之性人所咸有，故曰天降也。顺其有常之性，其无常者，喜怒哀乐之变，非性也。能安此道，乃君也。

【译文】

汤王说："啊，你们万方的诸侯们，听我明白地告诉大家。皇天上帝以诚信对待下民，顺着大家恒常的德性，能安稳建立治国之道的，只有国君。"

衷，诚实之意。若，顺便之意。仁义的德性，人所共有，所以说是"天降下"的。顺着共有的恒常不变的是德性，而喜怒哀乐变化无常的，并不是这样的德性。能安于德性顺建治国之道的，这就是国君。

【笺释】

东坡云"仁义之性人所咸有"，这里的"仁义之性"特指人的品德属性，可谓之"德性"。而下句"喜怒哀乐之变，非性也"，这里的"喜怒哀乐"与"好色而恶臭"（《中庸论上》），与"饥则食，渴则饮，男女之欲"（《扬雄论》）等，这些为"圣人与小人共之"的是"人之性也"，可谓之"人性"。所以东坡特别指出，这人的自然属性的"人性"并非人的社会属性的"德性"。而朱熹以为"五常（仁义礼智信）之德，所谓性也"，又说："喜怒哀乐，情也，其未发，性也。"（《中庸章句》第一章）这是东坡与朱熹关于"性"的不同观点。

林之奇《全解》以"衷"为善，曰："衷者，善之本为固有者也。"而蔡沈《集传》以朱熹之"性理"说为本，解"衷"为"中"云："天之降命，而具仁义礼智信之理，无所偏倚，所谓中也。"已见三家对"降衷"的不同解读。显然，经文"降衷"所指的要求下民所具有的是社会属性的"诚"或"善"，而不是处事方式或态度的"折中"的"中"。

"夏王灭德作威，以敷虐于尔万方百姓。尔万方百姓罹其凶害，弗忍荼毒，并告无辜于上下神祇。天道福善祸淫，降灾于夏，以彰厥罪。肆台小子将天命明威，不敢赦。敢用玄牡，敢昭告于上天神后，请罪有夏。聿求元圣，与之戮力，以与尔有众请命。"

请罪者，为桀谢罪；请命者，为民祈福。

【译文】

"夏王泯灭道德，擅作威福，遍虐你万方百姓。你万方百姓受他虐害，不能忍受他的荼毒，并将自己的无辜申告于上下神祇。天之道，福佑善良的，祸及淫乱的，于是降灾于夏，以彰显他的罪恶。我小子奉承天命，明示天威，不敢赦其罪恶。用黑公牛为祭牲，昭告于上天神后，为夏桀请罪。于是求告于元圣，与他共同努力，为你们百姓祈福于天。"

请罪，为夏桀谢罪；请命，为百姓祈求福佑。

【笺释】

"请罪有夏"，东坡解作"为夏桀谢罪"，林之奇《全解》作"为斯民请加罪于有夏也"。按，汤既遵夏礼，用玄牡祭告上天神后，则此"请罪"应作"谢罪"为当。且此时，汤已获胜，放逐夏桀而不杀，为何还要"加罪"？

"上天孚佑下民，罪人黜服[1]，天命弗僭。贲若草木，兆民允殖。"

[1]服，《正义》《全解》《集传》均作"伏"。

僭，不信也。言天命有信，视民所与则殖之，所不与则蹶之。若草木然，民所殖则生，不殖则死。贲，饰也。其理明甚，炳然如丹青也。

【译文】

"上天可以相信，会庇佑下民，夏桀这样的罪人已经被黜服罪，天命不可欺。就像草木必然开花拔节，灿然如饰，可以让亿兆之民一同来扶植。"

僭，不相信。说的是天命守信不欺，民众所希望的，上天就会加以繁殖，民众所不需要的，上天就会除掉它。就像草木一样，民众种植就会生，不种植就会死。贲，修饰，意谓这其中的道理十分明了，色彩鲜明得就像是图画丹青一样。

"俾予一人，辑宁尔邦家。兹朕未知，获戾于上下，慄慄危惧，若将陨于深渊。"

此亦惭德之言也。

【译文】

"让我一人，处置安顿好你们的国家。现在我还有许多未知的地方，深恐得罪于上上下下，慄慄危惧，就像要坠入万丈深渊一样。"

这也是成汤深感惭愧的话语。

"凡我造邦，无从匪彝，无即慆淫。"

彝，常也。慆，慢也。戒诸侯之言。

【译文】

"凡我建立的邦国，不要像往常那样，怠慢荒淫。"

彝，平常之意。慆，怠慢之意。这是戒勉诸侯的话。

"各守尔典，以承天休。尔有善，朕不敢蔽。罪当朕躬，弗敢自赦。惟简在上帝之心。"
言上帝当简察其善恶。

【译文】

"各人该守住你们的典则规矩，以承应上天的福佑。你们有了善良的表现，我不敢隐瞒不报。如果有了过失，罪在我身上，我不敢放过自己。总会有上帝明察在心。"

这是说，上帝会加以检察他的善恶表现。

"其尔万方有罪，在予一人；予一人有罪，无以尔万方。呜呼，尚克时忱，乃亦有终。"
庶几能信此也。

【译文】

"你们万方有罪过，责任在我一人身上；我一人有罪过，与你们没有关系。呜呼，相信我的话吧，一定会坚持到底的。"

希望能够获得万方的信任。

【笺释】

"尚克时忱，乃亦有终"亦译为：能做到诚信不疑，定会获得成功。这里以"相信"译"忱"，以"坚持到底"译"有终"，表示成汤对万方的承诺，以固结人心。

咎单作《明居》。
一篇亡。

【译文】

咎单写作《明居》一篇。

此篇已亡佚。

【笺释】

据孔颖达《正义》，咎单，汤的臣子，主管土地的官。

伊训第四

成汤既没，太甲元年，伊尹作《伊训》《肆命》《徂后》。

《史记》：汤之子太丁，未立而卒。汤崩，太丁之弟外丙立，二年[1]崩。外丙之弟仲壬立，四年崩。伊尹乃立太丁之子太甲。

太史公按世本，汤之后二帝七年，而后至太甲，其迹明甚，不可不信。而孔安国独据《经》臆度，以为成汤没而太甲立，且于是岁改元。学者因谓太史公为妄，初无二帝，而太史公妄增之。岂有此理哉。《经》云"汤既没，太甲元年"者，非谓汤之崩在太甲元年也。伊尹称"汤以训"，故孔子述《书》亦以汤为首。殷道亲亲，兄死弟及，若汤崩，舍外丙而立太丁之子，则殷道非亲亲矣，而可乎？以此知《史记》之不妄也。安国谓汤崩之岁，而太甲改元，不待明年者，亦因《经》文以臆也。《经》云"惟元祀十有二月，伊尹祠于先王，奉嗣王祗见厥祖"者，盖太甲立之明年正月也。正月而谓之十二月，何也？殷之正月，则夏之十二月也。殷虽以建丑为正，犹以夏正数月。亦犹周公作《豳》诗于成王之世，而云"七月流火，九月授衣"，皆夏正也。《史记》"秦始皇三十一年十二月，更名腊曰嘉平"，夫腊必建丑之月也。秦以十月为正，则腊当在三月，而云十二月，以是知古者，虽改正朔，然犹以夏正数月也。崩年改元，乱世之事，不容伊尹在而有之。不可以不辨。

[1] 二年，《史记》作"三年"。

【译文】

成汤去世之后，太甲元年，伊尹写作《伊训》《肆命》《徂后》三篇。

据《史记》所载，成汤的儿子太丁，未立为王便死了。成汤去世后，太丁的弟弟外丙被立为王，三年而死。外丙的弟弟仲壬被立为王，四年而死。伊尹于是立太丁的儿子太甲为王。

太史公根据世本（即《史记·殷本纪》）记载，汤之后二帝七年，而后至太甲，其中的事迹十分明白，不可不信。而孔安国却只据《经》，臆想以为成汤死后，太甲即登王位，并且于当年改元。学者们因此而认为，太史公所说为虚妄。"最初没有二帝继位，是太史公妄增加的"。岂有此理！《经》书说"汤既没，太甲元年"者，并不是说成汤的死是在太甲元年。伊尹说"汤以训"，因此孔子叙《书》也以汤为开始。按殷商的道统亲亲，"兄终弟及"（哥死了由弟继位）。假如成汤死了，舍弃外丙而立太丁的儿子，那么，殷商的道统就不是"亲亲"了，这能行吗？因此可以知道，太史公《史记》所说不假。安国说成汤去世的那一年，而太甲改元，不等到明年，这也是以《经》文为据瞎说。《经》书说，"惟元祀十有二月，伊尹祠于先王，奉嗣王祗见厥祖"，这是太甲即位的明年正月。正月而说是"十二月"，这是为什么呢？因为殷朝的正月是夏朝的十二月。殷朝虽然以建丑为正朔，但仍然以夏朝的正朔来记月份。就像周公作《豳》诗于成王的年代，却说"七月流火，十月授衣"一样，都是以夏朝的正朔来记月份。《史记》"秦始皇三十一年十二月，更名腊为嘉平"，这个腊必定是建丑的月份。秦代以十月为正月，则腊月应当在三月，但却称"十二月"，因此可以知道，古代虽然改正朔，但仍然以夏朝正朔来计数月份。帝王崩逝之年却改元，这是乱世才发生的事，不能允许伊尹还在朝而发生。这是非不能不弄清楚。

伊训第四

【笺释】

《伊训》一篇，见于晚出《孔传》，本书所载，除《东坡书传》外，特参考南宋林之奇《全解》与蔡沈《集传》所载。其余孙星衍《注疏》、皮锡瑞《考证》、周秉钧《易解》均不载。

东坡的这一大段解说，以十分有力的证据，在距清数百年前已经指出所谓"孔安国"《传》的妄传之处。虽然未能直接点出梅赜假托孔安国之名，但对其《经》中所述之事并不盲从置信，至严辞斥妄。而此段驳难，以制度及历法作为实据，更是举证确凿，毋庸置疑。林之奇虽不服东坡有关历法的推断，但也不得不赞许，称"苏氏之说为可信"。且蔡沈《集传》与林氏相反，赞同东坡关于历法的推断，云"三代虽正朔不同，然皆以寅月起数（即夏朝以建寅月为正月），盖朝觐会同、颁历授时，则以正朔行事，至于纪月之数，则皆以寅为首也。"

惟元祀十有二月，乙丑，伊尹祠于先王，奉嗣王祗见厥祖。侯、甸群后咸在。百官总己，以听冢宰。

汤崩虽久矣，而仲壬之服未除，故冢宰为政也。

【译文】

太甲元年十二月，乙丑，伊尹于祖祠祭奠先王，奉侍嗣王拜奠其先祖。侯服、甸服之内的诸侯们都到位，百官统一行动，听命于冢宰。

成汤虽然逝世已久，但仲壬的丧事未完，所以由冢宰摄政。

【笺释】

"元祀"，林之奇《全解》、蔡沈《集传》皆释为"元年"，作为日期解。与东坡同。而孔颖达《正义》却解为"初丧之时"，显误。

伊尹乃明言烈祖之成德，以训于王曰，"呜呼，古有夏先后，方懋厥德，罔有天灾，山川鬼神，亦莫不宁。暨鸟兽鱼鳖咸若。于其子孙弗率，皇天降灾，假手于我

有命。"

　　我有天命之君，汤也。

【译文】

　　伊尹于是对太甲明确述说他的祖先成汤的功德，教导他说："呜呼，古时，夏朝的前代君王，开始都有厚德，没有天灾，山川鬼神也莫不安宁。以至鸟兽鱼鳖也都一样安乐。但到了他们的子孙，却没有遵守住祖宗的德政，于是皇天降下灾祸，并授命于我成汤。"

　　我有担负着上天之命的君王成汤。

"造攻自鸣条，朕哉自亳。"

　　造、哉，皆始也。始攻自鸣条，建号自亳。

【译文】

　　"自鸣条开始攻剿夏桀，自亳都开始称帝。"

　　造、哉，都是"开始"的意思。从鸣条开始攻夏，建立商汤从亳开始。

"惟我商王，布昭圣武，代虐以宽，兆民允怀。今王嗣厥德，罔不在初。立爱惟亲，立敬惟长，始于家邦，终于四海。呜呼，先王肇修人纪。"

　　戒其恃天命，不修人事。

【译文】

　　"惟有我商王，公开昭示使用神圣武力，以宽厚代替暴虐，亿兆民众称赞缅怀。如今新王承嗣美德，无不开始于初登帝位的时候。树立友爱在亲人之间，树立敬意在尊长之间，开始于邦家，遍布于四海。呜呼！先王创立了人伦风纪。"

　　劝戒嗣王不要只凭上天之命，而忽略了对人事的德教修养。

"从谏弗咈,先民时若,居上克明,为下克忠。"
言君明臣忠也。

【译文】

"臣下的谏争不可拒逆,先贤的善言时时倾听。在上位的需要明达,在下位的需要尽忠。"

说的是为君王要明达,为臣子要尽忠。

"与人不求备,检身若不及,以至于有万邦。兹惟艰哉,敷求哲人,俾辅于尔后嗣。制官刑儆于有位。曰敢有恒舞于宫,酣歌于室,时谓巫风。"

《诗》云:"无冬无夏,值其鹭羽。"[①]此巫风也。

[①]《诗经·国风·陈风》:"无冬无夏,值其鹭羽。"(上海古籍出版社1980年新1版《诗集传》第81页)

【译文】

"用人不求其完美,反省自身总觉得不够,以此推广及于各方诸侯。因此而知时务之艰难,所以要广求明哲的贤人,使之能辅助你继承王位。制订约束官员的刑律,以惩戒在位的人员。那些敢于在宫庭中常舞不歇的,在家室内常酣歌醉酒的,常被人称为巫魔风气。"

《诗经》里有句:"不管冬天夏天,酣舞不休,显示它漂亮的羽毛。"这就是巫魔的风气。

"敢有殉于货色,恒于游畋,"
从流上而忘返谓之游。

【译文】

"胆敢溺身于买春淫乱的,不停地浪游行猎的,"

随流水而上，浪游忘返叫作"游"。

"时谓淫风。敢有侮圣言，逆忠直，远耆德，比顽童，时谓乱风。惟兹三风十愆，卿士有一于身，家必丧；邦君有一于身，国必亡。臣下不匡，其刑墨。"

匡，正也，谓谏也。

【译文】

"常被人称为'淫风'。敢有侮辱圣人的语言，抗拒忠直的人，疏远年高德劭的人，与顽童为伍，常被人称为'乱风'。就这三风十愆，作为卿士的只要有一样在身，就会败家；作为国君的只要有一样于身，就会亡国。作为臣子的不对此加以匡正，要受墨刑的处罚。"

匡，纠正的意思。指劝谏君王。

【笺释】

按"时谓淫风"四字，应属上句读为妥。

"具训于蒙士。"

蒙，童也。士自童幼即以此训之也。

【译文】

"要从幼童时起对士子进行全面的教诲。"

蒙，指儿童。士人从幼童时起即用这样的道理教育他们。

【笺释】

林之奇《全解》云："具训于蒙士者，先儒之说不如王氏、苏氏。王氏曰：'蒙士，童蒙之士也。为童蒙则如此训之矣。至于出为臣属，而不能正其君上，则刑墨矣。'苏氏曰：'蒙，童也。士自童幼，则以此训之也。'二说皆是。"

"呜呼，嗣王祗厥身，念哉！圣谟洋洋，嘉言孔彰，惟上帝不常。作善降之百祥；作不善降之百殃。尔惟德罔小，万邦惟庆；尔惟不德罔大，坠厥宗。"

尔若作德虽小善，足以庆万邦；若其不德，不待大恶而亡。

【译文】

"呜呼，嗣王必须敬惜自身，而念及先祖啊！圣祖的教训丰美洋洋，嘉言美德显明昭彰，但上帝眷顾一人并不久常。你有善举，会降下百祥；你有恶德，会降下百殃。你有善德虽小，万方欢庆；你行恶德虽不大，也会使宗邦丧亡。"

若你有善德虽小，足以衍庆万邦；若你有恶德，不等到大恶也会灭亡。

《肆命》《徂后》。

二篇亡。

【译文】

《肆命》《徂后》。

这两篇已经亡佚。

太甲上第五

太甲既立，不明。伊尹放诸桐，三年复归于亳。思庸。伊尹作《太甲》三篇。

思用，伊尹之言也。汤放桀，伊尹放太甲，古未有是，皆圣人不得已之变也。故汤以惭德，为法受恶曰："此我之所以甚病也。乱臣贼子，庶乎少衰矣。"汤不放桀，伊尹不放太甲，不独病一时而已，将使后世无道之君谓天下无奈我何？此其病与口实之惭均耳。圣人以为，宁惭己以救天下后世，故不得已而为之。以为不得已之变，则可；以为道固当尔，则不可。使太甲不思庸，伊尹卒放之而更立主，则其惭有大于汤者矣。

【译文】

太甲登上王位之后，不够明达觉悟，伊尹将他放逐到桐地，三年之后才奉迎归亳都，重登王位，悔过自新，思有作为。伊尹为作《太甲》三篇。

"思用"，这是伊尹的话语。成汤放逐夏桀，伊尹放逐太甲，这种事，古来无有，都是圣人不得已的变通办法。所以成汤的惭愧成为一种道德法则之后，对于他反而是一种良心的谴责，所以他说："这是我心中永久的痛悔，希望乱臣贼子从此不会再有了。"成汤不放逐夏桀，伊尹不放逐太甲，不仅是他们只有一时的悔痛而已，将会使后世无道的君王以为天下谁能奈我何？这与他们"会成为后人口实"的担心是一样的。圣人认为宁愿自己惭愧也要拯救天下后世，因此不得已而为之。以为这是不得已的变通，是可以的；但以为治道就应该是这样，那是不对的。如果因太甲不思悔过，伊尹就将他废掉，更立新主，那他的惭愧就大大超过成汤的惭愧了！

【笺释】

《太甲》上中下三篇，见于晚出《孔传》，本书所载，除《东坡书传》外，特参考南宋林之奇《全解》与蔡沈《集传》二书所载。其余孙星衍《注疏》、皮锡瑞《考证》、周秉钧《易解》、顾颉刚、刘起釪《译论》均不载。曾运乾《正读》有题无文。

惟嗣王不惠于阿衡。

惠，顺也。阿，倚也。衡，平也。言天下之所倚平也。阿衡，伊尹之号。犹曰"师尚父"云尔。师，其官也，尚父，其号也。

【译文】

惟见嗣王不顺从阿衡的训导。

惠,顺从的意思。阿,倚靠。衡,平衡。指天下所依靠的是平(衡)。阿衡,伊尹的号。比如"师尚父"的意思而已。师,是他的官职,尚父,是他的号。

【笺释】

林之奇《全解》:古者,大臣居人主之左右,辅翊立德者,盖有阿衡之名。王莽依古制,建公辅之官,甄邯为太保,刘歆为少阿,鄄丰为太阿。以是知阿、保皆师傅之官,尊之之称也。

伊尹作书曰:"先王顾諟天之明命。"

顾,眷也。以言许人曰諟。言汤为天命之眷许也。

【译文】

伊尹写作的书说:"先王得到上天的眷顾,这是上天明示的命令。"

顾,亲眷的意思。以言语赞许人的话叫"諟"。这是说,成汤为上天所眷顾许可。

"以承上下神祇、社稷、宗庙,罔不祇肃,天监厥德,用集大命,抚绥万方。"惟尹躬克左右厥辟,宅师。

伊尹助其君,居集天下之众也。

【译文】

"以承祀上下神灵、社稷、宗庙,无不敬奉肃穆,上天监察着他的品德,以他来总领天命,安抚万方。"只有伊尹能够亲身于左右辅佐君主,安定众人。

伊尹辅助他的君主，安集天下众人。

肆嗣王丕承基绪，惟尹躬先见于西邑夏。
丕，大也。夏都在亳西。

【译文】

信任嗣王能够继承祖先宏大的基业，因为伊尹亲身事先在西邑夏先世那里显现出他的忠诚。

丕，广大。夏都在亳的西边。

自周有终。
自，由也。忠信为周。由忠信之道则有终也。

【译文】

他们能遵循忠信之道，由此向前才会有完美的结局。

自，由的意思。忠信为周。由忠信之道向前就会有完美的结局。

相亦惟终。其后嗣王罔克有终，相亦罔终。
言君臣一体，祸福同也。

【译文】

宰相也能以善终结束。以后嗣王若不能善终，宰相也不能善终。

说的是君臣同为一体，祸福相同。

"嗣王戒哉，祗尔厥辟。"
辟，君也。敬其为君之道。

【译文】

"嗣王戒勉啊！敬守你为君之道啊！"

辟，君主。敬守他为君之道。

"辟不辟，忝厥祖。王惟庸，罔念闻。"
忝，辱也。以不善为常，闻伊尹之训，若不闻然。

【译文】

"作为君王而不行君王之道，就会辱没你的先祖。君王若以庸常之言为念，那我的话也就听不进了。"

忝，辱没之意。以不善的言语为寻常所闻，那闻听伊尹的训导，也就好像充耳不闻了。

伊尹乃言曰，"先王昧爽丕显，坐以待旦。"
方天昧明之间，先王已大明，其心思道以待旦。

【译文】

伊尹于是又说："先王天未明就已经起来，坐着等待天亮。"

在天未大明期间，先王心中已经大明，他心中思考着治道等待天亮。

"旁求俊彦，启迪后人。"
彦，美士也。以贤者遗子孙开道之。

【译文】

"别求俊杰美好的人才，启发后世的子孙。"

彦，美好的人才。以贤能之士留给子孙，开启善政之路。

"无越厥命以自覆。"
越，坠失也。

【译文】

"不可丢失天命祖德而自取覆灭。"

越，坠失的意思。

"慎乃俭德，惟怀永图。"

以约失之者鲜矣，未有泰侈而能久者也。

【译文】

"小心保持勤俭的德行，怀抱长久的宏图大略。"

因俭约而有过失的很少见，未有安于奢侈而能够长久的。

"若虞机张，往省括于度则释。"

虞，虞人也。机张，所以射鸟兽者。省，察也。括，隐括也。度，机之准望也。释，舍也。《诗》曰："舍矢如破。"[①]准望有毫厘之差，则所中有寻丈之失矣。言人君所为得失微而祸福大亦如此也。

① 《诗经·小雅·车攻》："不失其驰，舍矢如破。"（上海古籍出版社1980年新1版《诗集传》第117页）

【译文】

"好像虞人拉开机张，观察好瞄准度数就可以发射出去。"

虞，即虞人（管理山林鸟兽的官员）。机张，用以射击鸟兽的弩机。省，观察。括，隐蔽发射的开关。度，弩机的瞄准设备。释，舍（即发射）。《诗经》有句："舍矢如破。"（意谓箭一放出就能射中目标）瞄准的度数有毫厘之差，就会导致与所射的目标有一丈多的距离了。这就是说，君王的作为得失虽小，但造成的祸福会非常巨大，也像机张的失准一样。

"钦厥止。"

止，居也。孔子曰："居敬而行简。"①

①《论语·雍也》："仲弓问子桑伯子。子曰：'可也，简。'仲弓曰：'居敬而行简，以临其民，不亦可乎？居简而行简，无乃大简乎？'子曰：'雍之言，然。'"则"居敬行简"非孔子之言，东坡误记。（北京市中国书店1985年版《四书五经》第三种《论语章句集注》第21页）

【译文】

"要严肃对待你眼前的行为守则。"

止，居住，守住的意思。孔子说过："居敬而行简。"（意思是态度敬谨严肃，行为简约守法，举止不放纵随意。）

"率乃祖攸行，惟朕以怿，万世有辞。"

辞所以名，言于天下后世者也。

【译文】

"要遵照你先祖的德行去做，这样我们会以你的作为而高兴，天下后世也会称颂的。"

辞为的是有名声，这是说，可以让天下后世都能称颂念及。

王未克变。伊尹曰："兹乃不义，习与性成。"

性无不善者，今王习为不义，则性沦于习中，皆成于恶也。

【译文】

嗣王仍未能有所改变。伊尹说："这就是不行仁义了，是由他的习性造成的。"

人的德性没有不善良的，如今嗣王的习性表现为不义，那是人性沦落于个人的生活习性之中了，都是形成于人性的恶了。

【笺释】

　　东坡在这里解释"性无不善者",指的是人的德性,是人经过社会道德的教养、熏陶所形成的,脱离了这种德性,人有可能行为不义。所以他最后又提到太甲不能改变的原因是"皆成于恶也",这个"恶"是东坡一贯所主张的人的自然属性中的"人性",即他曾经论述过的"好色而恶臭"(《中庸论上》),与"饥则食,渴则饮,男女之欲"(《扬雄论》)之类的"人性"。太甲正如林之奇在《全解》中所解的:"苟使应物不审,而不能敬其所止,则其心荡然无所适从,而小人之善纷更者得以进其尝试之说","由其纵欲以败度,故至于颠覆汤之典刑。"所以最终"行为不义"。

"予弗狎于弗顺,营于桐宫,密迩先王其训,无俾世迷。"

　　狎,近也。王之不义,以近群小故也。故独使居于桐宫,密迩先王之陵墓,以思哀而生善心。此先王之训也。迷,读如"怀宝迷邦"之迷。我不训正太甲,则是怀道以迷天下也。

【译文】

　　"我要让他不能靠近那些不按义理行事的小人,我要经营好桐宫(成汤陵墓所在地),让他到那里去以靠近先王的遗训,不被这些世俗的不良风气所迷惑住。"

　　狎,靠近的意思。嗣王之所以"不义",是因为他靠近一群小人造成的。所以要单独让他居住于桐宫,靠近先王的陵墓,以便思虑哀痛而生发善心。这也是先王的遗训中有的。迷,可读成"怀宝迷邦"的迷。如果我不教导好太甲,那就是"怀揣着宝贵的治国之才而让天下迷失"了。

王徂桐宫居忧,克终允德。

【译文】

　　嗣王(太甲)住在桐宫,哀思先祖成汤的德政,终于有了觉悟,发誓践行先祖的美德。

太甲中第六

惟三祀十有二月朔。
此亦二年正月也。

【译文】

三年十二月初一（朔）。
这也是二年正月。

【笺释】

在《伊训》一篇中，东坡以"夏历数月"的殷历定"元祀十有二月"为"太甲立之明年正月"，因此，亦将此"惟三祀十有二月"推定为"二年正月"。按，二年，库本作"三年"，明凌刻本及经解本作"二年"。

伊尹以冕服奉嗣王归于亳。
始吉服也。

【译文】

伊尹以帝王即位的礼服（冕服）奉迎嗣王（太甲）回归亳都。
即位开始所用的吉服。

【笺释】

孔颖达疏："冕是在首之服，冠内之别名，冠是首服之大名，故传以'冕'为冠。"

作书曰："民非后，罔克胥匡以生。"

胥匡，相正也。

【译文】

写成文章说："民众没有君王，就不能相互扶助引导而生存。"

胥匡，互相扶助引导的意思。

"后非民罔以辟四方。"

言民去之，则吾无与为君者。

【译文】

"君王若没有民众，则无以君临四方。"

这是说，若民众都离开了，则我也就不能成其为君王了。

"皇天眷佑有商，俾嗣王克终厥德，实万世无疆之休。"王拜手稽首曰："予小子不明于德，自厎不类。"

不类，犹失常也。

【译文】

"皇天眷顾护佑我商汤，使我嗣王最终能践行先祖的美德，这实在是万世无穷的福气。"嗣王拜手叩头说："我小子不明先祖的美德，使自己行为失常。"

不类，行为失常的意思。

【笺释】

孔颖达《正义》疏："此言'拜手稽首'者，初为拜头至手，乃复申头以至于地，至手是为'拜手'，至地乃为'稽首'。然则凡为稽首者，皆先为拜手，乃后为稽首。故'拜手稽首'连言之，诸言'拜手稽首'，义皆同也。"

"欲败度；纵败礼。以速戾于厥躬。天作孽，犹可违，自作孽，不可逭。"

孽，妖也。违、逭，皆避也。妖、祥之来，皆有可以避者，此天作也。若妖由人兴，则无可避之理。

【译文】

"欲望，使自己失去了节制；放纵，使自己失去了礼节。因此加速了自身邪恶不祥的戾气。天造孽，还可以违逆，自作孽，不可能逃避。"

孽，妖孽。违、逭，都是逃避的意思。妖、祥到来的时候，都有可以躲避的地方，这是天作的。但若妖氛是由人自己兴起的，则没有可以躲避之理。

"既往背师保之训，弗克于厥初。尚赖匡救之德，图惟厥终。"伊尹拜手稽首曰："修厥身，允德协于下，惟明后。"

允德，信有德也。下之协从，从其非伪者。盖欲天下中心悦而诚服，苟非其德出于其固有之诚心，未有能至者。

【译文】

"以往违背了师保（伊尹）的教训，不能遵守先前祖宗的美德。幸赖师保匡正挽救的恩德，今后要遵从祖德以图长久。"伊尹拜手叩首说："加强你自身的修养，以德取信于下民，成为一个明达的君王。"

允德，诚信有德行的意思。下民的协服相从，是相从于真诚而非虚假的行为。要想天下民众心中喜悦而诚服，假如这德行不是出于他固有的真诚之心，没有能做得到的。

"先王子惠困穷，民服厥命，罔有不悦，并其有邦。厥邻乃曰，'徯我后，后来无罚'。"

上失其道，民散久矣，凡丽于罚，皆君使之。汤来，则我自无罪矣。

【译文】

"先王爱护穷困百姓惠及子民，民众都遵守他的法令，一直到他所治下的邦国，没有不心悦诚服的。邻近的邦国民众都说，'等待我们君王的到来，君王来了，我们就不会受到处罚了'。"

邦国之君失了治国之道，下民离散久了，凡是被刑罚的，都是由于邦君造成的。都盼着成汤来了，那我们自然就没有罪了。

"王懋乃德，视乃厥祖，无时豫怠。奉先思孝，接下思恭。视远惟明，听德惟聪。"

视不及远，非明；听不择善，非聪。

【译文】

"王要弘大先王的美德，向先王看齐，无时不在勉励自己不敢懈怠。奉祀先人恒思孝道，对下恭敬。眼光远大而明哲，多听有德才者的言辞使自己聪明。"

观察事物的眼光不远，够不上明哲；听话不择善恶，并非聪明。

"朕承王之休，无斁。"

斁，厌也。

【译文】

"我能承袭先王的美德，没有厌弃的时候。"

斁，厌弃的意思。

太甲下第七

伊尹申告于王。

申，重也。

【译文】

伊尹又向王再次禀告。

申，重复，再次。

曰："呜呼，惟天无亲，克敬惟亲。民罔常怀，怀于有仁；鬼神无常享，享于克诚。天位艰哉，德惟治，否德乱。与治同道罔不兴；与乱同事罔不亡。"

尧、舜让而帝，之、哙让而绝。①汤、武行仁义而王，宋襄公行仁义而亡②。与治同道，罔不兴；与乱同事，罔不亡也。必同道而后兴，道同者，事未必同也。周厉王弭谤，秦始皇禁偶语，③周景王铸大钱，王莽作泉货，纣积钜桥之粟，隋炀帝洛口诸仓，④其事同，其道无不同者，故与乱同事，则亡矣。

①指公元前318年燕国国相子之掌握重权，唆使苏代说服燕王子哙让位。结果"之、哙让而绝"。《淮南子·人间训》"燕子哙行仁而亡"。注云："子哙，燕王也。苏代说子哙让国遂专政。齐伐燕，大败之。哙死也。"（中华书局1954年版《诸子集成》第七册第324页）

②指宋襄公与楚人战于泓。楚人渡河未到岸，宋司马劝襄公马上攻击。襄公认为楚人还未上岸摆好战势，不准攻击。结果被楚人打败。宋人责骂襄公不知兵。襄公为自己辩解"寡人虽亡国之余，不鼓不成列"。意即"行仁义"，不打不摆好战势的军队。结果败亡。（见岳麓书社1988年版《左传》第71页）

③指周厉王杀死敢于说他坏话的人（见《国语·周语上·邵公谏厉王止谤》）。秦始皇听从李斯的建议"有敢偶语《诗》《书》者弃世（即处死）"（见《史记·秦始皇本纪》）。

④周景王铸大钱，妄图以此废弃民众手中的轻钱以收利，单穆公谏劝："今工废轻而作重，民失其资，能无匮乎？"（见《国语·周语下·单穆公谏铸大钱》）王莽作泉货，指王莽改革币制，铸新钱，"重二十五铢，直货泉二十五。货泉径寸，重五铢"（见《汉书·食货志》）。纣积钜桥之粟（见《武成》篇）。隋炀帝洛口诸仓，指隋大业二年，炀帝"置洛口仓于巩（县）东南原上"（见《资治通鉴》卷180隋纪四）。东坡以此为例，说明周景王、王莽、商纣、隋炀帝此四人所干的都是有关"食货"方面的事，但都与"乱政"相关，最后导致亡国。

【译文】

说道:"呜呼,上天不会特别以某人为亲,能诚敬奉天则亲。民众不会什么人都怀念,惟有行仁义的君王才会被怀念;鬼神不会经常接受祭享,只有诚实信奉时才会接受祭享。天子的地位艰难啊,有德政才能治天下,无德政则天下大乱。与治同道则无不兴盛;与乱同事则无不亡国。"

尧、舜让位而称帝,子之与燕王哙相让禅位而燕国灭绝。成汤、武王行仁义而称王,宋襄公"讲仁德"而亡国。与治道同行,无不兴盛;与乱同事,无不衰亡。必须同道一起才能兴盛,但道相同,而所为之事未必相同。周厉王弭谤、秦始皇禁偶语,周景王铸大钱,王莽作泉货,纣积钜桥之粟,隋炀帝于洛口诸仓,所做的乱事同,而所行之道(乱道)无不相同,但因与乱道相同而灭亡了。

【笺释】

东坡对此段经文的解释,被林之奇全文收录,表示肯定:"此说为尽。"

"终始慎厥与,惟明明后。"

慎所与之人也。君子难合而易离。能与君子固难矣,能始终之尤难。

【译文】

"始终要谨慎与你交往的人,这样才能做个明王明君。"

要谨慎所与交往的人。君子难联合在一起而容易分离。能与君子交往固然是难事,但能与之始终在一起更难。

"先王惟时懋敬厥德,克配上帝。"

汤惟能如是勉敬厥德,故能配天。天无言无作,而四时行,百物生。王亦如是。老子曰:"王乃天,天乃道。"①

---

① 老子《道德经》第十六章:"王乃天,天乃道。"(中华书局1958年版《诸子集成》第三册第9页)

【译文】

"先王时时在敬勉自己修德不已,因此能德配上帝。"

汤因为能这样勉敬修德,因此能德配上帝。上天看似无言无为,而四时运行,化生百物。君王也是这样。老子说:"王就是天,天就是道。"

"今王嗣有令绪,尚监兹哉。若升高必自下,若陟遐,必自迩。"

迩者,远之始。下者,高之本。升高而不自下,陟遐而不自迩,慕道而求速达,皆自欺而已。

【译文】

"今天,王嗣已经有了美好的治理传承,但还要以此为监(时时修省,不断向上)。好比升高必然从下开始,若要行得久远,必然要从近处开始。"

近,是远的开始。下,是高的基础。升高而不从下面开始,行远而不从近处起步,仰慕治道而追求速达,那都是自欺欺人而已。

"无轻民事,惟难。无安厥位,惟危。"

轻之则难,安之则危。

【译文】

"不要轻视为民众的事情,要有艰难的思想准备。不要安于王位,要随时都想到处在危险之中。"

把事情看得太轻就会更艰难;抱着安逸的想法就会更危险。

"慎终于始。"

虑终必自其始慎之。

【译文】

"要想有个美好的结局,就得从开始时谨慎考虑。"

考虑结果必须从开始时就谨慎对待。

"有言逆于汝心，必求诸道；有言逊于汝志，必求诸非道。呜呼，弗虑胡获？弗为胡成？一人元良，万邦以贞。"

伊尹忧太甲之深，故所戒者非一。有言合于道，则逆汝心，合于非道则顺汝志，如此则是患不可胜虑，事不可胜为矣。故叹曰："呜呼，弗虑胡获，弗为胡成？"亦治其元良而已。此所谓"要道"也。元，始也。良，其良心也。人君能治其始有之良心，则万邦不令而自正。前言皆籧篨矣。

【译文】

"有的话会违背你心愿，要从是否符合道的方面考虑；有的话会顺遂你的心愿，要从是否违背道的方面考虑。啊，不考虑，怎能有收获？不作为，怎会有成功？君王一人有宏大的善心，则万邦都行于正道。"

伊尹对太甲的忧虑是如此深重，所以告诫他的话不仅止于一两句。有人说话符合道理，但可能不合你的心愿；而那些不合道理的话却可能正合你的心志，这样一来，忧患的事就考虑不完，难办的事也就理不清了。所以感叹道："啊，不深虑怎能有收获？不作为怎能有成功？"这也是要启发他的良善罢了。也就是所谓的"要道"。元，原始的意思。良，指他的良心。人君能从他根本的良知开始反省修德，那么天下万邦都不待下令而自行于正道。如此则前面的许多言语都不过是作为辅垫的粗竹席罢了。

【笺释】

林之奇《全解》云："元良，言其大也。一人大善，则知道与非道之别，故逆耳之言不可以情拒之，顺耳之言不可以情受之。如此，则君子在位，而小人不得容其谗佞于其间，此万邦所以正也。孟子曰'君仁莫不仁，君义莫不义，君正莫不正。一正君而国定矣'。"这段话可作为对东坡解释的补充。

"君罔以辩言乱旧政，臣罔以宠利居成功，邦其永孚于休。"

天下之乱，必始于君臣携离。君以辩言乱旧政，则大臣惧；臣以宠利居成功，则人主疑。乱之始也。

【译文】

"国君不能用巧辩的言辞变乱固有的典章制度，大臣不能以受宠谋利禄获得功勋，这样邦国才可信有永久的吉庆。"

天下之乱开始于君臣之间的背叛离心。国君以巧辩的言辞变乱旧政，则大臣惧怕；臣子以受宠谋利禄获得成功，则君王疑虑。动乱就从此开始了。

【笺释】

林之奇在《全解》中以汉宣帝时执宰大臣霍光"以宠利居成功"为例说："伊尹不以宠利居成功，而光居之，所以为不学无术也。"但霍光的"不学无术"最后却招至亡身灭族之祸。

咸有一德第八

【笺释】

孔颖达《正义》曰："太甲既归于亳，伊尹致仕而退，恐太甲德不纯一，故作此篇以戒之。"

伊尹作《咸有一德》。

伊尹既复政厥辟，将告归，乃陈戒于德曰："呜呼，天难谌。"

谌，信也。

【译文】

伊尹写作《咸有一德》篇。

伊尹既还政于国君（太甲），将告老回乡，特以德为话题以告诫太甲说："啊，上天难以相信。"

谌，相信。

【笺释】

《咸有一德》见于晚出《孔传》，本书所载，除《东坡书传》外，特参考南宋林之奇《全解》与蔡沈《集传》二书所载。其余孙星衍《注疏》、皮锡瑞《考证》、周秉钧《易解》、顾颉刚、刘起釪《译论》均不载。

"命靡常。常厥德，保厥位。厥德靡常，九有以亡。"

九州也。

【译文】

"天命不会常临。君王常有德不衰，才能保住君位。如果君德不常，所拥有的九州也会亡失。"

九，指九州。

"夏王弗克庸德，慢神虐民，皇天弗保，监于万方。启迪有命，眷求一德，俾作神主。惟尹躬暨汤，咸有一德，克享天心，受天明命，以有九有之师，爰革夏正。非天私我有商，惟天佑于一德；非商求于下民，惟民归于一德。德惟一，动罔不吉；德二、三，动罔不凶。惟吉凶不僭，在人；惟天降灾祥，在德。今嗣王新服厥命，惟新厥德，终始惟一，时乃日新。"

一者，不变也。如其善而一也，不亦善乎？如其不善而一也，不几桀乎？曰，非此之谓也。中有主之谓一。中有主则物至而应，物至而应则日新矣。中无主则物为宰。凡喜怒哀乐，皆物也，而谁使新之？故伊尹曰："终始惟一，时乃日新。"予尝有言，圣人如天，时杀时生。君子如水，因物赋形。天不违仁，水不失平。惟一故新；惟新故一。一故不流；新故无斁。此伏羲以来所传要道也。伊尹耻其君不如尧、舜，故以是训之。如众人之言，"新则不能一，而一非新也"。伊尹曰，一所以新也，是谓万物并育而不相害；道并行而不相悖。

【译文】

"夏王不能修德，怠慢神祇，虐害百姓，皇天不保佑他。皇天监临万方诸侯，选择其中有天命的加以开导，以求有德纯一之主，使取代夏王，作为新君。惟伊尹与汤都具有纯一的美德，故受天心眷顾，明命汤率领九州之师讨伐夏桀，革掉了夏朝的正统。这并非上天偏私于我商汤，而是上天只保佑道德纯备的人；也不是商汤有所请求于下层百姓，而是百姓要选择道德纯备的君王。德性始终如一，这样所有作为无不吉利；德性或二或三，则所作所为必有凶险。吉凶不会假借，关键在人；上天也不会乱降灾祥，在于人君的道德。如今嗣王重新奉行天命，一定要以新的德行为先，德行始终如一，时局就会日新。"

一，就是不变的意思。就好像善始终如一那样，善不变不是很好吗？而不善却也始终如一的话，那不就成了夏桀么？我说，不是这个意思。心中有一种主导的信念与信仰，这才叫一。心中有"主"，那么面对事物之来，必有应对的办法，待到各种事物之来能加以应对，就会产生各种新的面貌。如果心中无主见，那么事物就成为自己的主宰，凡是喜怒哀乐便都是所谓的"物"呀，谁能使它们都出现新的面貌呢？所以伊尹说：

"德行始终如一，时局就会日新。"我曾经说过，圣人就像上天，有时消失了，有时还会出现。君子就像水，就其所遇，随时变换他的模样。上天不会违背仁德，水不会失其平衡。因为它是一，所以是新的；因为都是新的，所以是一样的。因为都能保持一的平衡，所以不会流动；因为都保持新的状态，所以不会消失。这是自伏羲氏以来所传的最重要的哲理（即"要道"）。伊尹因为抱憾于嗣王太甲不如尧、舜之贤，所以用这道理来开导他。如众人所讲的，"求新则不能一，而一就不是新了"。而伊尹说，一所以为新，是说万物共生并育，但不相为害；道并行但不相违背。

【笺释】

林之奇在《全解》中引述东坡这段话，称赞"此言尽之矣"。引文略有变动，但意思不变。东坡就伊尹所云"终始惟一，时乃日新"，阐述"一"与"新"的哲学理念，即"以不变应万变"的意思。也就是人们常说的："宇宙间惟一不变的就是变化。"这样的解释，在《尚书》诠解中是前所未有的，所以得到林氏的称赞。《列子·天瑞》所谓："一者，形变之始也。"[①]而形变即新，故"一就是新；新就是一"，这就是东坡所要说的"惟一故新；惟新故一"的哲理。

①见1954年中华书局版《诸子集成》第三册第2页。

"任官惟贤才，左右惟其人。臣为上，为德；为下，为民。"

"士之所求者爵禄，而爵禄我有也"。挟是心以轻士，此最人主之大患。故告之曰："臣之所以为民上者，非为爵禄也，为德也，德非位不行。其所以为我下者，非为爵禄也，为民屈也。"知此则知敬其臣；知敬其臣，而后天位安。

【译文】

"委任官员惟选用贤才,这样,左右辅佐君王的都是贤才。做臣子的在上为君王服务,是为体现自己的品德,在下是为民众服务。"

"士人所追求的是爵位与财禄,而爵、禄是我君主所有的"。若挟带这样的私心轻视士人,那就会成为人主最大的隐患。所以要告诉他说:"臣之所以居于民上者,并非为了爵禄也,是为了体现自己的品德,品德要从官位中才能体现出来。臣子们之所以居于我之下,不是为了爵禄,是为了民众才屈从我的。"知道这一点,才知道敬爱他的臣子;知道敬爱他的臣子,才能巩固他的天子的地位。

【笺释】

东坡在这段里,以他一贯的民本立场诠解君上与臣下之间的相互关系。他认为,君王应该敬重他的臣下,臣子应该以官位彰显自己的德才,而君上应该明白,臣下之所以服从皇上,屈居下位,不是为了爵禄,而是为了在自己的官位上办好民众的事务,以彰显个人的德才。

"其难其慎;惟和惟一。"

和,如晏平仲之所谓"和"也。

【译文】

"君王在位要知其难,要守其慎;要与臣下和谐共处,要修德终始如一。"
和,正如晏平仲(指齐国的晏婴)所谓的"和"。

【笺释】

蔡沈《集传》云:"难者,难于任用;慎者,慎于听察。所以防小人也。惟和惟一,和者,可否相济,一者,终始如一。所以任君子也。"

按,《左传·昭公二十年》,晏子曰:"君所谓可而有否焉,臣献其否而成其可;君所谓否而有可焉,臣献其可而去其否。是以政平而不干,民无争心。"这就是晏平仲"可否相济"之所谓"和"。意即君王的主张里有对的也有不对的，臣子就应该指出其不对的地方以成就君王正确的一面；君王的主张里有不对的也有对的，臣子就应该指出他对的地方以去除他不正确的一面。这样善政平和，民众不会有争斗之心。这就是晏子之所谓"和"。

"德无常师，主善为师。善无常主，协于克一。"

中无主者，虽为善，皆伪也。

【译文】

"品德没有唯一的表现可以师法，总之是为善的才可以为师。善也并非经常表现于一人身上，要协调好众人之善才能得到始终如一的善。"

心中缺乏固有的道德准则，虽表面行善，都是假的，即伪善。

【笺释】

林之奇《全解》谓，"盖德无常师，善无常主，则其心公而不私""以与天下为公"。这就是东坡所解的心中固有的道德准则。按，君王能做到"公而无私"才能舍弃小善而为大公，但事实往往是"善有常主"，为私计的"善"，虽于小人为善，却于公有大害，此即伪善。

俾万姓咸曰："大哉！王言！"

名之必可言，言之必可行，是谓大。

【译文】

使万姓民众都高喊："伟大啊！我王的话！"

一个人名望之所以能够传说，他的言论必定是可以让人信守遵行的。这才可能称之为"大"！

又曰："一哉，王心！"

如天地之有信可恃以安也。

【译文】

又说:"德行要纯一啊,王的内心!"

就像天地运行一样有信,而民众可依靠以安生。

"克绥先王之禄,永底烝民之生。呜呼,七世之庙可以观德,万夫之长可以观政。"

非德无以遗后,非政无以齐众。

【译文】

"则上可以安绥先王的禄位,永厚百姓生存的资本。啊,七世延续的宗庙可能观察到世传的厚德,万人听命的长官可以了解到他的德政。"

不是厚德难以遗存给后代,不是善政不能团聚众人。

"后非民罔使;民非后罔事。无自广以狭人,匹夫匹妇不获自尽,民主罔与成厥功。"

沃丁既葬伊尹于亳,咎单遂训伊尹事,作《沃丁》。

咎单训伊尹事,犹曹参述行萧何之政也。咎单作明居,司空之职也。舜宅百揆,亦司空之事也。禹作司空。以此考之,自尧舜至商,盖尝以司空为政也欤。沃丁,太甲子。自克夏至沃丁,五十有二年,伊尹亦上寿[①]矣。

[①] 古人以上寿百岁以上,中寿八十,下寿六十。见《庄子·盗跖》。

【译文】

"君王如果没有民众就没有可以使用的力量;民众若没有君王,则没有可能完成的事功。但君王不可因此而无限扩张自己的权势以压迫群众,使普通百姓没有活路而走向衰亡,于是,民众与君王都不能成就任何事业。"

沃丁于亳都安葬了伊尹，咎单于是将伊尹之训写成《沃丁》一篇。

咎单写作伊尹之训一事，就像曹参引述实行萧何之政一样。咎单创建明亮的居室，这是司空的职责。舜总理百官之事，也是司空的事务。禹也曾任司空。因此可以考证，自尧、舜至于商代，都曾以司空执政。沃丁，太甲的儿子。自灭夏至沃丁即位，五十二年，伊尹也算是高寿了。

伊陟相太戊。

伊陟，伊尹子。太戊，帝太庚之子①。

①据《史记·殷本纪》："帝太庚崩，子小甲立。帝小甲崩，弟雍己立。是为帝雍己。帝雍己崩，弟太戊立。是为帝太戊。帝太戊立，伊陟为相。"是太戊为帝雍己之弟，非太庚之子。又据《史记》集解，帝小甲为太庚之弟，非其子。

【译文】

伊陟做了太戊的辅相。

伊陟，伊尹的儿子。太戊，帝太庚的儿子。

亳有祥。桑、穀共生于朝。

桑、穀合生于朝，七日而拱，妖也。

【译文】

亳有妖氛，桑与穀共生于朝廷之上。

桑、穀合生于朝，七天就可以两手拱扼，妖怪的征兆。

【笺释】

孔颖达《正义》云："伊陟辅相太戊，于亳都之内，有不善之祥，桑、穀二木共生于朝。朝非生木之处，是为不善之征。"又引："郑玄注《书传》云：'两手扼之曰拱。'生七日而见其大满两手也。"

按，祥，这里作"妖孽"解。《汉书·五行志》："妖孽自外来谓之祥。"穀，指楮树。

咸有一德第八

伊陟赞于巫咸，作《咸乂》四篇。
《书》曰："在太戊时，巫咸乂王家。"

【译文】

伊陟向巫咸作赞语，因而写作《咸乂》四篇。

《尚书》记载："在太戊当政时，巫咸能安定君王天下。"

太戊赞于伊陟，作《伊陟》《原命》。仲丁迁于嚣，作《仲丁》。

仲丁，太戊子，自亳迁嚣。嚣在陈留浚仪县，或曰今河南敖仓。

【译文】

太戊向伊陟作赞语，写作《伊陟》《原命》二篇。仲丁迁于嚣，写作《仲丁》。

仲丁，太戊的儿子，从亳迁都到嚣。嚣在今陈留浚仪县，有的说是在现在的河南敖仓。

河亶甲居相，作《河亶甲》。
河亶甲，仲丁弟。相在河北。

【译文】

河亶甲以相为都，作《河亶甲》。

河亶甲，仲丁的弟弟。相在河北。

【笺释】

孔颖达《正义》云："发其旧都谓之'迁'，到彼新邑谓之'居'。"

祖乙圮[1]于耿，作《祖乙》。

河亶甲子。耿在河东皮氏县耿乡。圮，毁也。都邑为水所毁。凡十篇亡。

[1] 圮，库本及明凌刻本均作"圯"，误。下同。

【译文】

祖乙在耿的都城被洪水所毁，写作《祖乙》一篇。

祖乙，河亶甲的儿子。耿在河东皮氏县耿乡。圮，被毁坏了。都城被洪水毁掉了。以上共十篇文章均已亡佚。

书传卷八

商　书

盘庚上第九

盘庚五迁，将治亳。殷民咨胥怨，作《盘庚》三篇。
咨，嗟也。盘庚，阳甲弟。汤迁于亳，仲丁迁于嚣，河亶甲居相，祖乙圮[1]于耿，而盘庚迁于殷。

[1]库本、明刻本原作"圯"应为"圮"之误。据原意改。下同。

【译文】

　　盘庚第五次迁都，准备在亳建都。殷的民众都有怨言，写作《盘庚》三篇。

　　咨，嗟叹的意思。盘庚，阳甲的弟弟。成汤迁都亳，仲丁迁都于嚣，河亶甲迁都于相，祖乙迁都于耿被毁于洪水，而盘庚迁都到殷。

【笺释】

　　据顾颉刚、刘起釪《译论》，"五迁"为：仲丁迁嚣，河亶甲迁相，祖乙迁耿，祖辛迁庇，南庚迁奄。未提成汤之迁及盘庚之迁（详细讨论见《译论》盘庚篇之（三）讨论）。又，刘氏将此篇定为"盘庚三迁"中的最后一篇（下篇），编次与此相反。

盘庚迁于殷，民不适有居。

祖乙圮于耿，盘庚不得不迁。而小人怀土，故不肯适新居。

【译文】

盘庚将都城迁到殷，民众不适应到新居去。

祖乙的都城耿为洪水毁坏，盘庚不得不迁都。而小人怀念故土（系恋旧居），所以不肯迁到新居。

【笺释】

殷，地名。据顾颉刚、刘起釪《译论》："殷在今河南安阳县境内。自公元前13世纪盘庚迁来以后，直到前11世纪商朝灭亡的273年间，都是商的首都。"

率吁众慼，出矢言。

吁，呼也。矢，誓也。盘庚知民怨，故呼众忧之人而告誓之。

【译文】

率先召唤众人中有忧虑者，对他们发出誓言。

吁，呼唤的意思。矢，发誓。盘庚知道民众有怨气，所以召唤众人中有忧虑的，向他们发出誓言。

【笺释】

蔡沈《集传》引文："周氏云：商人称殷自盘庚始。自此以前惟称商。自盘庚迁都之后，于是殷商兼称。或只称殷也。"慼，皮锡瑞《考证》："《说文》引作'戚'。孙星衍说：'盖谓贵戚与近臣。'《史记》云，盘庚乃告谕诸侯大臣。郑注《周礼》云，'盘庚将迁于殷，诰其世臣卿大夫，道其先祖之善功'。是知众戚为贵戚近臣也。"以"慼"为戚。周秉钧《易解》同。而孔颖达《正义》、林之奇《全解》、蔡沈《集传》均与东坡同解为"慼",作忧怨解。林氏认为"窃谓苏说胜",肯定东坡的解释。

曰:"我王来,既爰宅于兹,重我民,无尽刘!不能胥匡以生。卜稽曰'其如台?'先王有服,恪谨天命。兹犹不常宁,不常厥邑,于今五邦。今不承于古,罔知天之断命,矧曰其克从先王之烈?"

爰,于也。刘,杀也。匡,救也。我先王祖乙既宅于耿,耿圮欲迁而不忍,曰"民劳矣,无尽,致之死"。然民终不能相救以生。乃稽之卜,曰"是圮者,无若我何"。我先王自汤以来,奄有五服,以谨天命之故,犹不敢宁居,迁者五邦矣。今若不承古而迁,则天其断弃我命,况能从承先王之烈乎。

【译文】

说:"我王来到这里定居,已经加重我民的负担,无穷无尽的劳役快要置大家于死地了!不能相互匡救以求生路。稽考卜辞,说'已经毁坏的了,如我奈何?'我先王奉承天命,恭谨克守。都邑不尽人意,常不安宁,因此不能常居一处,现如今已经五次迁徙了。现在若不承于古训,难知上天是否将要断我天命,何况还能承接先王以往的功业呢!"

爰,于是之意。刘,杀灭。匡,救正。我先王祖乙既已定都于耿,耿为洪水所毁,要想迁都但不忍动作,说是"民众已经够辛劳的了,劳役无穷无尽,要置大家于死地啊"。然则现在大家不能相扶匡救以活命,只好稽考于卜卦,说是"耿地已经毁坏,如我奈何?"我先王自汤以来,拥有五服之地,以谨守天命,还不敢常居一处以保安宁,现今已经五次迁徙了。如今若不守古训而再次迁徙,那么上天将会断弃我朝天命,更何况还需要承接先王的功业呢!

"若颠木之有由蘖,天其永我命于兹新邑,绍复先王之大业，底绥四方。"

木之蠹病者，虽勤于封殖，不能使复遂茂。颠，仆也。既仆而蘖生之，然后有复盛之道。不颠，则无所从蘖也。言天之欲复兴殷，必在新邑矣。

【译文】

"好像倒伏的树木又有了蘖芽，这是上天要续我殷商的生命在这新的殷都，以继承复兴先王的大业，安抚四方。"

树木有了虫蠹之病，虽然勤于培土繁殖，也不能使它恢复畅茂。颠，仆倒的意思。既仆倒而生出蘖芽，然后才会有重新茂盛的道理。不颠仆，则不能重新生出蘖芽。这是说天要想复兴殷，必定要在新的都会才行。

【笺释】

林之奇肯定东坡此解："苏氏曰，'木之蠹病者，虽勤于封殖，不能使复，遂既仆而蘖生之，然后有复盛之道。'此言是也。"

按，曾运乾《正读》认为"我王来"至"底绥四方"一段话并非盘庚诰民之言，而是诸侯大臣语，与东坡所解不同。矛盾在于"新邑"二字。曾氏以耿为"新邑"，所以百姓反对迁都；而东坡以新邑为盘庚欲迁的殷地，所以要劝告百姓。而经文已有"祖乙圮于耿"，即耿已为洪水所毁的记录，怎能说是"新邑"？曾氏之说未可为"正解"。顾颉刚、刘起釪《译论》亦认为这段话是盘庚叫贵戚大臣向臣民传达他的话，但并不提到以耿为新邑。同样缺乏说服力，不如东坡所解。

盘庚敩于民，由乃在位。以常旧服，正法度，曰，"无或敢伏小人之攸箴"。

敩，教也。"由乃在位"者，教自有位而下也。箴，规也。服，事也。矇诵、工谏、士传言、庶人谤于市，此先王之旧服正法也。今民敢相聚怨诽疑，当立新法，行权政，以一切之威治之。盘庚，仁人也，其下教于民者，乃以常旧事而已，言不造新令也。以正法度而已，言不立权政也。曰"无或敢伏小人之攸箴"者，忧百官有司逆探其意，而禁民言也。盘庚迁而殷复兴，用此道欤。

【译文】

盘庚教育他的人民，自上而下，从有官职的人开始。利用往常能为大家接受的故事，指明法度，说是"防止有人找借口压服下民们说出有益的箴言"。

斅，教的意思。"由乃在位"者，教育要从有官位的人开始往下传输。箴，规劝的话。服，故事。盲人唱诵，做工的谏诤，卿士谣传，庶民造谤于街市，这是先王时代的政制法度。现在民众敢于聚众抱怨诽谤怀疑，那就应当建立新的法度，以行政的权力，对一切言行威严治理。但盘庚是个仁慈的领导，他对下实施的教育，是面对民众，只讲述寻常的旧事而已，声言不立新的威权压服。说是"防止有人因此而敢于压伏下民们有益的箴言"，就是担心百官有司反而暗中猜测他的心意，去禁止民众说话。盘庚迁都之后，殷商复兴用的正是这个办法吧。

【笺释】

林之奇对东坡这段诠解非常赞赏，并就此发表言论云："夫此论甚善，尛有为而发也。当时王介甫（安石）变更祖宗之制度，立青苗、免役等法，而当朝公卿、下而小民皆以为不便。而介甫决意行之。其事与盘庚迁类，故介甫以此借口谓'臣民之言皆不足恤'。然处之则与盘庚异。"将王安石变法与盘庚迁都相比较，从中赞许东坡对盘庚的评价。最后说："苏氏之言为王氏而发也。虽为王氏而发，实得盘庚教民之意，非奋其私意与王氏矛盾也。"

按东坡居儋，已有诗文讽王安石，此篇为解经，恐非有意于此。

王命众悉至于庭。王若曰：

《书》凡言"若曰"者，非尽当时之言，大意若此而已。

【译文】

王命令群众都到朝廷里来。王说：

《尚书》里凡写到"若曰"二字，并非都是按当时原话直录，只是表达大意如此而已。

"格汝众，予告汝训，汝猷黜乃心，无傲从康。"

谋自抑黜其心，无傲无怀安也。

【译文】

"来吧，你们众人，我告诫你们，你们要懂得迁都的道理从而放弃私心杂念，不可傲慢地追求安康而不动拒迁。"

以迁都的谋略抑止他们的私心杂念，不要傲慢，不要怀念安稳。

【笺释】

孙星衍《注疏》、皮锡瑞《考证》均断句为"予告汝，训汝猷，黜乃心"。周秉钧作"予告汝训汝，猷黜乃心"。此处从蔡、林二氏所断。

"古我先王亦惟图任旧人共政。"

此篇数言用耇旧，又戒其侮老成。以此推之，凡不欲迁者，皆众稚且狂也。盘庚言，非独我用旧，先王亦用旧耳，岂可违哉。

【译文】

"古时，我先王也总是力图任用旧人一起共同管理政事。"

这一篇多次说到任用耇旧，又告诫不可欺侮老年人。由此可以推断，凡是不想迁都的大都是幼稚并且狂傲的小人。盘庚说，不止是我任用老人，先王也总是任用老人一起共同治理国家，怎能违背呢。

"王播告之修，不匿厥指，王用丕钦，罔有逸言，民用丕变。"

不仁者鄙慢其民，曰，"民可以乐成，难以虑始"。故为一切之政，若雷霆鬼神然，使民不知其所从出。其肯敷心腹肾肠以与民谋哉？今吾布告民以所修之政，无所隐匿，是大敬民也。言之必可行，无过也，是以信而变从我也，逸，过也。

【译文】

"先王将所行之政布告于民众，从不隐瞒行政的意图，这是王对民众的尊敬，民众也从无过分的言辞，民众的态度于是大变。"

不施仁政者，鄙薄侮慢他的人民，说，"民众可以让他乐享其成，但难以和他们考虑开始"。因此所行的政事，就像雷霆鬼神一样，使民众不知道这一切是怎么来的。能说他们肯公开心腹肾肠为民众谋利吗？而今我布告民众，我将要实行的政事，没有隐瞒，这是对民众大为敬重。说出的必定可以实行，实行的过程就不会有过失，所以群众信任而改变态度愿跟随我行动。逸，过头的话。

【笺释】

此段诠解更进一步彰显东坡的群众观点。若说东坡《书传》有意与王安石的《书经新义》驳论的话，以此可援以为据。东坡历来反对秦暴政，反对始皇帝虐待百姓，不把人当人的残暴刑法。秦以商鞅变法，有"民不可与虑始，而可与乐成"（《商君书·更法》）的话，东坡正以此讥讽王安石的变法，认为政府的一切重大行政措施都应当广泛听取群众意见，考虑群众的利益。

"今汝聒聒，起信险肤，予弗知乃所讼。"

险者，利口相倾覆也。孔子曰："浸润之谮，肤受之愬不行焉，可谓明也已矣。"[①]巧言之入人，如水之渐渍，如病之自肌理入也，是之谓肤。今汝聒聒，以险肤之言起信于人，将谁讼乎？

①《论语·颜渊》:"浸润之谮,肤受之愬不行焉,可谓明也已矣。"(北京市中国书店1985年版《四书五经》第三种《论语章句集注》第50页)

【译文】

"如今你们喋喋不休,试图以阴险肤浅的话语取信于人,我真不知你们所要诉讼的是什么。"

险的意思,是以巧辩言伪来颠倒是非。孔子说:"像水那样浸润人的谗言,像刺激皮肤一样浅显的诬告都行不通,那就算文明的地方了。"巧伪的言词进入人耳就像水的渐渐浸润一样,就像病从人的肌理进入一样,这就是所谓的"肤"。如今你们喋喋不休,试图以险肤的言语取信于人,到底要起诉谁呢?

"非予自荒兹德,惟汝含德,不惕予一人。予若观火。予亦拙谋,作乃逸。"

荒,广也;犹《诗》曰:"遂荒大东。"①《书》曰"予荒度土功"也。含,容也。逸,过也。言汝妄造怨诽,若非我自广此德,以遂其事,但汝容,使汝不惕畏我,则我亦不仁矣。如观火作而不救,能终不救乎?终必扑灭之。容尔而不问,能终不问乎?终必诛绝之。不忍于小,而忍于大,则是我拙谋成汝过也。作,成也。

①《诗经·鲁颂·閟宫》:"奄有龟蒙,遂荒大东。"(上海古籍出版社1980年新1版《诗集传》第242页)原意为扩大疆域,此作扩大德业解。

【译文】

"并不是我自己要想扩大德业,而是你们饱含着恩德做得太过了,已经不把我放在眼里。我好像看到火在燃烧一样。这也是因为我的谋划不够好,铸成了你们的过失。"

荒,扩大的意思。就像《诗经》所说的"我们还要将地盘扩大到东边很远的地方去",又像《尚书》里所说的"我不能丢下动土治水的事业"。含,包容的意思。逸,过分的意思。说的是你辈妄自造谣惑众,引发怨恨,假如不是我抱着扩大先王德业的决心,以办成这件大事,只是包容你们饱含着先王恩德而不知警惕敬畏我,那我也是因此而行不仁义的事了。我就像观火一样,看着火在燃烧而不救,能始终都不救吗?最终还是要扑灭的。能容忍你们的行为而不过问,能不闻不问吗?最终还是要根绝的。不能容忍于小的,而容忍于大的,那就是我谋略不够,造成了你们的过失。作,铸成、造成的意思。

【笺释】

"自荒兹德"一句,东坡以"德者,得也"[1]的概念释"德",将盘庚迁都殷的举动看作是对先王德业的"利而无害"的继承和发展。所以举了《诗》和《书》的两个例子。但孔颖达《正义》、林之奇《全解》、蔡沈《集传》、孙星衍《注疏》、皮锡瑞《考证》、周秉钧《易解》等诸本,均释"荒"为"废",作"自荒废兹德"解。作"荒废"解,则与下句"惟汝含德,不惕予一人"似有脱节:"不是我要荒废先王的德政,而是你们含濡着先王给予你们的恩德而不知敬畏于我。"这样解释与盘庚执意迁都的壮举似乎连接不上或不甚紧密。

[1] 王弼解《老子》第38章:"德者,得也。常得而无丧,利而无害,故以德为名焉。"(中华书局1954年版《诸子集成》第三册第23页)

"若网在纲,有条而不紊;若农服田,力穑乃亦有秋。"
网无纲,纵之乱也。农不力穑,安于逸也。

【译文】

"好像网系在纲上一样,有条而不紊;好像农夫在耕田,努力耕作才有收获。"

有网无纲,抛撒出去就会紊乱。农夫不努力耕作,就安于放任了。

> "汝克黜乃心，施实德于民至于婚友，丕乃敢大言汝有积德，乃不畏戎毒于远迩。"

戎，大也。毒，害也。商之世家大族，造言以害迁者，欲以苟悦小民为德也。故告之曰，是何德之有？汝曷不施实德于汝民与汝婚友乎？劳而有功，此实德也。汝能劳而有功，则汝乃敢大言曰，"我有积德如此！"则汝自得众而多助，岂复畏从我远迁之大害乎？

【译文】

"你们能去除私心杂念，给民众至于婚友以实德，这才说得上你们有积德，这才不畏惧迁徙远近所带来的大害。"

戎，大的意思。毒，害处。商代的世家大族，放出谣言妨害迁都的人，总想以取悦小民的说法为"积德"。所以盘庚警告他们，这怎么能算是积德呢？你们为何不给予些实际的恩德于你们的姻亲与友人呢？有劳苦而有功业，这才是实德啊。你们若能劳而有功，你们这才敢大言"我也有积德在这里！"这样，你们自然会获得民众的拥护和帮助，还用得着害怕跟随我迁徙远近所带来的大害吗？

【笺释】

这段经文，不好诠解。孔颖达《正义》引晚出《孔传》释"戎毒于远迩"句谓："言不欲徙，则是不畏大毒于远近。"东坡虽以"毒"为害，仍觉不够明晰。林之奇《全解》直解为"大流毒于远迩"，指世家大族及在朝公卿之流以其流言蜚语布于远近，妨害迁徙。似较切近。曾运乾《正读》释"戎毒"为"包藏祸心"，谓"皆惰农自安，不昏作劳，是戎毒也，非施德也"。将矛头指向一般群众（惰农），似有不确。从盘庚的训斥语气看，全是面对那些以谣言惑众的大家贵族而不是普通小民。仍以东坡所解为善。

"惰农自安，不昏作劳，不服田亩，越其罔有黍稷。"

昏，强也。

【译文】

"懒惰的农夫自求安逸，不强劳作，不在田地里耕作，于是没有黍稷的收获。"

昏，强力的意思。

"汝不和吉言于百姓，惟汝自生毒，乃败祸奸宄，以自灾于厥身。乃既先恶于民，乃奉其恫，汝悔身何及？"

吉，善也。奉，承也。恫，痛也。汝今所施，乃恶也，非德也。当自承其疾痛。

【译文】

"你们不以和谐善言对待百姓，而是自生怨毒，变成败德祸乱的奸宄之辈，以致招灾于自身。既然你们先造恶于民，那就承担痛苦吧，你们后悔又怎能来得及呢？"

吉，善良。奉，承担。恫，痛苦。你们今天的所作所为，那是恶行，不是积德。应当自我承担其痛苦。

"相时憸民，犹胥顾于箴言，其发有逸口。矧予制乃短长之命！"

憸民，小人也。小人尚顾箴规之言，小人违箴言，其祸败之发，有过于口舌之相倾覆。矧予制汝死生之命，而敢违之乎？

【译文】

"看那些奸邪小人，尚知道说劝谏的话要有顾忌，生怕说了过分的话要惹祸。何况我还是操着制你们生死大权的君王！"

憸民，即小人之类。小人尚知顾及说劝谏话要谨慎，小人违背了说劝谏话的规矩，会招来的祸乱败亡，甚至有过于以口舌互相攻击颠覆呢。何况我有制约着你们生死的大权在手，你们还敢随意违抗么？

"汝曷弗告朕而胥动，以浮言恐沈于众？"
恐动沈溺于众人也。[1]

[1] 库本无"也"字，据明凌刻本、经解本补。

【译文】
"你们为什么不先告诉我而擅自行动，以虚假的谣言恐吓众人犯错？"
恐吓动摇众人的心志，使众人沉溺于过错之中。

"若火之燎于原，不可向迩，其犹可扑灭。则惟尔众自作弗靖，非予有咎。迟任有言曰：'人惟求旧，器非求旧，惟新。'"
迟任，古贤人。言人旧则习，器旧则敝。当常使旧人，用新器。我今所以从老成之言而迁新邑也。

【译文】
"好像大火燃烧于原野，不可向前靠近，就这样，还可以扑灭。但你众人自以为是，不断制造动乱，从不安靖，我要扑灭你们这就不是我的罪过了。迟任说过：'用人要求老人，器具不求老的，只用新的。'"
迟任，古代的贤人。这是说，老人有成熟的职业素养与习惯，器具用久了就老旧破败了。应当经常使用老成人，使用新器具。所以我现在就是要听从老成人的话，搬迁到新都邑。

"古我先王，暨乃祖乃父，胥及逸勤，予敢动用非罚？"

我先王，与汝祖、父，同其劳逸，我其敢动用非法之罚于其子孙乎？

【译文】

"古时我先王，与你祖你父，都同样劳逸共享，我怎敢用非法的刑罚来对待他们的子孙呢？"

我先王与你们的祖、父，共同劳逸，我怎敢动用非法的刑罚来处罚他们的子孙呢？

"世选尔劳，予不掩尔善。兹予大享于先王，尔祖其从与享之。作福作灾，予亦不敢动用非德。"

古者，功臣配食于大烝。王言，吾固欲选用功臣之子孙也。然尔祖与先王同享于庙，能作福作灾者，吾亦不敢动用非德之赏于其子孙也。

【译文】

"世代推举你们的功劳，我不会掩盖你们表现出来的品德善行。现在我要大祭先王，你们的祖先也一起配享。你们应享受的福分、应遭受的灾难（都是由你们的表现决定的），我也不敢随便动用不合道德的赏罚（来对待他们的子孙）。"

古代，功臣在大祭祀时可以配享于太庙。王说，我当然要选用功臣的子孙，然而你们的祖先与先王同享于太庙，能给你们带来福气还是灾难（那就要看你们各人的表现了），我也不敢动用不符合道德的赏罚来对待他们的子孙。

"予告汝于难，若射之有志。"

志，所射表的也。射而无志，则孰为中，孰为否？王事艰难，当各分守，无为浮言，当若射之有志。后有以考其功罪也。

【译文】

"我要告诉你们运用赏罚之难,就好像射箭时要树立标的一样。"

志,射箭时所树立的标的(即靶子)。射箭而没有标的,则怎么知道谁射中,谁不中?君王的事业艰难,应当各守其责,无所作为,浮夸虚假,这些都可当作射中与否的标志。将来用以考核他的功罪。

"汝无侮老成人,无弱孤有幼。"

"有""又"通。犹言孤与幼也。

【译文】

"你们不可欺侮老成人,不可轻慢孤儿与年幼的人。"

有,与"又"通用。如说孤儿与年幼的人。

"各长于厥居,勉出乃力,听予一人之作猷,无有远迩。"

汝无侮老弱幼,各为久居之计,无有远迩,惟予所谋是从。

【译文】

"大家各作长久安居之计,勤勉出力做事,听从我的谋划安排,不分彼此,不论远近。"

你们不可轻慢老弱幼者,各自为长久安居的打算,不论远近,惟应服从我的谋划安排。

【笺释】

"长于厥居"句,林之奇《全解》:"无以孤与幼而弱之,则宜各思长久于所居。"意与东坡同。蔡沈《集传》:"尔臣各谋长远其居,勉出汝力。"意亦与东坡略同。孙星衍《注疏》:"《释诂》云:'育,长也。'各自爱养其身,勉出其力,从予之谋。"以"长"作养育解。周秉钧《易解》:"长,去声,为之长也。厥,其也。居,所居之职也。"似以"长"

作有官位之人。曾运乾《正读》："长，长率也。"似又释"长"为"率领"之意。

"用罪伐厥死，用德彰厥善。"

有罪不伐则人将长恶不悛，必死而后已，故我薄刑小罪者，以伐其当死者也。

【译文】

"用刑罚代替死罪，用表德彰显他的善行。"

有罪而不给予刑罚，则其人将长久作恶不改，必至于犯处死的大罪。所以我用较轻的刑罚惩处有小罪的人，免得他将来犯必死的大罪。

"邦之臧，惟汝众；邦之不臧，惟予一人有佚罚。凡尔众其惟致告。

国有不善，则我有余罪矣。尔众当尽以告我。佚，余也。致，尽也。

【译文】

"邦国有善事，是你们众人地努力；邦国有不好的事，是我一人有过失该罚。凡你众人要广为宣告。"

国有不善，是我有多余的罪过了。你众人应当尽快告诉我。佚，多余的意思。致，尽力，尽快。

【笺释】

孔颖达《正义》引晚出《孔传》文："佚，失也。是己失政之罚。罪己之义。"释义与林之奇《全解》、蔡沈《集传》同。孙星衍《注疏》则"佚，同逸。《释言》云'过也'"。义为"罪过"，"言其罪当在我也"。顾颉刚、刘起釪《译论》释"佚"为"疏佚"，义与东坡相近。

"自今至于后日,各恭尔事,齐乃位,度乃口。"
度,法也。

【译文】

"从今以后,各臣工要恭敬办好你们的职事,整顿好你们的职位,依法慎言,不可开口乱说。"

度,法度。

"罚及尔身,弗可悔。"

【译文】

"不然,获罪受罚到你自身,那就悔之无及了。"

盘庚中第十

【笺释】

顾颉刚、刘起釪《译论》将此篇列为《盘庚》第一篇。

盘庚作,惟涉河。
作,起也。

【译文】

盘庚开始起动迁徙之事,打算渡过黄河。
作,起动的意思。

【笺释】

顾颉刚、刘起釪《译论》释"作"为"兴起"解,意即"登上历史舞台"。若将此首经文当第一篇，如此解释较妥，但作为第二篇解，则不如东坡解作"起动"（迁都）更为贴切。

以民迁，乃话民之弗率。
民之弗率，不以政令齐之，而以话言晓之。此盘庚之仁也。

【译文】

率领民众一起迁徙，并以言语劝导民众中不听命令的人。

民众中不听命令的人，不是以行政命令去强迫他，而是以话语劝导他，让他明白。这就是盘庚仁慈的地方。

诞告用亶。其有众咸造，勿亵在王庭。
亵，慢也。

【译文】

坦诚地广告于民。群众都一齐来到，又劝导大家（要听指挥，）不可在王庭有任何亵渎侮慢的行为。

亵，怠慢的意思。

盘庚乃登进厥民曰："明听朕言，无荒失朕命。呜呼，古我前后，罔不惟民之承，保后胥慼，鲜以不浮于天时。"
承，敬也。古者，谓过曰浮。浮之言，胜也。以敬民，故民保卫其后，相与忧其忧，虽有天时之灾，鲜不以人力胜之也。

【译文】

盘庚于是召集民众到跟前说："大家都听清楚我的话，不可忽视我的命令。啊，古时，我先王无不为民承担责任，因此民众无不保卫我王，休戚与共，没有不以人力胜于天时的。"

承，尊敬的意思。古时候，称渡过为"浮"。"浮"的意思为"胜"。

因为能敬惜民众,所以民众尽力保卫先王,休戚与共,虽然不时有天灾,很少不以人力战胜它。

【笺释】

此段经文,蔡沈《集传》、林之奇《全解》均依东坡所解。

而孙星衍、刘起釪等依江声说,以"前后"改为"先后",断句为:"古我先后,罔不惟民之承保。后胥戚鲜,以不浮于天时。"以"承保"连读,"鲜"属上读。训读甚繁,然义亦难通。曾运乾《正读》则释"后"为"右","保后"释为"保右"(此释不妥。前后,意为先王),释"鲜"为"斯","浮"为"罚",而全句意谓:"言前后顺民,保右相忧,斯用不为天时所罚也。"虽较东坡的诠解为勉强,但上古时期敬天地鬼神,故"不为天时所罚"亦可备一说。然东坡贯以人为本,故释"浮"为"胜","人力胜天"此说为正。

"殷降大虐,先王不怀,厥攸作,视民利用迁。"
先王以天降灾虐,不敢怀安,其所作而迁者,视民利而已。

【译文】

"殷商遭遇天灾之祸,先王不敢安于现状,所作出的决策,是以民众的利益为重决定迁徙。"

先王以天降灾祸,不敢心怀安逸,所作出的迁徙决定,亦以民众的利益为重而已。

"汝曷弗念我古后之闻?承汝俾汝,惟喜康共,非汝有咎,比于罚。"
我古后所以敬汝,使汝者,喜与汝同安耳。非为有咎之日,使汝同受其罚也。

【译文】

"你们何不念及我古先王迁都的传说？为你们负责，差你们做事，都是让大家一起共享安康，并非你们有罪，让你们迁都而受惩罚。"

我古先王之所以敬重你们，差你们做事，是乐于与你们同享安康。不是因为你们有罪之时，让你们一起受迁徙的惩罚。

【笺释】

"念我古后之闻"，孔颖达《正义》："古后先王之闻，谓迁事。"顾颉刚、刘起釪《译论》释"闻"为勤勉。以《正义》为近是。

"予若吁怀兹新邑，亦惟汝故。以丕从厥志。"

予所以召呼怀来新邑之人者，亦惟汝故也。将使汝久居而安，以大从我志。

【译文】

"如今我呼吁大家迁徙到新都，那也是为了大家的缘故。你们要勉力相从以完成迁都的大业。"

我之所以召呼希望迁来新都的人，也实在是为了你们的缘故。将使你们能久居安宁，以跟随我实现迁都的宏大志愿。

"今予将试以汝迁，安定厥邦。汝不忧朕心之攸困，乃咸大不宣乃心，钦念以忱，动予一人，尔惟自鞠自苦。若乘舟，汝弗济，臭厥载。"

困，病也。鞠，穷也。汝不忧我心之所病者，乃不布心腹敬念，以诚动我，但作怨诽以自穷苦。譬如临（一作流）水，具（一作乘）舟能终不济乎？无迟留，以臭败其所载也。

【译文】

"现在我将试着率领大家举行迁徙，安定邦国。你们不替我分担心中的忧乐，却大都不坦露腹心，不以诚敬的心意感动我，这是你们自找穷苦。就像乘舟欲渡一样，舟都备好了，你们却不过渡，直到船上所载的物件烂臭。"

困，病痛的意思。鞠，穷苦的意思。你们不担忧我心中的痛苦，却不肯坦露腹心，以诚敬之心来感动我，总是埋怨诽谤，自陷穷苦烦恼之中。就如面临河水，备好了舟船，能始终不过渡么？不要再迟滞不渡，最后使所载的物件都烂臭腐败了。

【笺释】

按，顾颉刚、刘起釪《译论》释"载"为船只，谓"臭厥载"为"就是把你们坐的船朽败了"，如此转译似较勉强。

"尔忱不属，惟胥以沈，不其或稽，自怒曷瘳？"

尔诚不能上达也，但相与沈溺，莫或考其利害者，自怨自怒，何损于病乎？

【译文】

"你们没有专一的诚心，只会相与耽误沉溺，或者就有迟留不进的毛病，就这样自怨自怒的毛病怎能治得好？"

你们的诚心不能上达，只是相与沈溺耽误，还不如考虑其中的利害吧，自怨自怒，这毛病怎能治得好？

【笺释】

顾颉刚、刘起釪《译论》释"尔忱不属"句，引俞樾语，作"尔沈不独"解。指"忱"为"沈"之误，"属"为"独"之误。全句意与东坡所解相近。

"汝不谋长，以思乃灾，汝诞劝忧。"

汝不谋长策以虑患，则是劝忧矣。劝忧，犹言乐祸也。

【译文】

"你们不谋长远之策,以此思考如何面对当前的灾难,你们这是在谋长远之忧啊。"

你们不谋划长远的策略以考虑解除患难,那就是在"劝忧"啊。劝忧,等于说"乐祸"。

【笺释】

皮锡瑞《考证》引段玉裁语:"诞从延声,延永双声。皆为长也。"又接引冯登府[1]语:"永字正与上'谋长'对言,不为长久之谋,乃为长久之忧。故下云'有今罔后'也。"

[1]冯登府(1783—1841),清浙江嘉兴人,嘉庆二十五年进士,选庶吉士,官宁波府教授,与阮元交游。专训诂学。经学造诣尤深。著有《石经补考》《论语异文疏证》等。

"今其有今罔后,汝何生在上?"

不谋其长,有今而无后,汝何以生于民上乎?

【译文】

"而今你们只顾今日不考虑今后,你们将如何生活在民众之上?"

不谋划长远,有今而无后,你们如何能生存于民众之上?

【笺释】

顾颉刚、刘起釪《译论》释"汝何生在上"为"你如何有命在天上?"以"上"指上帝、上天。似较牵强。因此篇为盘庚训示其贵戚近臣的话,当与上天、上帝无涉。曾运乾释"上"为地上。

"今予命汝一,"

命汝一德一心也。

【译文】

"现在我命令你们要一德一心,"

命令你们要一德一心。

"无起秽以自臭。"

起秽者,未能臭人先自臭也。

【译文】

"不要掀起污秽让自己先臭起来。"

掀起污秽的人,未能臭人先臭自己。

【笺释】

林之奇云:"利害实见,则是不欲迁者,徒起秽恶而自取臭败而已。"
周秉钧《易解》言:"起秽,扬起秽物,比喻传播浮言。"

"恐人倚乃身,迁乃心,予迓续乃命于天,予岂汝威,用奉畜汝众。"

出怨言者,或愚人为人所使,故告之曰:"恐人倚托乃身以为奸,迂僻乃心,俾迷惑失道。予故导迎汝,以续汝命于天。予岂汝威哉?以奉养汝众而已。"

【译文】

"担心小人倚在你们身边,扭曲你们的心灵,我要迎续你们的天命,我这不是要威逼你们,而是要奉养你们众人。"

散布出各种谣言的人,或者是那些愚蠢的人为人所指使,所以盘庚告诉他们说:"担心有人倚托在你们身边行使奸谋,扭曲你们心灵,使你们迷失正道。所以我要导迎你们,续回你们的天命。我岂是要威逼你们?只是要奉养你们众人而已。"

"予念我先神后之劳尔先，予丕克羞尔，用怀尔然。"

尔之先祖有勋劳于汤，故我大进用尔，以怀尔也。

【译文】

"我念及先王成汤神后曾因为你先祖的勋劳，因此我也大加进用你等，使你们各得安居。"

你们的先祖对成汤有勋劳，因此我也大加进用你等，将你们召来各得安居。

"失于政，陈于兹，高后丕乃崇降罪疾，曰：'曷虐朕民？'"

陈，久也。崇，大也。耿圮而不迁，以病我民，是失政而久于此也。汤必大降罪疾于我，以我为虐民也。

【译文】

"行政有失职，使民众长久仍居留在此地（指被洪水毁坏的耿都），我成汤高后必定降大罪于我说：'为何要虐害我的子民们？'"

陈，长久的意思。崇，巨大的意思。耿都毁坏了还不迁徙，致我民众受祸害，这就是失政而久留于此地。成汤必大降罪过于我盘庚，以为我在虐害子民。

"汝万民乃不生生，暨予一人猷同心。先后丕降与汝罪疾，曰：'曷不暨朕幼孙有比？'"

乐生兴事，则其生也厚，是谓生生。比，同德也。

【译文】

"你们万民如此不谋生计，并与我同心谋划，先王会大降罪疾于你们，说：'何不与我幼孙一起同心同德？'"

乐于生计，振兴事业，则生活的资本也雄厚，就是所谓"生生"。

比，指同心同德。

【笺释】

林之奇《全解》云："先儒以生生为进进，不如苏氏之说。苏氏曰'乐生兴事，则其生也厚，是谓生生'。"顾颉刚、刘起釪《译论》谓，"尽力搞好生事为生生"。

"故有爽德，自上其罚汝，汝罔能迪。"

非独先后罚汝也，汝有失德，天其罚汝，汝何道自免乎？

【译文】

"如今你们的行为有违德义，上天也自会惩罚于你们。你们有何道理自我解脱呢？"

非独我先王会罚你们，你们确有失德之处，上天也会加以惩罚。你们有何道理自我解脱呢？

"古我先后，既劳乃祖乃父，汝共作我畜民，汝有戕则在乃心。我先后绥乃祖乃父，乃祖乃父乃断弃汝，不救乃死。"

则，象也。汝同我养民，而有戕民之象见于心，故为鬼神之所断弃也。

【译文】

"古时我先王，既与你们先祖先父相与劳作谋迁，你们也应一起与我共同畜养百姓，而（如今面对迁都）你们却存有以谣言戕害百姓的现象。我先王谋迁居是为安抚你们先祖先父，你们的先祖先父必念及此恩义而弃绝你们，不拯救你们，你们必死。"

则，作现象解。你们和我一起养民，却有戕害百姓的现象见之于心，因此为鬼神所弃绝。

【笺释】

曾运乾《正读》："则，当为'贼'，字之讹也。戕贼，戕害贼杀之心也。"顾颉刚、刘起釪《译论》释义同。意与东坡相近。

"兹予有乱政同位，具乃贝玉。乃祖乃父丕乃告我高后，曰：'作丕刑于朕孙。'迪高后丕乃崇降弗祥。"

乱政，犹言乱臣也。具者，多取而兼有之之谓也。《春秋传》曰："昔平王东迁，七姓从王，牲用备具，王赖之，而赐之骍旄之盟。"① "郑子产曰：'我先君桓②公，与商人皆出自周，庸次比耦，以艾杀此地，斩之蓬蒿、藜藋，而共处之。世有盟誓，以相信也。'曰：'尔无我叛，我无强贾，毋或匄夺。尔有利市宝贿，我勿与知。'"③ 盖迁国，危事也。方道路之勤，营筑之劳，宝贿暴露，而贪吏扰之，易以生变。故于其将行，先盟之鬼神，曰："凡我乱政，同位之臣，敢利汝贝玉，则其父祖当告我高后而诛之。"不独如此而已，王亦自誓于众曰："朕不肩好货。"又曰："无总于货宝。"丁宁如此，所以儆百官而安民心。此古者迁国之法也。

① 《左传·襄公十年》："昔平王东迁，吾七姓从王牲用备具。王赖之，而赐之骍旄之盟，曰世世无失职。"骍旄，赤色的牛，亦作"骍毛"。古代天子与诸侯或者诸侯之间订盟时常用此作祭品。（岳麓书社1988年版《左传》第197页）

② 桓公，库本及明凌刻本改作"威公"，此因明清两代所谓"避讳"而改，南宋林之奇《全解》、蔡沈《集传》均作"桓公"。今复其原貌。

③ 语见《左传·昭公十六年》（岳麓书社1988年版《左传》第321页）。

【译文】

"如今有乱臣同位，贪拥贝、玉。你先祖先父纷纷告于我成汤高后说：'用大刑于我子孙！'并让我高后大降不祥于你辈！"

乱政，如说乱臣。具者，多取兼有，即贪的意思。《春秋传》里说：

"昔时，平王东迁，有七姓诸侯相从，祭祀用的各种器具物品都准备好了。平王有了依赖，于是赐予他们'骍旄之盟'。""郑子产说：'我先君桓公，与商人都来自周朝。更相比肩耕作，披荆斩棘于此地，割下蓬蒿、藜藿之类，共同相处谋生。世代都有盟约，发誓以取信。'说：'你们不要背叛我们，我们没有富强的商人，请不要窥夺我们。你们有金钱宝贝，我们不想知道。'"可见，国家迁移是很危险的大事。其中在路途上的勤苦，营造上的辛劳，宝贝、财产的暴露，而贪官污吏扰乱其中，很容易发生变故。所以将开始搬迁行动的时候，要首先向鬼神祷告："凡是我的乱政，同列的臣子，敢于私下贪占你的宝贝、珠玉的，那么他的先父祖就应禀告我成汤高后而诛灭他。"不仅仅是这样就算了事，还要向众人公示说："我不会任用喜好财货的人。"又说："我不会聚敛那些财货！"叮咛这些，为的是儆示百官而安民心。这就是古代迁移国都时的法则。

"呜呼，今予告汝不易。永敬大恤，无胥绝远。"

迁国，大忧也。君臣与民一德一心而后可。相绝远则殆矣。

【译文】

"啊，今天我要特别告诉大家，迁国之事决不改变。大家一定要敬重我深思忧患的话语，认真执行，互相紧随援助，不可相去太远。"

迁移国都，是值得深思忧虑的大事。君臣与官民之间必须一德一心才行。离散很远，互不接近，那就很危险了。

"汝分猷念以相从。"

各分其事以谋之。

【译文】

"你们各人分别谋划，互相跟随行事。"

各自分担事务，谋划执行。

"各设中于乃心。"
　　中，公平也。

【译文】
　　"各人心中要立有公平的信念。"
　　中，公平的意思。

"乃有不吉不迪，"
　　不吉，凶人也。不迪，不道者也。

【译文】
　　"若有凶狠而又不讲道理的，"
　　不吉，指凶恶的人。不迪，不讲道理的人。

"颠越不恭，"
　　行险以犯上者。

【译文】
　　"阴险犯上，"
　　行为阴险而又敢于犯上作乱的人。

"暂遇奸宄，"
　　劫掠行道，为奸者也。

【译文】
　　"诡诈行劫而又外奸内宄的，"
　　拦路打劫，行为奸险的人。

"我乃劓殄灭之。"

轻者劓之，重者殄灭之。

【译文】

"我就要处以劓刑消灭他！"

轻的，割掉他的鼻子；重的，消灭他！

"无遗育，无俾遗种于兹新邑。往哉，生生！今予将试以汝迁永建乃家。"

【译文】

"不要让他们再有遗种，不要让他们再有遗种来到这新的都邑。来吧，到这里来谋生经营！今天我将要尝试带你们迁徙到新都去，建起你们永久的家园！"

盘庚下第十一

【笺释】

此篇为刘起釪所定《盘庚》三篇中的中篇。

盘庚既迁，奠厥攸居，乃正厥位。
郊、庙、朝、社之位。

【译文】

盘庚迁都之后，奠定了官民安居的宫室，于是摆正郊庙朝社的位置。
郊祭、太庙、朝堂、社稷之类的位置。

绥爰有众，曰："无戏怠，懋建大命。"

生者有以养，死者有以葬、祭，勉立此大命也。

【译文】

安抚大众，说："不要嬉戏怠惰，要勉力建设，完成迁都的伟大使命。"

生存的要有所养，死亡的要有安葬、祭祀的地方，大家要勉力建设，完成迁都的伟大使命。

"今予其敷心腹肾肠，历告尔百姓于朕志。罔罪尔众，尔无共怒，协比谗言予一人。古我先王，将多于前功，适于山，用降我凶德，嘉绩于朕邦。今我民用荡析离居，罔有定极。尔谓朕：'曷震动万民以迁？'"

古我先王，将求多于前人之功，故即于高原近山而居，而天降此凶灾之德。我先王不即迁者，嘉与汝民共施功于我旧邦。而民终不免流离，无所定止。我岂无故震动万民以迁哉？

【译文】

"今天我要敞开心腹肾肠，将事情原委告诉大家，表明我的志愿。我不怪罪你众人，你们不必共怀怨怒，勾结串通以谗言来毁谤我。古时我先王成汤，希望能光大前人功业，奠居于依山据险的地方，愿上天降下减除凶灾的恩德，我先王（不立即迁徙，）就是为了与我民众共同将旧邦再建成功。但现今民众飘荡离居，没有安稳的日子。你们问我：'为何以迁徙之劳震动万民？'"

古时，我先王为了光大前人的功业，因此特于高原近山地方奠居，而愿上天降下减除凶灾的恩德。我先王没有立即搬迁的原因，就是愿与民众一起努力将我旧邦再建成功。但民众始终不免流离失所，不能安稳定居。我岂是无故要搬迁以震动万民呀？

【笺释】

"用降我凶德"句，东坡解为"而天降此凶灾之德"，与经文句意犹觉隐晦。所以译文以"降"为"降下、减除"解。

按，盘庚迁都本因旧都耿为水灾所毁，这才是"天降"之灾！然而，"灾"何以成为"德"？此"德"应即王弼解《老子》第38章："德者，得也。常得而无丧，利而无害，故以德为名焉。何以得德？由之乃得。"由之乃得，意即由于某种"道"的运作才造成的结果。此处即因天降灾祸（水灾）之故，因此也称为"凶德"。顾颉刚、刘起釪《译论》将"德"字属下句读，但又认为上句"适于山用降我凶"也不好解读。曾运乾则认为"我凶德"三字为"衍文"。均不如东坡所解为近。

"肆上帝将复我高祖之德，乱越我家。"
济及我家也。

【译文】

"现今上帝将复我高祖成汤之德，将治理之泽，惠及于我家。"
惠及我家的意思。

"朕及笃敬，恭承民命，用永地于新邑。"
我当及此时敬承上帝恤民之命，以永居于新邑。

【译文】

"我应当笃敬从事，恭承上天恤民之命，将永久居住于新邑。"
我应当及时敬承上帝恤民之命，永久居住于新的都邑。

"肆予冲人，非废厥谋，吊由灵。各非敢违卜，用宏兹贲。"
冲，童也。吊，至也。灵，善也。宏，大也。贲，饰也。我非敢不与众谋，但至用其善者。自迁至于奠居，无所不用卜以大此郊庙、朝市之饰。

【译文】

"以我小子,并非要废弃成算,但最好要用善策。一切都不敢违龟卜之灵,要以此卜来宏大新邑之美饰。"

冲,童年。吊,至的意思。灵,善的,美的。宏,大的意思。贲,装饰,美化。我并非敢不与众人谋划,只是要采用最好的决策。自迁徙开始到奠居新邑,无所不用龟卜之灵,以此大为装饰郊庙、朝市之美。

"呜呼,邦伯师长,百执事之人,尚皆隐哉!"

邦伯,诸侯也。师长,公卿也。隐,闵也。

【译文】

"啊,各方诸侯、满朝公卿,各种执事之人,大家努力啊!"

邦伯,指各方诸侯。师长,即朝廷任职的公卿。隐,勉力,努力的意思。

【笺释】

孔颖达《正义》释为:"幸冀相与隐审检括,共为善政,欲其同心共为善也。"隐,变成了"隐审检括",但又说:"隐括必是旧语,不知本出何书。"孙星衍《注疏》引《释诂》谓隐为"占也"。上二说皆不得其旨。蔡沈《集传》却解为:"隐,痛也。盘庚复叹息言,言尔诸侯公卿百执事之人,庶几皆有所隐痛于心哉。"尔不甚切题。林之奇《全解》则云:"尔邦伯、师长、百执事之人诚能恻隐于其心,有所不安,与我共勉励。"此则综合了东坡与蔡氏之间的观点,可谓折衷之言。顾颉刚、刘起釪《译论》列举种种解释后说:"对'隐'的解释至少有十种以上。"此处以"闵"作"勉"解。

"予其懋简相尔。"

择贤以助尔。

【译文】

"我要广为挑选贤才相助我治国了。"

选择贤能之人以帮助治理国事。

【笺释】

孙星衍《注疏》以"简"作"阅"解，又引《说文》以"相"为"视"，谓"我其勉阅视汝"。释义与东坡"择贤以助"相异。蔡沈《集传》引《尔雅》释"相"为"导"亦义有不顺。按，懋，与"茂"通，盛大之意；简，为简选。全句意即大为挑选贤才以治国理政。

"念敬我众。朕不肩好货。敢恭①生生，鞠人谋人之保居叙钦。"

①孙星衍《注疏》："恭"作"共"。

肩，任也；不任好货之人也。敢，果也。恭者必慎，果于利，慎于厚生之道也。鞠人，穷人也。谋人，富人也，富则能谋。贫富相保而居，各以其叙相敬也。此教民厚生之道也。

【译文】

"贤能之人会想念敬重及我众人。我不会任用那种喜好财货的人。我要任用那些敢于谦恭谨慎地帮助民众谋划经营，懂得厚生养民的贤人。让穷人、富人互相保护，居住在一起，各叙以相敬之道。"

肩，任用的意思；不任用喜好财货的人。敢，果断的意思。必须任用能谨慎果断处理利益财货，慎于厚生之道的贤能之人。鞠人，贫穷的人。谋人，富有的人，富则能谋划。贫穷的人和富有的人互相保护共居一处，各自以他们相处之道互敬互爱。这是教导民众有益于谋生致富的道理。

【笺释】

东坡释"鞠人，穷人也"，用孔颖达《正义》疏。而"谋人"，东坡则以"富能谋划"释为富人。而主张"贫富相保而居，各以其叙相敬也"，找出了贫富相济而有益于厚生的正确途径。此一段解释实为东坡所独创。而顾颉刚、刘起釪《译论》却引多家解释均不得要领，为各种不同说法而苦恼。可见东坡"以意逆志"法解经的正确之道。

"今我既羞告尔于朕志，若否，罔有弗钦。"

若，顺我而迁者也。否，不顺者也。

【译文】

"今天我已经向先王禀告了你们对于我迁都的志愿，你们赞成与不赞成，（都要如实告诉我，）不得有侮慢不敬的态度。"

若，顺从着我而愿意迁都的。否，不顺从我迁都的。

【笺释】

羞告，以祭祀的方式祷告、禀告之意。

"无总于宝货。"

总，聚也。

【译文】

"不可聚敛财物宝贝。"

总，聚敛的意思。

"生生自庸。"

各自用其厚生之道。

【译文】

"率领群众经营谋生。"

各自努力，发挥乐事厚生的经营之道。

"式敷民德，永肩一心。"

民不悦而犹为之，先王未之有也。祖乙圮于耿，盘庚不得不迁。然使先王处之，则动民而民不惧，劳民而民不怨。盘庚德之衰也，其所以信于民者未至，故纷纷如此。然民怨诽逆命，而盘庚终不怒，引咎自责，益开众言，反复告谕，以口舌代斧钺。忠厚之至此，殷所以不亡而复兴也。后之君子，厉民以自用者，皆以盘庚藉口。予不可以不论。

【译文】

"要向民众广敷德政，与民众同为一心。"

民众不喜欢，还要作为，这是先王从没有过的事。祖乙建都于耿，因洪水而毁，盘庚不得不迁都。然而，若是由先王来办理此事，则惊动民众而民不惧怕，劳苦民众而民不怨恨。可见到了盘庚的时代，商的德政已经逐渐式微了，他取信于民众的地方不及先王，所以才产生如此纷乱的现象。然而，民怨沸腾，违命不从，而盘庚始终不怒，反而引咎自责，广开言路让群众说话，并反复劝告、开导群众，以口舌代替行使暴力的斧钺威胁。其忠厚达到如此高度，这正是殷朝所以不会灭亡而复兴的原因。后来的君子，严厉对民、强暴自用时，每以盘庚为借口。我因此不得不加以评论。

【笺释】

林之奇对东坡这段评论十分赞赏，特加点评道："苏氏曰：'民之弗率，不以政令齐之，而以言语晓之，此盘庚之仁也。'又曰：'民怨诽逆命，而盘庚终不怒，引咎自责，益开众言，反复告训，以口舌代斧钺，忠厚之至。'此言深得盘庚之旨。盖齐以政令，劫之以斧钺，民未必不从也，然其实畏而从之耳。欲民之信而从之，不可得也。惟其不以政令齐之，而以话言晓之，以口舌代斧钺，故其始虽若优游而无决，而终能使民信而从之，而无所勉强于其间，此盖盘庚之心，而史官善形容之，苏氏善发明之，皆可以一唱而三叹也。"

按，东坡此段诠解进一步申明了他的以人为本、以民为本的施政理念。一切当政者若违反这一原则，以为凭借暴力甚至暴政可以迅速顺遂地解决问题，那无异于饮鸩止渴，最终适得其反。

说命上第十二

高宗梦得说，使百工营求诸野，得诸傅岩，作《说命》三篇。

高宗，武丁也，帝小乙之子。傅岩之野在虞、虢之间。

【译文】

殷朝高宗梦中获得一贤相名说，于是派遣臣僚百工到各地去考察，在傅岩这地方找到了傅说，于是创作了《说命》三篇。

殷高宗，即武丁，帝小乙的儿子。傅岩这地方在虞国和虢国之间。

【笺释】

《说命》上中下三篇，见于晚出《孔传》，本书所载，除《东坡书传》外，特参考南宋林之奇《全解》与蔡沈《集传》二书所载。其余孙星衍《注疏》、皮锡瑞《考证》、曾运乾《正读》、周秉钧《易解》、顾颉刚、刘起釪《译论》均不载。[①]

据《史记·殷本纪》集解引《正义》："帝盘庚崩，弟小辛立，……帝小辛崩，弟小乙立"，"帝小乙崩，子帝武丁立。帝武丁即位，思复兴殷，而未得其佐。三年不言，政事决定于冢宰，以观国风。武丁夜梦得圣人，名曰'说'。以梦所见视群臣百吏，皆非也。于是乃使百工营求之野，得说于傅险（岩）中，是时，说为胥靡，筑于傅险（岩）。见于武丁，武丁曰，是也。"胥靡，即奴隶（傅说为从事版筑的奴隶）。

①据程浩先生《清华简〈说命〉研究三题》一文所云："先秦《尚书》中有《说命》三篇，古书中多有称引，然其历经秦火之后，至汉初已不得见。伏生所述与孔壁所出，皆无此三篇。至东晋始有梅赜所献孔传《尚书》本，但其为'伪书'，久成定谳。新近公布的《清华简》第三辑收录了战国写本《说命》，对我们重新认识这一《尚书》中的重要篇章提供了前所未有的有利条件。"（见《古代文明》2014年第三期）

王宅忧。谅阴三祀。

谅，信也。阴，默也。居忧，信任冢宰而不言。

【译文】

王（帝武丁）因父小乙之死而居丧。（居丧期间）信由冢宰主持政务不发言表态，达三年之久。

谅，信任的意思。阴，表示沉默。居丧期间，信任冢宰而不发言表态。

既免丧，其惟弗言。群臣咸谏于王曰："呜呼，知之曰明哲。明哲，实作则。"

自知曰明，知人曰哲。

【译文】

帝武丁居丧期满之后，还是不发言表态。群臣都向他劝谏说："啊，对事情知道了解，那叫明哲。能做到明哲，就能够制订出法则。"

能了解自己叫作明。能识别人叫作哲。

【笺释】

晚出《孔传》："知事则为明智，明智则能制作法则。"东坡则将明与哲分开，而知己与识人，统而言之，谓之"知己知彼"亦可谓达意。武丁居丧，三年不问政事，群臣着急，故以"知己知彼"为劝，请求尽快颁行法令。

说命上第十二

天子惟君万邦，百官承式。
式，法也。

【译文】

天子作为万邦之主，要为百官做出表率，颁行法则。
式，即法则。

王言惟作命；不言，臣下罔攸禀令。王庸作书以诰曰："以台正于四方，台恐德弗类，兹故弗言。恭默思道，梦帝赉予良弼，其代予言。"

信一梦而以天下之政授匹夫，此事之至难者也。武丁恭默思道，神交于上帝，得良弼于梦中。武丁自信可也，天下其孰信之？故三年不言，既免丧而犹默也。夫天子三年不言，百官万民莫不忧惧以待命，若大旱之望时雨也。故一言而天下信之若神明然。昔楚庄王、齐威王皆三年不出令，而以一言致强霸，亦此道也。恨其所得非傅说之流，是以不王。然亦可谓"神而明之"者矣。

【译文】

天子就是要下命令；若不言语，臣子们在下不知如何禀告复命。帝武丁于是作书诰说："我作为君王应当让四方行于正道，而我担忧自己德行还不足以负起这个责任，因此不愿随便说话。恭敬沉思治国之道，夜来梦见天帝赐我一个良相辅助我，他会代我发言。"

相信一个梦，而将天下的政务交给一介匹夫管理，这样的事是天下最难做到的了。武丁恭敬默思治国之道，神交于上帝，得到善良的辅佐之才于梦中。武丁自己相信是可以的，天下人谁能相信？因此而三年不开口说话，免除丧礼之后也不说。像这样，天子三年不言语，百官万民无不忧心恐惧，以等待命令，就像是天大旱而盼望及时雨一样。所以一说话，而天下都相信，如神明显灵似的。过去，楚庄王、齐威王都曾经三年不出令，而以一句话成为最强的霸主，也是以这样的方法。不过遗憾的是他们两人所得到的却不是傅说这样贤良的宰相，所以最终不能成为王。然而也算是"神而明之"的了。

乃审厥象，俾以形，旁求于天下。说筑傅岩之野，惟肖，爰立作相。

肖，似也。《史记》：高宗得说，与之语，果圣人，乃举以为相。盖非直以梦而已。

【译文】

于是仔细想象他的模样，将他的形象画成图，使人别求于天下。（一名服役的奴隶）说当时正在傅岩的原野上劳作，因形貌就像武丁梦中所见，于是便任他为宰相。

肖，相象的意思。据《史记》所载，高宗见到说之后，与他深入交谈，觉得他果然是个圣人，于是便任他为宰相，并非只是以梦见而已。

【笺释】

《正义》曰："《传》以'傅'为氏，此岩以'傅'为名，明岩傍有姓傅之民，故云'傅氏之岩'也。《尸子》云'傅岩在北海之洲'。"据《清华简〈说命〉研究三题》一文所述，武丁得傅说之后，并不马上带他回殷都，而是命他征战佚仲（整理时误作"失仲"）。

王置诸其左右，命之曰："朝夕纳诲，以辅台德。若金，用汝作砺；若济巨川，用汝作舟楫；若岁大旱，用汝作霖雨。启乃心，沃朕心。"

渴其言也。

【译文】

帝武丁将他安置在自己的左右，并命令他说："你在我身边，无论早晚都可以向我提出意见，以帮助我改善我的德行。就像是我作为一块粗金，用你作为打磨金子的石头；就像要渡过大河，用你作为舟船；就像天大旱，用你作为解除大旱的霖雨。请开启你的心泉，沃灌我的心田。"

渴望得到他有益的言论。

"若药弗瞑眩，厥疾弗瘳；若跣弗视地，厥足用伤。"

瞑眩，愦眊也。药有毒者必瞑眩，人所畏也；跣不视地，为棘茨瓦砾所伤，人所不畏也。君子为国，有革弊去恶之政，如用毒药瞑眩，非所畏也。谋之不审，虑之不周，以败国事，如跣不视地以伤足，乃所当畏也。

【译文】

"假如药不能使人有昏愦的感觉，他的病就不会好；假如光着脚走路而不看路，他的脚就容易受伤。"

瞑眩，昏愦的样子。药带有毒性的，必定会使人有昏愦的感觉，这是人们所畏惧的，因此人们会提高警惕；光着脚走路而不看路，往往为棘刺瓦砾所伤，但人们反而并不在意。君子为治理国事，有革除弊政、祛除邪恶的手段，如使用毒药治病出现昏愦一样，（一定会小心谨慎，）并不可怕。但如果谋划不仔细，考虑不周到，麻痹大意结果败坏国家大事，就像光着脚走路而不看路，结果会伤害双脚一样，这才是应当有所畏惧的。

"惟暨乃僚，罔不同心，以匡乃辟，俾率先王，迪我高后，以康兆民。呜呼，钦予时命，其惟有终。"说复于王曰："惟木从绳则正，后从谏则圣。后克圣，臣不命其承，畴敢不祗若王之休命？"

说以匹夫得政，而王虚心以待之者如此，意其必有高世绝人之谋。今其所以复于王者，曰"从谏"而已。大哉！仁人之言约而至也。唐太宗，中主也，其事父兄，畜妻子，正身治家，有不正者多矣。然所以致刑措，其成功去圣人无几者，特以从谏而已。说以为此一言可以圣也，故首进之。以太宗观之，知从谏之可使狂作圣也。

【译文】

"愿你与众同僚，都能同心同德，以匡正你君王，遵循先王的正道，认清成汤的治迹，使天下百姓充实安康。啊，大家要敬重天命，安于职守，有始有终。"傅说回复帝武丁说："木材依着绳墨的线条修理就能正直，君王听从臣下的劝谏就能成为圣人。君王能成为圣人，虽不下令，臣下也能效法承上而行事，谁敢不顺从王命安享吉庆呢？"

傅说以一个奴隶的身份获得执政的机会，而君王能如此虚心待他，说明他必定有超越尘世、无人能及的谋略。但现在看他回答于君王的话，只说了句"听从臣下的劝谏"而已。伟大啊！这正是仁圣的人所说的话！至简约而极高明！唐太宗，不过是个中等资质的君王，他在事俸父兄，畜养妻子，正身、齐家等方面，存在不端品行的地方还多着呢。然而他治国能够做到政治清明而刑法不用，其成功离圣人也就不远了，而他只不过是能听从臣下的劝谏而已。傅说认为，只要能做到这一步，就可以成为圣人，所以首先以这句话奉献给君王。以唐太宗的例子来看，可知能听从劝谏的人，即使狂徒也可变成圣人。

【笺释】

林之奇《全解》欣赏东坡此段言论，全文引录。

说命中第十三

惟说命，总百官，乃进于王曰："呜呼，明王奉若天道，建邦设都，树后王君公，承以大夫师长，不惟豫逸，惟以乱民。"

古之天者，皆言民也。民不难出其力以食诸侯、卿士，以养天子者，岂独以逸乐之哉？将使济己也。此所以为天道也。

【译文】

傅说受命，总领百官，于是向王进言说："呜呼，圣明的君王顺奉天道，建立邦国，设置都邑，树立君主王公，受大夫、师长的奉承，不只是为了各人的安逸娱乐，而是要以他们治理民众的事务。"

古代的所谓"天"，都是指民而言。民众之所以不难出力养活诸侯、卿士，奉养天子，岂止是为了让他们安逸享乐？而是希望以他们来治理国家，使自己安享太平。这就是所谓的"天道"。

"惟天聪明，惟圣时宪，惟臣钦若，惟民从乂。"

未尝视也，而无不见；未尝听也，而无不闻。此天聪明也，而圣人法之。

【译文】

"只有上天聪明，只有圣人以时立法，只有臣子谦敬顺从，只有民众服从治道。"

没有看过，而无所不见；没有听过，而无所不闻。这就是上天的"聪明"之处，而圣人效法它。

"惟口起羞。"

多言数穷，故古人之辞寡。

【译文】

"只有多口多舌会让人羞愧。"

多言多语的人往往会有理屈辞穷的尴尬，所以古人言辞少。

"惟甲胄起戎。"

《春秋传》曰:"无戎而城,仇必保焉。"①无故而好甲兵,民疑且畏。致寇之道也。

①语见《左传·僖公五年》:"无丧而戚,忧必仇焉。无戎而城,仇必保焉。寇仇之保,又何慎焉。"(岳麓书社1988年版《左传》第53页)

【译文】

"只有喜好甲胄兵器,才会引发兵戎战争。"

《春秋左传》说到:"没有战事却去筑城,仇敌必定会感到安全有保障。"无缘无故而喜好甲盾兵器,民众必有疑虑且畏惧。这是引来强盗仇敌的缘由。

"惟衣裳在笥。"

笥也,篚也,皆所以盛衣裳、币帛者也。以贡曰篚,以赐下曰笥。赵简子曰:"帝赐我二笥衣裳,不藏之府库而常在笥,以待命而赐有功。"①劝其不忘于进善也。

①据《史记·赵世家》:"帝甚喜,赐我二笥,皆有副。"东坡以此敷衍成句,意在"劝其不忘于进善"也。(中华书局1959年版《史记》第六册第1788页)

【译文】

"只有衣裳会藏在笥里。"

笥、篚,都是用以盛衣服、币帛的东西。用来进贡的称为"篚",用来赏赐给下属的称为"笥"。赵简子说:"帝赐我二笥的衣裳,不用藏在府库,而存放在笥里,以便随时待命赏赐给有功的人。"这是劝他不要忘记修德向善。

"惟干戈省厥躬。"

"苗顽弗即工,帝其念哉"是也。

说命中第十三

【译文】

"只有动用干戈之时,王须慎重反省自身是否有必要动武的理由。"

这就是"苗民还是不愿效力,帝你不得不思考自身的问题了"一句话所表达的意思。

【笺释】

在《益稷》一篇中,帝舜因苗民犹不服,有大臣劝帝兴兵伐罪。禹时为大臣,劝帝舜应从自身的德行反省,"修己有未至者"。故曰"帝其念哉"。东坡于此处再予重复,意亦在借傅说的话劝高宗"慎重反省自身"。

"王惟戒兹,允兹克明,乃罔不休。惟治乱在庶官。官不及私昵,惟其能;爵罔及恶德,惟其贤。虑善以动,动惟厥时。有其善,丧厥善;矜其能,丧厥功。惟事事,乃其有备。有备无患。无启宠纳侮。"

小人有宠,则慢其君。故启宠则纳侮之道也。

【译文】

"君王要对此有所戒慎,关注到这点就会心里明白,政事无不吉祥顺利。国家的治乱在于如何对待百官。任官不要偏私亲昵任何一人,只重视他们的才能;爵赏不能给予德行恶劣的人,只能给予贤良的人。心有所动必以善为考虑,有所行动必须合于时宜。自诩为有'善',这善就会丧失;常自负有才能,就很难取得成功。只有想着做事,才会有做事的准备。有备而无患。不要养成宠爱以遭致侮辱。"

小人受到宠爱,就会侮慢其君主。因此,养成宠爱就是遭致侮辱的起因。

"无耻过作非,惟厥攸居,政事惟醇。"

居不醇，则驳杂之政也。史佚①曰："无始祸，无怙乱。"孔子曰："无欲速，无见小利。"②颜渊曰："无伐善，无施劳。"③其[1]语不同，此所谓立言者也。譬之药石米粟，天下后世，其皆以藉口。今傅说之言，皆散而不一，一言一药，皆足以治天下之公患，岂独以训武丁哉！人至于今诵之也。

[1] 其，明凌刻本作"同"。
① 史佚，西周初年周文王的史官，原名伊佚、尹逸。嬉姓。今山西翼城县唐兴镇东关村史家圪垯人。
② 语见《论语·子路》："子曰：'无欲速，无见小利。欲速则不达，见小利则大事不成。'"（北京市中国书店1985年版《四书五经》第三种《论语章句集注》第56页）
③ 语见《论语·公冶长》："颜渊曰：'无伐善，无施劳。'"（北京市中国书店1985年版《四书五经》第三种《论语章句集注》第21页）

【译文】

"不可因耻于过失而掩饰错误，心中要有正确的信念，政事要纯粹无私。"

心中有杂念，政事也会驳杂。史佚说："不可首开祸乱，不可凭祸乱乘人之危。"孔子说："不可贪速成，不可贪小利。"颜渊说："不可自夸个人的才能美德，不可炫耀自己的功劳成绩。"他们的话虽不尽相同，但都是人们所说的"三立"中的立言。这些话好比药石米粟，天下后世，都可以作为警句名言，传诵在口。现在傅说的话，散在各处，不集中，但都可以一言当一药，足可以治理天下所共有的毛病，岂独是为训导武丁呢！一直到今天人们仍在传诵着。

"黩于祭祀，时谓弗钦。礼烦则乱，事神则难。"
高宗之祀丰，数于近庙，故说因以戒之也。

【译文】

"次数过多的祭祀，会被认为是对先祖的不敬。事神的礼仪太烦，就会令事神典礼混乱难行。"

　　高宗所举行的祭祀太多，祭祀的又多数是近世的先祖，因此傅说以此规劝他。

　　王曰："旨哉！说，乃言惟服。乃不良于言，予罔闻于行。"

　　可服行也。

【译文】

　　帝武丁说："多好的话呀！傅说，你说的话我都要遵从实行。话中所说到的不良举止，我不会在行动中出现。"

　　可以遵从实行。

【笺释】

　　按"乃不良于言，予罔闻于行"句，为武丁的话，原移为下句读，置于"说拜稽首"前，实有割裂之嫌，特予改编。

　　说拜稽首曰："非知之艰，行之惟艰。王忱不艰，允协于先王成德。惟说不言，有厥咎。"

【译文】

　　傅说叩首礼拜说："并非知之艰难，惟是实行为难。王心诚实不畏艰难，定能信合于先王的美德。但如果我傅说不说，就是我的罪过了。"

说命下第十四

　　王曰："来，汝说！台小子旧学于甘盘，既乃遯于荒野，入宅于河，自河徂亳，暨厥终，罔显。"

古之君子，明王之世而不肯仕，盖有之矣。许由不仕尧、舜，夷、齐不仕周，商山之老不仕汉，怀宝迷邦①，以终其身，是或一道也；武丁为太子，则学于甘盘。武丁即位而甘盘遯去，隐于荒野。武丁使人求之，迹其所往，则居河滨，自河徂亳，不知其所终。武丁无与共政者，故相说也。旧说乃谓武丁遯于荒野；武丁为太子而遯，决无此理。遯，则如吴太伯，岂复立也哉？学者徒见《书》云，"其在高宗时，旧劳于外"，故以武丁为遁。小乙使武丁勌劳于外，以知艰难，决非荒野之遁。又以《书》曰，"在武丁时，则有若甘盘"，故谓武丁即位，而甘盘在也。甘盘，武丁师也，盖配食其庙，其曰"在武丁时"固宜，岂必即位而后师之哉？若武丁遁而后复立，不当云"暨厥终，罔显"也。

① 怀宝迷邦，语出《论语·阳货》："怀其宝而迷其邦，可谓仁乎？曰，不可。"朱熹注："谓怀藏道德，不救国之迷乱。"

【译文】

王说："来，你傅说！我过去曾以甘盘为师，向他学习。后来，他躲入深山荒野，又到黄河边上隐居，又自黄河迁徙到亳，自此之后，再也没有他的消息了。"

古代的君子，每当圣帝明王的时代，不肯出任官职，也是有的。许由不当尧、舜的官，伯夷、叔齐不当周朝的官，商山四老人不当汉朝的官。"怀宝迷邦"，一辈子不出仕，这或者也算是人生的一种活法。武丁为太子时，跟随甘盘学习。武丁登帝位之后，甘盘躲避隐退了，逃入荒野之中。武丁派人寻找他，打探他所在的地方，据说曾经住在黄河之滨，又说从河滨迁徙到亳地，最后，再也不知去向。武丁因此没有相与从政的助手，这才以傅说为宰相。过去有种说法，说是武丁遁入荒野；武丁为太子而逃遁，决无此理。如果他逃遁，那就像吴太伯①，怎能再立为君王呢？学者们只见《尚书》上说，"其在高宗时，旧劳于外"，因此以武丁为"遁"。以为帝小乙（武丁的父王）有意让武丁在朝廷外经受劳苦的磨炼，让他知道世事的艰难，但这决不是所谓"荒野之遁"。又以《尚书》上说，"在武丁时，则有若甘盘"，因此以为武丁即位，甘盘还在朝廷。甘盘是武丁的老师，因此可以供入武丁的庙堂配享祭祀，那么说"在武丁时"固然适宜，何必在即位之后再以他为师？倘若是武丁逃遁而后复立，那就不应该说是"自此之后，再也没有他的消息了"。

①吴太伯，又称泰伯，吴国第一代君主，东吴文化之祖。姬姓，名泰。父亲为周部落首领古公亶父，兄弟三人，排行老大；两个弟弟仲雍和季历。父亲传位于季历及其子姬昌，太伯和仲雍避让，迁居江东，建立勾吴。

【笺释】

关于武丁以甘盘为师，后来是甘盘退隐遁居还是武丁遁居？按孔安国、孔颖达的说法，是武丁遁居。即引《尚书》"其在高宗时，旧劳于外"一句为据。东坡不赞成这种说法，认为若是帝小乙有意让武丁在外受锻炼，这情形"决非荒野之遁"。

林之奇赞成东坡的观点，他在《全解》中说："窃以苏氏之说为善。盖高宗（武丁）言其所以学于甘盘而未克终者，其言与求教于傅说，故言甘盘之遯去而莫知其所终，则已无所资以为学者，其言与下文'训于朕志'相接。若从先儒（指二孔）之说，以遯为武丁之遯，则高宗方言学于甘盘，而遂及于爰暨小人之事，非事辞之序也。而其以出居民间为遯，及以显明之德为显，皆不如苏氏之说。"

"尔惟训于朕志。若作酒醴，尔惟麹糵；若作和羹，尔惟盐梅。"

砺，切磨己者也；舟楫，济己者也。霖雨，泽民者也；麹糵盐梅，和而不同者也。

【译文】

"你要启迪我的意志。好比要酿酒，你就是那制酒的麹糵；好比要做和羹，你就是那和味的盐梅。"

砺，磨练自己意志的工具；舟楫，助自己过渡的工具。霖雨，能润泽民众；麹糵盐梅，能和味却有各自的特点。

"尔交修予，罔予弃。予惟克迈乃训。"说曰："王，人求多闻，时惟建事。"

学道将以见之行事也，非独知之而已。

【译文】

"你要多方面劝导我修行进德，不要放弃对我的引导。我能遵照你的话去实行。"傅说曰："王，人务求知道更多的东西，但要及时行动起来处理事务。"

学了道理是要付诸行动处理事情，并非只是知道就可以了。

"学于古训乃有获。事不师古，以克永世，匪说攸闻。惟学逊志，务时敏，厥修乃来。允怀于兹，道积于厥躬。"

说既勉王以学，又忧其所学者非道也，故曰："惟学逊志。"逊之言，随也，随其所志而得之。志于仁，则所得于学者，皆仁也。志于义，则所得于学者，皆义也。若志于功利，则所得于学者，皆功利而已。智足以饰非，辩足以拒谏，皆学之力也。敏于是，则随其所修而至矣。故必先怀仁义之道，然后积学以成之。

【译文】

"从古人的教训中学习，才有收获。做事不师古法，以为这样可以获得永世的成功，这不是我傅说所听闻的。只有遵循着你的志愿，务求敏而好学，你的修为品德才会显现出来。对这一点相信不疑，高尚的品德就会积累于你一身。"

傅说既勉励武丁学习，又担忧他所学的并非正道，所以说："惟学逊志。""逊"的意思是随，要随着你的志愿去学习才有所得。你的志愿在于仁，那么从学所得到的就都是仁。你的志愿在于义，那么从学所得到的就都是义。假如你的志愿在于功利，那么从学所得到的便都是功利而已。一个人的智慧足以掩饰他的过失，而他的巧辩足以拒绝别人的劝谏，这都是可以通过学而生成的能力。勤敏于这样的学习，那么他所选择的志愿就可以达到。因此，必须先怀着仁义的志愿，然后仁义的品德才可以通过不断学习而逐步形成。

【笺释】

东坡释"逊"为随。孔颖达《正义》以"逊"为顺，作"学顺人本志，学能务是敏疾，则其德之修乃自来"解。林之奇《全解》则云："志既定则顺其志而不咈，务时敏以力行之而不懈，则能至于虑而有得矣。""随"与"顺"，义相近，故以上三人释义相近。

蔡沈《集传》以"逊"作"谦抑"解。其言曰："逊，谦抑也。务，专力也。时敏者，无时而不敏也。逊其志，如有所不能，敏于学，如有所不及。虚以受人，勤以励己，则其所修，如泉始达，源源乎其来矣。"亦可备一说。

"惟敩、学半。"
王者之学，且学且教。既以教人，因以修其身，其功半于学。

【译文】

"教人与自学功用各半。"

帝王的学习，且学且教。既以所学教人，又以所学作为自身的修养，所以教与学的功用各占一半。

"念终始典于学，厥德修罔觉。"
积善如长，不自觉也。

【译文】

"始终想着以学习为主,长久不息,品德修养也在不自觉中慢慢形成。"

积善如事物的成长,在不知不觉之间。

"监于先王成宪,其永无愆。惟说式克钦承,旁招俊乂,列于庶位。"

王曰:"呜呼,说,四海之内咸仰朕德。时乃风,股肱惟人,良臣惟圣。"

以良臣惟圣,犹以股肱惟人也。

【译文】

"以先王的成法为守则,可以永远保证我们的事业没有过失。傅说可以起榜样作用敬承王的旨意,广招贤良俊杰,布列于朝廷职位。"

王说:"啊,傅说,四海之内都仰望我的德行,这得益于你的教诲。人需要手足完好,圣王需要良臣辅助。"

以良臣辅助圣王,好比人需要手足一样重要。

"昔先正保衡。"

伊尹亦号保衡。

【译文】

"从前我先王的贤臣是保衡(伊尹)。"

伊尹也称为保衡。

"作我先王。乃曰'予弗克俾厥后惟尧、舜,其心愧耻,若挞于市。一夫不获,则曰时予之辜。'佑我烈祖,格于皇天。尔尚明保予,罔俾阿衡专美有商。惟后非贤不乂;惟贤,非后不食。其尔克绍乃辟于先王,永绥民。"说拜稽首曰："敢对扬天子之休命！"

【译文】

"他能辅助我先王的兴起。他曾经这样说过：'我不能使我君王成为像尧、舜那样的圣君，我心惭愧羞耻，好像被人鞭打于闹市一样。天下有一人不得安居，就说这是我的罪过。'伊尹护佑我烈祖成汤，得到皇天的认可。你傅说应当勉力辅助我，勿使阿衡伊尹辅助烈祖成汤的功劳专美于我殷商。君王非贤臣不能共治；贤臣非明君不能出仕食禄。希望你能让你的君王继承先王的美德，永久地抚绥百姓安居乐业。"傅说叩首拜伏说："臣定要褒扬天子的美德！"

【笺释】

《说命》三篇，未见于伏生所传《今文尚书》二十八篇之内，至今仍被视为"伪作"，因为身被"伪"字，甚至被某些学人当作不屑一顾的"假古董"。这实在是学术界的一大毛病。东坡特在诠解中说："今傅说之言，皆散而不一。一言一药，皆足以治天下之公患。"东坡的话可以启发我们，经典的传承，其价值在于其所传递的历史信息对于今天的我们还有没有警示教诲的作用。今从"傅说"的言辞中，我们一如东坡所感受到的那样，"一言一药皆足以治天下之公患"，那难道可以因为《说命》三篇之"伪"，就说篇中所说的全是废话，都可以弃置不顾吗？显然，我们不能持这种"因人废言"的错误观点。这也是品读东坡《书传》所应该注意的问题。

高宗肜日第十五

【笺释】

据顾颉刚、刘起釪《译论》，高宗系殷王武丁的庙号。武丁为成汤的第11世孙，殷王朝的第23任国王。在任时期约为公元前1300年左右。是商代最有作为的国君之一，与成汤、太甲、祖乙并称为"天下盛君"。

高宗祭成汤，有飞雉升鼎耳而雊。祖己训诸王，作《高宗肜日》《高宗之训》。

此一篇亡。

【译文】

高宗祭祀成汤，有野雉飞上祭鼎耳啼鸣。祖己训诸王，创作《高宗肜日》《高宗之训》两篇。

《高宗之训》这一篇已亡佚。

【笺释】

顾颉刚、刘起釪《译论》引王国维考据结论，认为此篇为殷王祖庚对其父武丁宗庙的肜日之祭，非武丁祭成汤，并认为文中的对话为武丁之子祖己（孝己）对祖庚诫勉的话。东坡仅依孔颖达《尚书正义》立论，故有此说。

高宗肜日，越有雊雉。祖己曰："惟先格王，正厥事。"乃训于王曰："惟天监下民，典厥义。降年有永，有不永，非天夭民，民中绝命。民有不若德，不听罪，天既孚命，正厥德。乃曰：'其如台。'呜呼，王司敬民，罔非天胤，典祀无丰于昵。"

祭之明日又祭，殷曰肜，周曰绎。雊，号也。格，正也。典，常也。孚，信也。司，主也。胤，嗣也。昵，亲也。绎祭之日，野雉雊于鼎耳，此为神告王，以宗庙祭祀之失，审矣。故祖己以谓，当先格王心之非。盖武丁不专修人事，数祭以媚神；而祭又丰于亲庙，俭于远者，敬其父，薄其祖，此失德之大者。故傅说、祖己皆先格而正之。祖己之言曰"天之监人有常义，无所厚薄，而降年有永，有不永者，非天夭人，人或以中道自绝于天也。人有不顺之德，不听之罪，天未即诛绝，而以孽祥为符信，以正其德。人乃不悔祸，曰'是孽祥其如我何？'则天必诛绝之矣。今王专主于敬民而已，数祭无益也。夫先王孰非天嗣者？常祀而丰于昵，其可乎？"此理明甚，而或者乃谓"先王遇灾异，非可以象类求天意，独正其事而已。高宗无所失德，惟以丰昵无过"。此乃谄事世主者，言天人本不相与，欲以废《洪范》五行之说。予以为《五行传》未易尽废也，《书》曰"越有雊雉"足矣，而孔子又记其雊于耳，非以耳为祥乎？而曰"不可以象类求"，过矣。人君于天下无所畏，惟天可以儆之。今乃曰"天灾不可以象类求，我自视无过则已矣。"为国之害莫大于此，予不可以不论。

【译文】

高宗祭祀成汤，于次日有啼鸣的雉。祖己说："先要端正王修德方面的事。"于是向王进谏说："只有上天会监视下民，这是恒常的义理。上天降灾祥有长久的，也有不久的，全看下民的作为而定，不是上天有意要绝下民之生，是民要自绝其生路。民有不顺德而为，不听罪罚的警示，上天要讲信用，要纠正其德行。却说：'能奈我何'？啊，君王在位德在敬重民众（是为民之主），先王以来谁不是上天的承嗣者，祭祀必须守常，不可丰盛而近乎亲昵。"

帝王祭祀的第二天又举行祭礼，这在殷代称为肜，周朝称为绎。雊，鸣叫的意思。格，纠正的意思。典，经常的意思。孚，信用。司，主，为主，主要的意思。胤，继嗣的意思。昵，亲近的意思。绎祭的当天，有野雉啼叫于鼎耳之上，这是神灵在告诉君王，在宗庙举行的祭祀上有过失，这是非常明白的了。祖己因此认为应当先端正君王心里的是非。是武丁不专心于人事方面的修为，祭祀过烦以讨好神灵；而且对亲庙的祭礼又过于丰盛，对远亲的祭礼又相对节俭，敬其父而薄其祖，这是失德最大的地方。所以傅说、祖己都主张先格而正之。祖己的话说,"上天对人的监视有恒常的义理,不分厚薄,而赐给下民每年的祸福灾祥有长久,有不长久,这并非上天有意要夭绝下民,是人于中途自绝于上天。人有不顺从德教,不听从罪罚,上天未立即将其诛绝,而以罪孽、灾祥为符号信息加以警告,借以端正他们的德行。人们还是不悔过于祸害,说:'是罪孽、灾祥又能奈我何?'这样,上天就必然要诛绝他们了。现在,君王专主于敬民而已,祭祀再多也无益。前代先王谁不是上天的承嗣人?经常祭祀而且祭礼丰盛近乎亲昵,怎么行呢?"这道理非常明白,而有的人认为,"先王有时遇到灾祸,不会以同样的现象加以类比来要求天意,独自端正其事就可以了。高宗并未有道德方面的过失,丰盛亲昵不是过错"。这种看法是在阿谀奉承当今帝王,说天人之间本不相干,想以此废弃《洪范五行》的道理。我认为《五行传》是不可以全面否定的,《尚书》有句"越有雊雉"已经够了,孔子还要记述"其雊于耳",这不会是以"耳"为吉祥吧?而说是"不可以同类现象要求",这说法太过分了。君王于天下没有什么可以畏惧的,惟天可以警示他。现在反而说"天降灾祸不可以同类现象要求,我自视没有过失就可以了"。治理国家的祸害,最大的不过如此了,我不得不加以论说。

【笺释】

封建时代,帝王每以自然灾害或某种奇异现象的发生,作为上天对自己德政的一种警示。《高宗肜日》即是《尚书》中记述这一现象的一篇。东坡认为高宗祭祀其先王之日,有野雉飞入庙堂且飞到鼎耳上鸣叫,这是上天在警示高宗于祭祀之礼有过失,必须先从自身的道德修养上加以检讨自省。但其余学者却认为帝王无须"格心之非",只需修正实事,"正其事而变异自消"。林之奇赞成东坡"当先格王心之非"的观点,在《全解》一书中大段引述东坡的原话,并说:"苏氏之意,盖以谓祖己将谏于王,则当先格王心之非,使正其事。其于格王,如孟子所谓'惟大人能格君心之非'之格也。某窃谓先儒之说诚善,然以上下之文势观之,则苏氏之说为长。"

按，林氏不仅肯定了东坡"当先格君心之非"的观点，且点出了东坡的诠解更合乎《尚书》经文的原意。

西伯戡黎第十六

【笺释】

顾颉刚、刘起釪《译论》云："《西伯戡黎》这篇文字，记的是周文王征服了居于商王朝西北屏蔽之地的黎国之后，商代统治者感到危亡在即，其贵族大臣祖伊对商王纣提出警告的一篇对话记录。"

殷始咎周。
咎，恶也。

【译文】

殷商开始厌恶周人。
咎，厌恶的意思。

【笺释】

据《史记·周本纪》："公季卒，子昌立，是为西伯。西伯口文上，遵后稷（周始祖）、公刘之业，则古公、公季之法，笃仁，苟老，慈少，礼下贤者，日中不暇食以待士，士以此多归之。"孔颖达《正义》曰：文王功业稍高，王兆渐著，殷朝廷之臣始畏恶周家。所以畏恶之者，以周人伐而胜黎邑故也。殷臣祖伊见周克黎国之易，恐其终必伐殷，奔走告受（即纣王），言殷将灭。史叙其事，作《西伯戡黎》。

周人乘黎。

乘，胜也。黎在上党壶关。

【译文】

周人攻黎，获胜。

乘，取胜的意思。黎国（部落）在上党壶关（今山西省长治市壶关县）。

祖伊恐，奔告于受，作《西伯戡黎》。

祖己后也。受，纣也，帝乙子。西伯，文王也。戡，亦胜也。

【译文】

祖伊恐惧，奔走禀告于受，创作《西伯戡黎》一篇。

祖伊，祖己的后人。受，即纣（殷商的最后一位君王），帝乙的儿子。西伯，即周文王。戡，也是胜的意思。

西伯既戡黎，祖伊恐，奔告于王曰："天子，天既讫我殷命，格人元龟罔敢知吉。"

人至于道，为格人。其言与蓍龟同也。

【译文】

西伯既战胜黎国，祖伊惊恐，奔走禀告于纣王说："天子，上天要灭绝我殷商的国运了，得道聪明的格人从大龟的卜蓍中不敢告知我们，没有一卦是吉祥的。"

人能够修为至通天得道的地步，称为"格人"。格人的话与蓍龟的卜辞是相同的。

"非先王不相我后人，惟王淫戏，用自绝。故天弃我，不有康食，不虞天性，不迪率典。"

天弃我，故天地鬼神无有安食于我者。"不虞天性"者，父子之亲不相虞度也。"不迪率典"者，五典之亲不相道率也。

【译文】

"不是先王不相助我们后人，只是王荒淫嬉戏，自绝于天。因此上天抛弃了我们，使百姓不能安食于家，丢失了父子之亲的天性，不知导引邦国归于常法。"

上天抛弃我，所以天地鬼神不会让我们得以安食。"不虞天性"的意思，是父子之亲的天性也难以接续了。"不迪率典"的意思，是"父义、母慈、兄友、弟恭、子孝"的五典之教也不遵道而行了。

【笺释】

这段经文的解释歧义颇多。以"不虞天性"为例，孔颖达《正义》云："而王不度知天命所在"；林之奇《全解》云："不能虞度其固有之天性"；孙星衍《注疏》云："天性，谓天命之性，仁、义、礼、智、信也。"而东坡既引"父子之亲"，又引"五典之亲"；蔡沈《集传》则云："不虞天性，民失常心也。"把责任都推到民众一边了。

按，除了释"虞"为"度"之外，以上各家对"天性"的解释都失之含糊不清，莫衷一是。而此段经文，明显是祖伊谴责纣王的话，所谓"不虞天性"，也应是指斥纣王的。天性，这里指人在社会中的德性，纣王淫虐暴恶，已失去了善的德性，所以"不虞"之解，离不开"不顾，不念，不守"等意思。即纣王已经失去了作为帝王应有的德性。而蔡沈之解，以为"民失常心"则失之甚远。

今我民罔弗欲丧，曰"天曷不降威，大命不挚？今王其如台？"

挚，鸷也。言"天何不挚取王乎？今王无若我何？"民不忌王如此。

【译文】

现如今，我殷民百姓无不希望纣王的灭亡，都说："老天何不降下天威，收取他的性命？如今王他能奈我民何？"

挚，鸷擒的意思。说的是："老天何不将王叼走呢？如今殷王能奈我民何？"民众不惧怕纣王已经到了这种程度。

【笺释】

东坡释"挚"为鸷。鸷，一种猛禽。又"鸷"通"挚"，又作"执"解。而孔颖达《正义》作"至"解，各家多从此说。《史记·殷本纪》："天曷不降威，大命何不至。今王其奈何？"则此句意为"上天收拾纣王的'大命'何时才到来？如今王能奈我民何？"

按，东坡作"鸷"解，以形象的手法比喻上天像猛禽击杀恶鸟一样收拾纣王。解字虽不同，其义却可通。

王曰："呜呼！我生不有命在天？"祖伊反曰："呜呼，乃罪多参在上，乃能责命于天？"

天子固有天命以保己，今汝罪之闻于天者众矣！天将去汝，岂可复责天以保己之命耶？

【译文】

纣王说："啊！我生为帝王，不是有天命在上吗？"祖伊反问道："哎，你造下的众多罪孽都被人参奏到天上去了，你还能希望上天保全你的生命吗？"

天子固然有天命保全自己的性命，但如今你的罪恶上闻于天的不知多少，上天要抛弃你了，岂能再要求上天保全你的生命？

【笺释】

据《史记·殷本纪》载："帝纣资辨捷疾，闻见甚敏；材力过人，手格猛兽，智足以拒谏，言足以饰非，矜人臣以能，高天下以声，以为皆出己之下。好酒淫乐，嬖于妇人。爱妲己，妲己之言是从。于是使师涓作新淫声，北里之舞，靡靡之乐。厚赋税以实鹿台之钱，而盈钜桥之粟。益收狗马奇物，充仞宫室。益广沙丘苑台，多取野兽飞鸟益其中。慢于鬼神，大聚乐戏于沙丘，以酒为池，以肉为林，使男女裸，相逐其间，为长夜之饮。"君王腐败至此，亡国只在旦夕之间。

"殷之即丧，指乃功，不无戮于尔邦。"

功，事也。视汝所行之事，虽邦人犹当戮汝，而况于天乎！孔子曰："纣之不善，不如是之甚也。"予乃今知之。祖伊之谏，尽言不讳，汉、唐中主所不能容者。纣虽不改，而终不怒，祖伊得全。则后世人主，有不如纣者多矣。

【译文】

"殷商之所以立即灭亡，看看你所做的一切事情，殷商的人们恨不得就将你杀死在殷商的土地上。"

功，事也。看你所做过的丑事，就算殷商的人们都恨不得杀死你，何况于天呢！孔子说过："纣王的不善，还不至于达到如此不堪的程度。"我如今才意识到这句话的含义。祖伊劝谏纣王时，直言不讳，一些过激的话语，在汉朝、唐朝时期，一些中等资质的君王也接受不了。但纣王虽不改其过恶，却也没有对祖伊发怒，使祖伊最终得以保全性命。看看后世的君王们，比不上纣王如此宽容大度的，多了！

【笺释】

东坡最后一句评语颇有深意。引用孔子对纣王的评价，专指后世君王们听不进反面意见，"防民之口，甚于防川"，堵塞言路的丑行，作了一个深刻的批判。

微子第十七

【笺释】

《微子》一篇是殷王朝即将败亡时，殷的宗室子弟微子向本朝太师、少师拜问个人应如何应对的谈话记录。

殷既错天命，
错，乱也。

【译文】

殷商末年，既错乱天命，
错，颠倒紊乱的意思。

【笺释】

错乱，特指纣王当政时，一切违反其先王章法的行为。

据孙星衍引《吕氏春秋·仲冬纪·当务篇》云："纣之同母弟三人，其长曰微子启，其次曰仲衍，其次曰受德。受德即纣也，甚少矣。纣母之生微子启与仲衍也，尚为妾。已而为妻，而生纣。"关于纣的生世，《史记》等书上还有不同说法，孙星衍特别指出《吕氏春秋》的记载"在史迁之前，当有古书所本也"。

微子作《诰》父师、少师。
微子[1]，纣兄也。父师，箕子[2]，纣之诸父。少师，比干[3]也。

①微子，商纣王的长兄，子姓，名启。殷商亡国后，被封于宋，是宋国的开国之君。

②箕子，微子的叔父。曾为殷太师，封于箕。纣无道，箕子数谏不听，殷商灭亡后，出走朝鲜，建立朝鲜国。与比干、微子并名，人称"殷末三贤"。

③比干，商纣王的叔父，曾官少师，封于比（今山西省汾阳市），故称比干。曾受先王的委托辅佐纣王，忠君爱国，以死谏纣，遭剖心之祸。唐太宗时追赠太师，谥忠烈。

【译文】

微子写作《诰》致其父师箕子、少师比干。

微子，纣的哥哥。父师，指箕子，纣的父师辈。少师，指比干。

【笺释】

曾运乾《正读》："皇侃《论语疏》引郑康成云：'父师者，三公也。时箕子为之。少师者，太师之佐，孤卿也，时比干为之。'……据此则比干亦纣之诸父行，故并在公孤之位，而父师、少师也。唯就本文细绎，时比干实为父师，箕子实为少师。《汉书·五行志》谓箕子在父师位，乃比干既死以后事也。本文父师所语皆比干语。所云刻子即箕子。"又引俞曲园《疑义举例》云："微子作诰，父师少师，文义未足。本作'微子作诰，诰父师、少师'，两诰字脱误其一，而义不可通矣。"可供参考。又据顾颉刚、刘起釪《译论》于本篇的讨论（一）所云，以"父师、少师"作"太师、少师"，而此"二师"实为乐师，非比干与箕子。二乐师于殷亡之际"抱乐器奔周"。

微子若曰："父师、少师，殷其弗或乱正四方，我祖底遂陈于上。"

致成其法度，以陈示后人[1]。

[1]库本无"人"字，据明凌刻本与《苏东坡全集》本补。

【译文】

微子这样说道："父师、少师，我殷商没能治理好四方邦国，但我先王成汤还能制定他的法度展示于世上。"

还是制定了他的法度，得以展示于后人。

"我用沈酗于酒，用乱败厥德于下。殷罔不小大，好草窃奸宄。卿士师师非度。"

相师于非法。

【译文】

"现如今我纣王酗酒无度，昏乱颠倒败坏道德，污染上下。整个殷朝无论大小，都好为剽窃偷盗之事，内外互为奸宄勾当。朝廷中卿士师长，互相效仿，多行非法。"

互相效仿于非法之事。

"凡有辜罪，乃罔恒获。小民方兴，相为敌仇。今殷其沦丧，若涉大水，其无津涯。殷遂丧，越至于今。"曰，"父师、少师，我其发出狂。吾家耄，逊于荒。今尔无指告，予颠隮，若之何其？"

我其奔走去国，若狂人然。吾家之耆老知纣之必亡，而遯于荒野者多矣。今尔无意告教我，其若颠隮何？

【译文】

"凡犯有罪孽的都四散逃亡，无法收捕。小民奋起，互相为仇敌。如今殷商沦亡了，就好像跋涉于大水之中，都不知何处是岸。殷商就这样沦亡了，以至于今日。"我说，"父师、少师啊，我要起身外逃了。我家的耆老们，隐避于荒山野岭。如今没有一句话指教告诉我，让我就这样颠倒坠落般离去，如何是好啊？"

我就这样奔走逃离家园，好像疯人一样。我家的耆老们，知道纣必定死亡，很多都隐避于荒山野岭之中。如今你们都无意告诉、指教我，就这样颠仆坠落，如何是好啊？

父师若曰："王子，天毒降灾荒殷邦，方兴沈酗于酒，乃罔畏畏。"

不畏其可畏乎？

【译文】

父师这样说："王子啊，上天降下重大的灾荒于我殷商之邦，这才泛滥起沉湎于酗酒的邪恶风气，却无人有所畏惧呀。"

不畏惧于应当畏惧的现象呀？

【笺释】

曾运乾《正读》："父师，比干也。郑（康成）云：'少师不答，志在必死。'下文'商其沦丧，我罔为臣仆'，正显言其志也。少师箕子不答，亦由比干语中说出，下文'诏王子出迪，我旧云刻子'是也。微子就二人商榷出处，乌有少师不答之理。误由郑君谓父师为箕子，故云'少师不答，志在必死'，不知本文正比干语也。"供参考。

"咈其耇长旧有位人，今殷民乃攘窃神祇之牺牷牲用，以容将食，'无灾'。"

色纯曰牺，体完曰牷，牛、羊、豕曰牲。用，器也，盗天地宗庙之牲器以相容匿，且以祭器食而曰"无灾"。

【译文】

"违背其年老族长、旧有地位官职的人，如今这些殷人们偷窃攘夺祭祀神祇用的牺、牷、牲等器物，互相藏匿包容，用祭器来进食，说是'没有灾害'。"

毛色纯一的称为牺，四肢完备的称为牷，牛、羊、豕称为牲。用，器的意思，盗窃祭祀天地宗庙的器物并互相藏匿包容，且用祭器来进食，说是"不会有灾害"。

"降监殷民，用乂仇敛，召敌仇不怠。"

言殷之君臣，下视其民若仇雠，而聚敛之，以此为治，力行不怠，皆召敌仇之道也。

【译文】

"对下监视殷的民众，对待他们如寇仇，加重对民众的聚敛，作为治道，是招致仇敌而不知懈怠。"

这是说殷商的君臣们，把下面的民众视若寇仇，加倍对他们的聚敛，并以此作为统治的方法，力行不倦，这些都是招来仇敌的做法。

"罪合于一，多瘠罔诏。"

瘠，病也。君臣为一，皆病矣。无从告之者。

【译文】

"各种罪恶合而为一，多种毛病混在一起，已经无法劝诰了。"

瘠，有病。君臣上下都一样犯罪，都有病啊。已经没有办法劝告他们了。

"商今其有灾，我兴受其败；商其沦丧，我罔为臣仆。"

商之有灾而未亡也，我起而正之，则受其祸。若其既亡[1]也，我又无与为臣仆者，此所以佯狂而为奴也。

[1] 既亡，明凌刻本、库本作"既已"。

【译文】

"殷商如今遭到这样的灾祸，我眼巴巴看着它败亡；殷商最后灭亡了，我枉为它的臣仆！"

殷商面临亡国之痛而未亡，我要奋起挽救它，则我将要受到祸害；

若是要听任它这样衰亡下去,我又无脸面作为一个臣子,就因为这样,我只好装疯卖傻变成奴隶罢了!

【笺释】

按曾氏所言,这句里的"我"是比干所说,非箕子或微子所言。

诏王子出迪。我旧云:"刻子,王子弗出,我乃颠隮!"

刻,害也。箕子在帝乙时,以微子长且贤,欲立之,而帝乙不可。卒立纣。纣忌此两人,故箕子曰,"子之出,固其道也。我旧所云者,害子。子若不出,则我与子皆危矣。"

【译文】

我曾经劝王子出走。我旧时曾说:"纣王要祸害你,如果你不离开,连我一起都会受害!"

刻,损害的意思。箕子在帝乙当政的时候,因为长子微居长,而且贤慧,建议立他为太子,但帝乙不答应。最后改立纣为太子。纣因此忌恨箕子与微子,所以箕子说:"微子,你一定要离开,这才是正道。我旧时曾说过纣要害你。你如果不出走,那么我与你都会非常危险了。"

【笺释】

按《微子》一篇,东坡取郑康成及《正义》之说,以箕子为父师,比干为少师,故所解与曾氏相反。然曾氏于此段又引焦循《尚书补疏》云:"刻子即箕子。《易》'箕子明夷',刘向、荀爽读箕为荄。"曾氏按:"今按荄、刻同声,箕、荄同音。"因证刻子即箕子。故将此段断句为:"诏王子出迪,我旧云刻子,王子弗出,我乃颠隮。"并释为:"我旧曾言于箕子,箕子亦诏王子出亡避仇也。"则"我"仍为比干作为"父师"之称。且解"我乃颠隮"一句为"我殷邦乃颠隮矣"。此说似较东坡所解为正。

"自靖。"

靖，安也。微子之告箕子，若欲与之皆去。然箕子曰："吾三人者，各行其志。自用其心之所安者而已。"

【译文】

"各自按心中所安妥的想法去做吧。"

靖，安妥的意思。微子之所以告诉箕子，是想与他一同离去。然而箕子说："我们三人（即父师箕子、少师比干与微子），各按照自己的心志去行事吧。各按能使自己心安理得的想法去做即可。"

人自献于先王。

人各自以其意贡于先王。微子以去之，为续先王之国；箕子以为之奴，为全先王之嗣；比干以谏而死，为不负先王也。

【译文】

各人自行其是，以奉献于先王。

每人各以心中的诚意以贡献于先王成汤。微子以离开殷朝，为续存先王之国；箕子以作为奴的方式，续存保全先王的宗嗣；比干以死谏，为不辜负于先王之托。

"我不顾行遁。"

不念与汝皆行也。

【译文】

"我不回顾而自行遁去。"

不再念及与你们一起出走了。

【笺释】

按《微子》一篇，曾运乾认为是殷父师比干的"绝笔之言"而非箕子所作。他说："蔡沈《集传》不知本文答语全出比干，即箕子语亦由比干述出。宁有杀身成仁之人，当去就危疑之际而嗫不作声者？以此决本文父师为比干，少师为箕子也。"然而，据上所释，又有刘起釪论"太师、少师"之说，似亦难以论定。曾氏于此引述晚清学者焦循[①]、孙诒让[②]等的论说可供参考。

[①]焦循（1763—1820），字理堂，江苏扬州黄珏镇人。清代哲学家。于经史、历算、训诂之学都有研究。著有《易章句》《庄子正义》等。

[②]孙诒让（1848—1908），字仲亮，浙江瑞安人。晚清经学大师，爱国主义者，著名教育家。主要著作有《周祀正义》《墨子间诂》《契文举例》等。

书传卷九

周　书

泰誓上第一

【笺释】

据曾运乾《正读》,"今按伏生今文二十八篇,本无《泰誓》。武帝时得之,以合于伏生所得,则为二十九篇。"又"《春秋》、《国语》、《孟子》、《荀卿》、《礼记》引《泰誓》,今文《泰誓》均无此语。"又"至晚出古文,始尽摭经传所引之《泰誓》为三篇。梅赜上之,孔颖达疏之。此晚出古文所传之伪《泰誓》,均非孔壁真本。"然而,真本何在,想曾氏亦无由得见。

惟十有一年,武王伐殷。一月戊午,师渡孟津,作《泰誓》三篇。

文王受命九年而崩,武王以大统未集,故即位而不改元。十一年丧毕,观兵于商而归。至十三年乃复伐商。叙所谓"十一年武王伐殷"者,观兵之事也。所谓"一月戊午,师渡孟津作《泰誓》"者,十三年之事也。而并为一年言之,疑叙文有阙误。

【译文】

惟十一年，武王讨伐殷王朝。一月戊午，王师渡过孟津，作《泰誓》三篇。

周文王即位九年而死，武王认为完全统一天下还没有做到，所以虽然即位，但未改变年号。至十一年，文王的丧期已过，丧事已完结，武王于是亲临前线观察战事，了解殷商王朝的情况后返回。到十三年才再次讨伐殷商。叙文所谓"十一年武王伐殷"的说法，是指武王至前线"观兵"之事。而所谓"一月戊午，师渡孟津作《泰誓》"的事，原是十三年的事，今并为一年来说，怀疑"叙文"有阙失错误。

【笺释】

据晚出《孔传》："周自虞、芮质厥成，诸侯并附，以为受命之年。至九年而文王卒，武王三年服毕，观兵孟津，以卜诸侯伐纣之心。诸侯佥同，乃退以示弱。"所谓"周自虞、芮质厥成"，指西周王朝初年，虞、芮两个相邻的邦国之间因争田土，入请周文王为决断（即所谓"质"）。既入周境，发现周人互相礼让，从不争执，因此而归国不争。各诸侯国也因此而纷纷归附周朝。

惟十有三年春，大会于孟津。王曰："嗟，我友邦冢君，越我御事庶士，明听誓。"

天子有友诸侯之义。冢，大也。御，治也。

【译文】

十三年春，周武王大会诸侯于孟津。武王说："哎，我友邦的各大君主们以及与我共同治事的众人们，大家请听清楚我的誓言。"

天子有友好地结交各诸侯王的义务。冢，大的意思。御，治理的意思。

"惟天地，万物父母；惟人，万物之灵。亶聪明作元

后，元后作民父母。今商王受，弗敬上天，降灾下民；沈湎冒色，敢行暴虐；罪人以族，官人以世。"

孥戮，汤事也，而罪人以族，则为纣罪。赏延于世，舜德也，而官人以世，则为纣恶者。汤之孥戮，徒言之而不用。舜之赏延，非官人也。

【译文】

"天地为世间万物的父母，人为万物的神灵。古公亶父聪明绝世，始作为我周的太王。太王作为民众的父母。如今，商王受（即纣）不敬失德，上天降下灾祸延及他治下的民众；沈湎于酒色，擅行暴虐之政。有人犯罪就要株连族人，滥杀无辜。又滥赏官位，任人唯亲，只要是父兄子弟，均给官职，不论德才。"

杀掉父母子女，这是成汤初年曾提过的口号，而有罪株连族人，这却是纣的罪恶。奖赏会惠及社会大众，这是舜时代的德政，而只要是父兄子弟，不论其德才，一概给予官职，这就是纣的恶政。成汤虽说过"杀掉父母子女"的话，那只是说说而已，没有真的实行过。舜时代，奖赏惠及大众，但不拿官职来赏人。

【笺释】

"亶聪明，作元后"句，东坡对"亶"未作诠解。而孔颖达《正义》、蔡沈《集传》、林之奇《全解》均释为"诚实"。然而按上下文意解，光以"诚实、聪明"这样笼统、泛指的品德而解下句"作元后"，似乎还不够贴切。周朝立国的先祖为古公亶父，因此，武王封亶父为"太王"，此即"元后"之义。据此，东坡释"亶"为古公亶父。

"惟宫室台榭，陂池侈服，以残害于尔万姓，焚炙忠良，刳剔孕妇①，皇天震怒，命我文考肃将天威，大勋未集，肆予小子发，以尔友邦冢君，观政于商。"

①《墨子间诂·明鬼》："昔者殷王纣……刳剔孕妇。"（中华书局1954年版《诸子集成》第四册第152页）

或曰，武王观政于商，欲纣改过，不幸而不悛。若其悛也，则武王当复北面事之欤？曰，否。文王、武王之王也久矣。纣若改过，不过存其社稷、宗庙，而封诸商，使为二王后也。以为武王退而示弱，固陋矣。而曰"复北面事之"者，亦过也。

【译文】

"大筑你宫室、楼台、亭榭，开挖你美池、制作你奢华美服，以此残害你的人民百姓；火烧炙烤你的忠良贤臣；将孕妇刳肠剔肚。皇天不忍，大为震怒，命令我父皇文王，敬肃天威，要惩罚你，惜大功未成。今令我小子发，率领众友邦大君，一起来观察殷商的恶政。"

有人说，武王前来观察殷商的恶政，是希望纣王能够改过，不幸的是纣王并不悔过。假如他能改过，武王则仍旧会奉他为王，"北面事之"的吧？应该说，这是不可能的。周文王、武王作为王的地位已经很久了，纣若能改过，武王不过是保存殷朝的社稷、宗庙，而封诸商侯作为商"二王"的后代罢了。若认为"武王退而示弱"，这看法固然十分浅陋，而说"武王会北面奉纣为王"这更说得过头了！

"惟受罔有悛心，乃夷居。"
安居自若也。

【译文】

"纣王完全没有改过的意思，还若无其事地安稳居住。"
乃夷居，若无其事地安居的意思。

"弗事上帝神祇，遗厥先宗庙弗祀，牺牲粢盛，既于凶盗。乃曰：'吾有民有命，罔惩其侮。'天佑下民，作之君，作之师，惟其克相上帝，宠绥四方。有罪无罪，予曷敢有越厥志？同力度德，同德度义。"

力均以德，德均以义，则知胜负矣。

【译文】

"不祭祀上帝神祇，遗弃先祖的宗庙，不加奉祀。祭祀用的牺牲、盛在祭器内的谷米都敢去凶抢偷盗，还敢说'我有天命，我有民众，不能使我受惩罚的侮辱'。上天护佑下民，为他们树立君王，为他们树立师长，使君王、师长能够协助上帝爱护安抚四方百姓。如今我要来讨伐自称还有'天命'的纣王，这是有罪还是无罪？不管有罪无罪，我都不敢放弃原先讨逆的志向。势力相等，胜在于有德；品德相同，胜在于正义。"

势力均等，取胜以德；品德相同取胜在正义。这样就可以预知胜负了。

"受有臣亿万，惟亿万心。予有臣三千，惟一心。商罪贯盈，天命诛之。予弗顺天，厥罪惟钧。予小子夙夜祗惧，受命文考，类于上帝，宜于冢土。"

冢土，社也①。祭社曰宜。

①社，指土地神和祭祀土神的地方。

【译文】

"纣王有亿万个臣子，但却有亿万条心；我有三千个臣子，却只如一颗心。商王罪恶满盈，上天有令要诛杀它。我若违背天命，那我的罪过就与商王一样了。我小子昼夜敬惧，接受先父的使命，祈祷于上帝，祭祀于社土。"

冢土，即社坛。祭于社坛叫宜。

"以尔有众，底天之罚，天矜于民，民之所欲，天必从之。尔尚弼予一人，永清四海，时哉弗可失！"

【译文】

"以你们众人，坚定上天讨罚的决心。上天怜悯于民众，民众有所愿望，上天必定会顺从他们。你们众人还得相助于我，扫除纣王的无道，廓清四海，永享安康。现正是时候，时不可失啊！"

泰誓中第二

惟戊午，王次于河朔。群后以师毕会，王乃徇师而誓曰："呜呼，西土有众，咸听朕言。我闻吉人为善，惟日不足；凶人为不善，亦惟日不足。今商王受，力行无度，播弃黎老[①]，昵比罪人，淫酗肆虐，臣下化之，朋家作仇，胁权相灭。无辜吁天，秽德彰闻。惟天惠民，惟辟奉天。有夏桀，弗克若天，流毒下国。天乃佑命成汤，降黜夏命。惟受罪浮于桀，剥丧元良。"

①孔颖达《正义》：鲐背之耇，称黎老。

剥，落也。丧，去也。古者谓去国为丧。元良，微子也。微子，纣之同母兄，而谓之庶子，不得立者，生于帝乙未即位之前也。以礼言之，当与纣均为嫡子。而微子长，故成王命之曰"殷王元子"。

【译文】

戊午日，武王率军驻扎于黄河北岸，各诸侯集中与武王会合完毕，于是循着驻军的营垒发出誓言："啊，我们西边军师的众人们，都听我说。我听闻善良的人行善事，只恐日子不够长久，而凶恶的人行不善的事也惟恐日子不够长。如今商纣王，力行不止的是，抛弃年老有德的人，亲近那些有罪的坏人，荒淫酗酒，肆意暴虐，而臣子们也都学他的样，原来的朋友变成了仇家，以权势相威胁相互灭绝。无辜的民众呼天叫地，朝廷的丑闻彰显于世。上天恩惠于民众，君王要奉承天意。古时夏桀不能顺从天意，流毒邦国，上天于是庇佑成汤降革夏朝的天命。如今纣王的罪恶多于夏桀，逼使贤良离开国家。"

剥，掉落的意思。丧，离去的意思。古时将离开国家称为丧。元良，这里指的是微子。微子是纣的同母哥哥，而被定为庶子。因此不得立为太子。出生于他的父亲帝乙没有登上帝位之前。以礼法而论，他与纣都同样是一母所生的嫡子，但他为兄长，所以周成王称他为"殷王元子"。

"贼虐谏辅。"

比干也。

【译文】

"残酷杀害最善良的敢谏元臣。"

指少师王子比干。

"谓己有天命，谓敬不足行，谓祭无益，谓暴无伤。厥监惟不远，在彼夏王。天其以予乂民，朕梦协朕卜。"

高宗言梦，文王、武王言梦，孔子亦言梦者①，其情性治，其梦不乱。

①高宗言梦，指殷高宗武丁梦见傅说（《说命上》：高宗梦得说）。文王之梦，据《史记·齐太公世家》文王出猎，卜之，说是不会得到猎物却会遇到一位贵人，即姜太公，后辅佐文王、武王一统天下。孔子言梦，《论语·述而》"甚矣，吾衰也久矣。吾不复梦见周公。"（北京市中国书店1985年版《四书五经》第三种《论语章句集注》第27页）

【译文】

"说是自己有天命，说是敬奉先王不必进行，说是祭祀没有益处，说是暴虐没有伤害。这些罪恶前鉴不远，就看那个夏桀可以知道。上天以我来治理民众，我的梦一定符合我所卜筮的结果。"

高宗谈到梦，文王、武王谈到梦，孔子谈到梦，这都是他们性情专注精一，所以梦境不乱。

"袭于休祥，戎商必克。受有亿兆夷人，离心离德；予有乱臣十人，同心同德。"

夷人，平民也。古今传十人为文母、周公、太公、召公、毕公、荣公、太颠、闳夭、散宜生、南宫括。孔子曰："有妇人焉，九人而已。"①

①语见《论语·泰伯》，孔子曰："才难，不其然乎？唐、虞之际，于斯为盛。有妇人焉，九人而已。三分天下有其二，以服事殷。周之德，其可谓至德也矣。"（北京市中国书店1985年版《四书五经》第三种《论语章句集注》第35页）

【译文】

"梦与卜辞两相重合于吉祥，此番必定能战胜殷商的武装！纣王有亿兆的平民，离心离德，我有能治理天下的能臣十人，同心同德。"

夷人，即普通平民百姓。古今的传说，这"十人"为：武王的母亲、周公、太公、召公、毕公、荣公、太颠、闳夭、散宜生、南宫括①。孔子说："其中有一人是妇女，九人而已。"

①括，一作适。

"虽有周亲，不如仁人。"

十人之中，虽有周、召之亲，然皆仁人，非以亲用也。

【译文】

"虽然都是至亲的人，但不如有仁德的人。"

这十人之中，虽然有周王室的亲属，但他们都是有德才的人，并非因为是亲属才任用。

【笺释】

东坡释"周"为周、召，谓周公旦、召公奭虽为周王室亲人，却因有德才始任用，非如纣王"官人以世"。按，《礼记·乐记》："'武'乱皆坐，周、召之治也。王逸注：周，周公旦也；召，召公奭也。"东坡用此义。然，孔颖达《正义》引晚出《孔传》，释"周"为至，"言纣至亲虽多，不如周家之少，仁人"。意即纣虽多至亲之人，但离心离德，我虽人少，却同心同德。林之奇《全解》、蔡沈《集传》皆取此义。从上下文意上看，似东坡之解更为恰当。

"天视自我民视，天听自我民听。百姓有过，在予一人。今朕必往。我武惟扬，侵于之疆。取彼凶残，我伐用张，于汤有光。"

汤放桀而有惭德，今我亦为之，汤不愧矣。

【译文】

"上天所看到的与我民所看到的相同，上天所听到的与我民所听到的一样。百姓有过失，是我教导不及的过失，责任在我。今我伐纣坚定前往。武备充足，雄姿鹰扬，直扑商朝，入彼之疆。诛彼首恶扑灭凶残。吊民伐罪，于汤有光。"

成汤流放夏桀而心有惭愧之意，如今我也效仿他，成汤可以无愧疚之责了。

"勖哉夫子，罔或无畏。宁执非敌，百姓懔懔，若崩厥角。"

勖，勉也。戒民无轻敌，宁执是心曰："我不足以敌纣民，畏纣之虐，若崩厥角也。"

【译文】

"努力啊！将士们！不可轻敌无畏，宁可持'不敌对手'的心态。百姓们懔然惊惧，紧张得像就要碰折头角一样。"

勖，勉励的意思。告诫民众不可轻敌，宁可执持这样的心理："我们可打不过纣的民众，畏惧纣王的暴虐，好像要崩折掉头角一样！"

"呜呼，乃一德一心，立定厥功，惟克永世。"

【译文】

"啊，我们大家一德一心，一定要立下诛灭恶纣的大功，成就永世不灭的功勋！"

泰誓下第三

时厥明，
戊午之明日也。

【译文】

第二天天亮时，
戊午后一日，即己未。

王乃大巡六师，明誓众士。王曰："呜呼，我西土君子，天有显道，厥类惟彰。"
天有明人之道，明其类德者。

【译文】

武王于是大举巡视众诸侯所带领的六师，向众将士明确发誓："啊，我西边来的君子们，上天有明确的治世之道，其中的内容也类别分明。"

上天有让人明白的大道理，可以推明道德的类别。

【笺释】

林之奇《全解》云："孟津之会，友邦冢君各以其师济河，然后进而陈于商邦。武王将帅之而行，则必大巡六师，明誓众士，告之所以伐纣吊民之意。其曰'六师'，史官之序述总其多而言之，盖泛指诸侯之师也，非谓周于此时已备六师之制也。"

"今商王受，狎侮五常。"

五常，五典也。狎侮五典，以人伦为戏也。

【译文】

"如今，商纣王视五常的天道如同儿戏，滥加侮弄。"

五常，五典也。玩弄五典（即父义、母慈、兄友、弟恭、子孝的五常之教），以人伦道德为儿戏。

【笺释】

关于"五常"的解释，蔡沈作"君臣、父子、兄弟、夫妇典常之道"。林之奇引《中庸》云："'天下有达道五：君臣也，父子也，兄弟也，夫妇也，朋友之交也。'此五者皆是人伦之常道，故谓之五典，亦谓之五常。"东坡以孔颖达《正义》为据。

"荒怠弗敬，自绝于天。结怨于民，斫朝涉之胫，剖贤人之心，作威杀戮，毒痡四海。"

痡，病也。

【译文】

"荒废怠慢不敬天地鬼神，自绝于天，结怨于民。砍断冬天早起渡河人的胫骨①，剖出贤臣比干的心脏②，擅作威严，杀戮无辜，流毒四海。"

痡，患病的意思。

①据《水经注·淇水》引《竹书纪年》："一水出朝歌城西北，东南流，老人晨将渡水而沉吟难济。纣问其故，左右曰：'老者髓不实，故晨寒也。'纣乃于此斩胫而视髓也。"（浙江古籍出版社2013年版《水经注》第127页）

②少师比干忠谏，纣怒曰："吾闻圣人之心有七窍。"剖比干，观其心。（据《史记·殷本纪》）

"崇信奸回，放黜师保，屏弃典刑，囚奴正士。郊社不修，宗庙不享，作奇技淫巧，以悦妇人。上帝弗顺，祝降时丧。"

祝，断也。

【译文】

"坚信邪恶之人，放逐太师、少师等朝廷重臣；抛弃贤良有德的模范人物，将正直的人士囚禁为奴隶。郊祀、社祭等礼节不用，宗庙里的祭祀不再举行，制作各种巧妙淫秽的器物来取悦于宠爱的女人。上天不再顺从，断掉他的天命，故下是丧亡之诛。"

祝，斩断的意思。

"尔其孜孜奉予一人，恭行天罚。古人有言曰'抚我则后，虐我则仇'，独夫受，洪惟作威，乃汝世仇。树德务滋，除恶务本。"

滋，广也。言止取纣也。

【译文】

"你们众人勤勉不懈，助我一人，恭敬严肃地奉行天罚，诛灭恶纣。古人说，'安抚我的是我的君王，虐待我的是我的仇人'。独夫纣，大肆威暴，实是你们世代的仇人。树立德行务求广大，扫除恶霸，务求去除根本。"

滋，推广的意思。这是说，止于扫除独夫纣而已。

"肆予小子，诞以尔众士，殄歼乃仇。尔众士，其尚迪果毅，以登乃辟。功多有厚赏，不迪有显戮。呜呼，惟我文考，若日月之照临，光于四方，显于西土。惟我有周，诞受多方。予克受，非予武，惟朕文考无罪。受克予，非朕文考有罪，惟予小子无良。"

兵，凶事也。以武王与纣犹有胜负之忧，为文王羞，是以先王重用兵也。

【译文】

"让我小子，率领你们众将士歼灭你们的仇敌。你众将士还须向前，果敢勇毅，才能成就你君主之功。功多的有厚赏，不敢向前杀敌的要公开处死。啊，我先父文王如日月光照在天，明示于四方，彰显于西土。惟我周国，大受众多邦国的拥戴。今我能够打败纣王，不是我能用武之功，是我父王无罪深得上天之助；若纣王打败我，并非我父王有罪，而是我小子尚无良德，用兵无方。"

用兵开战，这是凶事。以武王对纣的战争尚有胜负的担忧。若战败，会让文王蒙羞，所以先王非常重视用兵之道。

牧誓第四

【笺释】

此篇为周武王兴兵伐纣，将战于牧野的誓师词。

武王戎车三百两，虎贲三百人，

虎贲，猛士也。若虎之奔兽。

【译文】

　　武王拥有战车三百辆，勇士三百人。

　　虎贲，勇猛的战士。像猛虎一样奔跑的猛兽。

与受战于牧野。作《牧誓》。

　　春秋，晋与楚战，皆七八百乘。武王能以三百乘、三百人克纣者，其德与政皆胜，且诸侯之兵助之者，众也。

【译文】

　　与纣王（受）开战于牧野。作《牧誓》一篇。

　　春秋时期，晋国与楚国之战，都是以七八百乘的战车。武王能够以三百乘战车、三百名猛士打败纣王，说明他在德行与政事上都居于上风，且诸侯出兵助他作战的很多。

时甲子昧爽，王朝至于商郊牧野。

　　在朝歌南。

【译文】

　　时在甲子日清晨，武王的大军已经于早晨到达商都郊外的牧野之地。在商朝的都城朝歌之南面。

乃誓。王左杖黄钺，右秉白旄①以麾。

①旄，用牦牛尾装饰的旗子。

　　黄钺以金饰也。军中指麾，白则见远。王无自用钺之理，以为仪耳，故左杖黄钺。麾非右手不能，故右秉白旄。此事理之常，本无异说，而学者妄相附致，张为议论，皆非其实。凡若此者,不取。

【译文】

于是誓师。武王左手杖持金黄色的钺,右手持白色的旄,用以指挥。

黄钺,以黄金装饰。军中指挥用白色则远处可见。武王没有自用斧钺的道理,持杖是一种仪式。因此左手杖黄钺,而挥动白旄非用右手不可,此事本属常理,根本没有别的说法。而有的学者却妄加附会解说,致扩张为各种议论,都不符合实情。凡作此解释的,都不取录。

【笺释】

东坡这一段诠解,专门针对此前一些学者对经文解释的牵强附会。如唐代孔颖达《正义》引晚出《孔传》云:"左手杖钺,示无事于诛,右手把旄,示有事于教。"此说已属附会,而林之奇在《全解》中又特别以王安石为例:"孔氏之说既已凿矣,王氏之说抑又甚焉。其说有曰'钺所以诛,旄所以教。黄者,信也。白者,义也。诛以信,故以钺;教以义,故白旄。无事于诛,故左杖黄钺,有事于教,故右秉白旄。'王氏之说经,未尝肯从先儒之说,至于此说则从,非徒从之,又从而推广之,惟其喜凿故也。"所以林氏最后肯定"苏氏此说可谓尽矣。"

曰:"逖矣,西土之人。"
逖,远也。

【译文】

说:"远啊,西边土地上过来的人们。"
逖,辽远的意思。

【笺释】

西周初年建都于丰镐(即今陕西西安一带),而纣王都于朝歌(今河南鹤壁市南部),故武王自称为"西土之人",且其西来远矣。

王曰："嗟我友邦冢君，御事司徒、司马、司空、"

御事，治事也。此指三卿也。六卿止言三，古者官不必备，或三公兼之。

【译文】

武王说："唉，我友邦的各位冢君们，治事的司徒、司马、司空、"

御事，指治事。这里仅指三卿。"六卿"止言"三卿"，说明古代设官不必如现在这么完备，或者由三公兼职。

"亚旅、师氏。"

亚旅，众大夫，其位次卿。师氏亦大夫，主以兵守门。

【译文】

"众大夫、师氏。"

亚旅，众大夫，地位在卿之下。师氏，亦为大夫之一，专管以兵守门。

"千夫长，百夫长，及庸、蜀、羌、髳、微、卢、彭、濮人。"

《春秋传》："楚饥，庸与百濮伐之。"① 庸，上庸县。濮，即百濮也。又楚伐罗，"罗与卢、戎两军之"。② 盖南蛮之属楚者。羌，先零、罕开之属，彭，今属武阳，有彭亡、髳、微阙，则知此数国皆西南之夷。

①语见《左传·文公十六年》："庸人帅群蛮以叛楚。"（岳麓书社1988年版《左传》第112页）

②语见《左传·桓公十三年》："十三年春，楚屈瑕伐罗……及罗，罗与卢戎两军之。"（岳麓书社1988年版《左传》第24页）

【译文】

千夫长，百夫长，及庸、蜀、羌、髳、微、卢、彭、濮人。

《春秋传》记载："楚国遭大饥荒，庸国与百濮之国共伐楚。"庸，在上庸县。濮，即百濮。又楚国讨伐罗族，"罗族与卢、戎两军联合攻楚"。这些都是南蛮一带归属于楚国的少数民族。羌，先零、旱开之属。彭，今属武阳。有彭亡、髳、微阙，可知这几个族属都是西南一带的夷族人。

【笺释】

按，东坡以"彭"为"今属武阳"。然顾颉刚、刘起釪《译论》引王夫之语，认为彭为"滨于彭水，当在上津县之南也"，即今湖北境内而不在蜀地的彭山县。

> "称尔戈，比尔干，立尔矛，予其誓。"王曰，"古人有言曰，'牝鸡无晨。牝鸡有晨，唯家之索'。今商王受，惟妇言是用，昏弃厥肆祀，弗答。"

肆祀，所陈祭祀也。祀所以报也。故谓之答。

【译文】

"举起你们的戈，并列好你们的盾，竖起你们的矛，听我誓言。"王说，"古人有这样的话，'母鸡不会在清晨打鸣。母鸡在清晨打鸣，家里就会空空'。如今商王纣，唯妇人的话是听，昏乱废弃所陈列的祭祀物品，祭祀也得不到神的应答。"

肆祀，陈列祭祀物品。祭祀是为了报恩祖先，所以称为"答"。

> "昏弃厥遗王父母弟，不迪。"

王父母及母弟皆先王之遗胤，不以道遇之也。

【译文】

"昏乱狂妄遗弃骨肉，先王父母、同母弟都不按规矩伦常之道相待。"

王父母以及母弟都是先王的后嗣骨肉，不按规纪伦常之道相待。

"乃惟四方之多罪逋逃，是崇是长，是信是使，是以为大夫卿士，俾暴虐于百姓，以奸宄于商邑。今予发，惟恭行天之罚。今日之事不愆于六步、七步乃止齐焉。夫子勖哉！不愆于四伐、五伐、六伐、七伐乃止齐焉。"

孙武言用兵，"其势险，其节短"。① 故不过六步、七步，四伐、五伐、六伐、七伐，必少休而整齐之。伐，击刺也。

①《孙子兵法·兵势篇》："故善战者，其势险，其节短。"（中华书局1954年版《诸子集成》第六册第71页）

【译文】

"竟然收纳四方犯罪逃亡的人，予以尊崇任用，给予信任差遣，奉为大夫卿士，使他们残暴虐待殷商的百姓，让奸宄之徒肆虐于商都。今天我姬发要奉行上天的惩罚。今日的战事，向敌方挺进时，不超过六步、七步就要停顿整齐一下，大家勉励向前！攻击时，四刺、五刺、六刺、七刺，就要停顿整齐一下队形。"

孙武论用兵，要做到攻击时势头凶险迅速，节奏短促，出敌不意。因此，进不过六步、七步，击不过四刺、五刺、六刺、七刺，必稍为停顿，整齐队形。伐，击刺的意思。

【笺释】

东坡释"伐，击刺也"。按《说文解字》注"伐，击也"。又《左传·昭公元年》："及冲，以戈击之。"故引《孙子兵法·兵势篇》"是故善战者，其势险，其节短"为据。谓进攻时队列整齐，每前进六七步就要稍作停顿以整齐队形，击刺时，每击六七下亦稍作停顿以保持气势。然而，顾颉刚、刘起釪《译论》于篇首题词说："由于篇中有'六步、七步，四伐、五伐要止齐'之文，造成经师们的困惑，无法解通。"最后于篇末《讨论（一）》中又大量征引资料以"考定为临战作为宣誓式的军前舞蹈"。与东坡所解不同。到底"步"与"伐"与舞蹈有关还是与作战有关，还缺乏更为具体的史料为证，难以论定。

"勖哉夫子！尚桓桓如虎，如貔，如熊，如罴。于商郊弗迓克奔，以役西土。"

纣师能来奔者，勿复迎击，以劳役我西土之人。

【译文】

"奋力向前啊，众将士们！我军威武，如虎如貔如熊如罴，在商都郊外不要迎击前来投降我们的商人，免得劳损我西土的将士。"

纣师能来投奔我军的，不用迎击他们，免得劳损我西土的人。

"勖哉，夫子！尔所弗勖，其于尔躬有戮！"

【译文】

"奋力向前啊，众将士们！如果你们不奋力向前，你们就会有杀身之祸！"

武成第五

【笺释】

孙星衍云："孔壁所得古文，本有《武成》，以其不列学官，藏在秘府，故谓之逸《书》。至光武建武之际又亡其残文，仅存八十二字。见《汉书·律历志》。"

武王伐殷，往伐归兽，识其政事，作《武成》。

自往伐至归，牛马皆记之。

【译文】

　　武王讨伐商纣王，自前往讨伐敌人至回归释放牛马，皆记录其政事，写作《武成》一篇。

　　自往讨伐至归来，牛马之类都有详细记录。

【笺释】

　　孔颖达《正义》曰："武王之伐殷也，往则陈兵伐纣，归放牛马为兽，记识殷家美政善事而行用之。史叙其事，作《武成》。"则经文所谓"识其政事"，指的是记录殷朝在行政方面有"美政善事"的事迹。而晚出《孔传》则以"往诛纣克定，偃武修文，归马牛于华山桃林之牧地"为释。应为《武成》一篇的题旨。

惟一月壬辰，旁死魄，越翼日癸巳，王朝步自周，于征伐商。厥四月，哉生明，王来自商，至于丰。

　　壬辰未有事，先书"旁死魄"[①]者，记月之生死，使千载之日，后世可考也。历法以月起，故《书》多记生死朏望，皆先事而书。所以正历也。

　　①旁死魄，指农历初二时的月相，月的有光部分称明，无光部分称魄，亦即每月初二日。下文"朏"指农历初三，即死魄的次日。

【译文】

　　一月壬辰日，初二，又次日癸巳，武王晨起出发，自周往伐殷商。至四月初三日月亮开始有光，武王复归自殷商，回到丰都。

　　壬辰之日，还未有征讨的事，而先写上"旁死魄"，用以记月光的明暗，使千年之后，后人还有可以考究的地方。历法多以月份记起，所以《尚书》多记"生死朏望"，都是在事前先记。为的是修正历法。

乃偃武修文，归马于华山之阳，放牛于桃林之野。示天下弗服。

华山之阳有山川焉，然地至险绝，可入而不可出。桃林之野，在华山东，亦险阻。归马牛于此，示天下弗服也。《春秋传》曰，"天生五材，民并用之。阙一不可，谁能去兵"。[①]兵不可去，则牛马不可无。虽尧、舜之世。牛马之政不可不修。而武王归马休牛，倒载干戈，包之虎皮，示不复用者，盖势有不得不然者也。夫以兵雄天下，杀世主而代之，虽盛德所在，惧者众矣。武庚，纣子也，杀其父，用其子，付之以殷民。武王知其必叛矣，然必用之。纣子且用，况其余乎？所以安诸侯之惧也。楚灵王既县陈、蔡，朝诸侯，卜曰："当得天下。"民患王之无厌也，故从乱如归。知伯、夫差，皆以此亡。战胜而不已，非独诸侯惧也，吾民先叛矣。汤、武皆畏之，故汤以惭德，令诸侯曰"慄慄危惧，若将陨于深渊"。其敢复言兵乎？武王之偃武，则汤之惭德也。秦、汉惟不知此，故始皇不及一世而天下乱。汉虽不亡，然诸侯功臣皆叛。高祖以流矢崩，不偃武之过也。

[①]语见《左传·襄公二十七年》："天生五材，民并用之，废一不可，谁能去兵？兵之设久矣，所以威不轨而昭文德也。"（岳麓书社1988年版《左传》第243页）

【译文】

于是停止武力，重视文化。放马匹回归华山的南面，放牛只回归于桃林的原野。暗示天下未服。

华山的南面有山川，然而地势险要，可以进入难以走出。桃林的原野位于华山的东面，也是险阻之地。放归马牛在这里，表示天下犹未服从。《春秋传》说："天生五种材物，民都要使用，缺一不可。谁能罢弃武器而不用？"武器不可罢弃，则牛马也不能不用。即使在尧、舜的年代，管理牛马的事务也不能放弃不管。而武王放归马匹，牧养牛畜，把干戈放倒，包上虎皮，表示不再使用，这是形势变化不得不这样做。以兵力称雄于天下，杀死一朝的君王，取而代之，虽然有高尚的道德作为理由，但使人感到恐惧的事到处都有。武庚，纣王的儿子。武王杀了他的父亲，封他为侯，交付他殷的遗民。武王知道他将来必定要叛乱。然而，还是要用他。纣的儿子还要用，何况其余的人呢？所以这是要消除各诸侯的恐惧。楚灵王既灭陈、蔡两国，将它们降格为楚国的属县，以此会盟诸侯。又占卜得一卦说："可以一统天下。"民众害怕楚灵王贪得无厌，因此参与作乱反对他。知伯、夫差都是因为这样，最后亡国。打了胜仗而雄心不已，不仅诸侯恐惧，亡国的民众首先也会叛乱。成汤、武王都担心这一点。所以成汤曾以"惭德"而诏令诸侯说："慄慄危惧，若将陨于深渊。"他还敢再谈用兵的事吗？武王的偃武息兵正如成汤的"惭德"一样。秦朝、汉朝就是不知道这个道理。所以秦始皇不到一世，天下就乱起来了。汉朝虽不立即亡国，然而各地的诸侯、功臣都纷纷叛乱。汉高祖刘邦因此死于乱箭之下。这就是不偃武的过失。

【笺释】

东坡此段诠解，似在赞美周武王能"偃武修文"的德政，但却又以经文最后一句"示天下弗服"为议论，似乎武王的这一举措全是出于不得已，担心会有新的叛乱发生。前后观点略有矛盾。所以林之奇《全解》怀疑，孔安国既以"诛纣克定，偃武修文，归马牛于华山、桃林之牧地"赞美武王，表示不再用兵之意，为何又有"示天下弗服"之疑？唐孔颖达也怀疑"简编断绝，经失其本"，表示武王"偃武修文"的意愿是真实的。

按，唐孔颖达怀疑"简编断绝，经失其本"是有道理的。查《史记·周本纪》太史公记曰："纵马于华山之阳，放牛于桃林之虚，偃干戈，振兵释旅，示天下不复用也。"这里明白说的是"示天下不复用"而不是"示天下弗服"！一字之差使东坡附会，引申到他平生所最厌恶的秦皇、汉武之"穷兵黩武"之上。并引用《左传》兵不可不用，"所以威不轨而昭文德也"的道理自圆其说。但终究与此段"马放南山，刀枪入丁未，祀于周庙。邦、甸、侯、卫，骏奔走，执豆笾，越三日庚戌，柴望，大告武成。既生魄，庶邦冢君暨百工受命于周。王若曰："呜呼！群后，惟先王建邦启土，公刘克笃前烈，至于太王，肇基王迹，王季其勤王家。"

　　先王当作先公，后稷也。或曰，先王谓舜也。舜始封后稷于邰。公刘，后稷曾孙，鞠之子。太王，后稷十二世孙，公叔祖类之子，谓古公亶父也。其子王季，谓季历也。

【译文】

　　丁未日，武王祭祀于周庙。近处的邦国及甸服、侯服、卫服都来参加祭礼。骏马交驰，笾豆来往，于三日庚戌，举行柴望的祭祀，大告天地祖宗，伐纣的武功告成。至十五日之后，各邦国的冢君以及百工接受周朝廷的任命。武王于是诏诰说："啊，各邦国的君主们，我先王建邦启土，公刘能笃守前代先人的美德，直到太王创造周家的基业，履足王迹。王季勤敏立业，创建我王家。"

　　先王（指后稷），应该称为先公。因为后稷只是帝舜与大禹时期的主管土地与农事的大臣。有人说称"先王"指的是舜帝，舜始封后稷于邰。公刘是后稷的曾孙，鞠的儿子。太王，是后稷的十二世孙，公叔祖类的的儿子，称为古公亶父。他的儿子王季，称为季历（即文王）。

　　"我文考文王，克成厥勋。诞膺天命，以抚方夏。大邦畏其力，小邦怀其德。惟九年，大统未集。"

　　文王以虞、芮质，厥成之岁改元，九年而崩。

【译文】

　　"我父王文考，能成就这一功勋，大承天命，以安抚四方中夏。大的邦国畏我势力，小的邦国怀念我的德政，经营九年时间，还未完成大一统的基业。"

文王因虞、芮两个小国前来请求解决田土争端，于是年改元，九年而崩。

"予小子其承厥志，底商之罪，告于皇天后土，所过名山大川，曰'惟有道曾孙周王发'。"
有道，指其父祖也。

【译文】

"我小子继承先王遗志，定殷商之罪，告于皇天后土，所经过的名山大川，说是'有治道的曾孙周王姬发'。"

有道，指武王的父亲文王与祖父古公亶父①。

①武王自称"曾孙"，则其曾祖父为公叔祖类（古公亶父之父），非仅止于古公亶父与文王。

"将有大正于商，今商王受无道，暴殄天物，害虐烝民，为天下逋逃主，萃渊薮。"
天下有罪而逃归纣者，纣皆主之，藏如渊薮之聚鸟兽也。

【译文】

"将有大的征讨于商邦，如今商纣王无道，暴殄天物，虐害百姓，成了天下窝藏罪犯的地方，纣王还为这些人做主，丛聚为奸。"

天下有罪的坏人都逃到纣的身边，纣都为他们做主，聚在一起好像聚集鸟兽的渊薮。

"予小子既获仁人。"
谓乱臣十人。

武成第五

【译文】

"我小子获得了一批贤能的仁人。"

说的是能治理国事的能臣十人。

"敢祇承上帝，以遏乱略。华夏蛮貊，罔不率俾。恭天成命，肆予东征，绥厥士女。惟其士女，篚厥玄黄，昭我周王。天休震动，用附我大邑周。惟尔有神，尚克相予，以济兆民，无作神羞。既戊午，师渡[1]孟津，癸亥，陈于商郊，俟天休命。甲子昧爽，受率其旅若林，会于牧野，罔有敌于我师。前徒倒戈，攻于后以北。血流漂杵。"

[1]渡，经解本作"逾"。

纣师自相攻，至血流漂杵。非武王之罪，然孟子不取者，谓其应兵也。①恶其以此自多而言之也。

①《孟子·尽心下》："尽信书不如无书。吾于《武成》取其一二策而已矣。仁人无敌于天下，以至仁伐至不仁，而何其'血之流杵'也？"（1985年北京市中国书店版《四书五经》第四种《孟子章句集注》第110页）"应兵"，比喻好战。

【译文】

"我敬承上帝之天命以遏绝乱谋。华夏以及蛮貊之地无不率众相从，恭承天命。今我东征，安抚士女，士女喜我之来，盛上黑色、黄色的币帛以示欢迎。昭示我周王有上天的眷顾，鼓动你众归附于我大周。这也是你众有神灵护佑，能助我伐商，以拯济你亿兆之民于困辱之中。伐商必能成功，无遗羞愧于神灵。至戊午之日，我师渡过孟津，癸亥，布阵于商都郊外，等候上天降下必胜的命令。甲子凌晨，纣王率领他的军旅像森林一样与我军对峙于牧野。一番攻击，无敌于我师。商军的前阵军士倒戈反击后面的军队，商军于是败北，血流漂杵。"

纣王的师旅自相攻击，以至于"血流漂杵"。这并非武王之罪，然而孟子不赞成这种说法，认为这是武王好兵喜战的表现。厌恶他这种自我夸奖的言论。

一戎衣，天下大定，乃反商政。政由旧，释箕子囚，封比干墓，式商容闾。

商容，贤者，而纣不用。车过其闾，式以礼之。

【译文】

武王一身戎装而天下大定。于是反正商纣王的恶政，率由旧章，行其先辈的善政。释放被囚禁的箕子，褒封被纣王剖心的王子比干墓。商容是商朝的贤臣，而纣不重用他。武王车过他的门前，按仪式致之以礼，表示尊敬。

商容是商朝的贤臣，而纣王不加任用，车过他的门前，武王按仪式施礼，表示尊敬。

【笺释】

"一戎衣"，亦作"殪戎衣"。殪，杀死，杀灭之意。衣，读为"殷"。是周人对商人的蔑称。"殪戎衣"意即消灭殷商。

散鹿台之财，发钜桥之粟，大赉于四海，而万姓悦服。

非独以惠民，亦以示不复用兵也。

【译文】

把商纣王聚敛于鹿台的钱财全部发散，又分发其屯集于钜桥的粟米，大加赏赉于天下四海，因而天下万姓都心悦诚服。

武王这一番举动，不仅止于惠及天下百姓，也用以表示不再用兵的意思。

列爵惟五，

公、侯、伯、子、男。

【译文】

分封爵位为五等。

即公、侯、伯、子、男。

分土惟三。

公侯百里，伯七十里，子男五十里。自《孟子》《王制》皆云尔，此周制也。郑子产言，"列国一同，今大国数圻，若无侵小，何以至焉？"①而《周礼》乃曰，公之地五百里，侯四百里，伯三百里，子二百里，男百里。②凡五等。《礼》曰，"封周公于曲阜，地方七百里"③，皆妄也。先儒以谓，周衰，诸侯相并，自以国过大违礼，乃除灭旧文而为此说。独郑玄之徒以谓周初因商三等，其后，周公攘戎狄，斥广中国，大封诸侯。夫攘戎斥地，能拓边耳，自荒服以内，诸侯固自如也。周公得地于边，而增封于内，非动移诸侯，迁其城廓、庙社，安能增封乎？知玄之妄也。而近岁学者，必欲实《周礼》之言，则为之说曰"公之地百里而已，五百里者，并附庸言之"。夫以五百里之地，公居其一，而附庸居其四，岂有此理哉？予专以《书》《孟子》《王制》及郑子产之言考之，知《周礼》非至人之全书，明矣。

①《左传·襄公二十五年》郑子产曰："且昔天子之地一圻，列国一同，自是以衰。今大国多数圻矣！若无侵小，何以至焉？"（岳麓书社1988年版《左传》第232页）圻，边界，约方圆千里之地。

②《周礼·地官·司徒》："诸公之地，封疆方五百里，其食者半；诸侯之地，封疆方四百里，其食者参之一；诸伯之地，封疆方三百里，其食者参之一；诸子之地，封疆方二百里，其食者四之一；诸男之地，封疆方百里，其食者四之一。"（岳麓书社1987年版《周礼·仪礼·礼记》第28页）

③《礼记·明堂位》："封周公于曲阜，地方七百里，革车千乘。"（同上，第406页）

【译文】

裂土分封只有三等。

公、侯百里，伯七十里，子、男五十里。自《孟子》《王制》起，都说"这是周朝的制度"。但郑子产说："列国制度都相同。如今大国数圻，倘若不是侵吞小国，怎能达到这种程度？"而《周礼》却说，"公的地盘五百里，侯四百里，伯三百里，子二百里，男百里"。凡五等。《礼》说，"封周公于曲阜，地方七百里"。以上都是虚假不实之言。前辈儒者都认为，周朝衰落，诸侯互相兼并，各自因为自己的地盘过大，违反礼制，于是毁灭旧时文书，创为此说。独郑玄之徒却说是周朝初年，因袭商朝的"三等"制，其后，周公排斥戎、狄等，扩大了中原的地盘，于是大封诸侯。若是因排斥戎狄而得地，那也只是拓充边疆而已，自边远的荒服以内的地盘，诸侯们早都有固定适宜的地方；若以周公获得地盘于边疆而增封于内地，那非得移动各国诸侯，迁移他们的城廓、庙社不可，不然怎么能增加封地？因此可知郑玄说法之妄。而近年以来，学者们一定要坐实《周礼》的说法，于是又说公的地盘百里而已，说"五百里"，那是以一并附庸的土地而言。可是，以五百里的土地而言，公只得一百里，附庸却有四百里！哪有这样的道理？我专以《书》《孟子》《王制》及子产的话加以考究，可知《周礼》并非圣人完整的全书，这是很明显的。

【笺释】

林之奇《全解》赞成东坡的分析，认同他的观点。在引述上述诸儒的错误观点后，林氏认为"二苏兄弟皆详辨其失"。

按，这也是本书"多先儒所未达"的典型一例。尤其值得注意的是，东坡以他"人本主义"观念敏锐地认识到土地作为生产与生活资料的重要性，大胆怀疑"《周礼》非圣人之全书"，从而深刻地揭示统治者以权势和贪欲强占土地的腐朽本质。

建官惟贤，位事惟能，重民五教，惟食丧祭，惇信明义，崇德报功，垂拱而天下治。

【译文】

　　选拔官员要重视他的品德；设立官职办事，要选拔有才能的人；重视对人民的"五教"；注重民众的食、丧、祭三种礼节，提倡诚实守信、明白道义的作风；崇敬道德，报偿功勋。如此而君王无须过多劳苦于庶政，只需垂衣拱手而天下大治。

书传卷十

周　书

洪范第六

【笺释】

据顾颉刚、刘起釪《译论》云,《洪范》一篇"总被称为'商书',因其为箕子所说之故。到篇首加上周武王访问箕子之语,遂为周史臣之辞,列入'周书'。《史记》列入《宋世家》中"。

武王胜殷杀受,立武庚,以箕子归,作《洪范》。

《洪范》,大法也。武王杀受,立武庚,非所以问《洪范》者,而孔子于此言之,明武王之得箕子,盖师而不臣也。箕子之言□"殷其沦丧,我罔为臣仆;殷亡,则箕子无复仕之道"。以此表正万世为君臣之法,如伯夷、叔齐之志也。箕子之道德贤于微子,而况武庚乎。武王将立殷后,必以箕子为首。微子次之,而卒立武庚者,必二子辞焉。武庚死而立微子,则是箕子固辞而不可立也。太史公曰,"武王封箕子朝鲜,而不臣也"①。非五服之外宾客之国,则箕子不可得而侯也。然则,曷为为武王陈《洪范》也?天以是道畀禹而传至于箕子,不可使自我而绝也,以武王而不传,则天下无复可传者矣。故为箕子之道者,传道则可,仕则不可。此孔子叙《书》之意也。

①《史记·宋微子世家》："于是武王乃封箕子于朝鲜，而不臣也。"（中华书局1959年版《史记》第五册第1620页）

【译文】

武王战胜殷，杀受（纣），立武庚为殷之后。载箕子归周邑。创作《洪范》一篇。

《洪范》，邦国的大法。武王杀受（纣），立武庚，并非为了向武庚询问《洪范》关于法纪之事，而孔子对此有言论，阐明武王之得箕子，只是以他为师而不是要他任周朝的臣子。箕子的话是"殷商灭亡了，我枉为臣仆；殷亡了，我箕子没有再出来当官的道理"。以这样的行为向后世表明君臣之间正确的相互关系，就像伯夷、叔齐所表明的志向一样。箕子的道德已经比微子贤淑，何况武庚呢。武王将要复立殷朝的后嗣，必定以箕子为首，其次才是微子，而最后却立武庚的原因，必定是箕子、微子二人坚辞不就。武庚死而立微子，则是箕子坚辞而不可立。太史公说，"武王封箕子于朝鲜，但不以他为臣属"，并非所谓"五服"之外的宾客之国，所以武王也不可封箕子为诸侯。既然这样，为何还为武王陈述《洪范》的内容？因为上天以此道给予禹，而传到箕子之手，自然不可使它就这样断绝了，至武王而不传，则天下再没有可传的人了。因此作为箕子来说，传道是可以的，当周朝的臣子则是不行的。这就是孔子为《书》作叙的本意。

【笺释】

据孙星衍《注疏》云："禹得《洛书》传于箕子，为武王陈之也。"又引《史记·宋微子世家》所述，谓武王灭殷之后，访问箕子，箕子为述《洪范》之事。又记《书序》语云："武王胜殷杀受，立武庚，以箕子归，作《洪范》。"这就是东坡所云"孔子于此言之"的由来。主要阐明"君臣"之间相互关系的道德准则。东坡居儋，曾作"海外十六论"，其中有《论武王》一文。批评"武王非圣人"，以孔子表扬伯夷、叔齐，借以影射武王有"弑君"之疑。林之奇对此论却有不同看法，以为失于

"穿凿"。他认为"杀纣非武王之本意,然商纣自焚而死"。这显然只是"就事论事",尚未及"君臣相互关系"的道德准则问题。故以东坡之论为"穿凿"仍嫌肤浅。

惟十有三祀,王访于箕子。

商曰"祀",周曰"年"。在周而称"祀",亦箕子不事周之意。

【译文】

武王即位十三年,访问箕子。

商朝称年为"祀",周朝称为"年"。武王访箕子而称为"祀",这也是表示箕子不愿臣服于周朝的意思。(按,夏朝称年为"岁"。)

王乃言曰:"呜呼,箕子,惟天阴骘下民,相协厥居。我不知其彝伦攸叙。"

骘,升。彝,常也。伦,理也。天人有相通之道。若显然而通之,以交于天地鬼神之间,则家为巫史矣。故尧命重、黎绝地天通,惟达者为能默然而心通也,谓之阴骘。君子而不通天道,则无以助民而合其居矣。故武王以天人常类之次访箕子。

【译文】

武王于是说道:"啊,箕子,上天自会阴助下民,使他们相互协助,和平居处。但我不知道这其中的平常伦理次序到底如何。"

骘,升起的意思。彝,平常的意思。伦,指伦理。天人之间冥冥之中似有相通之道。假如明显有互通之处,以交流于天地鬼神之间,那就是家家都为"巫史"了。所以帝尧曾经命令重、黎断绝平常人与天地鬼神沟通,这种本事只属于真正能达到默然于心与神灵沟通者才有,称为"阴骘"。君子而不精通于这种天道,则无法相助于民众,协和他们的居止。因此武王以天人之间常有的相类似问题顺次访问箕子。

箕子乃言曰，

"乃言曰"，难之也。王虚心而后问。箕子辞让而后对也。

【译文】

箕子这才回答说，

"乃言曰"，表示这样的问答颇有难以表述之处。武王虚心而后发问。箕子再三辞让然后才开口回答。

"我闻在昔，鲧陻洪水，汩陈其五行，帝乃震怒，不畀洪范、九畴，彝伦攸斁。鲧则殛死，禹乃嗣兴。天乃锡禹洪范、九畴，彝伦攸叙。"

汩，乱也。九畴，如草木之区别也。斁，厌也。执一而不知变，鲜不厌者。孔子曰："克伐怨欲，不行焉，可为难矣。"① 好胜之谓克。治民而求胜民者，必亡国[1]。治病而求胜病者，必杀人。尧谓鲧："方命圮族。"《楚词》云，"鲧婞直以亡身"。② 知其刚愎好胜者也。五行，土胜水。鲧知此而已，不通其变。夫物之方壮，不达其怒而投之以其所畏，其争必大，岂独水哉。以其殛死，知帝之震怒也。旧说"河出图，洛出书"。《河图》为八卦，《洛书》为九畴。其传也尚矣。学者或疑而不敢言。以予观之，图、书之文必粗有八卦、九畴之象数，以发伏羲与禹之知。如《春秋》之以麟作也，岂可谓无也哉。

[1] 国，库本、明凌刻本均无，据经解本补。

① 语见《论语·宪问》："克、伐、怨、欲不行焉，可以为仁矣？子曰：'可以为难矣，仁则吾不知也。'"（北京中国书店1985年版《四书五经》第三种《论语章句集注》第58页）

② 见《楚辞·离骚》："鲧婞直以亡身兮，终然殀乎羽之野。"（贵州人民出版社1984年版《楚辞全译》第12页）

【译文】

"我听说昔时，大禹的父亲奉命堵塞洪水，乱了'五行'相生的规律，触怒了天帝，不给予洪范、九畴以治理天下国家的大法，致使世间伦常败坏。鲧也因此被帝尧流放至死，而由禹承嗣。上天于是将洪范、九畴赐予大禹，致使世间伦常规范有序。"

汩，混乱的意思。九畴，如草木的区分。斁，损坏的意思。只知其一而执着，不知变通，很少有不败坏的。孔子说："克、伐、怨、欲，这方面的行为都没有，可谓是难能可贵了。"好胜的个性，就是"克"。治民而求胜民的，必定会自取灭亡。治病而求胜病的，必定会治死人。尧对鲧说："你不遵守命令，危害族人。"《楚词》有句："鲧婞直以亡身。"知道鲧是个刚愎好胜的人。"五行"，土胜水。鲧仅只知道这点而已，不知道其中的变化。一般而论，物体正当它强壮盛大之时，不等到它发怒，而投进去让它畏惧的东西，那么争斗就会更加激烈，岂止是水呢。以鲧的被流放至死，可知天帝的震怒。旧时的说法，说是"河出图，洛出书"。《河图》为八卦，《洛书》为九畴。它们的流传也够古老的了。学者们对此有疑问却不敢说。照我看来，图书上的文字符号，必定有着初步的比较粗浅的八卦、九畴的象数，以此启发伏羲与大禹的智慧。正如《春秋》是以麒麟的出现而创作的一样。岂能说这些东西都是虚无不实的呢？

【笺释】

东坡以物体的相争来比喻"土胜水"的五行相生之法，初看似不甚贴切，然而，鲧之治水，仅知道以土陻塞（即"五行"中的土克水），不知因土塞而垫高水位，其势必大，为害愈深。这就是东坡所说的"执一而不知其变"的道理。然而，东坡释九畴为"如草木之区别"则与"天地大法九类"的传统解释颇为不同。

初一曰五行。

无所不用五行，故不言用。

【译文】

首先，第一，总为"五行"。

"五行"是总纲，无所不用，所以不说"用"。

【笺释】

孙星衍《注疏》引《汉书·五行志》云："此武王问《洛书》于箕子，箕子对禹得《洛书》之意也。"又于"初一曰五行"至"畏用六极"云："凡此六十五字皆《洛书》本文。所谓天乃锡禹大法九章，常事所次者也。"

次二曰敬用五事，次三曰农用八政。

农，厚也。

【译文】

第二，虔敬地表达五种属于个人行为的"五事"。第三，"八政"方面，首先修治好农事。

农，厚生的意思。

【笺释】

东坡释农为厚，与马融所云"食为八政之首，故以农名之"的食相关，即厚其生，以利于民之意。孙星衍《注疏》云："郑康成曰'农，读为醲'。读农为醲者，《说文》云'醲，厚酒也'。《广雅》《释诂》云'醲，厚也'。"

次四曰协用五纪。次五曰建用皇极。次六曰乂用三德。次七曰明用稽疑。次八曰念用庶征。次九曰向用五福，威用六极。

向，趋也。用福、极，使人知所趋避也。

【译文】

第四，协调地运用五纪①正天时，行地利，求人和。第五，建立皇极②，以大中至正的王道准则求天下的长治久安。第六，求治以正直、刚克、柔克三德，③以应对事物的变化。第七，有疑问则审明稽疑，以求正确的结果。第八，念及庶征。帝王施政于下，得失上应于天，故应时时念及各种天象变化的征兆，检讨施政的得失。第九，使民众向往五福（寿考、富贵、康宁、好德、善终），避免六极之祸④的威胁。

向，趋向、走向的意思。用福、用极，使人知道趋利避害。

①五纪，这里指岁、月、日、星辰、历数，也指仁、义、礼、智、信。
②皇极，帝王治天下的准则，即大中至正之道。帝王惟能行此准则才能长治久安，天下太平。
③皮锡瑞《考证》引《今文尚书》："六，三德：一曰正直，二曰刚克，三曰柔克。"
④六极，孔颖达《正义》："谓穷极恶事。"

一，五行：一曰水，二曰火，三曰木，四曰金，五曰土。

此五行，生数也。生成之数，解见《易传》。

【译文】

第一，五行，顺次为水、火、木、金、土。

这是"五行"相生的序数。生成的象数，解释见于《易传》。

【笺释】

孙星衍《注疏》引《易·系辞》云："天一，地二，天三，地四，天五，地六，天七，地八，天九。"又"《月令》疏引郑注云：'天一生水于北，地二生火于南，天三生木于东，地四生金于西，天五生土于中。阳无耦，阴无配，未得相成。地六成水于北，与天一并，天七成火于南，与地二并。地八成木于东，与天三并。天九成金于西，与地四并。地十成土于中，与天五并也。'故其次如此。"即东坡所谓"生成之数"。

水曰润下，火曰炎上，木曰曲直，金曰从革，土爰稼穑。

皆其德也。水不润下，则不能生物，故水以润下为德。火不炎上则不能熟物，故火以炎上为德。木曰曲直，谓其能从绳墨也，木不曲直则不能栋宇，故木以曲直为德。金曰从革，谓其能就熔范也，金不变化则不能成器，故金以从革为德。土无所不用，不可以一德名，而其德盛于稼穑。不曰"曰"而曰"爰"，爰，于也。曰者，所以名之也。无成名，无专气，无定位，盖曰于此稼穑，而非所以名之也。

【译文】

水称润泽于下，火称炎热于上，木称可以曲直，金称随从革化，土宜于稼穑。

以上都各说到它们的德性。水若不能润下，则不能生物，所以水以能润下为德。火若不能炎上，则不能熟物，所以火以炎上为德。木称曲直，说的是它能就绳墨而曲直，木若不能曲直，则不能成为栋宇之材，所以木以曲直为德。金称从革，说的是它能就熔铸金属的坯模而变形，所以金若不变化，则不能成为器物，所以金以随从革为德。土却无所不用，不以其中一德来称呼它，而它的德最盛于能种庄稼。不说"曰"而称"爰"，爰，于的意思。称曰，就是要给予名称。因其无具体的名，没有专属的气质，无固定的位置，只说是于此稼穑，而不是以此称它的名。

润下作咸，炎上作苦，曲直作酸，从革作辛，稼穑作甘。

五行之所作，不可胜言也。可言者，声色臭味而已。人之用是四者，惟味为急，故举味以见其余也。

【译文】

水润下成咸，火炎上变苦，曲直变酸，随从革成辛，稼穑变甜。

五行的变化，诉说不尽。可以说的，不过是声、色、臭、味而已。人们运用这四样东西，以味为最迫切，因此特举味为例，以推见其他。

二，五事：一曰貌，二曰言，三曰视，四曰听，五曰思。貌曰恭，言曰从，视曰明，听曰聪，思曰睿。恭作肃，从作乂，明作哲，聪作谋，睿作圣。

人生而有耳目口鼻，视听言思之具。中有知，而外有容，与生俱生者也。今五事，先貌而次言，然后有视听，已而乃有思，何也？人之生也，五事皆具而未能用也。自其始孩，而貌知恭，见其父母，匍匐而就之，擎跽而礼之，是貌恭者先成也。稍长而知言语，以达其意，故言从者次之。于是始有识别，而目乃知物之美恶，耳乃知事之然否。于是而致其思，无所不至矣。故视明听聪，思睿者又次之。睿者，达也，穷理之谓也。貌恭而人畏之，谓之肃。言从而民服之，谓之乂。视明而不为色所眩，谓之哲。听聪而不为言所移，谓之谋。致思，自"穷理尽性，以至于命"，谓之圣。此天理之自然，由匹夫而为圣人之具也。圣人以为此五者之事，可以交天人之际，治阴阳之变。山川之有草木，如人之有容色威仪也，故貌为木而可以治雨。金之声，如人之有言也，故言为金而可以治旸。火之外景，如人之有目也，故视为火，而可以治燠。水之内景，如人之有耳也，故听为水，而可以治寒。土行于四时，金木水火得之而后成，如人心之无所不在也。故思为土，而可以治风。此《洪范》言天人之大略也。或曰"五事之叙与五行之叙异，盖从其相胜"者，是殆不然。圣人叙五事，专以人事之理为先后，如向所云者，其合于"五胜"。适会其言耳。从而为之说则过矣。

【译文】

　　第二，五事：一称貌，二称言，三称视，四称听，五称思。貌可以说恭，言可以说从，视可以说明，听可以说聪，思可以说睿。恭敬可以作严肃的表示，顺从可以作治理的表示，明白可以作哲思的表示，聪明可以作谋断的表示，睿可以作圣智的表示。

　　人初生即有耳鼻口舌的器官，有视听言思的功能。体内有知觉，体外有容貌，这是与生俱生的器官与功能。今之讲五事，以貌为先，其次以言，然后有视听，接着才有思，这是为什么呢？人之初生时，五事都具备，但不能运用。自其从婴孩时起，他的容貌便知恭顺，见到父母，匍匐着接近他们，举手跪爬到跟前表示礼节，所以是容貌恭顺为先。稍为长大之后，懂得说话了，能表达他的意思，所以言语为第二。于是才能识别，而眼睛才能知道物体的美恶，耳朵才能知道事物的是与否。于是才能发挥他的思想，至此而无所不至了。因此，视明、听聪、思睿者又是其次了。睿，即明达之意，能理解各种道理的意思。容貌恭敬，而人会敬畏，这可称为肃。言语顺理而民众服从，这可称为治理。眼明而不为美色所眩惑，可以称为明哲。听得明白而不为美言所感动，可称为有谋略。能深思，而"穷尽万事万物的道理和生灵的本性，以至于通晓人与万物所禀受的天命"，可称为圣智。这纯属于天理的自然，由普通的匹夫匹妇而可以修养成为圣人的必由之道。圣人认为这五事，可以增进人对于天地自然了解的边际，处理阴阳的变化。山川之有草木就好像人具有容貌威仪一样，因此像貌为木而可以治雨天。金石之声，就好像人有语言，因此语言为金可以治晴天。火的外在形象，如人有眼睛，因此视为火可以治暖。水的内在形象，像人有耳朵，因此听为水可以治寒。土的运行于四时，金木水火得到土的调配可以成其用，好像人的心脏时时刻刻都在运行。因此思之为土可以治风。这就是《洪范》讲述天人之间关系的大概内容。有人认为，"五事的论叙与五行的论叙有不同之处，是因为二者之间存在相互制约的情况形成的"，其实不然。圣人论叙五事，专门以人事的道理作为先后阐述的对象，如以往所讲述的那样，就是符合于"五胜"相互制约的道理。适当体会它的意思即可，若因此而再加以论说就太过头了。

【笺释】

传说中的《洪范》九畴之书，按理应为中华五千年文明史中，属幼年时期的智识反映，往往以一种神秘的色彩掩盖其科学认知上的不足，本不应过度解读。东坡的这一大段诠解就有穿凿附会之嫌。故林之奇在《全解》中认为，"诸儒既以五行配五事，故其论五事之序，或以为合于'五胜'之序，或以为合于'五常'之序。要之，皆是附会文致之辞，正犹以五行为皆具生数也。东坡曰'人之生也，五事皆具而未能用……'苏氏每讥王氏（指安石）以为喜凿，至于此论，则其去王氏无几矣。"

按，东坡的父亲苏洵著有《洪范图论》，弟弟苏辙著有《洪范五事说》，二说都是反"五行传"、反所谓"河图""洛书"的。十年"文革"期间，因王安石被捧为"中国十一世纪的改革家"（学术界误引列宁语录所致），所以东坡作为反对王安石的"保守派"曾饱受学术界的批判。刘起釪受此思潮影响，"扬王抑苏"的倾向明显。他在《尚书源流及传本考》一书中特就此问题揭批说："苏轼《书传》中的《洪范》篇亦如此。他为反王学，不惜背父学，愧弟学，公然为'河图''洛书''天人感应'辩护。"[①]可谓疾言厉色，不留余地。

[①]见辽宁大学出版社1997年版《尚书源流及传本考》第86页。

三，八政：一曰食，二曰货，三曰祀，四曰司空，五曰司徒，六曰司寇，七曰宾，八曰师。

食为首，货次之，祀次之。食、货所以养生，而祀所以事死也。生死之理得，则司空定其居，居定而后可教，既教而后可诛。故司空、司徒、司寇次之，所以治民者至矣，然后治诸侯。治诸侯莫若礼，所以宾之者备矣。而犹不服，则兵可以用，故宾而后师。

【译文】

  第三,八种政事。一为食,二为货,三为祀,四为司空,五为司徒,六为司寇,七为宾,八为师。

  食为首(民以食为天),货贸其次,祭祀又其次。食、货二事为民众养生所需,而祭祀为的是奉祀死者。生与死事都各得其理,则司空可安定其居止,居止安定后可以施教,既已教导之(还不服)就可以诛罚之。因此司空、司徒、司寇又其次,为治理民间的事务都做到了,然后是治理诸侯。治理诸侯最首要的莫过于以礼相待,所以有关礼宾的事务都要备齐。(礼节周全之后)诸侯仍有不服的,则可以用兵了,所以先礼而后兵(八为师)。

四,五纪:一曰岁,

  岁星所次也。

【译文】

  第四,五纪。其一为岁。
  岁,即太岁星(木星)所处的位置。

二曰月。

  月所躔也。

【译文】

  其二为月。
  月球所行经的轨迹。

三曰日。

日所在也。

【译文】

其三为日。

太阳所在的位置。

四曰,星辰。

星二十八宿,辰,十二次也。星辰者,岁月日之所行也。此四者,所以授民时也。

【译文】

其四为星辰。

星,共有二十八颗恒星,辰,有十二时辰。星辰,是用来记录月日所运行时间的。日月星辰这四样,可以用来传授给民众,让他们懂得时间。

五曰,历数。

以历授民时,则并彼四者为一矣,岂复与彼四者列而为五哉?予以是知历者,授民时者也;数者,如"阳九百六"之类。[1]圣人以是前知吉凶者也。《书》曰:"天之历数在尔躬。"

[1]《汉书·食货志》:"莽耻为政所致,乃下诏曰:予遭阳九之阸,百六之会,枯旱霜蝗,饥馑荐臻。"(上海古籍出版社1986年版《二十五史》第一册第114页)古代星象家以为4617岁为元,初入元为106岁。外有灾岁九,称为"阳九"。此所谓"阳九百六之会"。

【译文】

其五为历数。

以历法教授给民众,将前面所讲的日月星辰四项并而为一就可以了,为何又与历数一起而并列为"其五曰"呢?我于是知道所谓"历"者,指授给民众以时间;数者,却是"阳九百六"之类。圣人因此而预知吉凶。《尚书》说:"上天的运数就在你身上。"

【笺释】

曾运乾《正读》认为"数"即计数的数，并引清代戴震①语："分至启闭以纪岁，朔望朒晦以纪月，永短昏昕以纪日，列星见伏昏旦中，日月躔逡以纪星，赢缩经纬始终相差以纪历数。"以此释"历数"，顾颉刚、刘起釪《译论》同此说。与东坡所云"运数"的"数"不同。

①戴震（1724—1777），字东原，又字慎修，号杲溪，休宁隆阜（今安徽黄山屯溪区）人，清代哲学家、思想家、经学家。主要著作有《毛郑诗考证》《孟子字义疏证》《声韵考》等。

五，皇极。

大而无际谓之"皇"。庄子曰，"无门无房[1]，四达之皇"。皇至而无余，谓之"极"。子思子曰："喜怒哀乐之未发，谓之中。"①道有进此者乎？故曰极，亦曰中。孔子曰："过犹不及。"②学者因是以谓中者，过与不及之间之谓也。陋哉，斯言也。瞆者之言，不粗则微，何也？耳之官废，则粗微之制，不在我也。聪者之言，无粗微，岂复择粗微之间而后言乎？中则极，极则中。中、极，一物也。学者知此则几矣。

[1] 房，原作"旁"，据《庄子·知北游》改。（1954年中华书局版《诸子集成》第三册《庄子集释》第324页）

①语见《礼记·中庸》："喜怒哀乐之未发，谓之中；发而皆中节，谓之和。中也者天下之大本也；和也者，天下之达道也。"（岳麓书社1989年版《周礼·仪礼·礼记》第494页）

②语见《论语·先进》："子曰，过犹不及。"（北京市中国书店1985年版《四书五经》第三种《论语章句集注》第45页）

【译文】

第五为皇极。

广大而无边无际，就是"皇"。《庄子》有句"无门无房，四达之皇"。皇达到了没有多余之处，可称之为"极"。子思子说："喜怒哀乐没有表露出来这就是中。"道有比这更为进一步的表达吗？所以说"极"又说"中"。孔子说："超过了就等于没达到。"学者因此以为，所谓"中"者，在超过或者不及之间，就是"中"。这种观点太简陋了！比如耳朵聋的人，他说话不是声音很粗大，就是很细微，为什么呢？因他耳朵的功能已经丧失，话说的粗与细都不是他能控制得了的。耳朵好的人，说话不会有粗与细的差别，难道他还要去试着选择粗与细的标准才开口说话吗？中就是极，极就是中。中与极都是一样的东西。学者能这样理解就差不多了。

【笺释】

皇极，按东坡此段的诠解，是从哲学的角度解释儒家所谓"大中至正"的治民之"道"。意即执政标准必须将"无私、公平"二者做到极限的程度，无丝毫偏差。这里的立足点在于民，要使民众从"大中至正"的"皇极"中受益。而孔颖达《正义》云："皇，大也。极，中也。施政教，治下民，当使大得其中，无有邪僻。故演之云，大中者，人君为民之主，当大自立其有中之道，以施教于民。"虽然仍将"皇"与"极"作为一种客观标准，但已将立足点放在"君为民之主"上了。而南宋的林之奇《全解》云："皇极有二说。先儒谓'皇，大也，言大中之道也'。汉《五行志》曰'皇，君也。极，中也。谓人君所建之中'。二说不同，而某谓先儒之说为胜。"指出到了汉代，"皇极"变成了两种不同的概念。一种是客观的"大中之道"，而另一种却释"皇"为君，"极"为中，"皇极"变成了皇帝统治下民的手段。林氏认为"先儒之说为胜"意即赞成东坡之论。而清代的孙星衍《注疏》专引《汉书·五行志》"传曰'皇之不极，是谓不建'。皇，君也。极，中。建，立也。人君貌、言、视、听、思心，五事皆失，不得其中，则不能立万事"。孙星衍因此解释为："是皇极为君道之中，皇建有极，为君立其中也。"则"皇极"全然变为皇帝手中专用的统治工具了。从东坡的年代到孙星衍时，相去已经七百多年，可见儒家的学者们对于《尚书》的诠解立场却越发接近于反动的封建专制意识，离东坡的民本思想相去太远了。

皇建其有极。
大立是道，以为民极。

【译文】

大建皇极。

大立"皇极"之道，以此为民众树立大中至正的治理目标。

【笺释】

东坡这里强调的是为民众立极，立极是为了民众。立足点在民众一边。

敛时五福，用敷锡厥庶民，惟时厥庶民。
我有是道，五福自至，可以锡庶民矣。

【译文】

应及时向民众传授"五福"的道理，用以广施于民众，让庶民因时而享有此五福。

君主立有"大中"之道，"五福"自然可随时而至，因而可以布施于民。

【笺释】

东坡这里强调的是，国家有了"皇极"之道，民众才可以享福。立场仍在民众一边。所谓"五福"，即下文所说的"一是长寿，二是富有，三是健康，四是行善积德，五是无疾而终"。

于汝极。
我有是道，则民皆取中于我。

【译文】

为你们树立"大中之道"。

我树立了这样"大中至正"的大法,则民众必定都取以为法。

【笺释】

东坡这里强调的是,只有统治者自觉树立起"大中至正"的"皇极"之道,才能引导群众,成为群众的榜样。

锡汝保极。

我有是道,则民皆保我以安。我以五福锡民,民以保安锡我。

【译文】

我以"大法"布施于你们,你们也要保护"大中"之法。

我有如此"大法",则民众都会保护此法而求得我的安全。我以"五福"布施于民众,民众也会因此以保安回赠于我。

凡厥庶民,无有淫朋,人无有比德,惟皇作极。凡厥庶民,有猷有为有守,汝则念之。不协于极,不罹于咎,皇则受之,而康而色。曰"予攸好德"。汝则锡之福,时人斯其惟皇之极。无虐茕独而畏高明。人之有能有为,使羞其行,而邦其昌。凡厥正人,既富方穀。汝弗能使有好于而家,时人斯其辜。于其无好德,汝虽锡之福,其作汝用咎。

皇极之道大矣,无所不受,无所不可。苟非淫朋比德,自弃于邪者,皆可受而成就之,与作极也。有猷者,有谋虑者也;有为者,有材力者也;有守者,有节守者也。皆可以作极者也。汝则念之勿忘也。虽不协于极,而未丽于恶者,汝则受之勿弃也。有自言者,曰"我所好者,德也"。虽真伪未可知,汝则锡之福。则人知为善之利，斯大作极矣。虐茕独而畏高明，则人慕富贵厌贫贱，利不在于为善矣。人之有能有为，皆得自进，而邦乃昌。虽正人亦有见而后仁，既富而后为善者。汝知其不邪，斯可进矣。不必待其有善而后禄也。汝见正人而不能进，使与汝国家相好，则此正人亦或去而为恶也。于其无好德者，所谓淫朋比德，自弃于邪者也，斯人而锡之福，则汝亦有咎矣。大哉，皇极之道。非大人，其孰能行之？呜呼，此固硁硁者之所大笑[1]也欤！不协于极而受之，自言好德而信之，必有欺我而败事者矣。然得者必多，失者必少。唐武氏之无道也，独于进人无所留难，非徒人得荐[2]士，亦许自举其材。其后开元贤臣致刑措者，皆武氏所收也。德宗好察而多忌，士无贤愚，皆不得进。国空无人，以致奉天之祸。故陆贽有言："武后以易得人，而陛下以精失士。"① 至哉，斯言也！昔常衮为相，艰于进人，贤愚同滞。及崔祐甫代之，未期年，除吏八百，多其亲旧。其曰"非亲旧，莫由知之"。若祐甫与贽，真可与论皇极者也。

[1] 笑，明凌刻本、三苏经解本作"失"。
[2] 荐，明凌刻本作"一"。
① 陆贽（754—805），唐代著名政治家、文学家、政论家。苏州嘉兴（今浙江嘉兴）人。曾向唐德宗谏用人之法称："则天（武后）举用人之法伤易，而得人；陛下慎拣之规太精而失士。"（见上海古籍出版社1986年版《二十五史》第五册《旧唐书·陆贽传》第459页）

【译文】

凡是民众之间，不许聚众淫乱，不许结党营私，要以"大中"之德为标榜。凡是民众之中，有谋略、有作为、有操守的人，你都要时时念记着他们。还未能达到大中之善，但还未陷入于罪恶的人，大可以包容他们。和颜悦色以对待他们。假如有人说"我爱好的是品德"。那么你要祝福他，给予他好处。这样，人们都会自觉向大中的境界靠拢。不可虐待孤独穷困的人，而敬畏高明的人。应鼓励有才能有作为的人，为民众作出榜样促其积极进取，这样国家就会繁荣昌盛。凡是品行端正的人，富足了就知道行善举。若你不能使贤能的人有作为于国家，人们会以此作为你的过失。对于那些并无德行的人，你虽（给予他们高官厚禄，）赐给他福气，他们的作为还是要使你为恶不端而结怨于民。

"皇极"的治道之论是极为宏大的，没有任何事物不在它的理论范围之内，没有任何问题不可依此理论加以处理成功解决。如果不是聚众淫乱、结党营私、自甘堕落于邪恶的人，都可以接受这一理论而有所成就，并可以它作为行为的准则。所谓有猷者，即有谋略的人；所谓有为者，即有能力的人；所谓有守者，即有节操的人。这些人都可以作为"皇极"的榜样。你都要时时念及他们，不可忘记。有一些人虽未能达到"皇极"的标准，但也并未陷入于有罪恶的地步，你得接受他们不可随意抛弃。有自我表态的人，说"我所爱好的是品德"。虽然是真是假，一时还未能肯定，你还是要加以接受，给予他待遇。这样，人们就会知道行善做好事的利益，使"皇极"的作用更大了。如果我们虐待孤独穷困的人，而敬畏高明的人，则人们不免贪恋富贵而厌恶贫贱，这就大不利于行善积德了。人有能力、有作为的，都有机会自我推荐，为国所用，则邦国自会昌盛。虽品行端正的人，亦有因见解独到而后具有仁德之性的，既富足之后而行善。若你知道他并无邪恶，这就可以推荐他了。不必等到他有善行之后才可给予他俸禄。若你见到正直的人而不能加以推荐，使其有助于邦国，（为邦国作贡献，）则这个正直的人或者就会离你而去，与你为敌了。对于那些无好品德的人，即所谓"淫朋比德，自弃于邪"的人，你也"锡之以福"，那么你也是有罪过的。伟大啊，皇极的理论！不是伟大的人物，谁能实践这样的道理呢？啊，这正是那些浅陋固执的人常有失误的原因吧！并不合乎"大中"的要求而接受他，自我夸耀说"好德"而相信他，必定会有欺骗我而败坏事业的时候。但就总体而论，这样做，还是得到的更多，而损失的较少。唐代的武则天，虽是个"无道"之主，唯独在用人选人这个问题上却从来不会留难，不但允许臣子们推荐人才，也允许人才自我荐举。后来，到了唐玄宗开元时期，政治上能做到几乎不必动用刑法，这正是武氏时期所收用的众多贤臣所为。

而唐德宗喜考察、多疑忌，士人无论贤愚，都不得荐举委任。国家空虚没有能人，以致有"奉天之祸"。因此陆贽曾说："武后以简易而得人才，陛下以精明而失士。"这话说得多到位呀！过去常衮为宰相，难以进用人才，贤良之人与愚蠢之人同样滞留难用。等到崔祐甫代他为相，不到一年，进用八百名吏员，其中多是他的亲戚朋友。他说"不是亲戚朋友，没办法知道他的为人怎样"。像陆贽与崔祐甫这样的人，真可以同他讨论"皇极"的理论了。

【笺释】

在东坡这一大段关于"选拔任用人才"的诠解之中有三点值得注意：第一，德才兼备或才能出众的人才应该不拘一格，大胆选用，若不能善待并使用他们，就会为敌国所用，形成反对自己的势力。第二，"大中至正"的皇极之道在用人问题上，要求识人用人者一定要站在大公无私的立场上，如果心怀私欲杂念去选用人才，就是对国家的犯罪，最终就会祸国殃民。第三，东坡最后以武后与唐德宗、常衮与崔祐甫为对比，说明用人必须广开选人用人渠道，既有严格的标准，也要有包容性；既允许举贤不避亲，也要严把质量关，坚持德才标准。

无偏无陂，遵王之义。无有作好，遵王之道。无有作恶，遵王之路。无偏无党，王道荡荡。无党无偏，王道平平。无反无侧，王道正直。会其有极，归其有极。

偏颇反侧而作好恶，此最害皇极者。皇极无可作，可作非皇极也。去其害皇极而已。

【译文】

不会偏差斜陂，一切遵照先王的义理而行。没有乱为私好，遵守先王之正道。不乱作恶，遵循着先王开辟之路。没有营私结党，先王之道坦坦荡荡。没有党派偏私，先王之道平平坦坦。没有反叛倾侧，先王之道正直无偏。聚合于中道而行，天下将归于大中。

偏颇徇私，又好作恶，这是最有害皇极的行为。皇极只是一种供遵行的大道，它没有任何作为，有作为它就不是皇极。我们所要做的只是扫除掉危害皇极的行为而已。

曰："皇极之敷言，是彝是训，于帝其训。"

天之锡禹九畴，不能如是谆谆也，盖粗有象数而已。禹、箕子推而广之，至皇极尤详，曰："此非皆帝之言也，皇极之敷言也。帝以数象告，而我敷广其言为彝训，亦与帝言无异，故曰于帝其训。"

【译文】

说："这是关于皇极的推广辅导的话，是平常的训导的话。也是上帝训导的话。"

上天赐给大禹的九畴，不可能是如此谆谆教诲的许多言辞，大约不过是简单粗略的象数而已。大禹、箕子推而广之，至于皇极之义，尤为详细，说："这并非全是上帝的话，只是关于皇极的辅助推广的语言。上帝以数象告诉我们，而我辅助推广其中的意思，作为平常的辅导的训词，也即与上帝的语言没有差别，所以说是'于帝其训'。"

【笺释】

曾运乾《正读》、顾颉刚、刘起釪《译论》均释"训"为顺。故刘起釪释此句为"顺着上帝"。因强调"顺"，强调对统治者的绝对顺从，故刘氏最后的论点是"由'王道的准则'推衍成'绝对的王权'"。将"皇极"推衍为"绝对的王权"这绝不是东坡的观点。东坡在阐述"皇极"的过程中，首先说的是"大立是道，以为民极"，其次是"可以锡庶民矣"，最后是"我有是道，则民皆取中于我"，全以民为本。即统治者首先要为民树立"大中至正"之道，使民众能于其中享受"五福"之安，于是也接受皇极之论，以"王者"为榜样。两种观点的差异仍在于立场的不同。如果"绝对的王权"并不基于"大中至正"的"皇极"之道，只"顺"而非"训",则其施治的结果必有害于民生,若在此情况下,仍强调绝对的顺从,必是民不聊生,国运衰竭。

凡厥庶民,极之敷言,是训是行,以近天子之光。曰:"天子作民父母,以为天下王。"

皇极非独天子事也,使庶人而能训行此敷言者,其功烈岂可胜言哉。亦足以附益天子之光明,且能使其民爱其君如父母也。

【译文】

凡是广大民众,对于皇极的辅导言论,应接受教导见诸行动,以增益于天子的光明。说:"天子作庶民的父母,为天下之王者。"

皇极并非天子一人的事,要使庶民能遵训导,践行教义,做到这一点,天子的功德岂能说得完呢?这也足以助益于天子的光明,并且能使庶民热爱其君主好像热爱自己的父母一样。

六、三德:一曰正直,二曰刚克,三曰柔克。平康,正直。强弗友,刚克。燮友,柔克。

不刚不柔,曰正直。孔子曰:"以直报怨。"[①]平安无事,用正直而已。燮,和也。过强不顺者,则以刚胜之人治之。和顺者,则以柔顺之人养之。所谓"刚亦不吐,柔亦不茹"[②]也。

①语见《论语·宪问》:"子曰,何以报德?以直报怨,以德报德。"(北京中国书店1985年版《四书五经》第三种《论语章句集注》第63页)

②语出《诗经·大雅·烝民》:"柔亦不茹,刚亦不吐。"(上海古籍出版社1980年新1版《诗集传》第215页)

【译文】

第六,三德:一为正直,二为刚克,三为柔克。平康,则正直。强勇，不合作，则以刚治之。谐和，能合作，则以柔治之。

不刚强，不柔弱，称为正直。孔子说过："以正直报答怨恨。"平安无事，只用正直而已。燮，谐和的意思。太过强硬不顺服的人，则以刚强胜勇的人去治服他。和顺的人，则以柔顺的人去教养他。这正所谓"对强硬的不害怕，对柔弱的不欺侮"。

沈潜，刚克。高明，柔克。

沈潜，地也。坤至柔，而动也刚，是以刚胜也。高明，天也。天为刚德，犹不干时，是以柔胜也。《坤》六二，直方大。《乾》上九，亢龙有悔。①臣当执刚以正君；君当体柔以纳臣也。

①这是关于《易经》的两段话。《坤》六二，象曰：六二之动，直以方也。不习无不利，地道光也。《乾》上九，亢龙有悔。（见北京市中国书店1985年版《四书五经》第五种《周易本义》第1至第5页）

【译文】

沈伏潜藏，为柔弱之象，当以刚强胜之；高明亢爽，为刚强之象，当以柔弱胜之。

沈潜，喻地。坤象地，地极柔软，但若震动起来却也非常刚强，所以要以刚强取胜。高明，喻天。天以刚强为德，但仍不俯就于时，应以柔弱取胜。《坤》卦六二，表示平直、宽广，地道光明。《乾》卦上九，表示亢龙有悔，务必谨慎小心。臣下应当以刚强劝谏，正君之过失；君当体会宽柔，以接纳臣子的进谏。

【笺释】

东坡以沈伏柔弱为臣子的象征；以高明为天子的象征。因此要求"臣下应当以刚强劝谏，正君之过失。君当体会宽柔，以接纳臣子的进谏"。而顾颉刚、刘起釪《译论》认为"三德"是统治者"施行统治的心术，也就表示为三种统治的方法"。东坡解释的是君臣之间正确的相互关系；刘氏解释的是统治者运用权术去驾御臣民的统治方法，所以"对下面的民众，要以强硬的方式统治"。以"皇极"而论，东坡的解释应更接近于经文原意。

惟辟作福，惟辟作威，惟辟玉食。臣无有作福作威玉食。臣之有作福作威玉食，其害于而家，凶于而国。人用侧颇僻，民用僭忒。

圣人之忧世深矣，其言世为天下则。既陈天地、君臣刚柔之道矣，则忧后世因是以乱君臣之分，故复深戒之。

【译文】

惟有君王能享福，惟有君王能作威风，惟有君王能享美食。臣子不能作威作福享受美食。臣子若能作威作福，享受美食，必有害于你邦国，使你邦国发生凶险之事。国人若如此颠倒尊卑，必有倾覆之祸，民众若如此僭越乱行，必有凶灾。

圣人忧虑世事之深，以他警世之言为天下着想。既已陈述天地之间君臣相处的刚柔之道，又忧虑到后世会因此离乱君臣尊卑之分，所以特别再次深入告戒。

七、稽疑：择建立卜筮人。

将与卿士皆谋及之，其可不择而立乎？

【译文】

第七，稽查可疑事项：选择有资格者，立为卜筮之人。

将官与卿、士都需要向卜筮之人问卦参谋，怎能不选择卜筮人决疑问卜呢？

乃命卜筮。

卜筮必命此人，不使不立者占也。

【译文】

于是委任专管卜筮的人。

需要卜筮时必须指派这个专管卜筮的人，不能乱用未经指派委任的人来占卜。

曰雨，
其兆如雨。

【译文】

卜得雨卦，
卦象有下雨的征兆。

曰霁，
如雨止。

【译文】

卜得霁卦，
卦象有如雨止的征兆。

曰蒙，
如蒙雾。

【译文】

卜得蒙卦，
卦象如雾气蒙混之兆。

曰驿，
兆络驿①不相属。

①络驿，亦作络绎，连续不断、往来不绝之意。

【译文】

卜得驿卦，
卦象有连绵而不相接续之兆。

曰克，
兆相错入也。

【译文】

卜得克卦，
卦兆有互相错杂斗入的情形。

曰贞，曰悔。
《春秋传》曰，秦伯伐晋，卜徒父筮之，遇《蛊》。曰："《蛊》之贞风也，其悔山也。"①是内卦为贞，外卦为悔也。卦之不变者，占卦而不占爻，故用贞、悔占者。变者，则止以所变之爻占之。其谓之"贞悔"者，古语如此，莫知其训也。

①语见《左传·僖公十五年》"《蛊》之贞，风也；其悔，山也。"（岳麓书社1988年版《左传》第63页）

【译文】

称"贞"，称"悔"。
《春秋传》记载，秦伯讨伐晋国，卜徒父为他占筮，遇到《蛊》卦，说："《蛊》的贞卦为风，其悔山也。"这是说，内卦为贞，外卦为悔。卦之所以不变，是只取卦象，不取爻象，故称为"贞悔"。占卦有变化的，则只以卦象中所变化的爻来占定。这里所谓"贞悔",古人的称呼如此,难以知道它确切所说的是什么意思。

凡七,卜五,占用二,衍忒。

衍,推也。忒,过也。谓变而适他卦者也。卜用其五,占也于二,曰贞,曰悔,此其不变者耳。又当推其变者皆占之。

【译文】

总共七项,龟卜用五次,蓍占用二次,推衍之间,各有变化。

衍,推断的意思。忒,错失,过错。是说占卜时有变化,各形成新的卦象。龟卜有五次,蓍占有二次,占卦而得"贞""悔",这是其中不变的。又需要推衍其中有变化的再占。

立时人作卜筮,三人占则从二人之言。

既立此人为卜筮矣,则当信而从之。其占不同,则当从众。

【译文】

委任能解读兆卦之名的人作卜筮。三人同时占卦,取二人所占得的为准。

既然确立此人为卜筮,就得相信他所卜得的结果。若占卜有不同,则三人取二,少数服从多数。

汝则有大疑,谋及乃心,谋及卿士,谋及庶人。

圣人无私之至,视其心与卿士、庶人如一,皆谋及之。《周礼》有外朝致民之法[①],然上酌民言,听舆人之诵,皆谋及之道也。

① 《周礼·秋官·小司寇》:"掌外朝之政,以致万民而询焉。"(岳麓书社1989年版《周礼·仪礼·礼记》第98页)

【译文】

如果你有大的疑问,可以先用你的心思考,然后再与在朝的卿士们商量,然后再向民众咨询。

圣人是最无私的,他的心与卿士、庶人是一致的,都可以与他们共同商量。《周礼》有"外朝致民"的法则,朝廷听取民间的意见,听取众人的议论,这都是"谋及"的方法。

谋及卜筮。汝则从,龟从,筮从,卿士从,庶民从,是之谓"大同"。身其康强,子孙其逢吉。汝则从,龟从,筮从,卿士逆,庶民逆,吉。卿士从,龟从,筮从,汝则逆,庶民逆,吉。庶民从,龟从,筮从,汝则逆,卿士逆,吉。汝则从,龟从,筮逆,卿士逆,庶民逆,作内吉,作外凶。龟、筮共违于人,用静吉,用作凶。

内,祭祀、昏冠之类。外,出师、征伐之类。

【译文】

向卜筮问取吉凶。你相信,龟可信,筮可信,卿士相信,庶民相信,这就叫作"大同"。身心康强,子孙逢吉。你相信,龟可信,筮可信,卿士不信,庶民不信,吉。卿士相信,龟可信,筮可信,你则不信,庶民不信,吉。庶民相信,龟可信,筮可信,你则不信,卿士不信,吉。你则相信,龟可信,筮不可信,卿士不信,庶民不信,举行祭祀、婚礼、冠礼等对内的活动,吉利,对外发动征伐、行军出师等活动不吉利。龟卜、筮占卦都不能让人相信,闲静守成,吉,妄自更革、折腾,凶。

内,指祭祀、婚姻、冠礼等活动。外,指出师征伐之类的活动。

八、庶征:曰雨,曰旸,曰燠,曰寒,曰风,曰时。

貌,木也,其征为雨。言,金也,其征为旸。视,火也,其征为燠。听,水也,其征为寒。思,土也,其征为风。圣人何以知之？以四时知之也。四时之气，木为春，春多雨，故雨为貌征。金为秋，秋多旸，故旸为言征。火为夏，夏多燠，故燠为视征。水为冬，冬多寒，故寒为听征。土为四季，而风行于四时，故风为思征。箕子既叙此五征矣，则又有"曰时"者，明此五征以四时五行推知之也。

【译文】

第八，多种征兆：为雨，为旸，为燠，为寒，为风，为时。

貌为木，它的特征为雨。言为金，它的特征为旸。视为火，它的特征为燠。听为水，它的特征为寒。思为土，它的特征为风。圣人是怎么知道的呢？以四时的变化知道的。四时的气候，木为春，春天多雨，因此雨为貌的征候。金为秋，秋天多旸，因此旸为言的征候。火为夏，夏多燠热，因此燠为视的征候。水为冬，冬多寒冷，因此寒为听的征候。土为四季，而风行于四时，因此风为思的征候。箕子既已叙说了五种征候，还要加上一个"时"，意在说明，上述五种征候都是以四时五行推断出来的。

五者来备，各以其叙。庶草蕃庑。一极备凶；一极无凶。

备者，皆有而不过也。极备者，过多也。极无者，过少也。此五者，有一如此，则皆凶也。

【译文】

五种气象都备齐，各叙于此。众草盈庑，各有它的分量。一种过多，凶；一种过少，也凶。

备的意思是，都有，但不过分。极备的意思是过多了。极无的意思是过少了。这五种气象，若其中有一种出现"极备"或"极无"的现象，都会出现灾害。

【笺释】

孔颖达《正义》云："五者行于天地之间，人物所以得生成也。其名曰雨，所以润万物也。曰旸，所以干万物也。曰燠，所以长万物也。曰寒，所以成万物也。曰风，所以动万物也。此是五气之名。'曰时'言五者各以时来，所以为众事之验也。更述时与不时之事，五者于是来皆备足，须风则风来，须雨则雨来，其来各以次序，则众草木蕃滋而丰茂矣。谓来以时也。若不以时，五者之内，一者备极，过甚则凶。一者极无，不至亦凶。雨多则涝，雨少则旱，是备极亦凶，极无亦凶。其馀四者亦然。"此说较为详备，特录之。

曰休征。曰肃，时雨若；曰乂，时旸若；曰晢[1]，时燠若；曰谋，时寒若；曰圣，时风若。曰咎征，曰狂，恒雨若。

[1]晢，经解本作"晳"。

貌不肃则狂。

【译文】

有美好的征兆。君能肃敬，则时雨顺畅；君施美政，则晴暖依时；君能明哲触照，则燠热适时；君有谋思，则严寒顺适；君为圣哲，则风调顺适。有罪过的征兆，君行狂傲，则雨下不停。

貌不肃穆时就有狂傲之相。

曰僭，恒旸若。
言不从，则僭。僭，不信也。

【译文】

政失信，天常久晴无阴。

号令而民不听即僭。僭，不相信的意思。

【笺释】

孔颖达《正义》释"僭"为差,谓"政不治则僭差"。孙星衍《注疏》引《汉书·五行志》云:"言上号令不顺民心,虚哗愦乱,则不能治海内,失在过差,故其咎僭。僭,差也。刑罚妄加,群阴不附,则阳气盛,故其罚常阳也。"

曰豫,恒燠若。
视不哲则豫。豫,淫乐于色也。

【译文】

君逸乐淫豫,天常暖烘恒热。

视而不辨邪色就会逸豫。豫,淫乐于色情之中。

曰急,恒寒若。
听不聪则曰急。急,过察也。

【译文】

行为急躁,天常寒不止。

听不清楚就会着急。急,政行急促,过于督察。

曰蒙,恒风若。
思不睿则蒙。蒙,暗也。

【译文】

思维昏蒙,风常吹不息。

思想不够睿智就会昏蒙。蒙,昏暗的意思。

曰王省惟岁。
自此以下,皆五纪之文也。简编脱误,是以在此。其文当在"五曰历数"之后。《庄子》曰:"除日无岁。"① 王省百官而不兼有司之事,如岁之总日月也。

①语见《庄子·杂编·则阳》:"容戚氏曰,除日无岁,无内无外。"(中华书局1954年版《诸子集成》第三册《庄子集释》第169页)

【译文】

君王好像省掉了月与日,只以一岁计时。

自此以下,都是属于"五纪"的文章。古代简编脱误,所以补留在这里。脱误的文章当编在"五曰历数"的后面。《庄子》说:"去掉了每一天就不会有一年。"君王省去百官而不兼管百官所有的事务,就好像一岁包含着所有的日月一样。

【笺释】

东坡于此处疑"简编脱误",林之奇颇不以为然,他在《全解》中说:"苏氏徒见上文论五事与五气相应,其义已备,遂以此论岁月日星为五纪之文,简编脱误于此,其文当在'五曰历数'之后。某尝谓苏氏解经失于易,多欲改易经文以就己意,若此之类是也。"按林氏对东坡类似的批评数见于此书,然而,东坡疑简编脱误是实,说其"欲改经文以就己意"却应为主观诬枉之辞,说得过头了。而"简编脱误"按理是不可避免的,书于竹简上的文字,历经千年的埋藏,脱编损坏,编次错乱正不可免,实有赖于后世学者的细心考证、审核,以还其原貌。

按,顾颉刚、刘起釪《译论》肯定东坡的观点:"苏轼以为是本节'五纪'之文的错简。张九成、叶梦得、洪迈、黄震、金履祥、顾炎武等都主此说。"

卿士惟月,师尹惟日。

卿士亦不侵师尹之职也。

【译文】

卿士管的是一月的事务，师尹只管一日之事。

卿士也不会越职去管师尹的工作。

岁月日时无易，百谷用成，乂用明，俊民用章，家用平康。日月岁时既易，百谷用不成，乂用昏不明，俊民用微，家用不宁。

岁月日时相夺，则百谷不成。君臣相侵，则治不明，俊民微而家不宁。

【译文】

日月岁时运行正常不变，百谷长成，治道开明，人尽其才，家庭和平安康。日月岁时运行变易失常，则百谷长不好，政治昏乱不明，人才不得重用，家庭不得安宁。

岁月日时运行不正常，互相侵夺，则百谷不易长成。君臣之间尊卑变易，越职侵权，则治道不明，人才稀缺，家道不宁。

庶民惟星，星有好风，星有好雨，日月之行，则有冬有夏。月之从星，则以风雨。

"箕好风，毕好雨"。月在箕，则多风；在毕，则多雨。言岁之寒燠，由日月。其风雨由星，以明卿士之能为国休戚，庶民之能为君祸福也。

【译文】

庶民盼的是星星，星有好风，星有好雨，日月的运行，则有冬有夏。月亮随着星星转，则有风雨。

"箕好风，毕好雨"。月亮行经箕宿，则多风；行经毕宿，则多雨。说的是，年岁的寒热，由日月运行所定。而风雨则由星宿运行所定，以此表明，卿士这些下层官吏能够决定邦国的吉凶，广大民众则能决定君王的祸福。

【笺释】

顾颉刚、刘起釪《译论》云："苏轼《东坡书传》提出，自'王省惟岁'至此句'则以风雨'八十六字是《五纪》之文，简编脱误，是以在此。其文当在'五曰历数'之后。"再次提及"简编脱误"的问题，肯定东坡的观点。

按，箕、毕，星宿名，为二十八宿之一。古人认为，每当月亮运行至其位置时，当有风雨。

九、五福：一曰寿，二曰富，三曰康宁。
无疾病。

【译文】

第九，五福：一为寿，二为富，三为健康、安宁。

没有疾病。

四曰攸好德。
作德心逸日休，其为福也大矣。

【译文】

第四，爱好积德。

积德行善，心安逸而天天吉祥，作为福气这也是够大的了。

五曰考终命。六极。
极，穷也。

【译文】

第五，完成寿终正寝的天命。第六，极。

极，穷的意思。

【笺释】

"五曰考终命"属于"五福"中的最后一福，是此段之末。"六极"是与"五福"相对的所谓"六极"之祸。"六极"二字应自成一段，而此处却列在"五福"之末，显系误编，不知是否为东坡原意。类似的例子不少，已难以猜测误出于何因。库本、凌刻本均作如此排列。

一曰凶短折，
不得其死曰凶。

【译文】

一是寿命短促而夭折，

不是死得其所而夭折叫"凶"。

二曰疾，
多疾病。

【译文】

二是疾病，

表示多疾病。

三曰忧，
人有常戚戚者，亦命也。

【译文】

三是忧愁，

人一生常有忧愁悲伤之事，也是命也。

四曰贫，五曰恶，

丑陋也。

【译文】

四是贫穷，五是丑恶，

丑陋的人生。

六曰弱。

尪，劣也。福之反则极也。极之对则福也。五与六岂其尽之？皇极之建，则多福，不建，则多极。皆其大略也。必曰："何以致之"，则过矣。

【译文】

六是弱。

尪，恶劣的意思。福的反义为极。极相对的是福。五与六岂能说尽？皇极之政能建立起来则多福，不建则多穷。大概的意思也就是这样。一定要问"为什么会这样"，那就想多了。

武王既胜殷邦，诸侯班宗彝，作《分器》。

宗彝，宗庙彝尊也，以为诸侯。《分器》一篇亡。

【译文】

武王既灭殷商，分封邦国诸侯，按等级班赐宗庙彝尊器物，写作《分器》一篇。

宗彝，指宗庙里祭祀用的酒器，君王用以分赐诸侯。《分器》这篇文章已亡佚。

海南苏轼文化教育基金会
海南师范大学国学研究所　规划课题成果

东坡书信笺译 下

林冠群　笺译

中国出版集团有限公司
世界图书出版公司
北京　广州　上海　西安

书传卷十一

周 书

旅獒第七

西旅献獒,太保作《旅獒》。
召公也。

【译文】

远方的西戎来朝,并献一只大的猛犬,太保于是创作《旅獒》一篇。

太保即召公。

【笺释】

召公,名姬奭,周朝宗室子弟。辅佐周武王灭商建立周王朝,被武王封于蓟,建立臣属于西周的诸侯国燕国。但他派长子姬克管理燕国,自己仍留在镐京任职,辅佐朝廷。与周公旦分治陕地之西,因采邑于召(今陕西岐山西南),故称召公。武王死后,成王即位,召公晋爵为三公之一的太保,继续分治陕西之地,很有成效,深得百姓拥护,曾在棠梨树下判断案件、处理政事,从侯伯到庶民都得安置,无人失职。《诗经·召南》有《甘棠》一篇,称颂此事。

惟克商，遂通道于九夷八蛮，西旅底贡厥獒。

西方之国有以獒为贡者。旅，陈也。《春秋传》曰："庭实旅百。"① 犬四尺曰獒。

① 语见《左传·庄公二十二年》："庭实旅百，奉之以玉帛，天地之美具焉。"（岳麓书社1988年版《左传》第39页）

【译文】

周灭商之后，遂开通了直达九夷、八蛮之地的道路，西方于是能陈列其贡物大獒于朝廷。

西方之国有以大獒为贡物的。旅，陈列的意思。《春秋传》说："朝堂上陈列着上百件贡品。"犬能长到四尺大的，称为獒。

太保乃作《旅獒》用训于王曰："呜呼，明王慎德，四夷咸宾，无有远迩。毕献方物，惟服食器用。王乃昭德之致于异姓之邦，无替厥服。"

如以肃慎楛矢分陈之类①，使知王能以德致四夷之物，况诸夏乎。

①《国语·鲁语下》："仲尼曰：'隼之来也远矣。此肃慎氏之矢也。'"（北京图书馆出版社2006年版《国语》线装影印本）

【译文】

太保于是写作《旅獒》以开导于成王说："啊，圣明的先王非常留心于增进自己的道德，四方的夷人都因此信服而成为友好的邻国，无论远近都是这样。毕恭毕敬，贡献他们地方的物产，但也仅是服饰、饮食、器物而已。因此王应该向诸夷昭示先王的盛德以至于远方异姓的邦国，不要因此改变了他们原来进贡的事项。"

比如肃慎氏贡献楛矢分陈于朝廷之类，使诸夷知道，先王能以至德引来四夷之贡物，何况诸夏的邦国呢。

【笺释】

"王乃昭德之致于异姓之邦,无替厥服"句,按东坡的解释,异姓之邦当指如"肃慎氏"之类远方四夷之族,所以末句有"况诸夏乎"。然而,孔颖达《正义》、蔡沈《集传》、林之奇《全解》均以"异姓之邦国"指周朝范围内的诸侯国,认为这句话的意思是,成王获得贡品之后,分别颁赐给这些"异姓之诸侯,使之无废其职"。按,《旅獒》此篇经文,开头几句说的分明是召公以武王为先例,开导成王不可接受除"服食器用"之外的仅供玩好的犬、马之类,无涉于国内诸侯们的职事问题。服,当作"事"解。《诗经·大雅·下武》:"永言孝思,昭哉嗣服。"[1]郑玄笺:"服,事也。"

[1]《诗经·大雅·下武》:"永言孝思,昭哉嗣服。"注:服,事也。(上海古籍出版社1980年新1版《诗集传》第187页)

"分宝玉于伯叔之国,时用展亲。"

如以夏后氏之璜分鲁之类,以布亲亲之意。

【译文】

"将王室的宝玉分赐给伯、叔的同姓诸侯,用以展示亲情。"

如以夏后氏的璜分给鲁王之类,借此以表示亲亲的意思。

"人不易物,惟德其物。"

同是物也,有德则贵,无德则贱。

【译文】

"人不能等同于物,人只有德性才能成其为不是'物'的人物。"

同样都是物,但有德就贵重,无德就下贱。

"德盛不狎侮。狎侮君子罔以尽人心。"

君使臣以礼。

【译文】
"道德完备的人不会戏弄欺侮别人。戏弄欺侮君子,不能令人尽其心。"
君王以礼节差使臣下。

> "狎侮小人,罔以尽其力。"
> 小人学道则易使。

【译文】
"戏弄欺侮小人,不能使人尽其力。"
小人学了道理则容易驱使。

> "不役耳目,百度惟贞。"
> 不以声色为役。

【译文】
"不要让耳朵和眼睛整天为声色所劳累,那么所有的行为举止都会正气凛然。"
不为声色所驱使劳累。

> "玩人丧德,玩物丧志。志以道宁,言以道接。"
> 玩人则人不我敬,故丧德。玩物则志以物移,故丧志。志丧则中乱,故志以道宁。德丧则人离,故言以道接。

【译文】
"玩弄人会使自己丧失德性,玩弄物体会使自己丧失志气。志向因有道德而完备宁静,言语符合道义才能使别人接受。"

玩弄人则人不会敬重我，因此会丧失道德。玩物则会使心志随物游移，因此会丧失志气。丧失志气就会心中混乱，无所适从，所以志气因为有道可守而宁静。道德丧失则人会离我而去，所以有德才能听得进别人的言辞。

"不作无益害有益，功乃成。不贵异物贱用物，民乃足。"

民争为异物以中上好，则农工病矣。

【译文】

"不做无益的事妨害有益的事，事才能成功。不以奇异的物件为贵重，而轻贱平常普通使用的物件，民众才能富足。"

民众争着以奇异的物件讨好上司，得其欢心，则天下做工种地的人会因此而受劳累。

"犬马非其土性不畜，珍禽奇兽不育于国不宝，远物则远人格。"

夷狄性贪，故喜廉而畏贪。古之循吏，能以廉服夷狄者多矣，而贪吏亦足以致寇，况于王乎。周穆王得狼、鹿尔，而荒服因以不至。①

①据《史记·周本纪》："王遂征之，得四白狼、四白鹿以归，自是荒服者不至。"（中华书局1959年版《史记》第一册第136页）

【译文】

"犬马不具本土性质的不加以饲养，珍禽奇兽不是在本土生育的不以为宝，远离那些东西则远方的宾客就会来朝。"

夷狄之人性贪婪，因此喜廉洁的官员而畏惧贪官。古代的循吏，能以自身的廉洁让夷狄心服的很多，而贪官污吏也会招至贼寇，何况是一国之君。周穆王贪得鹿、狼，而远方夷狄之人因此再也不来朝拜了。

> "所宝惟贤，则迩人安。呜呼，夙夜罔或不勤，不矜细行，终累大德。为山九仞，功亏一篑。"

大德，细行之积也。九仞，一篑之积也。

【译文】

"所当作珍宝的是贤良的人，这样，与你接近的人都会感到安心。啊，一天到晚不勤敏，不注意小节，到头来就会损害自己的德行。构筑九仞的山头，最终只因为少了一筐土而不成功。"

大德，是由细小的行为积累所构成的。九仞的高山是由一筐一筐的泥土堆积成的。

> "允迪兹，生民保厥居，惟乃世王。"巢伯来朝，芮伯作《旅巢命》。

芮在冯翊临晋县。一篇亡。

【译文】

"王能够做到以上所讲到的这些，生民就能够保证安居乐业，王的天下也就能够永保太平。"诸侯巢伯来朝见，芮伯写作《旅巢命》一篇。

芮国在冯翊临晋县。《旅巢命》这一篇已经亡佚。

金縢第八

> 武王有疾，周公作《金縢》。

《金縢》之书，缘周公而作，非周公作也。周公作《金縢策书》尔。

【译文】

武王有病，周公作《金縢》一篇。

《金縢》之书，因为周公而作，并非周公所作。周公所作的是《金縢策书》。

【笺释】

按林之奇《全解》云："武王克商而有天下，法度未尽得其条理，商民之附于周者，犹未固也，而武王遽有疾焉。周公恐其不可救药，则成王将以幼孙嗣位，己以冢宰摄政，能无危乎？故作册书以告于太王、王季、文王，请以其身代武王之死，而藏其书于金縢之中。史叙其事而作此篇也。"曾运乾引朱熹语："朱子云，《武成》《金縢》诸篇，其所记载，或经数月，或历数年，是则《金縢》本史官记事之文，意在发明周公之忠荩。"顾颉刚、刘起釪《译论》亦否定周公作《金縢》之说，但无此开头一句。

既克商二年，王有疾弗豫。
犹言不怿也。

【译文】

武王完成灭商大业之后二年，武王有病不适。

也可说是"不乐"。

二公曰："我其为王穆卜。"
太公、召公也。穆，敬也。

【译文】

二公说："让我们为王敬卜一卦。"

二公，即太公、召公。穆，恭敬、郑重的意思。

周公曰："未可以戚我先王。"

二公欲卜于庙。周公曰："疾无害，未可以忧我先王。"周公欲自以身祷，故以此言拒二公。

【译文】

周公说："不可以卜事使我先王担忧。"

二公希望在宗庙里卜卦。周公说："王的病没有问题，不可以卜卦的事让我先王担忧。"因为周公想以自己一身替武王祈祷，因此用这句话拒绝二公的建议。

公乃自以为功。

功，事也。

【译文】

周公于是决定自己来办这件事。

功，指祷告的事。

【笺释】

"公乃自以为功"句，《史记·鲁周公世家》作："周公于是乃自以为质。"释功为"质"，即自以为人质，以代武王之死。其意较显豁。东坡以功为"事"，指祷告鬼神之事，因祈祷可以消灾赐福，可以消除武王的疾病。其义亦通。顾颉刚、刘起釪《译论》云："伪《孔传》及宋儒皆释'功'为'事'。清代学者始谓当如'周、郑交质之质。(《左传·隐公三年》)'，就是作为人质的质。"

为三坛同墠。

筑土曰坛，除地曰墠。

【译文】

为此，筑起三个坛，同时平整出三片地。

筑土称为坛，平整地称为墠。

为坛于南方。北面，周公立焉。植璧秉圭，乃告太王、王季、文王。

植，置也。秉，执圭。

【译文】

筑坛于南方。周公立于北面。将璧放置于坛上，周公手持圭，祷告于太王、王季、文王。

植，放置。秉，手持圭玉。

史乃册祝。

史，太史也。册，祝册也。告神祝辞，书之册以告。

【译文】

太史于是用书册来诵读祝辞。

史，即太史。册，祝册。向神祷告的祝辞，要书写成册子来宣读。

曰："惟尔元孙某，遘厉虐疾。若尔三王，是有丕子之责于天，以旦代某之身。"

某，发也。丕，壮大也。言尔三王，天必欲取其一壮大子孙者，则旦亦丕子也，可以代之。

【译文】

说道："你们的元孙某，今遭遇了严重的疾病。若你们三王，是有大子的责任于上天，愿以姬旦代某之身。"

某，指武王姬发。丕，壮大的意思。说的是你们三王，上天一定要其中之一壮大子孙，那么我姬旦也是壮大子孙，可以代姬发。

"予仁若考，能多材多艺，能事鬼神。乃元孙不若旦多材多艺，不能事鬼神，乃命于帝庭，敷佑四方，用能定尔子孙于下地。四方之民罔不祗畏。呜呼，无坠天之降宝命，我先王亦永有依归。"

"我仁孝，能顺父祖，且多材多艺，于事鬼神为宜。乃元孙材艺不若旦，而有人君德度，留以王天下为宜。"死生有可相代之理，世多疑之。予观近世匹夫匹妇，为其父母发一至诚之心，以动天地鬼神者多矣，况周公乎？且周公之祷，非独弟为兄、臣为君也，乃为天下、为先王祷也。上帝听而从之，无足疑者。世之所以疑者，以己[1]之多伪而疑圣人之不情也。

[1] 己，明凌刻本、三苏经解本作"已"，误。

【译文】

"我仁孝，能顺从父祖，且又多材多艺，也能奉事鬼神。而元孙姬发，不如姬旦多材多艺，不能事鬼神，并且已承天命，要敷佑天下四方，能够安定你们子孙恩及天下。天下四方的民众莫不敬畏。啊，不要使上天降赐给周朝的天命失落啊，让我先王也有永久的依归。"

"我仁孝，能顺从父祖，且多材多艺，于奉事鬼神最为合适。而元孙姬发，材艺不如我旦，但有人君的盛德风度，应留下来作为天子。"死生有可以互相替代的道理，世间多对此有怀疑。以我的观察，近世匹夫匹妇，为他们的父母发一至诚的心意，以打动天地鬼神的很多，何况是周公呢？而且周公所祷告的事，不但弟弟为了兄长，也是臣子为了君王，乃至为了天下、为了先王而祷告的。若上帝听而从之，那是无足怪的。世间之所以多疑者，那是因为这些人多虚伪而怀疑圣人的不近人情罢了。

【笺释】

东坡依孔颖达《正义》释"考"为父祖,而孙星衍《注疏》却依司马迁,释"考"为巧,而非父祖。故"予仁若考"句释为"仁顺巧能"。曾运乾《正读》亦将"能"字属上句读为"予仁若考能",与此同。顾颉刚、刘起釪《译论》引俞樾语[①]:"古人谓才为佞,故自谦曰'不佞',佞而巧,故多才多艺,能事鬼神也。"以"佞巧"连文,以考为"巧",均不如东坡所解为顺。又,此篇文中的"元孙",系指长孙。

"今我即命于元龟,尔之许我,我其以璧与珪俟尔命。尔不许我,我乃屏璧与珪。"乃卜三龟,一习吉。启籥见书,乃并是吉。公曰:"体[②],王其罔害!予小子新命于三王,惟永终是图。"

龟之兆吉凶也,详矣。故许不许皆听命于龟。已而视龟之体,知王之罔害,已亦莫之代也。故曰"予受命于三王,王之寿考长终可图也"。

[①]俞樾(1821—1907),字荫甫,号曲园居士。浙江德清人。清代著名学者、文学家、经学家。著有《群经评议》《诸子评议》《古书疑义举例》等。

[②]体,指龟卜时在龟壳上钻灼出的形迹。《史记·龟策列传》索隐:"褚先生所取太卜杂占卦体及命兆之辞,义芜,辞重沓,殆无足采。"所谓"卦体"即此之谓"体"。(见中华书局1959年版《史记》第十册第3251页)

【译文】

"现在,我立即告卜于元龟,如你能允许我,我将携玉璧与珪归去等候你的锡命。你不允许我,我将收藏起璧与珪。"于是敬卜了三卦,都一样是吉利。然后开启藏卦书的锁钥,也都是吉利。周公又说:"看这兆体,王的病并无危害!我小子新领命于三王,我王可以祈求永久的安康!"

龟卜的吉凶之兆,总是很详明的。因此允不允许都得听命于龟卜。而后看了卦的体象,知道王的疾病并无大害,自己也无必要替代了。所以周公又说,"我得到了三王的授命,武王寿考长命是可以祈求的。"

【笺释】

郑玄云:"体,兆象也。色,兆气也。墨,兆广也。坼,兆璺也。尊者视兆象而已,卑者以次详其馀也。周公卜武王,占之曰:'体,王其无害。'"郑意此言"体"者,即彼"君占体"也。

"兹攸俟能念予一人。"

一人者,指武王也。武王临天下未久,人之念其德者尚浅。周公忧其崩而或叛之,故欲以身代。既见三龟之吉,知王之未崩,天假之年,以绍其德。故曰"此可以待天下之能念王"也。

【译文】

"如今可以等待天下都能念及我王一人的盛德。"

"一人",指的是武王。武王作为君王统治天下还未久,人们念及他的恩德感情还未深厚,周公担忧他逝世的话,天下会有叛乱,因此希望以自己能替代他的死。但以元龟三卜之后,知道武王还不会立即死去,上天会借他以年岁,以昭示他的盛德。所以又说"这下可以等待天下都能念及王的盛德"了。

【笺释】

东坡以"予一人"指武王。顾颉刚、刘起釪《译论》云:"《鲁世家·集解》马融注:'一人,天子也。'古代天子皆自称'余一人'(典籍及金文多有之),故旧注疏皆释此为指周武王。但这句明明是周公讲的,用了'余'字,说指武王是不可通的,应当是周公自称。"按,刘氏之说可作参考。

公归,乃纳册于金縢之匮中。王翼日乃瘳。

縢,缄也。以金缄之,欲人之不发也。

【译文】

周公归来，将祝册收藏在金縢之中。次日，武王的病好了。

縢，束缚的意思（即缄）。以黄金将收藏卦书的箱子束缚起来。防止人们把它打开。

【笺释】

"王翼日乃瘳"一句，诸本均紧接"公归，乃纳册于金縢之匮中"之后，意即周公归来后，次日武王的病便见好转了。但东坡原作将此句下移，变为"王翼日乃瘳。武王既丧"则刚病好又病亡，实是不合编纂条理。不知如此分段，是否东坡原意。故须特别标示于此，并据诸本改编。

武王既丧，管叔及其群弟乃流言于国。

管叔鲜，武王弟也。群弟，蔡叔度、霍叔处之流也。武王崩，成王幼，周公专国政，故群叔疑而流言也。

【译文】

武王既病亡，管叔以及他的几个弟弟于是在邦国内散布流言。

管叔鲜，武王的弟弟。群弟，指蔡叔度、霍叔处之流。武王去世后，成王年纪还小，由周公专管国政，所以群叔怀疑，因此而放出流言。

曰："公将不利于孺子。"

成王也。

【译文】

都说"周公（执政）将对成王孺子不利。"

孺子，指武王的儿子成王。

周公乃告二公曰："我之弗辟，我无以告我先王。"

辟，诛也。管叔之当诛者，挟殷以叛也。

【译文】

周公于是告诉太公与召公说："我若是不诛灭他们，我无法向先王交代啊。"

辟，诛杀的意思。管叔之所以被诛杀，是因为他带头裹挟殷的武庚叛乱。

【笺释】

据《史记·周本纪》，武王逝世后，立他的儿子诵为成王。成王年幼，由周公摄政。武王的弟弟管叔等，纠合殷纣王的儿子武庚等叛乱。周公奉成王之命，伐灭武庚、管叔，放逐蔡叔，废了霍叔（贬为庶民），平定了叛乱。

周公居东二年，则罪人斯得。

二年而后克，明管、蔡，亦得众也。

【译文】

周公东征二年，将叛乱的罪人全部擒拿归案。

二年之后乱平，公开处理了管、蔡，也获得民众的拥戴。

【笺释】

东坡据《正义》引王肃语释上句"辟"为诛杀管、蔡等三监于东都。顾颉刚、刘起釪《译论》据蔡沈《集传》释"居东"为避居国之东某地，是为逃避流言。释辟为逃避之避。并说："其时未营洛邑，安有东都？"否定"居东"为东征之说。然而，避居达二年之久，似亦与史事不合。又，刘起釪释"罪人"为"散布流言的人"，似此说为较轻，若只是散布流言，何以要兴兵东征？应以东坡之说为正解。

> 于后，公乃为诗以贻王，名之曰《鸱鸮》。

幽诗《鸱鸮》①，恶鸟也，破巢取卵。以比管、蔡之害王室及成王也。

①幽诗《鸱鸮》："鸱鸮，鸱鸮，既取我子，无毁我室。恩斯勤斯，鬻子之闵斯。"（见上海古籍出版社1980年新1版《诗集传》第93页）

【译文】

之后，周公又作诗赠给成王，名为《鸱鸮》。

幽诗《鸱鸮》，说的是一种恶鸟，能破坏巢穴攫取鸟卵。周公以此比喻管、蔡对王室及成王的危害。

> 王亦未敢诮公。

未敢诮，明其心之疑也。

【译文】

成王也不敢讥讽周公。

不敢讥讽，说明心中已有疑虑。

> 秋大熟，未获，天大雷电以风，禾尽偃，大木斯拔，邦人大恐。王与大夫尽弁，以启金縢之书。

皮弁也。意当时占国休咎之书皆藏金縢，故周公纳册于此，而成王遇灾而惧，亦启此书也。

【译文】

秋天，禾稻大熟，还未收获，而天有雷电并起狂风，秋禾都吹倒伏了，巨大的树木也被拔起折断，国人大为惊恐。成王与诸大夫都穿戴起朝服皮冠，要开启金縢之书。

皮弁，即戴起皮制的帽子。句意是，当时占卜国家祸福的书都藏在金縢之中，所以周公也将他占卜的书册藏在这里，而成王因灾恐惧，想开启此书观看。

乃得周公所自以为功、代武王之说。二公及王乃问诸史与百执事。对曰："信。噫，公命我勿敢言。"王执书以泣曰："其勿穆卜。昔公勤劳王家，惟予冲人弗及知。今天动威以彰周公之德，惟朕小子其新逆。"

自新，且使人逆公。公时尚在东也。

【译文】

于是得知周公愿以自己为质替代武王去死的卦辞。太公、召公以及成王询问当时占卜时在场的太史和百执事官。回答说："确实是这样。噫，周公有命令，我们不敢说出来。"成王捧着册书哭泣着说："我明白了，用不着卜天气变化的吉凶了。过去公为王室的事勤劳无怨，我小子年幼无知。如今是上天降威彰显周公的盛德，我小子要亲迎周公回朝。"

成王改过自新，且派人去迎接周公。此时，周公还在东边未归。

"我国家礼亦宜之。"王出郊。

郊告，谢罪也。

【译文】

"我国家有这样的礼仪也是适宜的。"成王于是出郊。

出郊告白，谢罪。

【笺释】

据《史记·鲁周公世家》："周公卒后，秋未获，禾尽偃，大木尽拔。周国大恐。成王与大夫朝服以开金縢书……"此明天象变化是在周公死后，与此书所记不同。

天乃雨，反风。
雨降风回，天意得，而灾乃解。

【译文】

天即降雨，风也吹回去了。

雨降风回，这是成王所为重获天意，从而天灾解除了。

禾则尽起。二公命邦人凡大木所偃尽起而筑之，岁则大熟。

大木既拔，筑之而复生，此岂人力之所及哉？予以是知天人之不相远，凡灾异，可以推知其所自。《五行传》，未易尽废也。

【译文】

倒伏的禾稻都立起来了。二公命令邦人凡是大木倒下的都把它扶起，连根种好，这一年，大丰收。

大木已经连根拔起了，把它重新种好而复生，这岂是人力所能做到的？我于是知道，天与人之道离我们并不远，凡灾变都是可以从中推断出来的。《五行传》，不可以全部都废弃不用。

【笺释】

按顾颉刚、刘起釪《译论》引段玉裁语，训"筑"为"拾"，因此他就此解释为"把大木所压倒的禾扶起来拾取其穗"。并认为这是正确的，而释"将大木扶起，重筑其根而生"是不正确的。其实，大木重筑其根而生并非不正确。至今许多"大木"为城市绿化所需而由人工移植，于是"重筑其根"而生。

东坡于此后两段的解释颇有"天人感应，天道不可违"的迷信意识。故曾运乾《正读》云："以上记成王得金縢书，悔悟迎公之事。吴汝纶曰：'此周史故为奇诡以发挥周公之忠荩。所谓精变天地，以寄当时不知之慨，不必真以天变为因周公而见也。'按此论甚通。"吴汝纶为近代学者，学贯中西，故所说深得其理。

大诰第九

武王崩，三监及淮夷叛。周公相成王，将黜殷，作《大诰》。

三监，管、蔡、武庚。淮夷，徐、奄之属也。

【译文】

武王逝世后，受监视的三国诸侯管、蔡、武庚及淮夷叛乱。周公辅佐成王担任宰相，将灭绝殷朝，作《大诰》一篇。

三监，指管、蔡、武庚。淮夷，即徐、奄之类的少数民族。

【笺释】

孔颖达《正义》引《汉书·地理志》云："周既灭殷，分其畿内为三国，《诗·风》邶、鄘、卫是也。邶以封纣子武庚；鄘，管叔尹之；卫，蔡叔尹之。以监殷民，谓之三监。"准此，则受监视者为殷之遗民，非管、蔡、武庚三人。然而据《史记·卫世家》云："武王克殷，封纣子武庚为诸侯，奉其先祀。为武庚未集，恐有贼心，乃令其弟管叔、蔡叔傅相之。"是言辅相武庚，共监殷人，故称"监"也。一说所监者为殷之遗民；一说所执监者为管、蔡、武庚三位诸侯。而郑康成又有"三监"应指管叔、蔡叔与霍叔，武庚不与其数。是又一说。

按顾颉刚、刘起釪《译论》无此开头一段。

王若曰："猷！大诰尔多邦，越尔御事，"

猷，谋也。越，及也。

【译文】

王如是说道："谋大事！所以要告诉你们众邦国，以及你们治事的人议事。"

猷，谋略，谋事之意。越，及的意思。

【笺释】

东坡没有解释此"王"为谁。孙星衍《注疏》云："《史记·鲁周公世家》云'武王既崩，成王少，在强葆之中。周公恐天下闻武王崩而畔，周公乃践祚，代成王摄行政，当国'。周公既践天子之位，则称王作诰。"郑康成亦以周公此时为王，孙星衍用郑说。顾颉刚、刘起釪《译论》称："注疏家一般解释这篇是西周初年执政的周公为了动员对殷武庚用兵而向臣下所讲的话。"按《大诰》一篇，以下称"王"者，皆指周公。

"弗吊，天降割于我家，不少延。"

天弗吊恤我，降丧于我邦家，不少延武王之命。

【译文】

"上天不顾恤我，降下割裂之痛于我家，使王命不能延长。"

天不顾惜我，降下丧事于我邦家，没能延长武王的生命。

"洪惟我幼冲人，嗣无疆大历服，弗造哲，迪民康，矧曰其有能格知天命？"

服，事也。造，至也。大哉，我幼冲人，继此大历事也。我尚不能至于知人迪哲以安民者，况能至于知天命乎？

【译文】

"深思我年幼的君王，继承如此广大的疆域，经历如此复杂的事变，还不够达到明哲的地步，而导引民众得安康，况能自知其天命吗？"

服，指事，事业。造，达到的意思。宏大啊！我年幼的君王，继承如此宏大的基业，经历如此复杂的事变，我尚不能达到聪明圣哲的地步，以导引百姓获得安康，况能达到自知天命的程度吗？

【笺释】

顾颉刚、刘起釪《译论》释"大历"为帝王千秋万代的基业（即历数），"大服"为禄命。"造"为遭遇。"哲"为吉利。全句译为："我小子继承了这千秋万世宏伟无边的大业，偏偏遭遇得很不顺利，还不能使我们的人民达到安乐的境界，便何能说什么完全懂得了天命！"与东坡所解，中心意思相仿。

"已，予惟小子若涉渊水，予惟往求朕攸济。"

已矣，今予但求所济而已。

【译文】

"啊，我小子如今好比要渡过深渊之水，我但求能安全渡过就好了。"

好了，如今我但求能安全过渡而已。

"敷贲，敷前人受命，兹不忘大功。"

贲，饰也。我之所敷者，以饰敷前人受命，而不忘其功也。

【译文】

"要光大前人的功业，这是要承担增益前人功业的使命，不能忘记他们创业的宏大功勋。"

贲，美化、装饰的意思。我所以要增益修饰的，是前人所担当的伟大使命，不要忘记了他们的功勋伟业。

【笺释】

曾运乾《正读》释"贲"为龟，与顾颉刚、刘起釪《译论》同。曾氏云："贲，殷周间大宝龟名。《盘庚》：'非敢违卜，用宏兹贲。'"此处引《盘庚》篇为例，可直译为"不敢违背卜辞之意，用以宏大这龟的灵验"，与文意不协，似较牵强。刘氏译为："我必须把运用大龟占卜的方式开展起来。"同样有拖沓强拗的感觉，不如东坡之解简洁明了。

"予不敢闭于天降威[1]。"

天降威，三监叛也。天欲绝殷，故使之叛也。

[1]降威，库本原作"降威用"。据明凌刻本及《苏东坡全集》将"用"字移下句。

【译文】

"我不敢闭塞上天降下的威命。"

天降威，指管、蔡、武庚的反叛。上天要断绝殷命，因此使他们叛乱。

"用宁王遗我大宝龟，绍天明即命。"

当时谓武王为"宁王"，以见其克殷宁天下也。下文曰"乃宁考"，知其为武王。旧说以为文王，非也。曰"前宁人"者，亦谓武王之旧臣也。天降威于殷，予不敢隐闭，用武王所遗宝龟卜之，所以继天明而待命也。

【译文】

"用宁王给我留下的大宝龟，到天亮时即遵命用来卜卦。"

当时称武王为"宁王"，以表示他能战胜殷商而平宁天下的意思。下文称"乃宁考"，就可以知道说的是武王。旧说以为是指文王，不对。说是"前宁人"者，也是指武王的旧臣。天降威于殷，我不敢隐闭，用武王所留下的宝龟来占卜，所以到天亮时即遵命用来卜卦待命。

【笺释】

东坡此处称武王为"宁王",取其能"平宁天下"之意,并说"旧说以为文王,非也"。东坡所谓"旧说",应指《尚书正义》,因为该书伪《孔传》有"安天下之王,谓文王也"。孔颖达《疏》也有"宁天下之王,谓文王也"的句子。然而,据顾颉刚、刘起釪《译论》于本篇的注释可知,经清代经学家的考究发现,《尚书》文本中的"宁"字为"文"字之误,并认为这是前所未有的重大发现。难道前代学者都未曾注意到孔颖达《尚书正义》早有此说法?或者仅指金文"宁"字与"文"字的识别而言?

东坡所在年代尚未有此发现,只能依其所解加以诠释。因《大诰》一文是周公旦以成王的口气行文,故"宁考"当指成王的父亲武王,所以东坡称"旧说以为文王,非也"。

"曰:'有大艰于西土,西土人亦不静。'"

此龟所以告者也。

【译文】

"卦辞说:'西边地方将有大艰难,西边地方的人也不得安静。'"

这是用宝龟占卜所得的告示。

"越兹蠢。"

蠢,动也。及此三监,果动。

【译文】

"到时果然有蠢动。"

蠢,骚动。及至三监叛乱,果真就骚动起来了。

"殷小腆,诞敢纪其叙。天降威,知我国有疵,民不

康，曰'予复'，反鄙我周邦。"

腆，厚也。殷少富厚，乃敢纪其既亡之叙，盖天降威，亦其心知我国有三叔之疵而民不安。故欲作难，以鄙我周邦也。

【译文】

"殷人，略有富足，也敢妄言纪叙他们的国史。如今天降威，他们心里知道我国也有管、蔡、霍三叔散布流言的小毛病，民众不安康，所以他们便放大话，说'我们要复兴我殷商'，反而要鄙视我周邦了。"

腆，富厚的意思。殷人小有富厚之资，也敢来纪叙他们既亡的史事，是因为上天降威，让他们也心知我国有"三叔"的毛病，而民众不得安康。因此也想要发难，以此鄙视我周邦。

"今蠢，今翼日，民献有十夫，予翼以于敉宁武图功。"

献，贤也。敉，抚也。四国蠢动之明日，民之贤者有十夫来助我，求往征四国，抚循宁王之武事，以图功也。周公之东征，邦君、卿士皆疑，天下骚动，而此十夫者至，故周公喜之，表其人以令天下。汉高祖讨陈豨，至赵得四人，皆封之千户，曰："吾以羽檄，征天下兵，未有一人至者。吾何爱四千户，不以慰赵子弟乎？"[①]此亦周公之意也。

①事见《前汉书·高祖纪》："上令周昌选赵壮士可将兵者，白见四人。上漫骂曰：'竖子能为将乎？'四人惭，皆伏地。上封各千户以为将。左右谏曰：'从入蜀汉伐楚，赏未遍行，今封此，何功？'上曰：'非汝所知。陈豨反，赵代地皆豨有。吾以羽檄天下兵，未有至者。今计，唯独邯郸中兵耳。吾何爱四千户不以慰赵子弟？'皆曰善。"（上海古籍出版社1986年版《二十五史》第一册《前汉书》第11页）

【译文】

"今天下发生骚乱，第二天，民众中来了十位贤人，助我平叛，稳定军心，以图立功。"

献，贤良的人。救，安抚的意思。四国骚乱的明日，民众中的贤者十人来助我师，要求前往征讨四国，抚循武王的军事，以图立功。周公的东征，邦君卿士等都有疑虑，天下骚乱，而这十人前来，为此周公非常高兴，特意表彰他们，用以为天下作榜样。汉高祖刘邦征讨陈豨时，来到赵国地方，喜得四位能人，都封为千户，说："我以军事文书飞驰天下征兵，没征得一人来。我为何舍不得这四千户以慰劳这些赵地的子弟兵呢？"这也是周公的意思。

"我有大事休。朕卜并吉。肆予告我友邦君，越尹氏、庶士、御事，曰：'予得吉卜，予惟以尔庶邦，于伐殷逋播臣。'尔庶邦君，越庶士、御事，罔不反曰：'艰大。民不静，亦惟在王宫邦君室，越予小子考翼，不可征，王害不违卜？'"

休，美也。尹，正也；官之表正也。翼，敬也。害，曷也。《诗》曰："害澣害否。"①我事既美矣，而我卜又吉，故告尔以东征殷之叛臣。今汝反曰"艰哉，此大事也！民之不静，亦惟在王与邦君之家及王之身，考德敬事，修己以正之，不可征也。王曷不违卜而用人言乎？"

①《诗经·国风·周南·葛覃》："薄污我私，薄澣我衣。害澣害否，归宁父母。"（上海古籍出版社1980年新1版《诗集传》第3页）害，作曷解。

【译文】

"我有大事，吉。我卜得的卦也吉。我要告诉我友邦诸君及尹氏正官、各位庶士与治事的众官，说：'我已卜得吉卦，我将与你各邦一同伐殷，搜捕它逃亡播乱的臣子。'你各邦君及众庶士、治事的臣子，无不反对，都说：'难度大啊。民众也不安静，责任在于王宫及各邦君家室未能教化百姓，以及我小子，既然众人都说该敬慎不可征伐，我王何不违占卜之意（而听从大家的话）呢？'"

休，美好。尹，端正之意；以官为表率。翼，敬慎之意。害，作"何"解。《诗经》有句："害澣害否。"我要做的是美好的事，而我又卜得了吉利的卦，因此告诉你们要东征殷朝叛乱之臣。如今你们反而说什么"难啊，这是大事呀！民众都不安静，这也要看你们王室与各邦君之家及王本身，考虑敬德修己正身，不可征伐啊。我王何不违背占卜的结果而听从大家的意见呢？"

【笺释】

"王害不违卜"一句，东坡释"害"为曷（何），使此句变为疑问句。孔颖达《正义》云："若谓四国难大不可征，则于王室有害，不可违卜。"释"害"为危害之害。使此句变为肯定句。林之奇《全解》、蔡沈《集传》、孙星衍《注疏》、顾颉刚、刘起釪《译论》，均以"害"为曷（何也）。与东坡同。曾运乾《正读》引《广韵》："'害，曷，何也。'公以吉卜告庶邦，庶邦劝王违卜，此《大诰》之所以作也。"亦以"害"作何解。东坡与林氏同引《诗经·周南·葛覃》"害澣害否"为例，释"害"为曷（何）。

按，东坡只释"翼"，不释"考"。明凌刻本眉批云："'考翼'指武王也，谓封武庚任三叔事由武王也。岂有人臣于君前自称曰'小子'称武王曰'考翼'耶？"示东坡此解欠妥。

"肆予冲人永思艰，曰'呜呼，允蠢鳏寡，哀哉！'予造天役，遗大投艰予朕身，越予冲人，不卬自恤。义尔邦君越尔多士、尹氏、御事，绥予曰：'无毖于恤。不可不成乃宁考图功。'"

卬，我也。毖，畏也。我闻汝众言，亦永思其难，曰："是行也，信动鳏寡，哀哉！"然予为天子，作天之役，天实以大艰遗我，故勉而从天。非我自忧也。尔众人义当以言安我，曰："无畏，此所忧之事，惟当一心，以成汝宁考所图之功。"今乃不然，故深责之也。

【译文】

"于我幼主总是虑及艰难,说'啊,容忍骚乱及于鳏寡之人,悲哀呀!'我承担上天的使命,让巨大的艰难落到我身上,以及幼主的肩上,我也顾不上自己的忧虑了。你各邦君以及你众多士人、正官、治事的各人,应当以义为重来安抚我说,'不必太拘谨于忧虑。不可不完成你宁考(武王)所希望完成的统一大业'。"

卬,指我。愍,畏惧的意思。我也听到你众人所说的话,也总是虑及这次行动的艰难之处,我要说:"这次行动起来,实在会惊动无妻之鳏、无夫之寡,(生活惟艰,)实是悲哀呀!"然而,我身为天子,承担着上天的使命,上天将艰难的事件交付给我,我应勉为其难,顺从天意。并非我徒自担忧。你众人当以仗义直言安抚我说,"不要惧怕这些所忧虑的事,应当团结一心,以完成你先考宁王的平定天下的大功"。现在众人所为却不是这样,所以特别责难他们。

【笺释】

按此段话为周公所言,故文中"乃宁考"应指成王之父武王。而曾运乾却以"宁王"为周文王,云"宁考,当为文考,言文王也",并以这段话为众邦君规劝周公"无劳于忧,不可不协力以成汝文考所图之功也"。改经文中的宁考为"文考",则说话的倒是周公自己了,似与内容不符。

"已,予惟小子不敢替上帝命。天休于宁王,兴我小邦周。宁王惟卜用,克绥受兹命,今天其相民,矧亦惟卜用。呜呼,天明畏,弼我丕丕基。"

已矣,予惟不敢替上帝命。帝美宁王之德而兴周王。惟用卜以安受帝命至于今。天其犹助我民,况我亦用卜哉。天所以动四国,明威命者,非以困我,欲辅成我大业也。

【译文】

"唉，我小子不敢违背上帝的天命。上天赞美于我宁王，兴起我小邦周国。宁王只用占卜之信，便能安受天命，况如今上天欲助民相安，更应用占卜。啊，上天明示威严，助我大振周邦的宏大基业。"

是啊，我不敢违背上帝的天命。上天赞美宁王之德，而兴起周邦。王只用占卜便安受上帝命至于今。如今天仍相助于我民众，何况还以占卜接受天意呢。天之所以要扰动四国，申明威令的原因，不是要困死我，而是要辅助我成就周邦的大业。

王曰："尔惟旧人，尔丕克远省。尔知宁王若勤哉？"

王又特命久老之人逮事武王者，曰"尔当大省久远，尔知武王之勤劳若此也哉？"

【译文】

王说："你们是先王时期的老臣了，你们应该能够记得起过去的往事。你们知道宁王是如何勤劳理政的吗？"

王又特别命令年纪大的老人中曾经侍奉过武王的人，说"你们应当努力回忆过去，你们知道武王是如此勤劳工作的吗？"

"天閟毖我成功所，予不敢不极卒宁王图事。"

閟，闭也。天所以闭塞艰碍我国者，使我知畏而成功于此。我其敢不尽力以终宁王所图之事哉。

【译文】

"天将我先王之所以获得成功的地方秘闭起来，使我不敢不极尽心力最后完成宁王的宏图大业。"

閟，封闭起来的意思。上天之所以闭塞阻碍我邦国的原因，是要使我知道敬畏成功所在的地方。我敢不尽其力以最终完成宁王所图的大业么。

【笺释】

顾颉刚、刘起釪《译论》释"閟毖"为"诰教",则此句可解为"上天教导我成功的所在"。虽与东坡异,亦可备一说。

"肆予大化诱我友邦君。"

王告此旧人:"我已大化诱我友邦君,无不从我矣。"

【译文】

"如今,我已经大力开导化解我友邦的诸侯们的疑虑。"

王告诉了这些武王时期的老臣们:"我已经大力开导化解了我友邦诸侯们的疑虑,没有不愿跟随我的了。"

"天棐忱辞,其考我民,予曷其不于前宁人图功攸终?"

天既助我至诚之辞,其必考之于民,以验其实。我其可不与宁王之旧臣图功之所终乎?

【译文】

"上天助我至诚的陈辞,必定考察我民的(生存,以断定治理的效果),因此我何不致力于实现我先王及其旧臣们(平定天下安抚百姓)的最终宏图呢?"

上天既然助我至诚的表白,必定会考察其结果于民生,以验证其实际效果。我能不与宁王的旧臣们努力最终实现他们所希望的宏图大业吗?

【笺释】

顾颉刚、刘起釪《译论》释"棐忱"以棐为匪的假借,忱与谌相通。故"棐忱"为"不相信"。则此句可解为"上天不相信我的言辞",其意则与东坡正相反,但于整句却不背。棐,辅助之意。

"天亦惟用勤毖我民，若有疾，予曷敢不于前宁人，攸受休毕？"

天所以勤劳忧畏我民者，使我日夜思念，如人有疾之不忘医也。予其可不与前宁人，同受休终哉？

【译文】

"上天亦用勤劳劝导我民，就好像人有病（时时念着要治疗一样），我如何敢不顺从祖宗先王之意，也让百姓能自始至终休养生息呢？"

上天之所以勤劳劝导担忧我民，是要使我日夜思念，就像人有病不忘求医一样。我怎能不与先王从前的旧臣一起，也让百姓能自始至终休养生息呢？

王曰："若昔，朕其逝，朕言艰日思。"

如我本意，则昔者已往矣，所以至今者，以言艰而日思之也。

【译文】

王说道："如往昔的作为，都已成为朕的过去，说起今天，事业的艰难却要日夜的思劳。"

若如我的本意，则往昔的一切都已过去了，所以到如今，说到事业的艰难则需要日夜的思劳。

"若考作室，既底法，厥子乃弗肯堂，矧肯构？"

王以筑室喻也。父已准望高下、程度广狭，以致法矣，子乃不肯为基，矧肯构屋乎？

【译文】

"比如父亲要筑屋，已经定好了起屋的方法，他的儿子却不肯筑地基，哪里还肯构筑房屋？"

王以构筑房屋作为比喻。父亲已经选好方向定准了高下程度、宽广狭窄，都已符合法则了，儿子却不肯夯筑地基，哪里还肯构筑房屋呢？

"厥父菑，厥子乃不肯播，矧肯获？"

王又以农喻也。菑，耕也。播，种也。获，敛也。

【译文】

"父亲要耕种，儿子连点播都不肯，况且还肯收获？"

王又以农事作为比喻。菑，指耕种。播，指播种。获，指收获。

"厥考翼，其肯曰'予有后，弗弃基'？"

父虽敬其事，而子不继其父。其肯曰"我有后，不弃我基"乎？

【译文】

"父亲敬业，但他好意思说'我有后代，不会废弃我的基业'吗？"

父亲虽敬业从事，而儿子不愿承继父亲的事业。他还好意思说"我有后代，不会废弃我的基业"吗？

"肆予曷敢不越卬敉宁王大命？"

我其敢不及我身之存，以抚循宁王之大命乎？

【译文】

"我怎敢不以我自身的存亡继续抚定宁王所托付的重大使命呢？"

我怎敢不以我自身的存亡，继续抚定宁王所托付的重大使命呢？

"若兄考乃有友伐厥子，民养其劝弗救？"

养，厮养也。父兄而与朋友伐其子，其家之民养当助父兄欤？抑助其子欤？其将相劝助其父兄，弗救其子也。今王与诸侯征伐四国[①]，如父兄与朋友伐其子，尔众人孰当助乎？

[①]四国，指管叔、蔡叔、霍叔及武庚四国。

【译文】

"假如有父兄与朋友挞伐他的儿子，被家里养着吃饭的人能不相劝救助吗？"

养，供养着做工的（指众邦君）。父兄与朋友挞伐他的儿子，他家里养着做工的应当助其父兄呢，还是应当帮助他的儿子？他当然要劝助他的父兄，而不用救助他的儿子。如今王与诸侯征伐四国，正如父兄与朋友征伐其儿子一样，你们众人应当帮助谁呢？

【笺释】

曾运乾《正读》认为"兄考，犹言父兄也"，而"友"字为衍文，应省。故此句应解为："言兄考有伐其子弟者，长民者为民父母，不能往救，已为溺职，乃劝父兄弗救乎？喻己之于成王，犹父兄之于子弟也。民养，以喻邦君。民养劝兄考勿救其子弟，犹庶邦君劝己勿救成王也。"顾颉刚、刘起釪《译论》所解与此稍有不同。认为"兄考"即皇考，指武王，省"友"字，今译为："又如果有一位死去了的父亲，忽然有些坏人来袭击他的儿子，难道他家的奴隶们可以一齐袖手旁观而不去救援吗？"三种诠解，意思相近。但曾氏"兄考有伐子弟者"一句似前后指代不明，前"父兄"应即管、蔡等，后"父兄"应指周公。即不可前言"父兄伐子弟"，后言"父兄不救"。

王曰："呜呼，肆哉！尔庶邦君越尔御事！"

肆，过也。过矣哉，尔众人也！不助父而助子！

【译文】

王说道："啊，太过分了！你们众邦君及你众治事之官！"

肆，过分。太过分了，你众人啊！不帮助父兄却帮助儿子！

"爽邦由哲，亦惟十人迪知上帝命。"

邦之明乃能用哲。今十人归我，而不助彼，则帝命可知矣。

【译文】

"友邦因聪明而智慧，其中有十人已进用至我周邦，尽知上帝的天命。"

友邦的明达在于能运用智慧。如今有十人归入我周邦，而不助彼四国，则可知天命所在了。

"越天棐忱，尔时罔敢易法，矧今天降戾于周邦，惟大艰人诞邻胥伐于厥室？尔亦不知天命不易。"

及天之方辅诚以助我，尔时我犹不敢不畏法度，矧今天降戾，使我大艰难之民与强大之邻相伐于厥室？邻室相攻，可谓急矣，汝犹不知天命不易，欲安而不问也。

【译文】

"及上天刚辅以诚意相助于我周邦，那时我尚知天命不可违从而不敢变易法度，何况如今上天已降罪戾于我周邦？发难之人互相攻击于邻室，你们还不知天命是不可随意改变的。"

及至上天刚辅诚意以助我周邦，那时我还不敢不敬畏法度，何况如今上天已降罪戾于我周邦，令我处于艰难中的人民与强邻之间互相攻击？近邻互相攻击，可说是十分紧急了，而你们还不知道天命的不可改易，还希望安稳而不用再过问了。

"予永念曰，'天惟丧殷，若穑夫，予曷敢不终朕亩'？"

天使我丧殷，若农夫之去草，其敢不尽力乎？

【译文】

"我要长久记得这句话:'上天要灭除殷商,就像农夫(要除去田中的杂草)一样,我如何敢不尽力于田亩(最终将杂草去除干净)'?"

上天要我灭除殷商,就像是农夫要去除杂草一样,我敢不用尽力气吗?

"**天亦惟休于前宁人。予曷其极卜,敢弗于从?率宁人有指疆土。矧今卜并吉?肆朕诞以尔东征。天命不僭,卜陈惟若兹。**"

方是时,武王之旧臣皆欲从王征伐。故王曰"天若欲休息?此前宁人者,予何敢尽用卜?敢不从众而止乎?今宁人指我以疆域所至,不可坐受侵略,况今卜并吉。是天欲征而不欲休也。我其必往!盖卜之久矣。"陈,久也。《盘庚》《大诰》,皆违众自用者所以借口也。使盘庚不迁都,周公不摄政,天下岂有异议乎?平居无事,变乱先王之政,而民不悦,则以盘庚、周公自比。此王莽所以作《大诰》也①。

①王莽作《大诰》:指西汉末年,王莽欲篡夺政权,模仿西周初年周公为动员众邦国诸侯扫灭"三监叛乱"而作的《大诰》,后世亦称为《莽诰》。

【译文】

"上天也还是赞美武王的。我为何极力从卜,敢不随从众人?因我要遵循武王定下的疆土。何况我的占卜都是吉卦?故此我要大肆东征。天命不假,所占得的卜卦早就是这样的了。"

就在这个时候,武王的旧臣都想跟随周公东征。所以周公说:"上天似要休兵?你们都是从前武王的旧臣,我怎敢都用占卜行事?敢不听从众人而止兵?但如今武王指示我周邦的疆域所在,不可坐看疆土蒙受侵略,何况如今所占得的卜都是吉利的。说明上天指示的是要征伐而不是休兵。我一定要前往!盖因占卜的结果已经很久了。"陈,长久的意思。

《盘庚》《大诰》，都是违背众议而自行其是者的借口。假如盘庚不迁都，周公不摄政，天下岂有异议？平安无事，而变乱先王的政治，使群众不满意时，则以盘庚、周公自比。这正是王莽之所以写作《大诰》的原因。

【笺释】

　　林之奇《全解》在诠释此段经文时，特地以东坡的观点批评王安石所谓"文、武之后，贤人众多，而迪知上帝以决此意者，十人而已。况后世之末流欲大有为者，乃欲取同于污俗之众人乎"的观点，认为王氏此言，"假之以为新法之地也"。同时引用东坡的话："苏氏曰'《盘庚》《大诰》皆违众自用者所以借口'，盖为王氏发也。"东坡在文中所指为王莽，林氏特加以发挥。

　　又，孔颖达《正义》疏以"前宁人"指周文王："天亦惟美于前宁人文王"与东坡所云武王不同。按文王逝世后，武王始灭殷商，使周的疆土得以完整，所以《大诰》中，周公所指疆域应为武王并殷之后的周朝而不是文王时期，殷商统治下的"三分天下有其二"的诸侯国——周邦。这与顾颉刚、刘起釪《译论》从清末学者所得出的"宁考"为"文考"的结论不同。

微子之命第十

　　成王既黜殷命，杀武庚，命微子启代殷。后作《微子之命》。

【译文】

　　成王既已罢黜殷的天命，杀死被周武王封为殷遗民首领的武庚，命微子启代理殷政。后作《微子之命》一篇。

王若曰："猷！殷王元子，惟稽古，崇德，象贤。"

《礼》曰："继世以立诸侯，象贤也。"① 用庶人之贤者，不如用世家之贤者，民服也。

①语见《仪礼·士冠礼》："继世以立诸侯，象贤也。以官爵人，德之杀也。"（岳麓书社1989年版《周礼·仪礼·礼记》第140页）

【译文】

王如是说："啊！殷王长子，信而好古，崇尚道德，是一位能效法先人的贤者。"

《仪礼》有言："继绝世而立诸侯，能效法先人的贤德。"起用庶民中的贤良之辈，不如任用世家大族中的贤者，民众会信服。

【笺释】

孔颖达《正义》云："《史记·宋世家》云：'武王克殷，微子启乃持其祭器造于军门，肉袒面缚，左牵羊，右把茅，膝行而前以告。武王乃释微子，复其位如故。'是言微子克殷始归周也。马迁之书，辞多错谬，'面缚'缚手于后，故口衔其璧，又安得'左牵羊，右把茅'也？要言归周之事是其实耳。"

按东坡在《洪范》一章中曾说："武王将立殷后，必以箕子为首，微子次之，而卒立武庚者，必二子辞焉。"认为武庚之所以被武王立为殷之后，是因为箕子、微子坚辞不就的结果。林之奇不认同此说。他说："夫武庚之不肖固不如箕子、微子，使武王之命殷之后，择其贤而立之，则必以箕子、微子先于武庚矣。然其所以立武庚以为商之后者，非二子之让而后立之也，以其势不可以不立武庚也。"为什么"其势"不可？林氏的理由是武王本想效法成汤放逐夏桀而不想杀死纣王，但纣自焚而死，武王因此而有遗憾，只好立纣的儿子武庚"奉其祭祀以致其不忍之心"。算是武王的一种政治表态，非关选贤任能之琐事。所以东坡有一种直觉：武王非圣人。

> "统承先王，修其礼物。"

用其正朔礼乐，使不失旧物也。

【译文】

"由微子继承殷商历代先王的传承次序（而不失先王的祭祀），修整其礼乐之物。"

采用殷朝的历法，奉其正朔礼乐，使不失殷朝的旧物。

> "作宾于王家。"

二王后客礼。

【译文】

"作为周王朝的宾客。"

微子为大禹与契二王的后人，作为周朝礼遇的宾客。

【笺释】

按孔颖达《正义》引郑玄语："所存二王后者，命使郊天。以天子礼祭其始祖受命之王，自行其正朔服色，此谓'通天三统'。"据此，即《礼运》："杞之郊也，禹也；宋之郊也，契也。"故二王应指大禹（夏的先祖）与契（商的先祖）。

> "与国咸休，永世无穷。呜呼，乃祖成汤克齐圣广渊。"

齐，肃也。《史记》："幼而徇齐。"

【译文】

"与周朝同享太平，永世无穷。啊，你先祖成汤能齐中至圣，智广思深。"

齐，肃穆的意思。《史记》："幼而徇齐。"（意思是年幼时即圣德齐肃，应对敏捷。）

微子之命第十

【笺释】

东坡释"齐"为肃。林之奇云:"《史记》曰:'幼而徇齐。'裴骃(《集传》)曰:'齐,速也。'《左传》曰:'齐圣广渊。'杜预曰:'齐,中也。'苏氏则以'齐'训'肃'。后世以齐为谥,盖出于此。《谥法》曰:'整肃笃庄曰齐。'苏氏所谓肃,盖出于此。"按司马贞《史记索隐》:"今案:徇、齐,皆德也。《书》曰'聪明齐圣',《左传》曰'子虽齐圣',谓圣德齐肃也。"

"皇天眷佑,诞受厥命。抚民以宽,除其邪虐,功加于时,德垂后裔。尔惟践修厥猷,旧有令闻,恪慎克孝,肃恭神人。予嘉乃德曰:'笃不忘,上帝时歆,下民祗协。'"

予嘉乃德曰"若厚"而已。帝且歆之,民且归之。

【译文】

"上天眷顾庇佑你,大授予你此命。你要以宽和的态度安抚民众,要除去淫邪暴虐的凶德,随时间推移,褒崇功德垂训于后裔。你应实践进修这一道行,你旧时曾有过很好的美誉,谨慎恭敬能守孝道,严肃恭敬神人。我嘉奖你的品德是这样:'诚笃而不忘供奉上帝,受下民敬重,协和一致。'"

我嘉奖你的品德是说"顺厚"而已。上帝会安享你的供奉,百姓会归顺于你。

"庸建尔于上公,尹兹东夏,钦哉!往敷乃训,慎乃服命。"

服章,命令也。

【译文】

"及此封立你为上公,作为东方华夏之国的邦君,敬惜啊!广布对你的训告，谨慎遵守先祖成汤的祀典服命。"

服命，指祭祀时的礼仪、服饰，以及所颁的命令等。

"率由典常，以蕃王室，弘乃烈祖。"
成汤也。

【译文】

"遵循旧有的典章制度而不失常礼，能作为周室的屏藩拱卫，以弘扬你英烈的先祖成汤的美德。"

烈祖，指成汤。

"律乃有民。"
律，法也。

【译文】

"以法律管理好你的民众。"

律，指刑法。

"永绥厥位，毗于一人。世世享德，万邦作式。俾我有周无斁。呜呼！往哉，惟休！无替朕命。"

方武庚叛后而封微子，微子盖处可疑之地。而命之曰"上帝时歆"，又曰"弘乃烈祖"，又曰"万邦作式"，此三代之事，后世所不能及也。

【译文】

"永远安于你的位置，独与我君王作为毗邻（以辅助我王）。世世享此福德，作为万邦的榜样。让我周国无所忧虑。啊！去吧，吉祥！遵守我的命令！"

当武庚被杀之后，封立微子，此时微子正处于被怀疑提防的地位。

而王室给他的诏命是"上帝随时会接受你的祭祀",又说"弘扬你先祖成汤的功德",又说"为众诸侯作出榜样",这些都是"三代"时期才有的事,后来的历朝历代就做不到了!

【笺释】

东坡最后一句为感叹之词,表示能如此宽厚地对待曾经的敌国,"三代"之后,再也无人能做得到。林之奇《全解》也对此置评云:"苏氏曰'方武庚叛后而封微子,微子盖处可疑之地,而命之曰上帝时歆,又曰洪乃烈祖,又曰万邦作式。此三代之事,非后世所能及也。'诚哉!是言也。"

唐叔得禾,异亩同颖,献诸天子。王命唐叔归周公于东。作《归禾》。

成王弟,唐叔虞也。禾各生一垄,而合为一穗。

【译文】

唐叔虞获得一株禾,长在不同的垄亩,却并为一穗,便将它献给成王。成王命他带到东方(洛邑)交给周公。作《归禾》一篇。

唐叔虞,他是成王的弟弟。这禾各生于不同的垄亩,而合并为一穗。

周公既得命禾,旅天子之命,作《嘉禾》。

二篇亡。

【译文】

周公既得成王锡命授予的嘉禾,随从天子的命意,写作《嘉禾》一篇。(旅,作"随从"解)

这两篇(即《归禾》与《嘉禾》)均已亡佚。

书传卷十二

周　书

康诰第十一

成王既伐管叔、蔡叔,以殷余民封康叔,作《康诰》《酒诰》《梓材》。

康叔封,文王子,封为卫侯。

【译文】

成王既已讨伐了管叔、蔡叔,特封康叔为卫侯,治理殷的余民,于是创作《康诰》《酒诰》《梓材》三篇。

康叔名封,周文王的儿子,被成王封为卫侯。

【笺释】

据顾颉刚、刘起釪《译论》:"《康诰》是周王朝册封周文王的儿子康叔于卫国时的诰辞。"意即皇室任命的文书(命书)。

惟三月哉生魄,周公初基,作新大邑于东国洛。四方民大和会。侯、甸、男邦、采、卫,百工播民和,见士于周。

百工,百官也,播民和,布法也。《周礼》:"正月之吉,始和布治于邦国都鄙。"① 诸侯来朝，公行师从，故见士于周。

① 《周礼·天官冢宰》："正月之吉，始和布治于邦国都鄙。"（岳麓书社1989年版《周礼·仪礼·礼记》第6页）

【译文】

三月初三日（哉生魄），周公开始奠基，于东洛营造新而大的洛邑。四方民众大会合，相处和睦。侯服、甸服、男服、采服、卫服的长官齐集，百官向民众宣布法典，民众和悦，并为周朝效力。

百工，指百官，负责向民众宣布法典，安抚百姓。按《周礼》："正月吉日，开始平和地向百姓传布法治于邦国的都城及边鄙之地。"诸侯来朝，周公出行，师旅相从，因此士人齐效力于周朝。

【笺释】

顾颉刚、刘起釪《译论》引马融语："魄，朏也。谓月三日始生兆朏，名曰魄。"又释"哉"为"才"，故"哉生魄"为月初二、三日。即"始见新月"之意。又顾颉刚、刘起釪《译论》将"和"字属下读，并释"播民"为殷的遗民及大臣等，表示殷的臣民都归顺供职于周。

据晚出《孔传》："此五服诸侯，服五百里。侯服去王城千里，甸服千五百里，男服去王城二千里，采服二千五百里，卫服三千里，与《禹贡》异制。"即周朝的"五服之制"与夏以前有所不同。又孙星衍《注疏》云："侯、甸、男邦、采、卫，九服之五也。见《周礼·职方氏》。其外则蛮服、夷服、镇服、蕃服也。"又引郑康成语云："不见要服者，以远于役事而恒阙焉。"

周公咸勤。
皆劳来之。

【译文】

周公都殷勤慰劳加以接待。

都一并慰劳招徕，加以任用。

乃洪大诰治。

自"惟三月哉生魄"至此，皆《洛诰》文，当在《洛诰》"周公拜手稽首"之前。何以知之？周公东征二年，乃克管、蔡，即以殷余民封康叔，七年而复辟。营洛在复辟之岁，皆经文明甚。则封康叔之时，决未营洛。又此文终篇初不及营洛之事，知简编脱误也。

【译文】

于是据大诰以宣示治道。

从"惟三月哉生魄"到此句，应是《洛诰》一篇的文字，应当放在"周公拜手稽首"之前。怎样知道的呢？周公东征二年，才讨平管叔、蔡叔的叛乱，即以殷朝的余民封给康叔，至七年周公才恢复统治。经营洛邑也就在恢复统治的年份里，这都是经文明确记载的。那么，封康叔的时候，决不会有经营洛邑之事。又这段文字至末尾都未提到经营洛邑之事，可知简编定有脱误。

【笺释】

作为最古老的文字传承，《书》经文章有脱误已是不争的事实。尤其现存的文章、字句都是经秦火焚灭之后，由后世儒生手编整理而成，因此《尚书》在编纂上可能存在脱误混编等问题。本书中，东坡此前也多有质疑。然而，东坡于此处提出"脱误"之说是否有据，林之奇《全解》未曾就此举出实例加以澄清，却批评说："某尝谓苏氏之说经多失之易，易则己意之有所未安者，必改经文以就之，如此则经之本文其存者几希，非慎言阙疑之义也。"同样的批评语气已屡见于前。事实上就东坡此书而言，并未有"必改经文"以致经文"存者几稀"的现象。提出有脱误，也只是"存疑"而已。而这正是后人整理《尚书》所必须引起关注的问题。此即"慎言阙疑"之义，林氏反以此质疑东坡，真可谓唐突无稽之甚。而且，可以说，最早对这部托名为孔安国所著的《古文尚书》产生疑问的应是苏东坡，比清代的阎若璩早了好几百年。刘起釪在《译论》中也指出："至宋苏轼始以为是《洛诰》篇首的错简。"虽然各家学者对东坡的说法并未完全赞同，但至今仍未能找到亡佚的篇章为据，只好"仍旧让它错简在此"。

王若曰："孟侯，朕其弟，小子封。"

孟，长也。康叔，成王叔父，而周公弟。谓之"孟侯"则可，谓之"小子"则不可。且谓武王为"寡兄"，此岂成王之言？盖周公虽以王命命康叔，而其实训诰皆周公之言也。故曰"朕其弟，小子封"。

【译文】

王说道："孟侯，朕的弟弟，小子名封。"

孟，最大的，长子。康叔，成王的叔父，周公的弟弟。称他为"孟侯"可以，称他为"小子"则不可。而且还说武王为"寡兄"，这怎么可能是成王说的话？虽然周公是以成王的名义封康叔，而其实这篇训诰都是周公说的话。所以才说"朕的弟弟，小子名封"。

"惟乃丕显考文王，克明德，慎罚，不敢侮鳏寡。庸庸，祗祗，威威。显民。"

用可用，敬可敬，刑可刑，以治显人。言敬鳏寡，而治强御也。

【译文】

"要大显先父文王的盛德，能彰显德政，谨慎刑罚，不可欺侮鳏寡孤独、贫弱无助的人。该用的人要用，该敬的人要敬，该刑罚的人要刑罚。让民众明白。"

用该用的，敬该敬的，刑罚该刑罚的，以德治彰显人性。说的是要敬重鳏寡孤独者，而治理强蛮抵触的人。

"用肇造我区夏，越我一二邦，以修我西土，惟时怙冒。"

怙，恃也。冒，被也。

【译文】

"以德治开创我西夏区域，及我一二邦国，以修正我西土的德治，及时将这样的治理方法覆盖整个西土。"

怙，依仗、凭借的意思。冒，被覆的意思。

"闻于上帝，帝休，天乃大命文王殪戎殷。"

殪，杀也。戎殷，比之戎虏也。

【译文】

"让我们的德政上闻于天，上帝赞美于我周邦，天将大力支持我文王诛灭那些强悍不服的殷人戎虏之徒。"

殪，杀死。戎殷，比喻为戎虏。

"诞受厥命，越厥邦、厥民，惟时叙。乃寡兄勖，肆汝小子封在兹东土。"

民与国皆叙，乃汝寡有之兄武王勖勉之。力言汝小子封，承文、武之泽，乃得列为诸侯也。

【译文】

"大受天命，以及我邦我民，时享安乐。是我大兄相助于天，使汝小子受封在此东土为侯。"

民与邦国皆安，这得益于你大兄武王的勉力相助。特别强调你小子姬封，上承文王、武王的恩泽，始得受封于此地成为诸侯。

王曰："呜呼，封，汝念哉！今民将在祇遹乃文考，绍闻衣德言。"

遹，循也。绍，继也。衣，服也。继其所闻，而服行其德言也。

【译文】

王说道："啊，姬封，你要记住啊！如今民众都在敬循你先父文王的德行，你要继承、服从他流传在民间的盛德言行啊。"

遹，遵循的意思。绍，继承的意思。衣，服从的意思。继承其所闻，而服从实践他的美德言行。

"往敷求于殷先哲王，用保乂民。汝丕远惟商耇成人，宅心知训，别求闻由古先哲王，用康保民。"

文王与殷先哲王及商耇成人之德，皆远而易法，有以居己而知训矣。则更求殷以前古先哲王之道以安民也。

【译文】

"还可以广为求教于殷先前明哲聪慧的君王，用以保安治民。你还可以大力追索殷商的老成人，心存训诫，别求闻见于古代的先哲王侯，汲取安置保民、造福百姓的方法。"

文王与殷代的先哲、王侯以及商的耇老善德之人，都可以成为自己长远而易于效法的对象，将其居留于心底便可以知道教训了。还可以别求殷商以前古先哲人王侯们的治民之道以造福于百姓。

"弘于天，若德裕乃身，不废在王命。"

既求古圣贤以弘大汝天性，顺成其德，则汝身绰绰然有余裕矣，然终不废用天子之法令。此所谓虽有庇民之大德，而有事君之小心也。

【译文】

"弘大如天的志愿，使美德充裕于你身，但不废弃你心志之在于担负王朝的使命。"

既已求得古先圣贤之德以弘大你的天性，并顺成你的美德，则你身的德行有益于世已绰绰有余了，然而始终也不忘执行天子的法令。这正是所谓虽有庇佑民众的大德，但还有侍奉君王的小心。

王曰："呜呼，小子封！恫瘝乃身，敬哉！"

恫，痛也。瘝，疾也。常若有疾痛在身，不忘治也。

【译文】

王说道："啊，小子封！就像常有疾痛在身需要救治一样，你要珍重不可大意啊！"

恫，病痛。瘝，疾苦。像经常有疾痛在身，不要忘了救治。

"天畏棐忱，民情大可见。小人难保，往尽乃心，无康好豫逸，乃其乂民。"

天威可畏也。然可恃以安者，辅诚也。诚则天与之者，可必矣。民归有道，怀有德，其情大略可见也。然不可恃以安者，小人也。故尽心于诚，以求天辅，不可好豫逸以远小人也。

【译文】

"天威难料，而老百姓的情感大可见识。但小人则难保其心的摇摆变易，所以你（要始终尽心于修德求治，）不可安逸好乐，而要安民保民。"

天威必须敬畏。然而有一点可以恃以为安，那就是辅诚。有辅诚之心，则上天必赐之以福，那是必然的。民众有意归顺于正道，怀念有德者，这情形大略可以看得见。然而不能因此而自觉安稳者，是因有小人也。所以要尽心于诚实，以求得上天的辅助，不可好逸乐以便远离小人。

> "我闻曰怨不在大，亦不在小，惠不惠，懋不懋。"

怨无大小。不顺不勉，皆足以致怨。

【译文】

"我听说，怨恨不在大，也不在小，只在于使不顺利者顺利，不勤勉者勤勉而已。"

怨恨不在于大小。不顺利，不勤勉，都足以引起怨恨。

【笺释】

据顾颉刚、刘起釪《译论》，此处释惠为"顺"，释懋为"勉"，为"正统解释"。

> "已，汝惟小子，乃服惟弘王应保殷民，亦惟助王宅天命，作新民。"

服，事也。弘，广也。应者，观民设教也。作，治也。殷民，卫之旧民也。武庚之乱，征伐之余，民流徙无常居，故康叔之国有新民也。新诛武庚，故命康叔曰："汝之事在广天子之意，观民设教，以保安殷民，又当助王宅天命，治新民也。"方三监叛周之初，天命盖岌岌矣，黜殷而封康叔，天命乃定。

【译文】

"哟，你小子，应从事于弘扬王的德政（以观察民情广敷教化），以保殷民（的安居乐业），同时也应助王信守天命，治理新民。"

服，从事的意思。弘，推广的意思。应，指观察民情广施教化。作，治理的意思。殷民，原卫国的旧民。武庚作乱，王朝出兵征伐之余，民众流散居止无常，因此康叔的邦国便有了新的民众。因为刚诛灭了武庚，所以便命康叔："你的事业在于广布天子之意，观民设教，以保安殷民，同时又应当助王室信守天命，治理新的邦国之民。"当三监叛周的初期，周王朝的存亡正面临岌岌可危的形势，及至周公平定殷武庚叛乱之后而封了康叔，周王朝始转危为安。

王曰："呜呼，封，敬明乃罚。人有小罪，非眚，乃惟终，自作不典式尔。有厥罪小，乃不可不杀。乃有大罪，非终，乃惟眚灾。适尔，既道极厥辜，时乃不可杀。"

近时，学者解此书，其意以谓人有小罪，非过眚也，惟终成其恶；非诖误也，乃惟自作不善。原其情，乃惟不以尔为典式，是人当杀之无赦。乃有大罪，非能终成其恶也，乃惟过眚，原其情，乃惟适尔，非敢不以尔为典式也。是人当赦之，不可杀。信如此，言周公虐刑，杀非死罪，且教康叔以人之向背以为喜怒，而出入其生死也。法当死，原情以生之可也。法不当死，而原情以杀之，可乎？情之轻重，寄于有司之手，则人人可杀矣！虽大无道，嗜杀人之君，不立此法，而谓周公为之欤？吾尝问之知法者，曰，此假设法也。周公设为甲乙二人皆犯死罪，而议其轻重也。甲之罪小于乙之谓也，非谓其罪不至死也。然其罪乃非眚灾，而惟终之，乃惟自作不法，而曰法固当尔。如是者，当据法杀之，不可谳也。乙之罪虽大，然非终之者，乃惟眚灾适尔。适尔者，适会其如此也。是则真可谳也。末世法坏，违经背礼，然终无许有司论杀小罪之法，况使诸侯自以向背为喜怒，而专杀非死罪者欤？以今世之法考之，谋杀已伤，虽未杀，皆死。虽未伤，而置人于必死之地，亦死。斗杀，故杀，虽已杀，而情可悯者，谳过失杀。虽已杀，皆赎。夫以未伤、未杀，而皆云"既杀"，岂非小罪杀而大罪赦乎？岂可以非死罪为小罪也？所谓"既道极辜"者，是人之罪重情轻，尽道以责备，则信有大罪矣，而以常情恕之，则不可杀。孟子曰"夫谓非其有而取之为盗"①者，是充类至义之尽也。夫充类至义，则《书》之所谓"尽道"也。予恐后世好杀者，以周公为口实，故具论之。

①语见《孟子·万章章句下》："非其有而取之者，盗也。"（北京市中国书店1985年版《四书五经》第四种《孟子章句集注》第79页）

【译文】

王说道："啊，封，对于刑罚，一定要敬重谨慎。人犯有小罪，但不知悔过自省，始终不守规矩法则，怙恶不悛。有这样的，罪过虽小，则不可不杀。而人犯有大罪，只是偶犯，且知道悔改。如果是这样，按审理监狱的规则最终认定是有罪的，这就可以不杀。"

近来，有的学者解读这段经文时，认为，人有小罪，不知悔改，不遵纪守法酿成罪恶；也不是因一时误会愤怒，只是主观作恶不善。考其情由，是终身为恶不守你的法典，所以人以为应当杀之不赦。而犯有大罪，并非是终身作恶，且因是过失犯罪，考其情由，只是偶然所犯，不是不守你的法典而明知故犯。则人认为应当赦免他，不可以杀死。如果相信这样的观点，那是周公滥用刑律杀并非犯死罪的人，且教康叔以人心的向背作为喜怒，将人置之于生死之地了。经审理依法当死罪的，考察他犯罪的实情，应予免死的，可以免死。依法不是死罪的，只是因其情不可恕而杀死他，行吗？情节的轻重程度，只是掌握在司法者的手里，这样将是人人都可以处死了！即使是残暴无道，以杀人为嗜好的君王，也不会立这样的刑法，能够说周公会这样做吗？我曾经请教过懂得刑法的人，说这只是一种假设。周公设为甲乙二人皆犯死罪，而议论其中的轻重。说是甲的罪小于乙的罪而已，并非说其中一人的罪不至于死。然而，他的罪并非过失，而是终身都做违法犯罪的事，自作孽不知悔改，反而说法原本就是这样的，罪不至死。如果是这样，应当依法处死，不必定案。乙之罪虽大，然并非终身作恶，并知悔过，所以才这样处理。"适尔"的意思是偶然所犯才适合于这样的刑法条文。也就是一定要依法定案。后世的刑法大坏，违经背礼，然而始终没有允许司法者"论杀小罪"的法律，何况允许诸侯以向背为喜怒，而专杀并非死罪的人呢？以现在的法律来看，谋杀罪，已造成伤害，虽未死人，都要判死刑；虽未有伤害，但已置人于必死的地步，也判死刑。斗杀罪，有杀人的故意，虽已杀死，但情有可原者，定案为过失杀人。虽已判死，但可以买赎。未伤，未杀，而都认为是"既杀"，难道可以说是"小罪杀而大罪赦"吗？怎么可以将非死罪作为小罪呢？所谓"既道极辜"者，是人的罪重而情节轻，而尽量以所有的法律条款来衡量确信是犯有大罪了，而以平常的情理加以宽恕，认为不可杀。孟子说"不是他所应有的东西而取为己有，就是盗窃"，是举同类的事，要做到仁至义尽。这举同类事追求仁至义尽，就是《尚书》所谓的"尽道"。我担心后世好杀的人，以周公为借口，所以就此发些议论。

【笺释】

东坡认为定人为有罪还是无罪，一切只能依现成的法律和原本的事实来决定，即今天的所谓"以事实为依据，以法律为准绳"。不能以个人或团体的好恶及意志来决人生死。林之奇也赞同东坡的观点，但他补充说："然《经》言'既道极厥辜'，即继以'时乃不可杀'，如苏氏之说则当于其中间更加以'常情恕之'之意，而后文义乃足。"

按东坡对此段经文发议论的对象是"近时学者"，其实早在汉代孔安国、唐代孔颖达就抱有同样的观点，认为犯有小罪而不改的就是要杀（见孔颖达《正义》："人有小罪，非过误为之，乃惟终身自为不常之行，用犯汝，如此者，有其罪小，乃不可不杀"）。曲解了周公说的只是一种假设的前提。因此可以说东坡的见解亦"多先儒之所未达"。

王曰："呜呼，封有叙。"

如此，则刑有叙也。

【译文】

王说："啊，封的治理真有条理啊。"

如果能做到这样，刑法方面也就有秩序了。

【笺释】

孙星衍《注疏》云："《释诂》云'顺，叙也'，'时，是也'。'有叙时'，蒙上文，言有顺是用刑者。'乃大明服'，言君大明而民服也。'时'字读当上属。"故《注疏》本断句为"封有叙时"，与东坡断句不同。

"时乃大明服。"

《春秋传》曰："乃大明服。己则不明而杀人以逞，不亦难乎？"①

①语见《左传·僖公二十三年》："卜偃称疾不出，曰'《周书》有之，乃大明服。己则不明而杀人以逞，不亦难乎？'"（岳麓书社1988年版《左传》第72页）

【译文】

"就这样，民众才大为信服。"

《春秋传》说："像这样大贤明，民众才大为信服。自己昏暗不明却要杀人逞威风，可不就是灾难了吗？"

"惟民其敕懋和。"

敕，正也。

【译文】

"民众就会勤勉端正，平和不争。"

敕，端正的意思。

"若有疾，惟民其毕弃咎，若保赤子。惟民其康乂，非汝封刑人杀人。"

刑人杀人者，法也。非汝意也。

【译文】

"如果他们身上有了过失,民众就像是有疾病要去除掉一样,要保其赤子之心。民众希望安稳康乐,知道(你要囚人杀人是依法治理以保地方平安)不是你封有意要囚人杀人。"

给人判刑、杀人,这是依法行事。并非你封的意思。

【笺释】

孙星衍《注疏》将"若有疾"一句归于上段,作:"惟民其敕懋和,若有疾。"并引杨倞注云:"懋,勉也。言君大明以服下,则民勉力为和调,而疾速以明效上之急也。"将"疾"解为"速"。如此解释,则疾字之前的"若有"二字便难以自通。还是要解为疾病的疾。

"无或刑人杀人非汝封。"

虽非汝意,然生杀必听汝,不可使在人也。

【译文】

"不要让囚人杀人的事或许不是出自你封的主张。"

虽然不是你的主张,然而生杀的大权必须由你来掌握,不可以出自别人的主张。

【笺释】

上句是说康叔(即封侯,康叔名封)作为诸侯,杀人囚人是依法办事,为了地方的安靖,不是康叔(封侯)要杀人囚人。而这句是说,康叔不是要杀人囚人,但也不能让杀人囚人的事出自别人所为而不是康叔的主张。然而,孔颖达《正义》却将"非汝封"三字下移,断句为"非汝封又曰劓刵人"。这样一来,三句话变为"非汝封刑人杀人,无或刑人杀人非汝意,非汝封又曰劓刵人"。意思混淆不清。故林之奇认为"其说亦迂回宛转,不甚平易",还是赞成东坡的解释:"惟苏氏以'非汝封'为绝句,不以冠于'又曰'之上,则其义明白矣。"顾颉刚、刘起釪《译论》引清代俞樾语,亦赞成东坡的解释。

又曰:"劓刵人,无或劓刵人。"

劓,割鼻;刵,割耳也。言非独生杀也,劓、刵亦如此。其文略,盖因前之辞也。

【译文】

又说:"不但杀人囚人,割鼻、割耳的刑罚也一样,(不是你封侯要这样干,但也)不能让干这种事不是出自你的主张。"

劓,割鼻子,刵,割耳朵。这是说,不仅是生杀的大事,割鼻子、割耳朵这种刑罚也一样。经文之所以简略,是因为承上文的意思所以省略。

王曰:"外事,汝陈时臬。"

德为内,政为外,臬,阑也。凡政事汝当陈此法,以为限节也。

【译文】

王说:"外朝听狱理政之事,由你来陈述法令。"

对内为德教,对外为行政。臬,指门槛(喻限制,即法令)。凡是行政方面的事应当由你来陈述法令,作为原则。

【笺释】

孙星衍《注疏》云:"外事,江氏声云'听狱之事也。听狱在外朝,故云外事。'臬者,《广雅·释诂》云'法也'。"

"司师兹殷,罚有伦。"

司,专也。专师此,则殷罚有伦矣。

【译文】

"专门以殷朝的法令为借鉴，则所有的处罚便都有道理依据了。"

司，专门的管理。专管这门事务，那么殷商法令中有理的都可用。

【笺释】

孔颖达《正义》云："言不滥刑，不但国内，而王言曰'若外土诸侯奉王事以至汝，汝当布陈是刑法以司牧其众，及此殷家刑罚有伦理者兼用之'。"

又曰："要囚，服念五六日，至于旬时，丕蔽要囚。"

要，狱辞也。服念至旬日，为囚求生道也。求之旬日而终无生道乃可杀。

【译文】

又说："重要的囚犯，需要他的供词，可延至五六日，直至十天，直到处决此重犯。"

要，监狱中专用的法律辞语。服刑反省思念至十日，为囚犯申诉其免罪的理由以求生路。直到十日之后，仍无可以免死的理由才可以处死。

【笺释】

孔颖达《正义》云："言不滥刑，不但国内，而王言曰：'若外土诸侯奉王事以至汝，汝当布陈是刑法以司牧其众，及此殷家刑罚有伦理者兼用之。'周公又重言曰：'既用刑法，要察囚情，得其要辞，以断其狱。当须服膺思念之，五日六日，次至于十日，远至于三月，一时乃大断囚之要辞。'"则囚犯申诉的日期不仅止于十日甚至可达三月之久。孙星衍《注疏》亦云："言断狱者（即审案的人）据囚要辞以论罪，恐不详慎而误入于刑，当伏（服）而思念五六日，或十日至三月，乃大断之。为求其生可以出之。且恐因虚求其罪，容其自反复也。死者不可复生，断者不可复续，三木之下，何求不得，故君子尽心焉。"即禁止严刑逼供之意。可知在殷商时期已有较为完备的法制理念。

王曰："汝陈时臬事罚，蔽殷彝。"
汝陈此以限节事罚，以蔽殷之常法也。

【译文】

王说："你既然已经陈述了这样的刑法，那么处罚时应全面使用殷商的常法。"

你已陈述了这样的刑法以限制处罚，就要按殷商的常法全面使用。

【笺释】

按孔颖达的解释，是王担心封侯在处理案件时，以个人的心愿代替刑法。所以他在《正义》中说："其刑法断狱，用殷家所行常法故事，其陈法殷彝，皆用其合宜者以刑杀，勿用以就汝封意之所安而自行也，以用心不如依法故耳。"用心不如依法就是这段经文"以法律为准绳"的中心意思。

"用其义刑义杀，勿庸以次汝封。"
次，就也。

【译文】

"以殷旧有的法典按合于当世的处决犯人，不要用迁就于你封侯心意的方式了决囚犯。"

次，俯就、迁就的意思。

"乃汝尽逊，曰时叙，惟曰未有逊事。"
常自以为不足也。

【译文】

"这样一来,你所行的政事便皆一切顺利,可以说是一切都尽善尽美,不过还是要说,总还有不足的地方。"

经常有不自满足的感觉。

"已,汝惟小子,未其有若汝封之心。朕心、朕德,惟乃知。"

将有以深告之,故言"我与汝相知如此"。

【译文】

"哟,你小子,想不到你封有如此之心。与我心我德有如此相通之处,这你应该知道。"

将要有更深刻的话要对他说,所以说"我与你相互了解到如此地步了"。

"凡民自得罪,寇攘奸宄,杀越人于货,暋不畏死。"

越,颠越也。暋,强也。

【译文】

"凡民众自己得罪,当强盗抢劫,奸刁诡诈,杀人越货,强横不怕死。"

越,颠覆跨越的意思。暋,强横顽劣的意思。

"罔弗憝。"

憝,恶也。人无不恶之者。

【译文】

"无不是恶人。"

憝,凶恶的人。没有人不憎恨他的。

王曰:"封,元恶大憝,矧惟不孝不友,子弗祗服厥父事，大伤厥考心。于父不能字厥子，乃疾厥子。于弟弗念天显，乃弗克恭厥兄；兄亦不念鞠子哀，大不友于弟。惟吊兹不于我政人得罪。天惟与我民彝大泯乱，曰：'乃其速由文王作罚，刑兹无赦！'不率大戛①。"

① "不率大戛"，戛，指伦常之德教。孔颖达《正义》："凡民不循大道五常之教，犹刑之。"

商纣之后，三监之世，殷人之父子、兄弟以相贼虐为俗。周公之意盖曰，孝友，民之天性也。不孝不友，必有以使之。子弟固有罪矣，而父兄独无过乎？故曰："凡民有自弃于奸宄者，此固为元恶大憝矣，政刑之所治也。至于父子、兄弟相与为逆乱，则治之当有道，不可与寇攘同法。我将诲其子曰，汝不服父事，岂不大伤父心？又诲其父曰，此非汝子乎？何疾之深也？又诲其弟曰，长幼，天命也，其可不顺？又诲其兄曰，此汝弟也，独不念先父母鞠养劬劳之哀乎？"人非木石禽犊，稍假以日月，须其善心油然而生，未有不为君子也。我独吊闵此人不幸而得罪于三监之世，不得罪于我政人之手。天与我民五常之性，而吏不知训，以大泯乱。乃迫而蹙之曰：乃其速由文王作罚，刑兹无赦。则民将辟罪不暇，而父子、兄弟益相于忿疾至于贼杀而已。后虽大戛击痛伤之，民不率也。舜命契为司徒曰："敬敷五教，在宽。"宽之言，缓也。五教所以复其天性，当缓而不当速也。

【译文】

王说："封，这些人都是元凶大恶，何况还不孝不友，儿子不敬服事父亲，大伤父亲的心。而做父亲的又不能教养其子，反而痛恨儿子。对于兄弟之间，弟不念及兄弟之间来自天命的情谊而敬重兄长；兄长也不念及兄弟之间同怀鞠育的情感，对弟大不友好。种种不善至此，是有累及我们执政之人得罪于天。这将使我民众陷于伦常不继的混乱之中，为此我要疾呼：'我文王即速降灾作罚，以刑法惩治这些不忠不孝之辈，决不赦免！'那些不循常礼之人更要加重处罚。"

殷商自纣王之后，直至"三监"之时期，殷人的父子兄弟之间，阴谋倾轧、互相妒害成为风俗习惯。周公的看法是，孝友，是人的天性。不孝不友，必定是其中有原因造成的。子弟固然有罪，但父兄难道就没有过错吗？因此说："凡是民众有自暴自弃沦为奸宄之辈者，这固然是元凶大恶之人，必须政刑加以纠治。至于父子兄弟相与造反叛乱的事件，处理起来就应当有适当的方法，不能与清除盗寇同样对待。我将教诲他的儿子说，你不服事父亲，岂不会大伤他的心么？又教诲他的父亲说，他不是你的儿子么？为何记恨他这么深？又教诲他的弟弟说，兄弟长幼，是一母同胞天生成的，能不顺从兄长么？又教诲他的兄长说，他是你的弟弟啊，独不念及先父母鞠养劬劳的哀伤么？"人非木石禽犊，稍为给予他们反省思考的时间，等待他心中的善念油然而生时，没有不悔悟再成为君子的。我独悲闵此人不幸而得罪于"三监"时期，而不是得罪于我执政时期。上天赋予我民众"五常"（即父义、母慈、兄友、弟恭、子孝）的天性，但官吏却不知道以此训诲百姓，以至于伦理大为混乱。因此而迫促我们紧急呼吁：赶紧由先文王降灾作罚，惩治这些（背弃伦常、兴妖作乱的）奸宄之徒决不赦免。但这样一来民众将逃避罪罚唯恐不及，而父子兄弟更加怨恨以至于阴谋贼杀而已。其后虽然大加痛击惩罚，民众还是不循教化。所以帝舜任命契为司徒则说："恭敬慎重地布施五常之教，方法在于宽。"宽的意思是缓（即宽容不急）。"五教"是用以恢复民众的天性，当然需要缓慢而不能急促。

【笺释】

在这段经文的诠解中，东坡主张对民众中的渎乱纲常等不法行为应该加强教育，而不能"不教而诛"，一味以刑杀为手段，企图以暴力代替说教。林之奇赞成此说。蔡沈却持相反态度，认为"曰乃其速由"句应解读为"速由文王作罚，刑此无赦而惩戒之，不可缓也"。周秉钧则直接解为:"乃其速由文王作罚,刑兹无赦。"孙星衍、皮锡瑞将此句连上读,并解"由"为"尤"。说民众的犯法是"乃其自召罪尤",即"咎由自取"的意思,所以下句是"文王作罚,刑兹无赦",也主张马上使用暴力加以镇压。顾颉刚、刘起釪《译论》亦同此说,观点与东坡相反。观点的不同在于观念与视角的差异。东坡看重的是人,持相反观点者看重的是权力。

"矧惟外庶子训人?"

《礼》曰:"庶子之正于公族者,教之以孝弟、睦友、子爱,明父子之义,长幼之序。"①言治之以峻急,虽国君不能,况庶子乎?

①语见《礼记·文王世子》:"庶子之正于公族者,教之以孝弟、睦友、子爱,明父子之义,长幼之序。"(岳麓书社1989年版《周礼·仪礼·礼记》第364页)按《礼记·燕义》"古者,周天子之官,有庶子官。"

【译文】

"何况还要以外庶子来训诲众人?"

《礼记》载:"庶子官训导公族子弟的内容有,教会他们懂得孝弟、睦友、子爱,明白父子的义务,长幼的秩序。"说是要求以急逼严厉的方法来进行训治时,就是国君也不能做得到,何况是诸侯国的庶子(外庶子)呢?

【笺释】

这里所称庶子不是所谓"庶出之子"。孙星衍《注疏》引郑玄注《周礼·叙官》云:"诸子,主公、卿、大夫、士之子者,或曰庶子是也。"又引《燕义》云:"古者,周天子之官,有庶子官,职诸侯、卿、大夫、士之庶子之卒掌其戒令,与其教治。"前引"庶子"即诸子,即众多公卿的孩子。后者引"庶子官"是周朝的一种官职名,并叙其职掌云。

又,"训人"一词,按东坡诠解,应为"训诲众人"之意。孔颖达《正义》、林之奇《全解》、蔡沈《集传》释义与东坡同。如《正义》:"况在外土掌庶子之官,主于训民";《全解》:"如庶子之官,其职以训人为主";《集传》:"外庶子以训人为职"。然而,孙星衍《注疏》引郑玄注,以"训人"释为"师长","训人"变成一个名词作为与庶子官同样负有训诲民众职责的官。此说较为勉强。

"惟厥正人,越小臣诸节。"
正人,官长也。诸节,诸有符节之吏也。

【译文】

"还有各级官长及掌管符节的诸位小吏。"
正人,各级官长。诸节,诸位掌管符节的小吏。

"乃别播敷,造民大誉,弗念弗庸,瘝厥君。时乃引恶,惟朕憝。"
汝既不由此道,诸臣等又各出私意,以布教令,要一切之誉,不念人之不庸,以病厥君。如是长恶,我亦恶之矣。

【译文】

"你们如此各出私意播传教令,邀民请功大立私誉,不念及人材的使用也不听我言,不用我的办法,使君王之道,病阻不通。这是你们在助长作恶,那我也要以恶相对了。"

你们既然进不由正道,诸位臣子等又各出私意,各布教令,索要一切荣誉,不思念人材之不用,因此使君道遇困难行。如此助长作恶,我也会因此以恶相对了。

【笺释】

"乃别播敷,造民大誉,弗念弗庸"这一段,有四种断句法。不同的断句有不同的解读。东坡仍坚持以教化立民，不以暴力虐民的主张。而其余各家仍有坚持以刑罚为主的。

"已，汝乃其速由兹义率杀，亦惟君惟长，不能厥家人。"

汝若速用此道以率民，不率则杀之。乃是汝为人君长而不能治其家人也。

【译文】

"唉，你若急着用这种刑法的手段去治理民众，不服者则杀之，那你还只是一个君长而已，还是治不服他的家人。"

你若速用这种方法去率领民众，不从的则杀掉。那你作为民众的君长还是不能治理他们的家人。

【笺释】

"汝乃其速由兹义率杀"一句，各本均独立成句，谓"不率教者，皆杀之"。但该杀的究竟是什么人，则有不同说法。孙星衍《注疏》、皮锡瑞《考证》、周秉钧《易解》认为是那些不守王法的臣子。蔡沈认为是臣民，凡臣民不率教者均可杀。

林之奇《全解》则持不同看法："今也率杀而无赦，则为非德义民。以非德则虽用文王之罚刑，汝亦无以使民之率大戛矣。"这正是东坡"服民以德不以刑"、反对滥刑滥杀的观点。

"越厥小臣、外正，惟威惟虐，大放王命，乃非德用乂。"

至于小臣，皆为威虐，放弃王命，此速由兹义率杀之致也。

【译文】

"以及小臣、外正官长，惟知扬威肆虐，完全放弃王命，这就是否定德治，专肆暴力了。"

至于那些小臣，都为非作歹，放弃王朝的法令，这正是因为急于专肆刑法而滥杀所致。

"汝亦罔不克敬典，乃由裕民，惟文王之敬忌，乃裕民曰：'我惟有及。'则予一人以怿"

居敬而行宽裕，先法文王之所敬畏，乃裕民曰："我惟有及，缓之至也。"欲速者，惟恐不及。

【译文】

"你也无所不能地敬重法典，于是想着宽裕民众，因而想着效法文王的敬畏，于是安慰民众说：'我惟有耐心等得及。'则我王可以因此而喜悦了。"

抱持敬重之心而行宽裕之法，这是效法文王执政时有所敬畏的方法，因而宽慰民众说："我有长久地等待的耐心。"想着快速达到目的的人，总是怕赶不及。

王曰："封，爽惟民，迪吉康。"

明哉，民之迪于吉且安也。

【译文】

王说："封，民众明勉，达到吉祥安康的时候了。"

明快啊，民众已步入吉祥安康的道路了。

"我时其惟殷先哲王德，用康乂民，作求。"

作求者，为民所求也。王弼曰："无者求有，有者不求所与；危者求安，安者不求所保。火有其炎，寒者附之。已苟安焉，则不宁方来矣。"[①]是之谓"作求"。

①语见王弼注《周易·上经》卷二"比"："夫无者求有，有者不求所与。危者求安，安者不求所保。火有炎，寒者附之，故己苟安焉，则不宁之方皆来矣。"东坡以王弼之言表示周公训示康侯要关注民众的需求。王弼（226—249），字辅嗣，山阳高平（今山东省微山县）人。魏晋时期经学家、哲学家，魏晋玄学的代表人物。著有《周易注》《老子注》等。

【译文】

"我随时从殷商先王的明哲盛德中求得治道，用以安治民众，为民求治。"

作求，为民众的福祉所求。王弼说过："没有的求有，有的不求人所给与；危险的求平安，平安的不求保护。火有热度，受寒的人才依附它。自己得以苟安了，于是尚不安宁的才过来。"这就是所谓的"作求"。

"矧今民罔迪不适，不迪则罔政在厥邦。"

适，从也。矧今民无有道之而不从者。若听其所为而莫之道，则是民为政也。

【译文】

"何况现在民众无道不相从，没有治道，则善政如何在此邦实现。"

适，随从的意思。况且现在的民众没有面对引导而不相随的。若是任由他们自由行动而不加以引导，那是放任民众自行为政了。

王曰："封，予惟不可不监，告汝德之说，于罚之行。"

德有说，说者，其理之谓也。《易》曰："和顺于道德，而理于义。"①作德，而不知其所以然之理，则其德若假贷然，非己有也。己且不能有，安能移诸人？此罚所以不行也。

①语见《周易·说卦》传："和顺于道德，而理于义，穷理尽性，以至于命。"（北京市中国书店1985年版《四书五经》第五种《周易本义》第70页）

【译文】

王说："封，我不可不有监于古人，告诉你关于德的道理，关于处罚的施行。"

德有说，说，就是其中的道理的意思。《易》说："和顺于道德，而理于义。"做人要立德，而不知道为什么要立德的道理，那么这样的"德"就像是向别人借贷一样，那"德"并非自己的东西。自己尚且都没有，怎么能移植给别人？这就是处罚所以达不到目的的原因。

【笺释】

东坡以《易·说卦》传中的一句："和顺于道德，而理于义。"这里所要表达的意思是：按儒家的学说，"立人之道曰仁与义"，所以人要立德也必须以仁、义为中心。而"穷理尽性以至于命"正是"理于义"的行动目标。自己都不具备"仁"的道德本质，如何去要求别人"理于义"从而"穷理尽性以至于命"？所以在此情况下的处罚很难达到让别人从中得到受处罚的真实感受，从而达到施行处罚的目的。

"今惟民不静。未戾厥心，迪屡未同。爽惟天其罚殛我，我其不怨。惟厥罪无在大，亦无在多。矧曰其尚显闻于天。"

同，从也。戾，止也。今殷民不静其心，无所止戾，道之而屡不从者，罪在我也。天其罚殛我明矣。我其敢怨无，曰"我无罪"。罪岂在大与多乎？言行之失毫厘为千里，况其显闻于天者乎！

【译文】

"今殷民众之心不平静。心还没静止下来，对于我周朝的教导也屡不认同。明显是殷民的不安而上天在惩罚我。我并不抱怨。罪过不在大，也不在多，况且还会上闻于天呢。"

同，顺从的意思。戾，止息的意思。今殷民众其心还不安静，设能终止暴戾加以训导也屡不顺从，这样的罪过在我身上。上天明显是因为殷民众的不安在惩罚我。我敢抱怨没有这样的事，说"我无罪"吗？罪岂在大与多呢？言行的失误，差之毫厘会失之千里，况且还会上闻于天呢！

王曰："呜呼，封，敬哉，无作怨，无用非谋、非彝，蔽时忱，丕则敏德。"

非谋，不与众谋者也。非彝，非故常者也。非谋非彝，事之危疑者也。忱，言所信者也。汝当以所信者决危疑，不当以危疑决所信也。

【译文】

王说："啊，封，你要保持诚敬之心，勿做怨悔之事，勿用不良的谋略，勿用反常的方法，随时去掉不诚实的念头，大力勉行德教。"

非谋，不和众人商量谋事。非彝，违反常情、常规的意思。非谋非彝，指危险而有疑问的事情。忱，值得信任的言行。你应当以信得过的建议来处理危险疑难的问题，而不要以危险与可疑的态度去对待可信的事情。

"用康乃心，顾乃德，远乃猷，裕乃以民宁。不汝瑕殄。"

汝惟宽裕，则民安。不汝瑕疵，亦不汝远绝也。

【译文】

"行诚实之道以安心，谋裕民之事以积德，作长远的谋略，使民众得以安宁。这样，我不会嫌弃你，也不会与你断绝。"

你只有行宽裕之政，才会使民众安宁。不会嫌弃你，也不会与你永远断绝。

王曰："呜呼，肆汝小子封，惟命不于常，汝念哉！无我殄享。"

无自绝天享也。

【译文】

王说："啊，你小子封，天命不会永常，你时时都要念及啊！不可断绝上天给予你的为人君主的使命。"

不可自绝于上天给予的使命。

【笺释】

顾颉刚、刘起釪《译论》引清江声语："享，祭祀也……故言汝其念天命之无常，毋殄绝我之命祀。"表示周公戒封叔不可忘了保全祖宗基业，勿绝了祖宗的祀典。

"明乃服命"
明汝车服教令。

【译文】

"彰显你作为邦君的车服号令。"

显示你作为邦君的车服教令。

"高乃听，用康乂民。"
听于先王为高。

【译文】

"听从先王的道德之言，治理好民众使获安康。"

听从先王就是高。

【笺释】

按，原作将"用康乂民"句下移后又接"王若曰"三字，与前例不合，也不顺，故特予以调整。

王若曰："往哉，封，勿替敬典，听朕告汝，乃以殷民世享。"

【译文】

王接着说："继续吧，封，不可废了应该敬重恪守的典章法度，听我告诉你，修德敬职才能与殷民世代共享康宁。"

酒诰第十二

【笺释】

《史记·卫世家》载："周公旦惧康叔齿少，告以纣之所以亡者，以淫于酒。酒之失，妇人是用，故纣之乱自此始。故谓之《酒诰》以命之。又《周本纪》云：'初，管、蔡叛周，周公讨之，三年而毕定，故初作《大诰》，次作《微子之命》，次《归禾》，次《嘉禾》，次《康诰》，次《酒诰》、《梓材》，其事在周公之篇'。"顾颉刚、刘起釪《译论》云："《酒诰》是康叔封于殷故地卫（妹邦、沫邑）之后，周公为了殷人以酗酒亡国，特紧接着告诫康叔勿蹈覆辙的诰词。在先秦时，《康诰》《酒诰》《梓材》三篇合称为《康诰》三篇。"

王若曰："明大命于妹邦。"

妹，沫也。《诗》所谓"沫之乡"①矣。在朝歌以北。俗化纣德，沈湎于酒，故以酒戒。

①《诗经·鄘风·桑中》："爰采唐矣，沫之乡矣。"（上海古籍出版社1980年新1版《诗集传》第30页）

【译文】

王这样说："要向妹邦宣告大命。"

妹，指沬地。即《诗经》所谓的"沬之乡"了。在殷朝都城朝歌的北面。这地方的风俗改变了纣王的德性，整天沉湎于酒，所以用《酒诰》来警告康叔。

"乃穆考文王，"
文王于世次为穆。

【译文】
"你先父文王为穆考，"
文王按昭、穆的世系排列为"穆考"。

【笺释】
按古代的宗庙制度，天子立七庙，诸侯立五庙，大夫立三庙，士立一庙，庶民无庙。庙里按尊卑排位，始祖居中，左昭右穆。父居左为昭，子居右为穆。二世为昭，三世为穆，如此顺延。又长为昭，幼为穆，嫡为昭，庶为穆。文王按世系排列为穆，于周公而言为父，为考，故称"穆考"。但顾颉刚、刘起釪《译论》引王国维[①]语，认为"穆、昭、文、武，皆美名"并说"周初恐无昭穆之制，穆考当为美称也"。

[①]王国维（1877—1927），初名国桢，字静安、伯隅，初号礼堂，晚号观堂，又号永观。浙江省海宁州（今浙江省嘉兴市海宁）人。王国维是中国近现代享有国际声誉的著名学者。曾任北京大学教授、清华大学国学研究院教授等职。著述甚丰，有《海宁王静安先生遗书》《红楼梦评论》《宋元戏曲考》《人间词话》《观堂集林》《古史新证》等。

"肇国在西土，厥诰毖庶邦、庶士、越少正、御事。"
少正，官之副贰也。

【译文】
文王开国在西土（即今陕西一带），颁布此《诰》告戒你整个邦国，庶士及为官的副贰职事以及管事的各人。

少正，指官员中的副职。

"朝夕曰，'祀兹酒'。"

朝夕敕之，惟祭祀则用酒。

【译文】

"文王在世时早晚都说'祭祀时才用酒'。"

早晚都告诫，只有祭祀时才用酒。

"惟天降命，肇我民，惟元祀。"

酒行于天下，非小物细故也。故本之天，天始令民知作酒者，本为祭祀而已。

【译文】

"上天有令，正告我民众，只有举行大的祭祀时才用酒。"

酒之流行于天下，决非小物品小事件。所以要追索到上天去，让上天才告诉民众知道，造出酒这东西本为祭祀之用而已。

"天降威我民，用大乱丧德；亦罔非酒，惟行，越小大邦用丧。亦罔非酒，惟辜。文王诰教小子，有正有事，无彝酒。"

彝，常也。有正，有所绳治也。有事，有所兴作也。有正有事，无常酒，容其饮于燕间也。

【译文】

"上天降下威严的劝诫，我民众酗酒会大乱性丧德；也并非都因为酒，而是行为，以及大小邦国也会因酗酒而丧邦。也并不单纯因为酒，而是有罪。文王诰教庶民子孙，要有所约束，有所作为。不可经常饮酒。"

彝，平常。有正，意谓有所管治约束。有事，有所作为。有约束，有作为，不经常饮酒，只容许在宴席间才适当饮酒。

【笺释】

　　东坡的解释是不能经常饮酒（或酗酒），但在某些特别的场合可以适量饮用。这与孙星衍等的解释略有不同。所以其诠解也有不同。孔颖达《正义》释"小子"为"民之子孙"（东坡用此义）；孙氏将"小子"指为康叔，"有正"指为有政（释正为政）的大臣，"有事"指为有事的小臣。因此，这些人等均不可常（彝）饮酒。此说可供参考。但东坡解为"只容许在宴席间才适当饮酒"却是比较符合事实的。不然，为什么当时有的邦国（如妹邦）会饮酒成习惯？顾颉刚、刘起釪《译论》引《尚书大传》云："天子有事，诸侯皆侍，尊卑之义。宗室有事，族人皆侍。终日，大宗已侍于宾奠，然后燕私。燕私者何也？祭已而族人饮也。"证明东坡所言为正。

"越庶国饮惟祀，德将无醉。"

　　因祭赐胙乃饮，犹曰："以德自将，无醉也。"

【译文】

　　"及其余众邦国只有祭祀时才允许饮酒，有德的人也不会饮酒至醉。"
　　因祭祀，赐给祭肉时才喝酒，好比说："以德自制，不会喝醉。"

　　"惟曰：我民迪，小子惟土物爱，厥心臧，聪听祖考之彝训，越小大德，小子惟一。妹土嗣尔股肱，纯其艺黍稷，奔走事厥考厥长，肇牵车牛，远服贾，用孝养厥父母。厥父母庆，自洗腆，致用酒。庶士有正越庶伯君子，其尔典听朕教。尔大克羞耇惟君，尔乃饮食醉饱。丕惟曰，尔克永观省，作稽中德。尔尚克羞馈祀。尔乃自介用逸，兹乃允惟王正事之臣，兹亦惟天若元德，永不忘在王家。"

　　纯，大也。"纯其艺黍稷"者，大修农事也。洗腆，逸乐之状也。羞[1]，进也。"羞耇惟君"者，犹曰"寡君之老"也。介，副也。"惟曰我民迪于小子之教"，怀土安居，啬于用物，其心无恶，以听祖考之训。小大上下，德我小子如一，如妹土之民，皆竭其股肱之力，以继其上之事。或大修农事，或远服商贾，以养父母。父母洗腆自庆，则汝民可以饮食醉饱也。汝小子封，能自观省，作稽中德，常有则于内，以察物至。又有耆老贤臣，可以代汝进馈于庙者，则汝亦可以此人自副，而休逸饮食醉饱。如此，则汝小子乃为王正事之臣，亦为天所顺予元德之君，永世不忘矣。饮酒，人情之所不免，禁而绝之，虽圣人有所不能。故独戒其沈湎之祸，而开其德饮之乐，则其法不废。圣人之禁人也，盖如此。

　　[1]羞，库本作"修"，明凌刻本、《苏东坡全集》均作"羞"。而此段经文无"修"字，因此"进也"二字应为"羞"字的解释。孙星衍《注疏》引《释诂》："羞，进也。"据改。

【译文】

　　"惟独要说的是：我民正直，小子爱惜土产之物，心地良善，聆听先祖的日常教训，小大之人都念及祖德，小子思想纯一。妹邦土之人愿为你出股肱之力，专心耕稼而提高种植黍稷的技艺，往来奔走服侍父老长辈，牵牛拉车，赴远途从事商贩，以此孝养父母。父母喜庆，尽洗颜面，也会喝饮一杯。各官长及众叔伯君子，你众人常听朕的教导。你大可因贤能晋级而为耇老，君王定能让你饮食醉饱。大可指教你，你要能长久体会，观省中正之德。你将能因此进入助祭祀享的行列，且能介入右助祭，用为燕乐的上宾。这已经是王臣中管理政事的大臣了，这也是你顺善天意生有大德，永不要忘了身在王家。"

纯，宏大的意思。"纯其艺黍稷"，意思是大力兴修农业方面的事务。洗腆，表示逸乐的状态。羞，进用的意思。"羞耇惟君"好比是说"我国君的老者"。介，副手。"惟曰我民迪于小子之教"，意即小民怀土安居，不会暴殄天物，心地善良无恶意，能听从祖考的训导。小的大的，上上下下，都会听我小子，始终如一，就像妹邦土地上的民众，都会竭尽股肱之力，以承继其上之事。或大修农事，或远途从事商贩，以养父母。父母洗面自庆，则你们民众可以饮食醉饱了。你小子封，能自我观察反省，保持中正之德，心中常有准则，以观察事物至于大治。又有耇老贤臣，可以代你进奉于庙堂，则你也可以此人作为副手，而可以休息逸乐饮食醉饱。如此，则你小子便成为王身边管理政事的大臣，也是上天承顺大德之君主，长此不忘你身在王家。饮酒，于人情之中是免不了的，想禁止断绝，即使是圣人也不可能做到。因此，只能告戒其沈酒于酒的祸害，而开导其"饮酒以德"的乐趣，这样，饮酒之法才不会荒废。圣人之所以禁止人的方法，都应该是这样的。

【笺释】

据顾颉刚、刘起釪《译论》所释，"尔大克羞耇惟君"一句，王国维等疑为上下有阙文，其义未解，未详。姑暂译如此，待考。

王曰："封，我西土棐徂邦君、御事小子，尚克用文王教，不腆于酒。故我至于今，克受殷之命。"

徂，往也。我西土邦君辅武王同往伐纣者，下至于其御事小子皆用文王教，不腆于酒。

【译文】

"封，我西土辅臣来助邦君的还有执事小子，尚能用文王的教诲，不可沈酒于美酒。"

徂，前往的意思。我西土邦君辅助武王同往讨伐纣的，下至于执事小子都能遵循文王的教诲，不会沈酒于美酒。

【笺释】

　　东坡将"小子"作为来自西土辅助周公东征的下级执事小吏，而孙星衍《注疏》却指"小子"为封（即康叔），断句为："徂邦君御事，小子尚克用文王教，不腆于酒。"两者指代虽不同，但于"不腆于酒"的关键情节上却无差别，只是对经文的理解不同而已。

　　"故我至于今，克受殷之命。"王曰："封，我闻惟曰，在昔殷先哲王迪畏天，显小民，经德秉哲，自成汤咸至于帝乙，成王畏相。惟御事厥棐有恭，不敢自暇自逸，矧曰其敢崇饮？越在外服，侯、甸、男、卫邦伯，越在内服百僚、庶尹，惟亚、惟服、宗工，越百姓里居，罔敢湎于酒。不惟不敢亦不暇，惟助成王德显，越尹人祗辟。"

　　崇，聚也。宗工，大臣也。我闻惟曰，殷之先王畏天道，显民德，常德秉哲。自成汤、太甲、太戊、祖乙、盘庚、武丁、帝乙七王，皆成德之王，皆畏敬其辅相，至于御事之臣，所以辅王者皆恭敬，不敢暇逸，况敢聚饮？至于外服诸侯，内服百僚，皆服事其大臣。至于百姓大族，居于闾里者，皆不湎于酒。不惟不敢，亦不暇。惟以助王之显民德，及以助庶尹之祗厥辟也。

【译文】

　　"所以到现在，我们终于能革除了殷纣王的命。"王曰："封，我听说，在过去那些明哲的殷商的先王们都敬畏天命，彰显小民，讲道德开民智，自成汤直到帝乙，都是能遵行王道的君王又都能敬畏其辅相。至于一般执事的臣子以及辅臣之类，皆恭敬有礼，不敢擅自逸乐偷闲，何况胆敢聚众豪饮？至于都邑外的侯服、甸服、男服、卫服的邦伯们，以及位在内服的各类官僚、各类长官、副职、办事人员、宗人大臣，至都邑内居住的百姓，都不敢沈湎于饮酒。不但不敢饮也没有闲暇，都有正事要协助君王彰显德政，众官敬德守法。"

崇，聚集的意思。宗工，朝廷大臣。我听说，殷商的先王敬畏天道，彰显民德，讲道德开民智。自成汤、太甲、太戊、祖乙、盘庚、武丁、帝乙七王，都是遵行王道的明君，都能敬畏辅佐之大臣，至于管事的辅臣们，也都辅佐王恭敬职守，不敢逸乐偷闲，何况胆敢聚饮？至于外服的诸侯，内服的百僚，也都服从其大臣。至于百姓大族住在都邑闾里的，都不敢沉湎于酒。不但不敢，也没有闲暇酗酒。都要助君王成就王业，彰显民德，以及帮助众官敬德守法。

"我闻亦惟曰，在今后嗣王酣身，厥命罔显于民，祗保越怨，不易。诞惟厥纵淫泆于非彝，用燕丧威仪，民罔不尽伤心。惟荒腆于酒，不惟自息乃逸，厥心疾很，不克畏死。辜在商邑，越殷国灭，无罹。弗惟德馨香祀登闻于天，诞惟民怨，庶群自酒，腥闻在上。故天降丧于殷，罔爱于殷。惟逸。天非虐，惟民自速辜。"

今后嗣王，纣也。祗，适也。尽，痛也。纣酣乐其身，命令不下行于民。本以求慢易之乐也，然其德[1]适足以为怨仇之保，未尝乐易也。纣燕丧其威仪，望之不似人君，民莫不痛其将亡也。而犹荒湎不少休息，其心为酒所使，忿疾强狠，不复畏死。不醉而怒曰恚，明醉者，常怒也。国君醉，则杀人，士庶人则相杀。明酒之能使人怒也。纣之怒，至于杀其身而不畏。惟多辠逋逃，萃于商邑，上下沈湎及殷之灭。此等能无罹乎言与纣俱死也？天不闻明德之馨，但闻刑戮之腥，故天之降丧于殷，无所爱憖者，皆以其逸耳，非天之虐。殷人自速其辜也。

[1]德，明凌刻本、经解本作"得"。

【译文】

"我也听闻说，商纣王因酣饮而丧身，他的命令不能显现于民而为民众所敬畏，只图安乐而招怨恨却不改易。违背常法纵欲淫泆，宴乐豪饮丧失帝王的威仪，民众无不伤心痛苦。纣大为美酒陶醉，不知休止，更为逸乐狠心，自以有命在天不畏惧死。罪在商邑，由此导致殷国的灭亡，无所忧惧。没有美德之馨香上祀登闻于天，却只有民怨，臣僚聚为群落纵酒自乐，腥闻于天。因此上天降下丧亡之祸及于殷商，不再垂爱于商邦。只因纣的放纵罪过所致。并非上天要虐害殷民，是殷民自己速招其罪恶。"

今后嗣王，指纣王。祗，适合的意思。尽，痛苦。纣只顾酣乐自身，他的命令不能下达于民众。本来想求得缓慢地尽情享乐，然而他的恶德恰好招怨于民，更加仇视他，未曾获得长久享乐的效果。纣终日宴饮，丧失掉作为君主的威仪，看起来不像一个人君，民众莫不痛恨希望他早死。但他还是纵酒不止，他的心为酒所驱使，因此变得强狠忿疾，自以有天命保护不再畏死。不醉而发怒叫"曼"，而真醉了的人，就会经常发怒。一国之君醉了要杀人，士庶之间醉了要互相杀伐。说明酒之能使人发怒。纣王之怒，至于自杀其身而不知畏惧。而其他多罪的人就逃跑藏匿，这情况都集中于商都，上下都酣醉不醒，直到殷的灭亡。这些能不都遭到人们的责难，而与纣一齐灭亡吗？上天闻不到善德的馨香，但闻到刑戮的腥味，因此天之所以降丧于殷，而无所爱憼的原因，都是因为他们的罪过而已，而不是天对他们的虐害。是殷人自己速招其罪恶的严惩呀。

王曰："封，予不惟若兹多诰。古人有言曰，人无于水监，当于民监。今惟殷坠厥命，我其可不大监抚于时？"

抚，安也。

【译文】

王说："封，我不仅如此多训诰的话。古人说过，人不照影于水，当照影于民。如今殷商的灭亡，我岂可不以他们为监（汲取教训）好好安抚民众么？"

抚，安抚的意思。

"予惟曰，汝劼毖殷献臣，侯、甸、男、卫，"

劼，固也。坚固汝心，敬畏殷贤臣之在侯、甸、男、卫者。

【译文】

"我告诉你，你一定要小心请回殷商散居在侯、甸、男、卫各部落中的贤良大臣。"

劼，坚定的意思。坚定你的信心，敬畏散落在侯、甸、男、卫各地的殷的贤臣。

"矧太史友、内史友。"

当时二贤臣，封所友者。

【译文】

"况且还有太史友、内史友二人。"

当时的两位贤臣，都是封侯所交往的好友。

【笺释】

孔颖达《正义》曰："太史掌国六典，依《周礼》，治典、教典、礼典、政典、刑典、事典也。内史掌八柄之法者，爵、禄、废、置、杀、生、与、夺。此'太史'、'内史'即康叔之国大夫。"

孙星衍《注疏》谓太史、内史都是亲近君主身边掌记事、记言行的大臣。太史为左史；内史为右史。友，读同"右"。

"越献臣、百宗工。"

及汝之贤臣与凡大臣、百执也。

【译文】

"还有你朝中的各位贤臣及大臣、百执事官。"

以及你的贤臣与凡大臣、百执事官。

"矧惟尔事服休、服采。"

休，德也。采，事也。服休，以德为事者也。服采，以事为事者也。

【译文】

"况你要遵行美德，行治民之事。"

休，指德行。采，事情。服休，以德教作为要践行的大事。服采，也要以治民之事为大事。

"矧惟若畴圻父？"

畴，谁也。司马主封圻，曰圻父，所以诃问寇敌者。贾谊曰："陈利兵而谁何。"①

①贾谊《过秦论》："信臣精卒，陈利兵而谁何。"（国家图书馆出版社2000年版贾谊著、方向东解读《新书》第一卷第2页）

【译文】

"况你要以谁为圻父？"

畴，谁。司马的职务是巡守封疆保卫边境，敬称为"圻父"，是要追问敌寇消息的主官。贾谊说："布陈精锐甲兵，盘问往来行人。"

【笺释】

顾颉刚、刘起釪《译论》引于省吾①《尚书新证》释畴为"寿"，谓"以官言则曰'三卿'、'三公'、'三正'；以年寿言，则曰'三寿'。"故"三寿"即三畴（司马、司空、司徒），与东坡所解不同。

①于省吾（1896—1984），字思泊，号泽螺居士。辽宁省海城市西柳镇中堡村人。中国古文字学家、训诂学家。吉林大学历史系教授，曾任中国语言学会顾问兼学术委员。主要著作有《甲骨文字释林》《商周金文录遗》等。

"薄违农父？"

薄，近也。违，去也。司徒，训农，敷五教。曰"农父"，去民最近也。

【译文】

"最为近民的农父呢？"

薄，接近的意思。违，去的意思（即离民最近）。司徒，主理农事，布陈五常之教。称为"农父"，是最为接近民众的官。

"若保宏父。"

保，安也。宏，大也。司空斥大都邑。曰"宏父"，以保安民居者。

【译文】

"还有保宏父。"

保，是确保安居。宏，是宏大都邑。司空的职责是扩大都邑的建设。称为"宏父"，以保证民众能安居乐业。

"定辟。"

诸侯以定位为难。故《春秋传》曰："厚问定君于石子。"① 又秦伯谓，晋惠公入而未定列。故周公戒康叔敬畏众贤士以定位也。

①事见《左传·隐公四年》："州吁未能和其民，厚问定君于石子。"州吁，卫国公子，有宠而好兵，卫庄公不能禁。石碏劝谏速除州吁，不听。州吁果然弑君（卫桓公）而立，但卫国人不服他，动乱不已。因此石厚（石碏之子）有这一问。东坡以此为例，意在说明周公劝康叔须重视众大臣的安置定位，使各安其分。

【译文】

"确定好各公诸侯职位的法度。"

诸侯以确定其职位为难。所以《春秋传》说："石厚问定君于石子。"又秦伯说，晋惠公入而未定列。故周公戒康叔敬畏众贤士以定位。

【笺释】

"定辟"，顾颉刚、刘起釪《译论》引顾颉刚语云："司工一职，凡田土、住宅、饲料、防盗、工程诸端皆为其事，盖合公安、建设、农业、畜牧为一官者，故可以定辟也。"即安定其职位。

"矧汝刚制于酒？"

酒非刚者不能制。

【译文】

"况你强制不能饮酒呢？"

酒非刚强的人不能自制。

"厥或诰曰，群饮，汝勿佚，尽执拘以归于周，予其杀！"

"予其杀"者，未必杀也。犹今法曰"当斩"者，皆具狱，以待命，不必死也。然必立死法者，欲人畏而不敢犯也。群饮盖亦当时之法，有群聚饮酒，谋为大奸者，其详不可得而闻矣。如今之法，有曰："夜聚晓散者，皆死罪。"盖聚而为妖逆者也。使后世不知其详，而徒闻其名："凡夜相过者，辄杀之。"可乎？旧说以为，群饮者，周人则杀之，殷人则勿杀也。民同犯一罪，而杀其一，不杀其一，周人其肯服乎？民群饮则死，公卿大夫群饮可不诛乎？不诛，吏则无以禁民；吏、民皆诛，则桀、纣之虐不至于此矣。皆事之必不然者，予不可不论。

【译文】

"或有人报告说，有人群聚饮，你不要让他们逃跑了，都把他们抓起来押到周都去，我杀了他！"

说"我杀了他"，未必真的就杀了。好像今天所说的"法当斩"，那是审判时的法律语言，是等待开刀问斩，并不是说就必须把他杀死。然而必须立死法，那是因为要人们畏惧而不敢冒犯法律。聚众饮酒，想必也是当时的法律（所禁止的），有"群聚饮酒，借机谋为不轨"的奸恶，但其详细情形已不可得而知。如今的刑法有这样的规定："夜晚聚集，到晓才散者，皆死罪。"因为是聚在一起而会成为兴妖叛逆的原因。假如后世不知道其中详细的缘由，而只是听闻到这样的条文："凡是民众在夜晚有来往，就是死罪要杀头。"这样做有道理吗？过去有一种说法，认为聚众群饮，在周朝要杀头，但在殷朝则不杀。人犯同样的罪，而一个要杀掉，一个则不杀，周朝的人肯驯服吗？民众聚众群饮要叛死罪，公卿大夫群饮要不要处死？若不处死，执法的官吏就没有理由去禁止民众；如果因此而将官吏与民众也一起杀掉，那么夏桀与商纣王的暴虐也不至于会做到这样吧。都是不可能有的事，所以我不得不加以讨论。

【笺释】

东坡对这一段经文的诠解显现出他所坚守的"法律面前人人平等"的法制观念，无疑是十分进步的。顾颉刚、刘起釪《译论》引朱骏声[①]语："言有告群饮者，尔毋纵之，皆执缚以归周，其当杀者杀之也。愚按：此指周的众臣中有此者，康叔不得专杀，故执以归周也。"算是古今为东坡的议论作出的唯一回应。然而仍不如东坡平等观念的明确与合理。

[①] 朱骏声（1788—1858），字丰芑，号允倩，晚年又号石隐。江苏苏州人。清中后期著名文字学家。主要著作有《说文通训定声》《传经堂集》等。

"又惟殷之迪诸臣惟工，乃湎于酒，勿庸杀之，姑惟教之，有斯明享。乃不用我教辞，惟我一人弗恤，弗蠲乃事，时同于杀。"

此谓凡湎于酒，而不为他大奸者也，不择殷、周，而周公特言殷者，盖为妹邦化纣之德，诸臣百工皆沈湎，而况民乎？故凡湎于酒者，皆可教不可杀，不分殷、周也。"有斯明享"者，哀敬之意达于民，如达于神也。如此岂复有不用命者乎？若我初不知恤此，不洁治其事，则是陷民于死，同于我杀之也。

【译文】

"又有殷商诸臣蹈溺于酒，对那些因民俗影响沈湎于酒的官长，不用杀他们，姑且进行教育，分别是否有因祭祀而饮酒的，可以不究。若你不用我的教令，那我一个也不能怜惜，若不廉洁地法办此事，是等同于我杀一样。"

这是说，凡是沈湎于酒的人，除了饮酒而没有其他大奸大恶的，不管他是殷还是周，周公特别举殷而言，是因为妹邦曾因其风俗败坏了纣王的德性，而诸臣百工也都沈湎于酒，何况民众？所以凡是沈湎于酒的，都可以教育而不可妄杀，无论是殷还是周。有的是"因为祭祀而公开饮酒"的，敬享神明之意既达于民众，也通于神灵。如此哪还有不要命敢违法饮酒的人吗？如果我开始时不知体恤到这一点，未能清廉地处理此事，那等于是陷民众于死地，也等同于我杀了他了。

【笺释】

东坡此段诠释，全站在民众的立场，体恤民众无辜的处境，主张对民众应重在教育，不可滥杀、妄杀。林之奇对此不以为然，认为先王的做法已经"仁至义尽"，尚有"犹泯乱于民彝者，亦所不赦也"，即再不听劝，即杀无赦！所以批评"苏氏又以为'若我初不知恤此……则陷民于死，同于我杀之'，皆非也！"全站在帝王的立场持反对态度。

王曰："封，汝典听朕毖，勿辩乃司，民湎于酒。"

禁之难行者，莫若酒。周公忧之深矣。故卒告之曰："汝既常听用我所畏慎者，又当专建一司，以察沈湎。若以泛责群吏，而不辩其司，禁必不行矣。"或曰，自汉武帝以来至于今，皆有酒禁。刑者有至流，赏或不赀，未尝以少纵。而私酿终不能绝也。周公独何以禁之？曰，周公无所以利于酒也，以正民德而已。甲、乙皆笞其子。甲之子服，乙之子不服，何也？甲笞其子而责之学；乙笞其子而夺之食。此周公能禁酒也。

【译文】

王说："封，你要常听我的教诲，不要为你负有治理责任的官吏们辩护，纵民沈湎于酒。"

禁令最难执行的，莫过于禁酒令了。周公对此的忧虑也太深了。所以最后告诉封侯说："你既要经常听从我的教诲从而知道我所最为担忧和畏惧的是什么，还要设立一专管察觉滥饮酒的机构，监察沈溺于酗酒的行为。若只是泛泛地责备众官员，而不问责于专司禁酒的机构，禁酒令是行不通的。"有人说，自汉武帝以来至于今，都制订有禁酒的法令。刑法规定，甚至有因犯禁酒令而被流放的处罚，举报的赏钱或者也不少，但也未能使放纵滥饮的积习有所减少。而私下偷偷酿酒的始终也未断绝。周公为什么独能禁酒？因为周公禁酒并不为了图取任何利益，而只是为了端正民众的道德而已。甲乙两人都鞭打自己的儿子。甲的儿子服了，乙的儿子却不服。为什么呢？甲鞭儿子是为了让他改过而转向求学读书；乙鞭儿子是要责罚他，不让他吃饭。这就是周公能禁酒的原因。

书传卷十三

周 书

梓材第十三

王曰:"封,以厥庶民暨厥臣达大家,以厥臣达王,惟邦君。"

大家者,如晋六卿,鲁三桓,齐诸田,楚昭、屈、景之类,此晋、鲁、齐、楚之所恃以为骨干者,无之则无以为国也。故曰"季氏亡则鲁不昌"。然其擅威福,窃国命则有之矣。古者国君驭此为难。《孟子》所谓"不得罪于巨室"者①,周公教康叔曰:"汝上不得罪于王,下不得罪于巨室,则国安矣。"人君多疾恶于巨室,所恶于巨室者,恶其危国也。周公曰:"无庸疾也。汝得民与臣,而国自安。巨室何为乎?"故曰:"以厥庶民暨厥臣达大家,以厥臣达王。"上下情通谓之达。以尔庶民之心达大家之心,以尔贤臣聘于周以达王心,而国安矣。

①《孟子·离娄章句上》:"为政不难,不得罪于巨室。"

【译文】

王说:"封,以你治下的庶民与你的臣子们通达于大家巨室,以你的臣子通达于王,那你邦君的地位才算坐稳了。"

所谓"大家",就如晋国的六卿,鲁国的三桓,①齐国的诸田氏,②

楚国的昭、屈、景之类。③这是晋、鲁、齐、楚四国之所以赖以为骨干的世家大族，没有他们，则不能成其为国家。所以有"季氏亡则鲁不昌"的说法。然而，这些世家大族擅作威福，窃夺国命的危险也是有的。古时候，一国之君驾驭这些巨族甚有难度。《孟子》所谓"不得罪于巨室"者，周公教导康叔曰："你上不得罪于王，下不得罪于巨室，则国安矣。"人君大多疾恶于世家大族，之所以厌恶于世家大族的原因，是担心他们会危害国家。周公说："用不着担心他们。你获得民众与臣子们的支持，国家就会安全。世家大族能有什么作为呢？"所以说，"以你的庶民与你的臣子通达于世家大族，以你的臣子通达于王"。上下情通，谓之达。以你臣民之心通达于世家大族之心，以你的贤臣受聘于周王室以通达王心，邦国就安全了。

①鲁三桓：指春秋战国时期鲁国出自鲁桓公的孟氏、叔孙氏、季氏三家大族，史称"鲁三桓"。

②齐诸田：指齐国田氏家族。其始祖田单，原为齐王室远房宗亲，曾用奇兵击败燕国，有功拜相，封安平君，遂成为齐国巨族。

③楚昭、屈、景：指春秋战国时期楚国昭、屈、景三姓贵族。

"汝若恒越曰：'我有师师，司徒、司马、司空、尹、旅。'曰'予罔厉杀人，亦厥君先敬劳。肆徂厥敬劳'。肆往，奸宄、杀人、历人，宥。肆亦见厥君事，戕败人宥。王启监，厥乱为民。曰'无胥戕，无胥虐，至于敬寡，至于属妇。合由以容。王其效邦君越御事，厥命曷以？引养引恬。自古王若兹监，罔攸辟'。"

自此以下，文多不类。古今解者皆随文附致，不厌人情。当以意求之乃得。盖当时卫有大家，得罪于卫，当诛而未决者。周公之意以谓，新杀武庚、管叔，刑不可遂，故教康叔以和缓治之。越，及也。汝当晏然如平常时，及曰，此我之官师、相师，不可去也。以至于三卿之正长，及其旅士，亦皆曰"我非危杀人"者也。君臣皆为宽辟，以逸罪人使亡也。此大家之长，先为国君之所敬劳，今虽有罪，未可杀也，当徂此敬劳者而已。盖使之去国也。然后治其余党，亦不可尽法也。往者，流也。"肆往奸宄、杀人、历人宥"者，谓以流宥五刑也。"历人"者，罪人之所过。律所谓知情藏匿赍给者。此杀人与历人皆以流宥之也。"肆亦见厥君事，戕败人宥"者，伤毁人四肢、面目，汉律所谓痏也。是人因为君干事，而痏伤人者，可以直宥也。于是王乃启监厥乱，为民而宽慰之曰，无相戕，无相虐。王又收恤此大家破亡之余，而镇抚之，礼敬其鳏寡，比次其妇女，使共由此道以相容也。至矣，王之仁也，邦君御事所当则效其命令当何所用乎？亦用此而已。乱生于激，事不小忍而求速决，则衅故横生，靡所不至。小引延之，人静而乱自衰。"使相容养以至恬安"，是谓引养、引恬。古我先王未有不顺此者。监，无所用杀也。

【译文】

"你应当遵循平常的治理办法，告诉众人说：'我有如师长、三卿、大夫、士等。'说，'我不会暴厉杀人，也会像先王那样首先敬重慰劳民众。你们去吧，也一样先招安敬劳百姓'。所到之处，凡曾杀人越货、作奸犯科之类，有罪过的人，也宽宥他们。（不以同罪追究。）按照他们君王过去的老办法，凡伤害过人而不致死的，也予宽恕。王开导启发负有监察各地事务的诸侯，治理民政事务必以敬劳民众为先。说，'不可互相残害，不可互相虐杀，以至于要敬养孤寡弱者，以至于恩及妻妾。使他们都能通过这一途径，和合共事，相互宽容，王如此教导邦君以及治事的要领，有何必要呢？希望各邦君能长久教养民众，安抚民众。自古帝王都是如此治理他的国家，不可随便动用刑罚。'"

自此以下的经文，大都难以解读。古今进行诠解的人都是随文附会，不能让人满意。只能以意会求解才通。应是当时卫国有大家世族，得罪于卫侯，罪当死而未决。周公的意思认为，已经杀了武庚、管叔，刑罚不可太随意滥用，因此教导康叔，应以缓和的手段去治理。越，及、至于的意思。你应当安然平和如平常；以及这是我的官师、相师，不可去也；以至于三卿的正长及其众士都说，"我并非危急而杀人"的。君臣都以宽宥之法加以安抚，使罪人得以逃避刑法的严惩。这一世家大族的长辈，先得国君的敬重慰劳，如今虽有罪，也不可杀掉，只可前往敬重慰劳而已。主要是让他离开这个国家。然后处罚他的余党，余党也不可都刑之以法。往的意思是流放。"肆往奸宄、杀人、历人，宥"者，是说要处以"流宥五刑"的意思。"历人"的意思，是有犯罪经历的罪人（即有犯罪前科者），如刑律上所说的"知情，包庇，给钱物"之类的从犯。这些杀人与历人都以流放从宽处理。"肆亦见厥君事，戕败人，宥"的意思是，伤害人以致人四肢面目都被毁坏，汉代的律法叫作"疻"。是此人由于给君王办事，而造成伤人成疻的，也可以直接宽宥。于是王开导启发施治之官，为民众而宽慰他们说，不可互相戕害，不可互相虐杀。王又收恤大家世族破亡流散的族人，管制安抚他们，并以礼照看他们之中的孤独贫弱的人，以至于妇女妻妾之类，使他们都以这样的态度互相包容共处。太好了，王的仁政，邦君、执事都该效法王的仁慈，应当如何去行事呢？就是应该按这样子去办罢了。乱象发生于激愤，遇事小而不忍，只求速决，就会不断横生挑衅事故，无所不至。稍为缓和引导，待人安静下来之后，其乱象自然衰减。"使相容养以至恬安"是说，长久教养民众，安抚民众。是我古先圣王没有不使用的治民之法。监管，不是要运用杀戮的刑法。

【笺释】

顾颉刚、刘起釪《译论》引孙诒让语，释"历"为"搏执平民而历其手"，又以《说文·木部》云："枥，撕柙指也。历即枥之省。"曾运乾《正读》却引《大戴礼·子张问入官篇》："历者，狱之所由生也。历人亦谓犯法之人。"如此过度解读，似不如东坡所解为明切。

"惟曰，若稽田，既勤敷菑，惟其陈修为厥疆畎。"

稽，考也。敷，治也。菑，去草棘也。陈修，修旧也。疆，畔也。畎，垄也。

【译文】

"但说为国君治民，就像农夫考察田亩一样，既要勤劳多除草，还要修理旧的田亩疆界。"

稽，考察的意思。敷，治理。菑，去除杂草荆棘。陈修，修理旧的。疆，田畔疆界。畎，垄亩。

"若作室家，既勤垣墉，惟其涂塈茨。"
涂，塈，墐，饰之也。茨，苫盖也。

【译文】

"好比造房作屋，既要勤于筑好墙垣，也要修饰好屋顶，压好草茅顶盖。"

涂，塈，墐，装饰的意思。茨，盖好屋顶。

"若作梓材，既勤朴斲，惟其涂丹雘。"
梓，良材，可为器者。丹雘，胶漆五采也。田既敷菑，室既垣墉，器既朴斲，则当因旧守成而润色之，不当复有所建立除治也。以言康叔既已立国定位，不当复有所斩艾斲削也。

【译文】

"好比修理良材，既要勤于斲削修饰，还要涂上胶漆和五彩。"

梓，是一种良好的木材，可以制作器具。丹雘，胶漆五彩。好比种田，既已治理除草；筑室，既已高筑墙垣；制作器物，既已斲削修饰，那就应该因旧守成，而再加以润色，不应当再另有所修建除治了。这是以言语劝戒康叔，既已立国定位之后，就不应再有斩杀削夺的激烈活动了。

"**今王惟曰，先王既勤用明德怀为夹。**"
夹，近也。怀远为近也。

【译文】

"如今王应该想到，先王既勤劳又能以盛德招怀远人以为亲近。"
夹，亲近的意思。怀柔远人以为近邻。

【笺释】

孙星衍《注疏》释"怀"为来，释"夹"为辅。谓"先王勤劳，用明德之臣，来为夹辅"。林之奇《全解》亦作"夹辅"解。东坡从孔氏《正义》，谓，"夹"者，是人左右而夹之，故言近也。顾颉刚、刘起釪《译论》将此段断句为："先王既勤用明德怀，为夹庶邦享作。"以"怀"属上句读，"夹"属下句读，以夹为"挟"，作"达"解。谓"此言周达庶国皆来享献而任役也"。并以下句的"作"为任事任役解。可作参考。

"**庶邦享，作兄弟方来，亦既用明德。**"
享，朝享也。王谓诸侯为兄弟，凡言"用德"者，皆谓不用刑也。

【译文】

"众邦国均来朝拜，如兄弟方来，既共享于明堂，也都以盛德相待。"
享，朝拜时共享。王以诸侯为兄弟，凡是说"用德"之处，都表明以德不以刑的意思。

"**后式典集，庶邦丕享。**"
后，今王也。亦用此常道以集天下也。

【译文】

"今王举行盛典以怀集众邦国，希望大家一起大享明堂。"

后，指今王（即摄政的周公）。亦采用这一惯常的方法以怀集天下。

"皇天既付中国，民越厥疆土于先王。"
此书[1]专言王惟不杀，则子孙万年享国，故以"天付"为言。

[1]书，明凌刻本、经解本作"言"。

【译文】
"上天既将中国及其疆土付与周家，庶民及其疆土也都归附于先王。"
这一段经文专讲文王主张不杀，则盛德在天使子孙能万年享国，因此以"天付"为话题。

"肆王惟德用，和怿先后迷民。"
民迷失道，故先后之。

【译文】
"王专以德教为重，平和愉悦地训诲先后迷失愚误的民众。"
民众迷失道德有先有后，所以要先后予以教诲。

"用怿先王受命。"
不惟以悦民心，亦以悦天命也。

【译文】
"用以愉悦先王所受的天命。"
不仅用以愉悦民心，也用以愉悦先王所受的天命。

"已，若兹监，惟曰欲至于万年，惟王子子孙孙永保民。"

《大诰》《康诰》《酒诰》《梓材》，其文皆奥雅，非世俗所能通。学者见其书纷然，若有杀罚之言，因为之说曰："《康诰》所戒，大抵先言杀罚，盖卫地服纣成俗，小人众多，所以治之先后缓急，当如此。"予详考四篇之文，虽古语渊噩，然皆粲有条理，反复丁宁，以杀为戒，以不杀为德。此《易》所谓"聪明睿智，神武而不杀"①者，故周有天下八百余年。后之王者，以不杀享国，以好杀殃其身及其子孙者多矣。天人之际，有不可尽知者。至于杀不杀之报，一一若符契可见也。而世主不以为监，小人又或附会六经，酝酿镌凿以劝之杀。悲夫，殆哉！唐末五代之乱，杀人如饮食。周太祖叛汉，汉隐帝使开封尹刘铢，屠其家百口。太祖既克京师，夜召其故人知星者赵延义，问汉祚所以短促者。延义答曰："汉本未亡，以刑杀冤滥，故不及期而灭。"②时太祖方以兵围铢③及苏逢吉第，旦且灭其族。闻延义言，矍然贷之，诛止其身。予读至此，未尝不流涕太息。故表其事于《书传》以救世云。

①语见《周易·系辞上》："古之聪明睿智，知神武而不杀者夫。"（北京市中国书店1985年版《四书五经》第五种《周易本义》第62页）

②据司马光《资治通鉴》卷二八九后汉纪四载，周太祖叛汉，汉隐帝亲信武德使李业"命刘铢诛郭威（即周太祖）、王峻之家。铢极惨毒，婴孺无免者"。刘铢当时为开封府尹，尽杀周太祖家老小，无遗种。《通鉴》录《考异》云："五代史阙文：周祖自邺起兵，铢尽诛周祖之家子孙妇女十数人，极其惨毒。"又"《实录》国子博士、司天监洛阳王处讷，素与周祖善。因言刘氏祚短事。处讷曰'汉历未尽，但以即位后，仇杀人，夷人之族，怨结天下。所以社稷不得久长耳'。时周祖方以兵围苏逢吉、刘铢之第，俟旦而族之。闻其言蹶然，遽命释之。"所述与东坡此处所录情节相同，但人物不同。待考。王处讷，《宋史》卷四六一有传（《方技上》）。

③铢，即刘铢。他与苏逢吉都是周太祖郭威的仇家。

【译文】

"如此继承先王的德政，希望以此为法至于万年，而王的子子孙孙亦永保民众的安康。"

《大诰》《康诰》《酒诰》《梓材》四篇，文字都显得文雅深奥，不是世俗的一般人所能读懂。学者看到其中文字纷然复杂，好像包含着一股杀罚的语气，因而加以评论说："《康诰》所以告戒康叔的，大概总先说到杀罚的事，是因为卫国这地方服从纣王的暴政形成了风俗，小人众多，所以治理的方法有先后缓急，应当这样办。"我详细考察了这四篇文章，发现其虽以古语写成而渊深诚恳，但都粲然有条理，反复叮咛，以杀戮为禁戒，以不杀为美德。这正是《易》所说的"聪明睿智，神武而不杀"。因此周朝有天下八百多年。后来登帝位称王的，以不喜杀戮而国运长久，以好杀戮而殃及自身及其子孙的多了。天人之间的微妙关系，有不可能都知道的地方。至于杀与不杀的报应，一一都好像符箓契约似的应验可见。而君主不知道引以为监戒，小人又或附会六经，酝酿穿凿以劝诱他们开杀戒。可悲啊，危险啦！唐末五代时，社会大乱，杀人就像饮食一样普遍平常。周太祖背叛后汉，汉隐帝派开封府尹刘铢，诛屠他的家属，杀了一百多人。周太祖攻克了后汉的京都之后，夜里召见他的懂得星象报应的老朋友赵延义，向他询问后汉的天下何以短促灭亡。延义回答说："后汉本来不应该这么早就灭亡，只因杀戮冤滥太过，因此还不满周期就灭亡了。"当时周太祖正以兵围住刘铢及苏逢吉的宅第，正等候天明时大举屠杀其族人。周太祖听了赵延义的话，心中惊惧不语，下令放过了他们的族人，只诛杀刘铢本人。我读到这里，也禁不住流泪叹息。特将其事写入《书传》之中以救后世。

【笺释】

林之奇在《全解》中对东坡这段议论非常赞成。他认为如果这四篇经文不以德为重而以杀伐为先，"则后之欲严刑峻法以持天下者，必将以此藉口，则此四篇毋乃始作俑者乎？苏氏之言，其有功于教化者，此类也夫！"此正所谓"多先儒所未达"者，洵非虚誉之词。而刘起釪的《译论》，虽也简单提到"以德服人"的话题，却在他的"讨论"中绝口不提东坡关于"禁杀、滥杀"的涉及国家治理的沉重教训。古今学者的观点差异有如此者。

召诰第十四

成王在丰。
文王都丰,丰在京兆鄠县东。

【译文】
成王在丰都。
周文王在丰建都,丰在京兆鄠县东。

【笺释】
丰都在今陕西省西安市鄠邑区北。

欲宅洛邑,使召公先相宅,作《召诰》。
武王克商,迁九鼎于洛,则已有都洛之意。而周公、成王成之,且以殷余顽民为忧,故营洛而迁焉。太史公曰:"洛邑,武王营之。成王使召公卜居,居九鼎焉。"①而周复都丰镐。至犬戎败幽王,周乃东迁洛邑。所谓周葬于毕,在鄠东南社中[1]。明成王虽营洛而不迁都,盖尝因巡狩而朝诸侯于洛邑云。

[1]鄠,库本、明凌刻本均作"郭"。"中",明凌刻本作昆,误,据经解本改。
①语见《史记·周本纪》"太史公曰:学者皆称周伐纣,居洛邑,综其实不然。武王营之,成王使召公卜居。居九鼎焉。"(中华书局1959年版《史记》第一册第170页)

【译文】
成王想建都于洛邑,命召公先行察看,作《召诰》。

武王攻灭商朝之后，将九鼎迁到洛邑，那时已有建都于洛邑的意思。而周公、成王最终成就了武王的这一愿望，并且担忧殷商余留下来的顽民作乱，所以经营洛邑打算迁居。太史公说："洛邑，武王经营的。成王命召公卜居，安置九鼎。"而周最后还是以丰镐为都城。直到犬戎打败周幽王，周朝才向东迁都至洛邑。所谓"周葬于毕"，在城郭东南的社坛中。可知成王虽然经营洛邑，但并没有迁都于洛，只是曾经因天子出巡狩猎而在洛邑接见前来朝拜的诸侯而已。

【笺释】

顾颉刚、刘起釪《译论》云："成王叫召公先到洛邑察看和筹划营建洛邑之事，接着周公到洛邑视察和监督工程进行，讲了这篇《召诰》。由于诰词中有'太保（召公）……入锡周公曰'之语，故汉代起，《尚书》本中即题此篇为《召诰》，即以此篇为召公所作。直传至现代无异词。但于省吾《新证》据金文重文通例，当作'入锡周公，周公曰'，则此为周公所作诰词。"

惟二月既望，越六日乙未，王朝步自周则至于丰。

王自镐至丰，以营洛之事告文王庙。鄗在上林昆明北，有镐池，去丰二十五里。

【译文】

至二月十六日，及六日乙未，王于早晨步行自周至丰都。

王自镐至丰，将经营洛邑的事祷告于文王庙。鄗（即镐）在上林苑昆明北面，有镐池，距离丰有二十五里。

惟太保先周公相宅。越若来三月，惟丙午朏。

朏，明也。月三日，明生之名。

【译文】

　　成王命太保召公在周公之前先到洛邑察看要宅居的土地。召公于是在三月到来，即丙午初三日。

　　朏，月亮开始有光。每月初三日，月亮有光的名称。

越三日戊申，太保初至于洛卜宅。厥既得卜，则经营。越三日庚戌，太保乃以庶殷攻位于洛汭。越五日甲寅，位成。

　　庶殷，凡殷民也。位，朝市、宗庙、郊社之位。洛汭，洛水北。

【译文】

　　于三日戊申，太保初到洛卜居。既卜得吉位之后，就开始经营。于三日庚戌，太保将众殷民定居于洛水北面。于五日甲寅，各种建筑的位置均已划定。

　　庶殷，所有殷商的余民。位，指朝市、宗庙、郊社的具体位置。洛汭，洛水的北面。

若翼日乙卯，周公朝至于洛，则达观于新邑营。

　　遍观所营也。

【译文】

　　待到明日乙卯，周公早晨到了洛邑，于是普遍观察了新邑所经营的地方。

　　全面观察了所经营的各地工程。

越三日丁巳，用牲于郊，牛二。

　　帝及配者各一牛。

【译文】

于三日丁巳，举行郊祭，用牲牛二。

上帝及配享的后稷各用一牲。

越翼日戊午，乃社①于新邑。牛一，羊一，豕一。

①社，既指祭土神，也指立社坛的地方。据晚出《孔传》，共工氏的儿子名句龙，能平水土，被奉为土神，祭祀他的地方称为社坛。而周的先祖后稷，能植百谷，被奉为稷神。古代祭祀以"社稷"共称。

用太牢也。

【译文】

于次日戊午，立社稷坛于新邑。祭祀用牲牛一，羊一，豕一。

用"太牢"的祭祀礼。

越七日甲子，周公乃朝，用书命庶殷侯、甸、男邦伯。

《春秋传》曰："士弥牟营成周。计丈数，揣高卑，度厚薄，仞沟洫，物土方，议远迩，量事期，计徒庸，虑材用，书餱粮，以令役于诸侯。属役赋丈，书以授帅，而效诸刘子。"①此之谓书。

①语见《左传·昭公三十二年》："己丑，士弥牟营成周……"（岳麓书社1988年版《左传》第364页）士弥牟，又名士景伯、士伯、司马弥牟。晋国理官，士文伯之子。为成周城的建设制定设计方案。刘子，工程的总负责人。

【译文】

于七日甲子，周公乃登朝，宣布书令让众殷邦的侯、甸、男邦伯都来朝见。

《春秋传》说："士弥牟设计经营成周。计量丈数，揣测高低，度量厚薄，测量沟渠深度，丈量土地广狭，议论远近，估量工期，计算用工，考虑用材，记录口粮，以便向各诸侯颁布需要派遣劳役的情况。按工役定好地段和工程量，将数字记录下来一总交给刘子。"这就是所谓的"书"。

【笺释】

"书以授帅"指的是周公要以这样的"书"向诸侯们宣布。顾颉刚、刘起釪《译论》以"命"字属下句读（曾运乾《正读》同此说），意即以书的内容向庶殷的诸侯们宣读，并向他们发布建设洛邑该承担的差役事项。

厥既命殷庶，庶殷丕作。
言殷人悦而听命也。

【译文】

周公既发布命令于殷民众，殷的民众心悦诚服地兴起劳作。

这是说殷的民众都喜悦而服从命令。

太保乃以庶邦冢君出，取币，乃复入，锡周公曰："拜手稽首，旅王若公。"
旅，读如"庭实旅百"之旅。诸侯之币，旅王而及公者，尊周公也。

【译文】

太保召公于是与众邦冢君外出，取币帛，然后再进入（周庭），敬赐于周公说："跪拜叩首，陈百宝于王前就像于周公前一样。"

旅，读如"庭实旅百"的旅。诸侯贡献的宝物币帛，陈列于王前及于周公面前，是表示尊敬周公。

【笺释】

旅，陈列之意。东坡诠解为"读如'庭实旅百'之旅"，意思是在周公前陈列众多的宝物也如在王的面前。其时周公仍为摄政王，故陈在周公面前也如在王的面前。但孔颖达《正义》等先儒却解"若"为顺，因此将此句解为"召公称成王命以赐周公，曰敢拜手稽首，陈王所宜顺周公之事"。林之奇《全解》认为此解不妥，并引王安石的解释："陈成王欲宅洛之意，顺周公用书命庶殷、邦伯之事。"认为"则以此一句分而为二事，其说又不如先儒，惟苏氏曰：'旅，读如庭实旅百之旅。诸侯之币，旅王及公者，尊周公也。'此说为胜。"又，据于省吾的考证，此句"锡周公。曰：'拜手稽手……'"按金文重文的通例，曰字前应有"周公"二字，即"拜手稽手"以下为周公所说的话。

> "诰告庶殷，越自乃御事。呜呼，皇天上帝，改厥元子。兹大国殷之命。惟王受命，无疆惟休，亦无疆惟恤。呜呼，曷其奈何弗敬？"

庶殷、诸侯皆在，故召公托为逊辞曰"诰告汝御事以下"也。言殷尝以元子嗣位，而帝改其命，以授周。今王受命，虽无疆之福，亦无疆之忧，其可不敬乎？

【译文】

"诰告你众殷民众，以及你众执事之官。啊，皇天上帝，最终改革原皇长子的天命。这就是殷朝大国的命运。今我王敬受天命，幸福无疆，但也有无疆的忧虑。啊，怎能不加敬惜呢？"

因有众殷臣、诸侯都在，所以召公特托为谦逊之辞说"诰告你们众执事以下"。说是殷朝也曾经以皇长子继位，但最后也被上天改除了他的天命，转授于周。如今成王受命，虽有无疆之福，但也有无疆之忧啊，能不小心谨慎吗？

"天既遐终大邦殷之命，兹殷多先哲王在天，越厥后王、后民，兹服厥命。终智藏瘝在，夫知保抱携持厥妇子，以哀吁天；徂厥亡出执。呜呼，天亦哀于四方，民其眷命用懋。王其疾敬德。"

此所谓"无疆之忧"也。殷虽灭，其先哲王固在天也。其后王后民，至于今，兹犹服用其福禄。其心终不忘报怨以复国也。如武庚蓄谋以伺隙者，多矣！其智藏于中，其病则在也！夫，夫人也，犹曰人人也。各抱持其妇子以哀痛呼天徂往。其逃亡解出，其囚执以叛我者，盖有之矣。王其可不大畏乎？天其哀我民，其亦眷命于勉德者。王其速敬德定天命也。召公之诰王也。庶殷皆在而出此言，亦如《微子之命》有"上帝时歆，万邦作式"之语。古之人无所忌讳，忠厚之至也。

【译文】

"上天既远离并终结了大邦殷商的天命，殷的圣哲先王多升了天，到了殷的末世其后王、后民，都只能面临王朝的衰命。贤良智慧者隐藏起来而有病寡德者却在位，民众只知保抱携带其子妇，向天哀号；出走逃亡的被抓回。啊，老天亦哀怜四方的民众，民众会眷顾那些勉于敬德的圣君为民作主。王你要赶紧敬德以报答天意。"

这就是所谓"无疆之忧"了。殷朝虽灭亡了，但其先圣哲王在天上。其后王、后民仍存在于今，仍在享用其福禄。他们的内心始终不会忘记报怨仇以复国。像武庚那样蓄谋伺机作乱的，多的是！他们的智慧深藏于心中，但其亡国之痛总还在啊。所谓"夫"，指"夫人"，说的是人人。都抱持其妇子呼天喊冤，以诉其悲痛。出走的便会逃亡，并放出其囚徒以背叛我周，这都是有的。王能不大为畏惧吗？上天既哀我民众，也必会顾命于那些勉德的王者。王应速敬德以定天命。这就是召公之所以诰于王的意思。殷的庶众都在，而召公放出这样的言论，也好像《微子之命》里所说到的"上帝时时都在享受你的祭祀，万邦诸侯都会以你为榜样"这样的话。古时候的人无所忌讳，忠厚到极点了。

"相古先民有夏，天迪从子保，面稽天若。今时既坠厥命。今相有殷，天迪格保，面稽天若。今时既坠厥命，今冲子嗣，则无遗寿耇，曰其稽我古人之德，矧曰其有能稽谋自天。"

从子，与子也。尧、舜与贤，禹与子。面，向也。言我观夏、殷之世：天之迪夏也，迪其与子而保安之；其迪殷也，迪其能用伊尹格天之臣，而保安之。夏殷之哲王皆能向天之所顺以考其意，而其后王，皆以失道而坠厥命矣。今王其无弃老成人，以考古人之德，况能博谋于众以求天心乎。

【译文】

"审视古时的先民有夏一朝，夏禹能敬德承天则上天顺与其子启予以保祐，则已背向而行了，但仍保其君位。及至后世桀的失德最终丧失夏的天命。如今审视殷商一朝，上天也顺与其子，仍背向而行。及至今日因纣的失德最终丧失殷命。今你少年天子成王继承王位，切不可遗弃老成人，说能稽考我先人的盛德，况且还说自有才能顺从天道的稽考。"

从子，与子一起的意思。尧、舜与贤德者一起，禹却与儿子一起，背天道而行了。面，向的意思。这是说，我观察夏、殷的时代：上天之启用夏禹，同时也启用他的儿子并安保他的王位；上天之启用商汤，是相中他能推举一个明白天理的良臣伊尹，从而安保他的王位。夏、殷两朝的圣哲明王都能遵循天意，而到了他们的后王，都以丧失天理道德而坠落天命导致灭国。如今成王不弃老成人，稽考古人之美德，况且还能广泛与群众谋求治国的良策以求顺应天心呢。

【笺释】

顾颉刚、刘起釪《译论》引于省吾《尚书新证》语："按'面'即'偭'，应训背。"又释"天若"为"天顺，天顺为天道"。故"面稽天若"句意谓"背违上天之道"。东坡并不赞同王权的世袭制，他在《周官》一篇中，直言批评"尧、舜官天下，无患失之忧……夏、商家天下，惟恐失之"。故在这一篇中以"尧、舜与贤"为正道,而"禹与子,面向也"。面向,即背道而行了。

"呜呼!有王虽小,元子哉!其丕能諴于小民,今休。"

王虽幼,周之元子也。其大能以諴感民矣,当及今休其德。

【译文】

"啊!成王虽年少,但他是周武王的长子啊!他定能以大大的诚意和融于小民,而今应当称赞他的美德。"

王虽年少,但是周的长子啊。他定能大大地以诚意感动小民,应当及时赞扬其如今的美德。

王不敢后,

王疾敬德,不肯迟也。

【译文】

王不敢迟后再修德。

王速敬德,不肯落后。

用顾畏于民嵒。

嵒,险也。民犹水也,水能载舟,亦能覆舟。物无险于民者矣。

【译文】

应有所顾虑,敬畏于民众。

嵒,危险的意思。民就像水,水能载舟,也能覆舟。没有比民众更危险的事情了。

王来绍上帝,自服于土中。

服，事也。洛邑为天下中。

【译文】

王来到新邑继承上帝旨意，从事治理天下的重任来到中央。

服，从事治理的意思。洛邑为天下的中央。

旦曰："其作大邑，其自时配皇天，毖祀于上下，其自时中乂，王厥有成命，治民今休。王先服殷御事，比介于我有周御事，节性，惟日其迈。王敬作所，不可不敬德。"

王能训服殷之御事，使比附介副于我周御事矣，又当节文殷人之善性，使日进于善。作所者，所作政事也。既敬其事，又敬其德，则至矣。

【译文】

周公旦说："今兴作大都邑，自是上配皇天以求治。求治必谨慎地从事于上下神祇的祭祀，是要求得中土的大治。王一定有成熟的治命以颁赐于民众，如今事皆美善吉庆。王先以德训服殷执事之臣，然后与我周主事之臣比较，节制其性情（使不失中和之至德），日有进步。王敬作诸事，不可不注意的是敬德。"

王能训服殷的执事之臣，使能比附于我周执事之臣，又能适当节制殷人的善性，使能日进于善。"作所"，指所作的政事。既然能敬善其事，又能敬善其德，这就太好了。

"我不可不监于有夏，亦不可不监于有殷。我不敢知曰有夏服天命，惟有历年。我不敢知曰不其延，惟不敬厥德，乃早坠厥命。我不敢知曰有殷受天命，惟有历年。我不敢知曰不其延，惟不敬厥德，乃早坠厥命。今王嗣受厥命，我亦惟兹二国命，嗣若功。"

召公恐成王恃天命以自安，故又戒之曰："夏、殷之所以多历年，与其所以不永延者，其受天命，皆非我所敢知也。所知者，惟不敬德以坠厥命也。今王亦监此二国，修人事而已。"功，事也。

【译文】

"我不可不以有夏为监戒，也不可不以有殷为监戒。我不敢说知道夏朝如何享有天命，只知它有多长的历数。我不敢知道它为什么不能永久延长，只知道它不敬其德，所以早坠落了它的天命。我不敢说知道殷商如何享有天命，只知它有多长的历数。我不敢知道它为什么不能永久延长，只知道它不敬其德，所以早坠落了它的天命。如今，王继受天命，我也该监戒这两个国家的命数，接受它们所经历的教训。"

召公担心成王依恃天命自以为安，所以又警戒他说："夏、殷两国之所以有那么长的国运，以及它们最后又不能再延长下去的原因，它们接受的天命，都是我所不能知道的。我所知道的是，只因不能敬德所以坠落了天命导致灭国了。如今王也要监戒于此二国，大修人事而已。"功，治事的意思。

"王乃初服。呜呼！若生子，罔不在厥初生，自贻哲命。"

习于上则智，习于下则愚。

【译文】

"王如今初即位治事。啊，好比初生儿子，无不重在于初生时的教育，传授以明智的处世道理。"

学习于高尚的则明智，学习于低鄙的则愚蠢。

"今天其命哲，命吉凶，命历年，知今我初服，宅新邑，肆惟王其疾敬德。王其德之用，祈天永命。"

惟德是用，不用刑也。

【译文】

"如今上天赋命哲嗣，赋示吉凶，赋示国运的久长，知道我王初即位，宅于新都会，一切的上天所赋都在于王即速敬德自修。王以德为先，必能祈天命的久长。"

一切以德为先，不用刑罚。

"其惟王，勿以小民淫用非彝，亦敢殄戮用乂民。若有功，其惟王位在德元，小民乃惟刑用于天下，越王显。"

古今说者，皆谓召公戒王过用非常之法，又劝王亦须果敢殄灭杀戮以为治。呜呼！殄灭杀戮，桀、纣之事，桀纣犹有所不果，而召公乃劝王使果于殄戮而无疑？呜呼！儒者之叛道一至于此哉！皋陶曰："与其杀不辜，宁失不经。"人主之用刑，忧其不慎，不忧其不果也；忧其杀不辜，不忧其失不经也。今召公方戒王以慎罚，言未终而又劝王以果于殄戮，则皋陶不当戒舜以"宁失不经"乎？季康子问孔子曰："如杀无道就有道，何如？"孔子曰："子为政，焉用杀？子欲善，而民善矣。君子之德风，小人之德草，草上之风必偃。"[①]大杀无道以就有道，为政者之所不免，其言盖未为过也，而孔子恶之如此，恶其恃杀以为政也。今予详考召公之言，本不如说者之意，盖曰："王勿以小民过用非法之故，亦敢于法外殄戮以治之。"民自用非法，我自用法；民自过，我自不过。称罪作刑而已。民之有过，罪实在我，及其有功，则王亦有德。何也？王之位，民德之先倡也。如此，则法用于天下，王亦显矣。兵固不可弭也，而佳兵者必乱；刑固不可废也，而恃刑者必亡。痛召公之意，为俗儒所诬，以启后世之虐政，故具论之。

①语见《论语·颜渊》:"季康子问政于孔子曰:'如杀无道以就有道,何如?'孔子对曰:'子为政,焉用杀?子欲善而民善矣。君子之德风,小人之德草。草上之风必偃。'"(北京市中国书店1985年版《四书五经》第三种《论语章句集注》第52页)

【译文】

"作为周王,不因为小民滥用非常之法,而敢以殄灭杀戮的手段以治民。天下若有功,则王在有德的首位,小民能依法用于天下,越能彰显王的德政。"

古今论者都认为召公戒王过分使用非常之法,又劝王应该果敢采取杀灭屠戮的手段以治民。啊!殄灭杀戮,是桀、纣的罪过,桀、纣犹有所不敢的地方,而召公敢劝成王使用杀灭屠戮而无疑?啊!儒家学者离经叛道一至如此啊!皋陶说过:"与其杀死无辜的,宁可放过有疑罪的人。"人主的用刑,担心其中不够谨慎,不担心其不够果敢;担心错杀了无辜的人,不担心放过了有疑罪的人。而今召公刚刚告诫成王要慎重对待罚罪,言犹未了却劝王果断于殄灭杀戮,则是皋陶不应该劝戒舜"宁可错失有疑罪的人"吗?季康子问孔子:"如果杀死无道以成就有道,怎么样?"孔子说:"你从政,为什么要用杀?你希望有善政,民众就会从善了。君子之德是风,小人之德是草,草上的风必使草偃伏。"而"杀无道以就有道"的事,从政的人难免有此过失,季康子的话并不为过,而孔子还厌恶到这样,是因为孔子厌恶以杀戮为政。如今我详考召公的话,本不会使论者满意,只是说:"王不可以因小民过分采用非法手段的原因,也敢于法外殄灭杀戮以治民。"民自用非法,我自用法;民做得过分,我自不过分。只是量罪定刑而已。民众有过失,罪实在我王,及至民有功,则我王也有德。为什么呢?因为王的地位正可以首先倡导民众的德行。因此,法能用于天下,王也就能显示其德政。兵器固然不可没有,但唯兵器为重,必有动乱;刑法固然不可废,但恃刑法为治者必亡。痛恨召公的意思为俗儒所诬陷,以启发后世的暴虐政治,所以作此议论。

【笺释】

东坡在这段诠解中明确批判"恃法以为治"的暴政观念，反复强调德治的重要性。林之奇在《全解》中十分赞赏东坡这一观点，特别引述王安石的话："王氏曰：'不敢慢小民而淫用非彝，亦当敢于殄戮有罪以乂民也。'凡《书》之告戒以不杀之言者，王氏皆以为使之杀也。苏氏破其说矣。"虽然东坡在书中未曾点王安石的名，但此文开头所云"古今说者"，分明也以王氏学说为批评的目标。查曾氏、刘氏等当代学人对此亦无半句着笔，只就古说古而已。

"上下勤恤，其曰，我受天命，丕若有夏历年，式勿替有殷历年，欲王以小民受天永命。"

君臣一心，以勤恤民，庶几王受命历年如夏、殷。且以民心为天命也。

【译文】

"君臣上下都能勤俭体恤庶民，说，我受有天命，大如有夏一朝的历年天数，以此为榜样也不会短于殷朝的历数，希望王以小民永久承受天命。"

君臣一心，以勤劳忧恤民众，希望王受天命的历数有如夏、殷二朝。并且能以民心作为"天命"。

拜手稽首曰："予小臣敢以王之仇民、百君子越友民保受王威命明德，王末有成命，王亦显。我非敢勤，惟恭奉币，用供王能祈天永命。"

庶殷虽以丕作，召公忧其间尚有反侧自疑者，故因其大和会而协同之。仇民，殷之顽民与三监叛者。友民，周民也。百君子者，殷、周之贤大夫也。自今以往，殷人、周人与百君子皆保受王之威德，王当终永天命以显于后世。我非敢以此为勤劳也，奉币赞王，祈天永命而已。

【译文】

召公跪拜叩首说:"我小臣敢以王之仇民、百君子及友民安受王的威命盛德,王终有成命也是给予我显达的机会。我不敢说有劳于国,惟恭敬奉上币帛宝物,以供王能够祈天永葆天命。"

殷的庶民虽表示努力与周人合作,(共享太平,)但召公还是忧虑其中尚有反复自疑的人,故以此大和合的机会加以协同。仇民,指殷的顽民及原"三监"期间的叛乱者。友民,指周的民众。百君子,指殷、周的贤大夫等。自今以往,殷人、周人与百君子都安受王的威德,王当终永天命以显于后世。我不敢说有劳于国,惟奉币帛供王祈天,永葆天命而已。

【笺释】

仇民,东坡于此处释为殷之顽民以及管、蔡与武庚"三监作乱"时期的乱民。而孔颖达《正义》引王肃语作"酬匹"的匹解。孙星衍《注疏》则疏云:"雠与稠声相近,《文选补亡诗》注引《仓颉》云:'稠,众也。'《广雅·释诂》云'雠,辈也'。"故释稠为众。按孔氏引王肃语不确。孙氏所引亦较牵强,不如东坡所释为明达。其时,成王刚即位,大可不必讳言殷民中的顽劣者尚有反侧之心。

洛诰第十五

召公既相宅,周公往营成周,使来告卜,作《洛诰》。

周人谓洛为"成周",谓镐为"宗周"。此下有脱简,在《康诰》自"惟三月哉生魄"至"洪大诰治",下属"周公拜手稽首"之文。

【译文】

召公既已视察卜居之后,周公前来经营成周,遣使前来禀告卜吉之事，作《洛诰》一文。

　　周人称洛为"成周"，称镐为"宗周"。自此以下有脱简，在《康诰》自"惟三月哉生魄"至"洪大诰治"，下属"周公拜手稽首"以下的文字。

【笺释】

　　据顾颉刚、刘起釪《译论》所云，《洛诰》是周成王在位，周公摄政之七年，营建洛邑完成后，请周成王到洛邑举行祀典，主持国政。成王祀后还宗周，留周公居洛以镇抚东土，这一历史过程中有关往返告答之辞。

周公拜手稽首曰："朕复子明辟。"

　　周公虽不居位称王，然实行王事，至此归政。则成王之德始明于天下，故曰"复子明辟"。曰"子"者，叔父家人之辞。

【译文】

　　周公跪拜叩首说："我今归还君王的政权给你。"

　　周公虽然不居王位称王，然而一直承担君王的责任，实行君王的事务，至此而归政。于是成王之德开始显示于天下，所以称"复子明辟"。称成王为"子"，那是家族之内叔父与侄子之间的称呼。

"王如弗敢，及天基命、定命，予乃胤保，大相东土，其基作民明辟。"

　　基，始也。周公以营洛为定天命，何也？《易》曰："涣，亨，王假有庙。"①言天下方涣散，而王乃有宗庙，则民心一。方汉之初定，萧何筑未央宫，东阙、北阙、武库、宫室，极壮丽，亦所以示天下不渝而定民心也。周公言："我欲归政久矣，王之意若有所不敢，及天命之始而定命者，我所以少留，嗣行保佑之事，以卒营洛之功，为复辟之始也。"

①《周易·涣》:"涣,亨。王假有庙。利涉大川。利贞。"(北京市中国书店1985年版《四书五经》第五种《周易本义》第50页)

【译文】

"王以往年少不敢,如今上天开始奠基定命,我便担任起保佑王的责任,辅助治理东土,王可登基明示天下为君主。"

基,开始。周公以经营洛邑为"定天命",为什么呢?《易》说:"涣,吉利。王赴庙祭祀,有神灵保佑。"意思是天下正处于涣散的状态,而王有宗庙,则可以固结民心。汉朝初定的时候,萧何为相筑未央宫,东阙、北阙、武库、宫室,极其壮丽,也是要向天下显示坚定不渝的信念以安定民心。周公说:"我希望归政已经很久了,但王的意思似有不敢,及天命开始初定了,我之所以暂时留下,是行保佑护卫之事,以完成经营洛邑的工作,作为王复辟执政的开始。"

"予惟乙卯,朝至于洛师,我卜河朔黎水。"

今河朔黎阳也。周公营东都,本以处殷余民,民怀土重迁,故以都河朔为近便,卜不吉,然后卜洛也。

【译文】

"我于乙卯日,朝会于洛邑之众,卜得河朔黎水为不吉。"

黎水,即今河朔黎阳。周公经营东都,原本打算安置殷朝的余民,但民众怀念故土,要求重迁,因此以迁居河朔为近便,然而占卜不吉利,这才卜居洛邑。

【笺释】

按,据《三苏经解集校》附录引王夫之语,认为东坡"黎水即河朔黎阳"之说有误,谓黎阳实在河南不在河北。然而,王夫之专指东坡为论却不知东坡之说缘起于前代注家。顾颉刚、刘起釪《译论》引隋代顾彪①、唐代孔颖达等所论,已断"先卜河北黎水"。而南宋林之奇亦称

"此说固是"。故刘氏云："西周时，大河在浚县之东大伾山麓折而北流，直至春秋时始南徙为后代之黄河。其时自淇水至黎水正在大河之北。"王氏之论未足为凭。

①顾彪，字仲文，余杭（浙江杭州）人。隋炀帝时为秘书学士，著有《古文尚书疏》三十卷。

"我乃卜涧水东，瀍水西，惟洛食，我又卜瀍水东，亦惟洛食。"

卜必以墨，墨食乃兆，盖有龟不兆者。

【译文】

"我占卜于涧水东面，又卜于瀍水西面，都不吉利，惟有洛水才吉利。"

占卜必定以墨食为兆（指龟甲坼裂的纹路，即兆象），墨食乃成兆象，也有以龟卜不兆的。

【笺释】

晚出《孔传》云："卜必先墨画龟，然后灼之，兆顺食墨。"故东坡解为"卜必以墨，墨食乃兆"。然孙星衍《注疏》引《周礼·占人》云："凡卜，君占体，大夫占色，史占墨，卜人占坼。"所以孙星衍认为"此卜作洛，是王之事，宜占体，不宜占墨也"。故孔《传》所说"非是"。占卜之义未解，特书此存疑。经文的意思是，周公最后以卜于洛为吉利（即洛食）。顾颉刚、刘起釪《译论》引吴澄①语："以兆食墨而明，为吉；不食，则其兆暧昧，非吉也。"按，兆、墨、食，均为占卜中的术语。

①吴澄（1229—1333），字幼清，晚字伯清，临川郡崇仁县（今江西省乐安县鳌溪镇咸口村）人。元朝大儒，杰出的理学家、经学家、教育家。南宋末年，考中乡试。南宋灭亡后，隐居家乡，潜心著述，人称"草庐先生"。曾任翰林学士、经筵讲官。参与核定

《老子》《庄子》《易》《春秋》《礼记》等。以其毕生精力为元朝儒学的传播和发展做出了重要贡献。

伻来以图，及献卜。
伻，使也。

【译文】

周公派使者来献洛邑构筑之图，以及所占卜的吉兆。

伻，使者。

王拜手稽首曰："公不敢不敬天之休，来相宅，其作周匹休。公既定宅，伻来，来视予卜休，恒吉。我二人共贞。公其以予万亿年，敬天之休。拜手稽首诲言。"

周公归政，王未敢当，欲与周公共政，若二君然。故曰："作周匹休，再卜皆吉。我二人当共正天下也。"

【译文】

王拱手叩首说："公不敢不敬上天的美意，特来察看宅第，共庆我周配天之美。公既定宅基，特派使者来，来出示我卜宅之美，永远吉利。让我二人一起共同执政。公保我万亿年，敬奉上天之美。拱手叩首拜纳教诲之言。"

周公归政于成王，成王开始不敢当，想与周公一起共同执政，就像有二君王一样。所以说："让我周有匹配的美政，再三占卜都吉利。我二人应当一起共同治理天下。"

【笺释】

"伻来来"句，孔颖达《正义》断句为"伻来，来视予"，将两个来字分开，释义为"来来，重文者，上'来'言使来，下'来'为视我卜也。即使人来告，亦来视我以所卜之美"。孙星衍《注疏》引郑康成语：

"伻来来者，使二人也。"并云"使二人者，一人为召公至洛得卜所使，一人则周公后至，卜吉成周，乃更遣使。"作二人解。东坡对此未作解释，此处依孔《正义》。

周公曰："王肇称殷礼，祀于新邑，咸秩无文。"
称，举也。殷礼，盛礼也。虽不在祀典者，皆次秩而祭之。

【译文】

周公说："王开始举行殷礼，在新邑祭祀，殷礼皆质朴无文。"

称，举行的意思。殷礼，盛大的礼仪。这样的礼仪虽不存在于祀典里，但都依次序而祭拜。

"予齐百工，伻从王于周。予惟曰庶有事。今王即命曰，'记功宗，以功作元祀'。惟命曰，'汝受命笃弼，丕视功载，乃汝其悉自教工'。孺子其朋，孺子其朋，其往。无若火，始焰焰，厥攸灼叙，弗其绝。厥若彝，及抚事如予，惟以在周工，往新邑，伻向即有僚，明作有功，惇大成裕，汝永有辞。"

成王欲与周公共政，如二君。周公不可，曰："汝用我言足矣。我整齐百官，使从汝于周者，将使办事也。今王肇称盛礼，祀于新邑，且命我曰，'记功臣之尊者，使列于祭祀'，又命曰，'汝受命厚辅我，其重且严如此。今我大阅视尔功赏，载籍而所用者，乃汝自受教之官，皆汝私人，非我所齐百工也'"。于是，周公乃训责成王，曰"孺子其有党乎？自今以往，孺子其以党为政乎？此虽小过，如火始作，不即扑灭，则其所灼烁者，渐不可绝矣。自今以往，凡处彝常及有所镇抚之事，当如我为政时，惟用周官，勿参以私人。今在新邑，使人有所向往，皆当即用旧僚，而明作其有功者。惇大汝心，裕广汝德，勿牵于私昵，则汝永有辞于天下矣。"

【译文】

"我整齐百官，使随从王于周。我只希望庶官能办事。如今王即有命令说，'记录各官的功劳于祭祀宗庙的初祭'，又命令说，'你受命忠诚辅弼，笃厚有大功记录，都是你自效力所训导的百工。'你小子有朋党，你小子有朋党，要小心你所交往的人啊。不要像火一样，开始烧起来时，还容易扑灭。等到灼热燃烧起来时，就扑灭不了啦。应如我一样遵循常法，依照故事起用周朝的旧人，前往新邑，使交往所向皆同僚朋友，大家精明强干勉力有功，惇厚成就王道，这样你才能有永久美好的赞誉。"

成王希望与周公共同执政，有如一国二君。周公不同意，说："照我的话去做就足够了。我将百官整顿好，让他们跟随你，是跟着你办事的。如今王始举行盛礼，祭祀于新邑，且命我说，'记录功臣中的尊贵者，将他们列于祭祀'。又说，'你受命忠厚地辅佐我，如此庄重而且严格。如今我大为阅视你所定的功劳和所应受的勋赏，载在典册里的，都是受你训导出来的官员，都是与你有私交的人，不是我所希望整顿出来的百工啊'。"于是周公教训成王说："小子有朋党啊？从今以后，小子要以朋党为政吗？这虽算是小过失，但却像是火刚烧起一样，若不及时扑灭，等到烧成大火时，所灼烁的气焰可就扑灭不了啦。从今以后，凡是要处理平常及需要镇抚的事，应当像我执政时所做的那样，多使用周的官员，不要掺杂私人。如今在新邑，用人要有所倾向，都要适当起用旧臣僚，公开表彰有功劳的人。扩大你的心胸，惇厚你的德性，不要牵涉于私人亲昵的情感，那样，你才能永久有美好的赞誉流传于天下。"

公曰："已，汝惟冲子，惟终。汝其敬识，百辟享，亦识其有不享。享多仪，仪不及物，惟曰不享。惟不役志于享。凡民惟曰不享，惟事其爽侮。"

享，朝享也。仪不及物，与不朝同。爽，失也。礼失而人慢也。小人以贿悦人，必简于礼。故孔子曰"独饱于少施氏"者，远小人也。[①]周公戒成王，责诸侯以礼，不以币。恐其役志于物而不役志于礼，则诸侯慢而王室轻矣。此治乱之本，故周公特言之。《春秋传》曰："晋赵文子为政，薄诸侯之币而重其礼。谓鲁穆叔曰，'自今以往，兵其少弭矣'。"②夫以列国之卿轻币重礼，犹足以弭兵，王而好贿，则其致寇也必矣。唐之衰，君相皆可以贿取，方镇争贡羡余，行苞苴③，而天子始失政，以至于亡。周公之戒至矣哉。

①语见《礼记·杂记下》："孔子曰，'吾食于少施氏而饱，少施氏食我以礼'。"（岳麓书社1989年版《周礼·仪礼·礼记》第465页）孔子重礼仪，少施氏以礼待孔子就餐，所以孔子能吃饱。

②《左传·襄公二十五年》："赵文子为政，令薄诸侯之币而重其礼。穆叔见之。谓穆叔曰：'自今以往，兵其少弭矣！'"（岳麓书社1988年版《左传》第231页）

③苞苴，原指包裹鱼肉的蒲包，这里指贿赂。

【译文】

周公说："唉，你还年轻，应想到长久。你应慎思敬识，想到百邦国朝贺时进贡的盛景，也要想到不进献的邦国。享以多仪式为敬，凡是仪式不及进贡的物品多，等于是不享。只有不使自己的心志受这些物多物少的现象所蒙蔽才能长享于国。凡民众只因你不重视仪式，就会对你表示过分的轻侮。"

享，指诸侯来朝拜时依礼法贡献礼物。仪式不及贡物多，等同于不朝拜。爽，丢失的意思。不讲礼仪，就会受人轻慢。小人往往会以贿赂取悦于人，同时也必忽视、简慢于礼仪。所以孔子说"独饱于少施氏"者，远小人也。周公戒成王，责成诸侯的是礼，而不是币帛财物。担心他的心志受物质的役使而不将心志放在礼仪上，那样诸侯就会轻慢王室。这才是治乱的根本所在，所以周公特别讲到这一点。《春秋传》说到："晋国的赵文子执政，下令减少诸侯朝贡的财物而看重他们的仪礼。穆叔拜见他，他向穆叔说，'从今以后，兵祸可以大大减少了'。"以各诸侯国中的一个卿大夫轻币重礼，都能够足以消除兵祸，而一国之君却喜好受贿，那么招来强寇那也是必然的了。唐代的衰败，就在于国君、卿相都可以通过行贿而得，各方镇争着进贡索贿得来的财物，向朝廷公行贿赂，而天子开始丧失权柄，直到亡国。周公的告诫至关重要啊！

"乃惟孺子颁朕。"

徒以高爵厚禄赐我而已。

【译文】

"是由你小子颁赐于我。"

只是以高官厚禄赐给我而已。

【笺释】

按此段经文，解读者分歧较大。若与下句连读："乃惟孺子颁朕不暇听朕"。晚出《孔传》断句为"乃惟孺子，颁朕不暇"，释为"我为政常若不暇，汝为小子当分担我之不暇而行之"；孙星衍《注疏》断句为"乃惟孺子颁，朕不暇听"，释为"言听政之事繁多，孺子分其任，我有所不遑也"。孔、孙二人的释义与东坡分歧较大。蔡沈《集传》坦言："颁朕不暇，未详。"而林之奇云："王之待其臣亦不可徒以爵禄而宠赐之。"此即东坡观点。可见东坡此解紧随上句"重礼不重财"的命意而来。

"不暇听朕教汝于棐民彝。"

曾不暇听我教汝辅民之常道也。

【译文】

"无暇听我教导你关于如何辅导民众习于常道的道理。"

未曾认真听取我教导你的如何辅导民众，习于日常的伦理道德。

"汝乃是不蘉，乃时惟不永哉。"

蘉，勉也。成王曰："公其以予亿万年。"公答以永年之道，如此则不永也。

【译文】

"你如果还是这样的不知加勉,是不可能长久享有天命的。"

覆,勉励的意思。成王对周公说:"公要助我安享亿万年。"周公回答他如何能达到永年的道理,如果是这样不努力是不可能长久的。

"笃叙乃正父,罔不若予,不敢废乃命。"

正父,诸正国之老,如圻父、农父、宏父之类。

【译文】

"要诚实地学习那些从政的老前辈,做事无不像我一样,那么诸臣也不敢不听从你的教令。"

正父,即诸位为国家从政过的老人,如圻父、农父、宏父之类。

"汝往敬哉,兹予其明农哉,彼裕我民。无远用戾。"

劝王修农事者,民有余裕则不去也。我不裕民,而彼或裕之,则无远而逝矣。

【译文】

"你要前往敬重这些老人,他们会让你明白有关农事方面的事情,他们能让我民众都宽裕起来。不然,不久的将来就会有不利于我们的事情发生。"

劝王修整关于农业方面的事情,民众家有余钱余粮就不会离王而去。如果我们不能让民众安逸富裕,而他们或者就能够让民众富裕,那么,在不久的将来民众就会离我们远去。

王若曰:"公明保予冲子,公称丕显德,以予小子扬文、武烈,奉答天命,和恒四方民。"

和恒,常和也。

【译文】

王顺着说:"公光明正大能安保我少年,公方显盛德,以我小子宏扬文王、武王的功业,奉答天命,和睦长久地安抚四方民众。"

和恒,经常和睦的意思。

"居师。"

定民居也。

【译文】

"安居大众。"

让民众定其居止。

"惇宗将礼,称秩元祀,咸秩无文。"

惇宗,厚宗族也。将礼,秉礼也。称秩元祀,举大祀也。

【译文】

"厚待宗族秉持礼节,即举行盛大祭祀,皆按秩序,遍祭不乱。"

惇,厚待宗族的意思。将礼,秉持礼节。称秩元祀,即举行盛大的祀典。

"惟公德明光于上下,勤施于四方。旁作穆穆,迓衡不迷。文、武勤教。"

迓衡,导我于治平。

【译文】

"公的盛德像日月之光照耀于天上地下,勤劳成果博施于四方。溥美化育,引导我于治平之世而不迷失方向。以文王、武王的勤德常施教化。"

迓衡的意思是能引导我把握局势,保持王国达于治平之世。

【笺释】

迓衡，顾颉刚、刘起釪《译论》引江声语，释"迓"为讶，为御，谓："衡可以取平，法度之器，以喻政柄也。言公之德光于天地，施于四方，溥为穆穆之美化，操御平天下之衡，不有迷错。"意即能把握政局的平衡，不会迷失，使天下治平，百姓安居。

"予冲子夙夜毖祀。"
祭则我冲子，政则周公。

【译文】

"我小子日夜敬慎祭祀。"
祭祀则由我小子举行，政事则由周公操持。

王曰："公功棐迪笃，罔不若时。"
公之功辅我以道者，厚矣！

【译文】

成王说："公辅我以正道的功德非常笃实，无不如我所说的这样。"
周公辅佐我行于正道的功劳，太深厚了！

【笺释】

按"罔不若时"句，原移下，置"王曰"之上。据以上行文惯例，特上移如此。"若时"作"若是"解。"时"，是也。

王曰："公，予小子其退，即辟于周，命公后。"
成王许周公复辟之事，曰："我其退归宗周，而即辟焉。今当命伯禽为公后。"

【译文】

王说:"公,我小子即将退归宗周,去即王位,任命公的儿子接任公的位置。"

成王许诺周公即王位的事,说:"我即将退归宗周,去即王位。如今当命伯禽接替公的位置(辅助我振兴王室)。"

"四方迪乱,未定于宗礼,亦未克敉公功。"

方以道济四方,凡宗庙之礼,所以镇抚公之元勋者,亦未定也。成王盖有赐周公以天子礼乐之意。

【译文】

"四方已进入治理稳定状态,但还未制定宗庙的礼仪,也未能抚慰周公的功绩。"

刚能以治道安抚四方,凡是宗庙的祭祀礼仪,所以能准确界定、确立周公的勋德者,都还未定。成王希望以天子的礼乐赐予周公。

"迪将其后,监我士师工,"

惟以伯禽为诸侯,以监临我士民及庶官也。

【译文】

"日后,公以治道扶助我,率领监督我邦国的士民及众官执事,"

以伯禽为诸侯,让他亲临封地监督士民及众官执事。

"诞保文、武受民乱,为四辅。"

保济文、武所受民,为周四方之辅也。

【译文】

"大力安抚我文王、武王所收治的民众,成为安治四方面的辅助。"

安抚接济文王、武王所受领的庶民,使之成为我周朝维护四方安全的辅助之民。

【笺释】

　　关于"四辅"的解释，孔颖达《正义》解为"为我四维之辅助"。东坡用此义。而孙星衍《注疏》云："四辅者，《文王世子》云'虞、夏、商、周有师、保、有疑、丞，设四辅'。"皮锡瑞《考证》亦引《尚书大传》语云："古者必有四邻：前曰疑，后曰丞，左曰辅，右曰弼。"将"四辅"释为古帝王身边前、后、左、右的四位大臣。然孙、皮二家之释于此不甚切合。

王曰："公定，予往已。"
公留相我，我归宗周矣。

【译文】

　　成王说："公决定留下辅佐我，我即往归宗周。"
　　周公留下为我作相，我即回归宗周。

【笺释】

　　顾颉刚、刘起釪《译论》引于省吾《新证》释"已"为祀，谓"'已公'者，祀公也。祭祀以公功告庙也"。是亦为一说。

"公功肃将祗欢。"
祗，大也。公之功肃将民心，大得其欢。

【译文】

　　"公的功勋敬肃于民心，民将大得其欢乐。"
　　祗，大的意思。公的功勋敬肃于民心，大得民心的欢乐。

"公无困哉！"

去我，则困我也。

【译文】

"公不要让我困难重重啊！"

离开我，那是让我困难重重啊。

"我惟无斁其康事。"

不厌康民之事。

【译文】

"我不会讨厌使民康逸安乐之事。"

不讨厌让民众康乐安居的事业。

"公勿替刑，四方其世享。"

刑，仪型也。

【译文】

"公不可改变辅相功臣的仪型，供四方民众世代共享。"

刑，仪型、典型。

周公拜手稽首曰："王命予来，承保乃文祖受命，民越乃光烈考武王，弘朕恭。"

弘大成王之恭德。

【译文】

周公跪拜叩首说："王命召我来，承奉先王文祖安受上天委民之命，庶民及你光烈先考武王亦当有光，弘示我的恭敬之心。"

弘大成王恭敬的品德。

"孺子来相宅，其大惇典殷献民。"
厚施典法于贤人。

【译文】

"孺子前来视察宅第，举行盛大惇厚的典礼欢迎殷邦的贤臣。"
颁施厚重典法于殷之贤圣老臣。

【笺释】

顾颉刚、刘起釪《译论》引于省吾《新证》释"典"为典册，典作动词用，意为"册录"。谓"其大惇典殷献民"者，"言其厚录殷之贤人也"。即大加录用殷的贤人。此说较确切。

"乱为四方新辟，作周恭先。"
后世言周之恭王者，以成王为先。古之言恭者，甚盛德不敢居也。《诗》曰："自古在昔，先民有作。温恭朝夕，执事有恪。"①

①见《诗经·商颂·那》（上海古籍出版社1980年新1版《诗集传》第243页）。

【译文】

"治事为四方新的君主，创立周邦必以恭敬为先。"

后世说到周的以恭敬为德的先王，必定以成王为先。古代说到恭敬的品德是最为贵重的，怎样的盛德也不敢列在前头。《诗经》有句："在那远古时代，先民敬德友爱。朝夕温良恭谨，行事守信不赖。"

曰："其自时中乂，万邦咸休，惟王有成绩。予旦以多子越御事，笃前人成烈，答其师，作周孚先。"
多子，众贤也。后世言周之信臣者，以周公为先也。

【译文】

周公说:"这是宅中图治,万邦皆庆的盛事,惟王最有功绩。我旦率领众贤者及众执事官员,诚笃继承前人功业,应答其众人,创立周邦以信誉为先。"

多子,指众多贤者。后世言及周朝最诚信的大臣,必以周公为先。

"考朕昭子刑,乃单文祖德。"

考我所以明子之法,乃尽文王德也。

【译文】

"成就我昭示于子敬德的仪型,尽力倡信誉于文祖之盛德。"

考我所以成就明示于子的法度,尽力倡信誉于文祖的盛德。

"伻来毖殷,乃命宁予以秬鬯二卣。曰'明禋'。"拜手稽首休享。

秬,黑黍也。鬯,郁金香草也。卣,中尊也。以黑黍为酒,合以郁鬯,所以祼也。宗庙之礼莫盛于祼。王使人来戒饬庶殷,且以秬鬯二卣绥宁周公。拜手稽首。而致之公,曰"明禋"曰"休享"者,何也?事周公如神明也。古者有大宾客以享礼礼之,酒清,人渴而不饮;肉干,人饥而不食也。故享有体荐,岂非敬之至者,则其礼如祭也欤?

【译文】

"王派使者来慰劳殷的民众,并命以秬鬯二卣抚慰我。说'祭于明堂'。"我跪拜叩首,庆幸享受。

秬,黑黍;鬯,郁金香草。卣,中等大小的酒尊。以黑黍酿酒,以郁鬯与之调合,制作为祼。宗庙的祭祀最隆重为祼。成王派人来告诫殷民众,并且以秬鬯二卣安绥周公。周公跪拜叩首庆享。安绥周公,而说"明禋",说"休享",为什么呢?敬事周公如神明呀。古时,有贵宾客需要以礼招待的，招待用的酒清，人渴了也不会饮；那些肉干，人饿了也不会吃。因此这样的享礼以祭牲半体供享，岂不是敬奉之极，像祭祀鬼神一样吗？

【笺释】

"乃命宁予"句，东坡释"予"为周公自称。林之奇、蔡沈均同此说。孙星衍《注疏》引郑康成语："周公、文王为宁王，成王亦谓武王为宁王，此一名二人兼之。"则"宁"为文王、武王的代称。故其断句为"伻来毖殷，乃命宁"，将"予"字属下句读。释为"乃受为文王、武王之命"。所以林之奇虽赞同东坡的解释，但于此又生疑问云："岂有周公尚存而谓之祢乎？其使当时诚以此致之周公，则一卣可矣，何必二哉？"认为东坡的解释仍有疑问。其实，以东坡的诠解而言，也实以存疑立论，并非确考。

而顾颉刚、刘起釪《译论》引朱骏声、王国维语，均谓"宁"为安抚周公，非以"宁"指文、武二王，而是指成王以王者之奠（裸）遥祭二王。东坡误以此为"绥宁周公"，故末尾有"其礼如祭者欤"之问。孙星衍释宁为文、武二王是错解。

"予不敢宿。"

周公不敢当此礼，即日致之义、武，不敢以王命，宿于家。

【译文】

"我不敢住宿。"

周公不敢接受成王赐予的礼仪，当天即祭祀文王、武王，不敢遵成王之命留宿于宫里，而回家住宿。

"则禋于文王、武王，惠笃叙，无有遘自疾。万年厌于乃德，殷乃引考。王伻殷乃承叙万年，其永观朕子怀德。"

周公以秬鬯二卣禋于文、武，且祝之曰："使我国家顺厚以叙，身其康强，无有遘疾。子孙万年厌饱乃德。殷人亦永寿考，王使殷人承叙万年，其永观法我孺子而怀其德。"

【译文】

"则敬祭于文王、武王之庙，以仁义之政厚赐其民，不会遇到疾害之政以祸民。千万年也会受赐于你的盛德，使殷人长久有所成就。王使殷人承顺周朝的历代治迹，千万年也会永久仰望我子孙的治理，怀念他们的德政。"

周公用秬鬯二卣祭祀于文王、武王，并且祝辞说："使我国家的统治长久顺延下去，身心康强，不会遇到疾痛。子孙万年饱享我周之德政。殷人亦可长寿无疆，王使殷人长顺万年，永远以我子孙为法，怀念其德。"

戊辰，王在新邑，烝，祭岁。
是岁始冬烝于洛。

【译文】

戊辰日，成王在新邑（洛邑），举行冬祭，以烝祭岁。

这年冬，开始在洛邑举行烝祭。

文王骍牛一；武王骍牛一。
宗庙用太牢①。此云"牛一"者，告立周公后，加之。周尚赤，故骍牛。

①太牢，古代祭祀时的一种等级。祭祀时用牛、羊、猪三牲全备为太牢，但有时只有牛一只。只用羊与猪称"少牢"。

【译文】

祭文王用骍牛一；祭武王用骍牛一。

宗庙之祭用太牢。这里说"牛一",是因为要向先王祷告立周公之后(伯禽),所以(特向文王、武王祈祷时)各加"牛一"。周朝崇尚赤色,故用赤红色的骍牛。

王命作册,逸祝册,惟告周公其后。王宾杀禋,咸格。
王宾诸侯,杀骍以禋诸侯,咸格。

【译文】
王下令作册封的文书,逸宣读册命,向先祖告立周公之后伯禽。王招待诸侯宾客要杀牲作祭,诸侯都到来了。
王招待诸侯,杀红色骍牛以祭祀,诸侯都到了。

王入太室,祼。
太室,清庙中央室也。祼,以圭瓒酌秬鬯以灌地求神也。

【译文】
王进入太室,祼祭。
太室,清庙(皇室的宗庙)中央室。祼,用圭瓒酌秬鬯之酒灌洒在地上求神保佑。

王命周公后,作册逸告。
前告神,后告伯禽也。

【译文】
王颁布册封周公后,由作册史逸祷告。
前先告神,后告伯禽。

【笺释】
"作册史"为官职名,逸为人名。伯禽,周公旦之子。

在十有二月，惟周公诞保文、武受命。惟七年。

【译文】

在十二月，周公承受文王、武王之命，大安周室。至七年归政。

书传卷十四

周　书

多士第十六①

①据中华书局2021年版《苏东坡全集》（曾枣庄、舒大刚主编）之《东坡书传叙录》称："历考诸本，《经解》诸篇大题皆在小题之下，尚存古式；《四库》本则校录精审。但二本内容都有脱落，尤其是《多士》一篇，脱误之处，几不可读。"然本书既以库本为底本，则脱落之处，一仍其旧。特此注明。又经与顾颉刚、刘起釪所编《尚书校释译论》对照，库本文字与之并无差异。然于开头此段佚东坡传文。

成周既成，迁殷顽民。周公以王命诰，作《多士》。
惟三月，周公初于新邑洛，用告商王士。王若曰："尔殷遗多士，弗吊，旻天大降丧于殷。我有周佑命，将天明威致王罚，敕殷命终于帝。肆尔多士，非我小国敢弋殷命。"
弋，取也。

【译文】
成周的洛邑既已建成，迁徙殷的顽民于此。周公以王命诰知众人，作《多士》一篇。
三月，周公初于新洛邑，代成王告谕商王时的众士人。王这样说：

"你们是殷遗留的众多士子，商纣王作恶不善，上天降灾难于殷。我周邦得天之佑，奉天明威顺次举行王罚，最终革除殷命。告诉你们，并非我周邦小国敢于取代殷命。"

弋，取代的意思。

"惟天不畀允，罔固乱弼我。我其敢求位？"

固，读如"推亡固存"[①]之固。信哉，天之固。治而不固，乱也。不固乱，所以辅我，我岂敢求之哉？

[①]《左传·襄公十四年》："亡者侮之，乱者取之。推亡固存，国之道也。"（岳麓书社1988年版《左传》第206页）"推亡固存"亦见于《尚书·仲虺之诰》，意即推翻无道乱亡之国，巩固得道爱民之国。

【译文】

"惟天不允许将天命交与不能稳固治命的人，故辅佑于我周家。我周家岂敢妄求王位？"

固，读如"推亡固存"的固。可信啊，天的稳固。治而不稳固，那就是乱。不能稳定乱局，所以上天才辅佑我周家，我周家岂敢妄求王位呢？

"惟帝不畀，惟我下民秉为，惟天明畏。"

秉，持也。帝既不畀殷矣，则民皆持为此说曰，"天将降威于殷"也。

【译文】

"上天既不授命于我殷了，而我下民也总坚持认为，是上天分明在降威使我民知畏惧。"

秉，握持的意思。上帝既不将天命给予殷了，则民都还坚持认为，说"天将降威给我殷人"了。

多士第十六

> "我闻曰，上帝引逸。"
> 引，去也。故逸者，则天命去之也。

【译文】

"我听说过，上帝会离开那些好逸乐的人。"

引，离去。所以逸乐的人，则天命会离开他（指商纣王）。

【笺释】

东坡释"引"为去，所以说"故逸者，则天命去之也"。然孔颖达《正义》释"引"为长，因此释"上帝引逸"为："上天之情，欲民长得逸乐。"意思正好与东坡相反。皮锡瑞《考证》引江声语："上帝，天也。引逸，谓引进遗佚（逸）之贤。言天欲人君任贤也。"将"引"释为"引进"。这是第三种说法。从上下文看，夏桀之"淫逸（泆）"故遭天弃。则东坡之说较顺。因为此段经文主旨在于周公训诰殷多士应汲取殷亡国的教训，即纣王的骄奢淫逸，故借上天之口，指明"逸乐不得人心，亦不得天心"。

> "有夏不适逸，则惟帝降格，向于时夏。"
> 夏之先王不往从放逸之乐，故上帝格向之。

【译文】

"夏朝的先王也不乐于今王的安逸放纵，因此上帝降灾，别求于夏朝。"

夏朝的先王也不喜欢放纵的逸乐，因此上帝别求明君于有夏的先王。

> "弗克庸帝，大淫泆，有辞。"
> 此桀也。淫泆，且有辞饰非也。

【译文】

"（夏桀）不能听命于上帝，大肆淫泆放荡，且有言辞文过而饰非。"

这里指的是夏桀。其人淫泆放荡,且有言语掩饰罪过。

"惟时天罔念闻。"
虽有饰非之辞,帝不听也。

【译文】

"其时,夏桀虽有饰非之辞而天帝不念不闻。"
虽有掩饰罪过的言辞,天帝不听。

"厥惟废元命,降致罚。乃命尔先祖成汤革夏,俊民甸四方。"
甸,治也。

【译文】

"夏桀至此大废先王受天的元命,上天始降下最严厉的惩罚。命你先祖成汤革除夏命,起用俊杰之士治理四方。"
甸,治理的意思。

"自成汤至于帝乙,罔不明德恤祀,亦惟天丕建,保乂有殷。殷王亦罔敢失帝,罔不配天其泽。在今后嗣王,诞罔显于天,矧曰其有听念于先王勤家?诞淫厥泆,罔顾于天显、民祇。惟时上帝不保,降若兹大丧。惟天不畀,不明厥德。凡四方小大邦丧,罔非有辞于罚。"
言天不畀纣,使不明于德。凡小大邦为纣所刑丧者,皆有辞于罚,不暇也。

【译文】

"自成汤直到帝乙,无不明示盛德,谨恤祭祀,而天亦大有建立于殷的各王,保治于殷。殷王亦不敢失敬于天帝,无不以其盛德配天所赐恩泽。而到于今后嗣的纣王，大为荒淫，无盛德彰显于天，何况还说什么听从于先王勤劳王家的话？大肆淫逸作乐，不顾上天的警示、不恤民众的敬劝。于是上帝不再保佑而大降下这样重大的丧亡之灾。惟上天不再保佑这种不显明德的昏君。四方大大小小的邦国丧亡，无不因为这样的天罚而有理由申诉呢。"

这是说，上天不再将天命给予纣，这样的国君荒淫丧德。凡大大小小的邦国都是因为纣所刑虐祸害而丧亡的，都迫不及待地忙着为自己的遭遇而控诉其罪呢。

王若曰："尔殷多士，今惟我周王丕灵，承帝事。"
言我周文王、武王皆继行大事。

【译文】

　　王如是说："你殷邦的旧臣们，如今从我周文王、武王的神灵，奉承天帝的大事。"

　　说我周文王、武王都在继续行使奉天承命的大事。

"有命曰，'割殷告敕于帝'。"
将有割殷之事，必先告正于天而后行曰，"将有大正于商"是也。

【译文】

　　"有命令说，'断绝殷的天命，告正于上帝'。"

　　即将有断绝殷天命的大事，必先告正于天而后祷告说，"将要断绝商天命"的大事。

"惟我事不贰适，惟尔王家我适。"
我有事于四方，曷尝有再举而后定者乎？故曰"惟我事不贰适"。贰适，再往也。惟于伐殷，则观政而归。已而再往，是我先王不忍灭商之意也。故曰"惟尔王家我适",不申言"贰适"者,因前之辞也。

【译文】

"我周家的事没有必须再次行动才能搞好的,惟讨伐你们殷纣王的事我们才会再次行动。"

我周家有事于四方,何尝需要再次行动才能搞定的呢?故此说"惟我事不贰适"。贰适,再次前往的意思。只有讨伐殷纣王的事,我武王需要"观政"而归。而再次前往,是因为我先王不忍灭商的缘故。故此又说"惟尔王家我适",只说"我适"没有说"贰适",那是因为前面已经说了(所以不再重复)。

【笺释】

东坡将"贰适"解释为"再往",因此将周伐殷之前,武王"观政"作为"一适"。而孙星衍《注疏》据《释诂》释贰为"疑",又据《释文》释适为"敌"。因此将全句释为:"言我之事不欲疑殷与之为敌,惟汝王武庚与我为敌而畔之。"将"贰适"与周公平息"三监"之乱也算上。但与下文所言"三监"之事,则孙氏所解,"贰适"与"疑敌"意更切近。

予其曰:"惟尔洪无度,我不尔动,自乃邑,予亦念天即于殷大戾,肆不正。"

今三监叛予,惟曰"此乃汝大无法,非予尔动,变起于尔邑,予亦念天命,不可不征。即于其首乱罪大者而诛之。"谓杀武庚、管叔也。"肆不正"者,言其余不尽绳治也。

【译文】

我是说:"因你殷大无法度,就是我们不这样治理你都邑,你们也应该想到上天已降下罪戾于殷,(这并非由你们这些旧臣所为,因此)不予追究。"

如今"三监"已经背叛我周,所以说"这是你殷大无法度,这并非我决意要讨伐你,而是动乱起于你都邑,我也会念及天命,不可不予征讨。而今叛乱的首恶之人已经获大罪而伏诛。"指杀武庚、管叔。"肆不正"的意思是说,除首恶外,其余的人并不全部都加以收捕治罪。

王曰:"猷告尔多士,予惟时其迁居西尔。"
洛邑在故殷西南。

【译文】

王说:"告诉你们这些殷的旧臣,我是要及时迁你们居于洛邑之西。"
洛邑在殷旧都的西南面。

"非我一人奉德不康宁,时惟天命,无违。朕不敢有后。无我怨。"
既迁尔于洛,乃安居,无后命矣。

【译文】

"这并非我一人秉德不安宁,这是天命,不可违。我不敢再有惩罚的命令。不必埋怨我。"
既将你们迁徙到洛邑,你们定可以安居乐业,再没有讨伐的后命了。

"惟尔知,惟殷先人有册有典,殷革夏命。"
言汤之革夏,其故事皆在典册,尔所知也。

【译文】

"你们应该知道,殷商的先人都有典册,记录成汤革除夏桀天命之事在案。"

说的是成汤革夏之命，其中的故事都在典册中，你们都是知道的。

"今尔又曰，'夏迪简在王庭，有服在百僚'。"

夏臣之有道者，汤皆选用为近臣在王庭，其可以任事者则为百僚。而今不然，以为怨。

【译文】

"如今你们又说，'夏朝中有道之人都被选任为汤的大臣在王庭之中，其他可办事的都成了朝廷的百官'。"

夏的大臣中有道德才能的，汤都选为大臣安置在王庭之中，其他可以承担事务的也都成了朝廷的百官。而今周朝的做法却不是这样，因此而产生怨气。

"予一人惟听用德，肆予敢求尔于天邑商？"

我知用德而已，尔乃与三监叛我，岂敢求尔于商邑而用之乎？

【译文】

"我只知道任用那些有德之人，哪敢在商的都邑里寻求你辈而用之？"

我只知使用有德之人，你们与三监的人一起背叛我，我岂敢在商的都邑中寻求你辈而加以任用呢？

"予惟率肆矜尔。非予罪，时惟天命。"

循汤故事而矜赦汝，则可。

【译文】

"我只能照你先王的故事怜愍而特赦你们的罪过。这并非我的罪过，是依天命而已。"

遵循成汤的故事而怜愍并宽赦你们的罪过，则是可以做到的。

【笺释】

"非予罪，时惟天命"句，原置于下句"王曰"之前，东坡也未予诠解，按句意，应前移至此。又"予惟率肆矜尔"句，孔颖达《正义》释为："故我敢求汝有德之人于彼天邑商都，欲取贤而任用之。"与东坡"因怜愍而赦其罪"的意思不同。

按：依《正义》所云，则"选贤任能"有何罪？而成王要表白"非我之罪？"显然，《正义》之释不如东坡所解确切。

王曰："多士！昔朕来自奄，予大降尔四国民命。我乃明致天罚，移尔遐逖，比事臣我宗，多逊。"

东征诛三监及奄，迁四国民于远，当此时，尔协比以事我宗臣，多逊不违也。

【译文】

王说："众位殷士！当年我从讨伐奄国归来，大减你四国之民的罪过，将你四国之民迁至远方。这是我明用天罚，迁移你民至洛邑而远离你殷都恶俗，协助我周宗臣办事，应多所顺从。"

周公、成王东征平定三监叛乱、讨伐奄国，迁徙四国（即武庚及"三监"之邦国）之民于远方，正当这个时候，你们能依附于我周宗臣办事，远离恶俗，多所顺从而不违法纪。

王曰："告尔殷多士，今予惟不尔杀，予惟时命有申。今朕作大邑于兹洛，予惟四方罔攸宾，亦惟尔多士，攸服奔走臣我，多逊。"

我惟不忍尔杀，故申明此命尔。我所以营洛者，以四方诸侯至而无所容，亦为尔等服事奔走臣我，多逊而无所居故也。

【译文】

王说:"告诉你们,如今不诛杀你们,我是要申明此命。如今我在这里经营洛邑,接待四方来朝拜的,无不是诸侯宾客,也是因为你们众多士,前来臣服奔走为我周办事,多有忠顺。"

我不诛杀你等,所以特申明此命。我之所以要经营洛邑,是因为四方诸侯前来朝拜时,不能没有个招待的地方,也是因为你等奔赴服事于我周称臣时,多有忠顺而无住处的缘故。

【笺释】

顾颉刚、刘起釪《译论》引江声语,释"宾"为"摈",意谓:"今我大邑于此中土洛汭之地,以待四方。我于四方无所摈却,岂独摈尔多士乎?"将宾作为排斥(摈)解,似较牵强,应以东坡所解为正。

"尔乃尚有尔土,尔乃尚宁干止。"

干,事也;止,居也。

【译文】

"你们也要有你们的土地耕作,你们也需要安居乐业。"

干,办事;止,安居。

"尔克敬,天惟畀矜尔;尔不克敬,尔不啻不有尔土,予亦致天之罚于尔躬。今尔惟时宅尔邑,继尔居,尔厥有干有年于兹洛,尔小子乃兴,从尔迁。"

汝能敬天安居,汝子其有兴者;非迁洛,何从得之?殷人之怨不在王庭百僚,故成王以此答其意也。

【译文】

"你们能敬顺上天,上天会给予你们怜悯;若你们不能敬顺天帝,你们不但不能拥有你们的土地,我还要奉天之罚,惩处你身。如今你们要安居于洛邑，继续你们的事业，你们在洛邑才能有事业，才能长久居住在这里，你们的子孙才能兴旺发达，跟随你们迁徙于此地。"

你们能敬顺上天安居从善，你子孙才有兴旺发达的日子；若不是迁到洛邑，哪能得到这样的幸运？殷人埋怨的不是近臣百官，所以成王用这些话回答他们的心中所想。

王曰。又曰："时予乃或言，尔攸居。"

王言："尔子孙当有显者。"殷人喜而记之。异日王告之曰，"及尔子孙之显，是时我当复言之于尔所居"。信其言以大慰之也。非一日之言，故以"又曰"别之。

【译文】

王说。王又说："今时，我有话对你们说，望你们在这里好好居住。"

成王说："你们的子孙在这里会兴旺发达的。"殷人高兴，因此记住了这句话。改天成王又告诉他们说，"到你们子孙发达的时候，是当时我曾告诉过你们的，要你们安居在这里"。相信他的话能够安慰他们。因为并非是同时说的，所以用"又曰"加以区别。

无逸第十七

周公作《无逸》。

【笺释】

顾颉刚、刘起釪《译论》云："周公在以《召诰》《洛诰》两篇吸取夏商教训谆谆告诫成王之后，又以《无逸》一篇，沿前两文同样精神，进一步专教诲成王不要逸乐而知稼穑之艰难及民之疾苦，所作语挚情殷的一篇告诫之辞。"

周公曰："呜呼，君子所其无逸，先知稼穑之艰难，乃逸，则知小人之依。"

旧说"先知农事之艰难，乃谋逸豫"，非也。周公方以逸为深戒，何其谋逸之亟也？盖曰，王当先知稼穑之道为艰难，乃所以逸乐，则知小人之所依怙以生者。知此则不妨农时，不夺民利，不尽民力也。

【译文】

周公说："啊，君子所以不放纵逸乐，是先知道稼穑的艰难。由此可以知道小民所以依靠的是什么。"

过去的说法认为这句话的意思是"先知道农事的艰难，然后才可以谋逸豫之乐"，不是这样。周公刚以"逸乐"为深刻的教训，何以这样快就亟于谋逸豫之乐？他是说，作为王者应当先知道耕田种地的艰难，方可以谈逸乐，因为这样才知道小民大众之所以赖以生存的是什么。知道了这一点就不会妨害农时，就不会剥夺民众的利益，不会用尽民众的力量。

"相小人，厥父母勤劳稼穑，厥子乃不知稼穑之艰难。"

虽农夫之子，生而饱暖，则不知艰难，而况王乎？以训王无忘太王、王季、文、武之勤劳王业也。

【译文】

"想想一般小民的父母，勤劳稼穑，而他的儿子却不知稼穑的艰难。"

虽农夫的儿子，生而饱暖，尚不知道艰难，况且是当君王的呢？以此教训成王，不可忘了太王后稷、王季历、文王、武王勤劳王业的事迹。

"乃逸，乃谚，既诞。否则侮厥父母，曰'昔之人无闻知'。"

戏侮曰谚，大言曰诞。信哉，周公之言也。曰"昔之人无闻知"，至于今，闾巷、田里之民，有不令子弟犹皆相师为此言也。是虮虱蟪蚁，周公何诛焉？而载于《书》曰"以戒成王"也？人君欲自恣于逸乐者，必先诋娸先王，戏玩老成。而小人诪张为幻者，又劝成之。韩非之言曰："尧之有天下也，堂高三尺，采椽不斲，茅茨不剪，虽逆旅之宿，不勤于此矣。冬日鹿裘，夏日葛衣，粢粝之食，藜藿之羹，饮土匦，啜土铏，虽监门之养，不觳于此矣。禹凿龙门，通大夏，疏九河，曲九防，决停水，致之海。股无胈，胫无毛，手足胼胝，面目黧黑，遂以死于外，葬于会稽。虽臣虏之劳，不烈于此矣。然则，天子所以贵于有天下者，岂欲劳形劳神，自取逆旅之宿，口食监门之养，手持臣虏之作哉？此不肖人之所勉，非贤者之所务也。"①此其论，岂不出于昔之人无闻知也哉？其言至浅陋，而世主悦之。故韩非一言覆秦、杀二世如反掌。自汉以来，学者虽鄙申、韩不取，然世主心悦其言而阴用之。小人之欲得君者，必私习其说，或诵言称举之。故其学至于今犹行也。予是以具论之。

①《韩非子·五蠹第四十九》："尧之王天下也，茅茨不剪，采椽不斲。粝粢之食，藜藿之羹，冬日麑裘，夏日葛衣，虽监门之服养，不亏于此矣。禹之王天下也，身执耒锸，以为民先。股无胈，胫不生毛，虽臣虏之劳，不苦于此矣。以是言之，夫古之让天下者，是去监门之养，而离臣虏之劳也。"（中华书局1954年版《诸子集成》第五册）东坡引文与此略有不同。

【译文】

"又放逸纵乐，又戏弄侮慢，既又大话荒诞，欺骗父母，还妄言'古代的人无知，没听说过这样的事'。"

戏弄侮慢称"谚"，妄言大话称"诞"。周公的话确实让人信服。说是"过去的人没听说过"，至于今天，闾巷、田里的民众，还有不知严令子弟，仍互相模仿说这句话的呢。这就像虮虱蟪蚁一样多，周公能诛灭得了吗？因而记载于《尚书》，用此训戒成王吗？人世的君王想独自纵乐放逸者，必定先毁谤丑化先前的帝王，戏弄老成人。而小人谎言虚构，又力劝人相信。韩非曾这样说："帝尧拥有天下，朝堂仅有三尺高，架构的椽木也不加以修饰，盖顶的苫茅也不加剪草，即使是人们旅居的寒舍，也不会简陋得像这样。冬天披件鹿皮，夏天穿件葛布衣，粗粝的食物，藜藿煮的羹汤，用土制的饭盒子进食，用土制的鼎啜饮，即使监牢里的供养，也不至于这么差的了。大禹凿龙门治水，通大夏的川流，疏通九河，筑起九道堤防，决流积水，使之入海。腿脚上都掉尽了毛，手足上长满老茧，面目黧黑，最后死于野外，葬在会稽。即使是罪臣、俘虏的劳役，也不会这样惨烈。如果是这样，那么贵为天子，拥有天下的人，岂能像这般苦形劳神，自取旅舍的住宿，口食牢狱的供养，手持臣虏的工具呢？这是没出息的人所要努力的事，不是贤能的人所追求的。"这样的议论，难道是古人所没有听闻过的吗？这种言论虽然十分浅陋，但世间的君王们却十分欣赏。所以韩非的一席话覆灭秦朝、杀死秦二世胡亥便易如反掌了。自汉朝以来，学者们虽然鄙视申不害、韩非的学说，然而世间的君主都心喜其说而暗中采用着。小人中希望获得君王宠爱的，必定会私下里学习申、韩的学说，或者加以诵习举例。因此他们的学说至于今天还在流行着。所以我要在此略加以论述。

【笺释】

东坡的这一番议论，语重心长，直击历代帝王"成由俭，败由奢"的治迹得失，亦古今执政者的一大节目。可是却罕见于古今解《尚书》者之笔端，可不谓"多先儒之所未达者"哉！

周公曰："呜呼，我闻曰，昔在殷王中宗，严恭寅畏，天命自度，治民祗惧，不敢荒宁。肆中宗之享国，七十有五年。"

中宗，太戊也。此书方论享国之长短，故先言享国之最长者，非世次也。

【译文】

周公说:"啊,我听说,过去在殷朝中宗的时候,严肃恭敬,常想着自己(身为帝王)天命所系,治理民众时恭敬小心,(知民众的劳苦)不敢荒诞自安。算起来,中宗享国,共有七十五年之久。"

中宗,即太戊,因为这篇文章专论帝王享国的长短,因此先说享国最长的人,并非帝王世系排次序的先后。

"其在高宗时,旧劳于外,爰暨小人。作其即位,乃或亮阴,三年不言。其惟不言,言乃雍。"

雍,和也。以其久不言之故,言则天下信之。

【译文】

"当在高宗的时候,他曾经身负朝廷使命,劳苦工作于外,由此而与小民百姓有接触。至其即位之后,传说他不说话,三年不言政事。正因为他不说话,所以一开口大家都十分高兴。"

雍,和谐的意思。因为他长久不言的原因,因此他一旦说话,天下都信服不疑。

【笺释】

"亮阴"一词,东坡未作解释,只说高宗久不说话。曾运乾《正读》引郑玄语,意为高宗居丧三年,不言政事。也未正面解释"亮阴"二字。顾颉刚、刘起釪《译论》引《论语·宪问》亦解释为因居丧三年,所以不谈政事。又引《吕氏春秋·重言篇》:"人主之言不可不慎……高宗乃言曰:'以余一人正四方,余惟恐言之不类也,兹故不言。'"是担心说话不靠谱,产生不良影响,所以不说话。应以此解为正。但《译论》最后引郭沫若《驳说儒》,推翻以上诸说,认为殷高宗此时患了"失语"的一种病症,不能说话。郭老并据甲骨文所载指出高宗并非因居丧(商代尚无"居丧"的礼节)而不理政事。可供参考。

"不敢荒宁，嘉靖殷邦，至于小大，无时或怨。肆高宗之享国五十有九年。"

高宗，武丁也。

【译文】

"高宗不敢荒废自安，殷邦因此得以和善相待，惠及大小，臣子上下均无怨言。算起来，高宗之享国，共有五十九年。"

高宗，即武丁。

"其在祖甲，不义惟王，旧为小人。作其即位，爰知小人之依，能保惠于庶民，不敢侮鳏寡。肆祖甲之享国三十有三年。"

祖甲，太甲也。

【译文】

"当在祖甲之时，他以即王位为不义，曾经作为小民避逃于民间。所以当他即位之后，能知小民的依靠所在，因而能保护、施惠于民众，不敢侮慢鳏寡小民。算起来，祖甲享国有三十三年。"

祖甲，即太甲。

【笺释】

曾运乾《正读》释祖甲为殷高宗武丁之子，并引马融语："祖甲有兄祖庚，而祖甲贤，武丁欲立之。祖甲以王废长立幼为不义，逃之民间。故云'不义惟王，旧为小人'。"然顾颉刚、刘起釪《译论》引皮锡瑞《考证》云："义，古'仪'字，拟也。'不义为王'，谓不拟居王位。"意即不打算立他为王。由主动变成了被动。此解似不如曾解为近。

"自时厥后，立王，生则逸。生则逸，不知稼穑之艰难，不闻小人之劳，惟耽乐之从。自时厥后，亦罔或克寿。或十年，或七八年，或五六年，或四五年，或四三年。"周公曰："呜呼，厥亦惟我周太王、王季克自抑畏。文王卑服，即康功，田功。"

康功，安人之功；田功，农功也。

【译文】

"从那时之后，被册立的王子，生下来就只知逸乐。生来只知逸乐，就不知稼穑的艰难，不听闻小民的劳苦，惟有耽于安乐是他们所追求的。从那时之后，诸王也没有能够在位长久的。或者十年，或者七、八年，或者五、六年，或者四、五年，或者四、三年。"周公说："啊，也只有我周太王、王季能自我克制知道什么应该畏惧。文王谦卑自抑全力以赴，做好让民众安居乐业的功夫，做好农业发展兴旺的工作。"

康功，让百姓安居乐业的功夫；田功，发展农业的功夫。

"徽柔懿恭，怀保小民，惠鲜鳏寡。"

鲜，贫乏者。

【译文】

"善良仁慈，和美恭敬，怀柔安保小民，施恩惠于贫弱鳏寡的人们。"

鲜，指贫穷困苦的人。

"自朝至于日中昃，不遑暇食，用咸和万民。文王不敢盘①于游田，以庶邦惟正之供。"

言不以庶邦贡赋供私事也。

①盘，游乐。

【译文】

"自早晨至于中午，没时间用餐，都要以行动和睦万民。文王不敢游乐、狩猎，不以众邦国的贡赋用于私事。"

说不以各邦国贡献来的财物用于私事。

"文王受命，惟中身。"

文王九十七而终，即位之年四十七。

【译文】

"文王受命登基即位，此时为中年。"

文王活到九十七岁而逝世，即位时四十七岁。

"厥享国五十年。"

令德之主欲其长有天下以庇民。仁人之意莫急于此。此周公所以身代武王也。人莫不好逸欲，而其所甚好者，生也。以其所甚好，禁其所好，庶几必信。此《无逸》之所为作也。然犹不信者，以逸欲为未必害生也。汉武帝、唐明皇，岂无欲者哉，而寿如此矣。夫多欲而不享国者，皆是也。汉武、明皇，十一而已，岂可望哉？饮酖①、食野葛必死，而曹操独不死，亦可效乎？使人主不寿者五：一曰色；二曰酒；三曰便辟嬖佞；四曰台榭游观；五曰田猎。此五者《无逸》之所讳也。既困其身，又困其民。怨咨吁天，此最害寿之大者。予欲以恶衣食、远女色、卑宫室、罢游田、夙兴勤劳，以此五物者为人主永年之药石也。

①酖，原义为嗜酒、沉溺。引申为酒毒。《左传·闵公元年》："宴安酖毒，不可怀也。"（岳麓书社1988年版《左传》第45页）

【译文】

"他享国五十年。"

有美德的君王，总是希望他能长久统治天下，以庇护他的人民。仁慈的人的心意莫不急于这样做。这就是周公曾希望以己身代替武王去死的原因。人莫不爱好放纵快乐，而其更爱好的是生命。以他的更爱好去禁止他的爱好，大都应该相信。这就是写作《无逸》的原因。然而还有不相信这一说的，认为放纵逸乐未必会妨害他的生命。汉武帝、唐明皇，岂是无欲望的人呀，而他们两人的寿命却是如此之长。但是多欲望而不能享国的，却比比皆是！汉武、明皇不过是其中十分之一罢了，岂能以此为目标？喝饮酖毒、食野葛必致死，而曹操却不死，这也能够效仿吗？能使君王短寿的有五件事：一是好色；二是酗酒；三是宠幸姬妾佞臣；四是大肆构筑亭台楼阁供游乐；五是狩猎巡游。这五件事是《无逸》中最为忌讳的了。既能困毙其身，又会困毙其民。民众会因此而怨嗟呼天，这是能危害寿命最大的事了。我欲以粗衣淡饭、远离女色、低矮宫室、罢废游猎、振兴勤劳，因这五件事物是君王永年长寿的药物。

　　周公曰："呜呼，继自今嗣王，则其无淫于观、于逸、于游、于田。以万民惟正之供，无皇曰，'今日耽乐'，乃非民攸训，非天攸若，时人丕则有愆。"

　　以百日之忧而开一日之乐，疑若可许也，然周公不许，防其渐也。曰："此非所以训民顺天也。"言此者必有大咎。

【译文】

　　周公说："啊，自今继承先王的嗣王以至后世君王，则不能沉溺于游观、于逸乐、于游玩、于田猎。以万民的供给作为正当的费用，不能借口说，'今天且纵乐一下'，这并不是对民众好的教导，也不是顺着天意而为，如果大家都这样，对顺行大法必有大害。"

　　以一百天的忧虑来换取一日的快乐，似乎也是可以的，然而周公决不允许，为的是要防微杜渐。所以说："这并不是训民顺天的好事。"说这样做必定会酿成大的罪过。

　　"无若殷王受之迷乱，酗于酒德哉！"
　　酗者，用酒而怒，轻用兵刑也。

【译文】

"不要像商纣王受那样，以迷乱酗酒为德啊！"

酗酒的人，因饮酒而易怒，随便操弄兵器、刑法。

周公曰："呜呼，我闻曰，古之人犹胥训告，胥保惠，胥教诲，民无或胥诪张为幻。此厥不听，人乃训之。乃变乱先王之正刑至于小大民。否则厥心违怨，否则厥口诅祝。"

诪，狂也；张，诞也。变名易实以眩观者，曰幻。古之人，相与训戒者，其言皆切近明白，世之所共知者也。若曰"不杀为仁，杀为不仁；薄敛为有德，厚赋为无道"，此古今不刊之语，先王之正刑也。及小人为幻，或师申、韩之学，或诵六经以文奸言，则曰"多杀所以为仁也，厚敛所以为德也，高台深池，女色畋游，皆不害霸"，此理之必不然，而其学之有师，言之有章，世主多喜之，此之谓幻。幻能害寿，以其能怨诅也。

【译文】

周公说："啊！我听闻说，古时候的人们互相劝告，互相保护惠顾，互相教诲，没有互相欺诈诳骗，设局惑人的行为。如果这样做不听劝止，就会遭人训斥。如果还不改，就会变乱先王的刑法，刑罚至于小大臣民，都会因此而内心埋怨君王，遭到众口诅咒。"

诪，哄骗、蛊惑人心的意思；张，讲大话，说谎。改变名称，变换事实，以眩惑观众，就叫作"幻"。古时候的人，互相训戒的，都是眼前明白的世所共知的事。如果说"不杀为仁，杀为不仁；减少租赋为有德，过度征收税赋为无道"，这是古今都承认的不可改变的道理，也是先王的最为公正的典型法则。小人为蛊惑人心，或变幻为申不害、韩非的学说，或诵六经以文饰奸言，于是说"多杀为的是兴仁义，暴敛可以为德，筑起高台，挖出深池，沉迷于女色，整天打猎游玩，都不会妨碍争霸"，这些歪理肯定是不对的，但是却学起来有师傅，说出来有文章可依据，帝王也喜欢它，这种情况就叫作"幻"。幻能害寿，因为它可以成为一种怨恨的诅咒。

> 周公曰："呜呼，自殷王中宗及高宗，及祖甲，及我周文王，兹四人迪哲！"

古之哲王莫不如此，而专言四人，此四人尤以此显于世也。

【译文】

周公说："啊，自殷王中宗及高宗及祖甲和我周文王，这四个人最聪明智慧！"

古代的聪明智慧的君王都是这样，而专提到这四人，那是因为这四个人特别因这个原因而称显于世间。

【笺释】

东坡依晚出《孔传》以在位的长短排列这"四人"的次序：中宗（太戊）、高宗（武丁）、祖甲、周文王。顾颉刚、刘起釪《译论》依《今文尚书》，认为不能以在位的长短为据而应以声望贡献的大小为据，所以"四人"应改为：太甲（太宗）、中宗（太戊）、高宗（武丁）、周文王。"祖甲并非有名贤王"，所以不能在列。

> "厥或告之曰：'小人怨汝，詈汝！'则皇自敬德，厥愆，曰，'朕之愆'。允若时，不啻不敢含怒，此厥不听，人乃或诪张为幻，曰：'小人怨汝，詈汝！'则信之。则若时不永念厥辟，不宽绰厥心，乱罚无罪，杀无辜，怨有同，是丛于厥身。"

人不怨谗者，而怨听者。

【译文】

"或有人告诉他们（指以上四贤王）说：'小民埋怨你，骂你！'则惶然自警，敬慎德行，（增修善政。）若是有过失，则说，'是我的过失'。在此时，不但不敢含怒，（还须和气相对。）若民众还是不听，或者有人故意撒谎诳骗说："小民们在怨你，骂你！"你听信了。这个时候你若不永远记住自己的君王责任，不放宽自己的心胸，而是乱罚无罪之人，杀死无辜之民，则天下都同起怨恨，一齐将仇恨集中在你身上。"

人一般不怨恨造谣的人，却怨恨听信谣言的人。

周公曰："呜呼！嗣王其监于兹！"

【译文】

周公说："啊！成王你要记住这样的教训啊！"

书传卷十五

周　书

君奭第十八

召公为保，周公为师，相成王为左右。
三公论道，左右相任事。周公、召公以师、保为左右相。

【译文】

召公为太保，周公为太师，为成王的左、右相。

三公论道，左右相担任处理各种事务。周公、召公以太师、太保的爵位担任左右相。

【笺释】

孔颖达《正义》云："成王即政之初，召公为保，周公为师，辅相成王为左右大臣。召公以周公尝摄王之政，今复在臣位，其意不悦。周公陈己意以告召公，史叙其事，作《君奭》之篇也。《周官》篇云'立太师、太傅、太保，兹惟三公'，则此'为保'、'为师'亦为三公官也。此实太师、太保而不言'太'者，意在师法保安王身，言其实为左右尔，不为举其官名，故不言'太'也。经传皆言武王之时，太公为太师，此言'周公为师'，盖太公薨，命周公代之。於时太傅盖毕公为之，於此无事，不须见也。三公之次，先师后保，此序先言保者，篇之所作，主为召公不悦，故先言召公，不以官位为次也。"

召公不悦，周公作《君奭》。

旧说或谓，召公疑周公。陋哉！斯言也。方周公摄政，管、蔡流言，周公晏然不自疑。当时，大臣亦莫之疑者，何独召公也？今已复子明辟，召公复何疑乎？然则，何为不悦也？功成身退，天之道也。故伊尹既复政，则告归。而周公不归，此召公所以不悦也。然则，周公何以不归也？察成王之德，未可以舍而去也。周公齐百官以从王，而王之所用悉其私人，受教于王者。此其德岂能离师辅而弗反也哉？故召公之不悦为周公谋也，人臣之常道也。而周公之不归为周谋也，宗臣之深忧也。召公岂独欲周公之归哉？盖亦欲因复辟之初，而退老于厥邑，特以周公未归，故不敢也。何以知之？此书非独周公自言其当留，亦多留召公语。以此知召公欲去也。

【译文】

召公不高兴，周公作《君奭》一篇表明心迹。

旧时的学说都认为是召公怀疑周公。这种说法，就太鄙陋了！当周公摄政当王的时候，管、蔡放出流言，（说周公有夺权的嫌疑，）周公尚且坦然不自疑。当时的大臣们也都没有怀疑的，岂止是召公？如今已经明确成王即位，召公还有什么好怀疑的？既然这样，为什么还不高兴呢？"功成身退"，这是天地间的正道。所以伊尹既还政于太甲，即告老退归，而周公不归，这就是召公不高兴的原因。既然这样，那么周公为何不归呢？按他观察成王的德性，还不到可以舍而归去的时候。周公整顿百官，使他们与成王齐心合力，而成王却只进用私人中受他教化影响的人物。这样的品德怎能离开师辅而保证不会反覆呢？所以召公不高兴是为周公着想，也是作为大臣平常的职责。而周公的不归是为周室谋划，是作为周的宗室所应有的深谋远虑。召公岂止是想让周公退归呢？是因为成王即政的复辟之初，老人都希望退归于原籍，只是因为周公不肯退，所以都不敢退。怎么知道的呢？书里记载的并非只有周公自言要留下的话，也有多次要保留召公的话。因此知召公也想离去。

【笺释】

东坡对于周公之所以不退归的解释是因为成王还不够成熟，还需要师保的辅助，所以不忍离开。但皮锡瑞《考证》却认为召公不高兴的原因是"盖以公处嫌疑之地，欲其远避"。意思是周公曾摄政当王，现在成王已即位，他还不知引退，是自招嫌疑，希望他能远避。而林之奇《全解》赞同东坡观点，并引东坡所云："周公何以不归也？察成王之德未可以舍而去也。"认为"此说是矣"。关于召公为何不悦周公的揣测甚多，东坡此说，可破众疑。按"君奭"，君为尊称，奭为其名。

周公若曰："君奭，弗吊，天降丧于殷，殷既坠厥命，我有周既受。我不敢知曰，厥基永孚于休。若天棐忱，我亦不敢知曰其终出于不祥。呜呼，君已曰'时我'，我亦不敢宁于上帝命，弗永远念天威，越我民，罔尤违。惟人。"

周公昔尝告召公曰："天其将使周室永孚于休欤，亦将终出于不祥欤？皆未可知也。"于时，召公答曰："是在我而已。我若能祗上帝命，不敢荒宁，则天永孚于休；若其以念我天威，及使我民无所尤违，则天将终出于不祥，此皆在人而已。今我不去，正为此尔。"故举其昔言以喻之。

【译文】

周公如是说道："君奭，上天不顾惜同情于殷，让它丧失政权，殷人既坠失其政权，由我周室受命。但我不敢说，周的基业永远都安祥幸福，合于天意。若天命不可信，我也不敢说周也有出现不祥的时候。啊，你也说过'全在我们'，我也不敢安于上帝之命，不会永远念及上天之威命，及我民众不会怨尤违反。全在于人的作为。"

周公过去曾告诉召公说:"上天是要让周室永远符合于吉祥的命运呢,还是终将会降不祥呢?都未可知啊。"那时,召公回答说:"全在于我们自己而已。我若能敬奉上天,不敢荒废,则天将永远守信,降我吉祥;但若天威难以守信,及我民亦无怨尤违反,我也不知道上天会不会降不祥于我们,也只在人的作为而已。如今,我不去而留下来,正是因为这个原因。"周公正是以召公过去曾说过的话来启发他。

【笺释】

　　"若天棐忱"句,东坡依《正义》释"棐"为辅,"忱"为诚。谓"天有助我之诚",则与下句"周也有出现不祥的时候"相抵触。不如刘起釪引诸家之说,释棐为匪(不),忱为信(谌),译全句为:"即使上天不可信,我也不敢说周也会出现不祥的时候。"于此为通。

　　又,原文"惟人"二字,诸本移下句读,断句为"惟人在我后嗣子孙"。而东坡以"惟人"断句上移,强调"此皆在人"的主题。曾运乾《正读》同此义。按此文主旨在于周公以召公曾说过的"在我"的话力劝他留下辅助王室,故"惟人"应是关键词。林之奇赞同此说,谓:"不如苏氏以'惟人'为绝句,其意为胜。"并说:"命之修短不在天而在人,故周公告召公,多援《召告》之言为之,反覆辩明,晓人当如是也。"周公劝召公,理当如此。

"在我后嗣子孙,大弗克恭,上下遏佚前人光。在家不知天命不易,天难谌,乃其坠命,弗克经历,嗣前人恭明德。"

　　此皆罪成王之言。在,察也。遏,绝也。佚,失也。经历,历年长久。言我察成王之德,大未能事天地,遏绝放失前人之光明。盖生于深宫之中,不知天命不易。我若去之,其将弗永年矣。周公盖以丕视功载知其如此。

【译文】

"察看我们的后世子孙,大都不能以恭敬为德,君臣上下断绝散失前人的光明。自小在深宫长大,不知天命的不易,天命难以窥测,恐其坠失天命,不能使周室历年长久,继承前人恭敬为德的传统。"

以上都是罪责成王的言论。在,察看的意思。遏,断绝的意思。佚,丢失的意思。经历,历年长久。说是我观察成王的品德,在很大程度上还未能奉祀天地,断绝散失前人功业的光明。因为自小生长在深宫之中,不知天命的不易。我若离开了,他将不能使周室经历长久。周公这是从以往的功业中大加审视而知道他的。

"在今予小子旦,非克有正迪,惟前人光施于我冲子①。"

冲子之不正,吾亦安能正之哉?独示之以前人光明之德,使不习于下流。其为正也大矣。

①冲子,冲人,均指年少的君王。

【译文】

"现今我小子旦,并非能有改正少年天子的方法,只是光大前人的功德,让我年幼的君王有所借鉴。"

年少君主的德行不正,我怎能纠正得了他呢?仅能将前人光明正大的品德展示于他,使他不至习惯于下流。这样的纠正办法也算是很大很好的了。

又曰:"天不可信,我道惟宁王德延,天不庸释于文王受命。"

天命不常,我所以辅成王之道,惟以延武王之德,使天下不舍文王所受之命也。

【译文】

又说:"天命不可信,我遵行的道惟以广延武王之德,让天下不会舍弃文王所受享的天命。"

天命不会永常,我之所以辅助成王的正道,在于广延武王(宁王)的盛德,使天下不会舍弃文王所接受的天命。

【笺释】

东坡在本书中一直以"宁王"指武王。顾颉刚、刘起釪《译论》则赞同如吴澄、孙诒让、王懿荣等学者的考证,认为"宁"字是前人误将金文的"文"字解作"宁"字。"宁王"应为"文王"。东坡的时代尚无此考识。东坡在《大诰》一篇中,据"下文曰'乃文考',知其为武王"。因此篇为周公向成王述事,故"乃宁考"当指成王的父亲武王。此说亦有理。又东坡在《金縢》一篇中曾说"武王临天下未久,人之念其德者尚浅",故此处经文有"天不可信,我道惟宁王德延",则"宁王"应为武王而不是文王。

公曰:"君奭,我闻在昔,成汤既受命时,则有若伊尹,格于皇天。在太甲时,则有若保衡。"

即伊尹也。

【译文】

周公说:"君奭,我听闻过去,成汤既受天命之后,是有伊尹为相辅佐,而能升配于天。在太甲时,伊尹又能成为保衡,使天下平安。"

保衡,即伊尹。

"在太戊时,则有若伊陟、臣扈,格于上帝。"

汤初克夏,欲迁夏社,作《臣扈》之篇。汤享国十三年,又七年而太甲立,太甲享国三十二年,又更四帝乃至太戊。而臣扈犹在,岂非寿百余岁哉?

【译文】

"在商太戊时,则有伊陟、臣扈,他们能辅助商王成就大业,死后升配于上帝。"

商汤最初灭夏桀时,想迁移夏朝的社稷,写作《臣扈》之篇。成汤享国十三年,之后又七年立太甲,太甲享国三十二年,其后又经历四代帝王,才至于太戊。而臣扈还活着,岂不是能寿享一百多岁吗?

【笺释】

东坡在此提出"臣扈"的享年问题,各家亦有不同看法。林之奇在《全解》中云:"陈少南谓,汤十三年,太甲三十三年,沃丁二十九年,太庚二十五年,小甲十七年,雍己十二年,然后太戊立。自汤胜夏以至太戊立,凡一百有三年矣。臣扈在汤胜夏之初年已不知其年若干,阅一百三十年,又相太戊若干年,而能格于上帝乎?是必有二臣同名者也。"关于"同名"说,却早在孔颖达《正义》中已提道:"汤初有臣扈,已为大臣矣,不得至今仍在,与伊尹之子同时立功。盖二人名同,或两字一误也。"而蔡沈则直指为同名:"臣扈,与汤时臣扈,二人而同名者也。"

"巫咸乂王家,在祖乙时,则有若巫贤。"

贤,亦巫咸之子孙。

【译文】

"巫咸辅助商王室的治理,在祖乙时,还有巫贤。"

贤,也是巫咸的子孙。

"在武丁时,则有若甘盘。"

殷有圣贤之君七,此独言五。下文云"殷礼陟配天"。岂配祀于天者,止此五王,而其臣皆配食于庙乎?在武丁时,不言傅说,岂傅说不配食于配天之王乎?其详不可得而闻矣。

【译文】

"在殷武丁王朝时,则有甘盘。"

殷有圣贤的君王七人,这里只说五人。下文说"殷的祭祀礼仪中,升天配享"。是否配祀于天的,只有这五人,而其余臣子都配食于庙堂呢?在武丁时,没有提到傅说,是否傅说不配食于配天的王吗?详细的情形已不可得而知。

"率惟兹有陈保乂有殷,故殷礼陟配天,多历年所。"

陈,久也。陟,升遐也。言此诸臣为政不久,则不能保乂有殷,且使其王升遐则配天,致殷有天下多历年所。此周公所以久留之意也。

【译文】

"这些贤臣长久保治殷商,所以殷的祭祀礼仪中,帝王能升天配享上帝,而殷的天下经历多年。"

陈,长久的意思。陟,指帝王升天的祭礼(升遐)。说这些诸臣辅政的时间若不长久,则不能对殷的治理有保证,且使殷贤圣之王升天配享,致使殷享有天下经历多年。这就是周公要长久留下的本意。

【笺释】

"率兹有陈",孔颖达《正义》释"陈"为列,谓"有陈列之功",而孙星衍《注疏》则释为"道",谓"惟此有道之臣,安治有殷"。按此篇主旨在于周公劝召公留任并阐明其缘由。故东坡释"陈"为久,即"长久保治殷商",更为切近原意。故林之奇在《全解》中云:"陈,先儒以为'陈列',不若苏氏以为'久'。言此商家之臣率皆惟此辅佐之久,以治安有殷。"仍以"久"为贴切。又,顾颉刚、刘起釪《译论》亦肯定东坡的诠解:"有谓即含上文五王配祀于天,而其臣亦配食于庙者,苏氏轼也。以今推之,苏承上文为近。"

"多历年所"即多历年岁,岁月长久之意,"所"字无义,语助词。

"天惟纯佑命，则商实百姓、王人罔不秉德，明恤小臣、屏侯甸，矧咸奔走，惟兹惟德称，用乂厥辟。故一人有事于四方，若卜筮，罔不是孚。"

此明主、贤臣为政既久，则天乃为纯佑者是命，商之百族大姓及王臣之微者，实皆秉德明恤，以至于小臣藩屏侯甸者，皆得其人。况于奔走执事之臣，皆以此道此德举，用乂厥辟。以上下同德，故有事于四方，则民信之若蓍龟然。此又周公久留之意也。

【译文】

"上天纯诚护佑那些遵用天命法则的人，商朝能使百姓殷实、君王无不秉持德教，体恤小臣及至远方的藩属、侯、甸诸侯，况且众执事之人，也能唯德是举，助君王之治。因此若一人有事于四方，则以卜筮问卦，无不灵验契合。"

如此的明主、贤臣执政既久，上天必大为庇佑，是令殷商的百族大姓以及王臣中的低微之人，都能秉持德教、体恤弱者，因此无论小臣、藩屏、侯、甸，都任用得人。况且奔走执事的臣子，也都能以遵守这样的治道与品德获得进用，以助君王之治。因此上下同德，一有事于四方，则民众信任君王就像相信蓍龟的占卜一样。这又是周公希望久留的本意所在。

公曰："君奭，天寿平格，保乂有殷，有殷嗣天灭威。"

天寿此中宗、高宗、祖甲，和平至道之王，使保乂有殷。此三王皆能继天灭威。灭威者，除害也。

【译文】

周公说："君奭，天寿与天齐平，能保治殷商，殷朝能继承天意灭除祸害。"

上天寿延殷中宗、高宗、祖甲，这三位能运用和平稳妥的治理方法达到极至的君王,使殷朝能保有天命,治绩辉煌。此三王都能继承天命,灭除祸害。灭威,即除掉祸害。

"今汝永念则有固命,厥乱明我新造邦。"

汝若忧思深长,则天命仍可坚固。汝其念有以济明我邦者。

【译文】

"如今你长久念及上天的威命,则你当有坚定的使命在心助治我周室再兴新造。"

你若忧思深长,则周室的天命定可坚固。你可要有助治我周邦的良策兴我周邦。

公曰:"君奭,在昔上帝割申劝宁王之德,其集大命于厥躬。"

宁王,武王也。天降割丧文王,申劝武王之德,而集天命也。

【译文】

周公说:"君奭,以往上帝再三劝宁王发扬其美德,使集天之大命于一身(作天下之主)。"

宁王,即武王。文王结束其为上帝所赋予的天命,再三劝武王能发扬美德,而集天命于一身。

【笺释】

顾颉刚、刘起釪《译论》释割为害,又以害为曷,申为重申、一再之意,故译此句为"以前上帝为什么一再观赏、赏识文王的大德,纵集天命到他身上呢?"由陈述变为设问。可供参考。

"惟文王尚克修和我有夏。"

诸夏①也。

①诸夏，指禹夏亡后的原各邦国。

【译文】

"只有文王还足以修复我周与诸夏各部的旧好。"

有夏，指诸夏。

【笺释】

顾颉刚、刘起釪《译论》："周族的族系渊源确系源自夏族，而且更可上溯源自姬姓的黄帝族。并且更早出自氐族。"

"亦惟有若虢叔，"

王季子，文王弟。

【译文】

"又比如虢叔，"

虢叔为王季之子，文王的弟弟。

"有若闳夭，有若散宜生，有若泰颠，有若南宫括。"

五人皆贤臣①，有道德者，不及太公望者。太公专治兵事，功臣，非周公所法也。

①五人，此列四人。据上文，五人包括虢叔。又据《泰誓中》武王曰"予有乱臣十人"，其中列太颠、闳夭、散宜生、南宫适（括）与此同。

【译文】

"比如闳夭，散宜生，泰颠，南宫括。"

五人都是文王治下的贤臣，有道德的人，但不提及太公望。太公专理用兵之事，是功臣，不是周公所效法的。

【笺释】

孙星衍《注疏》引郑康成语："《诗传》说，'有疏附、奔走、先后、御侮之人'而曰'文王有四臣以受命'此之谓也。不及吕望者，太师也，教文王以大德，周公谦，不敢自比焉。"以上五人，除虢叔为文王之弟外，都是随文王左右的亲近用事之臣。周公不提太公望（即吕望），因为太公地位太高（太师），周公出于自谦，不敢与之相比。且吕望能"教文王以大德"，其功劳更在军事之外。

又曰："无能往来，兹迪彝教，文王蔑德，降于国人。"

此五人者，文王疏附，先后奔走，御侮之友也。故曰，文王若不能与此五人者往来，使以常道教文王，则无德以降于国人也。

【译文】

又说："不能有所进退，要坚持日常的伦理教化，勿使文王以细微之德，降化于国人。"

这五个人，都是文王的助手，充当前导，先后奔走，抵御外侮的朋友。所以说，文王若不能与这五人经常来往，使以日常的伦理道德感化文王，则文王也没能以德教降化于国人。

【笺释】

孙星衍《注疏》既引郑康成语，释"蔑"为"小"，但又引《说文》释"蔑德"为"美德"，"言无能进退，为文王道此常教，故文王美德不能下于国人"，又以蔑为小而"言无能以文王绪余之小德教国人，明大德非国人所能企及也。"虽大体不离本义，却是释义较为含糊，莫衷一是。顾颉刚、刘起釪《译论》引朱骏声语，释"迪"为"导"，释"蔑"为"无"，译全句为："五臣能为之奔走，先后以导引常法，则文王虽能修德于身，亦无以下及于民。"按此说为得，比东坡所解尤显。

"亦惟纯佑秉德，迪知天威，乃惟时昭文王，迪见冒闻于上帝，惟时受有殷命哉。"

迪见者，以道显也。冒闻者，以德被天下闻也。

【译文】

"应大力支持有德之人，进知天之威命，及时昭示文王，以道显于世盛德闻于天下，于是才能接受有殷的大命啊。"

迪见的意思是以治道显示于天下。冒闻的意思是使道德传闻于天下。

"武王惟兹四人。"

虢叔亡矣。

【译文】

"至武王时，仅有闳天，散宜生，泰颠，南宫括这四人。"

其时，虢叔已经去世。

"尚迪有禄。后暨武王，诞将天威，咸刘厥敌，惟兹四人。昭武王惟冒，丕单称德。"

凡周德之所被及者，其民尽称颂武王也。

【译文】

"此时尚有四人具有禄位。共与武王，大显天威，奋勇杀（刘）敌，赖此四人。相助武王努力向前，大显武王之德。"

凡是周德所覆盖的地方，民众尽力称颂武王。

"今在予小子旦，若游大川，予往，暨汝奭其济。小子同未在位，诞无我责。"

游大川者必济而后已。今予与汝奭同济，小子其可以中流而止乎？

【译文】

"如今,我小子旦,好像渡过大河一样,我前去与你奭一齐共渡。今我小子已归政不在王位,与你相同,大无我的责任。"

游大河的人必须渡过才算成功。今让我与你奭一同过渡,你小子怎能中流而止呢?

"收罔勖不及,耇造德不降,我则鸣鸟不闻,矧曰其有能格?"

周人以鸑鷟鸣于岐山为文王受命之符,故其《诗》曰:"凤凰鸣矣,于彼高冈。"①我与汝奭皆文王旧臣,同闻鸣鸟者也。我与汝同闻见受命之符。而今又同辅孺子,其可以不俟王业之大成而言去乎?我当收蓄成王不勉不及之心,又当留汝奭耇老成人以自助,汝若不降意小留,则是天不欲我终王业定天命也!天如不欲我终王业、定天命,则当时必不使我与汝同闻鸣鸟矣,况能格于皇天乎?

①《诗经·大雅·卷阿》:"凤凰鸣矣,于彼高冈。梧桐生矣,于彼朝阳。"(上海古籍出版社1980年新1版《诗集传》第198页)

【译文】

"若收束不勉则不能追及前人之功,老成人若不放下心志与我同在,我则连凤凰的鸣声亦不得而闻,何况能声闻于天么?"

周人以鸑鷟鸣于岐山作为文王接受天命(称王)的征兆,所以有诗句说:"凤凰鸣叫了,在那边的高岗之上。"我和你奭都是文王时期的老臣,同时听到过凤凰的鸣声。我与你同时听见到文王接受天命的符号。如今又同时辅助少年天子,怎么可以不等到王室事业的大成而说要离开呢?我应当收束成王不勤勉不进取的心态,又应当挽留你奭耇老成人作为辅助之臣,你若不放下你的心志稍留于此,那是上天不想让我完成王室的大业、以定天命了,那就是当时必定不会让我和你同时听到凤凰的鸣叫了，况能升闻于天么？

公曰："呜呼，君，肆其监于兹，我受命无疆，惟休，亦大惟艰。告君乃猷裕我，不以后人迷。"

谋广我意。

【译文】

公说："啊，君，你可以看到这一切，我周家承受天命虽永世无疆，惟吉庆，但也经历大艰难。秉告君放宽心胸谋容人之道，我不愿后人疑误我的心迹。"

谋拓宽我们的思路。

【笺释】

"不以后人迷"句，原下移至"公曰"之前，不合前文述例，特参照别本，前移至此完句。

公曰："前人敷乃心，乃悉命汝作汝民极。曰：'汝明勖偶王在亶。乘兹大命，惟文王德丕承无疆之恤'。"

周公与召公同受武王顾命，辅成王，故周公曰："前人敷其心腹以命汝位三公，以为民极。"且曰："汝当明勖孺子，如耕之有偶也，在丁相信如车之有驭也，并力一心以载天命。念文考之旧德，以丕承无疆之忧。武王之言如此，而可以求去乎？"

【译文】

公曰："前人布置其心腹俱尽心意，命你居三公之位而成为民众的极品高官。并且说：'你们当双双明助我王，忠诚在位。承担此大命，大力传承文王的盛德并给予无穷的关怀'。"

周公与召公同时接受武王的顾命，辅助成王，所以周公说："前人布置其心腹之人俱尽心力，所以任命你为三公，成为民众的极品高官。"并且说：“你们应当明助我成王，如耕田的要成双，互信如驾车的有驭手，并力一心以承载天命。要念及文王的旧德，以承受无穷的忧虑。武王的话都这样说了，你可以请求离去么？”

【笺释】

"作汝民极"一句，孔颖达《正义》释为："为汝民立中正之道"，孙星衍《注疏》作"命汝立民之中"，周秉钧作"使汝作民之准"，似均不得要领。而东坡紧接上句，以周公、召公当时的官位均已位至"三公"，为人臣之极品，故释为"命汝位三公，以为民极"。较三家所解更为明晰。故林之奇云："苏氏谓：'周公与召公同受武王顾命辅成王，故周公曰前人敷其腹心以命汝，位三公以为民极。'此说胜于诸家，当从之。"

公曰："君，告汝朕允。"

告汝以我诚心。

【译文】

周公说："君，我对你说的都是心里话。"
告诉你以我的一片真心。

"保奭！其汝克敬，以予监于殷丧大否？"

殷之丧，其否塞大乱至于如此，可不惧乎？

【译文】

"太保奭啊！你能敬重我说的话，以我亲见殷的丧亡作为莫大的监戒吗？"
殷朝的灭亡，其困厄混乱一致如此，能不令人恐惧吗？

"肆念我天威。予不允惟若兹诰，予惟曰，襄我二人。"

襄，成也。予本不欲如此告也，予惟曰，王业之成，在我与汝二人而已。

【译文】

"应念及我天威之可敬畏。我本不想说这样的话,我只想说,王业的成功只在我二人而已。"

襄,成功。我本来不想这样相告,我只想说,王家事业的成功,在于我与你二人而已。

【笺释】

"二人",孙星衍《注疏》移下句读,作"二人汝有合哉",释为"今之二伯,惟我与汝二人合对哉",意有重复,不如作上句读"惟曰襄我二人"更为准确。

"汝有合哉。言曰:'在时二人,天休滋至,惟时二人弗戡'。"

汝闻我言而心有合也。曰,"信如我言,在我二人而已。然今天方保周王室日昌大,在我二人受此福乎?德胜福则安;福胜德则危。今天休滋至,恐二人德不能胜也。由此知召公之不悦,盖以满盈为忧也。

【译文】

"你对我的话应心有同感。说过:'关键在此二人,上天给予周家的福泽也太丰厚了,恐我二人承受不起啊'。"

你听了我的话而心有同感。说过,"相信我说的话,成功在于我二人而已。然而,今上天正保佑周王室日益大为昌盛,我们二人能承受得起这样的福分吗?才德胜过福分则平安;福分胜过才德就会有危险。如今上天赐给的福泽如此丰富至极,恐我二人德不能胜啊。"从这一点看出召公的不高兴,大概是担心满盈为忧。

"其汝克敬德，明我俊民，在让后人于丕时。"

周公言："汝奭以满盈为忧乎？则当求俊民而显明之，他日让此后人惟昌大之时而去未晚也。"

【译文】

"你真能敬慎品德，那就以此彰显我俊逸之民，待到他年让俊逸之才大兴我周朝之时。"

周公说："你奭是以担心满盈为患么？那就应当渴求秀杰俊逸之民而彰显之，待他日让这些后人将周室大兴昌盛时才隐退，也为时未晚啊。"

"呜呼，笃棐时二人，我式克至于今日休。"

以我二人厚辅之故，周室乃有今日之休。

【译文】

"啊，能够忠厚辅佐王室的唯有我二人，以我们能这样的努力才得到今日的吉庆祥和。"

以我二人忠厚辅佐的缘故，周室才有今日的吉庆祥和。

"我咸成文王功于不怠，丕冒海隅出日，罔不率俾。"

我以今日之休为未足也，惟至于日月所照，莫不祗服乃已也。

【译文】

"我都是为着完成文王的功业而不知懈怠，就等着像海隅日出大冒光明，而四方无不敬服。"

我以今日的吉庆祥和为不足，要等到日月所照临那样，四方莫不敬服才罢休。

公曰："君，予不惠若兹多诰。"
　　惠，若言愿也。

【译文】
　　公说："君，我不愿如此多言。"
　　惠，如说"愿意"的意思。

"予惟用闵于天越民。"
　　予惟哀天命之不终及民之无辜也。

【译文】
　　"我只是怜闵于天命以及民众。"
　　我只是哀惧于天命的不能始终以及民众的无辜。

公曰："呜呼，君！惟乃知民德，亦罔不能厥初，惟其终。祗若兹往敬用治。"

【译文】
　　周公说："啊，君！你也知民的德性，无不有其初，难得善其终。望敬顺我的话，用此作为你治理的参考。"

蔡仲之命第十九

蔡叔既没，王命蔡仲践诸侯位，作《蔡仲之命》。
　　蔡叔死于囚，不得称"没"。仲为卿士，无囚父用子之理，盖释之矣。仲践蔡叔之旧国，以度[1]为始封之君，则周既赦其罪矣，故得称没。

[1] 度，库本及明凌刻本原作鲜。按，蔡叔度始封于蔡（今河南省上蔡县），始封之君应为度，而不是鲜（管叔鲜，鲜始封于管国）。《史记·管蔡世家第五》："蔡叔度既迁而死，其子曰胡，胡乃改行，率德驯善。周公闻之，而举胡以为鲁卿士。鲁国治，于是周公言于成王，复封胡于蔡，以奉蔡叔之祀，是为蔡仲。"

【译文】

蔡叔去世之后，成王命蔡仲履诸侯之位，写作《蔡仲之命》。

蔡叔因"三监"之乱被囚禁而死，不得称为"没"。蔡仲为卿士，也没有一个父亲被囚禁，而能起用他儿子的道理，应是这个时候已经被朝廷赦罪了。蔡仲履职于蔡叔的旧国，以蔡叔度是初封的国君，因此应是周朝已经赦免其罪，所以得称为"没"。

惟周公位冢宰，正百工。群叔流言，乃致辟管叔于商，囚蔡叔于郭邻。

郭，虢也。《周礼·六遂》："五家为邻。"

【译文】

周公担任冢宰之职，整肃百官。成王的几个叔叔放出流言，结果管叔被处死于商，蔡叔被囚禁于郭邻。

郭，即虢国。《周礼·六遂》："五家为邻。"

以车七乘降霍叔于庶人。三年不齿。

周公不以流言杀骨肉。若管叔不挟武庚以叛，亦不诛也。蔡叔囚而不诛，至子乃封。霍叔降而不囚，三年复封之霍。此周公治亲之道也。

【译文】

仅用七辆车将霍叔贬为庶民①。三年之内不得与诸侯并列。

周公不因为几位兄弟放出流言而杀其骨肉。若是管叔不挟持武庚叛乱，也不会杀他。蔡叔只是囚禁，至于他的儿子蔡仲还被封为侯爵。霍叔被降为庶人，但不予囚禁，三年之后复封于霍国。这就是周公对待至亲骨肉之道。

①据《史记·管蔡世家第五》载，武王灭商后，封姬处于霍。霍叔处因参与"三监之乱"被贬为庶人，三年后重被封。霍国于晋献公时被灭。

蔡仲克庸祗德，周公以为卿士。叔卒，乃命诸王邦之蔡。

蔡叔未卒，仲无君国之理。蒯聩在而辄立，卫是以乱。①孔子将为政于卫，必以正名为先。②则周公封蔡仲，必在叔卒之后也。

①据《史记·卫康叔世家》，卫灵公太子蒯聩欲杀灵公夫人南子，事发被逐。"灵公怨太子出奔，谓郢（灵公少子）曰：'我将立你为后。'"但灵公死后，郢以蒯聩的儿子辄还在，不敢即位，而是改立辄为卫出公。卫国因此而生乱。（见中华书局1959年版《史记》第五册第1599页）

②同上，"孔子自陈入卫，九年，孔文子问兵于仲尼，仲尼不对。其后，鲁迎仲尼返鲁。"孔子之离开，《论语·子路》有记录："子路曰：'卫君待子而为政，子将奚先？'子曰：'必也正名乎！'"孔子认为卫出公之立，名不正而言不顺。

【译文】

蔡仲因为能敬德修身，周公才任命他为卿士。等到他的父亲蔡叔死后，才于众邦国中任命他为蔡侯。

蔡叔未死，蔡仲不可能成为邦国之君。比如蒯聩（太子）还活着便立卫国的国君，卫国因此而混乱。孔子将要执政于卫国，他认为必须名正言顺以正名为先。所以周公封蔡仲，必须在蔡叔死后才行。

王若曰："小子胡，惟尔率德改行，克慎厥猷，肆予命尔侯于东土，往即乃封。敬哉！尔尚盖前人之愆，惟

忠惟孝，尔乃迈迹自身。"

迈德自己，使人可以循迹而法汝也。

【译文】

　　王这样说："小子胡，你要能遵循文王的美德，悔改你父亲蔡叔的过错，谨慎遵守治道，我今任命你为诸侯去治理东土，前往你的封国吧。一定要敬德修身啊！你还须从前人的过失中吸取教训，尽忠尽孝，你才可能超越你自身。"

　　德超自己，使人能遵循你的行迹而效法于你。

"克勤无怠，以垂宪乃后，率乃祖文王之彝训，无若尔考之违王命。皇天无亲，惟德是辅；民心无常，惟惠之怀。为善不同，同归于治；为恶不同，同归于乱。尔其戒哉。慎厥初，惟厥终。终以不困。不惟厥终，终以困穷。懋乃攸绩，睦乃四邻，以蕃王室，以和兄弟，康济小民。率自中，无作聪明，乱旧章。"

　　中，情也。治国济民皆以情，不以伪也。中不足，则必强诸外，故作聪明。而实聪明者，未尝乱旧章也。

【译文】

　　"能勤谨无懈怠，以作为后人的榜样，遵循你先祖文王的常训，不要像你先父那样违背王命。皇天不会亲近某人，只会辅助保佑有德之人。民心没有常态，只有怀念有恩惠于他的人。行善有不同，但同归于治理；为恶有不同，但同归于生乱。你要引以为戒啊。开始须要谨慎，结束也须要谨慎。结束得好就不会陷于困境。不可陷入穷途末路的境地，陷入末路必定困穷以终。丰富你的治绩，和睦你的四邻，以兴旺我王室，以和睦兄弟，安济小民。遵循中正平和的治道，不要自作聪明，变乱旧的典章制度。"

　　中，指情感。治国惠民都要以真实的情感，而不以虚假的伪装示人。

情感不足必定会以强势对外,假装聪明。而其实真聪明的人没有过变乱旧章的例子。

"详乃视听,罔以侧言改厥度。"

以一偏之言而改其常度,非其本心也,生于视听之不审尔。故患在欲速不在缓。缓则视听审,而事无不中矣。

【译文】

"详细思量你所见所闻,不要以偏听偏信改变你的常态。"

以一片面之言而改变常态,并非本心如此,是发生于视听的不够精审罢了。所以失误常在于着急而不在于和缓。和缓则视听详明,所以做事没有不成功的。

"则予一人汝嘉。"王曰,"呜呼,小子胡,汝往哉!无荒弃朕命!'"

成王东伐淮夷,遂践奄,作《成王政[1]》。

践,灭也。

[1] 孙星衍《注疏》作"征"。

【译文】

"则我一人嘉奖你。"王说,"啊,小子胡,你去吧!不要荒废丢弃朕给予你的使命!"

成王东征,伐灭淮夷,随着又灭了奄国,创作《成王政》一篇。

践,消灭的意思。

成王既践奄,将迁其君于蒲姑。周公告召公,作《将蒲姑》。

晏子谓齐景公,古之居此者,有蒲姑氏。乐安县北有蒲姑城。二篇亡。

【译文】

　　成王既伐灭奄国，将迁其君至蒲姑。周公告诉召公，作《将蒲姑》。

　　晏子对齐景公说过，古时曾居于此地的，有蒲姑氏一族。乐安县北有蒲姑城。《成王政》与《将蒲姑》二篇已亡佚。

【笺释】

　　曾运乾《正读》："蒲姑，《史记》作'薄姑'。奄君名。成王既践奄，迁之于齐，遂以其名名地。"

多方第二十

成王归自奄，在宗周诰庶邦，作《多方》。

　　自《大诰》《康诰》《酒诰》《梓材》《召》《洛诰》《多士》《多方》八篇，虽所诰不一，然大略以殷人不心服周而作也。予读《泰誓》《牧誓》《武成》，常怪周取殷之易。及读此八篇，又怪周安殷之难也。《多方》所告不止殷人，乃及四方之士，是纷纷焉，不心服者，非独殷人也。予乃今知汤已下七王之德深矣。方纣之虐，人如在膏火中，归周如流，不暇念先王之德。及天下粗定，人自膏火中出，即念殷先七王如父母。虽以武王、周公之圣，相继抚之，而莫能禁也。夫以西汉道德比之殷，犹琲珠之与美玉也。然王莽、公孙述、隗嚣之流，[①]终不能使人忘汉光武之成功若建瓴然。使周无周公，则殷之复兴也必矣。此周公之所以畏而不敢去也。

①王莽，西汉元帝皇后的侄子，自称为黄帝的后代，托古改制，利用灾异、符命等

迷信活动蛊惑人心，最后篡汉自立"新朝"。公孙述，于王莽末年，割据称雄，亦利用符命鬼神之事，蛊惑大众，于西蜀建立"成"国。两人事迹见《汉书》卷九九《王莽传》及《后汉书》卷四三《公孙述传》。隗嚣，亦王莽"新朝"时期，伙同公孙述等，利用奸邪手段割据称雄的人物。东坡以此三人为例，说明失德即失政的道理。

【译文】

成王从奄归来至宗周（丰镐），诏诰众邦国，作《多方》一篇。

自《大诰》《康诰》《酒诰》《梓材》《召诰》《洛诰》《多士》《多方》八篇文章，虽然所诏诰的内容不大一样，然而大概的内容都是以殷人不心服周朝而作的。我读《泰誓》《牧誓》《武成》三篇，常感到奇怪的是周灭掉殷是那么容易。及至读到这八篇，又奇怪周要安抚殷人是这样的困难。《多方》所要诏告的，不止是殷人，还有四方之士，这乱纷纷的，让人感觉心里不服的人，不单单是殷人了。我如今始知道成汤以下的七代君王，其道德影响的深远了。当纣王虐害，民众如在膏火中的时候，人们奔向周邦像流水一样，无暇念及先王的恩德。而当天下初步安定之后，人们从膏火中解脱出来，随即思念起殷代七王就像思念自己的父母一样。虽然以武王、周公的圣哲贤良，相继安抚他们，但还是不能禁止他们的反叛。以西汉王朝的道德与殷相比，就像是斌珠之与美玉相比一样。然而，王莽、公孙述、隗嚣之流，始终不能让人忘却汉光武帝的成功就像高屋建瓴一样。因而，要是周朝没有周公，则殷朝的复兴那是必然的。这就是周公之所以害怕，不敢离开成王的原因。

【笺释】

顾颉刚、刘起釪在《译论》中，于《多方》一篇，特摘引东坡此段言论，用以表示东坡见解的深刻，有助于理解经文深远的历史内涵。

按，据刘氏所论，此文开头"成王归自奄"句所指的"王"实为周公。成王未曾参与东征及灭奄等的活动。周初，史官所记为"王若曰"、"王曰"之文多为周公所言。

惟五月丁亥，王来自奄，至于宗周。周公曰："王若曰：'猷告尔四国多方，惟尔殷侯、尹民'。"

周公以王命告诸侯及凡尹民者。

【译文】

五月丁亥日，成王自奄归来，到达宗周（丰镐）。周公说："王这样说：'正告你四国及众邦，及你殷的官民'。"

周公以成王的命令告诉诸侯及凡是治民的官吏们。

【笺释】

"四国多方"，据顾颉刚、刘起釪《译论》，指"四国境内的各族首领及四方（如鬼方、人方、羌方等）境内的称为方的各族首领"。

"我惟大降尔命，尔罔不知。"

大降尔命，谓诛三监黜殷时也。

【译文】

"我已经命令大大降低了对你们的处罚，你们不会不知道。"

大降尔命，说的是在诛灭武庚、管、蔡"三监"，黜落殷的天命之时。

【笺释】

"我惟大降尔命"一句，孔颖达《正义》释义云："我武王大下汝天下民命，诛杀虐纣。汝诸侯天下之民，无有不知纣以暴虐取亡。"东坡似用此义。然孙星衍以此句比之《多士》篇"予大降尔四国民命"，释为："汝中夏诸侯之正民者，我大下汝教令，汝应无不知之矣。"并批评晚出《孔传》"以大降尔命谓诛纣，失之远矣"。然而，按《多士》篇此句，明显是在表示对殷民的宽恕与降低罪罚，这与"下汝教令"反而语意相去甚远。故应以《正义》所释为正。又顾颉刚、刘起釪《译论》引蔡沈《集传》："言殷民罪应诛戮，我大降宥尔命，尔宜无不知也。"认为此解"较伪孔、苏轼所释较切合文义"。

按，东坡此书全以爱民、恤民为德，以诛杀、屠戮为戒，并以此颂扬周公之德，故应释"降尔命"为"降低处罚"，而不是认为"殷民罪应诛戮"。若周公认为殷民皆"罪应可杀"而不分首恶，则此篇还有"诰诫"的意味吗？《集传》所说并不切合文义。

"洪惟图天之命，弗永寅念于祀。"

图天之命，犹曰徼福于天。小人之求福者，必以祭祀。念汝殷人，大惟徼福于天，而不念敬祀，是求非望也。

【译文】

"期望上天赐福，而不永敬念于祭祀。"

"图天之命"，是说请求上天赐福的意思。小民之求福者，必用祭祀。考虑到你殷的小民只记得向上天大求福，却不考虑敬重祭祀，这是请求的却不是自己所想望的。

"惟帝降格于夏，有夏诞厥逸，不肯慼然于民。"

帝非不格于夏，而夏乃大厥逸，无忧民之言。虽无忧民之心而有其言，民犹不怒，天犹赦之，犹贤于初无言者弃民之深也。

【译文】

"虽然天帝也曾降下灾变于夏桀，但此夏桀大肆放逸，不肯忧及民心。"

天帝并非不下诰于夏民，而夏桀却大为逸乐放纵，没有忧民之心意言论。虽无忧民之心，但有言语上的表示，民众还是隐忍不怒，上天也可以原谅，也算比始终没有言语者抛弃人民深重的更好些。

> "乃大淫昏，不克终日劝于帝之迪。"
> 桀未尝肯以一日之力，勉行顺天之道。

【译文】

"大为淫泆昏乱，没有一天肯听劝于天帝的教导。"

夏桀没有一天肯花费气力，勉行顺从天意的举措。

【笺释】

顾颉刚、刘起釪《译论》引于省吾《新证》释"劝"为"观"，解此句为："不能有一天的工夫肯察看上帝所指引的天道而行。"可作参考。

> "乃尔攸闻，厥图帝之命，不克开于民之丽。"
> 丽，著也。奠民之居，王政之本。民不土著，虽尧、舜不能使无乱。桀之所以徼福于天者，皆非其道，未尝开衣食之源以定民居也。

【译文】

"你们也都听闻知道了，夏桀希图天帝赐福，却不能开启活民的恩泽附着在民众身上。"

丽，附着的意思。使民能安居乐业，这是王政的根本。民众无土可居，即使是尧、舜也不能让他们安定不乱。夏桀之所以向天祈福的，都不是正道，未曾开启衣食的源头让民众能定居下来。

【笺释】

东坡释"丽"为"著"（附着之意），而孙星衍《注疏》却释为"丽于狱"，故将此句解为"不知天之爱民，不能开释于民之丽于罪网者"。按，有关"丽"字的解释，据顾颉刚、刘起釪《译论》的列举竟有十种以上，而刘起釪以孙星衍的解释为可取。然而，孙氏以殷民之"丽于狱"为言，则是纣无视民众的犯罪了？似乎说不到这句话的根本上。民众为何犯罪？不是因为生存的问题吗？生存的问题最根本的不是因为"无土可居"吗？中国封建社会几千年来最根本的社会问题就是土地问题。孙星衍的见识恰好是本末倒置，思想观念落后东坡好几百年。

"乃大降罚，崇乱有夏。因甲于内乱。"
始也。乱自内起。

【译文】
"于是大降罪罚，大乱有夏。因此夏的灭亡始于内乱。"
开始的意思。乱从内部开始。

"不克灵承于旅，罔丕惟进之恭，洪舒于民。"
古者谓大祭祀曰"旅"。言不能承祀天地鬼神，又不知进德之恭，而大慢于民也。

【译文】
"不能以大祭祀而承接神灵的护佑，又不知进德修身以求恭顺，大加侮慢于民众。"
古时以大的祭祀称为"旅"。这是说不能够以大的祭祀承接天地鬼神，又不知增进道德，行恭敬之道，而是对民众大加侮慢（导致民心大为涣散）。

【笺释】
东坡释"旅"为大祭祀，而孙星衍《注疏》却释为"众"，"言桀因习于好内以乱政，不能以善政治此民众"。释义与东坡异。并对"舒"的解释为"舒者，《困学纪闻》曰'古文作荼'，此宋次道家古文。《考工记》注云'荼，古文舒'"。未免牵强敷衍，于文意不协。据《康熙字典》："《韵会》：舒，散也。"此为直捷，与东坡所解契合。

"亦惟有夏之民，叨懫日钦，劓割夏邑。"

叨，贪也。懫，忿也。尊用此人，使劓割夏邑。

【译文】

"夏的民众因受桀的影响也日益贪忿偏激，残害夏的天下。"

叨，贪的意思。懫，激忿的意思。夏朝尊奉起用桀这暴君，使夏朝最终灭亡。

"天惟时求民主，乃大降显休于成汤，刑殄有夏，惟天不畀纯①。"

不与桀者，亦大矣。

① 畀纯，孙星衍《注疏》："畀者，《诗传》云，'与也'。纯者，《方言》云，'好也'。"

【译文】

"上天惟及时为民求君主，于是大降天命予成汤，刑灭夏桀，使其不得善终。"

上天不能容忍夏桀的地方，也太大了。

"乃惟尔多方之义民，不克永于多享。"

义民，正人也。桀所害者，皆正人。天以此故，不可使夏桀永年而多享也。

【译文】

"因此你众邦的正义之士，不能永久地多享安乐。"

义民，正义的人士。夏桀所残害的，都是这类正义之士。上天以此缘故，不能使夏桀长命而享国长久。

"惟夏之恭多士，大不克明保享于民。"

桀之所尊用者，皆不能知保享于民之道也。

【译文】

"夏桀所尊用的人士，大多不能明白天命须保享于人民的道理。"

夏桀所尊用的人士，都不能知道要保享天命，就必须施善政于民的道理。

"乃胥惟虐于民；至于百为，大不克开。"

开，明也。

【译文】

"所用之人大都肆虐于民众；所为之事，大都不能善导民众于开明。"

开，开明的意思。

"乃惟成汤，克以尔多方，简代夏作民主。"

简，至也。

【译文】

"惟有成汤，能与你多方之士和乐共治，至替代夏朝而作为民之主。"

简，至的意思。

【笺释】

此句里的"简"字，顾颉刚、刘起釪《译论》列举了五六家注疏，释义有"选举"、"清静"、"更也"、"大也"、"辞也"、"诚也"等，用在此处，均不得要领。不如东坡"以意逆志"，直释为"至"，"至替代夏朝而作为民之主"。

"慎厥丽，乃劝厥民。刑用劝。以至于帝乙，罔不明德慎罚，亦克用劝。要囚，殄戮多罪，亦克用劝。开释无辜，亦克用劝。"

自汤以来，皆谨土著之政。民既奠居，则刑罚可以劝，而况于赏乎！

【译文】

"慎重解决民众守土安居之事，用以劝导民众。刑罚也用以劝导民众。以至到了帝乙的时代，朝廷上下无不明示道德，慎用刑罚，意在劝导。重要囚犯重罪，须殄灭杀戮，也能用以劝导。感悟无辜的民众，也能用以劝导。"

自成汤以来，都能谨慎处理民众守土安居的为政问题。民众既能安居乐业，则刑罚也就可以起到劝导的作用，而况于奖赏呢！

【笺释】

在这一段经文里，东坡仍将"丽"作为解决民生问题的"附着于土地"的"附着"解，而与下一句的"刑用劝"区别开来。而顾颉刚、刘起釪《译论》引朱骏声等注家语，坚持孙星衍的解释，以"丽"作"罹"，作"犯罪罹于刑"解，译为："言汤不虐于民，慎恤用刑，则民感而勉于善。刑戮有罪，则民亦知惧而勉于善。"如此诠解，正是对"开释无辜，亦克用劝"的解说。这正是从"丽"字衍生出来的对这段经文的两种不同诠解。似都说得通。然而，从各人不同的切入点看，东坡从改善民生着想，其余注家却从民众犯罪着眼，两者的界限便分明了。其余注家为什么不先想到要解决民众的生存问题，而被动地想到民众犯罪罹刑之后呢？当然是由思想境界的高低所决定了。

"今至于尔辟，弗克以尔多方享天之命。呜呼！"王若曰，"诰，告尔多方，非天庸释有夏，非天庸释有殷，乃惟尔辟以尔多方，大淫图天之命，屑有辞。"

屑，轻也。纣责命于天，轻出怨天之辞。

【译文】

"如今到了你们作为君主的,不能使你们众邦国安享天命。啊!"王如是说,"诰,告诉你众邦君,并非上天有意要放弃有夏,并非上天有意要放弃有殷,只因你君王夏桀与殷纣以你众多邦国纵恶自弃,过度图谋上天之命,而轻出怨天之言辞。"

屑,轻微的意思。纣自以为有天命在身,而轻出怨天不保之辞。

"乃惟有夏图厥政,不集于享,天降时丧,有邦间之。"

夏政不享于天,则其诸侯间而取之,亦如今殷之为周所取也。

【译文】

"只因夏桀败坏国政,不就于安民享天的正道,天降下丧亡国祚的大灾,有的邦国便乘机取而代之。"

夏朝的政事不能安享于天命,则诸侯就会乘机取而代之,亦如今之殷国为周所取代一样。

"乃惟尔商后王,逸厥逸,图厥政,不蠲烝天。惟降时丧。"

蠲,洁也。烝,升也。其所闻于天者,不洁也。

【译文】

"你殷商的后王纣,纵欲逸乐,不以德谋其政,浊而不洁的恶声升闻于天。上天(不能受此不洁,)于是降下丧亡其天命的灾祸。"

蠲,洁净的意思。烝,上升的意思。他的恶声得闻于天的,都是浊恶不洁的消息。

"惟圣罔念作狂,惟狂克念作圣。"

世未尝有自狂作圣，自圣作狂之人；而有自圣作狂，自狂作圣之道。在念与不念之间耳。

【译文】

"圣明的人不会有疯狂的念头，只有疯狂的人会想着自己要成为圣人。"

世上还没有从狂人变成圣人，从圣人变成狂人的人，但有从圣人成为狂人，从狂人成为圣人的途径。只存在于想与不想之间罢了。

"天惟五年，须暇之子孙，诞作民主，罔可念听。"

须，待也。暇，闲也。武王服丧三年，还师二年，天佑殷之子孙，以此五年暇以待之。夫圣、狂之间，如反覆手，而况五年之久，足以悔祸复天命矣。纣惟曰："我，民主也！其若我何？"其言无可念听者。

【译文】

"上天用五年时间，等待这闲暇的子孙，大作民众之主子，但仍没有能让上天可以念及的好听的话。"

须，等待的意思。暇，闲暇。武王服丧三年，还师二年，天佑殷的子孙，就在这五年之间等待他。而圣明与颠狂之间的变化，如反覆手，而况有五年之久呢，已有足够的时间让他悔过敬德以复其天命了。可是纣只是说："我，是民的君主！谁能奈我何？"说这话就真的没有什么可以让上天留念的了。

"天惟求尔多方，大动以威，开厥顾天。惟尔多方，罔堪顾之。惟我周王灵承于旅，克堪用德，惟典神天。天惟式教我用休，简畀殷命，尹尔多方。今我曷敢多诰？我惟大降尔四国民命。尔曷不忱裕之于尔多方？尔曷不夹介乂我周王，享天之命？"

夹，辅也。介，助也。

多方第二十

【译文】

"天只要求你们多方之众,大动以威严,开导纣王顾及天命。然而你多方贤者,不堪此重任。惟我周王的神灵能承担此大祭祀,能以其圣德,主祀神天。天教我周以休祥,抛弃殷命,治理你多方。如今我岂敢多诰?我是要大降罚于你四国民命。你何不以诚信广为告知于你多方之民众?你何不助治我周王室,以永享上天之命?"

夹,辅助的意思。介,帮助。

"今尔尚宅尔宅,畋尔田。尔曷不惠王熙天之命?尔乃迪屡不静[1],尔心未爱。"

道尔而数不静者,以尔心未仁也。

[1]库本及明凌刻本作"静"。顾颉刚、刘起釪《译论》本作"靖"。

【译文】

"如今殷民,你们还是住在你们的家里,还是在耕种你们的田地。你们何不接受我王的恩惠以安享广福的天命?你们犹不能安静下来,这是你们还缺乏仁爱之心。"

以道启发你而总是安静不下来,这是因为你还缺乏仁爱之心。

"尔乃不大宅天命,尔乃屑播天命。"

轻弃天命也。

【译文】

"你们不能固守其天命,你们轻弃天命不予重视。"

轻易放弃上天赐予的福命。

"尔乃自作不典,图忱于正。我惟时其教告之,我惟时其战,要囚之。"

我欲汝信于正，故教告之。不改则战，恐要囚之。

【译文】

"你们妄为不法之事，却图谋骗过长官的真诚。我还是要及时告诫你们，若是过时还不改过就要出战，将犯罪者加以囚禁。"

我希望你们取信于长官，所以我告诫你们。若不改过就要出战，恐怕就要囚禁要犯了。

"至于再，至于三，乃有不用我降尔命，我乃其大罚殛之。非我有周秉德不康宁，乃惟尔自速辜。"王曰，"呜呼，猷告尔有方多士暨殷多士，今尔奔走臣我监五祀。"

汝奔走事我，我监视汝所为，五年于此矣。

【译文】

"至于再，至于三地教导，还有不肯接受我降低对你们处罚的命令的，我就要大加讨伐，处死他。不是我周王秉持德教不够平和安康，是你们自找有罪。"王说，"啊，正告你有方的多士及殷的多士，至今你们臣服于我，为我王事奔走，而我王室监视你们的所作所为已经有五年了。"

你们奔走服事于我周王室，我监视你们的所作所为，至今已五年了。

"越惟有胥伯大小多正，尔罔不克臬。"

伯，长也。汝自有相君、相长者，至于小大众正之人，皆汝所能作止也。

【译文】

"及有胥吏、侯伯、大小官长等，你等无不能守法。"

伯，长者。你邦国自有助君、助长的人，至于小大众长，都是能制止违法的人。

多方第二十

【笺释】

曾运乾《正读》释：正与政通；胥，繇役也；伯当为赋；臬为准。所以此句意谓：大小在位的官员都能按时按量供给赋役。顾颉刚、刘起釪《译论》引孙星衍疏，亦同此说，谓都"能供繇役赋税"。但若按此义，则与上文的社会"屡不靖"与下文的"自作不和""家屋不睦"似亦不通，而应该与法纪有关。故仍以东坡所解为是。

"自作不和，尔惟和哉。尔室不睦，尔惟和哉。尔邑克明，尔惟克勤乃事。"

家不和则邑不明。虽勤于事，无益也。

【译文】

"自己兴作不和之事，你自己要做到和谐相处啊。你家室不和睦，你自己要求得和睦啊。你的都邑能做到文明，你就能勤敏于你的事业。"

家室不和，则都邑自然不能文明。虽然能勤于事，却没有益处。

"尔尚不忌于凶德，亦则以穆穆在乃位。"

服凶人，莫如和敬。

【译文】

"你尚能不忌讳了表明自身犯错失德，就必能恭敬和穆谨守其职位。"

说服失德之人，最好莫过于以平和敬肃的态度对待他。

"克阅于乃邑谋介。"

简邑人以自介副。

【译文】

"你审视于你都邑之内去寻找能助你谋事的人。"

简选邑中之人作为自己的助手。

"尔乃自时洛邑，尚永力畋尔田，天惟畀矜尔，我有周惟其大介赉尔。"

介，助也。

【译文】

"你尚能自行善事于洛邑，尚可以长久力耕你的田亩，上天也会给予你关怀，我周室也会适时大加助赏于你们。"

介，帮助的意思。

【笺释】

明凌刻本眉批："此并授之以方略也。盖殷士之受职者必殷顽民作俑，今既劝勉之，又授之以方略，曰'克阅于乃邑谋介'，实借此以散其党也。又曰'此又诱掖之也，似恩似威，半戒半劝，有无限作用。此《多方》一篇之妙用也'。"

"迪简在王庭，尚尔事有服在大僚。"王曰，"呜呼，多士，尔不克劝忱我命，尔亦则惟不克享。凡民惟曰不享。"

尔不我享，民亦不尔敬矣。

【译文】

"进选你在王庭，你尚可以成为大官在朝堂服事。"王说，"啊，多士，你们若不听我诚恳的劝导，你们也不能专享此福。凡你的民众也就不能享此福。"

你不能分享我周的福命，你的民众也不会敬重你了。

"尔乃惟逸惟颇，大远王命。"

迪简之命也。

【译文】

"你等只顾逸乐,远离正道,不听王命。"

王命即简选任官之命。

"则惟尔多方,探天之威,我则致天之罚,离逖尔土。"

将远徙之。

【译文】

"则你多方之士,触犯到天威,我则施加来自上天之惩罚,将你等迁徙到远离你故土的地方。"

将其迁徙至远方。

王曰:"我不惟多诰,我惟祗告尔命。"又曰:"时惟尔初不克敬于和,则无我怨。"

今既戒汝以和敬,汝不能用;则他日又举今言以告汝,无怨也。

【译文】

王说:"我不再多言了,我这是告诉你多士要敬惜你的天命。"又说:"是你等初不能恭敬于平和,这就不能埋怨我了。"

今日告诫你等要平和恭敬勿过激,你等不听;那么他日又再次告诫你等。今天都是说过的话,不能抱怨我了。

书传卷十六

周　书

立政第二十一

周公作《立政》

【笺释】

政，正也。顾颉刚、刘起釪《译论》云："《立政》篇实即《立正》篇，就是周公对成王讲建立官长、组织政权机构，如何用人行政诸大端。篇中总结夏、商任用官员的得失，自己政权如何任用官员的经验。提出今后要怎样设置和任用高级官员，并提出了周初官职建制系统。实际是一张由内及外较繁的大大小小官名单了。"

周公若曰："拜手稽首，告嗣天子，王矣。"用咸戒于王曰："王左右常伯、常任、准人、缀衣、虎贲。"周公曰："呜呼，休兹，知恤鲜哉！"

周公率群臣进戒于王，赞曰："群臣皆再拜稽首，告天子，今王矣。不可以幼冲自待。"则进戒曰："王左右有牧民之长，曰'常伯'，有任事之公卿，曰'常任'，有守法之有司，曰'准人'。此三事之外，则有掌服器者，曰'缀衣'，执射御者，曰'虎贲'。此亵御也。"周公则戒之曰："非独三事者当择人，此亵御者，亦当择人也。能知忧此者，美哉，鲜矣！"

【译文】

周公作《立政》一篇。

周公这样说："跪拜叩首，告嗣王，天子如今即王位了。"于是与群臣同告诫于王前说："王的左右有常伯、常任、准人、缀衣、虎贲。"周公说："呜呼，完美啊！知道体恤如此的很少啊！"

周公率领群臣进戒于王前，赞美说："群臣都再拜叩首，奉告天子，如今王已经即王位了，不可再以少年自居。"于是进戒说："王，你的左右有管理民众事务的长官称'常伯'，有执行任务的公卿称'常任'，有司法的长官称'准人'。这三项事务之外，还有掌管衣服器物的称'缀衣'，有执行射御护卫的称'虎贲'。这些都是天子身边御用的人员。"周公则劝戒说："不只是这三件事要选择管事的人，这些在天子身边办事的人，也要选择。能懂得如此考虑，才是最完美的，少有啊！"

【笺释】

顾颉刚、刘起釪《译论》中刘起釪征引导师顾颉刚的解释，证明常伯、常任、准人都是王身边的高级官员、机要大臣，并特引东坡的此段诠解加以肯定，纠正清代皮锡瑞等将此三职视为"低级职务"的错误。

"古之人迪惟有夏，乃有室大竞，吁俊尊上帝。"

夏后氏之世，王室所以大强者，以求贤为事天之实也。

【译文】

"古代的人有治道的要算夏禹，那时的公侯王室非常强大，能召集贤俊之士共同尊奉上帝。"

夏后氏的年代，公侯王室之所以强大，在于他们能以渴求贤俊作为奉事上天的实事。

立政第二十一

"迪知忱恂于九德之行，乃敢告教厥后曰，拜首稽首，后矣。曰：'宅乃事，宅乃牧，宅乃准，兹惟后矣。'"

事，则向所谓"常任"也。牧，则向所谓"常伯"也。准，则向所谓"准人"也。一篇之中所论宅、俊者，参差不齐，然大要不出是三者，其余则皆小臣、百执事也。古今学者解"三宅"、"三俊"，多不同。惟专以经训经，庶得其正。《书》曰："迪知忱恂于九德之行"，是九德为三俊也。皋陶之"九德"，则箕子"三德"之详者也。并三为一，则九德为三俊明矣。《书》曰："宅乃事，宅乃牧，宅乃准。"是事也、牧也、准也，为"三宅"，所以宅三俊也。《书》曰："流宥五刑，五流有宅，五宅三居。"又曰："兹乃三宅，无义民。"此"三宅"所以宅五流也。人之有疾也，食而不药不可；药而不食，亦不可。三宅、三俊如药食之交相养，而不知食之养药耶，药之养食耶？所以宅三俊及所以宅五流者，皆曰三宅。如此，而后经之言可通也。

【译文】

"由诚信而知有九德的人，方可叩拜于君王之前说：'王啊，设置了管事之官，牧民之官，执法之官，这样就可以即王位了。'"

事，则前所谓"常任"的职位。牧，则前所谓"常伯"的职位。准（执法），则前所谓"准人"的职位。(《立政》)一篇之中，所论及的宅、俊二事，参差不齐，然而大概的意思不外是三件，其余的便都是小臣、百执事之类的小事了。古今的学者们解释"三宅"、"三俊"，多有不同看法。惟有专用经义来解释经义，才大体上可以说得正确。《书》说，"由诚信而知有九德的行为"，这就是说"九德"指的就是"三俊"了。皋陶所说的"九德"，则是箕子"三德"的详细解释。把三合并为一，则知"九德"即为"三俊"了。《书》说："宅乃事，宅乃牧，宅乃准。"说的是事，是牧，是准，这就是"三宅"，也就是宅三俊了。《书》说："流宥五刑，五流有宅，五宅三居。"又说："兹乃三宅，无义民。"这里的"三宅"即用以宅"五流"了。人有病的时候，只吃饭而不吃药不可；但只吃药而不吃饭,也不可。"三宅"、"三俊"如药食的交相养护,但不知是以食养药呢,还是以药养食呢?所以"宅三俊"以及所以"宅五流",都可以说成是"三宅"之义。这样解释之后,经文所说的意思便都可以通解了。

【笺释】

　　善用比喻是东坡诗文的一大特色,亦一大优点。在诠解如《尚书》这样的传世经典时,东坡仍不时以生动准确的比喻来增强其释文的生动性。但任何比喻都有其局限性,尤其在对如《尚书》这样艰深难解的经文的解释时,是否准确,就要看各人的理解了。按,东坡在此段经文的解释中,将"三宅"解为既可以"居三俊",亦可以"居五流"中的"三宅"(扣留犯人的三种不同等级的处所。见《舜典》),即无论奖与惩都以教化、养才为最终目的。所以他用"食而不药不可;药而不食亦不可"来比喻教化与养才之间的关系。而林之奇对此并不认同。他说:"苏氏虽以三宅为所以宅三俊,而其于'三宅无义民'则又以为'五宅三居'之宅。是以此篇之三宅分为二说,而其说则以谓'人之有疾也,食而不药则不可,药而不食亦不可','三宅、三俊如药食之交相养……所以宅三俊及所以宅五流者,皆曰三宅'。此说迂曲甚矣!"这其实是并不深刻理解东坡居于仁爱之心,以"三代之君"实行"仁政"的本质所在。

　　按,顾颉刚、刘起釪《译论》释"宅"为择,"宅三俊"即选择常伯、常任、准人这三个职位的人选。所以他批评"五流有宅"的宅也用到流犯的身上。其实东坡此处释"宅"为"居",即安置之意,认为不管是尊贵如三公还是负罪如犯人,都应该得到妥善的安置,即养才与教化都应同时并举,不能偏废。这才是王道。显然,林之奇等辈注家还未认识到这一点。

"谋面用丕训德,则乃宅人。兹乃三宅无义民。"

　　谋面,谋其耳目所及者,言自近及远皆大训我德,则可以宅三俊之人。既宅三俊,然后可以宅五流,凡民之无义而有罪者。

【译文】

"以耳目之所见而考察其人的品德，然后量才授官。这才保证'三宅'的官位没有奸邪之人。

谋面，察看他的言语行动表现所及，这是说由近及远都能大体达到我所要求的品德的标准，这样可以安置"三俊"的人才。既可以安置"三俊"，然后也可以安置"五流"之犯，即凡民众中无义而有罪的人。

【笺释】

按，孔颖达《正义》释"无义民"为"无义之民"。东坡用此义。东坡以《舜典》中所书"五流有宅，五宅三居"为据，认为这句里的"五宅"亦义同"三宅"，即可以安置"无义之民"。然孙星衍《注疏》引王念孙[①]语将"义民"释为"邪民"。则经文中"兹无义民"岂不云"这里没有邪恶之民"？意思正好与孔氏相反。由于这一不同解释，所以林之奇认为东坡将"三宅"分为"二说"是"迂曲之甚"。

①王念孙（1744—1832），清代江苏高邮人，字怀祖。清代语言学家。著有《广雅疏证》等。

"桀德惟乃弗作往任，是惟暴德，罔后。"

《书》曰："肆往奸宄。"是古者谓流为往也。桀之所往者，无罪之人；所任者，皆小人残民者也。所往所任，皆出于暴德，是以无后。

【译文】

"桀的凶德在于不按其先王的用人之道（被他流放都是无罪的贤者；被他所任用的都是些残民以逞的小人），流放与任用，都出于他个人的暴恶，所以最后导致国灭无后。"

《尚书》说："肆徂奸宄。"是古时候将流放称为"徂"。被夏桀流放的，都是无罪的贤人；被他任用的，都是残害民众的恶人。所流放、所任用，都出于暴恶，这才导致他的亡身灭国。

【笺释】

东坡此章，释"徂"为流放，故将此句延伸为"桀之所徂者，无罪之人"而"所任者，皆小人残民者也"。而刘起釪引诸家注疏，释"徂"为往日、往昔解，所以只解"任贤"不讲"除恶"，似不及东坡所解为全面，能够关联及上下文意。

"亦越成汤陟，丕釐上帝之耿命，乃用三有宅，克即宅，曰'三有俊，克即俊'。严惟丕式，克用三宅三俊。其在商邑，用协于厥邑；其在四方，用丕式见德。"

耿，光也。成汤既已升闻，大治上帝之命，则以"三宅"去凶人，凶人各即其宅，然后宅俊。其所谓俊者，皆真有德者也。故曰"三有俊，克即俊"。殷人去凶而后用贤；夏后氏用贤而后去凶。各从当时之宜。要之，二者相资而成也。《礼》曰："夏后氏先禄而后威，先赏而后罚。""殷人先罚而后赏。"[①]盖缘《立政》之文而立此言。不知圣人之赏罚，应物而作，无所先后也。汤惟严敬，用宅俊，故能内协商邑，外以显德于四方也。

①语见《礼记·表记》："夏道遵命，事鬼敬神而远之，近人而忠焉，先禄而后威，先赏而后罚……殷人遵神，率民以事神，先鬼而后礼，先罚而后赏。"（岳麓书社1989年版《周礼·仪礼·礼记》第505页）

【译文】

"亦及成汤能大为治理上帝所授予的光明使命，启用'事、牧、准人'的'三有宅'贤臣，能使他们各安其位，所以称"三有俊，克即俊"。严肃用人法则，能用三宅三俊，大举其才。贤才用在商都，可以协和商的民众；用在四方，能够彰显殷商的盛德。"

耿，光明的意思。成汤的德政既已升闻于天，承天之命，则以"三宅"清除具有凶德的人，凶人既得其所，然后安置他们所谓的贤俊之人。所谓"贤俊"，都是真有美德之人。所以称"三有俊，克即俊"。殷人先去除凶人而后复用贤才；夏后氏先用贤才然后去除凶德之人。都各根据当时的实际情况进行处理。这其中的要点，是或先或后二者互相利用而成功。《礼记》中有言："夏后氏先禄而后威，先赏而后罚。""殷人先罚而后赏"。这些话都是因为《立政》此文而化用的。不知圣人的赏罚，都是因时势事物而定，无所谓先后的问题。商汤惟以严肃恭敬的态度，安置贤才，所以能对内协和民众，对外显德于四方。

"呜呼，其在受德暋，惟羞刑暴德之人，同于厥邦。乃惟庶习逸德之人，同于厥政。帝钦罚之，乃伻我有夏，式商受命，奄甸万姓。"

甸，治也。帝钦我而伐纣，使我有诸夏，法汤受命，而治万姓也。

【译文】

"啊，纣王受其德性强暴，所进用的都是以刑杀暴虐为德之人，作为他治国的帮手。所与他经常在一起游玩逸乐放荡不羁的人，成为他治政的谋士。上帝因此对他严惩处罚，使我周邦得以拥有中夏，取代商而受天命，大治万民。"

甸，治理的意思。上帝钦敬我周而伐灭纣王，使我周邦拥有诸夏，效法殷商接受天命，而统治万民。

"亦越文王、武王，克知三有宅心，灼见三有俊心，以敬事上帝，立民长伯。"

君子小人，各知其本心，去凶进贤，各得其实。

【译文】

"至于文王、武王,亦能知'三有宅心'以去除小人,也明见'三有俊心'以进用贤俊,以此敬事上帝,设立治民的长伯。"

君子小人,二王均知其本心,所以去凶进贤,各得其所。

【笺释】

"三有宅"句,孔颖达《正义》释为:"汤既为王,乃用三有居恶人之法,能使各就其居处。"又释"三有俊"为:"用三有德之俊人。"东坡用此义,故有"君子小人,各知其本心"的解释。林之奇《全解》亦同此说,云:"惟文、武克知小人之心,故以'三有宅'而去之。灼见君子之心,故以'三有俊'而进之。"然而孙星衍《注疏》则以"三有宅"、"三有俊"均释为文王、武王"明见三德俊士之心",否定"三宅"为去除小人。因此将此句释为二王"能知事、牧、准人之心,明见三德俊士之心"。蔡沈《集传》解为:"三宅已授之位,故曰'克知';三俊未任以事,故曰'灼见'。"观点与孙氏同。但孙、蔡二家之说较为牵强。因为《立政》此篇全以"宅、俊"二字立意,俊即泛指贤臣,非如蔡氏所云,为"克知"和"未任"的两种人才。

"立政,任人、准夫、牧,作三事。"

任人,常任也;准夫,准人也;牧,常伯也。此三事,皆大臣也。

【译文】

"立政,即常任、准夫、牧,这三件事。"

任人,即委派公卿的常任;准夫,执法的准人;牧,治民的常伯。这三件事,都是选派大臣的事。

"虎贲、缀衣、趣马、小尹。"

自此以下皆小臣。或其远外者。趣马,掌马也。小尹,小官之长也。

【译文】

"执射御的武将虎贲、掌管衣服器用的缀衣、掌管马匹的趣马、小官的头领小尹。"

自此以下都是小臣。有的需要外出到很远的地方，需要马匹，所以有掌管马匹的趣马。小尹，为小官的头领。

"左右携仆，"
执持器物者。

【译文】

"左右两旁携带器物的仆人，"
以手执持器物的仆人。

"百司庶府，"
府库藏吏也。

【译文】

"办理各种事务的衙门和众多的府库小吏，"
看守府库藏品的吏员。

"大都小伯，"
大都之伯在牧人中矣。此其小伯也。

【译文】

"大邦国首府的小伯，"
大邦国首府的伯已计在"牧"人之中。这里指的是小伯。

"艺人，"

执技以事上者。

【译文】

"艺人，"

掌握各种技艺为首领服务的人。

"表臣百司，"

表，外也，有两百司。此其外者也。

【译文】

"外臣百司，"

表，皇朝之外，有两百司之多。这里指的是皇朝外的各种府衙属官。

【笺释】

孔颖达《正义》将"表臣"二字属上句读："艺人表臣。"并释为："以道艺为表干之臣。"东坡不取此说。清代孙星衍《注疏》引清乾嘉时期学者江声语："'表臣百司'，表之言外，是外百司也。"江声同东坡之说。

"太史、尹伯、庶常吉士，"

太史，下大夫，掌六典①之贰。尹伯、庶常吉士，皆当时小官。

①六典：《周礼·天官·大宰》："大宰之职，掌建邦之六典以佐王治国。"六典：治典、教典、礼典、政典、刑典、事典。（岳麓书社1989年版《周礼·仪礼·礼记》第4页）

【译文】

"太史、尹伯、庶常吉士，"

太史，属下大夫，是掌管六典的副职。尹伯、庶常吉士，都是当时的下属小官。

"司徒、司马、司空、亚旅，"

六卿独数其三，不及冢宰、宗伯、司寇者，周公以师兼冢宰。周公谓苏忿生为苏公，是苏公以公兼司寇也。而宗伯则召公兼之欤？亚，其贰也。旅，其士也。卿在常任中矣。此言其亚旅而已。

【译文】

"司徒、司马、司空、亚旅，"

六卿大臣只数其中三位，没提到冢宰、宗伯、司寇，这是因为周公兼冢宰之职。周公说过苏忿生为苏公，则是苏公以公的身份兼职司寇了。而宗伯则是召公兼任的吧？亚，是副职。旅，是上述众官的僚属，即士。卿，已列入常任中了。这里说的是它的副职。

【笺释】

顾颉刚、刘起釪《译论》中顾颉刚语："司徒、司马、司空在这里是别于任人、准人、牧而言，恐是指诸侯国之三卿。'亚'是位次于卿的大夫；'旅'是位次于亚的众大夫。这些人大概都是侯国的官。"

"夷微、卢烝，三亳、阪尹，"

蛮夷之民，微、卢之众。及三亳、阪险之地，皆有尹正。汤始都亳，其后屡迁，所迁之地皆有亳名，故曰"亳"。或曰蒙为北亳，谷熟为南亳，偃师为西亳。历数此者，欲得其人也。

【译文】

"蛮夷微君、卢君，三亳、阪的长官，"

蛮夷地方的民众，归属于微、卢二君长所统率。三亳、阪险的地方，也都有他们的长官。汤开始时建都于亳,后来屡次迁徙,所迁到的地方都带有"亳"名,所以叫作"亳"。据说蒙为北亳,谷熟为南亳,偃师为西亳。列举这些地名,是想从中了解其人。

【笺释】

顾颉刚、刘起釪《译论》中顾颉刚语:"丞是他们的君长而臣属于周的,三亳是殷先前的都城所在(按有北亳、南亳、西亳),阪是险要的地方,为了防止叛乱,在那里都设'尹'防守。"

"文王惟克厥宅心。"
能知君子小人之心。

【译文】

"文王能了解这些边远地方的长官们的心志。"
能够了解君子小人的心志。

"乃克立兹常事。司牧人,以克俊有德。"
常任、常伯,必以德选。不言准人者,容以才进也。

【译文】

"才能够委任这些日常理事的人。掌管治理民众事务的长官,必须能选择才德兼备的人。"
常任、常伯,必须以德为标准进行选择。这里没提到准人,是因为这个职位容许只要有才就可以入选。

"文王罔攸兼于庶言、庶狱、庶慎,惟有司之牧夫是训用违。庶狱、庶慎,文王罔敢知于兹。"
文王不识不知,顺帝之则。其所知者,三宅、三俊,去凶用贤之事而已。至于庶言,有司所下教令也。庶狱,庶讼也。

庶慎，国之禁戒、储备也。文王皆不敢下侵有司之事。惟使有司牧夫训治用命及违命者而已。

【译文】

"文王不敢兼理于大众的言论、监狱中的事务、国中应禁戒的事务，这些要由有关的首长去判别是非，加以处理。监狱的事、违禁的事，文王都不予知闻。"

文王不必认识，不必知道，只顺从帝王用人的法则。他所要了解掌握的，只按三宅、三俊的国法，去除凶德之人并任用贤德之人就够了。至于大众的言论，由有关部门下达教令，加以训导。庶狱，指各种诉讼。庶慎，指国家该禁戒、储备的众多事项。这些事务，文王都不敢干预到下面有关部门的职责范围。只由有关部门及管理地方的长官们去督责训导负责的或不负责的官吏而已。

【笺释】

"庶狱庶慎"一句，孔颖达《正义》依晚出《孔传》分作庶狱、庶慎两句读，即监狱的事与国家禁戒之事。东坡同此说。孙星衍《注疏》却只作一句解读："庶狱庶慎，伪《传》以为众刑狱、众所当慎之事，非也。下文称'苏公式敬尔由狱'，又云'兹式有慎'，故知慎即慎狱也。"此说理由不够充分，仍以东坡所解为善。

"亦越武王，率惟敉功，不敢替厥义德。率惟谋从容德，以并受此丕丕基。"

武王但抚存文王之功，不改其德义，而从其有容之德也。

【译文】

"亦于武王，惟安于抚存文王的功业，不敢改其德义。领受文王的宽容品德，以承接其宏大的基业。"

武王只仅守文王的功业，不改其德义，随从他的宽容的品德。

> "呜呼，孺子，王矣！继自今我其立政，立事，准人，牧夫，我其克灼知厥若，丕乃俾乱。"

其心如其言，是谓若。

【译文】

"啊，小子，登上王位啦！到现在我已经为你立政，立事，准人，牧夫，我能灼见他们的所思所想，大有益于助你治政。"

心想的和所说的一样，可称之为"若"。

> "相我受民。"

助我所受民。

【译文】

"扶助我的民众。"

帮助我们所治理的民众。

> "和我庶狱、庶慎，时则勿有间之。"

既灼知其心而后用，既用则勿以流言诪间之。

【译文】

"以及我监狱中的事务、国家禁戒的事项，既已肯定他们的人品就不能听信谣言的中伤而离间他们。"

既明知他们的心迹然后才任用他们，就不要因流言而离间他们。

> "自一话一言，我则末惟成德之彦，以乂我受民。"

道隐于小成，言隐于荣华。①一话一言，闻斯行之，则不胜其弊。以其不胜弊而举弃之，则所丧亦多矣。必受而绎之，末惟成德之彦，则不可以小道小言眩也。故一话一言，终必付之而后可。

①《庄子·内篇·齐物论》："道隐于小成，言隐于荣华。故有儒、墨之是非，以是其所非而非其所是。"（中华书局1961年版《庄子集释》第一册第63页）

【译文】

"自今一话一言，我始终都是在想着能够养成美德的士子，以助我治理我的民众。"

正确的道理往往被小小的成功所掩盖；有益的言论往往被华丽的言辞所遮蔽。一句话，一番言语，听到就信以为真，付诸行动，这样造成的弊端会数不胜数。并因其弊端太多被迫放弃，则又会丧失更多。若必须因此追索其中的原因，结果还是要相信有美德之士，不可被小道微言所眩惑。因此一句话一番言论，都需要经过检验之后才能决定可否。

"呜呼，予旦已受人之徽言，咸告孺子王矣。"

我受美言于人，不敢自有，而献之于王也。

【译文】

"啊，我周公旦所听到的有益的美言，都告诉你孺子成王了。"

我从别人那里接受到的美言，不敢自享，都奉献给王了。

"继自今文子文孙，其勿误于庶狱，庶慎，惟正是乂之。"

心有邪正，事有是非，正心而求其理，未有不得也。

【译文】

"自今之后，文王的子子孙孙们，不可失误于狱中的事务、禁戒的事务，必须以公正之心去治理。"

人心有邪正，事情有是非，先端正自己的良心去寻求真理，就没有处理不好的事情。

"自古商人，亦越我周文王，立政：立事、牧夫、准人，则克宅之，克由绎之，兹乃俾乂。"

人有临事而失其常，不如所期者，故已宅则复绎之者，紬绎①其所已行之事也。

①紬绎，同由绎，意为述职。

【译文】

"自古殷商的人，及我周文王，都设立政务：立事（常任）、牧夫（常伯）、准人三种要职，既选人安置好之后，也要能知悉其所经行的事，这样才有益于治道。"

人有时候会因事到临头而失去常态，不能如我们所期望的那样办好事情，所以既已安置他们就位还要求述职，要能让他们阐述所经手办理的事务审其当否。

【笺释】

蔡沈与林之奇同为南宋时人，林之奇《全解》就这段经文的诠解与东坡同。其云："克由绎之者，又从而紬绎其所行之事也。使之宅其职而不紬绎其所行之事，则小人得以矫伪而欺君矣。"而蔡沈《集传》却解为："既能宅其才以安其职，又能绎其才以尽其用，兹其所以能俾乂也。"清代孙星衍释"由"为用，释义与蔡沈同。谓"则能居得其人，能用终其事，此乃使之治国也"。按，蔡、孙二氏舍弃东坡所特别提出的"紬绎其所已行之事"这一观点，明显失去了经文的原意。即如今之所谓"述职"，正是任命高官之后所必须履行的职责之一。

"国则罔有立政用憸人。不训于德，是罔显在厥世。继自今立政，其勿以憸人，其惟吉士，用励相我国家。"

励，勉也。何谓"憸人"？贾谊赋曰："凤凰翔于千仞兮，览德辉而下之。见世德之憸微兮，遥增击而去之。"①是之谓憸人。

① 《前汉书·贾谊传》："见细德之险微兮，遥增击而去之。"（上海古籍出版社1986年版《二十五史》第1册第48卷第210页）孙星衍《注疏》释"憸人"为"诐佞之人"（奸邪善辩的人）。

【译文】

"国家没有立政使用憸人的。违背道德的人，不能彰显于世。自今以后，凡是立政，切不可任用憸人，一定要任用有德才的吉士，以勉励相助我国家。"

励，勉励的意思。什么叫作憸人？贾谊《悼屈原赋》说："凤凰翔于千仞兮，览德辉而下之。见世德之憸微兮，遥增击而去之。"这就是所谓的奸邪善辩的憸人。

"今文子文孙，孺子王矣，其勿误于庶狱，惟有司之牧夫。"

夫周公兀以狱为忧，故篇之终，特以嘱司寇苏公也。

【译文】

"如今的文子文孙，孺子即王位了，千万不要失误于狱事，要责成于管事的司伯其人。"

周公特别为监狱的事担忧，因此在一篇之末尾，特别以此事嘱付司寇苏公。

"其克诘尔戎兵，以陟禹之迹，方行天下至于海表，罔有不服。"

罔有不服，则兵初不用也。然不可以不用而不以时诘治之。

【译文】

"他能助你治理兵戎之事，足以循着大禹的行迹，行走四方直到海边，天下没有不服从的。"

天下没有不服从的，最初就不必动用武力。然而不能因为可以不用就不及时治理兵戎之事。

"以觐文王之耿光，以扬武王之大烈。呜呼，继自今后，王立政其惟克用常人。"

人之才德长于此者，天下之所共推，而不可易也，是之谓常人。如廷尉①用张释之、于定国，吏部尚书②用山涛，度支③用刘晏，此非常人乎？

①廷尉，掌管刑狱执法的官。张释之，西汉法学家、法官。于定国，西汉宣帝时丞相，善断狱事。

②吏部尚书，六卿之一，专管组织人事。山涛，魏晋时期大臣，善于选拔人才。

③度支，专管财政的官署。刘晏，唐代经济改革家、理财家。

【译文】

"以瞻仰文王的明光，以发扬武王的英烈。啊！从今以后，王立政要能任用常人。"

人的才能品德专长于某个方面，天下都共同推举他，而不能以他人所代替，这就是所谓的"常人"。如西汉时，刑狱执法用张释之、于定国；魏晋时选拔人才用山涛；唐代，财政管理用刘晏。这些不就是常人吗？

周公若曰："太史司寇苏公，式敬尔由狱，以长我王国，兹式有慎，以列用中罚。"

《春秋传》曰："昔武王克商，使诸侯抚封，苏忿生以温为司寇。"①此言其能敬用狱，以长王国，是为三公也。列者，前后相比，犹今之言例也。以旧事为比，而用其轻重之中者也。呼太史而告之者，欲书之于史，以为后世法也。

①语见《左传·成公十一年》："昔周克商，使诸侯抚封，苏忿生以温为司寇，与檀伯达封于河。"（岳麓书社1988年版《左传》第160页）

【译文】

周公这样说："太史司寇苏公，敬用你执行判狱之事，以长我国威，望能谨慎从事，以比附上下轻重的案例，参用中等刑罚。"

《春秋传》说："昔时，武王攻灭商纣王之后，分封诸侯，苏忿生于温地建立邦国，担任周的司寇一职。"这里说的是他能恭敬判案断狱事，为周朝建立威望，成为三公之一。列的意思是前后对比，就如今日所说的"案例"一样。将以前的判案情况相比，于其量刑的轻重之中取其中等。呼太史的意思是要告诉他，此事要记录入历史，作为后世的法则。

周官第二十二

【笺释】

《周官》一篇不载于《今文尚书》，标为"佚篇"。《史记·鲁周公世家》云："成王在丰，天下已安。周之官政未次序，于是周公作《周官》，官别其宜。作《立政》以便百姓，百姓悦。"据此，则《周官》在前，《立政》在后，均为周公所作。而顾颉刚、刘起釪《译论》认为"《立政》篇原是周公亲口所讲"①，却未提《周官》篇。

①见中华书局2005年版《尚书校释译论》第一册第1708页"讨论"。

成王既黜殷命，灭淮夷还归在丰，作《周官》。
殷未黜，淮夷未灭，则成王有所不暇。

【译文】

成王既已扫除殷残余势力，又灭了淮夷各部，回到丰都，作《周官》一篇。

殷的旧势力未除，淮夷未灭，成王不会有悠闲的时候。

【笺释】

孔颖达《正义》曰："成王于周公摄政之时既黜殷命，及其即位之后灭淮夷，于是天下大定。自灭淮夷，还归在丰，号令群臣，言周家设官分职用人之法。史叙其事，作《周官》。"按，据顾颉刚、刘起釪《译论》一书所述，灭淮夷为周公之功，成王并未参与，故应以《史记》为准。

惟周王抚万邦，巡侯、甸，四征弗庭，绥厥兆民，六服群辟，罔不承德，归于宗周。董正治官。

《书》曰："侯、甸、男邦、采、卫。"此周五服之名也。《禹贡》五服通畿内，周五服在王畿千里之外，并畿内为六服。董，督也；治官，治事之官也。

【译文】

周成王抚循万邦，巡视侯、甸，四次征讨不臣服的邦国，安抚亿兆之民众，六服的诸侯各部首领，无不秉持周的德政，臣服于宗周。设官治事。

《尚书》说："侯、甸、男邦、采、卫。"这是周的五服名称。《禹贡》中的"五服"连同畿内一起，周朝的五服在王畿千里之外，连同畿内一起算为六服。董，督导的意思；（董正为督导之官。）治官，治事的长官。

王曰："若昔大猷，制治于未乱；保邦于未危。曰唐、虞稽古，建官惟百。内有百揆、四岳；外有州牧、侯伯，庶政惟和，万国咸宁。夏、商官倍，亦克用乂。"

唐、虞官百而天下治。夏、商曷为倍之？德衰而政卑也。尧、舜官天下，无患失之忧，故任人而不任法。人得自尽也，故法简官少而事省。夏、商家天下，惟恐失之，不敢以付人。人与法相持而行。故法烦官多而事冗。后世德愈衰，政愈卑，人愈不信，而一付之法。吏不敢任事，相倚以苟免，故法愈乱，官愈多，而事不举。人主知此则治（一作几）矣。

【译文】

王说："像昔时依大道的治理法则，制止乱象应于未乱之时；保证邦国的安危应于没有危险之时。唐、虞时代稽考古代的治迹，设官惟有百数。内有百揆、四岳；外有州牧、侯伯。众多政事都皆和顺平稳，万国皆安宁无事。到了夏、商时代，设官成倍于前，也能致治。"

唐、虞时代，设官仅百而天下大治，夏、商为何要成倍增加？这是因为道德衰败，政治鄙陋所致。尧、舜治理天下，没有担心失去政权的忧虑。因此只致力于选拔人才，而不是致力于立法。只要任用得人，一切问题都会解决。因此那时法制简单，官少而问题也少。夏、商之世，变为一家的天下，因而担心会失去，所以不敢托付于人。于是人与法互相扶持而进行。因此法律条文烦杂而官员增多，官多而事也烦冗复杂。及至后世，则道德越加衰败，政治越加卑陋，人民越加不信，而全得靠法来解决。官吏不敢承担责任，互相推诿倚托以求得免责，因此法愈乱，官愈多，而事办不成。当君主的知道了这个道理，治理天下的事也就差不多了。

"明王立政，不惟其官，惟其人。"

明王观唐虞夏商之政而知，为国不在官多，而在得人，故官不必备也。

【译文】

"英明的君王主持政事，不求官多，而求任用得人。"

英明的君王观察唐虞夏商的政治而知道，治国不在官多，而在任用得人。因此官位不必要求齐备。

"今予小子，祗勤于德，夙夜不逮，仰惟前代时若，训迪厥官。立太师、太傅、太保，兹惟三公，论道经邦，燮理阴阳。"

师、傅、保，皆论道。国以道为经，以政事纬之，与刑事无相夺伦而阴阳和。

【译文】

"今我小子，敬勤于修德，瞻望于前代，昼夜惟恐不及，是要尊顺着前辈的训示而设立官职。设官先立太师、太傅、太保，以此三公考论治道、经理邦国，调理阴阳、达到平衡。"

师、傅、保，都要讨论治道。国家以治道为经，以政事为纬，与刑事不相干扰夺职，而阴阳调和。

【笺释】

按《立政》篇，"王左右常伯、常任、准人"为周王身边最高级别的"三公"，并没有"太师、太傅、太保"的称呼。顾颉刚、刘起釪《译论》认为"司徒、司马、司空"之职，"大抵三官纯属于周代始有之官。西周初期资料为侯国职官。西周中期，中央王朝始有此官，但为居卿事寮之下的第二级大夫之职。"（见《尚书校注译论》第一册第1679页注释）

"官不必备，惟其人。少师、少傅、少保，曰三孤。贰公弘化，寅亮天地，弼予一人。"

孤，特也。此虽三公之贰，而非其属官，故曰孤以重之。

【译文】

"设官不必求完备，只要得人。少师、少傅、少保，称为'三孤'，作为三公的副职，贰公弘大治道，敬明天地之教，辅助我一人。"

孤，独特的意思。这三人虽是三公的副职，但并不是他们的下属，所以称为"孤"，表示尊重。

> "冢宰掌邦治，统百官，均四海。"

政、教、礼、刑，无所不掌，谓之邦治。而百官总己以听焉，故冢宰为天官，必三公兼之。余卿或兼，或特命。

【译文】

"冢宰主管一邦的治理，统领百官，平衡对待四海之内的邦国。"

政治、教育、礼法、刑狱，无所不管，这就是所谓的邦治。而百官必须统一听命于冢宰，因此冢宰为天官，必须由三公兼任。其余众卿或兼任，或特别任命。

> "司徒掌邦教，敷五典，扰兆民。"

司徒之职，如地之生物，富而能教之，故为地官。扰，驯也。

【译文】

"司徒主持邦的教育，布宣五典，教化亿万之民。"

司徒的职责，就像土地化生万物一样，富足了就能进行教育，因此称为"地官"。扰，驯化、训练的意思。

> "宗伯掌邦礼，治神人，和上下；司马掌邦政，统六师，平邦国。"

王者以礼乐治天下，政所从出本于礼，而成于政。和如天之春，万物生焉，而盛于夏，故宗伯为春官，司马为夏官。

【译文】

"宗伯主管邦的礼仪（处理祭祀），掌管邦国之天神、人鬼、地祇之礼仪，使上下阴阳和谐（又主持朝廷上下吉、凶、宾、军、嘉的五礼）；司马掌管邦国的行政事务，统领六师军队，稳定邦国的治安。"

王者以礼乐治理天下，政治本来就出于礼的教化，最后由治理而完成。和乐的气氛有如春天一样，使万物生成，而繁茂如夏天，所以宗伯称为春官，司马称为夏官。

"司寇掌邦禁，诘奸慝，刑暴乱。"
如秋之肃杀万物，故司寇为秋官。

【译文】
"司寇主管邦的禁令，查问奸慝，刑拘暴乱者。"
如秋天的肃杀万物，故司寇称为秋官。

"司空掌邦土，居四民，时地利。"
民各有居室，如冬之盖藏，故司空为冬官。

【译文】
"司空主管邦的土地，安居四民，及时收获地利。"
民各自有居住的地方，如冬天的覆盖收藏一样，故司空称为冬官。

"六卿分职，各率其属，以倡九牧。"
九州之牧也。

【译文】
"六部的卿大夫，各有分担的职责，率领他的僚属，以带动九州的地方长官。"
即九州的牧伯。

"阜成兆民，六年五服一朝。"
一朝，毕朝也。朝以远近为疏数，六年而遍五服，毕朝也。

【译文】

"物质丰厚,民俗归化,六年之间,五服一朝贡。"

一朝,指一个周期的朝见全部完成。朝见以远近为疏密,六年之间,五服都朝见完毕,即"毕朝"。

【笺释】

林之奇《全解》引《周官·大行人》云:"侯服一岁一见,甸服二岁一见,男服三岁一见,采服四岁一见,卫服五岁一见,要服六岁一见。"①此即所谓"疏数"。

①《周礼·秋官司寇·大行人》:"方五百里谓之侯服,岁一见,其贡祀物。又其外五百里谓之甸服,二岁一见,其贡嫔物。又其外方五百里谓之男服,三岁一见,其贡器物。又其方外五百里谓之采服,四岁一见,其贡服物。又其方外五百里谓之卫服,五岁一见,其贡材物。又其外方五百里谓之要服,六岁一见,其贡货物。"(岳麓书社1989年版《周礼·仪礼·礼记》第110页)

"又六年,王乃时巡。考制度于四岳,诸侯各朝于方岳。大明黜陟。"

夏、商以来,人主奉养日侈,供卫日广,亦不能数巡守,故以五载为十二年也。

【译文】

"又六年之间,王按季节时间进行'巡守'。参考《舜典》的制度巡守到东泰山、西岳华山、南岳霍山、北岳恒山的'四岳'之地,各方诸侯于'四岳'处朝拜周王。君王大肆明示黜降升迁的制度。"

夏、商以来,君王用以供养王室的花费日益奢侈,提供保卫的队伍越来越广大,也不能数次巡守,因此以五载为十二年。

王曰:"呜呼,凡我有官君子,钦乃攸司,慎乃出令,令出惟行，弗惟反。"

令出不善，知而改之，犹贤于不反也。然数出数改，则民不复信，上虽有善令，不行矣。故教以善令，非教其遂非也。

【译文】

王说："啊，凡是有职位的君子，应敬事你的职守，谨慎发出政令。令出必须见诸行动，不可令出又改。"

政令发出之后，发现不好，知道而改正，还是比不改正的要贤良得多。然而，多次发出，多次改正，则会失去民众的信任，上级再有好的政令发出，群众也不会执行了。因此，需要教导他们的是要善出政令，而不是要教导他们会改变政令。

"以公灭私，民其允怀。学古入官，议事以制，政乃不迷。"

《春秋传》曰："郑子产铸刑书，晋叔向诒之曰，'昔先王议事以制，不为刑辟'。"① 其言盖取诸此也。先王人法并任，而任人为多。故律设大法而已。其轻重之详，则付之人，临事而议，以制其出入。故刑简而政清。自唐以前，治罪科条止于今律令而已。人之所犯，日变无穷，而律令有限，以有限治无穷，不闻其有所阙，岂非人法兼行，吏犹得临事而议乎？今律令之外，科条数万，而不足于用。有司请立新法者，日益而不已。呜呼，任法之弊，一至于此哉！

①语见《左传·昭公六年》："三月，郑子产铸刑书。叔向使诒子产书，曰'始吾有虞于子，今则已矣。昔先王议事以制，不为刑辟'。"（岳麓书社1988年版《左传》第289页）

【译文】

"能以公理而灭私欲，民众必定怀念。学习古人的为官之道，以制度议事，治道才不会迷失。"

《春秋传》说:"郑子产铸刑书,晋叔向讥讽他说,'先王议事,以制度,不以刑法'。"他的话就是从这里汲取的。先王人法并用,而以用人为主。因此那时的律令只制定大法而已。其事情轻重的详细情节,则交给人,临事而议,以判定其有出入的地方。因此那时能做到刑法简单而政治清明。自唐代以前,治罪的法律条文仅止于今天的律令而已。人们犯罪的情形,日变无穷,而法律条令有限,以有限的法律条令去治无穷的犯罪案例,而没有听说过有所阙失,岂不是人法兼用,使执法的吏员能够临事而得以议论吗?如今除律令之外,指定为犯罪的条文有数万之多,还不够用。而有关司法部门请求再立新法者,日益增多而不已。啊!只任凭法令的弊端,一至如此啊!

【笺释】

蔡沈《集传》特别赞成东坡这一观点,全文引用。林之奇《全解》亦重点摘录,并说:"此言尽矣!盖惟学古人官,乃能酌古今之宜而议事以制也。"按,在封建专制制度下,任法而不任人或任人而不任法都同样弊端百出,故东坡特借先王之口,强调"人法并任,而任人为多"的正确主张。此观点,亦出于对当时宋代社会现实的反思。

"其尔典常作之师,无以利口乱厥官。"

小人不利于用常法,常以利口乱政。

【译文】

"今你为政应当以典常之法为师,不可以花言巧语搅乱官场。"

小人虚伪狡诈不利于平常法典的约束,所以常以花言巧语乱政。

"蓄疑败谋。"

人主闻逸言不即辨而藏之中。曰:"蓄疑败谋害政,无大于此者。"

【译文】

"积累过多的疑问必定会败坏既成的谋略。"

人主听到谗言不会立即加以分辨而藏在心里。说:"积累疑问而败坏谋略、妨害政治的事,没有比这更大的了。"

"怠忽荒政,不学墙面,莅事惟烦。戒尔卿士,功崇惟志。"

未有志卑而功崇者。

【译文】

"怠惰荒废政务,不求学问而面向墙壁,无知不问,处事必烦。告诫你卿士,要想立大功,先得立定大志。"

没有志气低微而功业崇高的人。

"业广惟勤,惟克果断,乃罔后艰。"

媮于初,必艰于终。

【译文】

"事业广大惟有勤劳不息,惟能当机立断,才免于后患。"

懒政于当初,必定留下后面的艰难。

"位不期骄,禄不期侈,恭俭惟德,无载尔伪。"

孟子曰:"恭俭岂可以声音笑貌为哉?"[1]

[1] 语见《孟子·离娄上》:"恭俭岂可以声音笑貌为哉?"(北京市中国书店1985年版《四书五经》第四种《孟子章句集注》第56页)

【译文】

"地位不期望骄人,奉禄不期望富侈,以恭俭为品德,不作虚伪。"

孟子说:"恭俭的品德岂可以声音笑貌伪装出来?"

"作德,心逸日休;作伪,心劳日拙。居宠思危,罔不惟畏。弗畏入畏。推贤让能,庶官乃和。不和政庞①。"

士无贤不肖,入朝见嫉。自有君臣以来,病之矣。惟让为能和,是以贵之。

①按,古庞厐通。唐孔颖达《正义》及诸本作"厐"。

【译文】

"以德待人,心安逸而吉祥,虚伪作假,会心劳而力拙。受宠时要想到危险,无不小心畏惧。不知畏惧就会进入使你畏惧的刑法之中。推举贤者让位能者,众官才能和谐相处。不和则政治混乱。"

士君子无论贤者或小人,进入朝廷就会遭到嫉妒。自从有了君臣之分以来,就有这种毛病了。只有懂得相让,才能和谐共处,所以才觉得珍贵。

"举能其官,惟尔之能;称匪其人,惟尔不任。"王曰:"呜呼,三事。"

三公也。

【译文】

"所举荐的官能称职,那是你的功劳;所举荐的官不能称职,那是你不胜任。"王说:"啊,三件事。"

指三公。

"暨大夫,敬尔有官,乱尔有政,以佑乃辟。永康兆民,万邦惟无斁。"成王既伐东夷,肃慎来贺。

东夷,淮夷也。在周之东。肃慎,东北远夷也。

【译文】

"还有大夫,敬重你的官职,治理好你的政事,以辅佑好你的君主。让兆民永远安康,万邦不弃。"成王既已征伐东夷之后,肃慎氏来祝贺。

东夷,即淮夷,在周的东面。肃慎,东北方边远的夷人。

王俾荣伯作《贿肃慎之命》。

《国语》曰:"文王諏于蔡、原,访于辛、尹,重之以周、召、毕、荣。"①岂此荣伯也欤?

① 《国语·晋语四》:"度于闳夭而谋于南宫,諏于蔡、原,而访于辛、尹,重之以周、邵、毕、荣,亿宁百神,而柔和万民。"(岳麓书社1994年版《白话国语》第253页)

【译文】

王使荣伯作《贿肃慎之命》一篇。

《国语》说:"文王咨询于蔡、原,访问于辛、尹,特以周、召、毕、荣为重臣。"岂不是这荣伯吗?

【笺释】

荣伯,曾运乾《正读》引郑玄语:"周同姓畿内诸侯为卿大夫者也。"

周公在丰,将殁,欲葬成周。公薨,成王葬于毕,告周公,作《亳姑》。

毕有文、武墓,葬公于毕,表示不敢臣也。亳姑,蒲姑也。周公告召公作《将蒲姑》,至此并告已迁欤?二篇亡。

【译文】

周公住在丰都,将死,希望能安葬在成周(洛邑)。周公薨,成王将他安葬于毕,告周公,作《亳姑》一篇。

毕有文王、武王的陵墓,成王将他安葬在这里,是表示不敢将他当作臣子看待。亳姑，即蒲姑。周公告诉召公作《将蒲姑》，至此并告诉他已经迁葬了？《贿肃慎之命》《亳姑》二篇已亡失。

君陈第二十三

周公既殁，命君陈分正东郊成周，作《君陈》。
君陈命于周公之后，毕公之前，必周之老臣也。郑玄以为周公子，非也。毕公，成王之父师，弼亮四世，岂以周公之子先之？周公迁殷顽民于洛，不必迁旧人以宅新民也，洛人在内，殷人在郊，理必然也。分正者，《毕命》所谓"旌别淑慝，表厥宅里，殊厥井疆，俾克畏慕"也。

【译文】
周公逝世后，成王命君陈施政于成周（洛邑）的东郊，作《君陈》一篇。

君陈被任命于周公之后，毕公之前，必定是周的老臣了。郑玄以为他是周公的儿子，非也。毕公，成王父亲武王的师保，功勋卓著，辅佐四世，岂能以周公的儿子任命在他之前？周公迁殷朝的顽民于洛邑，不必迁原来的旧民以安置新民，而以洛人居内，殷民居郊外，这是必然的道理。"分正"的意思，正如《毕命》所谓"标识出善良与奸慝，表示住所内外之别，分别出井泉疆界，使能知畏惧敬慕之情"。

王若曰："君陈，惟尔令德孝恭，惟孝友于兄弟，克施有政。命汝尹兹东郊，敬哉！昔周公师保万民，民怀其德。往慎乃司，兹率厥常，懋昭周公之训，惟民其乂。我闻曰，'至治馨香，感于神明。黍稷非馨，明德

惟馨'。"

物之精华，发越于外者，为声色臭味，是妙物也，故足以移人，亦足以感鬼神。圣人以至治、明德比于馨香，有以也夫。荀悦有言，"君子以情用，小人以刑用。荣辱者，赏罚之精华"[1]，故礼教荣辱以加君子，化其情也；桎梏鞭扑，以加小人，化其形也。君子不犯辱，况于刑乎？小人不忌刑，况于辱乎？若教化之废，推中人而坠于小人之域；教化之行，引小人而纳于君子之途。此之谓也。

[1] 刑，库本原作"形"。语见荀悦《申鉴·政体》："君子以情用，小人以刑用。荣辱者，赏罚之精华也。"（凤凰出版社2011年版《申鉴》第5页）

【译文】

王如是说："君陈，你的美德在于孝顺恭敬，在于孝友于兄弟，能用于施政。今我任命你作为洛邑东郊的长官，你要敬惜啊！过去周公在这里师保万民，至今民众还怀念他的德政。去吧，慎重对待你的职责，按日常的典章制度行事，更大地昭示周公的训示，为民众安治。我听闻过，最好的德治就像馨香，可以感知于神明。黍稷不香，只有显德才香。"

物品的精华，散发于外表的，是声、色、臭、味，这都是美妙的东西，足以撼动人的情感，也足以感动鬼神。圣人以最好的德治比于馨香，真有道理啊。荀悦说过，"君子要以情感动他，小人要以刑触动他。荣辱是赏罚的精华。"因此，礼教荣辱加于君子，是要教化他的情感；桎梏鞭扑加于小人，是要变化他的形体。君子不会犯有辱声誉的过失，何况是刑辱呢？小人不惧怕刑罚，何况是屈辱呢？若教化毁废了，会将介于君子与小人中间的人推向小人一边；教化能够畅行，诱导小人而进入君子的行列。就是这个意思。

"尔尚式时周公之猷训，惟日孜孜，无敢逸豫。凡人未见圣，若不克见，既见圣，亦不克由圣。尔其戒哉。尔惟风，下民惟草。"

岂独圣也，凡有求而未得也，无所容其爱；既得则爱衰。此人之情也。为人君者，不能显诸仁，藏诸用。凡所以治民之具，毕用而常陈，则民狎而玩之矣。故教之曰："尔惟风，下民惟草。"①德复有妙于风者乎？

①按，原文无"曰""尔"二字，语意未完，特补足之。与三苏经解本同。

【译文】

"你还可以用周公的治道教导殷民，每日孜孜勤施，不可逸乐放纵。凡人们未见圣人的时候，总好像永远不能见到一样，等见到了，又不能践行圣人之道。你要以此为戒啊。你好比是风，下民好比是草。"

岂止是圣人，凡是有某种要求的人，而未得到的时候，心中充满了爱的期待，既得到之后，这份爱意就会衰减了。这是人之常情。作为人君的，不能显示于仁德，藏而不用。凡所以治民的事物方法，都用上了并常展示着，则民众就当它是玩物一样了。所以成王在这里要教导君陈说，你就是风，下民是草。（你要有作为，民众才能动。）仁德的任用，能有比风这样的比喻更妙的吗？

"图厥政，莫或不艰。有废有兴，出入自尔师虞。庶言同则绎。"

有所兴废出纳，皆咨于众以度之，众言同则绎之。孔子曰："巽与①之言，能无悦乎？绎之为贵。"②

①与，原作"语"，据《论语》原文改。
②语见《论语·子罕》（北京市中国书店1985年版《四书五经》第三种《论语章句集注》第39页）。

【译文】

"谋图政事之兴，无不有艰难之处。有该废的，有该兴的，这一进一出全在于你们众人商量。众言一致，则可以作出决断。"

有所兴废出纳，都要咨询于众人以商量好，众人的话一致，则可以作出决断。孔子说："温和悦耳的话，听着能不高兴吗？但要经过分析思考才是有用的。"

"尔有嘉谋嘉猷，则入告尔后于内。尔乃顺之于外曰：'斯谋斯猷，惟我后之德。'呜呼，臣人咸若时，惟良显哉。"

臣谋之而君能行，此真君之德也。岂待其顺之于外云尔也哉？成王之言此者，非贪臣之功，实欲归功于臣，以来众言也。

【译文】

"你若有好的谋略，则进来奉告于你君王。你又顺告于外说：'这些好的谋略，都是出自我王后的美德。'啊，作为贤良的人臣，你是在随时显扬君王啊！"

臣有良谋，而君王能加以实行，这实在是君王的美德。岂必要等待他顺便在外面张扬？成王说这话，并非要贪占臣子的功劳，而是要归功于臣，以便号召大家都来献言献策。

王曰："君陈，尔惟弘周公丕训，无依势作威，无倚法以削，宽而有制，从容以和。殷民在辟，予曰辟，尔惟勿辟；予曰宥，尔惟勿宥，惟厥中。有弗若于汝政，弗化于汝训，辟以止辟，乃辟。"

辟而不能止辟者，勿辟也。

【译文】

王说："君陈，你要弘大周公训示的治道，不可依势作威，不可倚法随便以苛刻夺削为政，应该宽大而有制约，从容以缓和。殷民有犯法该加以刑罚的，我说用刑，你说不可用刑；我说宽宥他，你说不可宽宥，那就要据实情折中处理。有不遵从你施政，不服从你的教化训示的，需要加刑罚才可以制止，就要加以刑罚。"

加以刑罚还不能制止犯法的，不要加以刑罚。

"狃于奸宄，败常，乱俗，三细不宥。"

狃，习也。常者，国之旧法。俗者，民之所安。而败乱之，害政之尤。故此三者所犯，虽小亦不可宥也。

【译文】

"习惯于奸宄凶恶，毁败五常之道，以乱风俗之教，这三种罪恶即使所犯虽小也不可宽宥饶恕。"

狃，习惯。常，指国家旧有的五常法统。俗，指民众的安全所寓。而这些败乱现象，对政治的危害特别严重。因此，有犯这三种罪恶的，虽小罪也不可宽宥。

"尔无忿疾于顽，无求备于一夫，必有忍。其乃有济。有容，德乃大。"

有残忍之忍，有容忍之忍。《春秋传》曰："州吁阻兵而安忍。"①此残忍之忍。孔子曰："小不忍则乱大谋。"②此容忍之忍也。古今语皆然，不可乱也。成王指言三细不宥，则其余皆当宥之。曰"必有忍其乃有济"者，正孔子所戒"小不忍则乱大谋"者也。而近世学者，乃谓"当断不可以不忍，忍所以为义"，是成王教君陈果于刑杀，以残忍为义也。夫不忍人之心，人之本心也。故古者以不忍劝人。以容忍劝人也，则有之矣，未有以残忍劝人者也。不仁之祸，至六经而止。今乃析言诬经以助发之，予不可以不论。

①《左传·隐公四年》："夫州吁，阻兵而安忍。阻兵无众，安忍无亲，众叛亲离，难以济矣。"（岳麓书社1988年版《左传》第6页）州吁，春秋战国时期，卫庄公之子。阻兵，依仗权势，掌握兵力，发起宫廷政变杀死卫桓公。东坡引此例意在说明，危害国家民众的事，实不能容忍。

②语见《论语·卫灵公》："子曰，巧言乱德，小不忍则乱大谋。"（北京市中国书店1985年版《四书五经》第三种《论语章句集注》第68页）

【译文】

"你对顽恶奸险之徒无疾愤难容之心，无求全责备于某一人，这说明你必能容忍。这样必定会有所成就。能容忍，品德会更大。"

有残忍之忍，有容忍之忍。《春秋传》说："州吁拥兵祸乱，怎能容忍。"这就是残忍之忍。孔子说："小不忍则乱大谋。"这是容忍之忍。古今的话语都一样，不可搞乱了。成王指出三种恶行虽小也不可宽宥，那么，其余的就应当宽宥。说"必有忍其乃有济"，这正是孔子所告诫的"小不忍则乱大谋"的意思。而近代学者却认为"当断不可以不忍，忍则以为义"，这岂不是说成王教君陈果断采取刑杀，而以残忍为义吗？"不忍人之心"，这是人的本心。所以古时以不忍劝人。以容忍劝人，这也是有的，但没有以残忍去劝人的。不仁之祸，至六经为止。而今却巧言诬经以发扬其观点，我不得不就此加以论述。

【笺释】

林之奇在《全解》一书中就此段经文提到王安石的解释，称："王氏以为'此刚柔相济，仁义并行之道，忍所以为义，故能济'。"因此认为东坡这段议论是针对王安石说的："苏氏曰，'有残忍之忍，有容忍之忍'。近世学者乃谓'当断不可以不忍，忍以为义，是成王教君陈果于刑杀，以残忍为义也。夫不忍人之心，人之本心也。故古者以不忍劝人，以容忍劝人，则有之矣，未闻以残忍劝人者也'。此盖指王氏为言，如以此为义，此申、韩之言，岂六经之训哉！"

按，此段经文的中心是成王希望君陈能遵循周公行宽大之政的治道，以不忍为用刑的出发点，而王安石释为"忍所以为义"，故东坡特加论述。

"简厥修亦简其或不修，进厥良以率其或不良。惟民生厚。因物有迁，违上所命，从厥攸好。尔克敬典在德，时乃罔不变。允升于大猷。惟予一人，膺受多福，其尔之休，终有辞于永世。"

【译文】

"选拔能修其德的人也可选拔或不修的人，进用贤良的人以率领其中或不贤良的人。使民众能拥有生活之资以厚其生。民众因所习见之物，本性有所变迁而违背上之所命，可从其所好。你但能敬奉典则，以德为先，多行善政，民众必定会顺从你的教化。你可以因此遂行更大的谋略，信可升于大道。而我也当受此多福，分享你的美名，亦终有称颂之美辞长留于世。"

书传卷十七

周 书

顾命第二十四

成王将崩，命召公、毕公率诸侯相康王，作《顾命》。
毕公高，周之同姓。

【译文】

成王将死，命召公、毕公率领诸侯辅佐康王，作《顾命》。

毕公高，为周王朝的同姓族人。

【笺释】

孙星衍《注疏》引郑康成语："临终出命，故谓之顾命，将去之意也。回首曰顾。"顾颉刚、刘起釪《译论》云："《顾命》是周成王病危将死时，召集召公、毕公等诸大臣，嘱咐辅立太子钊嗣位所作的遗嘱。第二天成王死后，召、毕二大臣等率诸侯迎太子钊见于先王庙，即位为康王。史臣录其文，即为《顾命》篇。"

惟四月哉生魄，王不怿。
有疾不豫。

【译文】

四月三日，成王有病不见好转。

有病不安乐。

【笺释】

哉生魄，谓月亮初见光。东坡不释具体日期。孔颖达《正义》依晚出《孔传》作"四月十六日"。误（见上《康诰》篇所释）。顾颉刚、刘起釪《译论》引王鸣盛语："郑（玄）所据，盖亦牒记之类，今不可考矣。四月即建卯月也。哉生魄是三日。（刘）歆云十五日，固谬。《传》云十六日，尤非。"

甲子，王乃洮，颒水。

发大命，当斋戒沐浴，今有疾不能洮，颒水而已。洮，盥也。颒，颒面也。

【译文】

甲子日，成王盥洗，以水洗面。

成王要发表重大的诰命，应当斋戒沐浴，但因为有疾不能盥洗，只能以水洗面表示沐浴。颒，以水洗面。

相被冕服，凭玉几。

相，相礼者。以衮冕服被王身也。大朝觐设左右玉几。

【译文】

赞礼者为成王披上冕服，倚靠着玉几。

相，即赞礼的司仪。以衮冕服披在成王身上。有重大事件朝见帝王时，须设有左右玉几。

顾命第二十四

【笺释】

孙星衍《注疏》引《礼记·檀弓》云:"扶君,卜人师扶右。"注云:"谓君疾时也。卜当为仆,声之误也。仆人、射人,皆平时赞正君服位者。"东坡当用此义。但孙氏却依郑康成说,认为:"相者,正王服位之臣,谓太仆。"故以此相为相导之相,即太仆。但太仆为九卿之一,与仆人之仆应大有区别。

乃同召太保奭、
召公为保兼冢宰。

【译文】

同时召见太保奭、
召公为太保兼冢宰。

芮伯、
司徒。

【译文】

芮伯、
芮伯为司徒。

彤伯、
宗伯。①

①孙星衍《注疏》引郑康成语"芮伯入为宗伯"。

【译文】

彤伯、
彤伯为宗伯。

毕公、

毕公，三公亦兼司马。

【译文】

毕公、

毕公为三公之一，也兼司马之职。

卫侯、

《春秋传》：康叔为司寇。

【译文】

卫侯、

据《春秋传》载：康叔（即卫侯）时任司寇之职。

毛公、

司空也。《史记》有毛叔郑五人，皆姬姓，惟彤伯姒姓。

【译文】

毛公、

毛公任司空之职。《史记》有毛叔郑五人，都是姬姓，只有彤伯为姒姓。

【笺释】

以上召公、毕公、毛公，芮伯、彤伯、卫侯（康叔），此六人，曾运乾《正读》云："太保奭以下六人，即冢宰等六卿也。太保毕公、毛公，以三公兼领卿职也。"然顾颉刚、刘起釪《译论》云："按，郑玄、伪孔以下诸经师释此被召之六大臣为六卿，皆误。由《立政》篇及该篇校释，知文王、武王、周公及成王前期官制为三宅之制。成王中期起演变为二寮制，形成西周后期的左右卿士之制。即使已有三左三右，而左右卿士实率此三左三右,仍为二卿士握政之实。"此说为是,曾氏所云未确。东坡据《春秋传》释康叔为司寇,恐亦西周后期之事。

师氏、

师氏,中大夫,居虎门之左。

【译文】

师氏、

师氏为中大夫,据守在虎门的左边。

虎臣。

虎贲氏。

【译文】

虎臣。

虎臣即虎贲氏。

百尹御事。王曰:"呜呼!疾大渐,惟几。"

渐,进也,几,危也。

【译文】

百官及众执事之人。成王说:"啊!病太重了,病危了。"

渐,进入垂危之中。几,危险了。

病日臻,既弥留。

臻,至也。弥,甚也。疾甚,将去而少留也。

【译文】

病愈沉重,已近弥留之际。

臻，到的意思。弥，逼近的意思。病重，将死而略有气息。

"恐不获誓言嗣，兹予审训命汝。昔君文王、武王宣重光，奠丽。陈教则肄，肄不违，用克达殷集大命。"

丽，土著也。文、武先定民居乃教之。既教则集之，民既集教用命，乃能开达殷之丧否也。

【译文】

"恐怕来不及宣布继位的誓言了，现在我要认真告诉你们。昔时我先文王、武王德配天地而与日月同光，能奠定万民的土地居止。居安乐业之后则施以教化，既服教化则可集合，民众既服教化集合效命，才能达到推翻殷朝的天命，丧亡殷纣。"

丽，即能让民众守土安居。文王、武王首先安定民居，然后进行教化。民众受教之后则能集中，民众能受教集中听命，才能够达到推翻殷纣天命的目的。

【笺释】

东坡释"奠丽"一词为文、武二王能奠土居民，使民安居乐业。而孙星衍等释"奠丽"为"以日月星定七律之数也，故云'奠丽'。"顾颉刚、刘起釪《译论》至斥之为"冬烘已极"！东坡一直认为夏商周三代兴于德教，丧于德衰，因此孙氏所谓"日月星辰"云者实属牵强。曾运乾《正读》、顾颉刚、刘起釪《译论》则仍释"丽"为"刑、法"，与东坡的以德治国思想亦相去甚远。

按，曾、刘皆当代人，应该了解中国的土地问题正是历代封建王朝兴衰的根本问题，东坡以"奠土居民"为本，正是对"奠丽"一词的深刻理解。

"在后之侗。" ①

侗，愚也。扬雄曰："侄侗颛蒙。" ②

①后，指成王。此句为成王的自谦之词。
②语见扬雄《法言·学行篇》："天降生民，倥侗颛蒙。恣于情性，聪明不开。"（国家图书馆出版社2017年版《宋本扬子法言》第69页）

【译文】

"在我君王之愚蒙。"

侗，愚昧的意思。扬雄《法言序》中说："倥侗颛蒙。"

"敬迓天威，嗣守文、武大训，无敢昏逾。今天降疾殆，弗兴弗悟。尔尚明时朕言，用敬保元子钊。"

康王也。

【译文】

"敬承天威，嗣守文王、武王的典训，不可昏昧逾越。于今上天降疾于我病重，不能兴起、不能晓悟于你等。你等尚能明白我的话，用心敬保我王子钊。"

钊，即康王。

"弘济于艰难，柔远能迩，安劝小大庶邦。思夫人自乱于威仪，尔无以钊冒贡于非几。"

恭敬可以济大难，但世以威仪为文饰而已，不知其为济难之具也，故曰"自乱于威仪"。几，危也；非几者，安也。惟安为可畏，不可以冒进也。死生之际，圣贤之所甚重也。成王将崩之一日，被冕服以见百官，出"经远保世"之言。其不死于燕安妇人之手，明矣。其致刑措，宜哉。

【译文】

"共济于艰难时刻，怀柔远人使能归附于我，安抚劝导大小众邦国。想大丈夫应自觉维持自我的威严，你等切不可以钊为贪婪之君，趁此治乱之机而进贡非礼法所容的物品。"

恭敬可以帮助人渡过大难，但世间每以威仪为个人的装饰而已，不知它也是救难的手段。所以成王说"应自觉维持自我的尊严"。几，危也；非几，安也。惟安为可怕，不可冒进。在这死生之际，是圣贤所特别重视的时刻。成王将死的一天，穿戴冕服，以召见百官，发出"经略长远，永保世祀"的言谈。他不死于宴饮安逸、女色妇人之手，也算是明君了。所以能在他的治下做到刑律不用的地步，这也是适当的。

兹既受命，还。出缀衣于庭。

缀衣，幄帐也。群臣既出幄帐于中庭，王返路寝之室①也。

①路寝之室，即天子日常听政办事的正殿。《礼记·玉藻》："君日出而视之，退适路寝听政。"（岳麓书社1989年版《周礼·仪礼·礼记》第398页）路寝，天子正殿。郑玄注："路寝以治事。"

【译文】

成王既已发布诰命，返还。群臣将幄帐撤出于中庭。

缀衣，即幄帐。群臣将幄帐撤出于中庭，成王则返归于路寝之室。

【笺释】

顾颉刚、刘起釪《译论》引《孔疏》语，释"缀衣"为"黼扆"之类，"黼扆是王坐立之处。知缀衣是施帐于王坐之上，故以为幄帐也……王发顾命在此黼扆幄帐之坐，命讫，乃复于寝处。以王病重，不复能临此坐，故撤出幄帐于庭，将欲为死备也。"此时成王病重将死，不能再处理公事于"路寝"，故发布完诰命，即返于寝室而不是"路寝"。东坡所解似有误，以孔疏为是。

越翼日乙丑，王崩。太保命仲桓、南宫毛俾爰齐侯吕伋，

伋，太公望子。爰，及也。《诗》曰："爰及姜女。"①

①《诗经·大雅·绵》："爰及姜女，聿来胥宇。"（上海古籍出版社1980年新1版《诗集传》第179页）

【译文】

于第二天乙丑日，成王崩。太保召公命仲桓、南宫毛以及齐侯吕伋，伋，太公望的儿子。爰，以及之意。《诗经》有句："爰及姜女。"

以二千戈，虎贲百人，逆子钊于南门之外，

成王之崩，子钊固在王所，今乃出之于路寝门外，而复逆之，盖所以表异之也。

【译文】

以二千执戈之士，虎贲百人，迎王子钊于南门之外，

成王之崩，儿子钊固然就在王住所内，现出之于路寝的门外，而重新迎接他，这当是表示事出特殊吧。

【笺释】

孔颖达《正义》云："取虎贲之士百人，迎太子钊于南门之外。逆此太子，使入于路寝明室。令太子在室当丧忧居，为天下宗主，正其将王之位以系群臣之心也。"以此解释晚出《孔传》"将正太子之尊，故出于路寝门外"一句。东坡取此说。曾运乾《正读》认为南门非"路寝门"，而是皋门；谓"天子五门，皋门最南，故曰南门"。顾颉刚、刘起釪《译论》同此说。

封建时代，天子之死称崩；诸侯宰相之死称薨；大夫之死称卒；士之死称不禄；庶人称死。

延入翼室。

路寝旁左右翼室也。成王丧在路寝，故子钊庐于翼室。

【译文】

将太子请入侧室。

路寝旁的左右侧室。成王丧在路寝，因此儿子钊宿于侧室。

恤宅宗。

为忧居之主也。

【译文】

忧居作为丧主。

作为居丧之主以示太子之尊。

丁卯，命作册度。

以法度作册也。

【译文】

丁卯日，依礼法作丧册。

以礼法为据，作治丧的文诰。

越七日癸酉，伯相命士须材。

自西伯入为相，召公也。须材，以供丧用。

【译文】

于七日癸酉，伯相召公命令准备丧事所用的材料。

自西伯入为宰相，此即召公。准备各种所须的材料，供办丧事用。

狄设黼扆缀衣，

狄，下士。扆，屏风为斧文也。

【译文】

　　下士辅设带斧纹的屏风、幄帐，

　　狄，下士。扆，屏风带斧纹的。

牖间南向。

　　户牖间也。

【译文】

　　在户牖间向南。

　　在门与窗之间面向南。

【笺释】

　　顾颉刚、刘起釪《译论》引王鸣盛《后案》："古者人君宫室之制，前为堂，后为室。堂两旁为东西夹室，即翼室。中有墙以隔之，谓之东西序。后室之两旁则为东西房。室中以东向为尊，户在其东，牖在其西。堂以南向为尊，王位在户外之西，牖外之东。所谓'户牖之间'，南向之坐也。"

敷重篾席，

　　桃枝竹[1]席也。

　　[1]库本、明凌刻本、经解本均作"桃竹枝"，据唐孔颖达《正义》改。按经文为"篾席"，当以竹编织。晋戴凯之《竹谱》："余所见之桃枝竹，节短者不兼寸，长者或逾尺。豫章遍有之。"

【译文】

　　敷设双重的竹篾编织的席子，

　　用桃枝竹席。

黼纯。

黼，黑白也。纯，缘也。

【译文】

席子的边缘饰以黑白相间的花纹。

黼，黑与白色。纯，边缘。

华玉仍几。

华玉，色玉也。仍，因也。《周礼》，吉事变几；凶事仍几。因生时所设色玉左右几也。此见群臣、觐诸侯之坐也。

【译文】

有色的玉仍置于几席。

华玉，有色的玉。仍，仍旧、因旧。按《周礼》，吉利的事要变换几席，凶事则仍旧。按照死者生时所设置的一样布置在左右两旁的几席上。这是王生前召见群臣、觐见诸侯时的坐席。

西序东向，

东西厢谓之序。

【译文】

于西厢房，东向，

东西厢房称为"序"。

敷重底席，

底蒻席也。

【译文】

敷设双重的底席，

顾命第二十四

底层为蒲蒻织的席子。

缀纯。
缀杂采也。

【译文】

缀纯。

绘以各种彩色。

文贝仍几。
以文贝饰几。此旦夕听事之坐也。

【译文】

用有花纹的贝装饰几案。

以有花纹的贝饰几案。这是早晚之间听取政事的座位。

东序西向,敷重丰席,
丰,莞席也。

【译文】

东边的厢房向西,敷设双层的丰席,

丰,莞席(用水葱一类植物编织的席子。)

画纯。
绘缘也。

【译文】

绘画边缘。

绘上边缘。

雕玉仍几。

以刻玉饰几,此养国老、享群臣之坐也。

【译文】

用雕刻的玉石装饰的几案。

以雕刻的玉石装饰的几案,这是供养国老、招待群臣的座位。

西夹南向。

西厢夹堂。

【译文】

西边的夹室向南。

西边厢房夹着正堂的房屋,面向南。

敷重笋席,

笋,竹席也。

【译文】

敷设双层的笋席,

笋,竹席也。

玄纷纯。

纷,绀也。以玄绀为缘。

【译文】

以黑红色的绶带作为边上的装饰。

纷,暗红色。以黑里透红色为边饰。

漆仍几。

此亲属私燕之坐也，故几席质俭，无贝玉之饰，将传先王之顾命也。不知神之所在于此乎，于彼乎？故兼设平生之坐也。

【译文】

仍然是旧的漆几。

这是亲属私宴时的座位，因此几席质朴不奢，没有珠贝玉石的装饰，将用以传承先王的顾命。不知其神灵是在这里呢，还是在彼处？因此兼设其生前的座位于此。

越玉五重。

及玉五重，谓弘璧、琬琰、大玉、夷玉、天球也。

【译文】

及玉有五重。

及玉有五重，即弘璧、琬琰、大玉、夷玉、天球五种。

【笺释】

顾颉刚、刘起釪《译论》引马融语，释"越玉"为越地所产之玉。并云："向江声、戴钧衡等皆妄辩其非。由现代古玉研究而知其正确。""这里'越玉五重'，是指有越玉五双。"释义与东坡异。

陈宝，

谓赤刀以下众宝。

【译文】

陈列死者生前所喜爱的宝贝，

即赤刀以下的众多宝贝。

【笺释】

顾颉刚、刘起釪《译论》引王国维语,认为"陈宝"及下文的"赤刀"均为宝玉名,非谓"陈先王所宝"。与东坡所解异。

赤刀、大训。
虞、夏、商之书。

【译文】
赤刀(刀形宝玉)、重大的典籍。
大训即虞、夏、商三朝遗留下来的典籍。

弘璧、
大璧也。

【译文】
弘璧。
硕大的璧玉。

琬琰在西序。大玉、夷玉、天球、河图,
八卦也。在东序①。

① "在东序"三字,原置于下句"胤之舞衣"前,应为传文的误编。特改置于此。

【译文】
琬琰玉放在西厢。大玉、夷玉、天球、河图,
河图即八卦。放置于东边厢房。

胤之舞衣。大贝、鼖鼓在西房。①
胤国所为舞者之衣。

顾命第二十四 697

① "大贝、鼖鼓在西房"句，原置于下句"兑之戈"之前，次序颠倒，特予调整。

【译文】

有胤国舞者的衣服、大贝、鼖鼓在西房。

胤国从事舞蹈者的衣服。

【笺释】

"胤之舞衣"，刘起釪引郑玄注："胤也、兑也、和也、垂也，皆古人造此物者之名。"则胤亦人名，非国名。

兑之戈、和之弓、
兑、和，古之巧人。

【译文】

兑氏的戈、和氏的弓、

兑、和两人为古时的能工巧匠。

垂之竹矢，在东房。
垂，舜共工。

【译文】

垂的竹箭，在东房①。

垂，帝舜时期的共工。（在东边厢房。）

① "在东房"原为独立一句，本应与"兑之戈、和之弓、垂之竹矢"连为一句。故予调整。

舞衣、鼖鼓、弓、竹矢皆以古物宝之，如后世宝孔子履也。

【译文】

所有舞衣、蕡鼓、弓、竹矢,都作为古物加以宝藏,就像后世人们珍藏孔子的鞋子一样。

大辂在宾阶面。
大辂,玉辂。

【译文】

大辂置放在宾客来往台阶的一面。

大辂,以宝玉镶嵌的车子。

缀辂在阼阶面。
缀辂,金辂。

【译文】

缀辂放置在东边台阶南向。

缀辂,以黄金镶嵌的车子。

【笺释】

顾颉刚、刘起釪《译论》:"阼阶者,东阶也。谓之阼者,郑玄《士冠礼》注云:'阼,犹酢也。东阶所以答酢宾客。'"又林之奇《全解》云:"面,犹向也。宾阶、阼阶之面则南向,自内而向外。"

先辂在左塾之前。
先辂,象辂。塾,夹门堂也。

【译文】

先辂在左塾的前面。

先辂,即以象牙装饰的车子。塾,在天子明堂门的左右两侧。

【笺释】

象辂，究竟是以象牙装饰的车子还是以大象为动力的车子？据当代考古发掘，四川三星堆遗址出土有距今三千多年前的大批象牙及身长一米七的青铜巨人像。专家讲解说，这就是传说中的华夏始祖黄帝的雕像。而《韩非子·十过》中有"昔者，黄帝合鬼神于泰山之上，驾象车而六蛟龙"之句。

次辂在右塾之前。

次辂，木辂也。革辂不陈。

【译文】

第二等辂在右塾之前。

第二等辂，即木制的辂。皮革制的辂不予陈列。

二人雀弁，执惠，立于毕门之内。

雀弁，赤黑如雀头色。惠，三隅矛。毕门，路寝门。

【译文】

二人戴着黑色的帽子，手执斜刃的矛，站立在毕门之内。

雀弁，黑色的帽子，赤黑如雀头色。惠，锋刃带三棱的三隅矛。毕门，路寝之门。

四人綦弁，执戈上刃，夹两阶戺。

綦弁，青黑色。堂廉曰戺。

【译文】

四人戴着青黑色的皮帽子，手执上刃的戈，站立在堂廉的两阶前。

綦弁，青黑色。堂的四边（廉）称为戺。

一人冕，执刘，立于东堂。

刘，钺属。

【译文】

一人戴冕冠，手执刘，站立在东堂。

刘，斧钺之类。

一人冕，执钺，立于西堂。一人冕，执戣，立于东垂。一人冕，执瞿，立于西垂。

戣、瞿，皆戟属。

【译文】

一人戴冕冠，手执钺，站立于西堂。一人戴冕冠，手执戣，站立于东垂。一人戴冕冠，手执瞿，站立于西垂。

戣、瞿，都是戟之类。

一人冕，执锐，立于侧阶。

锐，当作鈗。《说文》曰："鈗，侍臣所执兵。从金，允声。"《书》曰："一人冕，执鈗。"读若锐。冕，大夫服。弁，士服。

【译文】

一人戴冕冠，手执锐，站立于一侧的阶前。

锐，应当作鈗。《说文》称："鈗，侍臣所持的兵器。从金，允声。"《尚书》说："一人戴冕冠，手执鈗。"读作锐。冕，大夫所戴的帽子。弁，士所戴的帽子。

王麻冕，黼裳，由宾阶隮。

麻冕，三十升麻为冕，盖衮冕也。衮冕之裳，四章。此独用黼者，以释丧服吉，示变也。王方自外入受命，传命者自阼阶升，则王当从宾阶也。

【译文】

康王戴麻制的冠冕，黼裳，由宾阶登堂。

麻冕，三十升的麻制成的冕，这是王所戴的衮冕了。王戴衮冕的衣裳，共有四种样式。这里独用黼的原因，是以脱丧服为吉利，表示已经转变了。康王自外入内接受王命，而传达成王诰命的使臣自阼阶上来，所以康王应当从宾阶登堂。

卿士、邦君麻冕、蚁裳入，即位。

《礼》曰："子张之丧，公明仪为志焉。褚幕丹质，蚁结于四隅。殷士也。"郑玄云："画者之四角，其文如蚁行，往来相错。殷之蚁结似今蛇文画。"[①]岂蚁裳亦为此文欤？君臣皆吉服然，皆有变。

①《礼记·檀弓上》："子张之丧，公明仪为志焉：褚幕丹质，中文名结于四隅，殷士也。"（岳麓书社1988年版《周礼·仪礼·礼记》第304页）

【译文】

卿士、邦君戴麻冕、着黑色的蚁裳进入明堂，各就其位。

《礼·檀弓》说："子张之死，公明仪为他办丧事。用单层红色的布幕做棺罩，四周画着蚂蚁交错爬行的纹饰。这是殷代士人的礼节。"郑玄说："画幅的四角，花纹像蚂蚁行走，往来交错。殷人的蚁结就像今天的蛇纹画。"是否蚁裳也做成这样的花纹呢？康王及群臣都穿着吉礼的衣服，都显示出变化。

【笺释】

东坡疑"蚁裳"为绣有"蛇文"画的衣裳。顾颉刚、刘起釪《译论》引《孔疏》云："《礼》无'蚁裳'，今云蚁者，裳之名也。蚁者，蝼蚁虫也。此虫黑色，知'蚁裳'色玄。"以"蚁裳"作"黑色的衣裳"解。

太保、太史、太宗，皆麻冕彤裳。

太宗、上宗，皆大宗伯也。彤，纁也。纁裳亦变也。

【译文】

太保、太史、太宗，都戴麻冕着浅红色衣裳。

太宗、上宗，都是大宗伯。彤，纁色。浅红色的衣裳也是变了。

太保承介圭，上宗奉同、瑁，由阼阶隮。

介圭，大圭，尺有二寸，王所守也。同，爵名。瑁，四寸，王所执以朝诸侯。传顾命，授圭、瑁，当阼阶升也。

【译文】

太保承领介圭，上宗奉同、瑁，由阼阶上。

介圭，大的圭，有一尺二寸，由王守护。同，爵名。瑁，有四寸大。王所持有以朝见诸侯。传顾命，授与圭、瑁，当从阼阶上来。

太史秉书由宾阶隮，御王册命。

书册也。王在西阶上，故太史由此以册御王。凡王所临、所服用，皆曰"御"。

【译文】

太史手持书册由宾阶进入，御王册命。

康王即位用的书册。王在西阶上，因此太史也由此以册御王。凡王所莅临、所服用，都要称为"御"。

曰："皇后冯玉几，道扬末命，命汝嗣训，临君周邦，率循大卞，燮和天下，用答扬文、武之光训，"

成王顾命之言，书之册矣。此太史口陈者。卞，法也。

【译文】

说:"大君成王力疾,亲凭玉几,作出最后的诰命,命你承嗣训诰,君临周邦,遵循大法,和谐天下,用以报答文王、武王的辉煌典训,"

这是成王顾命之言,已经书写在典册里。现在由太史来口述。下,指法。

【笺释】

"皇后冯玉几"一句,唐孔颖达《正义》认为"皇后"即成王。东坡采用此说,并加了一句"此太史口陈者",认为是太史转述成王的话。南宋林之奇《全解》、蔡沈《集传》都认同此说。而孙星衍《注疏》却"疏"云:"皇者,《释诂》云'君也'。后者,'继体君也'。谓康王也。"他认为"皇后"指的是康王而不是成王。认为孔氏"以王后为大君成王,误矣"。

假如"皇后"不是成王而是康王,那么"皇后冯玉几"一句就是"康王坐在玉几"又在"命康王"该如何如何了!话能如此说吗?孙氏误矣!而顾颉刚、刘起釪在《译论》中更以历史常识证其谬误,指出在较早典籍《诗》《书》等及金文中,"皇"只表示大、美好之义,而"后"只称死去的王。

王再拜,兴,答曰:"眇眇予末小子,其能而乱四方以敬忌天威?"乃受同瑁[①]**,王三宿;三祭;三咤。上宗曰饗。**

太保实三爵于王。王受而置之,曰宿。祭先,曰祭。至齿而不饮,曰咤,曰啐。示饮而实不忍也。上宗曰:"饗!"以嘏王也。

[①]同,一种爵。据顾颉刚、刘起釪《译论》引王国维《顾命考》,认为"同瑁"之"瑁"为衍文,应作"同"。

【译文】

　　康王再叩拜，起身说："我微末小子，有何能而治理四方以敬畏天命啊？"于是接受同瑁，三次行进到成王神主前；三次进爵奉祭；三次举爵欲饮。上宗敬酒说："饮福酒！"

　　太保三次用爵斟满酒敬献于王。王接受之后，放置一旁，称宿。奉祭先王，说祭。爵至齿而不饮，称咤，即唶。表示饮而实不忍（因新丧）。上宗说："饮福酒！"以此祝福于康王。

太保受同。降，盥以异同。

　　易爵而洗也。

【译文】

　　太保接受同。下堂，洗手，以换另一个同。

　　换爵而洗。

秉璋以酢。

　　半圭曰璋。太保实此爵以为王酢已也。

【译文】

　　手执璋以报答。

　　半圭称璋。太保斟满此爵以报答王。

授宗人同，拜。

　　宗人，小宗伯。

【译文】

　　太保将同授与宗人，拜。

　　宗人，即小宗伯。

> 王答拜。太保受同，祭、哜、宅，授宗人同，拜。
> 宅，居其所也。

【译文】

王答拜。太保接受同，再祭、哜、站立，授宗人同，拜。

宅，太保驻足不移，表示守住自己的位置。

> 王答拜。太保降。收。
> 收，徹也。

【译文】

王答拜。太保下堂。收。

收，礼毕收场。

> 诸侯出庙门，俟。
> 此路寝门也，而谓之"庙"，以正殡在焉。

【译文】

诸侯们走出庙门，等候。

此门为路寝门，而称为"庙"，是因为有成王的灵柩在（故称"庙"）。

康王之诰第二十五

【笺释】

《康王之诰》为晚出《孔传》从《今文尚书·顾命》篇中析出，但无以下"康王既尸"至"作《康王之诰》"一句篇首语。

**康王既尸①天子，遂诰诸侯，作《康王之诰》。
王出在应门②之内。**

①尸，作主，主其位。成语"尸位素餐"。
②应门，据《尔雅·释宫》："正门谓之应门。"

出毕门①，立应门内之中庭，南面。

①孔颖达《正义》：路寝门一名毕门。

【译文】

康王既主天子之位，遂布告诸侯，作《康王之诰》一篇。

康王出在正门之内。

出毕门，立在正门内的中庭，面向南。

太保率西方诸侯入应门左，毕公率东方诸侯入应门右。

二公为二伯，各率其所领诸侯随其方为位，皆北面。成王之疾久矣，岂西方、东方诸侯来问王疾者欤？

【译文】

太保召公率西方诸侯进入应门的左边，毕公率东方诸侯进入应门的右边。

召公毕公为二伯，各自率领西方、东方的诸侯进入左右方位，都面向北。成王患病已经很久了，莫不是西方、东方诸侯前来问候王的疾病？

皆布乘黄朱。

陈四马，黄，朱鬣。

康王之诰第二十五

【译文】

前来的诸侯都布陈一车,四匹黄马,朱鬣。

陈列四匹马,是黄马,朱红色的鬣毛。

【笺释】

据顾颉刚、刘起釪《译论》引诸家注疏,"皆布乘黄朱"一句,指诸侯朝见时所着的服饰。"布乘"应作"黼黻"解,而"天子纯朱,诸侯黄朱",均为颜色。故不以车马解,谓天下诸侯都来朝拜,大批车马,没有那么多地方放置。这也是一种臆说的理由而已。诸侯不可以分批或并不全到吗?是亦未成确解。

宾称奉圭兼币。
马所以先圭币。

【译文】

来宾称为敬奉圭币。

进奉马匹在先,次致圭币。

曰:"一二臣卫敢执壤奠!"
赘土所出。

【译文】

宾客说:"一二臣卫敢以土地所产为奠!"

以本土所产为祭礼。

皆再拜稽首。王义嗣德,答拜。
王义诸侯不忘先王之德,故答拜。

【译文】

宾客都再行跪拜叩首之礼。康王感谢众宾承嗣先王之德,一一答拜。

康王感念诸侯不忘先王之德,因此答拜。

太保暨芮伯咸进,相揖。
冢宰司徒与群臣进戒。

【译文】

太保召公与芮伯都进入,互相揖让。

冢宰、司徒与群臣向康王奉劝戒勉的话。

皆再拜稽首,曰:"敢敬告天子,皇天改大邦殷之命,惟周文、武诞受羑若。"

文王出羑里之囚,天命自是始顺。周人记之,谓之"羑若",犹管仲、鲍叔愿齐桓公不忘在莒时也。①康王生而富贵,故于其初即位,告以文、武造邦之艰难,以忧患受命也。

①《吕氏春秋·贵直论》:"齐桓公、管仲、鲍叔、宁戚相与饮酒。酣。桓公谓鲍叔曰:'何不起为寿?'鲍叔奉杯而进曰:'使公毋忘出奔在于莒也。'"(中华书局1954年版《诸子集成》第六册本书第298页)

【译文】

都朝康王再拜叩首,说:"敢敬告天子,皇天改掉殷大邦之命,惟有周家文王、武王能受羑里之苦而不忘。"

文王脱出羑里的囚禁,天命从此开始顺向。周人记之,所谓"羑若",就好像管仲、鲍叔愿齐桓公不要忘记在莒时的苦难一样。康王生而富贵,所以在他初即位的时候,告诉他文王、武王缔造周大邦的艰难,使他能以忧患意识接受天命。

康王之诰第二十五

【笺释】

顾颉刚、刘起釪《译论》首引东坡此段解释，并说："吕祖谦①《书说》全承苏轼之说，而更有新发挥。"但继而又繁征博引诸家所论，反复辨析、强为解说，莫衷一是，最后只好将"羑里"二字付诸"阙如"。其中引王夫之《稗疏》讥东坡释"羑若"一词有"穿凿"之嫌，因为将经文"惟周文、武诞受羑若"中的"羑若"解为"羑里"一事只能指文王，与武王无关。王氏据《说文》释"羑"为"进善"，故"诞受羑若"可解为"大受上天之命，羑进斯民于顺道"。但如此解释，从全篇旨意上看似也未尽贴切，不如东坡所解为近正。

①吕祖谦（1137—1181），字伯恭，婺州（今浙江省金华市）人。郡望东莱郡，人称"小东莱先生"。南宋理学家、文学家，博学多识，主张明理躬行，学以致用，反对空谈心性，开"浙东学派"之先声。与朱熹、张栻齐名，并称"东南三贤"。著有《东莱集》《历代制度详说》《东莱博议》等，并与朱熹合著《近思录》。

"克恤西土，惟新陟王。"

陟，升遐也。成王未有谥，故称新陟王。

【译文】

"能够顾惜西土，维新成王的盛德。"

陟，即帝王升天。成王这时还没有谥号，因此称"新陟王"。

"毕协赏罚，戡定厥功，用敷遗后人休。今王敬之哉！张皇六师，无坏我高祖寡命。"王若曰："庶邦侯、甸、男、卫，惟予一人钊报诰，昔君文、武丕平富，不务咎，厎至齐信，用昭明于天下。"

《诗》歌文王之德曰："陈锡哉周。"①言其布大利以锡天下，则天下相率而戴周。及其亡也，荣夷公②专利。今康王所谓"丕平富"者，岂非陈锡布利也欤？所谓"不务咎"者，岂非不专利，以消怨咎也欤？即位而首言此，其与成王皆致刑措，宜也。

①《诗经·大雅·文王》："亹亹文王，令文不已。陈锡哉周，侯文王孙子。"（上海古籍出版社1958年版《诗集传》第175页）

②荣夷公，西周时期荣国的国君，受周厉王宠爱，贪利专权，横征暴敛，导致民众暴乱。

【译文】

"全部协调赏罚，审定功劳，使后人因此得福。现今王要敬惜啊！扩张我六师的军队，不要坏了我高祖的使命。"王顺着说："众邦的侯、甸、男、卫首领们，今我钊诰报大家，昔时先文王、武王大为均平富贵，不致力于求利，务求于信誉之德，以昭示于天下。"

《诗经》歌颂文王的仁德时有句："陈锡哉周。"说的是他能布施大利于天下，则天下之民相继拥戴周邦。及至周朝的灭亡，则是荣夷公专一为己，贪利不已。如今康王所谓"丕平富"，岂不是也要陈锡布利吗？所谓"不务咎"，岂不是不专利己，以消除民众的怨恨吗？刚即位而首先说到这一点，他与成王都能做到刑法不用，也就可以的了。

"则亦有熊罴之士、不二心之臣，保乂王家，用端命于上帝。皇天用训厥道付畀四方，乃命建侯树屏，在我后之人。今予一二伯父，尚胥暨顾，绥尔先公之臣，服于先王。"

言诸臣忠于我，所以安。汝先人事先王者，如盘庚告教之意也。

【译文】

"亦还有勇如熊罴之士、没有二心的忠臣，保治我王家，奉献端正耿直之命于上帝。上天训示用此道于四方，于是建立诸侯，树立屏障，在我后世之人。今我一二伯父，尚都能顾怜安抚你们，安抚先公的臣仆，服务于我先王。"

意思是诸位大臣能忠于我,所以邦国安康。你们的先人服事我先王,就像盘庚时期所告教的意思。

"虽尔身在外,乃心罔不在王室,用奉恤厥若。"

使我虽宅忧,而人无不顺者。

【译文】

"虽然你们身在外,却心都不忘王室,以此奉行致顺之道。"

使我虽处居忧之境,而人无不顺的情况。

"无遗鞠子羞。"

鞠子,稚子也。

【译文】

"不让我小子遗下羞愧。"

鞠子,即稚子。

群公既皆听命,相揖趋出。王释冕,反丧服。

成王崩未葬,君臣皆冕服,礼欤?曰,非礼也。谓之变礼,可乎?曰,不可。礼变于不得已。嫂非溺,终不援也。三年之丧既成服,释之而即吉,无时而可者。曰先王之命不可以不传,既传,不可以丧服受也。曰,何为其不可也?曰,以丧冠者,虽三年之丧可也。既冠于次入哭踊者三,乃出。孔子曰:"将冠,子未及期日,而有大功齐衰之服,则因丧服而冠。"①冠,吉(一作嘉)礼也,犹可以丧服行之,受顾命,见诸侯,独不可以丧服乎?太保使太史奉册授王于次,诸侯入哭于路寝,而见王于次;王丧服受教戒谏,哭踊答拜,圣人复起,不易斯言也。始死方殡,孝子释服离次,出居路门之外,受干戈虎贲之逆,此何礼也?汉宣帝以庶人入立,故遣宗正、太仆奉迎，以显异之。康王，元子也，天下莫不知，何用此纷纷也？《春秋传》曰："郑子皮如晋，葬晋平公，将以币行。子产曰：'丧安用币？'子皮固请以行。既葬，诸侯之大夫欲因见新君。叔向辞之，曰：'大夫之事毕矣。而又命孤，孤斩焉在衰绖之中。其以嘉服见，则丧礼未毕；其以丧服见，是重受吊也！大夫将若之何？'皆无辞以退。"②今康王既以嘉服见诸侯，又受乘黄玉帛之币。曾谓盛德之王不若衰世之侯，召、毕公不如子产、叔向乎？使周公在，必不为此。然则，孔子何取于此一书也？曰，至矣，其父子、君臣之间，教戒深切著明者，犹足以为后世法。孔子何为不取哉！然其失礼，则不可以不论。

①《礼记·曾子问》："如将冠子而未及期日，而有齐衰、大功、小功之丧，则因丧服而冠。"（岳麓书社1989年版《周礼·仪礼·礼记》第354页）

②节录自《左传·昭公十年》（岳麓书社1988年版《左传》第301页）

【译文】

群公既已听完康王之命，互相拜揖退出。康王解下冠冕，穿回丧服。

成王崩，还未入葬，君臣都可以穿戴冠冕礼服，合乎礼吗？答，违反礼节了。说它是变礼，可以吗？答，不行。变礼是在不得已的情况下。嫂子不是溺水待救，则不能援之以手。为期三年的丧礼，既已完丧成服，解下丧服而用吉服，什么时候都可以。说先王的诰命不可以不传，既传，不能穿着丧服接受啊。试问，怎么能说这不可以呢？答，因丧事而行冠礼的，虽三年的丧期内都可以。既穿戴丧冠服于灵柩的旁边哭拜三次，再出。孔子说："即将举行冠礼的儿子，还未到规定的日子，而有大功齐衰的丧事来临，则可以穿戴丧服而行冠礼。"冠礼是吉礼，也可以穿丧服举行，接受先王的顾命、接见诸侯，独不能穿戴丧服进行吗？太保让太史奉册书授王于灵柩旁，诸侯入哭于明堂，而拜见王于灵柩旁；王穿戴丧服接受教戒的谏劝，哭踊答拜，即使圣人复生，也不会改变这一观点。刚死才予殡丧，孝子即解除丧服离开灵柩之旁，出居路门之外，接受干戈虎贲的迎奉，这是什么样的礼节啊？汉宣帝以庶人身份进入皇宫即位，因此派宗正、太仆奉迎，以表示特别对待。康王，是成王的太子，天下无不知道，何必用这样乱纷纷的仪式？《春秋传》说："郑子皮到晋国，参加晋平公的葬礼，将带上币帛。子产问：'丧礼何必要用币？'子皮坚持请示以币前往。既葬之后，诸侯的大夫想参见新的君王。叔向婉辞说：'你们大夫的事已经没有了。又要见新君，新君正在服丧期间。他要穿吉利的冠服见，则丧礼未完毕；他要穿戴丧服见，是要重新接受吊丧了！你们各大夫以为如何？'众大夫都无言以对，各自退去。"如今康王既以吉利的冠服接见诸侯，又接受乘黄玉帛之币。曾经认为盛德的君王竟比不上衰世时的诸侯，召公、毕公比不上子产、叔向啊！假如周公还在，必定不会这样做。既然这样，那么孔子为什么还要记录这一段故事入书呢？答，成王父子君臣之间的关系太密切了，相互教戒的情感深切著明，犹足以为后世引为法则。孔子为何不录取于书中呢？然而这样做确实不合礼法，所以不得不加以讨论。

【笺释】

蔡沈《集传》全文引载此段议论，表示肯定。故清代纪昀于《四库全书总目提要》中特别介绍："以《康王之诰》服冕为非礼，引《左传》叔向之言为证，则蔡沈取之。"然而，后世学者大多对东坡的观点大不以为然。如顾颉刚、刘起釪《译论》以朱熹的观点为例云："正如朱熹所说的，不能以士庶人的礼去衡量天子诸侯的礼一样。天子诸侯有易世传授的国家大礼，而先君之丧只是和士庶人一样的私家的丧服之礼，因此不能以私礼影响国家大礼。"其实，要认真考究起来，刘起釪所赞同而转述的朱熹的观点也一样不合道理。"国家易世"的大礼更应该在"举国大法"的礼法之内，岂能随便更改逾越？以东坡于文末引述孔子为何录入此事可知，他并非不知康王此举为无意间的"权变"，但东坡的观点就是"法就是法，于法就要遵守，不能视法为儿戏，更不能以威权乱法"！从这一角度看，东坡认定"违法就是违法，应予指正"的立场是对的。而且，经孔子整理的《礼记·曲礼》就有"礼不下庶人，刑不上大夫"之说，孔子以上的年代，庶人哪有什么"礼法"？朱熹等为何要引"庶人的私礼"比较说事？可见自古及今，大多数"书传"作者的思想境界都远不及东坡。而毛奇龄辈犬儒更以"卫道者"姿态直斥东坡之论为"罪大恶极"①！可见《尚书》的传习，荒谬而不入理者多有！

①见舒大刚等编《三苏经解集校》上册附录。

书传卷十八

周 书

毕命第二十六

康王命作册,毕公居里成周郊,作《毕命》。
毕公弼亮四世,盖尝相文王也。至是耄矣,而犹勤小物,亦可谓盛德也哉。

【译文】
康王命制作书册,毕公居住在成周(洛邑)郊里,作《毕命》。
毕公辅助周邦四朝,曾经襄助过文王。到这时已经垂垂老矣,而还勤恳于分别安置殷民、令善恶有劝这样的小事,也可算得上盛德了。

惟十有二年六月庚午,朏,越三日,壬申,王朝步自宗周,至于丰,以成周之众,命毕公保厘东郊。
毕公盖尝相文王,故康王就丰文王庙命之。

【译文】
康王十二年六月庚午初三日,壬申,康王晨起步行自宗周,至于丰都,以成周之众,命毕公保护安靖东郊。
毕公曾经辅相文王,所以康王特在文王庙堂任命他。

王若曰："呜呼，父师惟文王、武王敷大德于天下，用克受殷命。惟周公左右先王，绥定厥家，毖殷顽民，迁于洛邑，密迩王室，式化厥训，既历三纪。"

十二年为一纪。

【译文】

康王说："啊，师尚父能助我先文王、武王布施大德于天下，因而能承受殷商天命。而周公能辅相先王于左右，安定周邦，劝戒殷的顽民，迁徙于洛邑，团结王室，用以教化训戒，已经有三十六年了。"

十二年为一纪。

"世变风移，四方无虞，予一人以宁。"

方三监叛，天下骚动，天子亦不安。

【译文】

"世事变化而风俗转移，四方平安无忧，我亦宁静无事。"

当年三监叛乱之时，天下骚动，天子也不得安宁。

"道有升降，政由俗革。"

子思子曰："昔吾先君子，道隆则从而隆，道污则从而污。伋则安能？"[1]惟圣人为能与道升降，因俗立政也。

[1]语见《礼记·檀弓》："子思子曰：'昔者吾先君子，无所失道。道隆则从而隆，道污则从而污。'"（扬州广陵书社2007年版《周礼·礼记·仪礼》线装影印本卷6第9页）伋，即孔伋，字子思。孔子之孙，名伋。

【译文】

"世道有盛有衰，政治也由风俗的变化而有所更革。"

子思子说过："以往，我祖父处世没有不合礼制的，该隆重就隆重，该从简就从简。伋怎能做得到？"惟有圣人能与世道升降，因风俗变化而行政建策。

【笺释】

按东坡在此处引用《礼记·檀弓》中孔子之孙子思所说的一段话，意在说明孔子等圣人，能随世道的盛衰采取相应的应对策略。但《礼记》原文的意思是遵循礼教的问题，与治道尚有区别。

"不臧厥臧，民罔攸劝。惟公懋德克勤小物。"

有道者，不以小大变易，不忽小物，斯不难大事矣。

【译文】

"不善待有善行的人，民众就不会接受善意的劝戒。惟你毕公能充实美德，勤于处理细小的事务。"

有道德的人，不会因事情大小而改变志向，不会忽视细小的事物，这样就不难处理大事了。

"弼亮四世，正色率下，罔不祗师言。"

虽正色，不言而自服，然常敬众言也。

【译文】

"辅相四世的光辉功绩，端正严肃地率领下属，无不尊敬师长的训示。"

以端正严肃的态度待人，即使不说话，人家也会服从。然而也经常敬重众人的意见。

"嘉绩多于先王。"

自文、武时已立功矣。

【译文】

"功绩比我先成王还多。"

自文王、武王时期已立功很多了。

"予小子垂拱仰成。"王曰,"呜呼,父师,今予祇命公以周公之事往哉,旌别淑慝,表厥宅里,彰善瘅恶。"

瘅,病也。

【译文】

"我小子垂裳拱手,仰望已成的政绩。"王说,"啊,毕公父师,今我敬命公以周公教化顽民的事前往,区别良善奸恶,示别其里居,彰显其善类,痛恨邪恶。"

瘅,病,此处为忌惮、嫌恨的意思。

"树之风声,弗率训典,殊厥井疆,俾克畏慕。申画郊圻,慎固封守,以康四海。政贵有恒,辞尚体要,不惟好异。商俗靡靡,利口惟贤,余风未殄,公其念哉!"

予以《书》考之,知商俗似秦俗,盖二世似纣也。张释之谏文帝:"秦以任刀笔之吏,争以亟疾苛察相高。其弊徒文具,无恻隐之实,以故不闻其过,陵夷至于二世,天下土崩。今以啬夫口辩而超迁之。臣恐天下随风而靡,争为口辩而无其实。"[1]凡释之所论,则康王以告毕公者也。

[1]语出《前汉书·张释之传》(见上海古籍出版社1986年版《二十五史》第一册第50卷第217页)。

【译文】

"树立为政的声望,凡不领教典训的,改变他的井泉、区分他的疆界,使他知道畏惧敬慕。重新规划好郊区边界,谨慎固守封疆,以保持四海的安宁。施政贵在有恒心,书辞以得体扼要为上,不主张立异好奇。殷商的风俗萎靡不振,以巧言利舌为贤能,此类颓风还未消除干净,公你要注意啊!"

我以《尚书》来加以考察，觉得殷商的风俗类似于秦朝的风俗，秦二世就好像纣王。张释之劝谏汉文帝说："秦国任用刀笔之吏，争着以急速苛刻的审察为高。这样做的弊端就在于只徒有文彩，而无恻隐之实，因此不知道它自身的过失，衰毁至于二世，天下土崩瓦解。如今以能说会道的小吏为升迁的对象。臣我担心从此天下随风气而转移，争着以口舌狡辩为能事，而无实学才干。"凡是张释之劝谏汉文帝的论说，也就是康王当时所要对毕公说的。

"我闻曰世禄之家，鲜克由礼，以荡陵德，实悖天道。敝化奢丽，万世同流。"

　　惟恶能及远，故秦之俗至今犹在也。

【译文】

　　"我听说，世代享受禄位的家庭，很少能遵守礼仪的，以至于放荡侵陵其品德，实有悖于天道。奢侈靡丽之风化成敝俗，万世以下，同流合污。"

　　惟有此种恶俗能流传久远，因此秦人的风俗至今还在。

"兹殷庶士，席宠惟旧。"

　　乘势胜物曰席。

【译文】

　　"这殷人的多士们，乘势争宠的习惯还是照旧不变。"

　　乘势取胜称为"席"。

"怙侈灭义，服美于人。"

　　用美物多，则为人所畏服。郑子产言，"伯有用物弘，而取精多，则生为人豪，死为厉鬼。"①

①语见《左传·昭公七年》："其用物也弘矣，其取精也多矣。其族又大，所冯厚矣。而强死，能为鬼，不亦宜乎？"（岳麓书社1988年版《左传》第294页）东坡化用。

【译文】

"自恃豪侈而不讲道义，服饰华美过人。"

使用精美的物件过多，则为人所畏惧。郑子产说，"伯有享用精美的事物过于弘大，而汲取的精华过多，则生为人中豪杰，死为阴间厉鬼。"

"骄淫矜侉，将由恶终。虽收放心，闲之惟艰。资富能训，惟以永年。"

富而能训，则可以久安其富。

【译文】

"骄傲淫荡、矜持浮夸，将由自食恶果而导致终结。虽能收束其放荡之心，但能静下心来也很艰难。凭着富有而能接受教诲，才能有永久的好岁月。"

富有而能接受教诲，则可以长久安享其富贵。

"惟德惟义，时乃大训。不由古训，于何其训？"王曰，"呜呼，父师，邦之安危，惟兹殷士，不刚不柔，厥德允修。惟周公克慎厥始，惟君陈克和厥中，惟公克成厥终。三后协心，同厎于道。道洽政治，泽润生民。四夷左衽，罔不咸赖。予小子永膺多福。"

康王以为邦之安危在殷士，又以保厘之任为足以泽生民，而服四夷。其言若过。然殷民至此，亦不能睥睨周室如三监时矣，然犹重其事如此。贾谊言秦俗①，妇乳其儿，与翁并踞，母取箕帚立而谇语。以此痛哭流涕太息，以为汉之所忧，无大于此者。正此意也。古之知治体者，其论安危，盖如此。

①《汉书·贾谊传》："母取箕帚立而谇语。抱哺其子，与公併倨，妇姑不相说则反唇相稽。"（上海古籍出版社1986年版《二十五史》第一册第48卷第211页）东坡化用此句。

【译文】

"有道德有正义，时世才能大安大顺。不遵从古训，如何能顺？"王说，"啊，父师，邦的安危，惟有让这殷的士民，不刚不柔，修养道德。周公能谨慎于其开始的时候，君陈能和谐于其中间的时候，现在惟有公能保持其于善终的时候。三公能同心协力，同归于治道。治道恰当，政治和谐，能润泽生民。四周的少数民族，无不依赖于此。我小子亦因此而永享多福。"

康王以为邦国的安危在于殷的士民，又以为安保甄别殷民（善恶）的责任足可以惠泽民生，而令四夷悦服。他的话似乎有点过头。然而，殷的士民到了这个时候，亦不敢窥视周王室如三监时期那样了，但还是如此重视其事。贾谊曾说到秦国的风俗，媳妇给孩子喂奶时，与家翁并坐在一起，家婆则手拿箕帚站在一旁责骂。贾谊为此痛哭流涕叹息，认为汉朝所应忧虑者，莫大于此。正是这个意思。古代懂得治国体统的人，他们论起社会的安危，大概都是如此。

【笺释】

林之奇《全解》云："苏氏曰：'惟恶能及远，故秦之俗至今犹在。'此说甚善。如贾谊所论秦之风俗'母取箕帚，立而谇语。抱哺其子，与公并倨。妇姑不相悦，则反唇相稽。今世之俗，盖如是矣。'以此观之，则殷之俗使非三后，亦将如秦俗。"

"公其惟时成周，建无穷之基，亦有无穷之闻。子孙训其成式，惟乂。呜呼，罔曰弗克，惟既厥心；罔曰民寡，惟慎厥事。"

曰"弗克"者，畏其难而不敢为者也。曰"民寡"者，易其事以为不足为者也。

【译文】

"愿公以这样的德政辅助成周,建无穷的基业,公也会因此有无穷名望传闻于后世。我子孙必顺着你的成功,获得大治。啊,不要说你不能,只要你有决心;不要说民弱,只要你慎为其事。"

说"不能",是畏惧其难而不敢为。说"民弱小",是将事情看得太容易以为不足为。

"钦若先王成烈,以休于前政。"

前政谓周公、君陈也。

【译文】

"敬顺先王成王的功业,以此赞美周公、君陈从前的政绩。"

前政,指周公、君陈的政绩。

君牙第二十七

穆王命君牙为周大司徒,作《君牙》。

穆王满,康王孙,昭王子。

【译文】

周穆王命君牙为周的大司徒,作《君牙》一篇。

穆王名满,是康王之孙,昭王之子。

【笺释】

据《史记·周本纪》:"康王卒,子昭王瑕立。昭王之时,王道微缺。昭王南巡狩不返,卒于江上。其卒不赴告,讳之也。立昭王子满,是为穆王。穆王即位,春秋已五十矣。"

君牙第二十七

王若曰:"呜呼,君牙!惟乃祖乃父,世笃忠贞,服劳王家。厥有成绩,纪于太常。"

《周礼·司勋》:"凡有功者,铭书于王之太常,祭于大烝。"①日月为常。

①语见《周礼·夏官·司勋》:"凡有功者,铭书于王之太常,祭于大烝,司勋昭之。"(岳麓书社1989年版《周礼·仪礼·礼记》第80页)"日月为常"句,未见于《夏官·司勋》而见于《春官·司常》,疑为东坡误记。

【译文】

王如是说:"啊,君牙!你的祖父、父亲世代笃实忠厚,服事有劳于王家。果然有成绩,记录在太常的典册之中。"

《周礼·司勋》:"凡是有功劳的,将其事迹记录于王家的太常典册之中,冬季祭祀时与先王配享。"日月为常(意谓将其姓名书写于日月为徽号的太常旗帜上)。

【笺释】

孔颖达《正义》云:"《周礼·司勋》云:'凡有功者,铭书于王之太常,祭于大烝。'郑玄云:'铭之言,名也。生则书于王旌,以识其人与其功也。死则于烝先王祭之。'是有功者书于王之太常,以表显之也。《周礼·司常》云:'日月为常。'王建太常,是王之旌旗画日月,名之曰太常也。"

"惟予小子,嗣守文、武、成、康遗绪,亦惟先王之臣,克左右,乱四方。心之忧危,若蹈虎尾,涉于春冰。今命尔予翼作股肱心膂,缵乃旧服,无忝祖考。弘辅五典①,式和民则。尔身克正,罔敢弗正。民心罔中,惟尔之中。夏暑雨,小民惟曰怨咨;冬祁寒,小民亦惟曰怨咨。厥惟艰哉,思其艰,以图其易,民乃宁。"

方周之盛，越裳氏②来朝，曰："久矣，天之无疾风暴雨也，中国其有圣人乎？"方是时，四夷之民莫不戴王。虽风雨天事，非人力者，亦归德于王。及其衰也，一寒一暑，亦惟王之怨。是故圣人以民心为存亡。一失其心，无动而非怨者。赏则谓之私，罚则谓之虐；作德则谓之伪，不作则谓之漫；出令而不信，无事而致谤。皆王之咎也。夏谚曰："吾王不游，吾何以休？吾王不豫，吾何以助？"游豫且以为德，岂复有风雨寒暑之怨乎？

①五典，此指"五常之教"，即"父义、母慈、兄友、弟恭、子孝"。

②越裳氏，据《尚书大传》，越裳氏为古代交趾（今越南）一带的少数民族。曾在周武王时代，敬慕周朝德政而访周。周公亲自接见他们。

【译文】

"我小子嗣守文王、武王、成王、康王遗留下来的事业，惟先王的臣子们，能为左臂右膀之助，治理四方。心里的忧思危惧，就像是踩踏着老虎的尾巴一样，就像是行走春冰一样。如今命你辅助我，做我得力的亲信，继承旧的事业，不要给你祖宗丢脸。弘扬布施五典之教，用以和谐民众、谨守法则。你身能正己，没有不敢不正的臣子。民心有不能行中正之道的，惟你之正才能使他们归于中正。夏天暑热有雨，小民会埋怨诉苦；冬天天气奇寒，小民也会埋怨诉苦。都有难处啊！想到他们的难处，而为他们谋求易处，这样民众才获得平安。"

当周朝全盛时，越裳氏来朝觐，说："很久了，老天都没有疾风暴雨了，中国是有圣人吗？"那个时候，四夷之民无不拥戴周王。虽然风雨不过是天象，与人事无关，但他们还是因此而归德于周王。及至周朝衰落之后，一寒一暑，民众也无不归怨于王。因此可知圣人以民心为存亡。一失去民心，没有哪一样举动是不招埋怨的。行赏则谓之营私，责罚则谓之作虐；倡德则谓之作假，不作为则谓之怠政；出号令，民不信；无事实，也会招来诽谤。这都是王的罪过。夏朝有过这样的谚语："我王不出游，我们哪能闲休？我王不乐豫，我们哪得助逸？"游豫都当成为美德了，哪还有风雨寒暑的埋怨呢？

君牙第二十七

"呜呼，丕显哉，文王谟！丕承哉，武王烈！启佑我后人，咸以正，罔缺。尔惟敬明乃训，用奉若于先王，对扬文、武之光命，追配于前人。"王若曰，"君牙，乃惟由先正旧典时式。"

先正，周、召、毕公之流。

【译文】

"啊，大为显明，文王的谋略！大可承嗣，武王的功业！启发福佑我后人，都以正道，无有失缺。你要恭敬明示此典训，用以奉顺我先王，以对照扬文王、武王的光辉天命，以追配于前人的令名。"王又说，"君牙，要以先正们旧时的典章作为榜样啊。"

先正，指周公、召公、毕公之流。

"民之治乱在兹，率乃祖考之攸行，昭乃辟之有义。"

呜呼！予读穆王之书一篇，然后知周德之衰有以也。夫昭王南征而不复，至齐桓公乃以问楚。是终穆王之世，君弑而贼不讨也。而王初无愤耻之意，乃欲以车辙马迹周于天下。今观《君牙》《伯冏》二书，皆无哀痛恻怛之语，但曰"嗣先人，宅丕后"而已。足以见无道之情。非祭公谋父[①]以《祈招》之诗，收王之放心，则王不复矣。《吕刑》有哀敬之情，盖在感悔之后，时已耄矣。

[①]祭公谋父，祭国的国君。周穆王时的谋臣。他的《祈招》诗有云："祈招之愔愔，式招德音。思我王度，式如玉，式如金。形民之力，而无饱醉之心。"（见《左传·昭公十二年》）

【译文】

"民众的治乱就在这里，遵循你先祖的美好德行，昭示你邦君的治功。"

啊，我读有关穆王的书一篇，然后知道周朝德政的衰败是有原因的。当年昭王南征一去不返，直到齐桓公的时候才以此事追问楚国。这就是说，一直到周穆王去世，国王被杀而始终不敢讨伐贼人。而穆王起初并无愤耻雪恨之心，却想着用车辙马迹巡游天下的办法去示威。如今阅读《君牙》《伯冏》二篇书，都看不到有悲痛、哀伤的话，只是说，"嗣先人，宅丕后"（即继承先辈，登基继位的意思）而已。因此足见出其时周朝无道衰落的情形。如果不是祭公谋父以《祈招》的诗歌，收回穆王放荡的心事，则周家的王朝不复再有了。《吕刑》虽有哀敬的情感表示，那是在感恨悔过之后，这时穆王已经垂垂老矣。

【笺释】

按，林之奇《全解》不同意东坡"周德之衰"的观点，认为至周穆王时期，还不能认为周德已衰。他说："后世之论穆王者，多过其实。《左氏传》曰：'穆王欲肆其心，周行天下，将皆必有车辙马迹。'又有谓：'得八骏，以造父为御，西巡守，会王母于瑶池。'苏氏因之，遂以穆王之书为周德之衰。今观此篇，其言纯正明白，切于治体，彼其于仆御之臣丁宁反复如此，至谓'慎简乃僚，无以便嬖侧媚'，则其仆御岂有导王为非者？而王之言既然，则亦岂肯为无方之游戏哉？以是知世之论穆王者，皆好事者为之也，当以《书》为正。"

按，东坡此处论周德之衰而非论穆王其人才品的优劣。其实东坡对穆王颇有赞誉之辞。如《吕刑》一篇，东坡赞曰："穆王复古而不是古；变今而不非今。厚之至也！"这是东坡除文王、周公之外，对周朝君王赞誉最多的一人了。

冏命第二十八

穆王命伯冏为周太仆正，作《冏命》。
太仆正，太御中大夫。

冏命第二十八

【译文】

周穆王任命伯冏为周太仆正,作《冏命》一篇。

太仆正,太御中大夫。

【笺释】

孔颖达《正义》云:"正,训长也。《周礼》'太御中大夫','太仆下大夫',孔以此言'太仆正',则官高于太仆,故以为《周礼》太御者,知非《周礼》太仆。若是《周礼》太仆,则此云太仆足矣,何须云'正'乎?且此经云'命汝作大正,正于群仆',案《周礼》'太驭中大夫'而下,有戎仆、齐仆、道仆、田仆,太御最为长,既称正于群仆,故以为太御中大夫。"

王若曰:"伯冏,惟予弗克于德,嗣先人宅丕后,怵惕惟厉,中夜以兴,思免厥愆。昔在文、武,聪明齐圣。小大之臣,咸怀忠良。其侍御仆从,罔非正人,以旦夕承弼厥辟,出入起居,罔有不钦。发号施令,罔有不臧。下民祗若,万邦咸休。惟予一人无良,实赖左右前后有位之士,匡其不及,绳愆纠谬,格其非心,俾克绍先烈。今予命汝作大正,正于群仆侍御之臣,懋乃后德,交修不逮。慎简乃僚,无以巧言令色,便辟侧媚,其惟吉士。仆臣正,厥后克正;仆臣谀,厥后自圣。"

至哉,此言!可以补《说命》之缺也。孔子取于《君牙》《伯冏》二书者,独斯言欤?

【译文】

王顺着说:"伯冏,我不能于德行方面,承嗣先人,登君主大宝之位,悚惧思危,中夜而起,想着如何免除如此过失。以往的文王、武王,聪明智慧,通于圣人。小大之臣,皆怀忠良之心。侍御仆从,无非正人君子，以早晚之间奉承辅弼王事，（无有差错。）出入起居，没有不恭敬谨慎的。所有发号施令，无不利于民众。下民敬顺，万邦和美。惟我一人，品无良德，实赖左右前后有职位的君子，匡正我品行的不及之处，弹劾我的过失，纠正我的谬误，端正我的妄念，使我能继承先王的功业。今我命你作大正，率领群仆侍御之臣，随时勉进君主的德行，相互修养其不及的地方。谨慎选择僚属，不取花言巧语，察言观色逢迎谄媚之人，应选任正色吉祥的士子。仆臣端正无邪，君主才能端正无邪；仆臣一味谄媚恭维，君主就自以为人圣了。"

太好了，这段话！可以补充《说命》一文中的不足。孔子着意摘录于《君牙》《伯冏》二篇的，大概也就是这段话吧？

"后德惟臣；不德惟臣。尔无昵于憸人，充耳目之官，迪上以非先王之典。非人其吉，惟货其吉。若时瘝厥官，惟尔大弗克祗厥辟，惟予汝辜。"

引小人以昵王，人臣不敬，莫大于此。

【译文】

"君王有德，惟有臣子能成就他；君王无德，也惟有臣子能误导助长他。你不要亲昵于奸佞的人，使王的周围都是供耳目玩好的官僚，导引君王违反先王的典则。你所选择的人并不以其人的端正有德为吉祥，而是以其人是否有财货金银为吉祥。若是这样，必会旷废官事，那就是你大不能敬奉你的君王了，我必须降罪于你。"

汲引小人以亲昵于王，人臣的大不敬，没有比这更严重的了。

王曰："呜呼，钦哉！永弼乃后于彝宪！"
宪，典也。迪上以先王之典也。[1]

[1] 库本无此"宪"至"典也"一段，据经解本补。

【译文】

　　王说:"啊,好啊!要永远相助我王遵行日常典则。"

　　宪,指法则。导引君王遵从先王的典则。

书传卷十九

周　书

吕刑第二十九

吕命，穆王训夏赎刑作《吕刑》。

穆王命吕侯作此书，《史记》作甫侯。尧、舜之刑至禹明备。后王德衰而政烦，故稍增重，积累世之渐，非一人之意也。至周公时，五刑[①]之属各五百。周公非不能改以从夏，盖世习重法，而骤轻之，则奸民肆，而良民病矣。及成、康刑措，穆王之末，奸益衰少，而后乃敢改也。《周礼》[1]之刑，二千五百，穆王之三千，虽增其科条，而入墨、劓者多，入宫、辟者少也。赎者，疑赦之罚耳。然训刑必以赎者，非赎之锾数，无以为五刑轻重之率也。如今世徒、流[②]，皆折杖，非以杖数折，不知徒、流增减之率也。《吕刑》《孝经》《礼记》皆作《甫刑》。说者谓吕侯后封甫，《诗》之"申甫"是也。

[1]《周礼》，明凌刻本、经解本作"周公"。

①五刑，指墨（刺字染墨）、劓（割鼻子）、剕（斩断脚）、宫（阉割生殖器）、辟（处死）。

②徒，在刑期内服劳役。流，流放到边远的地方。

【译文】

吕侯以穆王之命解释夏朝的赎刑作《吕刑》。

穆王命吕侯写作此书,《史记》作"甫侯"。尧、舜的刑法到禹的时候已经明文具备。后世的君王德行衰败而政治烦乱,故稍为增补,累世不断增积,并非一人的主意。至周公时,"五刑"各门类各有五百款。周公并非不能加以改变以从属于夏法,但因世俗习惯于重罚,若骤然放宽,则奸民肆无忌惮,而善良的百姓可就受苦了。到了成王、康王的时代,(治安清明,)能做到刑法不用的程度,到穆王的末期,奸盗更加减少,这个时候才敢修改。《周礼》所记的刑律,有二千五百条,穆王所定有三千条。虽然增加其中的科条,但罪入墨、剔刑的多,而入宫、辟刑的少。赎罪,就是犯疑罪、赦罪时以罚款代赎。然而,解释刑法必以赎为言者,如果不以赎的钱数多少,就不能决定"五刑"定罪轻重的程度。比如今世定为徒刑、流刑的,都以折成罚杖多少定罪,非以杖数多少不能知道徒、流增减之数。《吕刑》《孝经》《礼记》都写作《甫刑》。解释的人说,因为吕侯后来封为甫侯。《诗经》里的"申甫"即是吕侯。

【笺释】

制作此刑的吕侯,又称"甫侯"。其先祖为母系氏族社会时,与周王朝姬姓先祖世代姻亲的姜姓族属的一支。曾被分封于山东境内,春秋时期为楚所灭。据顾颉刚、刘起釪《译论》篇首概述,认定《吕刑》为"中国古代最完整的自成体系的刑法纲领",篇中还提到了本自《舜典》的"金作赎刑"之意的赎刑,加上《康诰》篇提到的"明德慎罚"的政治原则,还有《立政》篇所提到的"王勿干预司法"的法治原则,因而全面反映了周代的完整法制体系。但其论认为,《吕刑》一篇非周穆王所作而应出自吕侯。

惟吕命,王享国百年,耄荒度作刑,以诘四方。

刑必老者制之,以其更事而仁也。"耄荒度作刑"者,以耄年而大度作刑，犹禹曰"予荒度土功"。度，约也。犹汉高祖约法三章也。

【译文】

　　吕侯言，穆王享国已经百年，老耄荒忽，约作刑法，谨告于四方。

　　刑法必定由年老的人来制定，因为老人经历的事多且居心仁厚。"耄荒度作刑"的意思，是年老了仍要大力约法作刑，就像大禹所说的"我不能丢下动土治水的事业"一样。度，约定的意思。就如汉高祖约法三章一样。

【笺释】

　　孔颖达《正义》云："《周本纪》云：'穆王即位，春秋已五十矣'，'立五十五年崩'。司马迁若在孔后，或当各有所据。《无逸》篇言殷之三王及文王享国若干年者，皆谓在位之年。此言"享国百年"，乃从生年而数，意在美王年老能用贤，而言其长寿，故举从生之年，以'耄荒'接之，美其老之意也。"

　　蔡沈《集传》云："苏氏曰'荒，大也。大度作刑，犹禹曰予荒度土功'，荒当属下句，亦通。然耄，亦贬之之辞也。"

　　林之奇《全解》云："苏氏以为荒属于下句，其字训太，与'荒度土功'之荒度同。两说皆通。度者，苏氏曰'约也，犹汉高祖约法三章也'。言惟吕侯见命之时，穆王享国已百年，其老之状耄荒矣，而能命甫侯度作刑以治四方。盖言其血气虽衰，精力虽疲，而留心于治道也如此。"

　　曾运乾《正读》、顾颉刚、刘起釪《译论》引朱熹等语，亦同此说。

王曰："若古有训，蚩尤①惟始作乱，延及于平民，罔不寇贼鸱义，奸宄夺攘矫虔。"

①蚩尤，传说远古时期九黎部落联盟的酋长。九黎，远古时代的一个部落联盟。

炎帝世衰，蚩尤作乱，黄帝诛之。自蚩尤以前，未有以兵强天下者。鸱义，以鸷杀为义，如后世所谓侠也。矫，诈；虔，刘也。凡民为奸者，皆祖蚩尤。

【译文】

穆王说："如古代的遗训所说，蚩尤开始作乱，祸害延及平民百姓，无不互相偷抢侵夺，以劫杀为义，内外作乱，矫诈、杀掠。"

炎帝的时候，世俗衰微，蚩尤作乱，黄帝把他杀了。在蚩尤之前，没有以武力强压天下的事。鸱义，以劫杀为义，就像后世的所谓侠义，而抢夺杀戮。矫，欺诈；虔，杀也。凡是民众肆为奸恶者，都是以蚩尤为鼻祖。

"苗民①弗用灵，制以刑，惟作五虐之刑，曰法，杀戮无辜。爰始淫为劓、刵、椓、黥，越兹丽刑，并制，罔差有辞。"

①苗民，据孙星衍《注疏》引郑康成语，"苗民谓九黎之君也"。

蚩尤既倡民为奸，苗民又不用善，但过作劓鼻、刵耳、椓窍、黥面、杀戮五虐之刑，而谓之法。苟丽于法者，必刑之，并制无罪。不复以冤诉为差别，有辞无辞，皆刑之也。自苗民以前，亦未有作五虐之刑者，故举此二人以为乱始。

【译文】

"苗民不以善教化其民，自制刑法，作五虐之刑，称为法，杀戮无辜之人。于是滥作割人鼻子、耳朵，毁人阴部，在人脸上刺字涂墨，直至杀戮，及犯此刑的，一律处罚，无论有罪无罪。"

蚩尤既然倡导民众为奸作乱，苗民又不以善道教民，只是滥作割掉鼻子、割去耳朵、毁人阴部、在人脸上刺字涂墨，直至杀戮的五虐之刑，而称为法。若认为你犯了法，必定加以五虐之刑，并制裁无罪者。无罪也不许冤诉有差别。有理由没有理由，一概用刑。自苗民以前，从没有作"五虐之刑"的，因此只举这两人作为乱的开始。

"民兴胥渐，泯泯棼棼，罔中于信，以覆诅盟。"

人无所诉，则诉于鬼神。德衰政乱，则鬼神制世。民相与反复诅盟而已。

【译文】

"民众于是相互兴起诡诈以犯上作乱，纷纷乱乱，没有持中于道、讲求诚信的，以此反复无常，违背盟约。"

人无处可以申诉冤屈，就会向鬼神申诉。道德衰败、政治混乱，则必由鬼神来制约乱世。民众互相反复违背盟约而已。

"虐威庶戮，方告无辜于上。上帝监民，罔有馨香德刑。"

无德刑之香也。

【译文】

"虐政作威，庶民无辜被戮，各方纷告于上天。上帝下视民间，没有一件称得上是有馨香可闻于上的有德之刑。"

没有德刑的馨香以上闻。

"发闻惟腥，皇帝哀矜庶戮之不辜，报虐以威，遏绝苗民，无世在下。"

皇帝，尧也。分北三苗①，迁其君于三危。

①三苗，蚩尤九黎之后。《山海经·大荒北经》："西北海外，黑水之北，有人有翼，名曰苗民。"郭璞注：三苗之民。（上海古籍出版社1980年版《山海经校注》第436页）

【译文】

"升发的气味只有血腥,皇帝哀悯惨遭屠戮的无辜之民,以天威惩罚暴虐,遏阻断绝苗民,使其无世系之继在于人寰。"

皇帝,指帝尧。帝尧时,分化三苗,将其首领迁移到三危地方。

【笺释】

顾颉刚、刘起釪《译论》云:"按'皇帝'作为人君称呼,始于秦始皇帝。战国后期已有'五帝'之词指古代人君,然出于追拟,古'帝'字只指上帝。'皇'为形容词,大也,美也。"此"皇帝"实指皇天。而东坡以帝尧时有逐三苗之举,不为无据。下文有"皇帝清问下民"句,则段玉裁谓:"天不能问下民。"固应指为帝尧而非皇天上帝也。

"乃命重、黎绝地天通。"

民渎于诅盟祭祀,家为巫史。尧乃命重、黎授时劝农,而禁淫祀。人神不复相乱,故曰"绝地天通"。重、黎即羲、和也。

【译文】

"于是命重、黎划分天地神人的界限,各守尊严,不相扰乱。"

民众轻慢誓盟、祭祀,家家都行求神巫祝之事。帝尧命重、黎向民众颁给耕作的时间,劝导农民,禁止不合礼制的祭祀。人神之间不再渎乱相混,所以叫"绝地天通"。重、黎,即羲、和二氏。

"罔有降格。"

虢之亡也,有神降于莘,盖此类也。

【译文】

"不再有降神之类的活动。"

虢国消亡时,有神降于莘,大概就是这类情况。

> "群后之逮在下，明明棐常，鳏寡无盖。"

自诸侯以及其臣下，皆修明人事，而辅常道，故鳏寡无蔽塞之者。

【译文】

"诸侯邦国之君及其属下，都能明修人事，辅以常法，使鳏寡之民皆得其所，无有被遮掩蔽塞之人。"

自诸侯以及他们的属下，都能修明人事，按常法行事，因此鳏寡孤独者都没有被遗弃蔽塞的人。

> "皇帝清问下民，鳏寡有辞于苗。"

国无政，天子欲闻民言，岂易得其实哉？故政清而后民可问也。

【译文】

"皇帝亲自问于下民，鳏寡之人皆有怨言于苗民。"

国无善政，天子想听到民众的声音，岂能获得其实情呢？因此只有政治清明而后才能向民众询问实情。

> "德威惟畏，德明惟明。"

非德之威，所谓虐也；非德之明，所谓察也。

【译文】

"盛德之威严，民众皆畏服；盛德之清明，民众也能觉醒。"

没有道德的威严，那是虐待；没有道德的精明，那是刻毒的觉察。

> "乃命三后，恤功于民。伯夷降典，折民惟刑。"

失礼则入刑。礼、刑，一物也。折，折衷也。

【译文】

"于是命三圣人（伯夷、大禹、稷），施功德于下民。伯夷颁下法典，使民获得适中的刑罚。"

丧失礼节就可能犯罪被判刑。礼节、刑法，本为一物。折，折衷的意思。

"禹平水土，主名山川。稷降播种，农殖嘉谷。三后成功，惟殷于民。"

殷，富也。

【译文】

"大禹治平水土，为山川立名。稷下播物种，农民种植五谷。三圣功成，使民得殷富。"

殷，富足的意思。

"士制百姓于刑之中，以教祗德。"

士，皋陶也。

【译文】

"士以刑约束百姓使行于中正之道，以此教养百姓归于有德。"

士，指皋陶。

【笺释】

顾颉刚、刘起釪《译论》引王鸣盛语，认为此篇专言伯夷主刑，根本没有涉及皋陶为士掌刑之事。"皋陶掌刑"始出于春秋时期后人据传说杜撰的《尧典》一文，晚出《孔传》无知妄加。按，在晚出《孔传》的叙述系统中，皋陶是尧舜时期执法的"士"（《舜典》："汝作士，五刑有服，五服三就。"），未闻有伯夷的记录。东坡依此以为记。

"穆穆在上，明明在下。灼于四方，罔不惟德之勤，故乃明于刑之中，率乂于民棐彝。典狱，非讫于威，惟讫于富。"

讫，尽也。威，贵有势者。乘富贵之势以为奸，不可以不尽法。非尽于威，则尽于富。其余贫贱者，则容有所不尽也。

【译文】

"君王行敬肃之道治于上，三圣行明察之德训于下。灼见于四方，无不敬德以勤，因此都能中正执法，治民于常典。主狱事的人，不是结案于法的威严，就是结案于富贵的利诱。"

讫，尽、终结、完结。威，尊贵而有势力的人。乘着富贵之势力行奸慝之事，不可不依法而追究。不是结案于法的威权，就是结案于富贵的诱逼。其余的贫贱者，则总会有不依法而结案的。

【笺释】

孔颖达《正义》释"富"为财货，云："尧时主狱之官，有威严，有德行，有恕心。有犯罪必罪之，是'有威'也。无罪则赦之，是'有德'也。有威有德有恕心，行之不受货赂，是恕心也。'讫'是尽也，故《传》以'讫'为绝。不可能使民不犯，非绝于威。能使不受货赂，惟绝于富。言以恕心行之世，治则货赂不行，故狱官无得富者。"东坡主此说，故释云："非尽于威，则尽于富。"林之奇《全解》则直接了当地说："典狱非讫于威，惟讫于富，言凡典狱之吏非欲诛杀以立威，则欲纳贿以致富。"蔡沈《集传》则云："富，贿赂也。当时典狱之官，非惟得尽法于权势之家，亦惟得尽法于贿赂之人。"此义更近于东坡。孙星衍释"富"为福。故释此句为："言主狱不当终于立威，惟终于作福。"则释义反不如孔、林、蔡三家明切。

"敬忌罔有择言在身，惟克天德，自作元命，配享在下。"

修其敬畏，至于口无择言，此盛德之士也。何以贵之于典狱？曰，狱，贱事也，而圣人尽心焉。其德入人之深，动天地，感鬼神，无大于狱者。故盛德之士，皆屑为之。皋陶远矣，莫得其详，如汉张释之、于定国，唐徐有功①，民皆自以为不冤。其不信之信，几于圣与仁者，岂非"口无择言、身无择行"之人哉？若斯人者，将与天合德，子孙其必有兴者，非"自作元命，配享在下"而何？汉杨赐辞廷尉之命，曰"三后成功，惟殷于民，皋陶不与焉，盖吝之也"②。《书》盖以为"惟克天德，自作元命"者，何吝之有？此俗儒妄论也，或然之，不可以不辩。

　　①徐有功，名宏敏，字有功。唐武则天时期，誓死与酷吏斗争的著名执法官。死后，武则天追赠他为"大理寺卿"。

　　②杨赐，字伯献，东汉时期名臣。据《后汉书·杨震传》载，东汉孝灵帝曾欲拜赐为廷尉，"赐自以代非法家，言'三后成功，惟殷于民。皋陶不与焉。盖吝之也'。遂固辞，以特进就第"。（上海古籍出版社1986年版《二十五史》第2册第119页）

【译文】

　　"敬奉公正执法的本职而忌惮有'不敢直言'的毛病在身，惟有大公至正而能以法为天德，以自我为天赐的使命，配享在人间。"

　　修养其敬畏之德，至于只说实话、口无择言，这是盛德在身的人士。何以这种人士主管监狱最为宝贵呢？答，主管监狱，这是低贱的职业，而却是圣人最为尽心的。其品德入人心之深，动天地感鬼神的，莫过于主管监狱的人了。因此盛德之士，都屑于担任这一职务。皋陶的事迹太久远了，不能知其详，但如汉代的张释之、于定国，唐代的徐有功，民众都自认为由他们办案不会受冤屈。这种本不可信的自信，差不多等于圣智与仁慈的，岂不是那种只说实话、口不择言而一身正气、不择行止的人吗？像这样的人，不是他们能与天合德，子孙兴旺发达，而能"自作元命，配享在下"，又是谁呢？汉代的杨赐辞去廷尉的职务时，说："伯夷、禹、稷的成功，使民富足，皋陶却不能获这份功劳，太可惜了。"

然而《尚书》认为刑法之官"能德配于天，自成大命"，有何可惜的呢？这不过是一班俗儒的论调罢了，竟也有人认可，不可以不加论辩。

【笺释】

顾颉刚、刘起釪《译论》着重引用东坡此段诠解，但未加点评，却总结道："清人、近人从训释字义以求通解文义，比汉儒、宋儒者常较准确。但往往就字释字，就句译句。此处似应参考宋儒之说，以寻文句可能的较深层次的含义。"此语可谓击中清人、近人所作"书传"的主要缺陷。

按东坡的论述重在颂扬不畏权势、秉公执法的精神，而具有这种精神的人必定是无私无畏的"口无择言、身无择行"的正直之士，也正是以皋陶为代表的公正执法者。而杨赐却以皋陶虽有德而无功为可惜，不愿当这样的执法者。这正是东坡所批判的俗儒的观念。

王曰："嗟，四方司政典狱，非尔惟作天牧。"

为天牧民，非尔而谁？

【译文】

王说："唉，主管四方典狱行政的事务，不是你在为上天牧养下民吗。"

为上天牧养下民，不是你是谁呢？

"今尔何监？非时伯夷播刑之迪？其今尔何惩？惟时苗民匪察于狱之丽。"

丽于狱辄刑之，不复察也。

【译文】

"如今你是如何监察的呢？不是施行伯夷执法之道吗？如今你是如何惩戒的呢？岂是苗民不了解监狱的法规而触犯了刑律。"

因罪入了监狱就要加以刑罚，不再明察其是非了。

"罔择吉人，观于五刑之中，惟时庶威夺货。"

贵者以威乱政；富者以货夺法。

【译文】

"没有选择贤良的人，视察五刑判罚的是否适中，是让众庶受威权货贿的侵夺了。"

贵者以威权扰乱行政；富者以货贿侵夺法权。

"断制五刑，以乱无辜，上帝不蠲，降咎于苗。苗民无辞于罚，乃绝厥世。"

言当以伯夷为监，苗民为戒也。

【译文】

"权豪之人武断控制五刑之罚，胡乱加罪于无辜之民，上帝不能蠲免如此恶行，降罪于苗民。苗民无言以解脱于天罚，于是灭绝其世系。"

这是说应当以伯夷的司法为借鉴，以苗民的恶行为惩戒。

【笺释】

蠲，免除、除掉之义。白居易《杜陵叟》诗："十家租税九家毕，虚受吾君蠲免恩。"

王曰："呜呼，念之哉！伯父、伯兄、仲叔、季弟、幼子、童孙，皆听朕言，庶有格命。"

诸侯群臣，自其父行至于兄弟子孙，皆听朕言，庶以格天命。

【译文】

王说："啊，记住啊！伯父、伯兄、仲叔、季弟、幼子、童孙们，都听我的话，才有永登天命的机会。"

诸侯群臣，从父辈直至兄弟子孙，都听我的话，才有永登天命的机会。

【笺释】

格字的释义颇多。孙星衍《注疏》注引郑康成语："格，登也。登命，谓寿考者。"孔颖达《正义》则释"格"为"至"，谓"庶几有至善之命"。东坡用郑康成语，作"格天命"解，即所谓"能登寿域"也。

"今尔罔不由慰日勤，尔罔或戒不勤。"

狱非尽心力不得其实，故无狱不以勤为主。由，用也。尔当用狱吏慰安之，而日愈勤者，不当用戒敕之，而终不勤者。

【译文】

"今你无日不用劝慰以为勤劳，你或者并不警告那些不够勤劳的狱吏。"

监狱的事务除非尽心尽力是不能收到实效的，因此没有监狱不以勤劳为主。由，用的意思。你应当以勤劳劝慰狱吏，使他们日加勤劳，而不能只是口头警告，而总是任用那些始终不够勤劳的人。

"天齐于民，俾我一日非终，惟终在人。"

刑狱非所恃以为治也，天以是整齐乱民而已。盖使我为一日之用，非究竟要道也。可恃以终者，其惟得人乎。

【译文】

"上天要使民众归于一统，使我一人承担此命。因此（我一日之所为，并非只以狱事为终结，）狱事的终结在于所用得人。"

刑狱之事并非赖以为天下之大治，上天是以此治理那些乱民（使之归于德化）而已。使我尽一日的努力所起的作用，终究不只是监狱事务的终结。可赖以使狱事善终的，惟有所用得人才行。

"尔尚敬逆天命，以奉我一人。虽畏勿畏，虽休勿休。"

休，喜也。典狱者不可以有所畏喜。

【译文】

"你还要敬迎天命，以奉承我一人。即使该畏惧的也无须畏惧，该喜欢的也无须喜欢。"

休，喜欢的意思。主管监狱的人不可以有所欢喜和畏惧。

【笺释】

东坡释"休"为"喜"，意谓典狱者唯持中正之道，无有喜怒哀乐之私情掺杂其间，以免因个人喜怒而影响判罚的失中。其余释"休"为"美"，为"宥"，皆不如东坡所释为正。曾运乾《正读》同东坡说。

"惟敬五刑，以成三德。一人有庆，兆民赖之。其宁惟永。"

三德，《洪范》三德也。以刑成德，王有庆。民有利，则其安长久也。

【译文】

"要敬慎五刑，以成就三德。天子有善政，兆民亦有所依赖。天下的安宁才能永久。"

三德，即《洪范》所说的"正直、刚克、柔克"三德。以刑罚成就道德，王有善政。于民众有利，则天下安宁而永久。

王曰："吁，来！有邦有土，告尔祥刑。"

祥，善也。

【译文】

王说:"吁,来吧!有邦国有领土的诸侯们,告诉你们如何以善道使用刑罚。"

祥,善的意思。

"在今尔安百姓,何择非人?何敬非刑?何度非及?"

罪非己造,为人所累曰及。秦、汉之间,谓之逮。此最为政者所当慎,故特立此法,谓之及。因有大狱,狱吏以多杀为功,以不遗支党为忠。胥吏、皂隶以多逮广系为利,故古者大狱有万人者。国之安危、运祚长短,或寄于此,故曰"何度非及"。度其非同恶者,则勿逮可也。

【译文】

"如今你要安抚百姓,所选择的不就是人吗?所敬慎的不就是刑法吗?所审查的不就是受牵连的人吗?"

有些罪过并非自己所造成,被人牵累诛连,称为"及"。秦、汉时期,称为"逮"。这是从政的人最应该慎重对待的事,因此特别制定此法,即所谓"及"。因为有大狱,狱吏以多杀人为功,以不遗漏同党为忠。胥吏、皂隶以多逮捕、多囚禁为利,故古时候,大狱有上万人的。国家的安危、国运的长短,或都寄托在这里了,所以说"哪些是不受牵连的"。审查其并非同恶的,就不应逮捕了。

【笺释】

按,东坡在这段经文的诠解中着重提出"诛连"的非法问题。"诛连"是中国古代社会直至明清之末的最无人道、最失"天理"的恶法。所谓"首恶必办,胁从不问",所谓"与其杀不辜,宁失不经",本已彰显了古代社会法制观念的光明一面,却不知为何出现了绝非人道的"诛连"恶法!故东坡于此明确提出并加以沉重的警示。惜其余注疏各家均罕见对此置评。

> "两造具备，师听五辞。"
> 讼者两至，则士听其辞。

【译文】

"诉讼的双方都到齐了，主管司法的官长可以听取犯人所被定罪五刑的辩辞。"

诉讼的双方都到了，则主狱官听取他入刑的申辩之辞。

> "五辞简孚，正于五刑。"
> 简，核也。孚，审虑也。简孚而无辞，乃正五刑。

【译文】

"关于五刑的辩辞都已审核清楚可信，就可以依法治以五刑之罪。"

简，核查的意思。孚，指审核、考虑。核查、审核都没有可辩解的言辞，就可以治其五刑之罪。

【笺释】

孙星衍《注疏》释"简"为"诚"，释"孚"为"信"，孔颖达《正义》云："既得囚辞，简核诚信，有合众心。"则与孙氏所释同。

> "五刑不简，正于五罚。"
> 罚，赎也。

【译文】

"五刑供诉的言辞与众所审核不符合，则入于五种应罚之罪。"

罚，应罚的五种赎罪。

> "五罚不服，正于五过。"
> 过失则当宥也。

【译文】

"判为五罚也不服罪，则经过审核可治以五过。"

没有罪而只是有过失，则应予释放。

"五过之疵：惟官，惟反，惟内，惟货，惟来。其罪惟均，其审克之。"

刑之而不服，则赎。赎之而不服，则宥。无不可者。但恐其有疵弊耳。官者，更为请求也；反者，报也，报德怨也；内，女谒也；货，鬻狱也；来，亲友往来者为言也。法当同坐，故曰其罪惟均。克，胜也。胜其非也。

【译文】

"五过的毛病在于：惟官，惟反，惟内，惟货，惟来。这几种罪都是一样的，通过审判能予以澄清。"

判刑而不服，查实就可以赎。判赎还不服，查实可以宽宥。都是没有什么不可以的。但恐这其中也有毛病。如"惟官"者，通过官员请托说情的；"惟反"者，因恩怨而打击报复的；"惟内"者，通过女流拜谒请求的；"惟货"者，以财物买通狱吏的；"惟来"者，亲友往来说情的。按法应当犯同坐之罪，所以说"其罪惟均"。克，胜的意思，即通过审查之后能澄清其是非。

"五刑之疑有赦，五罚之疑有赦，其审克之，简孚有众。惟貌有稽。"

既简且孚，众证之矣，口服而貌不服，此必有故，不可以不稽也。

【译文】

"五刑有疑问可以赎，五罚有疑问可以赦，经过审核能定案，众人已经证实。但犯人口服而貌不服，就要重加稽查。"

既已审核查证，众人也可以为证之后，犯人仍口服而貌不服，这其中必有故事，不可以不稽查清楚。

"无简不听，"
初无核实之状，则此狱不当听也。

【译文】

"没有检核诚信的，不能形成狱事，"
案情没有初步核实的情况下，则这样的事不应当成为刑狱诉讼之事。

"具严天威。"
所以如此者，畏天威也。

【译文】

"都应当严敬天威。"
所以这样做，是要人们畏惧天威。

"墨辟疑赦，其罚百锾。阅实其罪。"
刻其颡而涅之，曰墨。六两曰锾。

【译文】

"墨刑有疑问的可赦，罚款百锾。要核实与其罪相当。"
在犯人脸上刻字涂墨，称为墨。六两为一锾。

"劓辟疑赦，其罚惟倍。阅实其罪。"
截鼻为劓。倍之，为二百锾。

【译文】

"劓刑有疑问的可赦，其罚加倍。要核实与其罪相当。"

割掉鼻子为劓。加倍即二百锾。

"剕辟疑赦，其罚倍差。阅实其罪。"
刖足曰剕。倍之又半之，为五百锾。

【译文】

"剕刑有疑问的可赦，其罚一倍半。要核实与其罪相当。"
斩掉犯人的脚称为剕。一倍半，为五百锾。

"宫辟疑赦，其罚六百锾。阅实其罪。"
宫，淫刑也。男子腐，妇人闭。

【译文】

"宫刑有疑问的可赦，罚款六百锾。要核实与其罪相当。"
宫刑，淫荡的刑罚。男子处腐刑，女子处幽闭刑。

"大辟疑赦，其罚千锾。阅实其罪。"
大辟，死刑也。五刑疑则入罚，不降相因，古之制也。所谓"疑者"，其罪既阅实矣，而于用法疑耳。

【译文】

"死罪有疑问可赦，罚款千锾。要核实与其罪相当。"
大辟，死刑。五刑有疑问则只罚，不能降罪，相沿古代的制度。所谓"疑"者，即已经核实了他的罪行，但对应所采用的法律条款有疑问。

"墨罚之属千，劓罚之属千，剕罚之属五百，宫罚之属三百，大辟之罚其属二百。"
墨、劓、剕、宫、辟，皆真刑也。罚者，罚应赎者也。属，类也。凡五刑、五罚之罪，皆分门而类别之也。

【译文】

"墨刑之类该罚款的有千数，劓刑之类该罚款的有千数，剕刑之类该罚款的有五百，宫刑之类该罚款的有三百，大辟之类该罚款的有二百。"

墨、劓、剕、宫、辟，都是真的行刑。罚，就是罚应赎罪的人。属，指类别。凡是及五刑、五罚的罪，都分门别类来处理。

【笺释】

东坡云："属，类也。"是指犯有该用"墨刑"的各类犯罪。林之奇《全解》云："属者，条目也。言墨之罚虽百锾，而其条目则千也。《周官·司刑》之五刑共二千五百，均之皆有五百；此则三千，轻者多而重者少，皆有降杀。"按，这里因各项罪名中又有不同的犯罪类别，如墨刑虽单项只罚一百锾，但墨刑中还有其他条款，总共起来就有上千种犯墨刑的条款。大辟（杀头）之罪单项要罚千锾，但总共起来只有二百种该杀头的条款。

"五刑之属三千。"

《周礼》，五刑之属二千五百①，而此三千，《孝经》据而用之，是孔子以夏刑为正也。

①《周礼·秋官·司刑》："掌五刑之法以丽万民之罪。墨刑、罪五百，劓罪五百，宫罪五百，刖罪五百，杀罪五百。"共是"二千五百"。（岳麓书社1989年版《周礼·仪礼·礼记》第102页）

【译文】

"五刑之类，罚款三千。"

据《周礼》，五刑之类二千五百，而此处说三千，《孝经》据此而采用，是孔子以夏朝的刑法为正统。

"上下比罪。"

比，例也。以上下罪参验而立例也。

【译文】

"以上下案例的轻重进行对比以确定其罪。"

比，以例子相比。以上下罪的轻重参与对比而建立案例。

【笺释】

顾颉刚、刘起釪《译论》引夏僎[①]《详解》云："上下比罪，谓于法无此条，则上比重罪，下比轻罪，上下相比，观其所犯，当与谁同，然后定其轻重之法。如今（宋）律无明文，则许用例也。"

[①]夏僎（生卒年未详），字元肃，龙游人。南宋淳熙五年（1178）进士。洁身自好，不喜趋承比附。时论不合，辞职归养。著有《尚书详解》收入清《四库全书》。

"无僭乱辞。"

僭，差也。乱辞，辞与情违者也。

【译文】

"不可造成同罪有差别，不听信违心虚假的胡言乱语。"

僭，差别。乱辞，说的话并非真情的表白。

"勿用不行。"

立法必用众人所能者，然后法行。若责人以所不能，则是以不可行者为法也。

【译文】

"不采用行不通的立法条款。"

立法必须采用众人所能执行的条款，然后立法的规定才能行得通。若强制人之所不能，那就是以不可行的规定作为法律。

"惟察惟法，其审克之。"

察，我心也。法，国法也。内合我心，外合国法，乃为得之。

【译文】

"要仔细考察犯人的供辞、详核对应的法律条款，经过严肃的审问才能定案。"

察，观察我的心。法，国家的法律。要内合于我的心，外合于国法，才算正确。

"上刑适轻，下服；下刑适重，上服。"

世或谓大罪法重而情轻，则服下刑。此犹可以，不失为仁。若小罪法轻情重，而服上刑，则不可。古之用刑者，有出于法内，无入于法外。"与其杀不辜，宁失不经"，故知此说之非也。请设为甲乙，以解此二言：甲初欲为强盗，既至其所，则不强而窃，当以窃法坐之。此之谓上刑适轻，下服。乙初欲窃尔，既至其所，则强，当以强法坐之。此之谓下刑适重，上服。刑贵称罪，报其所犯之功。不报其所犯之意也。

【译文】

"犯重罪的服上刑但情节轻，参照下刑服罪；犯轻罪的服下刑但情节严重，参照上刑服罪。"

社会上认为，犯大罪判刑很重，但情节轻，可以服下刑。这还算可以，不失为仁慈。若犯小罪判刑轻，但情节很重，而要服上刑，则不可。古代的用刑，有超出于法律范围内的，没有超出于法律范围外的。此即所谓"与其杀死无辜的人，宁可放过有疑罪的人"，因此知道"小罪服上刑"的说法是不对的。请以假设的甲乙两人为例，对上述二条法规加以说明。甲最初想当强盗去抢劫，但到了目的地后，却没有强抢而转为偷盗，应当以偷盗罪判刑。这就是所谓的"上刑适轻，下服"。而乙最初想偷盗，但到了目的地后，转而强抢，则当以抢劫论罪。这就是所谓的"下刑适重，上服"。刑罚贵在适合其罪，与他所犯下的罪行相当。不与他所意想的罪恶相当。

【笺释】

东坡设为甲乙的例子，林之奇《全解》云："苏氏破世俗之说，而设为窃盗二人以发其意，说固善矣。"在肯定东坡的说法外，却引陈少南[①]所举的例子，评东坡"说固善矣，而不如陈少南之为明白"。那么，陈少南举的是什么例子比东坡的更"明白"呢？陈说："世之言罪重者莫如杀人，罪轻者莫如诟骂。杀人固重矣，然今所杀者，奴婢也。奴婢而杀之，非适轻乎？故且服下刑也。"姑不论陈氏所说与东坡所解，孰更明白，且以陈氏的观点："杀奴婢"比杀一般人罪行为轻！这种不把奴婢当人的观点就充分反映出程朱理学所倡导的"纲常尊卑"观念的反动本质。这又怎能比东坡的例子更能体现出法与人性的关系呢！

按，顾颉刚、刘起釪《译论》将"奴婢也"三字改为"误杀也"，并注明为"据张九成[②]说改"。显然这是为陈少南无人性的邪说纠偏打掩饰。

[①]陈少南，名浩，号鹏飞。南宋著名经学家。引文见林之奇《尚书全解》（人民出版社2019年版《尚书全解》下册卷39第682页）。

[②]张九成（1092—1159），字子韶，南宋理学家。

"轻重诸法有权。"

一人同时而犯二罪，一罪应剕，一罪应劓。劓、剕不并论，当以一重刑之而已。然是人所犯劓罪应刑，剕罪应赎，则刑之欤，抑赎之欤？盖当其劓罪而赎其余。何谓余？曰，劓之罚二百锾，既刑之矣，则又赎三百锾，以足剕罚五百锾之数。以此为率，如权石之推移以求轻重之详，故曰"轻重诸罚有权"。

【译文】

"罪行轻重，各法律条文都有权衡的规定。"

一人同时犯有二罪，一罪应该斩脚，一罪应该割鼻子。剕、劓二刑不并论，应以斩掉脚的重刑为主而已。但这个人所犯的剕罪要行刑，而劓罪却当赎，那么，是行刑呢，还是罚赎呢？那就应当以剕罪行刑而赎其余。什么叫作"其余"呢？答，剕罪的罚款二百锾，既已行刑了，则又罚三百锾，已足劓罚五百锾之数。以这个办法为例，就好像用称东西的秤、斗来计算轻重多少的详细数据一样，所以说"罪行轻重所依据的法律条款都有衡量的规定"。

"刑罚，世轻世重，惟齐非齐。有伦有要。"

穆王复古而不是古；变今而不非今，厚之至也。曰，各随世轻重而已。民有犯罪于改法之前，而论法于今日者，可复齐于一乎？旧法轻则从旧；今法轻则从今。任其不齐所以为齐也。伦者，其例也；要者，其辞也。辞例相参考，必有以处之矣。

【译文】

"刑罚的事，随世代轻重而论，似乎能整齐一致其实又不能整齐一致。有人伦有势要的规范，不可随意而定。"

穆王能复古制，但不以古法为准则；能变今法，而不否定今法，忠厚之至。说的是，各随时世的轻重而已。民众有犯法于改法之前，而论今日之法时，能否都归于今法而一齐并论？应是旧法轻而依旧法；今法轻而从今法。任随其不齐所以能归于齐也。伦理，即是例子。势要，即是辞理。辞、例互相参考，必能找到可以妥善处理的办法。

"罚惩非死，人极于病。"

时有议新法之轻，多罚而少刑，恐不足以惩奸者。故王言，罚之所惩，虽非杀之也，而民出重赎，已极于病。言于是亦足矣。

【译文】

"以罚来惩戒犯罪,不是要置人于死地,但罚赎已至于极限也会伤害到民众。"

也许当时有议论认为新法过轻,多罚款而少用刑,恐怕不足以严惩奸恶之徒。所以穆王说,以罚赎来代替用刑的严惩,尽管不是要杀人,但民众要出数量很多的赎金,已到了极限也是一种伤害。就是说按此数目也就足够了。

【笺释】

顾颉刚、刘起釪《译论》(《吕刑》第2041页)在引述东坡此段诠解时,作如此注释:"时有议新法(指王安石新法)……故王(安石)言……"硬将东坡意在赞赏周穆王的话移植到王安石身上,却是牵强附会之极。考东坡此书,虽有个别章节的诠解牵涉到对北宋时期政治问题的评价,但从未提王安石。此段诠解也绝无所谓"变法"之意。刘氏的强行附会之举实为借东坡之口赞赏王安石,则又是对东坡的过分曲解了。

"非佞折狱,惟良折狱。罔非在中。"

佞,口给也。良,精也。辩者,服其口不服其心也。

【译文】

"不能以口舌巧辩来判断刑狱的是非,是要靠良知精审来断狱。无非是要持中正平和的态度来评判是非。"

佞,凭口舌力辩。良,精明。只靠辩解,只能服其口不能服其心。

"察辞于差。"

事之真者,不谋而同,从其差者而诘之,多得其情。

【译文】

"从他的言辞中可以找到漏洞。"

事情若是真实的，往往不经思虑即可达到一致，所以从他的言辞中的差别加以盘查，就可以更多地获得真情。

"非从惟从。"

囹圄之中，何求而不得？有畏吏甚者，宁死而不辩。故囚之言，惟吏是从者，皆非其实，不可用也。

【译文】

"不能听从口头的供辞，要获得他真心的声音。"

在监狱之中，有什么样的要求而得不到？有特别畏惧狱吏的囚犯，宁愿死也不会开口辩解。所以囚犯的口供，都是听从狱吏的逼迫而说出来的，都不是事实，不可用作凭据。

"哀敬折狱，明启刑书，胥占，咸庶中正。"

律令当令狱囚及僚吏明见，相与占考之，庶几共得其中正也。

【译文】

"以哀怜敬慎之心判断狱事，当众开启刑事判决的书契而让众人都明白其中的法典，使刑罚得当，都得到中正公平的判决。"

律令应当让狱囚及僚吏公开知道，互相占验考核，也许能够共同感觉到判决的公道中正。

"其刑其罚，其审克之，狱成而孚，输而孚。"

输，不成也。囚无罪，如倾泻出之也。孚，审虑也。成与不成，皆当与众审虑也。

【译文】

"无论是判刑还是罚赎，都应当能审理结束，断狱结案须经审查考虑，不能结案也都应当经过审查考虑。"

输，表示结案不成。囚犯无罪，如释重负，就会像水一样倾泻而下。孚，审查考虑。结案成与不成，都应当与众人公开审查考虑。

【笺释】

东坡此段解释，以"输"为不成，以"孚"为审虑，仍觉隐晦。林之奇《全解》云："'狱成而孚'者，言狱辞之成而得其实情，信为有罪。而其输之于上，亦当得其实情，信为有罪，然后断之。"刘起釪引吕祖谦《书说》云："论刑既终，申之以奏狱之成。狱辞之成，既得其孚信，输之于上，不可变易实情，必如其本辞，然后谓之孚也。"二家所解为正。

"其刑上备，有并两刑。"

其上刑已有余罪矣，则并两刑，从一重论。

【译文】

"断案刑罚的文书都要奉上备案，犯有两刑以上的也都一并上送。"

处以刑罚而有余罪的，则并以两刑一起，从一重论。

王曰："呜呼，敬之哉！官伯族姓！"

呼其大官大族而戒之。

【译义】

穆王说："啊，敬重啊！官伯、族姓众人！"

呼唤其大官、大族众人而加以告诫。

"朕言多惧，"

民命之存亡，天意之喜怒，国本之安危在焉，不得不惧。

【译文】

"我是以戒惧不安的心情说这些话的，"

民众生命的存亡、天意的喜怒、国本的安危都与此有关，不得不生戒惧之心。

"朕敬于刑，有德惟刑。今天相民，作配在下，明清于单辞。民之乱，罔不中听狱之两辞。"

欲济民于险难者，当竭其中，以听两辞也。

【译文】

"朕敬重于刑狱，当任用有德之人主管刑狱。如今上天助民立君，承天之命配合于下，明察清审于单方面的无证之辞。民众的治安，在于断案者无不持中正公平的立场，听取刑狱诉讼中双方的辩解之辞。"

若希望救济民众的危险艰难，应当竭尽可能持中正公平的立场，以听取控辩双方的讼辞。

"无或私家于狱之两辞，狱货非宝，惟府辜功，报以庶尤，永畏惟罚。非天不中，惟人在命。天罚不极，庶民罔有令政在于天下。"

府，聚也。辜功，犹言罪状也。古者论罪有功。意功，其迹状也。言狱货非以为宝也，但与汝典狱者聚罪状耳。我报汝以众罪，而所当长畏者，天罚也。非天不中，惟汝罪在人命也。天既罚汝不中之罪，则民皆咎我，我无复有善政在天下矣。

【译文】

"不可或以私欲袒护刑狱诉讼中的一方，狱中的货贿不是宝藏，聚敛有罪而无功，并会招来众人的怨恨。要永远敬畏于罪罚。并非上天不中正公平，而是人本身不守上天中正之命而犯罪。上天惩罚不能建中立极、守中正之道而判案，则庶民无享善政于天下了。"

府，聚敛的意思。辜功，如说罪状。古代论罪有功。考虑"功"的意思，是能论定犯人的事迹状况。说狱中的货贿不是宝藏，只会为你主管监狱的官吏聚集罪状。我报给你众罪，这是你应当长久畏惧的，是上天的惩罚。并非上天不持中正之道，是你罪在不能持中判决人命。上天既然罚你不守中正之道，则民众都会归罪于我，我亦没有善政在于天下了。

王曰："呜呼，嗣孙今往何监？非德于民之中？尚明听之哉！"

王耄矣，诸侯多其孙矣，自今当安所监？非以此德为民中乎？

【译文】

王说："啊，你众诸侯嗣孙自今以往应当以何为监戒？不是要立中正之德于民众中吗？还需要听明白我的话啊！"

王如今老迈了，诸侯们子孙多矣，自今以往应当以何为监戒？不是要为民立中正平和之德吗？

"哲人惟刑。"

古之哲人无不以刑作德者。

【译文】

"以明智聪慧的人来判狱断案。"

古代明智聪慧的人无不以断狱判案来树立德教。

【笺释】

刘起釪引王引之[①]《述闻》，释"哲"为"折"，据《墨子·尚贤篇》以折为哲的借字，认为"哲人惟刑"，"犹云'折民惟刑'耳"。则意谓"以刑法让民众信服"。可作参考。

①王引之（1766—1834），江苏高邮人，字伯申，号曼卿，王念孙长子，清代著名学者。著有《经义述闻》。

"无疆之辞，属于五极。咸中有庆。"

无穷之闻，必由五刑。咸得其中，则有庆。五极，五常也。

【译文】

"没有穷尽的言辞，就在于五常之中。五常的判决都能公平公正，就会有吉庆。"

无穷无尽的诉讼之辞，必在于五刑的审判当中。这样的审判都能公平公道，就会有吉庆。五极，即"五常"（指父义、母慈、兄友、弟恭、子孝）。

"受王嘉师，监于兹祥刑。"

嘉，善也。王所以能轻刑者，以民善故也。

【译文】

"承受王善惠的众人，应当以此为监才能受此祥善的刑罚。"

嘉，良善的意思。穆王之所以能用轻刑，是因为民众都是善良之辈。

【笺释】

《尚书·吕刑》一篇，强调"明德慎罚"以达到判罚惟"中"的目的，使不幸而"丽于刑"的百姓能获得公平、公正的解脱。这正是东坡一生所倡导的法制观念。刘起釪在他的《尚书校释译论》中于此篇引用东坡的诠解最多，几乎每段均引述东坡的诠解。并肯定"宋儒大抵皆承东坡之说"。但他认为东坡在诠解中以"新法"一词代指"王安石变法"中的新法，却又是一大误解。事实上，在王安石变法期间，北宋的法制极其混乱，官吏以权代法，苛刻百姓的现象十分严重。东坡在此篇中的某些阐述正是据此立论的，不存在赞同王安石变法的地方。

书传卷二十

周 书

文侯之命第三十

平王锡晋文侯秬鬯、圭瓒，作《文侯之命》
平王，幽王之子，宜臼也。文侯仇，义和其字也。以圭为杓柄，曰圭瓒。

【译文】

周平王锡晋文侯秬鬯、圭瓒，作《文侯之命》一篇。

平王，幽王之子，名宜臼。文侯名仇，义和，是他的字。用圭作杓柄，称为圭瓒。

【笺释】

孔颖达《正义》曰：幽王嬖褒姒，废申后，逐太子宜臼。宜臼奔申。申侯与犬戎既杀幽王，晋文侯与郑武公迎宜臼立之，是为平王，迁于东都。平王乃以文侯为方伯，赐其秬鬯之酒，以圭瓒副焉，作策书命之。史录其策书，作《文侯之命》。

又，"文侯名仇，字义和"，亦见于晚出《孔传》及孔氏《正义》。然而，孙星衍《注疏》以郑司农[①]语，训义为"仪"，云："王为平王，故以义为仇之字。但文侯名仇，见《春秋》左氏桓二年《传》及《晋世家》，其字仪则未见所出也。"未见所出，即不知出处。按，据顾颉刚、刘起釪《译论》，孙星衍等清代后期学者将周平王册命晋文侯之事错当作周襄王命晋文公，故有此臆说。（见《译论》"文侯之命"第2133页）

①郑司农，即东汉经学家郑众。曾代郑彪为大司农，世称郑司农。

王若曰："父①义和，丕显文、武，克慎明德，昭升于上，敷闻在下，惟时上帝集厥命于文王，亦惟先正克左右昭事厥辟，越小大谋猷，罔不率从。肆先祖怀在位。"

怀，安也。

①孙星衍《注疏》云："称父者，《说文》云'父，家长率教者也。'诸侯之长，故以父称之。"按上文，义和为文侯之字，而文侯并非平王之父，故此处为尊称而已。

【译文】

王如是说："父义和，大显文王、武王的功业，能敬慎美德，昭示国法于上天，布陈闻见于下民。惟是上帝安集天命于文王，也是先大臣能辅佐于王的左右，显事于君王，及于小大谋略，无不随和顺从。因此我后世先祖能安在王位。"

怀，安稳的意思。

"呜呼，闵予小子嗣，造天丕愆。"

痛幽王犬戎之祸也。

【译文】

"啊，伤悼我小子，遭逢天降大祸。"

痛惜周幽王被犬戎杀害之祸。

"殄资泽于下民，侵戎我国家纯。"

殄，绝也。纯，大也。言无以资给惠利于下民，民莫为用者，故为犬戎所侵害我国家者，亦大矣。

【译文】

"灭绝资财令王室无可以泽惠下民，犬戎因此而侵害我国家造成的祸害大啊。"

殄，灭绝的意思。纯，大的意思。说是没有资财可以惠及下民，无所可用，因此被犬戎趁机侵害我国家的事也巨大啊。

"即我御事，罔或耇寿俊在厥服。"

西周之所以亡者，无人也。耇而俊者，皆不在位。《春秋传》曰："恶角犀丰满而近顽童焉。"①

①语见《国语·郑语第十六》："恶角犀丰盈而近顽童。"（北京图书馆出版社2006年版《国语》线装影印本）

【译文】

"即使我王执事的臣子，也没有高寿的耆旧和俊义的人才可用。"

西周之所以亡国，在于没有可用的人才。德高望重者与英年才俊者，都不在其位。《春秋传》说："最怕尖角丰满的犀牛走近顽童。"

"予则罔克，曰惟祖惟父，其伊恤朕躬？"
诸侯在我祖、父行者，谁恤我哉？

【译文】

"我则无才能可担重任，是说惟有赖于我祖我父之辈，你们谁能顾惜于我（以助我安于王位）啊？"

诸侯之在祖辈、父辈者，谁能顾惜我呀？

"呜呼，有绩予一人？"

有能致功予一人者乎？

【译文】

"啊，谁有功绩于我？"

有能助我成功的人吗？

"永绥在位。父义和，汝克昭乃显祖。"

谓唐叔也。

【译文】

"永安于王位。父义和，你能昭示你显赫先祖的治道。"

"显祖"，指晋国的始祖唐叔（周成王的弟弟，被封于唐国）。

【笺释】

"永绥在位"一句，诸本与"有绩予一人"连读，意为"让我永安于王位"。东坡此处以"有绩予一人"为句，义不连贯，似不如连读为妥。

"汝肇刑文武，用会绍乃辟，追孝于前文人。"

汝始法文、武之道，以和会绍接我，使得追孝于前文人，奉祭祀也。

【译文】

"你始效法于文王、武王的治道，以和会续诸侯承接于我，追孝于前文王、武王。"

你始效法于文王、武王的治道，以和会诸侯的办法继承于我王室，使能追孝于文王、武王，嗣奉祭祀。

"汝多修，扞我于艰。"

多所修完，扞卫我于艰难也。

【译文】

"你有多方面的道德修为，可以捍卫我于艰难时刻。"

多方面的道德修为，所以声名完美，可以捍卫我于艰难时刻。

"若汝，予嘉。"王曰，"父义和，其归视尔师，宁尔邦。用赉尔秬鬯一卣，彤弓一，彤矢百，卢弓一，卢矢百，"

赐弓矢，使得征伐。

【译文】

"如你的功劳，我要给予嘉奖。"王说，"父义和，回去看管好你的民众，安定好你的邦国。我赐给你秬鬯一卣，彤弓一把，彤矢百支，卢弓一把，卢矢百支，"

赐给弓矢，使得以征伐叛乱者。

"马四匹。父往哉，柔远能迩，惠康小民，无荒宁，简恤尔都。"

简阅其士，惠恤其民。

【译文】

"骏马四匹。父请回到你邦国去，怀柔远民使之能与你亲近，惠赐安抚你小民，无荒怠安宁必能自安，简选善士优抚你的民众，惠及百姓。"

挑选、检阅你的士吏，惠赐、安抚你的百姓。

"用成尔显德。"

予读《文侯》篇，知东周之不复兴也。宗周倾覆祸败，极矣。平王宜若卫文公、越句践。然今其书乃施施焉，与平康之世无异。《春秋传》曰："厉王之祸，诸侯释位，以间王政。宣王有志而后效官。"①读《文侯》之篇，知平王之无志也。唐德宗奉天之难，陆贽为作制书②，武夫悍卒皆为出涕，唐是以复兴。呜呼，平王独无此臣哉！

①语见《左传·昭公二十六年》："至于厉王，王心戾虐，万民弗忍，居王于彘。诸侯释位，以间王政。宣王有志，而后效官。"（岳麓书社1988年版《左传》第351页）

②奉天之难，又名"二帝四王之乱"。包括四镇之乱和泾原兵变，是唐德宗时期一场由于中央政府"削藩"而引起的叛乱。唐德宗被迫逃到奉天（今陕西乾县）。史称"奉天之难"。陆贽《奉天改元大赦制》有"不念率德，诚莫追于既往；永言思咎，期有复于将来。明征其义，以示天下。小子惧德弗嗣，罔敢怠荒。长于深宫之中，暗于经国之务，积习易溺，居安忘危。不知稼穑之艰难，不察征戍之劳苦"等句。"赦下，四方人心大悦……山东宣布赦书，士卒皆感泣。"（见上海古籍书店1987年版《资治通鉴》第二册第1575页）

【译文】

"以成就你显著的品德。"

我读《文侯》这一篇经文，知道东周不可能再复兴了。宗周倾覆破败，已经到极点了。周平王相当于卫文公、越王句践。然而今读其书，缓慢平和，不温不火，与平和安康的时世没有两样。《春秋传》说："厉王遭百姓放逐到彘地的祸乱，诸侯放弃自己的职位，离间、分割王室的政权。宣王立定复辟的志向，而后重授以官职。"读《文侯》之篇，可以知道平王并无这样的大志。唐德宗奉天之难，陆贽为此代写《奉天改元大赦制》一文，武夫悍卒读后为之痛哭流涕，唐朝以此复兴。啊！平王属下没有这样的大臣吗？

【笺释】

按，东坡对这段经文的议论恰好与他在居儋时期所写的《论周东迁》一文相掩映。林之奇似未曾通读此文，故于《全解》中批评说："苏氏论此篇以谓：'读《文侯之命》知平王之无志也。'予窃以为不然。夫子定《书》，录《文侯之命》于文武成康之次，盖必有所深褒而甚许之者，岂为其无志而录之哉？详考此篇，慕文、武之勤慎，悯国家之殄瘁，痛耆寿之凋丧，知蕃翰之勤劳，其褒之也无溢辞，其锡之也无虚器，而又勉之以爱民勤政以谨其终。夫宣王之所以中兴周室者，亦不过于侧身修行，任贤使能，能锡命诸侯，复文、武之境土，以劳来还定，安集其民而已。今平王之言如此，则其志亦岂小哉？"以此驳东坡"知平王之无志"的断语。东坡《论周东迁》一文，核心的结论是：因"避寇而迁都，未有不亡，虽不即亡，未有能复振者也"。周平王因幽王之祸避寇迁都，东坡正是从《文侯之命》中读出了这一关键节点，才断定周之必亡。林氏却仅凭孔子于《尚书》中录入此文及此文中一些空泛而无实绩的句子为平王作辩，看不到全局与长远。正可谓"不谋全局者，不足以谋一域"。东周最终也以平王的迁都而走向灭亡。

费誓第三十一

鲁侯伯禽宅曲阜。徐夷并兴，东郊不开，作《费誓》。
伯禽，周公子。费在东海郡，后为季氏邑。非鲁近郊，盖当时治兵于费。

【译文】

鲁国诸侯名伯禽，褒封于曲阜。徐州的戎与淮浦的夷强大起来，以致曲阜的东郊不敢开放，因此作《费誓》一篇。

伯禽，周公的儿子。费地原属东海郡，后成为季氏的都邑。并非鲁国的近郊，只是伯禽曾在费地经营过武装。

【笺释】

孔颖达《正义》曰，鲁侯伯禽于成王即政元年始就封于鲁，居曲阜之地。于时，徐州之戎、淮浦之夷并起，为寇于鲁，东郊之门不敢开辟。鲁侯时为方伯，率诸侯征之，至费地而誓戒士众。史录其誓辞，作《费誓》。

公曰："嗟，人无哗，听命！"
哗，欢也。

【译文】

"喂！大家不要喧闹，听我命令！"

哗，喧闹的意思。

"徂兹淮夷、徐戎并兴。"

成王征淮夷，灭奄，盖此徐州之戎及淮浦之夷，叛已久矣，及伯禽就国，则并起攻鲁。故曰："徂兹淮夷、徐戎并兴。"徂兹者，犹云"往者"云尔。

【译文】

"以往这淮夷、徐戎一齐强大起来。"

成王征伐淮夷，灭了奄国，大概就是这些徐州的戎人及淮浦的夷人，叛乱已经很久了，等到伯禽进入鲁国后，他们一齐起来进攻鲁国。所以说"徂兹淮夷、徐戎并兴"。"徂兹"的意思，就是说"以往，过去"而已。

"善敹乃甲胄，敿乃干，无敢不吊。备乃弓矢，锻乃戈矛，砺乃锋刃，无敢不善。"

敹、敿、锻、砺，皆修治也。吊，精至也。

【译文】

"选择好你们的甲胄，束系好你们的干盾，不可不做到精至。准备好你们的弓箭，锻造好你们的戈矛，磨砺好你们的锋刃，不可不做到最好。"

敹、敿、锻、砺，都是修造处理的意思。吊，精至的意思。

费誓第三十一

"今惟淫舍牿牛马,"

牿,所以械牛马者。今当用之于战,故大释其牿。淫,大也。

【译文】

"今天,你们要大放开关着的牛马,"

牿,用以械闭牛马的圈。如今要用于战争,所以要大为释放其出圈。淫,大的意思。

"杜乃擭,敜乃穽,无敢伤牿!牿之伤,汝则有常刑!"

擭,机槛也。敜,塞也。恐伤此释牿之牛马。此令军所在居民也。

【译文】

"杜塞住你们捕兽的机关、陷穽,不可伤害到牿里的牛马!若有伤害,你们要受到刑罚!"

擭,指捕兽的机关栏槛。敜,闭塞的意思。担心会伤害到放出圈的牛马。此是对军队驻地的居民发布的命令。

"马牛其风,臣妾逋逃,勿敢越逐。祇复之,我商赉汝。乃越逐不复,汝则有常刑。"

军乱生于动,故军以各居其所,不动为法。若牛马风逸,臣妾逋逃,而听其越逐,则军或以乱。亦恐奸人规乱我军,故窃牛马诱臣妾以发之。禁其土,使不得捕逐,则军自定。得此风逃者,当敬复其主,我当商度有以赐汝。若其越逐与其得而不复者,皆有常刑。

【译文】

"马牛像风似的飞跑,服役的仆人妾妇们也到处逃窜,不可越出营垒去捕捉他们。只能敬告那些主子，若逃跑的能追回来，我当商定有赏于你。但你若是越出营垒仍追不回来，则我要按法令加以刑罚。"

一军之乱发生于动荡，因此军队应以各稳居其所不骚动为法令。若牛马风跑，臣妾逃窜，而随便让他们跑出营垒去捉，这军队或者就乱了。也担心会被奸人利用来捣乱我军，故意盗窃牛马诱使臣妾而发生动乱。所以要禁其主，责令不得捕捉，则军队自可稳定。若果复得回逃跑者，可敬复其主子，我可以商量给予他们赏赐。但你们若越出营垒去追赶或得了牛马后连人一起丢失不回的，你们就得按刑法论罪。

"无敢寇攘逾垣墙，窃马牛，诱臣妾，汝则有常刑。甲戌，我惟征徐戎，峙乃糗粮，无敢不逮，汝则有大刑。鲁人三郊三遂，峙乃桢干，甲戌，我惟筑。"

糗，糒也。师远行则用之。桢干，皆木也，所以筑者。徐戎、淮夷近在鲁东郊，不伐之于郊，而载糗粮远征其国，既以甲戌筑又以甲戌行，何也？古来未有知其说者。以予考之，伯禽初至鲁，鲁人未附，韩信所谓"非素拊循士大夫，驱市人而战"者①。若伐之于东郊，鲁人自战其地，易以败散。筑城而守之，徐夷必争，使土功不得成。故以是日筑亦以是日行。徐夷方空国寇鲁，鲁侯乃以大兵往攻其巢穴。师兴之日，东郊之围自解。所谓"攻其必救"，筑者亦得成功也。《费誓》言征言筑，而终不言战，盖妙于用兵。周公之子，盖亦多材艺耳。

①《史记·淮阴侯列传》："且信非得素拊循士大夫也，此所谓'驱市人而战之'，其势非置之死地，使人人自为战。"（中华书局1959年版《史记》第8册第2617页）

【译文】

"军士不可抢掠偷盗，翻越墙屋，偷盗牛马，诱拐臣妾，不然，按常刑罚罪。甲戌之日，我当出征徐戎，堆积好你们的粮草，不可不足数，否则将处以死刑。鲁国军队征自三郊、三遂，要备足桢干之材，甲戌之日，我要筑城拒敌。"

糗，糒也。军队出师远行必须准备好不时之需。桢、干，都是木材类，用来构筑军队营垒和作战用具。徐戎、淮夷都近在鲁国的东郊，不在郊外讨伐他们，而载着粮草远征他们的国都，既以甲戌日筑城，又以甲戌日出兵，这是为什么？自古以来还没有人就此作出解释。以我的考察，伯禽初至鲁国，鲁国人还没有归附于他，正如韩信所谓"并非平日就已经训练安抚好士大夫，就等于驱赶市人上战场了"。假如在东郊开战，鲁人在自己地盘上作战，易被打散失败。筑城而据守，徐夷必争着，运用土功而不得成功。所以当日筑城，亦以当日出征。徐夷举全国之力来攻掠，空国而战；鲁侯却以大兵往攻他的巢穴。出师之日，东郊之围必会解除。所谓"攻其必救"，筑城的人也会获得成功。《费誓》说到征伐，说到筑城，而最终没有说到作战，真是妙于用兵了。周公的儿子，果真多材多艺啊！

"无敢不供，汝则有无余刑，非杀。"

汝敢不供桢干，则吾之刑汝，不遗余力矣，特不杀而已。糗粮刍茭不供，则军饥，故皆用大刑。大刑，死刑也。桢干不供比刍粮差缓，故用无余刑而非杀。近时学者乃谓无余刑挐戮其妻子，非止杀其身而已。夫至于杀而犹不止，谁忍言之？伯禽，周公子也，而至于是哉？

【译文】

"不可不供给，否则你们会受无余刑的罪罚，但不杀死。"

你们敢不供给桢干，则我要对你加以刑罚，不会留有余地，只是不杀而已。糗粮、刍茭不供给，则军队会挨饿，所以都用大刑。大刑，处死刑。桢干不供，比刍粮不供稍为有些差别，所以用无余刑而非要杀死。近时有的学者说，所谓"无余刑"就是还要杀死他们的妻子，不仅止于杀死他们自身而已。已经处以死刑了还不止于杀，谁忍心如此说话？伯禽，周公的儿子呢，至于这样做吗？

"鲁人三郊三遂^①,峙乃刍茭,无敢不多。汝则有大刑。"

言鲁人以别之,知当时有诸侯之师也。桢干刍茭皆重物,故独使鲁人供之。三郊三遂,南西北方郊遂之人;东郊以备寇不供也。徐夷作难久矣。鲁国受其害而以宅伯禽,知周公不私其子。伯禽生而富贵安佚,始侯于鲁,遇难而能济,达于政,练于兵,皆见于《费誓》。见周公教子之有方也。孔子叙《书》盖取此也。

①三郊三遂,指鲁国都城郊外之地。《史记·鲁周公世家》:"鲁人三郊三隧。"《集解》:"王肃曰:'邑外曰郊,郊外曰隧。不言四者,东郊留守,故言三也。'"(中华书局1959年版《史记》第五册第1525页)

【译文】

"鲁国三郊三遂的人们,堆积好你们交足的刍茭,不可不多交。否则要对你们处以死刑。"

言鲁人以区别于其他人,可知当时还有其他诸侯的军队。桢干、刍茭都是沉重的物资,因此单独要求鲁国人上交。三郊三遂,由南、西、北方郊与遂的人提供;东郊的人因备寇,所以不交。徐夷发难已经很久了。鲁国受其害而以伯禽居此邦,可知周公不私袒其子。伯禽生而富贵安佚,刚封侯于鲁,即遇此难而能克服,通达于政事,练熟于兵阵,皆于《费誓》一文可见。周公教子有方啊。所以孔子著序《尚书》特收录此篇。

秦誓第三十二

秦穆公伐郑。

秦穆公,任好。

秦誓第三十二

【译文】

秦穆公讨伐郑国。

秦穆公，名任好。

【笺释】

孔颖达《正义》曰："秦穆公使孟明视、西乞术、白乙丙三帅，帅师伐郑，未至郑而还。晋襄公帅师败之于崤山，囚其三帅。后，晋舍三帅，得还归于秦。秦穆公自悔己过，誓戒群臣。史录其誓辞，作《秦誓》。"

晋襄公帅师。
襄公欢，文公子。

【译文】

晋襄公帅领军队攻击秦军。

晋襄公，名欢，晋文公之子。

败诸崤，还归，作《秦誓》。
秦穆公违蹇叔，以贪勤民，为晋所败。不杀孟明而复用之，悔过自誓。孔子盖有取焉。崤在弘农渑池县西。

【译义】

秦军战败在崤，还归，作《秦誓》一篇。

秦穆公不听蹇叔之劝，以贪婪而劳役其人民，为晋军所击败。但不杀败军之将孟明而重新任用他，悔过自誓。孔子应是认为《秦誓》一篇有可取之处，故录入书中。崤山在弘农渑池县西（今属河南三门峡市）。

【笺释】

据《左传·僖公三十二年》载，这年的冬天，晋文公（文侯）去世。秦国欲发兵攻打郑国。老臣蹇叔反对，力劝秦穆公："劳师以袭远，非所闻也。师劳力竭，远主备之，无乃不可乎！师之所为，郑必知之。勤而无所，必有悖心。且行乎千里，其谁不知？"穆公仍不听劝。出师之日，蹇叔又哭劝道："孟子，吾见师之出而不见其入也！"穆公派人责骂他："尔何知？中寿，尔墓之木拱矣！"其后，秦军果然被晋军击败于崤。

中寿，古人以年八十为"中寿"。

公曰："嗟，我士，听无哗。予誓告汝，群言之首。"

此篇首要言也。

【译文】

秦穆公说："嗟，我的卿士们，听我所言不要喧哗。我发誓要告诉你们，首先要说的话。"

指这篇文章中首先要说的话。

"古人有言，曰：'民讫自若，是多盘'。"

孔子曰："人之言曰：'予无乐乎为君？惟其言而莫予违也。'"[①] 孔子盖以为一言而丧邦者，此言也。"民讫自若"是民尽顺我，而不我违，乐则乐矣，不几于游盘无度以亡其国，如夏太康乎？

①语见《论语·子路》："人之言曰，'予无乐乎为君。唯其言而莫予违也'。如其善而莫之违也，不亦善乎！如不善而莫之违也，不几乎一言而丧邦乎！"

【译文】

"古人有这样的话，说：'民众始终都顺从我，会有多快乐'。"

孔子说："人们都说：'我不乐于当皇帝么？谁都要听我的话，没有敢违背的。'"孔子认为，因为一句话就能够灭亡一个国家的，就是这句话了。"民众总是顺从"，这是民众一切都听从我的，而不敢违背，那么快乐是够快乐的了，但这不等于整天游乐无度以至于亡国，就像是夏朝的太康一样么？

"责人斯无难,惟受责俾如流,是惟艰哉。"

人知声色之害己也,然终好之;知药石之寿己也,然终恶之。岂好死而恶生哉?私欲胜也。夫惟少私寡欲者,为能受责而不责人,是以难也。

【译文】

"责备人并不难,只有受人责备时能做到从善如流,这才是最艰难的。"

人们都知道声乐色情会有害于自己,但最终还是喜欢;都知道药石能够使人长寿,但最终还是厌恶。这岂不是想死而不想活吗?这是因为私欲胜过一切的缘故。只有少私寡欲的人,才能受得起人责备而不因此就责备别人,这是最难做到的。

"我心之忧,日月逾迈,若弗云来。"

已犯之恶既成而不可追,未迁之善未成而不可补。日月逝而不复返,我心皇皇若无明日,悔之至也。

【译文】

"我心中的忧虑,随日月不停飘逝,追也追不回来了。"

已犯的过失已经形成而不可追悔,向善的愿望未实现而不可补救。日月飘逝而不复返,我心中惶惶不安就像没有明天,悔恨到极点了。

"惟古之谋人,则曰未就予忌。惟今之谋人,姑将以为亲。"

我视在朝之谋人,未见可以就问、使我敬畏如古人者。故且用今之流,亲己者而已。

【译文】

"在朝与我谋划的人,我却认为没有什么可以让我敬畏如古人的。现今为我谋划的人,却引以为亲近可信。"

我看在朝的谋士，没见有可以就问、使我敬畏如古人的。因此且用现今的同类人，亲近自己之辈而已。

【笺释】

东坡释"古之谋人"为"在朝之谋人"，意指蹇叔。孔颖达《正义》释为"执古义之谋人"则是持古理的今人。其义相通。而孙星衍《注疏》却依《诗传》《广雅·释诂》释"古"为"始"，释"谋"为"故"，所以"古之谋人"意为"开始献计的故人"了，虽亦意指蹇叔，却显奥雅，有点费解。按，此段经文全是秦穆公在反省自己的过失，所以使他"敬畏如古人"的应是蹇叔，而与他亲近者应指孟明之流。所以东坡所解更为捷达。

曾运乾《正读》释"惟古之谋人"为"缅想古人"，认为此句为"泛说"；而顾颉刚、刘起釪《译论》引段玉裁、王引之、孙诒让等诸家语，均认为"古之谋人"即"古代善谋之人""前代人物"，反不及东坡所解为切近。

"虽则云然，尚猷询兹黄发①，则罔所愆。"

虽不免且用孟明，然必访诸黄发，如蹇叔之流也。

①黄发，指老年人。《诗经·鲁颂·閟宫》有"黄发台背"，"黄发儿齿"的诗句，以黄发喻老年人。（见上海古籍出版社1980年新1版《诗集传》第241页）

【译文】

"虽然事情已经这样了，但还得拜访于老前辈，才避免再有过失。"

虽不免仍用孟明，然而，还得访问老年人，如蹇叔之流。

"番番良士，旅力既愆，我尚有之。"

番番老者，虽旅力既愆，我犹庶几得而用之。

【译文】

"鬓髪皤皤的善良之士，膂力已过，但我还要用他。"

皤皤老者，虽然膂力已弱，我还希望或许能用得上。

"仡仡勇夫，射御不违，我尚不欲。"
仡仡勇者，虽射御不违，我犹庶几疏而远之。

【译文】
"高大勇武的壮夫，射御都不会有失，我还是不想用他。"
高大勇武的壮士，虽然射击、防卫都不会有闪失，但我还是希望疏而远之。

"惟截截善谝言，俾君子易辞，我皇多有之？"
谝，巧也。皇，暇也。仡仡勇夫且不欲，而巧言令色，使君子变志易辞者，我何暇复多有之哉？

【译文】
"巧言令色呫呫善辩，使君子改变意志、变换说辞，我哪有工夫多用他们？"
谝，巧言。皇，闲暇。高大勇武的壮夫且不欲用，而巧言令色，使君子改变意志、变换说辞的人，我哪有闲工夫再使用他呢？

"昧昧我思之，如有一介臣，断断猗，无他技，其心休休焉，其如有容。人之有技，若己有之；人之彦圣，其心好之，不啻如自其口出。是能容之，以保我子孙、黎民，亦职有利哉。"
我昧旦而起，则思之矣。曰安得是人哉？得是人而付之子孙黎民，我无恨矣。

【译文】
"我暗暗思量，如有一耿介的老臣，忠诚专一啊，无他技巧，但他的心美美的，如有所容。人有技能就像他自己的技能；人的美圣聪明，他也心有所好，就好像是出自他口里所说的一样。这就是能容人的人，这样的人能保护我的子孙黎民，也有利于职事啊。"

我黎明即起，就思考这个问题。怎能得到这样的一个人呢？得到这样的一个人交与我的子孙与黎民百姓，我便死而无恨了。

"人之有技，冒疾以恶之，人之彦圣而违之，俾不达。是不能容，以不能保我子孙黎民，亦曰殆哉！"

至哉，穆公之论！此二人也，前一人似房玄龄①，后一人似李林甫②。后之人主鉴此足矣！

①房玄龄，名乔，字玄龄，唐朝初年名相。任人唯贤，勤于政事，忠诚坦荡，是唐代著名的政治家。

②李林甫，唐玄宗时宰相。大权独揽，排斥异己，堵塞言路，死后被抄没家产，子孙流放。

【译文】

"人有技能，嫉妒并仇视他，人的美善圣明却去阻碍他，使他不能通达于上。这是不能容人的人，也不能保我子孙与黎民百姓，也可以说是危险啊！"

太好了，秦穆公的这一番议论！他谈到的这两个人，前一个像房玄龄，后一个像李林甫。后世的君主们，以此为鉴也就足够了！

邦之杌陧。

不安也。

【译文】

邦国的不安。

不安之意。

秦誓第三十二

曰由一人；邦之荣怀，亦尚一人之庆。

怀，安也。

【译文】

（邦之不安，）可说是由于用一人不贤良；邦之荣安，也是因为能用一贤者的吉庆。

怀，平安的意思。

参考书目

《四库全书》影印本《东坡书传》
《四库全书》影印本《东坡易传》
明末凌濛初刻本《东坡书传》
四川大学曾枣庄、舒大刚校点本《东坡书传》
舒大刚、李文泽等校注本《三苏经解集校》
曾枣庄、舒大刚主编《苏东坡全集》
顾颉刚、刘起釪著《尚书校释译论》
刘起釪《尚书源流及传本考》
曾运乾《尚书正读》
周秉钧《尚书易解》
屈万里《尚书集释》
于省吾《尚书新证》
孔颖达《尚书正义》
库本《尚书大传》
林之奇《尚书全解》
蔡沈《书经集传》
金履祥《尚书表注》
王夫之《尚书引义》
戴震《尚书义考》
孙星衍《尚书今古文注疏》
皮锡瑞《今文尚书考证》

陈乔枞《尚书说》
江声《尚书集注音疏》
王鸣盛《尚书后案》
段玉裁《古文尚书撰异》
冯登府《石经补考》
章炳麟《古文尚书拾遗定本》
魏源《书古微》
杨筠如《尚书覈古》
北京市中国书店1985年版《四书五经》
刘宝楠《论语正义》
焦循《孟子正义》
孙诒让《墨子间诂》
曹操等注《孙子十家注》
张纯一《晏子春秋校注》
高诱注《吕氏春秋》
高诱注《淮南子》
王弼注《老子注》
王弼注《周易》
郭庆藩《庄子集释》
戴望《管子校正》
王先慎《韩非子集解》
严万里《商君书》
张湛《列子注》
王充《论衡》
扬雄《扬子法言》
荀悦《申鉴》
中国友谊出版公司1984年版傅隶朴《春秋三传比义》
左丘明《左传》
朱熹《诗经集注》

国家图书馆出版社2014年版《中华再造善本孝经》
上海古籍出版社1980年版袁柯校注《山海经校注》
沈括《梦溪笔谈》
岳麓书社1989年版《周礼·仪礼·礼记》
郦道元《水经注》（浙江古籍出版社2013年陈桥驿注释本）
北京图书馆出版社2006年版《国语》
《史记》
《汉书》
《后汉书》
《三国志》
《晋书》
朱希祖《汲冢书考》
《隋书》
《新唐书》
《旧唐书》
《宋史》
司马光《资治通鉴》
《北史》
《南史》
马端临《文献通考》
田穰苴《司马穰苴法》
顾颉刚《古史辨》
魏征等编撰《群书治要》
中华书局1979年版《白居易集》
中华书局1982年版《苏轼诗集》
中华书局1979年版《苏轼文集》
续修库本《斜川集》
孔凡礼编《苏轼年谱》
乐史《太平寰宇记》

上海古籍出版社1992年版《朱子七经语类》
上海古籍出版社1992年版《朱子四书语类》
《楚辞全译》（贵州人民出版社1984年黄寿祺、梅桐生译本）
贾谊《过秦论》
王念孙《广雅疏证》
中华书局影印本许慎《说文解字》
上海古籍出版社郭璞注《尔雅》
冯契主编《哲学大辞典》

后 记

林冠群

自上世纪九十年代初，我编著完《新编东坡海外集》后，已经注意到这本同样由东坡在儋州完成的《东坡书传》。但因其篇幅过大，且当时个人学力尚不足以驾御如此深奥的学术巨著，故虽有意于潜渊探骊，也只能暂时书海观鱼。之后的三十多年间，随着学界对苏东坡的研究日渐深入，我对东坡的思想观念、政治操守也有较深刻的理解，渐读渐思，终于初步掌握《东坡书传》一书的旨归所向及其深刻的思想内涵。

《尚书》的传习，自汉代以来已成显学。历代《书传》成为士人"学而优则仕"的"敲门砖"，因而也成为学者声名利禄的荣身衣钵。汉代的传经"博士"们坚决反对刘歆将《古文尚书》列入学官就是一例。因为专心研讨《今文尚书》的博士担心"古文学"抢了他们的饭碗。只有晚年绝去了功名利禄之想的苏东坡传写的这本《东坡书传》才可以见到《尚书》的真本色。

2020年初，海南东坡文化发展基金会的刘承辉先生有意将苏东坡居海外三年的所有作品收集成辑，汇为全书，故特托我承担此书的整理工作。我自知学力不逮，但身为"儋耳民"的感奋所在，颇有点"子路之勇"，在刘先生的支持和帮助下，终于在2022年10月奉出《东坡书传笺译》以就正于方家。

三年来，奔走于粤海琼崖之间，找资料，阅古书，扒电脑，钻图书馆，访老学者，历经寒暑，累出时疾，苦不堪言。幸得老伴英学日夕陪护左右，形影不离，自操"中匮之劳"，使我得免于饮食起居之忧，幸何如哉！今念此书之成，真有如释重负之感。

值此书成付印之际，特感谢刘尚荣编审友情为此书赐序，海南师范大学周泉根教授不吝支援书籍资料，老友张跃虎编审撰文力荐，还有世界图书出版公司北京分公司李忠良总编辑、罗明钢主任等为此书的编辑出版所付出的努力和支持！